CLASSIQUES JAUNES

Essais

French Global

Ouvrage publié avec le soutien des fonds Bacon et Potter
de l'université Harvard.

Texte traduit intégralement de l'édition américaine,
avec quelques modifications apportées par les auteurs.
Édition française publiée avec l'autorisation spéciale de l'éditeur
original, Columbia University Press.

French Global

Une nouvelle perspective sur l'histoire littéraire

Sous la direction de Christie McDonald
et Susan Rubin Suleiman

PARIS
CLASSIQUES GARNIER
2015

Christie McDonald, professeure de littératures française et comparée à l'université Harvard, travaille au dialogue entre la littérature, la philosophie et les arts. Elle a notamment publié *The Proustian Fabric* (Lincoln, 1991), *Dispositions* (Montréal, 1986), *The Extravagant Shepherd* (Banbury, 2007), *Images of Congo* (Milan, 2005), *Painting My World* (Woodbridge, 2009) et *Rousseau and Freedom* (Cambridge, 2010).

Susan Rubin Suleiman, professeure de littératures française et comparée à l'université Harvard, s'intéresse à la littérature et à l'histoire modernes, et aux écrits autobiographiques. Elle a publié *Le Roman à thèse ou l'Autorité fictive* (Paris, 1983), *Retours. Journal de Budapest* (Saint-Pourçain-sur-Sioule, 1999) et *Crises de mémoire. Récits individuels et collectifs de la Deuxième Guerre mondiale* (Rennes, 2012).

ISBN 978-2-8124-4703-7
ISSN 2417-6400

AVANT-PROPOS

Pourquoi « French Global », ici, maintenant ?

Avant même que ses directrices, dans leur introduction, n'en présentent l'intention et le propos, ce livre collectif appelle, du point de vue éditorial, un avertissement liminaire : pourquoi « *French Global* », ici, maintenant ? Pourquoi ce titre, pourquoi cette collection, pourquoi ce moment ?

Ce volume est la traduction, revue et corrigée par les auteurs, de *French Global : A New Approach to Literary History*, paru en 2010 à Columbia University Press – le fruit d'un travail collectif mené sous l'égide de Christie McDonald et Susan Rubin Suleiman (Professeures à Harvard) et réunissant des chercheurs pour la plupart américains et français. Conserver en titre la formule anglaise « *French Global* » est un choix discutable, mais que nous avons fait pour deux raisons : manifester d'emblée qu'il s'agit bien du même volume, de la même entreprise que celle qui a connu, dès 2010, un grand retentissement dans le milieu des « études françaises », aux États-Unis, en France et dans le monde entier ; et, surtout, afficher « l'étrangeté », si l'on veut, au regard des habitudes françaises[1], de cette nouvelle « approche globale » (conçue en un sens bien précis, irréductible à sa traduction) de l'histoire de la littérature française et des littératures en français. Car si l'intention première de cette entreprise n'est ni révolutionnaire ni exhaustive, elle est clairement réformiste et prêche par l'exemple : en se donnant pour objet de faire apparaître l'altérité au cœur même de la prestigieuse « littérature française », elle donne pour mission à sa trentaine d'articles d'effectuer comme autant de profonds coups de sonde dans l'histoire littéraire, ou autant d'explorations bien précises

1 Le terme d'« histoire globale » est néanmoins utilisé en France, depuis quelques années (voir notamment Patrick Boucheron, *Inventer le monde. Une histoire globale du XVe siècle*, Paris, La Documentation française, 2012), dans le sillage de la *World History*.

des chemins de traverse qui la balisent, et qui font apparaître l'altérité au sein même de la langue et de la nation. Plutôt que de prétendre dessiner la carte entière de son territoire, en l'observant du point de vue surplombant, hexagonal et « universaliste » qui l'a longtemps accompagné en France, il s'agit ainsi de parcourir l'histoire littéraire selon un nouveau « système de navigation » (inspiré du modèle GPS – « *Global Positioning System* » – comme le remarquent, avec une pointe de provocation, Susan R. Suleiman et Christie McDonald dans leur introduction) : comprendre, en somme, « le global » des littératures en français par « le local » des chemins qui bifurquent et des trajectoires qui parcourent le monde.

Que l'épistémologie de cette « nouvelle perspective sur l'histoire littéraire » ait une dimension d'ordre historique et politique, méritant son inscription dans cette collection bien précise de littérature générale (ni seulement française, ni seulement comparatiste), on le comprendra aisément au regard de ses prémisses et au fil de la lecture. Car le décentrement qu'elle ne cesse d'opérer, article après article, et le parti pris d'une sortie hors des chemins battus, ont bien pour fonction d'inscrire l'histoire littéraire française dans une politique nouvelle du regard ; contemporaine en cela de la *littérature-monde*, elle s'en distingue également de diverses façons, comme le soulignent les directrices du volume ainsi que plusieurs des auteurs. En faisant le choix du concept et de la métaphore du « globe », et en l'analysant (dans plusieurs articles) au fil des siècles, ce volume saisit l'occasion de penser la littérature française comme étrangère à elle-même, voire familièrement étrangère. Ce faisant, il prolonge jusque dans le détail de ses analyses le dédoublement originel de sa perspective : son regard elliptique au double foyer (États-Unis, France), qui en fait aussi l'originalité et la vertu exemplaire.

Car la finalité de ce livre n'est pas d'être « exemplaire » au sens où il prétendrait servir de modèle pour l'histoire littéraire : elle l'est au sens où il donne l'exemple d'une pratique nouvelle de cette histoire, en espérant ouvrir par là la voie à de nombreux prolongements, à de tout autres lieux d'étude et d'écriture. Aucune leçon n'est donnée, qui voudrait s'imposer à l'historiographie française en la corrigeant de je ne sais quel travers : c'est bien au contraire au dialogue que ce volume invite – en espérant que ce dialogue futur vienne prolonger et compléter les premiers aperçus, encore elliptiques, qu'il offre de notre littérature.

Emmanuel Bouju
Co-directeur de la collection
« Littérature, Histoire, Politique »

INTRODUCTION

Une nouvelle perspective sur l'histoire littéraire

Le projet *French Global* pose la question : comment écrire une histoire de la littérature pour le nouveau millénaire ? Et qu'est-ce qui, selon nous, a préparé le terrain ?

Vus d'aujourd'hui, les développements les plus importants dans le domaine des études françaises du dernier demi-siècle sont l'explosion théorique des années soixante, la révolution féministe qui a débuté durant les années soixante-dix, et la reconnaissance des littératures francophones. Nous pouvons y ajouter les développements plus récents des études qui prennent comme objet les migrations et les communautés diasporiques, que les études françaises partagent avec d'autres disciplines. Ce qu'on appelle le « tournant linguistique » des années soixante (base du structuralisme) a ouvert des dialogues et des influences réciproques entre la philosophie, l'anthropologie, la psychanalyse et les études littéraires. La révolution féministe a mis en question le canon des œuvres établies, a pénétré les disciplines telles qu'elles étaient traditionnellement définies, et a rendu possible de nouvelles manières de lire le genre, au sens de « *gender* », dans la littérature et la société. L'importance croissante des études francophones a élargi la pensée au-delà de l'hexagone, le territoire géopolitique de la France, en incluant les départements d'outre-mer et l'Afrique sub-saharienne, le Maghreb, les Caraïbes, le Québec, l'Île Maurice, et jusqu'au Vietnam. Des questions concernant le rapport entre le centre territorial et les périphéries sont devenues importantes pour les débats de la francophonie. Notre thèse est que de telles questions – concernant les tensions entre la multiplicité et l'unité, la diversité et l'uniformité, le « même » et « l'autre » – aussi bien que des questions connexes concernant les identités des communautés migratoires et diasporiques ne se limitent pas à l'émergence de la littérature francophone : elles sont bien plutôt à l'œuvre dans toutes les périodes de la littérature française, à commencer par ses textes les plus canoniques. Ce n'est pas un hasard si l'épopée nationale par excellence, *La Chanson de Roland*, nous est parvenue en une version anglo-normande qui se trouve à Oxford.

La question fondamentale qui sous-tend ce volume est donc de savoir s'il est possible de relire toute la littérature française, du Moyen Âge à nos jours, dans une perspective globale ou mondiale.

Qu'est-ce que nous entendons par le mot « global » dans ce titre de « *French Global* » ? Et ce mot est-il facilement traduisible en français ? Si l'on regarde du côté de l'anglais, on s'aperçoit que le « globe » et le « monde » sont devenus synonymes au XVIe siècle, vers la même époque que les premières vagues d'exploration – et d'exploitation, pourrait-on ajouter – européenne du Nouveau Monde. Le dictionnaire Oxford de la langue anglaise (*OED*) donne comme première mention du mot *globe* un livre de 1553 où on lit : « *The whole globe of the world hath been sailed about* » – le globe entier du monde a été l'objet de circumnavigation. L'adjectif *global* est défini par ce même dictionnaire de manière encore plus large, désignant la totalité, le monde entier, l'universel. Le sens du global comme total ou totalisant est souvent associé à la globalisation économique, surtout dans ses connotations négatives : le monde entier devenu un seul marché, où les vraies différences sont éliminées en faveur de produits et de services qui sont identiques malgré des étiquettes diverses. Dans ce sens-là, le « global » est synonyme d'uniformisation et de concentration des capitaux.

Dans la sphère de la culture et des idées, l'impulsion vers la totalité donnerait lieu à l'assimilation et à l'élision des différences substantielles. C'est le type de « globalisation » qu'on a souvent reproché (parfois en le parodiant) au colonialisme, notamment au colonialisme français dont la « mission civilisatrice » a donné lieu à des scènes d'école où des enfants africains et antillais apprenaient à réciter l'histoire de « nos ancêtres les Gaulois ». La tendance à considérer la pensée française comme universelle est profondément enracinée en France, et a pendant longtemps constitué un élément de base de la pédagogie, surtout de l'enseignement de la littérature ; ce fut le cas dès l'établissement de l'instruction publique par Napoléon au début du dix-neuvième siècle, et cette tendance s'est accentuée à partir de la Troisième République.

Or, notre conception du « global » dans ce livre est tout autre. Pour employer une métaphore un peu provocante, nous dirions que notre conception du « global » correspond plutôt à un appareil GPS (« *global positioning system* »), c'est-à dire un système de navigation qui dépend d'un réseau de satellites fixes mais qui permet aux individus de se déplacer selon des trajectoires mobiles, multiples et de nature arbitraire. Il est vrai que l'invention du GPS est liée à la défense nationale – aux États-Unis, c'est le Département de la Défense (correspondant au Ministère de la Guerre en France) qui a créé le réseau de satellites dont le système dépend, et qui entretient le réseau. Mais notre métaphore – laquelle, nous le répétons, est délibérément provocatrice – met l'accent non sur cet aspect de contrôle ou de surveillance mais plutôt sur les possibilités de navigation libre, individuelle. Le GPS permet non seulement le déplacement des personnes, mais s'emploie aussi dans les domaines de l'arpentage et de la cartographie, activités qui ressemblent par certains côtés au projet de ce volume.

Ce projet, nous l'avons défini dès le début comme étant basé sur une vision du globe comme un réseau de connexions, réseau qui met l'accent sur les différences à la fois à l'intérieur d'une langue ou d'une nation et entre celles-ci. Les interactions entre cultures et populations, à la fois à l'intérieur et à l'extérieur des frontières nationales de la France (qui elles-mêmes ont changé à travers le temps) ont eu lieu dans chaque période de la littérature de langue française. Paradoxalement, la perspective globale que nous proposons situe les traversées de frontières, aussi bien que les négociations entre « le même » et « l'autre », au centre même de l'histoire littéraire française.

Un antécédent important de ce volume fut le livre collectif publié sous la direction générale de Denis Hollier, *A New History of French Literature*, paru en 1989 (la traduction française, intitulée *De la littérature française*, parut en 1993[1]). Ce projet collectif a frayé un nouveau chemin à l'époque, ne fût-ce que par le fait (souligné par D. Hollier dans son « Introduction ») qu'il était la création d'une équipe de spécialistes de la littérature française dont la grande majorité étaient des étrangers, ou bien des Français résidant à l'étranger. Ce livre surprenait aussi par son format, puisqu'il consistait en des « morceaux » (environ 200 articles écrits par plus de 150 auteurs), organisés chronologiquement par dates précises. Aucune tentative d'imposer une unité à ces fragments, étendus simplement sur

1 *A New History of French Literature*, éd. D. Hollier, Cambridge, Harvard University Press, 1989.

la ligne du temps. D. Hollier concluait son « Introduction », de manière à la fois sérieuse et enjouée, en mettant l'accent sur la nouveauté du projet : « Quel Français, demandait Chateaubriand, ne sourirait pas à l'idée d'une histoire de la littérature française composée en dehors des frontières de la France ? Cette *Nouvelle histoire de la littérature française* a été composée des deux côtés d'autant de frontières que possible[1]. »

Évidemment, Denis Hollier et ses collaborateurs (parmi lesquels nous nous trouvions, de fait) ne pouvaient pas prévoir la véritable explosion d'ouvrages critiques et théoriques qui allaient précisément mettre en question, dans les deux décennies à venir, les frontières conceptuelles qui avaient traditionnellement défini l'image que se faisait d'elle-même la France – celle d'une république dont tous les citoyens étaient des « égaux en droits », sans distinctions ethniques, religieuses, ou autres. L'idéal républicain incarné dans la Déclaration Universelle des Droits de l'Homme et du Citoyen envisageait un système de gouvernement et un système d'instruction publique centralisés, où tous les citoyens (catégorie qui, à l'époque de la Déclaration, n'incluait ni les femmes ni les esclaves) pouvaient être assimilés sous la bannière des valeurs françaises. Tous étaient les bienvenus pourvu qu'ils n'expriment pas d'exigences « communautaires », les différences culturelles ou religieuses étant tolérées dans la vie privée mais pas dans la vie politique ou civique de la nation.

Aujourd'hui, l'idéal républicain de centralisation et d'assimilation se trouve de plus en plus mis en question : dans le domaine des théories sociales ou culturelles, avec leurs conceptualisations de systèmes mondiaux, de citoyenneté européenne, ou de « littérature-monde » ; dans le domaine de la production artistique ou littéraire, où dominent souvent des livres, des films ou des chansons écrits en français par des « étrangers » ; dans le domaine social et politique enfin, avec ses débats passionnés autour de l'interdiction du voile islamique dans les lieux publics, ou autour de la discrimination positive dans le recrutement des grandes écoles ou dans l'embauche. Il nous semble hautement significatif que le livre collectif mentionné plus haut ait paru dans l'année du bicentenaire de la Révolution française, dont une des réussites incontestées était justement la création d'un État et d'institutions centralisés. En effet, malgré les « traversées de frontières » qu'il célébrait, le volume dirigé par D. Hollier était solidement ancré dans l'histoire de

1 D. Hollier, « On Writing Literary History », dans *ibid.*, p. xxv. C'est nous qui traduisons.

France (c'est-à-dire de l'hexagone) et de la pensée française, envisagée comme universelle. Ainsi Lionel Gossman, dans son article « *What Was Enlightenment ?* » explique (et défend) merveilleusement bien les ambitions universalistes de la philosophie des Lumières française, et démontre son caractère international – en d'autres termes, son influence à travers le monde. Yves Citton, dans sa contribution à notre volume, met en revanche l'accent sur les tensions et les conflits à l'intérieur de la pensée des Lumières, surtout dans sa manière d'aborder le problème de l'unité et de la multiplicité.

Dans la suite de cette Introduction, nous indiquerons quelles nous semblent être les questions les plus importantes mises en lumière par notre perspective globale.

LITTÉRATURE, LANGUE, ET NATION

Comme Alain Vaillant l'a noté dans son livre sur l'histoire littéraire, le développement de la discipline de l'histoire littéraire en Europe à partir de la fin du XVIIIe siècle a répondu dans tous les pays à un besoin d'« affirmation nationale[1] ». En France, le lien entre langue, littérature et nation a été fortement articulé sous la Troisième République par Gustave Lanson (1857-1934) et ses disciples. Le livre fondateur de Lanson, l'*Histoire de la littérature française*, publié en 1895, commence par cette assertion catégorique : « Avec la vie nationale, s'éveille la littérature nationale[2]. » La longue carrière de Lanson comme professeur à la Sorbonne et comme Directeur de l'École Normale Supérieure (poste qu'il occupa pendant une dizaine d'années après la Première Guerre mondiale) coïncida presque exactement avec la consolidation du système

1 A. Vaillant, *L'Histoire littéraire*, Paris, Armand Colin, 2010, p. 37

2 G. Lanson, *Histoire illustrée de la littérature française*, t. 1, Paris, Hachette, 1923, p. 4. Cette édition en deux volumes, richement illustrée, contient une préface de l'éditeur qui met l'accent sur les blessures et les pertes subies par la France dans la guerre mondiale qui venait de se terminer. Ayant une période nouvelle, plus heureuse, devant elle, la France devait « faire l'inventaire de son patrimoine », dont la partie la plus précieuse, selon cette préface, était sa littérature magnifique, « qui, depuis de si longs siècles, lui a assuré la première place dans l'élite des peuples » (p. 1).

d'instruction publique mis en place par la Troisième République, dont le but avoué était d'inculquer la vertu civique et l'amour de la patrie à tous les enfants des écoles. L'*Histoire* de Lanson, homme de grande intelligence et fervent de la République, a formé plusieurs générations d'étudiants qui associaient l'explication des grandes œuvres de la littérature française à la définition même de l'identité nationale. Tandis que les historiens de la France commencent généralement leur récit avec le règne de Clovis (481-511), et que les historiens de la littérature commencent le leur avec le premier document écrit en français qui nous soit parvenu, le Serment de Strasbourg (842), Lanson considérait que la naissance de la vie nationale française et la naissance de la littérature nationale dataient du règne de Hugues Capet (987-996), premier monarque de la lignée qui selon Lanson avait forgé « l'unité française ».

Or, la vision qui sous-tend l'énorme projet de l'*Histoire* de Lanson – vision selon laquelle la langue, la littérature et la nation étaient soudées en une unité coïncidant avec les frontières géographiques et linguistiques de la France (ce qui excluait la Belgique et la Suisse, et après 1830 l'Algérie, où pourtant l'on parlait français), et où « l'esprit français » trouvait sa plus haute expression dans les œuvres de ses grands écrivains – n'a pas été inventée par lui, ni par la Troisième République. On la trouve déjà formulée sous la Monarchie de Juillet, dans l'*Histoire de la littérature française* de Désiré Nisard (1806-1888), publiée en 1844 et rééditée plusieurs fois jusqu'à ce qu'elle fût détrônée par celle de Lanson. Nisard (son nom complet était Jean-Marie Napoléon Désiré Nisard), qui comme Lanson était Directeur de l'École Normale Supérieure (de 1857 à 1867), commence son livre par une affirmation semblable à celle de Lanson : « L'histoire littéraire commence [...] avec la nation elle-même, avec la langue[1]. » Mais il distingue « l'histoire littéraire » de « l'histoire de la littérature », car la littérature est un art et l'art véritable ne commence qu'à la Renaissance. « Tout ce qui est antérieur à la Renaissance appartient à l'histoire de la langue[2] », affirme-t-il avec une assurance souveraine – déboutant ainsi les épopées médiévales et les romans de Chrétien de Troyes, la poésie des troubadours et les lais de Marie de France hors du domaine de l'art.

---

1 D. Nisard, *Histoire de la littérature française*, 5e éd., Paris, Librairie Firmin-Didot, 1874, p. 2.

2 *Ibid.*, p. 7.

Nisard est plus dogmatique, en général, que Lanson, mais il partage avec celui-ci la croyance ferme en « l'esprit français », c'est-à-dire un esprit de rationalité soucieux des vérités universelles, que l'on trouve chez les plus grands écrivains français. Ce sont ces grands écrivains qui tendent aux Français un miroir d'eux-mêmes où chacun peut se reconnaître. L'argument est solide, bien que circulaire : le grand écrivain est celui qui exprime l'esprit français, afin que les lecteurs puissent se reconnaître dans ses œuvres ; et si les lecteurs se reconnaissent dans les œuvres d'un écrivain, alors c'est un grand. La liste des grands écrivains est stable et permanente, comme l'esprit français lui-même.

À un lecteur d'aujourd'hui, ces arguments peuvent paraître d'un chauvinisme déplorable. Mais ce qui sauve Lanson et aussi, jusqu'à un certain point, Nisard, d'un nationalisme chauvin, c'est leur manière – paradoxale, certes – d'envisager l'esprit français comme à la fois spécifiquement français et universel : « La littérature française est l'image idéalisée de la vie humaine, dans tous les pays et tous les temps[1] », écrivait Nisard. Tandis que d'autres nations, comme « celles du Nord », privilégient la nature, l'imagination et l'individu, la France vise rien de moins que l'homme en général : « En France, nous aimons notre patrie non pas de l'amour jaloux d'un montagnard pour sa montagne [...] nous l'aimons parce qu'elle nous paraît la meilleure patrie pour l'homme en général[2]. » Est-ce que cela veut dire que seule la France représente l'esprit humain ? Non, répond Nisard : « Notre privilège, [...] c'est d'en représenter le plus de traits essentiels[3]. »

Tout en étant moins naïf dans ses formulations (et plus prêt à admettre la littérature médiévale dans les rangs de l'art) que Nisard, Lanson partageait avec celui-ci la conviction que l'esprit français (ou « l'âme française », comme il lui arrivait de l'appeler) se définissait par sa rationalité et son aspiration vers l'universel. Fidèle à ses engagements républicains et dreyfusards, Lanson déclarait dans une conférence faite à New York et publiée en 1917 : « Nous n'avons jamais su ce que c'était que des vérités françaises : nous ne connaissons que la vérité, sans épithète, la vérité de tous les hommes[4]. » Les nationalistes xénophobes, tels Maurice Barrès

1 *Ibid.*, p. 13.
2 *Ibid.*, p. 18.
3 *Ibid.*, p. 20.
4 G. Lanson, « La Fonction des influences étrangères dans le développement de la littérature française », dans Lanson, *Essais de méthode, de critique et d'histoire littéraire*, Paris, Hachette,

ou Charles Maurras, avaient argumenté, au temps de l'Affaire (notons que l'*Histoire* de Lanson parut un an après l'arrestation d'Alfred Dreyfus en 1894), que les « vérités françaises » étaient plus importantes que les abstractions intellectuelles – de sorte que même si Dreyfus était innocent (chose impossible, écrivait Barrès, puisqu'en tant que Juif il avait un penchant naturel pour la trahison), la défense de l'Armée et des intérêts français l'emportait sur la défense des valeurs « universelles » comme la Justice ou la Vérité[1]. Lanson, pour sa part, non seulement défendait celui que Barrès appelait un « étranger » (en réalité, Alfred Dreyfus était un Juif alsacien dont la famille habitait la France depuis des générations), puisqu'il était innocent ; Lanson allait plus loin, avançant l'argument que la littérature et la pensée françaises ne pouvaient que bénéficier des influences étrangères. Tandis que Nisard se montrait soupçonneux de tout ce qui n'était « pas typiquement français », Lanson affirmait que la France pouvait absorber les influences étrangères puisqu'elle allait les absorber et les convertir immédiatement en son propre « esprit ». Mais du coup, les influences étrangères ne gardaient aucune trace de leur « étrangeté », ou de leur différence – on voit là une des limites de l'universalisme lansonien.

De toute évidence, il n'y avait guère de place pour les différences et les divisions internes dans la construction pédagogique de *l'esprit français*, ou de la langue française. Malgré le fait que la grande majorité des Français au début du dix-neuvième siècle parlaient des dialectes et des patois locaux, Nisard n'hésitait pas à affirmer avec certitude que la langue française était unique et universelle parce qu'elle se parlait sans accent et évitait les inversions grammaticales : de syntaxe linéaire et de prononciation pure, le français était l'image de la logique même[2]. Lanson, à son tour, considérait que la poétique de Boileau, prônant « le plaisir, la beauté et la vérité », était « la doctrine littéraire » qui correspondait le mieux « aux qualités permanentes et aux besoins de notre esprit[3] ».

En fin de compte, l'enseignement littéraire en France hérité de Lanson était orienté vers l'idée que la langue, l'histoire et la littérature nationales formaient un ensemble uni et cohérent. Comme on sait, les penseurs

---

1965, p. 93.

1 M. Barrès, *Scènes et doctrines du nationalisme*, Paris, Félix Juven, 1902, p. 151.

2 D. Nisard, *Histoire de la littérature française*, *op. cit.*, p. 22.

3 Lanson, *Histoire illustrée de la littérature française*, *op. cit.*, p. 179.

associés aux événements de mai 68 se sont révoltés contre cette idée (entre autres), mais elle a la vie dure. Roland Barthes, en 1969, rappelait ses propres souvenirs d'école, et les « paradigmes mythiques » créés par les manuels d'histoire de la littérature, notamment celui que Barthes appelait le « classico-centrisme » et qui unissait les notions de pureté linguistique et de pouvoir monarchique : « Nous construisons notre image de la littérature autour des noms de certains rois [...], de telle sorte qu'à la fin nous avons une image polie dans laquelle le roi et la littérature se reflètent réciproquement. Dans l'histoire centrée de notre littérature, il y a une identification nationale. Les manuels d'histoire promeuvent constamment ce qu'on appelle des valeurs ou des tempéraments typiquement français[1]. » Barthes attribue au Général de Gaulle lui-même l'ultime définition de ce qui est français : « le *régulier*, le *normal*, le *national*[2]. »

Barthes, comme les autres théoriciens de l'après mai 1968, considérait que la multiplicité des significations textuelles (la polysémie des textes) était profondément liée à une vision dynamique de la langue et de la société. Le traducteur des « Réflexions sur un manuel » en français, Sandy Petrey, observe que Barthes « définit l'oubli du texte polysémique comme l'oubli du langage à travers lequel les être humains font ou déstabilisent leur monde[3] ». Cette observation résonne avec la théorie de Homi K. Bhabha (elle-même très influencée par Foucault, Kristeva et d'autres théoriciens français de l'époque post-68), concernant le rôle de la performativité dans les définitions de l'identité nationale. Bhabha, écrivant en 1990, définissait deux tendances à l'œuvre dans les discours sur la nation : d'une part, la tendance pédagogique, qui définissait la nation et son peuple comme un objet homogène, solide, et stable ; d'autre part, la tendance performative, selon laquelle nation et peuple sont des sujets actifs en mouvement. La « nation barrée » qui en résulte, selon Bhabha, devient un « espace qui est marqué intérieurement par la différence culturelle, par les histoires hétérogènes des peuples en conflit, des autorités antagonistes, et des lieux culturels en tension[4] ».

1 R. Barthes, « Réflexions sur un manuel », dans *L'Enseignement de la littérature*, éd. S. Doubrovsky et T. Todorov, Paris, Plon, 1971, p. 175.

2 *Ibid.* C'est Barthes qui souligne.

3 S. Petrey, « Translator's Introduction » [à Barthes, « Reflections on a Manual »], *PMLA*, vol. 112, n° 1, 1997, p. 71.

4 H. Bhabha, « Dissemi/Nation », dans *Nation and Narration*, éd. H. Bhabha, New York, Routledge, 1999, p. 299.

Le performatif ici fonctionne comme le supplément chez Derrida : il ne « s'oppose » pas aux discours de maîtrise, il les met plutôt *en question*. La notion d'*hybride*, souvent associée au nom de Homi Bhabha, se déduit de cette conception de la supplémentarité : l'hybridité, selon lui, n'est jamais simplement « le mélange d'identités ou d'essences données d'avance », mais plutôt « la perplexité du vivant lorsqu'il interrompt la représentation de la plénitude de la vie[1] ».

LES LITTÉRATURES NATIONALES DANS UNE PERSPECTIVE MONDIALE

Le problème du dépassement des littératures nationales est devenu important, même nécessaire, durant et après la Deuxième Guerre mondiale. René Wellek (émigré de Tchécoslovaquie aux États-Unis) et Austin Warren (natif de la Nouvelle Angleterre) commencèrent à écrire leur livre fameux, *Théorie de la littérature*, pendant la guerre en 1944 ; le livre fut publié en 1949 et a été souvent réédité depuis. Wellek et Warren définissaient la littérature comparée de trois manières : d'abord, ils ont ajouté à l'étude de la littérature orale et des civilisations « folk » (des contextes culturels, esthétiques et religieux dans lesquels celle-là se situait), l'étude des œuvres écrites. Deuxièmement, en se détournant de l'analyse externe des sources et des influences historiques au profit de l'étude autonome des textes, Wellek et Warren ouvraient la voie de l'avenir et proposaient une solution au problème des définitions antérieures : ils envisageaient en effet l'étude de la littérature en tant que « générale » ou « universelle » – au sens où chaque nation jouerait sa partie dans le concert. Ils reprenaient ainsi la notion de Goethe d'une *Weltliteratur* (littérature mondiale), en tant qu'idéal lointain d'une unification de toutes les littératures en une grande synthèse. Ils ont considéré que pour Goethe, l'homogénéisation des littératures et des langues n'était pas souhaitable ; ce n'était pas possible non plus pour eux qui se trouvaient en pleine guerre et ne pouvaient donc pas envisager de renoncer aux histoires singulières, même pour des histoires

1 *Ibid.*, p. 314.

littéraires. Mais en se concentrant sur des textes précis, ils pouvaient identifier des différences et des spécificités nationales tout en maintenant une perspective de *Weltliteratur.* La troisième définition de la littérature comparée qu'ont forgée Wellek et Warren consistait en l'étude des œuvres canoniques : Homère, Dante, Cervantes, Shakespeare et Goethe. Toutefois, ils reconnurent la difficulté d'une telle approche en écrivant qu'une telle sélection « ne peut se limiter aux sommets si l'on veut comprendre toute la chaîne [des montagnes] ou, pour abandonner la métaphore, toute l'histoire dans son évolution ». Bien que la hiérarchie des œuvres ne fût pas suffisamment interrogée par eux, Wellek et Warren concluaient qu'à « la limite, en reconsidérant les termes de "littérature générale" et "comparée" il vaudrait mieux parler tout simplement de "littérature" ». Ce qui était important pour eux était de « concevoir la littérature comme un tout, et de reconstituer l'essor et l'évolution de la littérature sans égard aux distinctions linguistiques[1] ».

Quelle qu'en soit la terminologie, ce qui importait à Wellek et à Warren était de montrer le « caractère manifestement erroné de l'idée d'une littérature nationale close sur elle-même[2] ». La difficulté qui se posait pour la participation des littératures nationales à la littérature générale, selon les deux critiques, était qu'« au lieu d'être étudié dans la clarté de la théorie, [le problème] a[vait] été faussé par un sentiment nationaliste et des théories raciales[3] ». Leur inquiétude concernant une « crise permanente » de la littérature comparée depuis au moins 1914 les avait amenés à chercher des moyens d'éviter une politique culturelle du pouvoir[4]. Si les contacts entre l'Orient, l'Europe, la Russie, les États-Unis et l'Amérique latine étaient souhaitables et importants, le principe crucial à établir était celui de l'unité (conçue largement comme européenne). Cela voulait dire que, au-delà des compétences nécessaires à l'étude des littératures, il fallait envisager un « élargissement du champ de vision », c'est-à-dire « une disparition du régionalisme, qui ne saurait se réaliser du jour au lendemain ». Pour Wellek et Warren, « la littérature est une, comme l'art et l'humanité sont un [...][5] ».

1 R. Wellek et A. Warren, *La Théorie littéraire*, trad. J.-P. Audigier et J. Gattégno, Paris, Seuil, 1971, p. 68.

2 *Ibid.*

3 *Ibid.*, p. 72.

4 R. Wellek, « The Crisis of Comparative Literatures, » cité dans D. Damrosch, *What is World Literature ?*, Princeton, Princeton University Press, 2003, p. 136.

5 Wellek and Warren, *La Théorie littéraire*, *op. cit.*, p. 70.

La question de ce qui définit la *world literature* au début du vingt-et-unième siècle se poursuit selon des paramètres historiques et théoriques différents. David Damrosch, retraçant l'histoire de ces débats, répond ainsi aux soucis de Wellek : « la *world literature* n'est pas [...] destinée à se désintégrer en la multiplicité conflictuelle de traditions nationales séparées ; et [...] elle ne devrait pas non plus être engloutie par le bruit blanc de ce que Janet Abu-Lughod a appelé le "babillage global"[1]. » En partant de « l'évaluation variable que fait Goethe de ce qui est étranger[2] », Damrosch déclare que la définition de la *world literature* revient moins à une unité totalisante qu'à une définition en fonction des œuvres qui « circulent au-delà de leur culture d'origine[3] ». En rappelant le rapport de 1995 signé par Charles Bernheimer pour l'Association américaine de littérature comparée (ACLA), qui reconnaissait des « classiques », des « chefs-d'œuvre » et « des fenêtres sur le monde » comme éléments viables de la littérature comparée, Damrosch démontre avec beaucoup de brio que la *world literature* comprend des couches temporelles et culturelles multiples. Travailler la longue histoire de la littérature déplace dorénavant le problème du « présentisme », qui s'occupe seulement de ce qui est le plus récent ou le plus neuf, et permet d'éviter ainsi un glissement éventuel vers ce que Damrosch appelle « la disneyfication du globe[4] » dans une culture commerciale. Pour répondre à la question de l'unité, Damrosch définit le cosmopolitisme en s'appuyant sur les mouvements de théorie du dernier demi-siècle : non pas comme l'homogénéisation de ce qui est à la fois partout et nulle part, mais plutôt, suivant la notion « d'applications locales » développée par Bruce Robbins, en termes d'un plus grand équilibre entre centre et périphérie, entre général et local[5]. Ainsi envisage-t-il une « réfraction elliptique des littératures nationales » à l'intérieur de la *world literature*, dans un processus d'importation et de réception où « la culture source et la culture de réception fonctionnent comme deux *foci* qui génèrent l'espace elliptique à l'intérieur duquel une œuvre vit

1 Damrosch, *What is World Literature*, *op. cit.*, p. 5.
2 *Ibid.*, p. 12.
3 *Ibid.*, p. 4.
4 *Ibid.*, p. 17.
5 *Ibid.*, p. 22. Damrosch se réfère ici à l'article de Bruce Robbins, « Comparative Cosmopolitanisms, » dans *Cosmopolitics : Thinking and Feeling Beyond the Nation*, éd. P. Cheah et B. Robbins, Minneapolis, University of Minnesota Press, 1998, p. 246-265.

comme *world literature*, connectée aux deux cultures sans être circonscrite par aucune d'elles[1] ».

Nous nous associons aux discussions concernant la *world literature*, surtout en ce qui concerne le changement de perspective qui envisage la littérature moins en termes de hiérarchie ou de canonicité (le canon étant défini comme un ensemble d'œuvres qui constituent de manière permanente une littérature nationale donnée) qu'en termes de protocoles de lecture variables qui accompagnent les œuvres dans des contextes divers. Mais *French Global* n'est pas une étude de la *world littérature ;* ce livre traite des littératures en français dans une perspective mondiale. Notre conception d'une approche globale correspond à la rencontre « des mondes au-delà de notre espace et notre temps » dans la théorie de Damrosch, mais sans entériner la notion d'« engagement détaché » envers les œuvres, dont beaucoup sont lues seulement en traduction.

Nous nous concentrons sur les traditions littéraires en français, à l'intérieur et à l'extérieur du pays de la France. Nous nous sommes donné comme défi de lire ces œuvres dans leur rapport avec le globe – le globe en tant que monde, que sphère, qu'espace de rencontre avec d'autres, et avec la notion même d'altérité. Notre insistance sur le français (bien que dans un contexte global) nous rapproche des arguments de Linda Hutcheon et de Mario J. Valdès, tels qu'ils les présentent dans un volume collectif ayant pour but de « repenser l'histoire littéraire », publié au même moment que le livre de David Damrosch. Hutcheon, Valdès, et leurs collègues récusent le modèle « téléologique » pour écrire l'histoire littéraire nationale, sans pour autant abandonner le concept des spécificités géographiques et linguistiques[2].

Une autre perspective sur la littérature mondiale est représentée par le livre de Pascale Casanova, *La république mondiale des lettres*, qui vise à « redécouvrir la dimension transnationale de la littérature, réduite depuis deux cents ans aux frontières politiques et linguistiques des nations[3] ». En partant de la notion de Fernand Braudel d'une « économie-monde » et de l'idée de Pierre Bourdieu d'un champ autonome de la littérature, Casanova propose « un univers relativement indépendant du monde

---

1 *Ibid.*, p. 283.

2 *Rethinking Literary History : A Dialogue on Theory*, éd. L. Hutcheon et M. J. Valdès, New York, Oxford University Press, 2002.

3 P. Casanova, « Preface to the English-Language Edition », dans Casanova, *The World Republic of Letters*, trad. M. B. DeBevoise, Cambridge, Harvard University Press, p. 11.

quotidien et ses divisions politiques » en tant qu'« espace littéraire international[1] » qui opère selon ses propres règles hiérarchiques et ses formes de domination : « un monde de rivalité, d'inégalité, de luttes spécifiques [...][2]. » Casanova situe son livre entre ce qu'elle considère comme les trajectoires historiques de la critique postcoloniale d'un côté, et de l'autre la tradition critique française de l'explication des textes.

Casanova élargit les polarités conceptuelles bourdieusiennes de « dominant » et « dominé » jusqu'au champ littéraire mondial ; et elle propose une « double historicisation[3] » selon laquelle on doit situer l'œuvre d'un écrivain à la fois dans son contexte littéraire national « natal » et au regard de la position qu'occupe sa littérature nationale à l'intérieur du système littéraire mondial. Bien que les écrivains « inventent leur propre liberté[4] » par leurs choix esthétiques et personnels – comme par exemple celui de Joyce quand il a décidé de s'exiler d'Irlande – leurs choix sont le résultat de ce positionnement double, et toute analyse devrait en tenir compte.

Si la visée et l'envergure de *La République mondiale des lettres* sont très larges--« poser les fondements d'une véritable histoire littéraire[5] » – il faut remarquer que l'histoire dont il est question concerne presqu'exclusivement la période qui suit la Révolution française. Le modèle hiérarchique dont se sert Pascale Casanova met au premier plan le conflit et la rivalité ; les écrivains de la « périphérie » se battent pour déplacer ceux qui sont au « centre », et les écrivains des littératures « dominées » cherchent à surmonter leur situation. Ce qui ressort de son analyse est le rôle prédominant que Paris a joué comme « capitale de l'univers littéraire[6] » à partir de la fin du dix-huitième siècle et jusqu'au milieu du vingtième. Pour Casanova, la nation et la langue sont liées : « Le cas particulier de Paris, capitale littéraire dénationalisée et universelle de l'univers littéraire, ne doit pas faire oublier que le capital littéraire est national. À travers son lien constitutif avec la langue [...] le patrimoine littéraire est lié aux instances nationales[7]. » Les contributeurs à ce volume critiquent

1 *Ibid.*, p. XI-XII.
2 Casanova, *La République mondiale des lettres*, Paris, Seuil, 1999, p. 15.
3 *Ibid.*, p. 66.
4 P. Casanova, « Preface », dans *The World Republic of Letters*, *op. cit.*, p. XIII.
5 P. Casanova, *La République mondiale des lettres*, *op. cit.*, p. 475.
6 *Ibid.*, p. 41.
7 *Ibid.*, p. 55.

le binarisme de l'analyse de Casanova, en se demandant si celui-ci n'empêche pas la possibilité de poser certaines questions cruciales pour la compréhension de l'histoire passée et présente. Christopher Miller demande : « Existe-t-il un moyen d'échapper, dans le domaine de la politique comme dans celui de la littérature, à la binarité permanente de cette relation entre la France et ses anciennes colonies[1] ? » Françoise Lionnet suggère de souligner « "l'étranger" au cœur de la nation » afin de mettre en question les « fictions associées à l'idée de la "vraie France"[2] ». Sharon Kinoshita rejette non seulement le modèle qui met le centre toujours en rapport avec la périphérie, mais aussi le binarisme historique qui oppose implicitement la Renaissance à un « Moyen Âge anonyme[3] ». Elle cherche à dépasser ce binarisme afin de proposer des modèles spatiaux et temporels qui soient plus dynamiques et inclusifs.

Dans ce volume, nous avons choisi d'analyser non pas la nation ou le modèle du domaine littéraire comme lieu de conflits pour la domination – ni même l'idéal de la liberté hérité des Lumières – mais plutôt les points de contact ainsi que les multiples dialogues qui fondent et animent l'espace littéraire, y compris avec l'histoire, la philosophie, la politique, la religion et la géographie ; celles-ci ne sont pas extérieures à la littérature mais font partie intégrante de sa conception et de son histoire, du Moyen Âge jusqu'au vingt-et-unième siècle. La relecture du passé permet toujours d'une certaine façon la lecture du présent, et ce projet cherche à évaluer non seulement ce qui survit de la tradition française à l'intérieur de la discipline des études littéraires françaises, mais aussi à repenser d'une façon plus générale les rapports entre langue (en l'occurrence, la langue française), littérature et culture dans le nouveau millénaire.

French Global s'ouvre volontiers à la perplexité productive qui permet une vision à perspectives multiples. Notre but est de voir la langue (française) et la nation dans leur multiplicité, leurs possibilités multiples. Si nous mettons en question la notion d'une unité homogène du français en tant que langue, littérature et nation (sans parler de « l'esprit universel français »), nous maintenons l'idée *des littératures en français*. Par sa dynamique et sa performativité, la langue française existe à travers les

1 Voir *infra*, p. 371.
2 Voir *infra*, p. 211.
3 Voir *infra*, p. 32.

œuvres littéraires et philosophiques qui ont été créées par des individus dont les origines, les préoccupations et les allégeances diffèrent, et qui se trouvent autant à l'extérieur qu'à l'intérieur des frontières géographiques et politiques du pays connu sous le nom de la France.

ESPACES, MOBILITÉS, MULTIPLICITÉS

Dans ses « Réflexions sur un manuel », Roland Barthes proposait de « retourner le classico-centrisme et de faire de l'histoire de la littérature à reculons [...] ; de la sorte, la littérature passée serait parlée à partir d'un langage actuel et même à partir de la langue actuelle[1] ». Nous avons été tentées, en organisant le plan de ce volume, de suivre la suggestion de Barthes à la lettre et d'arranger les articles dans un ordre chronologique « à reculons », en commençant par la période contemporaine. Mais finalement nous avons préféré reconnaître à la fois les exigences du contemporain et l'irréversibilité du temps[2]. Nous avons donc divisé les articles en trois larges catégories, en les arrangeant *grosso modo* par ordre chronologique à l'intérieur de chacune d'elles. Les articles de la première catégorie traitent principalement d'espaces, dans un sens physique, géographique, voire géométrique – et aussi, quelquefois, dans un sens conceptuel ou métaphorique (concernant les frontières et les réflexions sur celles-ci). Les essais du deuxième groupe traitent surtout de mobilités, c'est-à-dire de mouvements entre espaces et à travers des frontières, accomplis par des pèlerins, des armées, des voyageurs, traducteurs, explorateurs, exploiteurs, par des ethnographes, des aventuriers, ou bien simplement par l'imagination. Les articles du troisième groupe (« Multiplicités »), examinent non seulement les mouvements de

---

1 R. Barthes, « Réflexions sur un manuel », dans *L'Enseignement de la littérature*, *op. cit.*, p. 176-177.

2 Une autre suggestion de Barthes – selon laquelle l'histoire de la littérature devrait être conçue comme l'histoire de *l'idée* de littérature – a été adoptée littéralement par l'équipe française qui a publié une histoire de la littérature française en 2007 et dont le responsable principal était Jean-Yves Tadié. Dans son *avant-propos* à cet ouvrage en deux tomes, Tadié explique que le but de ce projet était de tracer le « concept de littérature » de sa première apparition jusqu'à « sa mise en question dans la seconde moitié du XXe siècle ». Voir *La Littérature française : dynamique et histoire*, Paris, Gallimard, 2007, t. 1, p. 12.

personnes, d'idées, de textes ou d'argent, mais aussi les négociations identitaires compliquées qui résultent de tels déplacements.

Si cette ordonnance semble suggérer une progression – des espaces aux multiplicités, du simple au complexe – telle n'est pas notre intention. En vérité, l'on pourrait démontrer que *tous* les articles traitent, de façons et à des degrés divers, de nos trois catégories : l'espace, la mobilité et la multiplicité figurent, en filigrane, tout au long du livre--avec quelques juxtapositions nouvelles. Si la discussion de Michael Sheringham autour de « géographie et identité » se trouve dans la catégorie « Multiplicités », ou l'analyse de la poésie lyrique du dix-neuvième siècle par Evelyne Ender dans celle d'« Espaces, » il y a là un effet d'arbitraire voulu ; et cela est vrai pour la plupart des autres textes. Le livre présente trois trajectoires possibles et complémentaires, et nous invitons le lecteur à réorganiser les essais selon son imagination ou ses intérêts. Quel que soit l'ordre dans lequel on les lit, nous espérons que ces explorations pourront inspirer d'autres analyses et d'autres travaux au sujet des rapports entre la littérature, les littératures en français – ou en tout autre langue – et le globe.

Pour leur soutien indispensable, nous remercions l'Institut Radcliffe (Radcliffe Institute for Advanced Study), le Département des Langues et Littératures Romanes, et les Fonds Bacon et Potter à l'Université Harvard, ainsi que la Fondation Florence Gould (New York). Pour leur assistance dans la préparation du volume original, nous remercions notre collègue Virginie Greene, ainsi que Sara Kippur et Kathryn Rose ; et pour la préparation de la traduction Violeta Banica, Stefanie Goyette et Paul Renard.

Susan Rubin SULEIMAN
et Christie MCDONALD
Université Harvard
Traduit et revu par les auteures

OUVRAGES CITÉS

BARTHES, Roland, « Réflexions sur un manuel », dans *L'Enseignement de la littérature*, éd. Serge Doubrovsky et Tzvetan Todorov, Paris, Plon, 1971, p. 170-177.

BARRÈS, Maurice, *Scènes et doctrines du nationalisme*, Paris, Félix Juven, 1902.

BHABHA, Homi, « Dissemi/Nation : Time, narrative, and the margins of the modern nation », dans *Nation and Narration*, éd. Homi Bhabha, Londres et New York, Routledge, 1990.

CASANOVA, Pascale. *La République mondiale des lettres*, Paris, Seuil, 1999 [trad. anglaise, *The World Republic of Letters*, trad. par M. B. DeBevoise, Cambridge, Harvard University Press, 2004].

COMPAGNON, Antoine, *La Troisième République des Lettres*, Paris, Seuil, 1983.

DAMROSCH, David, *What Is World Literature ?*, Princeton, Princeton University Press, 2003.

HOLLIER, Denis, « On Writing Literary History », dans *A New History of French Literature*, éd. Denis Hollier, Cambridge, Harvard Univeristy Press, p. XXI-XXV.

Rethinking Literary History : A Dialogue on Theory, éd. Linda Hutcheon et Mario J. Valdès, Oxford, Oxford University Press, 2002.

LANSON, Gustave, *Histoire Illustrée de la Littérature Française*, 2 vol., Paris et Londres, Hachette, 1923.

LANSON, Gustave, « La fonction des influences étrangères dans le développement de la littérature française » [1917], dans Lanson, *Essais de méthode, de critique et d'histoire littéraire*, rassemblés et présentés par Henri Peyre, Paris, Hachette, 1965, p. 89-94.

A New History of French Literature, éd. Denis Hollier, Cambridge, Harvard University Press, 1989.

NISARD, D[ésiré], *Histoire de la littérature française*, Paris, Libraire Firmin-Didot, 1874.

PETREY, Sandy, « Translator's Introduction » [à Barthes, « Reflections on a Manual »], *PMLA*, vol. 112, n° 1, 1997, p. 69-71.

ROBBINS, Bruce, « Comparative Cosmopolitanisms, » dans *Cosmopolitics : Thinking and Feeling Beyond the Nation*, éd. Pheng Cheah et Bruce Robbins, Minneapolis, University of Minnesota Press, 1998, p. 246-265.

TADIÉ, Jean-Yves, « Avant-Propos », dans *La Littérature française : dynamique & histoire*, 2 vol., éd. Jean-Yves Tadié, Paris, Gallimard, Folio essais, 2007, p. 10-23.

VAILLANT, Alain, *L'Histoire littéraire*, Paris, Armand Colin, 2010.

WELLEK, René et WARREN, Austin, *La Théorie littéraire*, trad. par Jean-Pierre Audigier et Jean Gattégno, Paris, Seuil, 1971.

PREMIÈRE PARTIE

ESPACES

WORLDING LE FRANÇAIS MÉDIÉVAL

Que signifie le « français mondial » et quels seraient ses rapports à la littérature mondiale et à la littérature comparée ? Dans la préface à la version anglaise de *La République mondiale des lettres*, Pascale Casanova écrit : « notre inconscient littéraire est surtout national. Nos instruments d'analyse et d'évaluation sont nationaux. En fait presque partout dans le monde l'étude de la littérature s'organise selon des critères nationaux. » Cela dit, le projet qu'elle entreprend vise à « rétablir un point de vue depuis longtemps obscurci par la "nationalisation" des littératures et de l'histoire littéraire, à redécouvrir la dimension transnationale de la littérature, réduite depuis deux cents ans aux frontières politiques et linguistiques des nations[1] ». Cependant, la solution qu'elle trouve est de définir une « république mondiale des lettres » qui date du XVIe siècle et dont la nation reste la catégorie d'analyse privilégiée.

L'espace littéraire international se forma au seizième siècle au moment même où la littérature commença à figurer comme une source de discorde en Europe, pour ne pas cesser de s'élargir et s'étendre depuis. L'autorité et la reconnaissance littéraires et, en conséquence, les rivalités nationales, naquirent avec la formation et le développement des premiers États européens. Limitée auparavant à des aires régionales séparées les unes des autres, la littérature surgit alors comme un champ de bataille commun. L'Italie de la Renaissance, fortifiée par son héritage latin, était la première puissance littéraire reconnue ; ensuite venait la France qui, avec l'essor de la Pléiade au milieu du seizième siècle, proposait un défi à l'hégémonie du latin et à l'avance de l'italien qui produisit une première esquisse provisoire de l'espace littéraire transnational. Vinrent ensuite l'Espagne et l'Angleterre, suivies du reste des pays d'Europe, qui petit à petit entrèrent en compétition en vertu du pouvoir de leurs propres « biens » et traditions.

1 P. Casanova, *The World Republic of Letters*, trad. M. B. DeBevoise, Cambridge, Harvard University Press, 2004, p. IX.

Pour une médiéviste, ce qui frappe au premier abord est le binarisme profond de cette vision de l'histoire littéraire : le XVIe siècle, implicitement opposé à un Moyen Âge anonyme ; l'aspect international du XVIe siècle en contrepoint d'un régionalisme étroit ; l'ascendance du français vernaculaire qui vise l'hégémonie d'une tradition latino-italienne. De plus, il y a un eurocentrisme qui n'est pas interrogé : l'espace littéraire international qui prend forme au moment où la littérature devient « une source de discorde *en Europe* » (je souligne) ; selon ce modèle développemental de l'histoire littéraire, c'est l'Italie qui mène le train, bientôt rattrapée par la France – et par l'Espagne, l'Angleterre « et le reste de...l'Europe » qui font petit à petit leur apparition.

Cet article pose une série de questions liées à la « république mondiale des lettres » et à la notion d'une « littérature-monde en français[1] ». Il propose que toute appréhension de la littérature française médiévale ancrée dans son contexte historique ne peut que rendre plus complexe notre perspective sur le rôle du Moyen Âge dans l'histoire littéraire de la France aussi bien que du français dans l'histoire littéraire de l'Europe, tout en s'ouvrant sur la question de la littérature « européenne » tout court. Le titre, « *Worlding* le français médiéval », rend hommage aux recherches menées dans le domaine du « World Literature and Cultural Studies » à l'Université de Californie à Santa Cruz – un travail collaboratif où le terme « worlding » signifie une « position critique » qui « interrompt et critique une gamme d'imaginaires disciplinaires ». En analysant de cette façon la littérature, ainsi que toute production culturelle, dans son contexte mondial/global, le *worlding* cherche « non seulement à augmenter la représentation des cultures auparavant sous-représentées ou même passées sous silence, mais plutôt à présenter les rapports toujours dynamiques entre cultures dominantes et cultures émergentes dans la spécificité de leurs contextes historiques et économiques[2] ». S'inspirant de cet effort de « refuser la naturalisation au préalable de notre objet d'étude[3] », cet article commence par la question : quels nouveaux apports pourrait fournir une perspective plus

---

1 M. Le Bris et J. Rouaud, *Pour une littérature-monde*, Paris, Gallimard, 2007.

2 C. Connery, « A Worlded Pedagogy in Santa Cruz », dans *The Worlding Project : Doing Cultural Studies in the Era of Globalization*, éd. R. Wilson et C.L. Connery, Santa Cruz, New Pacific Press, 2007, p. 1-2.

3 K. Ross, « The World Literature and Cultural Studies Program », *Critical Inquiry*, n° 19, 1993, p. 671.

« mondialisée » sur le français du Moyen Âge central ? Il s'ensuit trois questions générées par la « mondialisation » de la littérature française : celle de la poétique et la politique de *translatio* dans le roman du douzième siècle ; celle des traces littéraires d'une politique française dans la Méditerranée au treizième siècle ; et celle du système mondial qui sous-tend *La Description du monde* de Marco Polo. Mieux connu aujourd'hui (du moins en anglais) sous le titre « Les Voyages », le choix de ce texte pourrait bien surprendre. Rédigé non pas en italien, comme le pourrait faire croire la « nationalité » vénitienne de son auteur, on le cite souvent comme illustration exemplaire de l'incrédulité et de l'esprit de clocher de l'Europe médiévale – et cela en dépit de ses représentations étendues des centres de commerce en Asie Centrale aussi bien que des richesses de la Chine et des merveilles des Indes. Et pourtant, comme nous aurons l'occasion de le constater, *Le Devisement* exemplifie maintes questions suscitées par le *worlding* des lettres médiévales. Rédigé au tournant du quatorzième siècle « en français mais non pas par un Français » (comme le dit Simon Gaunt), ce texte, dans lequel l'étrange « s'avère parfois curieusement familier », conduit à une interrogation radicale de notre perception du rôle du monde dans l'ancien français tout comme du rôle de l'ancien français dans le monde[1].

LE FRANÇAIS MÉDIÉVAL DANS LE MONDE

Pour le Moyen Âge, la question d'une « littérature-monde en français » exige un premier travail de reterritorialisation qui vise à défamiliariser nos idées reçues en situant l'Europe médiévale dans un système de références bien plus élargi. Selon les perspectives conventionnelles (à en juger par l'organisation des manuels scolaires), l'histoire du Moyen Âge consiste majoritairement en une histoire de l'Europe du nord-ouest – les régions qui au cours des siècles donneront naissance aux États-nations de la France, de l'Angleterre, de l'Allemagne et, en second lieu, des Pays-Bas et de l'Italie. Dans cette optique, le Moyen Âge central et tardif (ca.

1 S. Gaunt, « "La greigneur merveille du monde" : *Marco Polo* and French as a Marker of Cultural Relativity », *French Studies Bulletin*, vol. 27, nº 100, 2006, p. 65, 63-64.

1050-1450) évoque des phénomènes tels que la querelle des Investitures, la conquête de l'Angleterre par les Normands, les Croisades, Magna Carta, l'essor démographique, la renaissance urbaine (aux 12e et 13e siècles), suivi par le déclin (au 14e) : le petit âge glaciaire, le Grand Schisme, la Peste noire, la Guerre de Cent Ans qui dure jusqu'en 1453, date de la prise de Constantinople par les Ottomans, ce qui nous mène au seuil de l'époque moderne. Parmi les personnages clés de l'histoire ainsi conçue on pourrait évoquer Henri II Plantagenêt, Thomas Becket, Abélard et Héloïse, Saint François d'Assise, Thomas d'Aquin, Saint Louis IX, Dante et Pétrarque, premier « homme moderne[1] ». Pour l'histoire culturelle on pourrait citer la transition du style roman au style gothique et de l'épopée au roman courtois, l'humanisme du XIIe siècle et la « découverte de l'individu » ; la Scholastique, Dante, et (encore !) Pétrarque ; dans le domaine des lettres en français, la *Chanson de Roland*, les *Lais* de Marie de France et les romans de Chrétien de Troyes ; la poésie des trouvères (qui prend le relai de celle des troubadours), les fabliaux, la littérature « bourgeoise » d'Arras au treizième siècle, l'allégorie (dans les deux parties du *Roman de la Rose*), les grands cycles arthuriens en prose, pour finir avec Guillaume de Machaut et Christine de Pizan, auteurs qui – enfin ! – surgissent du flou de l'histoire comme de vrais personnages historiques, ou presque.

Dans la longue durée de l'histoire mondiale, par contre, l'Occident médiéval resta sur les marges de la tradition des grands empires qui régnait depuis longtemps dans la Méditerranée orientale, la Syrio-Mésopotamie et l'Iran[2]. Dans *L'Eurocentrisme* Samir Amin, théoricien de la politique, réenvisage l'Occident médiéval en tant que forme périphérique d'un système tributaire régional centré sur la Méditerranée orientale ; l'historien Richard Bulliet, pour sa part, invente l'expression provocatrice « la civilisation islamo-chrétienne » pour signaler « l'entrelacement prolongé et crucial de sociétés sœurs qui jouissent de la souveraineté

1 Pour une analyse de la place de Pétrarque dans la généalogie de la modernité en ce qui concerne le concept de l'auteur, voir S. G. Nichols, « The Medieval "Author" : An Idea Whose Time Hadn't Come ? », dans *The Medieval Author in Medieval French Literature*, éd. V. Greene, New York, Palgrave Macmillan, 2006, p. 79-83 ; pour la place de Pétrarque dans le discours colonial, voir J. Dagenais et M. R. Greer, « Decolonizing the Middle Ages : An Introduction », *Journal of Medieval and Early Modern Studies*, vol. 30, n° 3, 2000, p. 433-437.

2 G. Fowden, *Empire to Commonwealth : Consequences of Monotheism in Late Antiquity*, Princeton, Princeton University Press, 1993, p. 14.

dans des régions géographiques voisines et suivent des trajectoires historiques parallèles[1] » – la Chrétienté latine et l'Islam comme « deux versions d'un système socio-religieux commun ».

Dans cette optique, centrer le regard sur le Moyen Âge européen, c'est raconter l'histoire des marges – un changement de perspective lourd de conséquences pour la formulation de l'histoire médiévale en général et l'histoire littéraire de l'ancien français en particulier. Dans cette perspective, des lieux tels que l'Ibérie (chrétienne aussi bien que musulmane) ; les quatre républiques maritimes italiennes (Amalfi, Pise, Venise et Gênes) ; les États latins d'Orient et l'empire byzantin ; des royaumes insulaires tels que la Sicile ou Chypre, typiquement relégués aux marges de l'« Europe médiévale » du coup se voient transformés en points privilégiés d'accès à une sphère politique et culturelle méditerranéenne dont les racines sont à repérer dans l'Asie occidentale. Des événements clés dans l'histoire d'une Europe ainsi déterritorialisée comprendraient la prise de Jérusalem par les croisés en 1099, ville reconquise par les Musulmans en 1187 ; la prise de Constantinople par les Latins en 1204, reprise par les Grecs en 1261 ; les Vêpres siciliennes de 1282 (qui ont déclenché ce qu'un historien a été amené à appeler la « Guerre de Deux Cents Ans » entre l'Empire et la papauté ; et la prise de Saint-Jean d'Acre par les Mamelouks en 1191[2]. Quelques personnages saillants : Roger II de Sicile, Saladin, l'empereur Frédéric II, Charles d'Anjou ; et des phares littéraires et culturels tels que Ibn Hazm, Ibn Rushd (Averroès), Maimonide, Boccace, et Ibn Khaldun. Les deux histoires ne s'excluent guère : Saint François d'Assise, qui en 1219 rendit visite au sultan d'Égypte al-Kamil (neveu de Saladin) dans un effort infructueux de le convertir au Christianisme ; ou Saint Louis, le roi pieux qui passa six ans en Méditerranée orientale (1248-1254) et qui mourut en 1270 au cours d'une croisade, également infructueuse, à Tunis ne sont que deux exemples de l'interface entre l'« Europe médiévale » des manuels scolaires et une Méditerranée reterritorialisée. En entamant l'exploration de la longue histoire d'« un réseau de connexions qui met l'accent sur les différences à la fois à l'intérieur d'une langue ou d'une

1 R. W. Bulliet, *La Civilisation islamo-chrétienne : Son passé, son avenir*, trad. Paul Chemla, Paris, Flammarion, 2006, p. 20 et 26.

2 Sur la « Guerre de Deux Cents ans », voir D. Abulafia, *The Western Mediterranean Kingdoms, 1200-1500 : The Struggle for Dominion*, Londres, Longman, 1997, p. XIII.

nation et entre elles », on ne pourrait guère trouver un meilleur point de départ que le Moyen Âge francophone. De prime abord, au moment de l'apparition de la littérature française vernaculaire au début du XIIe siècle, « la France » n'avait rien à voir avec l'Hexagone tel qu'il s'est constitué par la suite : le territoire du Roi de France ne dépassait guère l'Île de France ; au sud de la Loire on parlait occitan ; et le souverain francophone le plus puissant était le roi d'Angleterre. Nos premiers textes – entre autres la *Chanson de Roland* et le *Voyage de Saint Brendan* – furent composés non pas en dialecte parisien mais en anglo-normand (voir le chapitre 11). Cultivé en dehors de l'État-nation qui finalement donna son nom à la langue comme à la littérature, l'ancien français est extraterritorial avant la lettre, et cela pendant la plupart du XIIe siècle, comme le prouvent des textes tels que les romans d'antiquité, les *Lais* de Marie de France, ou les *Tristan* de Béroul et de Thomas. À partir de ce début précoce, le vernaculaire français s'épanouit bien rapidement ; des traductions du roman arthurien, par exemple, font leur apparition en moyen haut-allemand dès les années 1170 dans les principautés du Bas-Rhin situées dans la région autour de Limbourg et de Maastricht[1], région qui, alors comme de nos jours, formait un pont – politique, culturel, et linguistique – entre des sphères françaises et allemandes. De même, la matière épique se rend en vieux norrois au XIIIe siècle. Si on parlait d'une république mondiale des lettres au XIIe siècle, la capitale en serait non pas Paris, mais la francophonie toute entière.

À ce stade précoce, l'ancien français était donc le mieux développé et le plus prestigieux des vernaculaires européens de la Méditerranée médiévale. Selon une tradition, Saint François d'Assise, compositeur de l'un des premiers poèmes en italien vulgaire, le célèbre « Cantique des créatures » (c. 1225), devait son surnom, François, à sa prédilection pour des vers en français, la langue de ses expressions émotives les plus intimes[2]. Le statut du français comme le vernaculaire le plus prestigieux de l'Europe latine atteignit son apogée dans la deuxième moitié du XIIIe siècle, époque à laquelle il devint la langue de préférence notamment des Italiens tels que Brunetto Latini, Martin da Canal, et,

---

1 A. M. Rasmussen, « Medieval German Romance », *The Cambridge Companion to Medieval Romance*, éd. R. L. Krueger, Cambridge, Cambridge University Press, 2000, p. 184.

2 J. Le Goff, *Saint François d'Assise*, Gallimard (Bibliothèque des histoires), Paris, 1999, p. 49.

un exemple auquel nous reviendrons, Marco Polo et Rustichello de Pise[1]. C'est en ancien français que furent composées *La Fleur des histories de la terre d'Orient*, rédigée par le prince arménien Hetoum (Hayton) et présentée au pape Clément IV en 1307, aussi bien que *La Geste des Chiprois*, une histoire de Chypre en trois parties, rassemblée par un « Templier » anonyme « de Tire ». Que cet essor soit dû à la beauté de la langue elle-même, à l'espoir de captiver un public international, ou au désir d'attirer l'appui politique d'un public français, le choix de ces auteurs en dit long sur l'envergure de l'ancien français comme langue vernaculaire en Méditerranée.

LE ROMAN : LA POÉTIQUE ET LA POLITIQUE DE *TRANSLATIO*

Au début du treizième siècle, le poète Jean Bodel divisa les œuvres contemporaines en trois « matières » qui correspondaient aux trois étapes du développement d'une littérature en langue française au siècle précédent. Parmi elles, la « matière de France » signalait la tradition épique qui se constitua autour de l'histoire légendaire de Charlemagne tandis que la « matière de Bretagne » se constitua autour des récits celtiques et arthuriens remaniés par des auteurs comme Chrétien de Troyes, Béroul, et Marie de France. La troisième matière, celle de Rome, renvoyait aux romans d'antiquité – des textes tels que les *Romans de Troie*, *de Thèbes* et *d'Alexandre* – qui « traduisaient » les légendes classiques du latin en français vernaculaire, en adaptant librement aussi bien le ton que la thématique aux nouveaux goûts courtois et chevaleresques de leur public aristocratique. On pourrait citer à titre d'exemple le roman d'*Enéas* qui tout en remaniant l'épopée virgilienne – les aventures d'Enéas de la prise de Troie à la fondation de la ville de Rome – met en récit le *topos* de la *translatio imperii*, la « traduction » historique de l'empire. Quelques années plus tard, dans le prologue à son roman « byzantin » *Cligès* (ca. 1177-1180), le romancier Chrétien de Troyes conjoignit le trope de *translatio imperii* à celui de *translatio studii*. Vision de la migration historique de l'hégémonie politique et intellectuelle, ces *topoi* jumelés anticipent la

1 Sur l'emploi du français par des écrivains italiens, voir ci-dessous, chapitre 21.

mise en intrigue de la « civilisation occidentale » comme transmission linéaire de la Grèce à Rome en Occident :

> Ce nos ont nostre livre apris
> Que Grece ot de chevalerie
> Le premier los et de clergie,
> Puis vint chevalerie a Rome
> Et de la clergie la somme,
> Qui or est en France venue. (30-35)
>
> « Voici ce que nous ont appris nos livres : la Grèce fut, en chevalerie et en savoir, renommée la première, puis la vaillance vint à Rome avec la somme de la science, qui maintenant est venue en France. »

Après avoir manifesté le souhait que « la somme » de *clergie* reste en France, Chrétien nous explique :

> Dex l'avoit as altres *prestee*,
> Que des Grezois ne des Romains
> Ne dit en mais ne plus ne mains,
> D'eus est la parole remese
> Et esteinte la vive brese. (30-44, je souligne)
>
> « Dieu l'avait *prêtée* aux autres, car quant aux Grecs et aux Romains, le chapitre est clos désormais. On a cessé de parler d'eux, elle est éteinte, leur vive braise. »

Mais si le prologue met la France au centre du monde politique et culturel, le roman proprement dit sape de manière rusée cette affirmation de l'hégémonie par des mentions, éparpillées et apparemment gratuites, de lieux méditerranéens tels que Tolède et Tudèle, Césarée, Candie, Antioche et Almérie. Dans la deuxième moitié du 12e siècle, Tolède était le grand centre des traductions de la science et de la philosophie grecques de l'arabe en latin. L'érudit anglais Daniel de Morley entreprit un pèlerinage intellectuel à Paris ; mais, rapidement déçu par le niveau d'érudition qu'il y trouva, il continua sa route jusqu'à Tolède, attiré par la réputation de celle-ci pour la *doctrina Arabum*. De retour en Angleterre, de Morley se déclara largement satisfait et stimulé par ce qu'il y avait trouvé[1] ; autrement dit, pour celui qui s'intéressait vraiment à la *translatio studii*, les lignes de transmission de l'érudition de

1 Bien que moins connues aujourd'hui, Tudèle et Antioche, les deux autres villes citées dans *Cligès*, étaient des centres de traduction de l'arabe et du grec, respectivement. Voir

la Grèce antique passaient non pas par Rome et Paris, mais par Tolède et Tudèle. Pour un public connaisseur, ces mentions, désinvoltes mais récurrentes, de noms de villes méditerranéennes mettent en question de manière on ne peut plus subtile la vision du progrès triomphal de la civilisation articulée par Chrétien dans son prologue.

Ces allusions à la Méditerranée médiévale évoquent à leur tour les textes qui figurent peu dans les programmes modernes de la littérature française médiévale et qui échappent à la taxonomie tripartite que nous offre Jean Bodel. Pris dans leur ensemble, ces textes, qui rappellent le roman hellénistique, suivent des routes maritimes en passant par des lieux méditerranéens réels et fantasmés, constituent peut-être un quatrième genre, celui de « matière de la Méditerranée ». Ainsi *Floire et Blancheflor*, composé aux alentours de 1150, c'est-à-dire contemporain des premiers romans d'antiquité, raconte les amours de deux adolescents – un prince de l'Espagne sarrasine et une esclave chrétienne, qui, nourris ensemble, sont non seulement inséparables mais presqu'identiques, d'une ressemblance qui évoque « l'entrelacement [...] crucial des sociétés sœurs » de la civilisation « islamo-chrétienne » telle que Richard Bulliet nous la décrit[1]. Angoissé par l'obsession que manifeste son fils pour Blancheflor, le père de Floire la vend à des marchands en provenance de Babylone (le Caire médiéval). En récompense, il reçoit une coupe merveilleuse gravée de scènes de la guerre de Troie, que nous décrit le narrateur dans un ordre qui va à l'encontre de la chronologie ; commençant par la prise de Troie et finissant avec le jugement de Pâris, il évoque le monde historico-littéraire des romans d'antiquité mais à l'envers, comme pour mettre en cause son caractère historique inévitable. Cette interruption des voies de la *translatio* est dédoublée par les déplacements de la coupe elle-même : amenée par Énée de Troie en Lombardie et transmise par la suite à César, terminant ainsi la première étape de la *translatio* et de la migration vers l'Occident, pour retomber ensuite, sans explications, dans les mains des marchands de Babylone qui, on l'a vu, la transportent de l'Europe latine vers l'Espagne sarrasine. Dans la suite du récit, Floire se déguise en marchand pour sauver Blancheflor du sérail du sultan de Babylone et l'épouser. Suite à la mort de son père, le couple revient

S. Kinoshita, « Chrétien de Troyes's *Cligès* in the Medieval Mediterranean », *Arthuriana*, n° 18, 2008.

1 Bulliet, *La Civilisation islamo-chrétienne*, p. 20.

en Espagne où Floire se convertit au Christianisme par amour pour sa nouvelle épouse. Dans *Floire et Blancheflor*, la Méditerranée, plutôt que l'espace de *translatio*, se présente comme une Méditerranée mercantile caractérisée par le commerce, la conversion, et le contact entre Chrétiens et Sarrasins.

À partir des dernières années du 12e siècle, quelques romans peu connus manifestent une fascination pour la monarchie sicilienne et lui attribuent des qualités exotiques ou merveilleuses. Dans *Floriant et Florete*, un chevalier anonyme de la cour du roi Arthur s'avère être Floriant, protégé de Morgane le Fay et fils du roi évincé de Sicile, de Calabre et des Pouilles. Sa campagne pour reprendre son royaume et libérer sa mère captive, menée avec l'aide du roi Arthur, est ponctuée par une liaison secrète avec Florete, fille de l'Empereur de Constantinople. Dans un pêle-mêle de motifs épiques et arthuriens, on assiste au cours du roman à leur avènement sur les trônes de la Sicile et de Constantinople, avant qu'ils ne disparaissent dans une retraite au château enchanté de Morgane. Dans un autre roman, *Guillaume de Palerne*, le protagoniste titulaire – fils du roi des Pouilles et de la fille de l'empereur de Constantinople – est enlevé par un loup-garou, qui se révèle par la suite être le fils du roi d'Espagne, ensorcelé par une marâtre malveillante. De telles œuvres attirent notre attention sur le pouvoir qu'exerce la Méditerranée sur l'imaginaire littéraire en ancien français.

L'EXPANSION DU FRANÇAIS DANS LA MÉDITERRANÉE AU 13e SIÈCLE

Mieux connu comme l'ère de la Scolastique et de Saint Louis, le treizième siècle témoigna également d'une politique française en pleine expansion dans l'aire méditerranéenne – un phénomène lourd de conséquences pour le développement de l'histoire de la littérature en ancien français. Le règne prolongé du roi-saint Louis IX (1226-1270) se scinda en un séjour étendu en Égypte et à Acre lors de la Septième Croisade (1248-1254) et la campagne de Tunis, désastreuse, qui lui coûta la vie. Parmi les traces laissées par ces événements historiques dans les lettres françaises on pourrait citer en premier lieu la *Vie de Saint Louis*, récit hagiographique composé en prose vernaculaire par Jean de Joinville, fidèle serviteur et compagnon du roi. Plus connu parmi les historiens que les historiens de la littérature, ce texte continue à résonner dans le monde moderne – comme dans la réflexion aiguë d'Aimé Césaire selon laquelle « l'honnête contemporain de saint Louis, qui combattait mais respectait l'Islam, avait meilleure chance de le *connaître* que nos contemporains même frottés de littérature ethnographique qui le méprisent[1] ».

Le règne de Louis et de ses successeurs apporta également l'intensification de la politique capétienne dans la péninsule ibérique, signalée par les mariages dynastiques de son fils Philippe III le Hardi à Isabelle, fille de Jacques Ier « le Conquérant » d'Aragon, et de sa sœur Blanche à Fernando de la Cerda, héritier présumé du roi Alphonse X de Castille. L'une des conséquences de ce dernier mariage fut la campagne infructueuse menée par Philippe en 1276 pour obtenir le trône de Castille pour son neveu. Dans le monde des lettres, Adenet le Roi, auteur de chansons de geste telles que *Berte aux grans piés*, *Beuvon de Commarchis* et *Les enfances Ogier*, prétendait recevoir de la princesse Blanche, de retour en France à la suite de la mort prématurée de son mari castillan et de sa belle-sœur, la reine de France, la matière de son roman *Cléomadès* – récit merveilleux qui tourne autour du fils d'un roi d'Espagne et de son cheval volant, et qui, selon un érudit, tirerait son inspiration d'un des contes des *Mille et une nuits*[2]. Des liens avec la Castille sont également évidents dans le *Liber de Kalila et Dimna*, traduit en latin au début du quatorzième siècle à l'instigation de Jeanne de Navarre, reine de France, à partir de la version en castillan, rédigée à la cour d'Alfonso X au milieu du treizième siècle. Récit-cadre, résultat d'une longue chaîne de transmission du sanscrit, à travers le persan et l'arabe, en castillan, il représentait « un effort intéressant de juxtaposer, sinon assimiler, deux sources de la sagesse qui provenaient de deux cultures, l'une orientale, l'autre de l'antiquité[3] ».

---

1 A. Césaire, *Discours sur le colonialisme*, Paris, Présence africaine, 1989, p. 52 (c'est Césaire qui souligne).

2 M. Munroe Boland, *Cleomadés : A Study in Architectonic Patterns*, University of Mississippi, Romance Monographs, 1974, p. 31-32.

3 M.-H. Tesnière, « *Liber de Kalila et Dimna* », *Creating French Culture : Treasures from the Bibliothèque nationale de France*, éd. M.-T. Tesnière et Prosser Gifford, New Haven, Yale University Press, 1995, p. 54.

Tout aussi importante dans l'histoire littéraire du français fut la longue carrière en Méditerranée de Charles d'Anjou, frère benjamin de Saint Louis. Dès son mariage, en 1246, à la comtesse Béatrice de Provence, Charles s'intéressa d'une manière active et progressivement plus agressive aux affaires méditerranéennes. Dans son *sirventes* (poème à thématique politique) « Ges, per malvastat qu'er veya », le troubadour toulousain Guilhem Montanhagol contesta la « déloyauté » des Provençaux en acceptant Charles comme seigneur et exhorta le roi d'Aragon et d'autres princes à résister à l'incursion des « Français » (Frances)[1]. En 1264, le pape français Clément IV, dans son effort d'évincer les Hohenstaufen de l'Italie méridionale, nomma Charles roi de Sicile ; pendant les préparations pour la revendication de cette concession, le trouvère Rutebeuf – poète à multiples facettes, connu pour ses vers hagiographiques, satiriques et polémiques – composa deux poèmes, la « chanson » et le « dit de Pouille », pour promouvoir la campagne pour le trône sicilien. L'année suivante à Bénévent, Charles vainquit son rival Manfred, fils illégitime de l'empereur Frédéric II, qui mourut sur le champ de bataille.

Dès son avènement, Charles adoptait la Méditerranée comme théâtre de ses ambitions politiques et ses intérêts économiques. Les marchands provençaux en bénéficiaient en transbordant le coton de la Sicile par Marseille aux ports du Maghreb tels que Bougie, Ceuta, Oran, Tunis, Ténès, d'un côté, et vers le nord aux foires de Champagne, de l'autre. Quand Charles s'acheta le titre « roi de Jérusalem », les marchands provençaux s'établirent en Acre, port d'Outremer[2]. Après avoir transféré sa capitale de Palerme à Naples, Charles visa alors la Méditerranée orientale : la Morée franque tout comme Constantinople elle-même. *L'Estoire de Venise* de Martin da Canal – histoire chauviniste de la ville, rédigée en français en mettant l'accent sur le rôle décisif joué par les Vénitiens dans la prise de Constantinople par les Croisés en 1204 – avait pour but, a-t-on récemment suggéré[3], de persuader Charles d'entreprendre une

1 *Écrivains anticonformistes du moyen âge occitan : hérétiques et politiques*, éd. R. Nelli, Paris, Éditions Phébus, 1977, p. 298-303.

2 P. Guiral et P. Amargier, *Histoire de Marseille*, Paris, Mazarine, 1983, p. 66 ; M. Fennell Mazzaoui, *The Italian Cotton Industry in the Later Middle Ages, 1100-1600*, Cambridge, Cambridge University Press, 1981, p. 32-33.

3 S. Baffi, « Martino da Canale ; Motivations politiques et choix linguistiques », *De Marco Polo à Savinio : Écrivains italiens en langue française*, éd. F. Livi, Paris, Presses de l'Université de Paris-Sorbonne, 2008, p. 35-40.

nouvelle « croisade » contre la capitale byzantine, (re)prise par l'empereur Michel VIII Paléologue en 1261.

Au troisième quart du treizième siècle, une allégeance familiale et un engagement en commun envers la papauté dans sa rivalité avec l'Empire forgeaient une forte alliance franco-angevine. C'est Charles, dans son enthousiasme à réaffirmer la domination historique de la Sicile sur le littoral nord-africain, qui dirigea la Huitième Croisade de 1270 vers la Tunisie plutôt que vers l'Égypte mamelouke. Traversant le royaume sicilien du nord au sud, des nobles comme Robert II d'Artois, neveu du roi Charles, et Gui de Dampierre, comte de Flandre, amenèrent dans leur entourage des poètes comme Adenet le Roi (l'auteur, on l'a vu, de *Cléomadès*) et l'Arrageois Adam de la Halle (compositeur de chansons et auteur des pièces théâtrales séculaires comme *le Jeu de la feuillée*. (À Naples, Adenet aurait obtenu la traduction en français du traité sur la fauconnerie composée par l'empereur Frédéric II aussi bien que la matière de plusieurs nouvelles compositions). Tandis que la maladie coûta la vie au roi Louis et à d'autres membres de la famille royale, Charles procura des accords avec le sultan de Tunis qui garantissaient les privilèges commerciaux et rétablit le tribut qu'avaient reçu ses prédécesseurs siciliens.

En 1282, à la suite de la révolte connue sous le nom des Vêpres siciliennes, Charles perdit la Sicile, dont la seigneurie passa au roi aragonais Pierre III (époux de Constance, fille de Manfred) ; la guerre qui s'ensuivit toucha la France, les Pays-Bas, la péninsule des Balkans, l'Afrique du nord, l'Empire, et l'Angleterre – remaniant la politique méditerranéenne jusqu'au siècle suivant. (Dans la *Vie de Saint Louis*, Charles est décrit comme « conte d'Anjou, qui puis fu roy de Cezile » sans mention des Vêpres[1].) En 1282 et après la mort de Charles en 1285, son neveu Robert d'Artois se déplaça à Naples pour stabiliser la domination angevine sur l'Italie méridionale continentale. C'est lors d'un de ces séjours qu'Adam de la Halle composa « Le Roi de Sicile », qui faisait l'éloge de Charles d'Anjou en 378 vers, aussi bien que *Le Jeu de Robin et de Marion*. Trop souvent passées sous silence dans l'historiographie de tendance nationale, la vie et la carrière politique de Charles d'Anjou constituent un moment clé autour duquel rassembler une histoire littéraire future de la Méditerranée francophone.

1 Jean de Joinville, *La Vie de Saint Louis*, éd. et trad. J. Monfrin, Paris, Librarie générale française, 2002, §§108, p. 200.

AVANT L'HÉGÉMONIE DE L'EUROPE : LE *WORLDING* DE MARCO POLO

Le texte aujourd'hui connu (du moins dans le monde anglophone) sous le titre *Les Voyages de Marco Polo* fut composé à Gênes en 1298, fruit de la collaboration entre deux prisonniers : Marco Polo, marchand vénitien récemment revenu de deux décennies passées au service du grand Qubilai Khan, et Rustichello de Pise, auteur d'un roman arthurien qui s'intitule *Méliadus*. Malgré leurs nationalités d'origine, les deux auteurs confectionnèrent le texte non pas en italien (qui n'était à l'époque qu'une langue naissante) mais en français, ou plutôt en franco-italien – cette *koiné* littéraire associée à une tradition, florissante au Moyen Âge tardif, des chansons de geste composées ou recopiées par des italiens. Ce texte, qui est l'un des rares textes médiévaux à avoir joui d'un public continu depuis le Moyen Âge jusqu'à nos jours[1], s'intitulait dans les premiers manuscrits *Le Devisement du monde* (BNF fr. 5631 [Ms.A1]), *Le Livre du Grand Caam* (British Library Royal 19 D1 [ms. B1]), et *Le Livre des merveilles*, comme c'est le cas dans BNF fr. 2810 [A2] – le manuscrit de luxe offert au bibliophile Jean de Berry par son neveu, le duc de Bourgogne Jean sans Peur. Ces titres variés reflètent une polysémie générique et culturelle qui suggère à son tour de nouvelles stratégies en ce qui concerne le *worlding* de la littérature française médiévale : élargir le champ des congénères – ces œuvres contemporaines qui constituent le « champ de force linguistique et narratif » susceptible d'illuminer ses significations historiques en fonction de leur « ressemblances profondes, indépendamment de toute influence présumée[2] » – afin d'ouvrir de nouvelles voies d'interprétation.

Le titre *Livre des merveilles* situe notre texte dans deux traditions, liées mais distinctes, de la mise en récit des connaissances et des expériences d'un orient exotique de la part des Occidentaux. La première, d'une longue généalogie qui puisait ses racines dans l'antiquité, transmise au

1 S. Gaunt, « "La Greigneur Merveille du monde" : *Marco Polo* and French as a Marker of Cultural Relativity »,*French Studies Bulletin*, n° 100, 2006, p. 65

2 P. Hulme, *Colonial Encounters : Europe and the Native Caribbean 1492-1797*, London, Routledge, 1992, p. 92-94.

Moyen Âge latin à travers l'*Histoire naturelle* de Pline, comprenait des descriptions des « races monstreuses » et d'autres « merveilles » destinées à réapparaître dans le programme iconographique (bien qu'absentes du récit lui-même) des manuscrits tels que BNF fr. 2810. De cette perspective, l'analogue le plus proche est peut-être *Le Livre des merveilles du monde* de Jehan de Mandeville – composé, comme *Le Devisement du monde*, en français (mais en anglo-normand plutôt que franco-italien) – dont la transmission s'avère bien plus complexe que celle du texte de Marco Polo. La deuxième tradition résulte du moment historique situé au cœur de l'étude phare de Janet Abu-Lughod, *Before European Hegemony* : ce siècle remarquable, ca. 1250-1350, quand les centres urbains de la Flandre, de la Champagne, et de l'Italie du nord constituaient autant de nœuds d'un « système mondial » précapitaliste pan-euroasiatique, dans une large mesure le résultat de la *pax mongolica* produite par l'ascension fulgurante de l'Empire de Chinggis Khan et de ses successeurs[1]. Vu dans cette perspective, le texte de Marco Polo rejoint des récits de voyages comme ceux des Franciscains Jean de Plan Carpin et Guillaume de Rubrouck qui dans les années 1240 (dans le cas du premier) et 1250 (du second), entreprirent des expéditions jusqu'au khan des Mongols sur l'ordre du pape et du roi de France, respectivement, et revinrent pour rédiger un rapport sur ce qu'ils avaient appris de l'histoire et des coutumes bizarres de ce peuple perçu à la fois comme une menace et une merveille.

Pour les Occidentaux, le voyage de Marco Polo (tout comme ceux de Jean de Plan Carpin et Guillaume de Rubrouk) ne pouvait que revêtir l'aspect d'une aventure exceptionnelle, sa rencontre avec le Grand Khan, les richesses de la Chine et les merveilles de l'Inde constituant des éléments clés dans l'expansion de l'imaginaire géographique européen. Cependant, dans les scènes de contact culturel, la merveille – tout comme la beauté – est affaire de goût. Ainsi les mangonneaux et le trébuchet que les Polo prétendent avoir fait construire pour l'armée du Grand Khan à Sianfu étaient pour les Mongols « la greignor mervoille dou monde » (46 :14). D'un point de vue occidental, Simon Gaunt le souligne, ces machines de guerre n'ont rien de remarquable ; il s'ensuit

---

1 Pour Abu-Lughod, le Moyen Orient, qui relie la Méditerranée orientale à l'océan Indien, constitue le « pivot géographique » du système. J. L. Abu-Lughod, *Before European Hegemony : The World System A.D. 1250-1350*, New York, Oxford University Press, 1989, p. 12.

donc que « les merveilles de l'Orient sont peut-être, elles aussi, parfaitement compréhensibles : naturelles plutôt que surnaturelles à condition, bien sûr, de détenir le savoir, l'expérience et les connaissances requis[1] ».

Tel est le cas, pourrait-on suggérer, de Marco Polo lui-même. Quelle que soit la fascination qu'exercent son récit et ses voyages aux yeux des lecteurs occidentaux, vus d'au-delà des frontières de l'Europe latine, ils revêtent des aspects différents, accessibles à travers les titres variés des différents manuscrits, de prime abord, *Le Livre du Grand Khan*. Dans cette optique, la « merveille » centrale du récit est Qubilai Khan lui-même, dans les passages étendus consacrés à sa cour et à ses exploits. Au chapitre 76, par exemple, on lit que le Grand Khan est

> le pius poisant homes de jens et de teres et de treçor que unques fust au monde, ne que orendroit soit, da Adam notre primer pere jusque a cestui point. Et ce voç mostrerai je tout apertamant en nostre livre...que il est le greignor sire que unques fust au monde, ne que orendroit soie[2].

Dans la littérature française du Moyen Âge, on a l'habitude des superlatifs qui s'expriment par la comparaison : Alexandre le Grand est souvent le roi contre lequel se mesuraient tous les autres et dans le *Roman d'Alexandre* d'Alexandre de Paris (milieu du douzième siècle), même Jules César rend hommage au protagoniste qui avait conquis les Arméniens, les Perses, les Syriens, les Indiens, les Africains, les Égyptiens, les Babyloniens, et les Tyriens comme « tous li mieudres des princes terrïens » (I.5.04)[3].

Dans le *Devisement*, par contre, Alexandre et César, Arthur et Charlemagne disparaissent devant le spectacle du Grand Khan, qui constitue tout un univers à lui seul.

Cette description du pouvoir absolu et de la splendeur du khan sert comme une sorte de pivot culturel susceptible de convoquer une autre série de congénères insolites. Quatre décennies avant la composition du *Devisement*, un chroniqueur avait esquissé ce portrait du grand-père de Qubilai, Chinggis Khan :

> En ce qui concerne la sagesse et l'intelligence, Dieu Tout-Puissant distingua Chingiz-Khan de tous ses contemporains et en matière de la vivacité

1 Gaunt, « La Greigneur merveille du monde », *op. cit.*, p. 65.

2 Marco Polo, *Milione. Le divisament dou monde. Il Milione nelle redazioni toscana e franco-italiana*, éd. G. Ronchi, Milan, Mondadori, 1982, §76, p. 2-3.

3 Référence aux numéros de branche, de laisse, et de vers.

> intellectuelle et du pouvoir absolu l'exalta sur tous les rois du monde ; ainsi que tout ce qu'on rapporta sur le puissant Chosroès d'autrefois et tout ce qui s'écrit sur les coutumes et les usages des pharaons et des césars a été inventé par Chingiz-Khan de la page de son propre esprit sans l'effort d'examiner les archives ou la peine de se conformer à la tradition....Et en effet Alexandre... s'il avait vécu à l'ère de Chingis-Khan, aurait été son élève en ce qui concerne l'astuce et l'ingéniosité[1].

Cet extrait est signé Juvaini, fonctionnaire perse au service de Hülegü, frère cadet de Qubilai, conquérant de Bagdad (1258), l'Ilkhan de Perse ; le texte dont il provient est *L'Histoire du conquérant du monde*, composée à la fin des années 1250. Dans cet extrait Alexandre et César représentent toujours la norme qui fait valoir l'étendue sans précédent du pouvoir du Grand Khan et seule la mention de Chosroès – le roi sassanide Khorsos I (531-579), dont le règne se constituait dans la mémoire historique comme un âge d'or du pouvoir politique et culturel perse – trahit l'origine iranienne du texte. Par ailleurs, l'étendue sans précédent du pouvoir mongol constitue un système de référence commun au chroniqueur perse et au marchand vénitien ; comme nous le signale Marco Polo : Qubilai c'est « le greignor e le plus poisant » de tous les khans mongols, de sorte que tous les empereurs du monde, tous les rois chrétiens et sarrasins « ne aront tant pooir ne poroient il fair tant come cestui Cublai grans can poroit il fair » (n'auraient [ensemble] tant de pouvoir ni ne pourraient faire autant que pourrait faire ce Grand Khan Cublai) (69 : 1-2).

En même temps, le titre « livre du Grand Khan » recèle une ambiguïté fortuite : d'un côté, on a affaire à un récit *sur* le pouvoir sans précédent du grand Qubilai, qui commande l'attention en tant qu'objet de merveille ; d'un autre, c'est d'une certaine manière le livre qui *appartient* au Grand Khan, qui dans un sens en était le premier destinataire. Comme Rustichello nous le rapporte, c'était pour satisfaire la curiosité de Qubilai que Marco avait commencé à enregistrer les spécificités des lieux qu'il visitait. Son récit se qualifie de « livre du Grand Khan » au même titre que le *Kitab Nuzhat al-mushtaq fi-khtiraq al-afaq* (*Le Livre de voyages agréables aux terres lointaines*), manuel géographique composé par al-Idrisi au milieu du douzième siècle, et mieux connu comme le

1 Ala al-Din Ata-Malik Juvaini, *The History of the World Conqueror*, éd. M. M. Qazvini, trad. J. A. Boyle, Manchester, Manchester University Press, 1958, p. 23-24.

Kitab Rujar (*Livre de Roger*) d'après le nom de son mécène, le roi normand Roger II de Sicile. De même qu'al-Idrisi nous présente l'exemple d'une œuvre en arabe rédigée par un érudit maghrébin contre toute attente pour un roi chrétien d'Occident, de même *Le Livre du Grand Caam*, dans lequel Marco Polo décrit le monde au-delà de la Méditerranée orientale « à travers une langue qui lui est étrangère (et pourtant familière), une langue qui signifie en soi une ouverture envers l'autre et le voyage[1] », exemplifie le cosmopolitisme surprenant d'un empire mondial des lettres avant l'hégémonie de l'Europe.

Par contre, le troisième titre, *Le Devisement du monde*, celui des tout premiers manuscrits, met en relief les passages les plus banals, les moins susceptibles d'attirer l'attention du lecteur moderne. Dans de longs chapitres consacrés aux villes et aux routes de la Perse et de l'Asie Centrale, Marco Polo enregistre – d'une manière parfois marquée par une répétition abrutissante – les traits d'un endroit après l'autre, définis par des variables telles que la langue, la forme du gouvernement, la religion et les coutumes des habitants aussi bien que les marchandises typiques du lieu. Les descriptions les plus vives s'attachent comme on pourrait s'y attendre à des lieux exceptionnels :

> [E]t sour la rive [de la mer osiane] ha une cité que est apelés Cormos, le quel a port. Et voç di que les mercaant hi vient de Yndie con leur nes, hi aportent de toutes especeries et pieres presieuses et perles et dras de soie et d'ores et dens d'olifant et maintes autres mercandies ; et en cel cité le vendent a les autres homes que puis l'aportent por tute universe monde, vendant a les autres gens. Il est ville de mout grant mercandies[2].

On ne trouve rien de pareil dans les récits de Jean de Plan Carpin ou de Guillaume de Rubrouck, dont les voyages étaient contemporains ou presque, on l'a vu, de ceux des Polo. Considérons, par contre, cet extrait d'un manuel géographique du dixième siècle qui décrit un autre port du Golfe Persique, plus au nord-ouest :

> A Siraf on abonde en produits de la mer et en produits transportés par voie marine, tels que l'aloès, l'ambre gris, le camphre, les perles, les cannes, l'ivoire, et l'ébène ; le poivre, la sandale et plusieurs sortes de drogues et de médicaments sont expédiés de cet endroit vers tous les coins du monde ; et dans

1 Gaunt, « La greigneur merveille du monde », *op. cit.*, p. 65.
2 Marco Polo, *Le Devisement*, 37 : p. 4-6.

> cette ville il y a des marchands si riches qu'il y en a plusieurs qui possèdent des fortunes de soixante mille dirhams ; et je les ai vus[1].

L'auteur, le marchand et voyageur Ibn Hawqal, était (avec son contemporain al-Muqaddasi) « l'un des meilleurs interprètes d'une géographie basée sur le voyage et l'observation directe[2] ». Le livre dont cet extrait est tiré porte deux titres en alternance : le premier, *Kitab Surat al-ard* (Livre de l'image de la terre) n'est pas sans rappeler le *Devisement du monde*, tandis que le deuxième, *Kitab al-masalik wa'l mamalik* (*Le Livre des routes et des royaumes*) était bien répandu au Moyen Âge – au point de composer une sorte de genre : selon l'arabiste André Miquel, ces textes constituaient une géographie « impériale » qui reprit et augmenta les traditions géographiques existantes, en mettant en relief les cohérences économique et culturelle des terres rassemblées par les conquêtes politiques et militaires. On y trouvait trois sortes de descriptions : (1) l'environnement physique (topographie, voies navigables, mers et climat), décrit non pas en soi mais pour son effet sur les mentalités, les langues et la culture ; (2) l'histoire (le développement des ensembles politiques, des écoles juridiques ou religieuses, les hommes célèbres, les monuments, les événements marquants) ; (3) les activités économiques (production, échanges commerciaux, routes, poids et mesures, impôts, devises, prix), des attitudes et comportements sociaux (coutumes, folklore, proverbes, calendriers) des populations – en combinant ces connaissances textualisées avec les observations personnelles de l'auteur-voyageur[3]. Dans les confins de ce genre, l'œuvre d'Ibn Hawqal se distingue pour « la vivacité de ses description et la profondeur des sentiments » (surtout en tout ce qui touche au commerce), « ce qui constitue une rupture complète d'avec les conventions[4] ».

> J'ai entendu dire qu'il y avait un certain homme de Siraf qui avait passé quarante ans à la mer sans jamais quitter son bateau. Chaque fois qu'il arriva

1 Ibn Hawqal, *Kitab Masalik wa-mamalik tasnif ibn Hawqal : The Oriental Geography of Ebn Haukal, an Arabian Traveller of the Tenth Century*, trad. Sir W. Ouseley, London, Wilson & Co., 1800, p. 133.

2 A. Miquel, « Ibn Hawkal », *Encyclopaedia of Islam 2*, Leiden, Brill, 1954-1997, t. III, p. 786.

3 A. Miquel, *La Géographie humaine du monde musulman jusqu'au milieu du XIe siècle. 1. Géographie et géographie humaine dans la littérature arabe des origines à 1050*, Paris, Mouton, t. 1, p. 271, 281.

4 Miquel, « Ibn Hawkal », *op. cit.*, p. 786.

> dans un port, il envoya ses gens à terre pour régler ses affaires commerciales ; une fois les affaires conclues, il naviguait à un autre endroit. Les habitants de Siraf consacrent tout leur temps au commerce et aux marchandises. L'auteur de ce livre écrit : « À cet endroit j'ai vu moi-même plusieurs personnes qui possédaient quatre mille dinars, et il y en avait qui possédaient encore plus ; et leurs vêtements ressemblaient à ceux des ouvriers à la journée[1] ».

Que l'on puisse, j'ose le suggérer, glisser cet extrait dans le *Devisement du monde* sans qu'il se fasse du tout remarquer indique bien la communauté des cultures qui unit les univers d'un voyageur d'al-Jazira en Mésopotamie Supérieure du dixième siècle et d'un marchand de Venise du treizième siècle. On ne pourrait donc plus parler d'un système littéraire médiéval mais plutôt repenser le *Devisement du monde* comme un *Kitab al-masalik wa'l mamalik* francophone du Moyen Âge tardif.

CONCLUSION

Par cette exploration au cœur du Moyen Âge, j'espère avoir montré qu'au moment présent de la mondialisation, « le monde » se présente comme une catégorie d'analyse propice à nous aider à reformuler la conception de la littérature française médiévale afin d'élargir notre champ de vision au-delà des frontières de l'Hexagone et de dévoiler l'étendue du terrain géographique et culturel traversé par les producteurs et les consommateurs des textes en ancien français. Des cours anglo-normandes au nord-ouest jusqu'à Khanbalik, la capitale mongole à l'est, des lecteurs et des auteurs francophones prenaient part à un système littéraire qui comprenait des textes comme celui d'Ibn Hawkal aussi bien que des textes-réseaux en provenance de l'Asie, de l'Europe et de l'Afrique. La longue histoire de l'expansion, du contact et de diffusion qui soustendent ce système littéraire nous invite à une nouvelle réflexion sur l'histoire politique et culturelle aussi bien de la France que des études dites « françaises » ou « francophones ». *Worlding* notre construction du Moyen Âge français révèle des couches de contact multiples et une continuité des liens entre Orient et Occident, entre le Moyen Âge et

1 Ibn Hawqal, *op.cit.*, p. 115.

la Modernité. Un exemple final, simple mais révélateur, suffira : avant notre ère électrifiée, un chercheur à la bibliothèque de l'Arsenal tout en consultant un manuscrit à la lumière d'une bougie aurait été entouré par les ombres des racines arabo-méditerranéennes de l'Europe. Le mot « arsenal », au sens d'un chantier naval ou d'un entrepôt de munitions, dérive de l'*Arsenale*, le chantier naval de Venise bien connu et construit en 1104, nom qui dérive, à son tour, de *dar as-sina'a* (maison de fabrication) du mot arabe qui signifie l'art, le métier, l'habilité. En même temps le mot « bougie », attesté dès le quatorzième siècle, témoigne de l'importance du port de Bougie (Bejaïa) sur la côte maghrébine comme entrepôt pour l'exportation de la cire d'abeille de l'arrière-pays vers les marchés de Marseille et même de la Flandre[1].

À la suite des investigations de bon nombre de spécialistes de la culture pré-moderne, on ne peut plus évoquer le Moyen Âge comme point d'origine de cultures ou d'identités protonationales pures. En premier lieu, le monde de la francophonie médiévale et la littérature qui en résulta s'enracinaient dans des réseaux complexes de contact et d'échange, dont quelques-uns ont persisté de manière insolite jusqu'au seuil de l'âge du nationalisme et de la modernité. Dans les années 1830, par exemple, des Européens en visite à Sidi Bou Saïd, aux alentours de Tunis, découvraient une légende selon laquelle l'homme saint musulman qui donnait son nom au village était en fait un personnage que nous avons rencontré ci-dessus : Saint Louis IX, roi-croisé du treizième siècle. Selon la légende, le roi n'était pas mort en croisade mais – attiré par la piété d'un *marabout* de passage ou peut-être épuisé par le fardeau de la souveraineté – se convertit à l'Islam et resta dans la région, où il devint un personnage local vénéré et bien-aimé. Dans une variante du vingtième siècle, il « quitta le camp discrètement, épousa une fille de la région, et s'éclipsa dans les collines environnantes ». Comme le remarque à juste titre Afrodesia McCannon, les Tunisiens substituèrent à l'histoire du grand saint-croisé chrétien, mort dans la tentative de faire la leçon aux Musulmans, la légende d'un roi « converti par la Tunisie[2] ». De la *Vie de Saint Louis* de Jean de Joinville à Aimé Césaire à la légende de

1 Ce commerce, dominé en grande mesure par les Gênois, est attesté depuis 1161. D. Valerian, *Bougie, port méditerranéen, 1067–1510*, Rome, École Française de Rome, 2006, p. 407.

2 A. E. McCannon, « The King's Two Lives : The Tunisian Legend of Saint Louis », *Journal of Folklore Research*, n° 43, 2006, p. 65.

Sidi Bou Saïd, il n'y a guère de meilleure preuve du fait que quant aux « symboles qui circulent au-delà des frontières de leur lieu d'origine, il ne s'agit presque jamais des copies simples. En fait, il arrive souvent que les objets importés sont reconstitués aux plans social et culturel, en revêtant des significations locales composites et des associations parfois en corrélation étroite avec des significations étrangères et parfois bien distinctes[1] ».

Les transactions transculturelles, transhistoriques, transconfessionnelles dont j'ai rendu compte ici sont destinées à rester imperméables à la vision centripète et normalisante impliquée par la république mondiale des lettres. L'énergie transgressive requise pour faire la navette entre langues et ères, centre et périphérie, mondial et local, appelle à son tour des façons alternatives de concevoir le Moyen Âge francophone – autant de voies dont on n'a guère commencé l'exploration. Car une pédagogie mondialisée « ne se termine jamais. La maîtrise n'en est point le but. Mais les nouveaux imaginaires de l'espace et du temps[2] » qu'elle trace nous rappellent que la littérature française médiévale était – et cela depuis ses débuts – une « littérature-monde en français ».

Sharon KINOSHITA
Université de Californie, Santa Cruz

1 J. Prestholdt, *Domesticating the World : African Consumerism and the Genealogies of Globalization*, Berkeley, University of California Press, 2008, p. 14. L'assertion de Prestholdt selon laquelle « il se peut que les incorporations culturelles s'adressent à la source de leur fabrication et même affectent la source perçue » trouve sa confirmation dans la suggestion de McCannon que la propagation de la légende de Saint Louis comme soufi mystique se lie aux tentatives de la France de pénétrer la communauté-sanctuaire de Sidi Bou-Saïd, auparavant close (p. 69-61).

2 C. L. Connery, « A Worlded Pedagogy in Santa Cruz », dans *The Worlding Project : Doing Cultural Studies in the Era of Globalization*, éd. R. Wilson et C. L. Connery, Santa Cruz, New Pacific Press, 2007, p. 11.

OUVRAGES CITÉS

ABU-LUGHOD, Janet L, *Before European Hegemony : The World System A.D. 1250-1350*, New York, Oxford University Press, 1989.

ABULAFIA, David. *The Western Mediterranean Kingdoms, 1200-1500 : The Struggle for Dominion*, Londres, Longman, 1997.

ADAM DE LA HALLE, *Œuvres complètes*, éd. et trad. par Pierre-Yves Badel, Paris, Librairie générale française (Lettres Gothiques, Livre de Poche), 1995.

AMIN, Samir, *L'Eurocentrisme : critique d'une idéologie*, Paris, Anthropos, 1988.

BAFFI, Sandra, « Martino da Canale : Motivations politiques et choix linguistiques », *De Marco Polo à Savinio : Écrivains italiens en langue française*, éd. François Livi, Paris, Presses de l'Université de Paris-Sorbonne, 2008.

BOLAND, Margaret Munroe, *Cleomadés : A Study in Architectonic Patterns*, Romance Monographs 11, University of Mississippi, 1974.

BULLIET, Richard W., *La Civilisation islamo-chrétienne : Son passé, son avenir*, trad. par Paul Chemla, Paris, Flammarion, 2006.

CASANOVA, Pascale, *The World Republic of Letters*, trad. par M. B. DeBevoise, Cambridge, Harvard University Press, 2004.

CÉSAIRE, Aimé, *Discours sur le colonialisme*, Paris, Présence africaine, 1989.

CHRÉTIEN DE TROYES, *Cligès*, éd. et trad. par Charles Méla et Olivier Collet, Paris, Livre de Poche (Lettres Gothiques), 1994.

CONNERY, Christopher L., « A Worlded Pedagogy in Santa Cruz », dans *The Worlding Project : Doing Cultural Studies in the Era of Globalization*, éd. Rob Wilson et Christopher Leigh Connery, Santa Cruz, New Pacific Press, 2007, p. 1-11.

DAGENAIS, John et GREER, Margaret R., « Decolonizing the Middle Ages : An Introduction », *Journal of Medieval and Early Modern Studies*, vol. 30, nº 3, 2000, p. 431-448.

Écrivains anticonformistes du moyen-âge occitan : hérétiques et politiques, éd. René Nelli, Paris, Éditions Phébus, 1977.

FOWDEN, Garth, *Empire to Commonwealth : Consequences of Monotheism in Late Antiquity*, Princeton, Princeton University Press, 1993.

GAUNT, Simon, « "La Greigneur Merveille du monde" : *Marco Polo* and French as a Marker of Cultural Relativity », *French Studies Bulletin*, nº 100, 2006, p. 63-66.

GAUNT, Simon, « Translating the Diversity of the Middle Ages : Marco Polo and John Mandeville as "French" writers », *Australian Journal of French Studies*, vol. 46, nº 3, 2009, p. 235-248.

GUIRAL, Pierre et AMARGIER, Paul, *Histoire de Marseille*, Paris, Mazarine, 1983.

IBN HAWQAL, *Kitab Masalik wa-mamalik tasnif ibn Hawqal : The Oriental Geography of Ebn Haukal, an Arabian Traveller of the Tenth Century*, trad. par Sir William Ouseley, London, Wilson & Co., 1800.

HULME, Peter, *Colonial Encounters : Europe and the Native Caribbean 1492-1797*, London, Routledge, 1992.

JOINVILLE, Jean de, *La Vie de Saint Louis*, éd. et trad. par Jacques Monfrin, Paris, Librairie générale française, 2002.

JUVAINI, Ala al-Din Ata-Malik, *The History of the World Conqueror*, éd. par M. M. Qazvini, trad. par J. A. Boyle, Manchester, Manchester University Press, 1958.

KINOSHITA, Sharon, « Chrétien de Troyes's *Cligés* in the Medieval Mediterranean », *Arthuriana*, vol. 18, n° 3, 2008, p. 48-61.

KINOSHITA, Sharon, « Deprovincializing the Middle Ages », dans *The Worlding Project : Doing Cultural Studies in the Era of Globalization*, éd. Rob Wilson et Christopher Leigh Connery, Santa Cruz, New Pacific Press, 2007, p. 61-75.

KINOSHITA, Sharon, « Marco Polo's *Le Devisement dou Monde* and the Tributary East », dans *Marco Polo and the Encounter of East and West*, éd. Amilcare A. Iannucci et Suzanne Conklin Akbari, Toronto, University of Toronto Press, 2008, p. 60-86.

KINOSHITA, Sharon, *Medieval Boundaries : Rethinking Difference in Old French Literature*, Philadelphia, University of Pennsylvania Press, 2006.

LE GOFF, Jacques, *Saint François d'Assise*, Paris, Gallimard (Bibliothèque des histoires), 1999.

MAZZAOUI, Maureen Fennell, *The Italian Cotton Industry in the Later Middle Ages, 1100-1600*, Cambridge, Cambridge University Press, 1981.

MCCANNON, Afrodesia E., « The King's Two Lives : The Tunisian Legend of Saint Louis », *Journal of Folklore Research*, vol. 43, n° 1, 2006, p. 53-74.

MIQUEL, André, « Ibn Hawkal », dans *Encyclopaedia of Islam*, 2e éd., Leiden, Brill, 1954-1997, t. III, p. 786.

MIQUEL, André, *La Géographie humaine du monde musulman jusqu'au milieu du 11e siècle. 1. géographie et géographie humaine dans la littérature arabe des origines à 1050*, vol. 1, Paris, Mouton.

NICHOLS, Stephen G., « The Medieval "Author" : An Idea Whose Time Hadn't Come ? », dans *The Medieval Author in Medieval French Literature*, éd. Virginie Greene, New York, Palgrave Macmillan, 2006, p. 77-101.

POLO, Marco, *Milione. Le divisament dou monde. Il Milione nelle redazioni toscana e franco-italiana*, éd. par Gabriella Ronchi, Milan, Mondadori, 1982.

Pour une littérature-monde, éd. Michel Le Bris et Jean Rouaud, Paris, Gallimard, 2007.

PRESTHOLDT, Jeremy, *Domesticating the World : African Consumerism and the Genealogies of Globalization*, Berkeley, University of California Press, 2008.

RASMUSSEN, Ann Marie, « Medieval German Romance », *The Cambridge Companion to Medieval Romance*, éd. Roberta L. Krueger, Cambridge, Cambridge University Press, 2000, p. 183-202.

ROSS, Kristin, « The World Literature and Cultural Studies Program », *Critical Inquiry*, n° 19, 1993, p. 666-676.

TESNIÈRE, Marie-Hélène, « *Liber de Kalila et Dimna* (cat. no. 22) », dans *Creating French Culture : Treasures from the Bibliothèque nationale de France*, éd. Marie-Thérèse Tesnière et Prosser Gifford, New Haven, Yale University Press, 1995, p. 54-55.

VALÉRIAN, Dominique, *Bougie, port méditerranéen, 1067–1510*, Rome, L'École Française de Rome, 2006.

ILL. 1 – Oronce Fine, "Nova, Et Integra Universi Orbis Descriptio" (1531), in Simon Grynaeus, Novvs Orbis regionvm ac insvlarvm veteribus incognitarum, Paris, Ioannem Paruum, 1532.

« IL Y HA ICY UN NOUVEAU MONDE »

Lire *Pantagruel* en regard d'Oronce Fine

En vue du projet qu'engage *French Global*, s'agissant, à travers les âges, des fortunes de la culture française et francophone dans le monde, admettons qu'en 1525 la France porte un nouveau regard sur la « France antarcique » aux Amériques et que ce regard *se globalise*. 1525 comme point de départ en raison de la publication en français de la relation d'Antonio Pigafetta de la circumnavigation du globe dans les années 1521-1524[1]. L'amateur de l'histoire des premiers voyages océaniques sait bien que c'était le moment où les après-coups des découvertes colombiennes et du commerce qu'elles suscitaient se faisaient sentir ; et aussi, qu'une première description des habitants du nouveau monde se mettait à circuler dans la culture de l'imprimé, notamment la *Cosmographia* de Pieter Apian, manuel qui bientôt allait voir une trentaine d'éditions, en plusieurs langues, de 1524 jusqu'à la fin du seizième siècle[2]. Et à la même époque Giovanni Verrazano, marinier toscan que François Premier avait embauché pour qu'il trouve un passage vers l'Orient, venait de faire le bilan de son premier voyage : ayant découvert des terres au long du littoral de l'Amérique du Nord, s'étendant du Cap Fear à la Terre-Neuve, il réclama pour la France des régions jusqu'alors peu ou pas connues. Toujours est-il qu'avant 1525 des bateaux de pêche, partant de Dieppe, d'Honfleur, d'Harfleur et d'autres ports, levaient l'ancre pour

---

1 Les manuscrits du récit de voyage d'Antonio Pigafetta circulent dès 1522 ; la narration est publiée chez Simon de Colines (Paris) en 1525, récemment traduite et commentée par T. J. Cachey dans *The First Voyage Around the World : An Account of Magellan's Expedition / Antonio Pigafetta*, Toronto, University of Toronto Press, 2007. Voir aussi George Tolias, « L'Insulaire : Cosmographie maritime et expansion européenne à la Renaissance », dans *L'Âge d'or des cartes marines : Quand l'Europe découvrait le monde*, éd. C. Hoffmann, H. Richard et E. Vagnon, Paris, BNF, 2012, p. 97.

2 Voir l'histoire de la *Cosmographia* dans R. Karrow, Jr., *Sixteenth Century Mapmakers and Their Maps*, Chicago, The Speculum Press for the Newberry Library, 1993. La première édition a vu le jour à Landshut en 1524 et la dernière, la trentième, à Amsterdam en 1609.

faire cap sur Grand Rive auprès du littoral du bien nommé *Baccalear* ou « région du cabillaud ». Plus tard les mariniers français portèrent leur regard sur l'Amérique du Sud. Comme le montrent les cartes portulanes contemporaines, ils convoitaient du bois de Brésil, matière de base pour la confection de teintures et d'encres rouges[1].

En revanche, bien des historiens de la vie quotidienne en France au seizième siècle constatent que pour beaucoup la découverte du Nouveau Monde était peu signifiante. Les nouvelles venant de pays lointains étaient des balivernes, chimères et fabulations oniriques des voyageurs et bonimenteurs, qui allaient vendre « comme fouaces ». Comment se fier aux récits qui n'avaient rien à dire de la vie quotidienne telle qu'elle se vivait en Europe ? Il est à croire que pour ceux qui savaient lire ou pour les habitants des ports maritimes les découvertes perturbaient ; et bientôt elles allaient infléchir les controverses des années de la Réforme jusqu'à la fin du siècle, à la suite des guerres de religion.

Les découvertes se faisaient sentir surtout dans le domaine de l'évangélisme gallican : en 1525, année qui a vu François Premier incarcéré à Madrid après la défaite des forces françaises à Pavie, le ferment érasmien se répandait à Paris ; il aiguisait déjà une conscience critique portant, dans ce premier quart de siècle qui, au dire de Lucien Febvre, « ne pouvait pas ne pas croire », sur la nature même de la croyance[2]. Dans les cercles savants des géographes le ferment stimulait toute

1 Voir C. Hoffmann, H. Richard et E. Vagnon, *op. cit.* ; D. Buisseret, *The Mapmaker's Quest : Depicting New Worlds in Renaissance Europe*, New York, Oxford University Press, 2003 ; pour le commerce du bois de Brésil, G. Brunelle, *The New World Merchants of Rouen, 1559-1630*, Kirksville, MO, Sixteenth Century Publishers, 1991. Pour une vue générale qui va de Waldseemüller, cartographie de Saint-Dié qui a fait circuler les lettres de Vespucci, à la conquête du monde, voir T. Lester, *The Fourth Part of the World : The Race to the Ends of the Earth and the Epic Story of the Map that Gave America its Name*, New York, Capo Press, 2009. Et pour Verrazano, voir M. Mollat, *Giovanni et Girolamo Verrazano, navigateurs de François Ier*, Paris : Imprimerie Nationale, 1982. Tout lecteur devrait voir *The History of Cartography 3 : the European Renaissance*, éd. D. Woodward, 2 vol., Chicago, University of Chicago Press, 2007.

2 L. Febvre, *Le Problème de l'incroyance au XVIe siècle : La religion de Rabelais*, Paris, Alcan, 1942. Dans le premier chapitre de son *Anthropologie structurale* (Paris, Plon, 1958) Claude Lévi-Strauss invoque le souvenir de ce livre en l'appelant un document exemplaire dans le domaine de l'anthropologie historique. Dans son *Rabelais* (Paris, Gallimard, 2011) Mireille Huchon situe les débats encore davantage dans les cercles humanistes (54-56 et *passim*). En « Relisant Montaigne » dans *Histoire de lynx* (Paris, Plon, 1991) Lévi-Strauss montre combien les découvertes importaient assez peu avant l'« Apologie de Raimond Sebond » et les « Cannibales », deux grands documents d'anthropologie structurale.

pensée d'ordre spatial. Grâce aux rééditions de Ptolémée en Italie et à Strasbourg, la mise en question de la croyance allait de pair avec une nouvelle appréciation du rapport entre cosmographie et topographie. La *Geographia*, d'abord disséminée en manuscrit au début du quinzième siècle, a vite été imprimée et, en raison de la nouvelle technologie du livre, a été sujette à modifications et renouvellements. Les informations provenant du Nouveau Monde qui arrivaient, comme allait le remarquer Rabelais dans la *Pantagruéline Prognostication* de 1532, *en pleines bougettes*, exigeaient que les éditeurs mettent l'« ancien » Ptolémée à côté d'un « nouveau » remis à jour[1]. Or une typologie géographique, comparable à ce qui marquait la théologie, se notait dans l'aspect même de la *Géographia* à partir de la première décennie du seizième siècle : des cartes nouvelles se juxtaposaient aux cartes anciennes. Au lieu de gommer les erreurs et l'ignorance de l'existence d'un nouveau monde les éditeurs mettaient sous les yeux des lecteurs curieux le passage d'un âge à un autre[2].

Dans l'histoire de la réception de la *Geographia* il est dit que dans les projections du géographe d'Alexandrie le lecteur ne voit qu'un globe hypothétique, construit à partir d'un mélange de spéculation et de géométrie. Dans les deux géographies, ancienne et moderne, il manquait, dit-on, l'évidence de *l'expérience oculaire* des navigateurs ayant connu les terres jusqu'alors inconnues. À l'encontre de la présentation du monde dans la *Géographia*, dans les cartes marines les tracés d'artistes accompagnant les voyageurs offraient au lecteur des figures et formes insolites. Des côtes et des lisières, des îles et des péninsules, jamais des continents : pour ce qui concerne les portulans, les anfractuosités du littoral méditerranéen et africain se marquaient en lignes rompues, formées par des toponymes, serrés les uns à côté des autres, tracés en plusieurs encres, écrits au perpendiculaire des côtes qu'ils décrivaient. Et déjà au premier quart du siècle le sens d'un voyage *vécu* se voyait dans

1 [François Rabelais], *Pantagrueline Prognostication certaine, veritable, et infallible. Pour l'an mil. D.xxxiii, nouvellement composee au prouffit et advisement de gens estourdis et musars de nature, par maistre Alcofribas, architriclin dudict Pantagruel*, [Lyons, 1532] : ceux qui se méfient des nouvelles sont ainsi décrits : « Souvent [ils] se courroussent contre ceulx qui viennent de pays estranges sans apporter pleines bougettes de nouvelles, les appellant veaulx, et idiotz » (f. i vo).

2 P.G. Dalché, *La Géographie de Ptolémée en Occident (IVe-XVIe siècles)*, Turnhout, Belgique, Brepols, 2009. Pour la typologie voir E. Auerbach, « Figural Realism », dans *Scenes from the Drama of European Literature : Six Essays*, New York, Meridian Books, 1959.

les cartes, telles celles du célèbre Atlas Miller ou de l'École de Dieppe, inspirées toutes par la tradition du portulan[1]. Vue dans l'histoire du débat entre Ptolémée et le portulan il s'agit autant d'une recherche d'exactitude que de la présence d'un *topos*, remontant à Hérodote, qui fait que l'intellect est mis en question par l'expérience oculaire[2].

Grâce à l'essor des cartes manuscrites et imprimées, la décennie des années 1525-1535 témoigne de l'émergence de l'identité – véridique ou imaginaire, n'importe – d'une France « globale ». On dirait qu'une conscience anthropologique va de pair avec son « contraire », à savoir, avec une mathématisation de l'étendue du monde. Les projections cartographiques appartenant au legs de Ptolémée quadrillent le monde – ou de nos jours, selon Gilles Deleuze, *strient* un espace qui aurait été *lisse* – selon les principes de la géométrie euclidienne. Les artistes-cartographes investissent dans leurs créations un aspect sensuel et onirique, les cartouches ou dessins de monstres remplissant le vide des *terrae incognitae* captant l'œil du spectateur[3]. Vues d'un point de vue théologique, la beauté, ainsi que la variété infinie de la création sont à même la carte. Et c'est à cet égard que le ferment de l'humanisme gallican se fait traduire dans l'aspect de la figuration du nouveau monde. Les textes-clefs de la Bible que prônaient les humanistes, notamment les lettres de Saint-Paul et le Cantique des cantiques, marient une sensualité quasiment vécue du corps du monde avec une construction savante de l'espace[4]. Pour les humanistes il semble qu'il soit nécessaire de dresser des cartes dans lesquelles l'image du monde va exercer une force d'attraction sur le lecteur (qui regarde la carte autant qu'il la glose, la disposition des mots et des images exigeant une lecture qui voit ce qui est lu), malgré l'ombre de la légende noire de la politique dévastatrice des Espagnols[5].

1 Voir *L'Âge d'or des cartes marines*, *op. cit.*, ainsi que C. Jacob, *L'Empire des cartes*, Paris, Albin Michel, 1992.

2 *Cf.* F. Lestringant, *L'Atelier du cosmographe : ou l'image du monde à la Renaissance*, Paris, Albin Michel, 1991.

3 Pour l'opposition du strié et du lisse, voir G. Deleuze et F. Guattari, *Mille plateaux*, Paris, Éditions de Minuit, 1980.

4 Pour une analyse méticuleuse du *corpus* humaniste voir A.-M. Lecoq, *François Ier imaginaire*, Paris, Macula, 1988, surtout dans les pages consacrées à Oronce Fine.

5 Dans son *Rabelais* (Paris, Gallimard, 2011) Mireille Huchon remarque que dans son *Pantagruel* de 1534 Rabelais fait état du nouveau monde tout en impliquant la présence de l'Espagne et du Portugal tandis que, plus tard, lors de la parution du *Quart livre* (1548 et 1551) toute référence aux Amériques est gommée : la France n'avait plus aucune

Au delà de toute information contingente une « théoricque des cielz », qui mettait le globe au centre du cosmos, avait comme contrepartie un nouveau champ d'expérience, celui du génie du lieu. Dans le meilleur des mondes possibles cosmographie et topographie se mêlaient. Pour les adeptes gallicans un tel mariage de théorie et pratique dans les représentations du cosmos était l'évidence de sa bonté, à vrai dire, comme il sera montré ci-dessous, de *l'espoir* recelé dans *l'esphère* du monde[1].

C'est dans ce contexte que la visée est d'engager une mise en regard de deux ouvrages différents, l'un facétieux et l'autre savant ; l'un, livre cocasse, inclassable et pieux composé de rencontres de toute espèce et l'autre, un discours sur le monde tel qu'il se trouve dans le cosmos et sur la composition d'une planisphère. Ils semblent enchevêtrés et, à leur manière, complémentaires. Ils font partie de ce que Monique Pelletier appelle la « culture cartographique » du premier tiers du seizième siècle. Le contexte est celui dans lequel les cartographes informaient les écrivains et vice-versa[2]. On dirait que poète et l'historien voyaient dans la sensualité savante des projections cartographiques une matière à partir de laquelle ils pouvaient façonner de nouvelles formes. En plus, la carte imprimée allait entériner la bonté de Dieu et, comme elle, mettre le support du livre imprimé au service de la Réforme. Le poète était géographe et le géographe poète. De ce point de vue il convient de lire Rabelais à l'aune d'Oronce Fine.

---

influence, et du coup il fallait effacer toute marque de dessein colonial comme celle de Verrazano au vieux temps du début du règne de François Ier. Pour ce qui concerne le voir qui lit (ou le lire qui voit), on consultera L. Marin, *Utopiques : Jeux d'espace*, Paris, Éditions de Minuit, 1973, 1973, p. 149-153 et *passim* ; M. de Certeau, « Récits d'espace » dans *L'Invention du quotidien, 1 : Arts de faire*, éd. L. Giard, Paris, Éditions Gallimard, 1990, ch. 6 ; G. Deleuze, *L'Image-mouvement*, Paris, Éditions de Minuit, 1983, p. 22-25 ; ou mon *Errant Eye : Topography and Poetry in Early Modern France*, Minneapolis, University of Minnesota Press, 2011, p. 3-12.

1 Oronce Fine, *La Theoricque des cielz, mouvemens et termes pratiques des sept planètes, nouuellement et tresclerement rédigée en langage françois, avec des figures tresutiles en leurs lieux proprement insereez* (Paris : Simon du Bois, 1528). Voir *infra* pour *Lesphère du monde*, titre d'une cosmographie d'Oronce équivoquant sur ce que Rabelais fustige en son *Gargantua* : le rébus, là où *l'esphere* (le globe) signifie *l'espoir*, figure inepte et ridicule. Quand même un des devisants des « bienyvres » remarque que « Dieu fait des planètes et nous faisons les platz netz ».

2 F. Lestringant et M. Pelletier, « Maps and Descriptions of the World in Sixteenth-Century France », dans *History of Cartography 3* (*op. cit.*, Part. 2, p. 1463-1479). Voir aussi « À la suite de Ptolémée », dans *Les Cartes de la France et pourquoi ? : De Ptolémée à François de la Guillotière*, Paris, BNF, 2009, p. 13-30.

L'ESPHERE DU MONDE ET DEUX MAPPEMONDES CORDÉIFORMES

La carte cordéiforme qu'Oronce Fine a imprimée en 1534, un des trésors de la Bibliothèque Nationale de France, montre comment la France se situe dans le monde et, moins directement, comment elle s'ouvre sur l'ouest[1]. Offrant au spectateur une vue immédiate et totalisante du monde, comme son nom indique, la carte prend la forme d'un cœur. Oronce Fine fait descendre l'axe du méridien central de manière à ce que le pôle nord descende de quelques degrés, surélevant ainsi deux pans arrondis, à gauche, du Nouveau Monde, rattaché à l'Asie et, à droite, l'Europe et la Méditerranée, l'Afrique, le Moyen-Orient, les Indes, et les Îles Moluques. Passant par les Îles Fortunées (les Canaries), le méridien trace une ligne de partage entre un ancien et un nouveau monde. En bas, s'étendant d'un côté à l'autre en forme d'un énorme sourire, se voit le profil d'un continent non encore découvert, l'Antarctique.

D'emblée la carte fait voir la difficulté qu'affronte le dessinateur pour transmettre une image de la rondeur du globe sur un support en deux dimensions. Oronce avoue qu'il est quasiment impossible de « traduire » la courbure du globe en une image gravée et peinte[2]. En même temps, l'aspect allongé de la Méditerranée témoigne de la présence de Ptolémée et du legs de la géographie humaniste « de cabinet ». À l'ouest, cependant, sont marquées les découvertes colombiennes. La côte est de l'Amérique du nord porte le nom *Terra Francesca*, telle que Verrazano l'a baptisée. Le Pacifique s'étend de l'Amérique du Sud jusqu'aux Molluques, allant d'un côté de l'hémisphère à l'autre, montrant que le globe est entouré

---

1 Voir *History of Cartography 3*, planche 57 ; *L'Âge d'or des cartes marines*, *op. cit.* ; R. Shirley, *op. cit.*

2 La carte se sert du triangle sphérique et du mode de la projection que décrit Oronce dans « Comment la huitieme, & quarte partie, & la moitie du globe terrestre, peuvent estre commodement reduittes en plate forme », dans *Lesphere du monde, proprement ditte cosmographie, composee nouvellement en françois…par Oronce Fine, natif du Daulphiné, lecteur mathematicien du treschrestien Roy de France en l'université de Paris* (Paris, Michel de Vascosan, 1551), livre 5, ch. 7 [Harvard Houghton Library *FC.5.F494.Eh551s]. Le texte français traduit *De Mundi sphaera*, livre qui a vu sept éditions [1533, 1541, 1542, 1551 (revue et augmentée), 1552 and 1555. C'est une variante assez fidèle du manuscrit présenté à Henri II : *Le sphere du monde : proprement dicte cosmographie* (Paris, 1549) [Harvard Houghton Library MS Typ 57].

de masses d'eau et que tous les continents, desservis par des mers, sont en un équilibre général.

Parsemée de figures de bateaux au large, la carte indique que la ligne imaginaire que le regardeur voudrait tracer, allant de bateau en bateau tels qu'ils se distribuent sur les océans, pourrait reproduire l'itinéraire de Magellan tel que Pigafetta l'avait décrit dans sa relation. Un premier vaisseau se situe à l'ouest du Portugal et au nord des Canaries. Un autre, directement au-dessous, se trouvant à l'est des îles Falkland, semble suivre une route vers la côte ou l'*Estrecco de Magallanes*. Un troisième s'ancre à l'ouest de l'isthme de Panama et près des îles Pancras tandis qu'un quatrième, encore à l'ouest et à la même latitude, navigue à pleine voile vers les Molluques. De l'autre côté de la sphère un cinquième vaisseau vise l'île de Madagascar. Un voilier à rames vogue à l'ouest du Cap de Bonne-Espérance tandis que, à l'ouest et au nord, un septième bateau se trouve à équidistance entre le Tropique du Capricorne et l'Équateur. Vus en série, les bateaux talonnent le périple du premier voyage autour du monde, signalant en gros que la carte est fiable et à jour, qu'elle tient compte des découvertes principales qui marquent l'ère actuelle des grands voyages[1].

La carte met en œuvre ce qu'Oronce allait théoriser dans *L'esphère*. Le globe, dit-il, « ne peut estre comprins en une seule figure, sans notable difformité[2] ». En *une seule figure* le spectateur réussit à voir où et comment la France figure dans le monde, et d'autant plus qu'un énorme bras de terre, portant le nom *Baccalear* (« Canada »), se projette vers la France. S'y rejoignant à un angle droit les deux tranches du territoire nommé « Terra Francesca », le littoral allant de la Floride à ce qui serait peut-être l'embouchure du Saint-Laurent. Les lieux que le cartographe voudrait affecter aux possessions françaises font partie d'un ensemble topographique dans le cadre d'une mappemonde. C'est ici que l'humanisme évangélique, pour faire l'éloge de la variété infinie de la création, fête la présence du tout dans la partie et vice-versa. Dans le chapitre de *L'esphere* intitulé « Quel[l]e chose est le monde : & des deux principales parties d'icelui en général » Oronce souligne, peut-être à

1 Pigafetta, on a vu, a paru chez Simon de Colines en 1525 ; l'éditeur a mis au jour plusieurs ouvrages d'Oronce Fine. Il semble que celui-ci ait tiré de Pigafetta ce qu'il lui fallait pour mettre au jour une représentation du Pacifique.

2 *Le sphere du monde* (1551), 56 v°.

son insu, combien l'apprentissage du monde dépend d'un mélange de science et d'expérience :

> Le Monde est la perfaitte & entiere composition de toutes choses, & le vray image [*sic*] & admirable artifice de la divinité, de grandeur incomprehensible, & neantmoins limitee, & orné de tous les corps & especes de creatures qui peuvent en nature. La description duquel, est proprement appellee Cosmographie : comprenant soubz soy la premiere partie d'astronomie, & la geographie, c'est à dire la fabrique, & rationcination tant du ciel que de la terre. Le monde doncques a deux principalles parties : comme il appert tant *par la continuelle experience, que par raison naturelle.* (f. Ar^o, c'est moi qui souligne)

Le cosmographe est celui qui regarde le monde de loin, qui contemple des « cielz » et des orbites à l'intérieur dans lesquels il se situe. Le géographe étudie ce qui est devant les yeux, ce qui lui *appert* au moyen de l'expérience du monde. C'est ce que souligne la phrase qui suit : « Cest à sçavoir, la region elementaire [est] tousiours occupee à la generation & corruption de toutes choses, tant vivantes que non vivantes » (f. Ar^o). C'est dire que le bas-monde, sorte de *branloire perenne*, celui dans lequel nous vivons, à la fois organique et inorganique, vit en continuelle croissance et décroissance. Le dynamisme du monde se voit en une série de trois gravures sur bois, la première isolant la « region elementaire » de la planète à l'axe du cercle dans lequel « la partie celeste du monde » est enclose, la seconde un diagramme juxtaposant les quatre éléments aux quatre attributs de la terre (aridité, chaleur, humidité et froideur) et ainsi marquant leurs lignes d'attraction et de répulsion. Dans ce montage implicite la troisième figure décrit le monde entouré de ses flux de forces[1]. Destinée à illustrer la cohérence des masses d'eau et de terre, une mappemonde fait montre des trois continents (la Terre sainte étant à l'axe du cercle) et l'Antarctica à l'intérieur d'un cadre festonné enclos dans un cercle concentrique de feu. Minuscule, le diagramme figure un monde stable au milieu de forces mystiques qui semblent rayonner partout[2] (fig. 1).

1 Voir la copie du manuscrit, numérisée à haute résolution, dans les ressources électroniques de la bibliothèque Houghton : http://nrs.harvard.edu/urn-3:FHCL.HOUGH:4435151.

2 Mystique dans le sens de la vision de Charles de Bovelles dans *Le Sage*, ouvrage qu'ailleurs dans ce volume traite Jacob Vance. Admirateur de Bovelles, Fine a traduit et illustré la *Géométrie pratique* du même auteur : *Livre singulier et utile, touchant l'art & pratique de géométrie, composé nouuellement en françoys par maistre Charles de Bouelles, canon de Noyon*, Paris, Simon de Colines, 1542.

Dans *L'espbere* la carte du monde connu se donne moins pour identifier les régions que pour faire remarquer comment il se situe dans l'ordre céleste, et paradoxalement, au moment où la théorie copernicienne se mettait à se faire sentir[1]. La mise en place des quatre continents – Europe, Asie, Afrique, Antarctica – est décrite ainsi :

> l'eau n'environne point rondement & entierement toute la terre : ains est respandue par divers bras, traits, & conduits (que nous appellons mers) tant au dedens, que au tour d'icelle [:] car il estoit necessaire, que *aucunes parties de laditte terre fussent descouuertes pour le salut & habitation des vivans* : ainsi q'uil [*sic*] a pleu au createur, prevoyant la commodité de toutes choses. (2 v°, c'est moi qui souligne)

Dans le contexte évangélique, Dieu, qui prévoit la « commodité » de toutes choses, serait content de voir que les nouvelles terres aient été découvertes et soient propices au peuplement. Dans cette utopie cosmographique il s'agit autant du « développement » des terres vues par Verrazano que de la colonisation ou de l'assujettissement de populations indigènes. La carte situe ces terres au littoral de l'Amérique du Nord et du Canada, y compris le bras canadien qui serait une contrepartie de la péninsule Armorique. À ce point *L'esphère* et la carte cordéiforme traduisent l'amorce d'un projet faisant allusion au commerce maritime et au peuplement (naissant ou en gésine) du nouveau monde[2].

C'est ce qu'entérinent les formes et façons de *L'esphère.* Le cinquième livre traite de « l'art & usage des hydrographes & mariniers, tant pour l'usage de naviguer, que pour la composition des cartes marines, qui contiennent seulement les ports, limites, & lieux maritimes de la terre avec les isles qui sont en la mer ». Quand la géographie est coordonnée aux principes de la perspective, la cosmographie fait signe de ce qui peut devenir un usage pratique de la géographie. Parcouru et maintenant balisé, le monde se strie. Ainsi dépeinte, « l'esphère du monde »

---

1 Il se peut que peu après 1543 Oronce ait lu *De revolutionibus* : voir I. Pantin, *La Poésie du ciel en France dans la seconde moitié du seizième siècle*, Genève, Librairie Droz, 1995, p. 43.

2 La terre est telle puisqu'elle côtoie les régions que fréquentaient les pêcheurs français dès 1504 ou même bien avant. Voir S. E. Morison, *The European Discovery of America : The Northern Voyages*, New York, Oxford University Press, 1971 ; S. Toulouse, « Marine Cartography and Navigation in Renaissance France », dans *History of Cartography 3*, Part. 2, p. 1550-1567. Voir aussi Jehan Rotz, *The Boke of Idrography : The Maps and Text of the Boke of Idography presented by Jean Rotz to Henry VIII, now in the British Library*, éd. H. Wallis, Oxford, s. n., 1981.

connote l'espoir du monde. L'analogie d'un monde-cœur devient un emblème latent où figure ce que c'est – foi, espoir, charité – que la force qui anime le monde. La profusion de toponymes, ainsi que le relief et les tracés de fleuves, feraient partie d'une prière, d'un projet de « voir et visiter » toutes les régions de la planète.

Oronce note qu'il avait réalisé une première version de la carte cordéiforme en 1519, au moment même où Magellan aurait entrepris le voyage finissant par la première circumnavigation du globe. Sans doute ce que remarque Oronce de sa conception renvoie-t-il à la planisphère cordéiforme de Pieter Apian (1530) ou bien, nous le rappelle-t-il à sa sa mappemonde bi-cordéiforme de 1531, insérée dans l'édition parisienne du *Novus orbis regionum ac insularum veteribus incognitarum* de Johann Huttich et Simon Grynaeus, livre rassemblant des narrations de voyages – y compris ceux de Colomb et Vespucci – au nouveau monde. L'aspect de la carte est à considérer : pliée en deux afin de se faire insérer dans le livre, le pli même constitue une ligne de partage entre les deux hémisphères, tout en étant un point d'appui et de repère pour ceux qui voudraient situer les itinéraires des voyages rassemblés dans le texte du volume[1] (fig. 2). Le plissement va au long de l'axe de la carte, méridien à la tangente de deux sphères égales qui soulignent un équilibre provenant d'une bonne distribution de terres et mers aux deux moitiés. Aux pôles (à gauche et à droite) une opposition d'eau et de terre : au nord, un archipel au milieu d'une mer entourée de terres auprès du cercle arctique, et au sud un continent austral environné par l'océan. De la même manière du tracé de la mappemonde de 1534, le bras de terre à l'est du Canada, nommée [G]*accalar* (nom peut-être qui inspire le Laborador) s'oriente, comme une masse tectonique, vers la France, loin de son origine à la Baie de Biscaye[2]. De plus, Oronce remarque que la carte devait sa forme aux coordonnées obtenues d'une *méthéroscope géographique*, astrolabe équipée d'une boussole magnétique[3].

Comme dans la carte ultérieure, la position des Îles Molluques (au centre, à droite) et celle des détroits entre le continent antarctique et la limite sud de l'Amérique du Sud font état de la circumnavigation de

1 Pour Apian voir R. Shirley, *The Mapping of the World : Early Printed World Maps, 1472-1700*, 4e éd., Riverside, CT, Early World Press, 2001, entrée 73.

2 Shirley, *op. cit.*

3 Lestringant et Pelletier, *op. cit.*, p. 1465.

Magellan. Les toponymes désignant les Antilles, que traverse le Tropique du Cancer, réfèrent aux conquêtes (fort récentes) de Hernan Cortez, ce qui suggère que la relation du projet du livre de Grynaeus et celui du dessein de la carte sont coordonnés[1]. Toujours est-il que l'aspect le plus pertinent est la forme bi-polaire, voire, binoculaire. Des effets de clarté accusent les terres inconnues tandis que les régions noircies, criblées de toponymes, sont fort bien connues et pratiqués. Celles-ci se concentrent en Europe, auprès de la Méditerranée et au long de la côte d'Afrique. Elles s'éparpillent parmi les taupinières – des chaînes de montagnes – en Asie et en Amérique du nord, paysage intermédiaire entre l'Europe et la « Mare mediterraneum ». L'espace blanc du continent antarctique est consacré à l'inconnu : *Terra Australis Recenter inventa sed nondum plenè cognita*. Partout, semble-t-il, les noms et les traits qui dépeignent l'orographie trahissent moins la volonté de réifier ou de posséder le globe que de faire contempler la beauté d'une description méticuleuse et insolite.

Bien que la carte de 1534 fasse voir le monde en un seul coup d'œil, une carte précurseuse, la *Nova, et integra* un[*iv*]*ersi orbis descriptio*, scinde la terre au milieu, l'ancien monde et les découvertes récentes à droite, et l'hémisphère du sud (ce que Magellan venait de découvrir) à gauche. En haut la grande banderole portant le titre resserre les deux parties du monde au-dessous de l'endroit où *integra* se déplie d'un côté et de l'autre – *ersi* et *orbis*. Flanqués et soutenus par deux salamandres royales (*festina lente* de François Premier), les signes héraldiques situent la nation et le monde dans un cadre de forme génératrice. La double perspective marquée par les deux pôles d'où ressort le contour de chacun des cœurs exige que la carte soit lue en profondeur de champ. L'effet de convexité est enjolivé par les méridiens qui rayonnent de l'axe de chaque cœur. Accusant une courbure en trompe-l'œil, la rondeur de chaque hémisphère semble ressortir de la page. Ce que Frank Lestringant et Monique Pelletier notent à propos de « l'appréciation de la beauté de la forme » de la part d'Oronce n'est pas sans rapport avec les découvertes de terres nouvelles et inconnues qui sont données à voir et à contempler. L'histoire de ces deux créations cordéiformes, liées à la circumnavigation, est telle

1 R. Hervé, « Essai de classement d'ensemble, par type géographique, des cartes générales du monde… (1487-1644), *Der Globusfreund*, n° 25-27, 1978, p. 63-75. Cité dans Lestringant et Pelletier, p. 1467, n° 16.

que, paradoxalement, malgré leur science, leur invention et leur travail allégorique, elles disparaissent bientôt après la fin du seizième siècle. Au moment de leur parution, les deux cartes incarnent *l'espoir* comme il s'entendait dans le monde évangélique prônant la cause gallicane au début du règne de François Premier.

RABELAIS ET SON *PANTAGRUEL*

« En pareilles ténèbres sont comprins ces glorieux de court, et transporteurs de nom : lesquel voulens en leur divise signifier *espoir*, font protraire une *sphère* [...]. Que sont homonymies tant ineptes, tant fades, tant rusticques et barbares, que l'on doibroit attacher une queue de renard, au collet, et faire un masque d'une bouze de vache à chacun d'iceulx, qui en vouldroit dorénavant user en France aprés la restitution des bonnes lettres[1] ». Dans le chapitre de *Gargantua* (1535) sur les couleurs et la livrée du héros gigantesque, pourfendant le mauvais goût des usagers du rébus (qu'ici et ailleurs il emploie et honore à lèche-doigts) Rabelais semble se moquer d'Oronce. Plus tôt, au chapitre cinq, le propos du « bien-yvre » qui joue sur les *planettes* et les *platz netz* (19) indique que l'ivre (ainsi que le lecteur, ivre du livre), d'une inébriété voyante, comparant les orbites de la sphère armillaire à la rondeur de son assiette, était quand même bon cosmographe. Là où il est question du « monde » et de son extension et génération infinies il est indubitable qu'Oronce est voisin et compagnon de Rabelais, surtout dans les années 1525-1535.

Il suffit de voir comment la carte bi-cordéiforme de 1531 figure en gésine dans le *Pantagruel* (1534). Alcofrybas Nasier (anagramme de François Rabelais), présentateur et historien des « faicts et dictz » du héros éponyme, compte parmi les personnages majeurs de ce qu'Albert Thibaudet avait appelés une « épopée bouffonne ». Au chapitre trente-deux, sans doute le plus célèbre du livre, Alcofrybas accompagne l'expédition des Pantagruélistes contre les Almyrodes. Pendant la campagne la bande est obligée de s'arrêter et de bivouaquer pour se protéger

---

1 *Gargantua*, dans *Rabelais, Œuvres complètes*, éd. M. Huchon, Paris, Gallimard, 1994, p. 29. Toute citation du texte (de 1542) du *Gargantua* et du *Pantagruel* sera tirée de cette édition.

d'une averse subite. Pantagruel tire la langue pour que son armée se tienne au sec en se mettant sous celle-ci. Les troupes s'y rassemblent pendant qu'Alcofrybas, essayant de se repérer, s'en va aux hauteurs d'où il pourrait mieux voir le territoire. Il entre dans la bouche du maître. Après avoir grimpé et traversé les « Montz Dannoys » (la chaîne des dents) le chroniqueur découvre « de grandz prez, de grandes forestz, de fortes et grosses villes non moins grandes que Lyon ou Poictiers » (331). Amateur topographe, il explore un paysage qui lui semble étrangement familier et, chemin faisant, essaie une comparaison qui, pour mieux cerner l'altérité du monde qu'il contemple, invoque deux centres urbains bien connus, Lyons et Poitiers (où, en l'occurrence, Rabelais avait du commerce professionnel). Dépaysé, Alcofrybas est en son assiette.

Dans un épisode qui serait de l'ordre d'une rencontre ethnographique il aborde son « premier homme », un *autre* familier, un planteur de choux :

> Le premier que y trouvay, ce fut un bon homme qui plantoit des choulx. Dont tout esbahy luy demanday. Mon amy que fais tu icy ? [J]e plante (dist il) des choulx. Et à quoy ny comment ? Dis [j]e. Ha monsieur (dist-il) chascun ne peut avoir les couillons aussi pesentz qu'un mortier, & ne pouvons estre tous riches. [J]e gaigne ainsi ma vie : & les porte vendre au marché en la cité qui est icy derriere. [J]esus (dis [j]e) il y ha icy un nouveau monde. Certes (dist il) il n'est mie nouveau mais lon dit bien que hors d'icy ha une terre neufve ou ilz ont & Soleil, & Lune : & tout plein de belles besoignes : mais cestui ci est plus ancien. (331)

Ici et ailleurs le personnage, toujours « cheminant », *rencontre* bien des autres. Ce ne sont guère des cannibales ou des indigènes inouïs ou monstrueux comme ceux que dépeint Holbein aux encoignures d'une autre mappemonde dans la même édition de Grynaeus, mais un bonhomme tourangeau ou chinonais[1]. Altérité devient familiarité et, par extension, topographie l'emporte sur cosmographie. Quand Alcofrybas croise l'étranger, quand il le *trouve*, il est à la fois étonné et rassuré. Dans le contexte de l'errance (sans destination, Alcofrybas est vagabond), la coïncidence de *tout* et de *trouver* (dont l'étymologie signifie « tourner tout autour ») fait ressortir le dénominateur commun : *où*, en réminiscence de l'histoire de Jonah ou en allusion à un épisode du *Merlini Cocai* de

1 Dans sa lecture mémorable du même chapitre dans *Mimésis* (édition allemande, 1946 ; traduction anglaise, 1953 ; traduction française, 1980), Erich Auerbach insiste sur le fait que l'étrange est ce qui est familier.

Teofilo Folengo, se trouve le *planteur de choulx* ? Se trouve-t-il où ? La question que pose Alcofrybas à son interlocuteur ouvre une réflexion sur la création et la croyance. Sur le plan typographique – car à cette époque typographie est aussi topographie – l'invocation du nom du fils de Dieu (« Jesus »), s'inscrit dans la parataxe, à côté du pronom précisant que c'est Alcofrybas qui parle. Le narrateur souligne un jeu du « je » : le lecteur entend dans l'exclamation *je sus* (ou *je sceus*), expression suggérant que le narrateur aurait connu le nouveau monde avant de le connaître. L'étonnement pourrait être celui du narrateur et de son interlocuteur, mais aussi – et ici le texte de *Pantagruel* est remarquable – la mise en scène d'un dialogue intérieur, voire d'une méditation sur une altérité paradoxalement bienvenue. Lue en contresens, à rebours, l'expression pourrait s'adresser au Christ, de façon à ce que le *je* soit le rival ou le contraire profane du personnage sacré : Jésus, je te dis, voici un nouveau monde, monde-globe que le fils de Dieu n'aurait pu connaître avant moi, moi qui suit témoin des découvertes océaniques.

Le monde est à l'envers, mais sur un plan plutôt horizontal que vertical. [N]*ouveau monde* fait allusion à la fois aux découvertes colombiennes et, dans la topographie de la bouche du géant, à la Touraine. Une question se pose qui porte sur l'ubiquité : où est l'endroit où l'on se trouve ? Sur quel axe tourne-t-on ? La rencontre qui suit semble répondre à la question. Suivant le conseil de son interlocuteur, Alcofrybas s'en va à la ville voisine d'Aspharage où, dans sa vie quotidienne, loin du bruit des nouvelles signalant les découvertes, le planteur transporte et vend ses choux. Chemin faisant il rencontre un pigeonnier – qu'il appelle son compagnon avant qu'il ne fasse sa connaissance en train de tendre son filet :

> Or en mon chemin [j]e trouvay un compaignon : qui tendoit aux pigeons. Auquel [j]e demanday : Mon amy d'ond vous viennent ces pigeons icy ? Cyre (dist il) ilz viennent de l'autre monde. Lors [j]e pensay que quand Pantagruel baisloit, les pigeons à pleines volées entroient dedans sa gorge, pensans que fust un colombier. Puy entray en la ville, laquelle je trouvay belle, bien forte, & en bel air… (p. 331)

Le pigeonnier serait encore une fois l'*autre*, personnification de l'altérité, cette fois le double du planteur de choux. L'itération confirme que la première rencontre n'a pas été un songe. Chez Rabelais, comme partout dans la littérature anthropologique, la mise en scène d'une rencontre demande que les interlocuteurs – le moi et l'autre – soient en vue d'un spectateur témoignant des enjeux de l'échange. Ici le spectateur serait celui qui regarde la rencontre à même la matière même, aux lettres imprimées qui véhiculent le récit. Deux registres textuels, la narration et l'écriture, sont en corrélation. Les pigeons convoités, venant de loin, pourraient être des égarés du nouveau monde, d'autant plus que l'aspect des mots *colombe* et *colombier* ne peut pas ne pas faire allusion aux découvertes *colombiennes*.

Jusqu'ici dans le chapitre l'itinéraire du narrateur n'est pas sans ressemblance avec celui de son maître. À part les Almyrotes, les habitants de toutes les villes en Dipsodie ont conféré à Pantagruel et à sa bande les clefs leur garantissant une entrée bienvenue et libre. Maintenant Alcofrybas reçoit le privilège d'entrer en Aspharage malgré la menace de la peste à Laryngues et Pharingues (villes maritimes parce qu'Alcofrybas les compare à Rouen et à Nantes, deux points de départ d'où les navigateurs mariniers, faisant cap sur le nouveau monde, levaient l'ancre. Peu après Alcofrybas passe par des vallées entre des chaînes de hautes montagnes avant de *trouver* un paysage cisalpin. Il se perd dans une forêt avant qu'une bande de brigands ne le détrousse et lui vole tout son argent. Bientôt, après avoir été reçu au pays de Cocaigne, embauché et rémunéré (en dormant et en ronflant il gagne sa vie), il se réjouit d'avoir une raison d'être. Les magistrats et sénateurs du pays l'informent que ses déboires n'étaient pas sans cause. Les « autres », ceux qui habitent au-delà (*au-delà les dents*) ne sont que des voyous et malfaiteurs – ce qui montre, selon l'avis du narrateur, que ses hôtes sont, comme bien d'autres, d'un caractère ethnocentrique.

Tout d'un coup la relation entre cosmographie et topographie, amorcée auparavant, déclenche une réflexion sur géographie et diplomatie :

> A quoy je congneu que ainsi comme nous avons les contrées de deçà et de delà les montz, aussi ont ilz deça et delà les dentz. Mais il fait beaucoup meilleur deçà et y a meilleur air. Là commençay penser qu'il est bien vray ce que l'on dit, que la moytié du monde ne sçait comment l'aultre vit. Veu que nul avoit encores escrit de ce pais là auquel sont plus de .xxv. royaulmes habitez, sans les desers, et un gros bras de mer : mais j'en ay composé un grand livre intitulé l'*Histoire des Gorgias* : car ainsi les ay je nommez parce qu'ilz demourent en la gorge de mon maistre Pantagruel. (p. 332-333)

La perspective est quasiment cartographique dans la mesure où un « monde » ou hémisphère qui se distingue d'un autre lui est tangent mais lointain. La carte bi-polaire d'Oronce est paradigmatique. Le lecteur constate que la carte d'Oronce et le texte du chapitre de *Pantagruel* ont le même dessein de reconnaître et d'accueillir l'inconnu tout en le balisant. Dans l'idiolecte analytique, on dirait qu'Oronce et Rabelais témoignent d'une « relation d'inconnu[1] ». Conçu par Nicolas Abraham et Maria Torok, ce concept cerne un processus spatio-temporel avec lequel un sujet humain perlabore les angoisses qui surgissent du fin fond de la vie[2]. Devant l'inconnu, ce qui n'a pas de nom, ce qui pourrait menacer, afin de le connaître, la personne l'aborde tant bien que mal en se servant d'un langage transitionnel, sans référence symbolique : parole intermédiaire, qu'elle remue en elle-même, en son for intérieur mais aussi à l'intérieur de la bouche, afin de médiatiser ce qui pourrait (ou ne pourrait pas) être angoissant. C'est une parole qui n'arrive ni à nommer ni à domestiquer l'altérité, mais qui arrive à la reconnaître, et à l'accepter en tant que telle. C'est une parole qui s'énonce dans une région buccale, pour que l'altérité soit goûtée et assimilée sans être digérée. Au dire d'Abraham et Torok elle n'est pas incorporée – encryptée, enkystée ou refoulée au fin fond du moi – mais « introjectée », voire, goûtée sans se faire assimiler. Les auteurs de *L'Écorce et le noyau* remarquent que l'introjection correspond à un processus de symbolisation dont les « tout débuts [...] ont lieu grâce à des expériences du vide de la bouche », le vide étant « expérimenté comme cris et pleurs, remplissement différé, puis comme occasion d'appel, moyen de faire apparaître, langage[3] ». C'est le lieu où, à même la page où Alcofrybas, d'abord ébahi, s'exclame, « Jesus », parole vide de sens, avant de dire (ou après avoir murmuré entre parenthèses « dis-je ») « il y ha icy un nouveau monde » : cela dit, il négocie l'inconnu. Dans la bouche du maître il introjecte l'altérité d'un dehors océanique que le cartographe Oronce Fine projette dans sa mappemonde de 1531, qui a l'air d'abord de tracer en lignes sinueuses et ténues, sur un plan visuel, « il est bien vray ce que lon dit, que la moytie du monde ne sait comment l'autre vit ».

1 Guy Rosolato note que toute analyse du sujet humain engage une « relation d'inconnu » de deux ordres, des inconnus connu et inconnu, dans *La Portée du désir ou la psychanalyse même*, Paris, PUF, 1996, p. 105 et 112; et aussi, partout dans *La Relation d'inconnu*, Paris Gallimard, 1988.

2 N. Abraham et M. Torok, *L'Écorce et le Noyau*, Paris, Flammarion, 1987, p. 262. À propos du même terme Laplanche et Pontalis remarquent qu'il s'agit d'un processus par lequel « le sujet fait passer, sur un mode fantasmatique, du "dehors" au "dedans" des objets et des qualités inhérentes à ces objets ». *Vocabulaire de la psychanalyse*, Paris, PUF, 1967/76, p. 209.

3 Abraham et Torok, *L'Écorce et le Noyau*, p. 262.

Or le chapitre du *Pantagruel* qu'Auerbach avait expliqué au nom du « monde dans la bouche de Pantagruel » serait une introjection du doute et de la peur provenant d'une altérité menaçante. Pourrions-nous dire qu'à leur façon les cartes cordéiformes d'Oronce Fine « introjectent » le nouveau monde et les *terrae incognitae* ? Il semble que *L'Esphère* et la *Nova et integra universi orbis descriptio* tiennent compte d'un hémisphère, çà et là, toujours encore imaginaire. La forme oculaire du planisphère est telle qu'elle a l'air de regarder ceux qui la regardent et, du coup, de leur faire se demander non seulement où ils sont ou se retrouvent mais aussi comment ils abordent l'inconnu.

CONCLUSION

Il est improbable qu'en écrivant le trente-deuxième chapitre du *Pantagruel*, Rabelais, dévoreur de livres, n'ait pas vu la carte d'Oronce dans l'édition parisienne de Grynaeus. Qu'il l'ait vue ou non, force est de constater que, dans la culture générale des cartographes humanistes, au moment tumultueux d'une crise de croyance et de transformations du savoir géographique dans les années 1525-1535, on veut « croire » au monde que l'on ne connaît guère, mais que l'on voudrait accueillir, tant bien que mal. Le monde que trace Oronce est celui que Rabelais invente et remâche dans la bouche. Au recto, là où le mathématicien et géographe dauphinois assimile toute connaissance des limites du monde depuis la circumnavigation de Magellan, au verso, l'auteur du *Pantagruel* fait une fête de la même matière. Oronce serait le sérieux, le savant, et Alcofrybas le voyageur enquêteur. Oronce serait le paradigme de l'astrologue, l'abstracteur de quinte essence, personnage qu'Alcofrybas va simuler et, en le simulant, devenir. Oronce et Rabelais comprennent bel et bien que le monde se globalise tout en apprenant aux lecteurs comment l'accueillir et se réjouir de son étrangeté.

Tom CONLEY
Université Harvard

OUVRAGES CITÉS

ABRAHAM, Nicolas et TOROK, Maria, *L'Écorce et le noyau*, Paris, Flammarion, 1987.

AUERBACH, Erich, *Mimesis*, Paris, Gallimard, 1980.

AUERBACH, Erich, *Scenes from the Drama of European Literature : Six Essays*, New York, Meridian Books, 1959 [1991].

BUISSERET, David, *The Mapmaker's Quest : Depicting New Worlds in Renaissance Europe*, New York, Oxford University Press, 2003.

BRUNELLE, Gayle, *The New World Merchants of Rouen, 1559-1630*, Kirksville, MO, Sixteenth Century Publishers, 1991.

CERTEAU, Michel de, *L'Invention du quotidien, 1 : Arts de faire*, éd. par Luce Giard, Paris, Gallimard, 1990.

CONLEY, Tom, *An Errant Eye : Poetry and Topography in Early Modern France*, Minneapolis, University of Minnesota Press, 2011.

DALCHÉ, Patrick Gautier, *La Géographie de Ptolémée en Occident (IVe-XVIe siècles)*, Turnhout, Brepols, 2009.

DELEUZE, Gilles, *L'Image-mouvement*, Paris, Éditions de Minuit, 1983.

DELEUZE, Gilles et GUATTARI, Félix, *Mille plateaux*, Paris, Éditions de Minuit, 1980.

FEBVRE, Lucien, *Le Problème de l'incroyance au XVIe siècle : La religion de Rabelais*, Paris, Alcan, 1942.

FINE, Oronce, *La Theoricque des cielz, mouvemens et termes pratiques des sept planètes, nouuellement et tresclerement rédigée en langage françois, avec des figures tresutiles en leurs lieux proprement insereez*, Paris, Simon du Bois, 1528.

FINE, Oronce, *Le sphere du monde : proprement dicte cosmographie* (Paris, 1549) [Harvard Houghton Library MS Typ 57].

FINE, Oronce, *Lesphere du monde, proprement ditte cosmographie, composee nouvellement en françois...par Oronce Fine, natif du Daulphiné, lecteur mathematicien du treschrestien Roy de France en l'université de Paris*, Paris, Michel de Vascosan, 1551.

FINE, Oronce, *Livre singulier et utile, touchant l'art & pratique de géométrie, composé nouuellement en françoys par maistre Charles de Bouelles, canon de Noyon*, Paris, Simon de Colines, 1542.

HERVÉ, Roger, « Essai de classement d'ensemble, par type géographique, des cartes générales du monde... (1487-1644) », *Der Globusfreund*, n° 25-27, 1978, p. 63-75.

HUCHON, Mireille, *Rabelais*, Paris, Gallimard, 2011.

JACOB, Christian, *L'Empire des cartes*, Paris, Albin Michel, 1992.

KARROW, Jr., Robert, *Sixteenth Century Mapmakers and Their Maps*, Chicago, The Speculum Press for the Newberry Library, 1993.

L'Âge d'or des cartes marines : Quand l'Europe découvrait le monde, éd. Catherine Hoffman, Hélène Richard et Emmanuelle Vagnon, Paris, BNF, 2012.

LAPLANCHE, Jean et PONTALIS, Jean-Baptiste, *Vocabulaire de la psychanalyse*, Paris, PUF, 1967/76.

LECOQ, Anne-Marie. *François Ier imaginaire : Symbolique et politique à l'aube de la Renaissance française*, Paris, Macula, 1988.

LESTER, Toby, *The Fourth Part of the World : The Race to the Ends of the Earth and the Epic Story of the Map that Gave America its Name*, New York, Capo Press, 2009.

LESTRINGANT, Frank et PELLETIER, Monique, « Maps and Descriptions of the World in Sixteenth-Century France », dans *The History of Cartography 3*, éd. David Woodward, Chicago, University of Chicago Press, 2007, Part. 2, p. 1463-1479.

LESTRINGANT, Frank, *L'Atelier du cosmographe* : *ou l'Image du monde à la Renaissance*, Paris, Albin Michel, 1991.

LÉVI-STRAUSS, Claude, *Anthropologie structurale*, Paris, Plon, 1958.

LÉVI-STRAUSS, Claude, *Histoire de lynx*, Paris, Plon, 1991.

MARIN, Louis, *Utopique : Jeux d'espace*, Paris, Éditions de Minuit, 1973.

MOLLAT, Michel, *Giovanni et Girolamo Verrazano, navigateurs de François Ier*, Paris, Imprimerie Nationale, 1982.

MORISON, Samuel Eliot, *The European Discovery of America : The Northern Voyages*, New York, Oxford University Press, 1971.

PANTIN, Isabelle, *La Poésie du ciel en France dans la seconde moitié du seizième siècle*, Genève, Librairie Droz, 1995.

PELLETIER, Monique, *Les Cartes de la France et pourquoi : De Ptolémée à François de la Guillotière*, Paris, BNF, 2009.

PIGAFETTA, Antonio, *The First Voyage Around the World : An Account of Magellan's Expedition*, éd. par Théodore J. Cachey, Toronto, University of Toronto Press, 2007.

RABELAIS, François, *Œuvres complètes*, éd. par Mireille Huchon, Paris, Gallimard, 1994.

RABELAIS, François, *Pantagrueline Prognostication certaine, veritable, et infallible. Pour l'an mil. D.xxxiii, nouvellement composee au prouffit et advisement de gens estourdis et musars de nature, par maistre Alcofribas, architriclin dudict Pantagruel*, [Lyons, 1532].

ROSOLATO, Guy, *La Portée du désir ou la Psychanalyse même*, Paris, PUF, 1996.

ROSOLATO, Guy, *La Relation d'inconnu*, Paris Gallimard, 1988.

SHIRLEY, Rodney, *The Mapping of the World : Early Printed World Maps, 1472-1700*, 4e éd., Riverside, CT, Early World Press, 2001.

The Boke of Idrography : The Maps and Text of the Boke of Idography presented by Jean Rotz to Henry VIII, now in the British Library, éd. par Helen Wallis, Oxford, Roxburgh Club publications, 1981.

The History of Cartography 3 : The European Renaissance, éd. David Woodward, Chicago, University of Chicago Press, 2007.

TOLIAS, George, « L'Insulaire : Cosmographie maritime et expansion européenne à la Renaissance », dans *L'Âge d'or des cartes marines : Quand l'Europe découvrait le monde*, éd. Catherine Hoffmann, Hélène Richard et Emmanuelle Vagnon, Paris, BNF, 2012.

TOULOUSE, Sarah, « Marine Cartography and Navigation in Renaissance France », dans *The History of Cartography 3*, éd. David Woodward, Chicago, University of Chicago Press, 2007, Part. 2, p. 1550-1567.

MORALISTES CLASSIQUES ET GLOBALISATION DU MOI

> Un moraliste est le contraire d'un prédicateur de morale ; c'est un penseur qui envisage la morale comme suspecte, douteuse, bref, comme un problème. Je regrette de devoir ajouter que le moraliste, pour cette même raison, est lui-même un être suspect.
>
> Nietzsche, *La Volonté de puissance*, I, III, 224.

Partons d'une constatation paradoxale : dans les temps modernes, la physique, en étudiant un univers désormais infini, et la théologie, en disjoignant de plus en plus le ciel et la terre, allouent à l'homme une place de plus en plus circonscrite, locale, finie ; et c'est pourtant à ce moment-là que les prétentions occidentales à l'universalité et au global deviennent prééminentes. Nous pouvons distinguer trois sortes de limites à franchir pour assurer la présence d'une telle globalité : frontières géographiques, limitations temporelles et statuts sociaux. La globalisation apparaît comme un processus à la fois de contraction de l'espace et du temps et d'extension du pouvoir de certains sur beaucoup. Les deux étant intimement liés : en effet, espace et temps ne désignent pas seulement des formes *a priori* d'ordre ontologique, mais des significations sociales. Ainsi, une frontière entre pays est avant tout l'expression d'une puissance, matérialisée dans l'espace, et la contraction du temps et de l'espace, une question d'ordre politique.

Il en va de même pour ce que l'on appelle la « littérature classique » (le fait même de la nommer parfois « littérature du Grand siècle » en témoigne bien à sa façon[1]) : même si ses genres de production écrite sont pour la plupart hérités de l'antiquité grecque et latine, même si elle intègre la poésie et la vie de cour italiennes, le théâtre et le roman espagnol, voire la pyrotechnie morale de leurs jésuites, même si les succès de librairie passent aussi par les éditions pirates ou clandestines en provenance des Pays-Bas et d'Allemagne, la construction de forteresses sur les frontières françaises fonctionne comme l'installation de forteresses de temps dans la succession des âges : toutes cherchent à fournir à la France ses frontières « naturelles ». Cependant, ces frontières offrent, là encore, une perspective paradoxale : elles définissent à la fois une localisation stricte et une universalité reconnue, car la langue française est donnée comme langue d'un peuple spécifique et, en même temps, langue exemplifiant la forme *naturelle* de tout langage. Quand le père jésuite Dominique Bouhours (1628-1702) évalue les différentes langues européennes, il souligne que le français reflète la nature même de la pensée qui suit toujours le même trajet logique du sujet au verbe puis au complément : « la langue Françoise est peut-estre la seule, qui suive exactement l'ordre naturel, & qui exprime les pensées en la maniere qu'elles naissent dans l'esprit[2]. » Plus encore, clarté et douceur qui la caractérisent en font aussi une nature idéale de la performance linguistique, connectant de manière immédiate pensée intérieure et extériorité sociale[3]. S'il semble donc souhaitable, pour faciliter la communication humaine, de ramener la diversité des langues à une seule, c'est à condition, dit un des interlocuteurs, « que nostre langue [...] fust ceste langue universelle, & que toute la Terre parlast François[4]. » Le « nous » se dilate pour recouvrir le globe tout entier.

La catégorie du « moi » se trouve ainsi inscrite dans la nature même du langage. Faire du français un universel au XVIIe siècle, c'est dévoiler que cette langue rejoint la nature de toute communication : intérieure pour le moi, sociale avec le commerce des signes et le plaisir de la conversation, ontologique avec l'adéquation entre expression et pensée.

1 Voir à ce sujet l'ouvrage de C. Jouhaud, *Sauver le Grand siècle ? Présence et transmission du passé*, Paris, Seuil, 2007.

2 D. Bouhours, *Entretiens d'Ariste et d'Eugène*, Paris, Sébastien Mabre-Cramoisy, 1671, p. 81.

3 Voir *ibidem*, p. 177 : « le galimatias et le Phébus ne reviendront point, car il n'y a rien de plus opposé à cet air facile, naturel, & raisonnable, qui est le caractere de nostre nation, & comme l'ame de nostre langue. »

4 Bouhours, *Entretiens d'Ariste et Eugène*, p. 55.

Bien sûr, lorsque, aux XIXe et XXe siècles, le moi semble se fissurer, quand le doux commerce révèle les conflits qui le constituent, quand le lien immédiat entre pensée et langue est questionné, le caractère englobant de la littérature classique apparaît comme une étrange et lointaine figure, qui, pourtant, a constitué le socle de notre monde contemporain.

L'ÈRE DES MORALISTES ET LA CONSTITUTION DE LA LITTÉRATURE CLASSIQUE

C'est devenu un lieu commun que de parler du XVIIe siècle comme du « siècle des moralistes[1] ». Mais comment des savoirs pratiques, des styles d'écriture, des manières de vivre et des situations politiques ont-elles contribué à octroyer un tel privilège aux ouvrages traitant des comportements moraux ?

À l'âge classique, la doctrine morale occupe une position problématique. Pour les Anciens, la *philosophia moralis* réfléchissait sur les conduites et les mœurs, sur les caractères sociaux des êtres, afin de permettre à chacun de « bien vivre » (*eu zen*) dans la cité en accord avec les dieux. Ainsi, immédiatement liée à la puissance de la religion ou au pouvoir de la cité, la morale indiquait à chacun le rôle social qui devait être le sien. Les humanistes de la Renaissance, cependant, en compilant avec amour les sagesses antiques, tendent peu à peu à détacher la morale d'une inscription exacte dans une tradition purement chrétienne et à en faire une pédagogie personnelle. Sur un plan plus sociologique, noblesse et vertu ne semblent plus aller de pair : le modèle de gloire et d'honneur incarné, par exemple, par un Bayard cède la place à des conduites guerrières de moins en moins morales qu'il s'agit, pour un Montluc par exemple, de relégitimer[2]. Enfin, avec les Guerres de religion, la conscience morale devient plutôt un lieu de conflits ou une légitimation de massacres. Autant donc du point de vue intellectuel que social, la morale se trouve de plus en plus en porte-à-faux.

La politique moderne naît, au XVIIe siècle, de ce face à face entre individus et État (en perdant peu à peu la médiation de corps intermédiaires ou

1 Voir B. Parmentier, *Le Siècle des moralistes*, Paris, Seuil, 2000.

2 Voir E. Schalk, *From Valor to Pedigree*, Princeton, Princeton University Press, 1986.

d'Églises attitrées). Ainsi, d'un côté, l'individu est riche de sa conscience intérieure, mais dénué de pouvoir public, et, de l'autre côté, l'État, s'avère souverain responsable du bien commun mais détaché de toute morale ou d'évidence religieuse. Au moment où se développent les discours de la « raison d'État », les « politiques » qui soutiennent Henri IV posent une neutralité religieuse de principe et, en 1635, l'entrée en guerre de la France aux côtés des puissances protestantes contre l'Espagne catholique témoigne de cette nouvelle disjonction entre État et religion particulière, entre conduite morale de chacun et amoralité du pouvoir. Coupée, ainsi, de la religion ou des traditions qui, jusque-là, lui donnaient immédiatement une importance collective, la morale se trouve repliée dans un for intérieur. La notion même de « for intérieur », qui apparaît en 1635, dit bien l'investissement public dans l'intériorité, puisque le terme vient de *forum*, lieu social par excellence. La morale de l'individu se déploie donc dans l'espace social des savoirs, susceptible d'un apprentissage, voire d'une contrainte : il ne s'agit plus de « bien vivre », la vie en communauté étant elle-même donnée, mais d'apprendre à vivre en société ou de construire une vie en communauté, puisque, désormais la vie en société n'apparaît plus tout à fait comme une donnée naturelle des êtres humains. On ne naît pas sociable, on le devient – d'où l'invention des « contrats sociaux » pour penser l'origine de la vie en commun.

Tout en prolongeant les inflexions données à la morale par les humanistes, pratiques savantes et valeurs mondaines opèrent alors sur des terrains bien différents. La morale suppose moins un rôle à jouer dans la communauté qu'une pratique personnelle des rapports humains. Objet d'un savoir, la morale apparaît, du coup, argumentable, variable, contestable, « ironisable » même. Jusqu'alors, on était moral parce que chrétien ; désormais, on est chrétien, parce que moral : il faut pouvoir le montrer. Les profondeurs de la conscience personnelle ne sont plus seulement déchiffrables par Dieu ; elles doivent aussi paraître en public.

C'est sans doute une raison pour inventer de nouveaux modes de *publication* de la morale. En effet, les traités savants qui en parlaient cèdent largement la place à des genres anciens que l'on renouvelle parfois profondément (fable, aphorisme, caractère, dialogue, satire, éloge funèbre) ou à des genres inédits (portrait, mémoires, lettres)[1]. On assiste alors à

1 Voir H. J. Martin, *Livre, pouvoirs et société à Paris au* XVII*e* *siècle*, Genève, Droz, 1984, t. II, p. 826-830.

un déplacement majeur dans l'ordre social des savoirs : la position de pouvoir est passée des érudits de l'École ou de l'Université aux mondains, nobles ou bourgeois bien éduqués, qui tirent un capital de leur éducation et suscitent, comme un repoussoir, la figure insupportable des « pédants » depuis Hortensius dans le *Francion* de Sorel jusqu'au *Pédant joué* de Cyrano. Du coup, même les savants se plient aux rituels mondains et un oratorien comme le père Malebranche rédige non un traité de morale mais des *Conversations chrétiennes.* Pour les mondains, cela permet d'exploiter aussi l'ambiguïté de la référence au « monde » : à la fois désignation d'une certaine posture sociale (le monde est toujours « le grand monde ») et renvoie à une totalité. C'est ainsi que le local prend l'allure du global.

La culture devient ainsi un élément de valorisation d'une certaine élite. Là aussi, sous couvert d'une globalité (chaque être humain possède une certaine culture), c'est en réalité le marqueur d'un groupe social qui fonctionne à l'exclusion : la politesse ou l'honnêteté sont des instruments de distinction. Plutôt que les témoignages de sa foi chrétienne, du prestige de sa famille, de sa valeur militaire ou de l'autorité de son savoir lettré, c'est la qualité de la conversation, les plaisirs sophistiqués de la vie mondaine et l'élégance des manières (comme le souligne avec ironie Molière dans *Les Précieuses ridicules*) qui semblent assurer la reconnaissance générale du véritable noble. Les femmes des salons parisiens se trouvent au centre de cette nouvelle organisation des apparences, dans la mesure où leur modestie obligatoire et leur contrôle des passions exemplifient le nouvel intérêt porté aux contraintes sociales[1] – ce qui les rend d'autant plus volontiers la cible des attaques. Les femmes jouent ainsi un rôle important dans l'imaginaire social de la civilité, sans pour autant voir leur pouvoir effectivement reconnu (même si, du point de vue de la morale, dans les cercles urbains, on discerne une évolution : les femmes qui étaient surveillées et guidées par leurs époux, au début du XVIIe siècle, deviennent peu à peu celles qui sont en charge de l'éducation morale de la famille[2]).

Cependant, on ne peut réduire la politesse ou la galanterie à une gestion des contraintes. Comme l'écrit une de ces femmes de salon et grande

---

1 Voir sur ces points N. Elias et les principes sociologiques du processus de civilisation, mais aussi M. Foucault et sa description des sociétés disciplinaires.

2 Voir J.-L. Flandrin, *Familles : parenté, maison, sexualité dans l'ancienne société*, Paris, Seuil, 1984, p. 125-126.

romancière, Madeleine de Scudéry (1607-1701) : « La veritable politesse est proprement sçavoir vivre, & sçavoir tousjours parler à propos [...] ; mais à ce que je voy, dit Clarinte en soûriant, il faut sçavoir la morale pour bien sçavoir la politesse. Je ne dis pas cela precisément, reprit Theanor, mais j'avance hardiment que la politesse rend la pratique de toutes les vertus plus agreables[1]. » La politesse est donc bien intimement liée à la morale : elle ne s'y substitue pas, mais elle l'enjolive. Il ne suffit pas d'être vertueux, encore faut-il trouver du plaisir à l'exercice des vertus. Les savants en morale doivent aussi être savants en joie : le propos n'est pas distant fondamentalement de celui d'un Spinoza...

Dans ses *Entretiens d'Ariste et d'Eugène*, Dominique Bouhours note lui aussi la similitude entre savoir vivre et savoir son monde[2] : les « bonnes » manières et le bon goût ne viennent pas simplement s'ajouter à la juste conduite, ils en déterminent le bon usage et la circulation adéquate. Il y a une *utilité sociale du plaisir*, qui ouvrira au XVIIIe siècle sur un nouveau champ de savoir : l'esthétique. On a parfois dit qu'à partir de la Renaissance il y avait une esthétisation des comportements, avec une insistance sur la grâce et l'élégance, comme on le voit dans les traités des courtisaneries ou de civilité[3]. En fait, il faudrait renverser la formule : l'esthétique des Lumières est, au départ, façonnée par l'usage moral de la politesse. La notion de goût en établit les critères.

On voit parfaitement chez Madeleine de Scudéry cette intrication entre style d'écriture et forme de vie. Elle reprend la tradition des dialogues philosophiques en leur donnant une tonalité plus mondaine et en traitant sur le même pied l'histoire de la morale ou l'élégance des papillons. On discerne l'appropriation du discours savant par le titre même de ses ouvrages : *Conversations sur divers sujets*, 1680 ; *Conversations nouvelles sur divers sujets*, 1684 ; *Conversations morales*, 1686 ; *Nouvelles Conversations de morale*, 1688 ; et enfin, *Entretiens de morale*, 1692. Le vague des premiers titres répond à une esthétique de la négligence typique de la littérature

---

1 M. de Scudéry, *Conversations nouvelles sur divers sujets*, Paris, Claude Barbin, 1684, p. 127.

2 « C'est un homme qui sait son monde, qui sait vivre. », *ibid.*, p. 144.

3 « Renaissance thought had conferred significance upon civil manners as well as civic virtue, and much of the French Enlightenment can be understood as a transformation of the older, mainly aesthetic concept of *civilité* into a morally, historically, and politically charged concept of *société civile.* » D. Gordon, « Beyond the social history of ideas : Morellet and the Enlightenment », *André Morellet (1727-1819) in the Republic of Letters and the French Revolution*, New York, Peter Lang, 1995, p. 49-50.

mondaine et n'empêche pas ensuite la récupération de la morale, d'abord sous forme d'un simple adjectif, puis comme substantif. En 1686, les *Conversations morales* ont été aussi publiées sous le titre éloquent de *La Morale du Monde, ou Conversations*. Un genre d'écrit (les conversations) typique de la mondanité est ainsi susceptible de récupérer l'énergie sociale du savoir moral. Le fait même d'exploiter le registre oral et intime de la conversation permet de jouer à la fois sur la publication imprimée globale et sur le sentiment de faire partie de ces sphères sélectives. La notion même de conversation désigne à la fois une forme de discours et la compagnie dans laquelle a lieu ce type de discours. Ainsi, la représentation de la conversation polie et morale est elle-même un exemple de politesse morale : la médiation sociale produit en fait un effet d'immédiateté. On retrouve ici l'apparente contradiction des traités de civilité qui enseignent à tous les lecteurs ce qui reste néanmoins réservé à une élite[1] ou qui éduquent des personnes à se conduire en apparence « naturellement ».

Ces conversations sont parfois extraites des grands romans de Madeleine de Scudéry (*Le Grand Cyrus* ou la *Clélie*) et cette décontextualisation permet encore mieux le passage à la généralisation. La mise en scène des conversations (comme dans les romans) permet de négocier cette contradiction en distribuant chez les divers intervenants manières et commentaires, styles d'expression et formes de savoir, sans devoir explicitement fournir des règles de bonne conduite. Expériences de pensée et intériorisation des comportements l'emportent ainsi sur des listes d'instructions. Il devient même possible, grâce au caractère dialogique des entretiens, d'expliquer comment généraliser des conduites particulières plutôt que d'en imposer strictement les figures. Le « moi » apparaît alors comme sujet d'expériences plus qu'objet de pouvoir.

LA MAXIMISATION DU MINUSCULE, OU COMMENT LE PETIT ASPIRE AU TOUT

De même que Madeleine de Scudéry procède à l'extraction et la reconfiguration des conversations, la maxime extrait des expériences

1 P. Burke, *The Art of Conversation*, Ithaca, Cornell University Press, 1993, p. 92.

les plus diverses une densité unique de pensée. La maxime présente en effet une opinion globale de la manière la plus resserrée possible. Du point de vue typographique, le halo blanc qui l'entoure à la fois l'isole des autres expériences et la couronne du sceau de l'universel. La maxime résulte d'une opération rhétorique et logique[1], d'abord exploitée dans le cadre de la prudence (la *phronèsis* antique qui allie vertus pratiques et intellectuelles). C'est aussi un processus éditorial où la typographie et l'usage des imprimeurs compte pour beaucoup. Ainsi, les lettres morales de Saint-Cyran sont-elles « maximisées » (tournées en maximes autant que poussées au maximum) par un processus d'extraction explicité dans le titre : *Maximes saintes et chrestiennes tirees des Lettres de Messire Jean du Verger de Hauranne Abbé de saint Cyran*. La préface le réitère : « on ne doute point que tant de personnes pieuses à qui la lecture de ces excellentes lettres a donné une si grande satisfaction, ne soient edifiées de voir icy comme le suc & l'esprit de ces discours admirables qui les ont ravis[2] ». Il en va de même pour la Bible elle-même qui est aménagée pour répondre au goût du moment : « Le goût de ce siecle s'est entierement declaré pour le stile sentencieux, & pour les pensées concises qui presentent beaucoup de sens en peu de paroles. C'est ce que l'on trouvera dans ce petit ouvrage, qui joint l'utile avec l'agreable, & pour en achever l'eloge, il suffit de dire que c'est un precis du nouveau Testament[3]. »

À la fin du siècle, les maximes ont acquis leur autonomie. Elles n'abrègent plus des textes préexistants, elles constituent des ensembles par elles-mêmes à la suite du grand succès de La Rochefoucauld. Si l'on consulte tous les titres publiés comportant le terme de « maximes » au XVIIe siècle, ce sont pour la plupart des discours suivis, continus, élaborant des règles de conduite ou des leçons générales. C'est seulement vers la fin du siècle qu'elles suivent l'exemple de brèves sentences séparées typographiquement et parfois numérotées. Un bon exemple de ce déplacement se trouve dans un des best seller des années 1680 : la traduction par Amelot de La Houssaye d'un texte du jésuite espagnol Balthasar Gracian *Oraculo manual y Arte de prudencia*. On a dit qu'il avait

1 Voir F. Goyet, « L'origine logique du mot maxime », *Logique et littérature à la Renaissance*, éd. M.-L. Demonet et A. Tournon, Paris, Champion, 1994.

2 *Maximes saintes et chrestiennes tirees des Lettres de Messire Jean du Verger de Hauranne Abbé de saint Cyran*, Paris, J. Le Mire, 1653, n. p.

3 « Avertissement », *Maximes chretiennes tirées de l'Écriture sainte et des saints Peres*, Paris, M. et G. Jouvenel, 1701, n. p.

classicisé le caractère baroque du jésuite en le rendant plus clair et plus équilibré, autrement dit, plus rationnel et universel. Pourtant, il suit d'assez près le texte espagnol. Le changement majeur concerne le dispositif textuel : il change le traité de prudence en recueil de maximes, séparées et numérotées, avec un appareil de notes[1]. Amelot de La Houssaye est typique de ce nouveau prolétariat des lettres qui tente de faire carrière grâce à une bonne éducation scolaire, au mieux comme secrétaire d'un Grand, au pire au service de libraires avides de coups éditoriaux. À peine deux ans après l'installation du roi à Versailles, il fait de cet art de prudence (art au sens de « technique ») un recueil judicieusement intitulé *L'homme de cour*.

La discontinuité formelle du dispositif est aussi une discontinuité sociale, comme le souligne Amelot de La Houssaye dans sa préface : « son Titre exprime non seulement tout ce qu'il traite, mais encore à quel usage, & à quelles gens il est propre. Il n'est donc pas propre à tout le monde, me dirés-vous ? Non certes ; il ne l'est qu'au grand-monde, & aux personnes, qui savent le monde. C'est un HOMME-DE-COUR, qui n'est pas d'humeur à se familiariser avec le Vulgaire[2]. » Cependant, les notes permettent justement un accès aux non-initiés. La séduction de l'ouvrage tient à la fois à la mise en scène du secret (par l'auréole blanche qui entoure quelques phrases d'abord énigmatique) et à son dévoilement (par l'appareil de notes et la réflexion engagée). C'est pourquoi, dans sa préface, Amelot de La Houssaye soutient le caractère élitiste de l'ouvrage en même temps que son accessibilité globale, refusée seulement aux personnes tout en bas de l'échelle sociale, à la limite de la société : « bien que le titre d'HOMME-DE-COUR, pris au pié de la létre, semble exclure tous ceux, qui ne le sont pas : si est-ce que pris en son vrai sens, il n'exclut que ceux, à qui le Poëte-de-Cour défend de lire ses Odes, c'est-à-dire, les Ignorans, les Mécaniques, & les Esprits malfaits ». Avec cette préface, on voit bien qu'il ne se contente pas d'une histoire

1 Un autre jésuite, Joseph de Courbeville, publie une nouvelle traduction en 1730, et, dans sa préface, souligne son accord avec Amelot « pour ne pas intituler cet Ouvrage : Oracle Manuel & Art de prudence [...]. Ce sont ici ses *Maximes* en général, ainsi que nous appellons les *Réflexions de la Rochefoucault, les Pensées de Pascal, les Caracteres de la Bruyere* ».

2 B. Gracian, *L'homme de cour*, Traduit de l'Espagnol Par le Sieur Amelot de la Houssaie. Avec des notes, Paris, Veuve-Martin, & Jean Boudot, ruë Saint Jaques, au Soleil d'or, 1684, n. p. Les majuscules sont de l'auteur. Pour une édition moderne (sans la préface et les notes de Amelot de La Houssaye), voir B. Gracian, *L'Art de la prudence*, préf. Jean-Claude Masson, trad. Amelot de La Houssaye, Paris, Payot & Rivages, 1994.

imaginée de courtisans plongés dans le royaume des apparences, mais qu'il vise des lecteurs réels pouvant apprécier le contenu moral autant que la forme condensée et prêts à payer le prix intellectuel et financier pour avoir accès à ces secrets.

Le succès des moralistes tient à cette posture ambiguë jouant de la construction d'une vaste communauté de lecteurs et de l'exacerbation des prestiges d'une élite. Le modèle réside en définitive chez le roi lui-même, qui est à la fois fondement de tout et pourtant lui-même sans fondement : « un Prince Universel ; un Prince INCOMPREHENSIBLE, & par son secret, qui est impénétrable, & par son fonds, qui est sans fond ; enfin un Prince, qui, pour user encore des termes de GRACIAN, dont je ne suis que le truchement, est un GRAND-TOUT. » Sous l'immédiate transparence du monde brille l'opacité radicale de la figure maximale qu'est le sujet royal : le processus de globalisation opère sur ce double registre, d'accessibilité totale et de fondement intouchable. La forme de la maxime en maximise justement les effets, par le mouvement qu'elle implique. Elle arrête le lecteur par son isolement et son caractère énigmatique tout en le forçant à mettre en mouvement son intelligence des situations et sa pénétration des replis sociaux du moi.

C'est ce qui donne à la globalisation un effet non seulement spatial, mais temporel. Devenir un classique implique de défaire les frontières de la temporalité ordinaire des événements, de même que la maxime ou la pensée densifie l'espace du discours. La catégorie même de « moraliste » apparaît pour mieux établir le statut de ces nouvelles productions de l'art d'écrire. Et le trio que nous connaissons toujours en configure le panthéon : La Rochefoucauld, Pascal, La Bruyère, comme en témoigne la citation du Père Courbeville. Malgré leurs perspectives et leurs manières très différentes, ils sont ainsi regroupés pour mieux immobiliser sous un nom et pérenniser sous une figure d'auteur un des modes du classicisme.

Le terme a beau renvoyer à l'espace de la morale, c'est plutôt un style de réflexion et une modalité d'écriture qu'il caractérise, donnant au siècle de Louis XIV un éclat et une tonalité reconnaissables. On découvre ainsi les intérêts de l'amour-propre sous les habits sociaux du quotidien, et des vérités globales dans le for intérieur des particuliers. Cela permet d'établir une tradition et de reformater les textes anciens qui ne paraissent plus au goût du jour : par exemple, un certain Artaud rédige, pour un libraire à la recherche de livres vite rentables, un abrégé des *Essais* intitulé *Pensées de Montagne, propres à former l'esprit et les mœurs*. Dans son avertissement, il précise que, « outre le goût que l'on a aujourd'hui pour les pensées détachées, chaque Lecteur trouvera, sans peine de sa part, tout prêt & tout choisi ce que l'on a cru pouvoir, ou lui plaire, ou l'instruire[1] ». Le caractère élitiste du grand monde des lettres se trouve de la sorte réinvesti économiquement dans une « restauration rapide » de la pensée…

Le trio de moralistes exemplaires est rapidement copié et associé. Montaigne devient producteur de « pensées », comme La Bruyère dans une imitation anonyme (sans doute de Pierre-Jacques Brillon) au titre éloquent : *Le nouveau Théophraste ou Réflexions critiques sur les mœurs de ce siècle dans le goût des Pensées de Pascal*. Le rédacteur construit alors une temporalité par succession exemplaire, créant du global temporel sous l'apparence de particularités locales : « La Bruyère ne se croyoit pas déshonoré qu'on l'appellât le petit *Theophraste*; je me rejouirois fort d'être nommé le petit *La Bruyère*[2]. » Devenir un *auteur* implique alors un double statut : prendre la posture d'un classique même mineur, mais aussi d'un *alter ego* des plus grands et des plus anciens. L'imprimé, par la télé-communication (la communication à distance) qu'il permet, *autorise* littéralement ce jeu de rôles entre le proche et le lointain, le mineur et le majeur.

LES FRONTIÈRES PUBLIQUES DU PARTICULIER : AUTEUR ET INTÉRÊT

On voit ainsi que certaines formes de l'art d'écrire opèrent en fonction de nouveaux régimes de répartition entre public et privé. La production des moralistes repose ainsi sur une conception inédite de la posture d'auteur, du rapport au moi public et du statut social des « belles lettres ». Il est donc nécessaire de remonter au début du siècle pour mieux comprendre comment cette catégorie de fin de siècle a pu être inventée.

1 [Artaud], *Pensées de Montagne, propres à former l'esprit et les mœurs*, Amsterdam, Henri Desbordes, 1703 [1700], Avertissement, n. p.

2 [Pierre-Jacques Brillon], *Le nouveau Théophraste ou Réflexions critiques sur les mœurs de ce siècle dans le goût des Pensées de Pascal*, Paris, Augustin Brunet, 1700, p. 176.

Une figure est ici importante, celle d'un auteur oublié du grand public et des manuels scolaires du secondaire, mais reconnu comme un des plus grands à l'époque : Jean-Louis Guez de Balzac. Il constitue sans doute un des meilleurs exemples du déplacement de légitimité des savants vers les mondains. Ayant lui-même reçu une excellente éducation des jésuites, secrétaire du duc d'Épernon (un des plus puissants seigneurs de France), il invente de nouvelles formes de publication de soi et provoque une querelle qui fait rage entre 1624 et 1628. À un moment de redéfinition de la rhétorique (élocution et disposition deviennent plus importantes que l'invention), Balzac exemplifie la désintégration de la tradition et la critique des lieux communs. C'est tout le statut social de l'éloquence qui est redessiné. Son ami, René Descartes, lui aussi très intéressé par la posture du « moi » public, rédige d'ailleurs une lettre pour légitimer cette nouvelle manière, mêlant grande éloquence, sujets politiques importants, remarques ironiques et trivialités élégantes. Il s'adresse aussi bien dans ses recueils de lettres à des destinataires prestigieux ou à des amis galants. Les cartes sociales de l'éloquence se trouvent brouillées au profit d'un foyer d'élocution qui en réunit les multiples facettes. C'est dans le creuset d'un moi d'auteur que réside la validité de ces postures hétérogènes.

Ainsi, en 1619, comme secrétaire du duc d'Épernon, il rédige une lettre au roi pour justifier la conduite de son patron et légitimer sa désobéissance : Louis XIII avait enjoint au duc de rester dans son gouvernement de Metz sous le prétexte de surveiller les manœuvres de l'Empereur Ferdinand de Habsbourg, mais le duc choisit de revenir dans sa province d'Aquitaine et de se joindre à la reine mère (qui venait de s'échapper de prison) contre les armées du roi. C'est, bien entendu, le duc qui signe cette lettre. En 1624, Balzac l'intègre à son recueil de *Lettres* publié sous son nom. Qui est l'« auteur » de cette lettre ?

Dans la version de 1619, on peut lire par exemple : « Je m'assure que vostre Majesté est si equitable, qu'elle aura égard à la necessité des miennes particulieres [ses affaires], & qu'elle treuvera bon que m'en retournant en ma maison d'où je suis party il y a plus de quinze mois, j'use de la liberté qu'elle permet aux moindres de ceux qui ont l'honneur d'estre sous son obeyssance[1] ». Cette lettre imprimée a largement circulé. Elle

1 *Lettre du Roy envoyee à Monsieur le Duc d'Espernon. Ensemble la premiere & derniere response du dict sieur d'Espernon au Roy*, reprise aussi dans le *Mercure François*, Paris, E. Richer, 1619,

est reprise intégralement dans le *Mercure François* de l'année 1619. On sent bien une certaine ironie dans ce passage cité, mais avec beaucoup d'égards et de respect affiché. La version de 1624 force largement la dose d'ironie et retourne avec une élégance stylistique souveraine les positions d'autorité :

> Ces considérations donc ne m'obligent point de demeurer en ce païs, où les choses sont en si bon estat, qu'elle se peuvent quasi maintenir d'elles-mesmes [...] en tout ce qui regardera le bien de vos affaires, je m'asseure que vostre Majesté est si equitable, qu'elle aura égard à la necessité des miennes particulieres, & que me permettant de retourner en ma maison, elle me laissera joüir d'une faveur, dont on a accoustumé de punir les autres[1].

Du bien public aux affaires privées, de la disgrâce et de l'exil sur ses terres au goût de la retraite et au plaisir de demeurer chez soi, les valeurs ordinaires du service du roi se trouvent inversées. Or, un tel déplacement vaut aussi pour Balzac lui-même qui vit loin de Paris sur ses terres près d'Angoulême dans une retraite qu'il entend ainsi mettre en valeur et qui lui permettra d'exercer à distance son pouvoir sur les belles lettres. Il brouille ainsi les effets hiérarchiques entre roi et sujet, patron et client, Paris et province, affaires publiques et vie privée. Même si les limites des lettres françaises sont affaires de frontières nationales, elles supposent aussi d'autres divisions (Paris/province, grande noblesse / noblesse seconde) qui se trouvent alors réinscrites dans le creuset du moi écrivant qui en brouille les données et en redistribue momentanément les effets. La version de 1624 décontextualise le moment politique d'origine pour mieux en tirer d'autres configurations. La « littérature » classique en train de se mettre en place apparaît comme une puissance de décontextualisation et recontextualisation.

Ce foyer d'autorité est ce que met en cause le Père Goulu, représentant de l'éloquence savante, dans la querelle des *Lettres* de Balzac. Non seulement le surnomme-t-il Narcisse, mais il note avec aigreur : « Quel tort ne fait-il point au grand duc d'Epernon aiant par cette audace recherché de la gloire aux despens de la reputation de son maistre, qui sans doute les eust fait meilleures incomparablement, s'il eut voulu se donner la peine

---

vol. V, p. 130-131.

1 J.-L. Guez de Balzac, *Les premières lettres, 1618-1627*, éd. et intro. H. Bibas, K.-T. Butler, Paris, Droz, 1933, p. 74-75.

de les écrire[1]. » La question est bien celle de la diffusion d'un moi : quelle publicité peut avoir un particulier, dont la position hiérarchique ne légitime pas le statut social qu'il s'octroie ? L'enjeu est ici autant politique que moral. Le genre épistolaire permet justement de troubler le jeu, puisqu'il est toujours ancré dans la voix d'un particulier et qu'il n'est donné au public qu'indirectement et à distance temporelle du moment de son émission. C'est une manière de prolonger la fiction humaniste de la République des lettres, où les érudits d'Europe traversent les frontières grâce aux missives qu'ils s'envoient, fondant un ordre global du savoir. Mais cela fonctionne aussi grâce au public lecteur organisé par la diffusion de l'imprimerie et au régime de la poste royale instaurée au début du XVIIe siècle. Technologies et institutions de transmission jouent un rôle fondamental dans la possibilité de concevoir, recevoir et valoriser ce moi écrivant.

On peut prendre la mesure d'un tel rôle avec d'autres lettres, encore plus gravement polémiques et mêlant cette fois enjouement mondain, ironie satirique et théologie fondamentale : les *Lettres provinciales* écrites par Pascal dans la querelle entre jansénistes et jésuites en 1656-1657. Encore une querelle et encore une fiction de partage entre Paris et la province. Après les premières lettres centrées sur la question de la grâce (qui faisaient l'objet de débats âpres entre théologiens), Pascal déplace le terrain vers la morale qu'il trouve bien relâchée des jésuites. Ce n'est pourtant pas un traité savant de morale qu'il rédige, mais une fiction d'enquête comme s'il s'agissait d'une sorte de journalisme transcendantal. Sous les contre-attaques des jésuites, il délaisse la voix apparemment neutre, et en fait ironique, de l'enquêteur, pour répondre directement. Les lettres sont publiées anonymement : ce n'est donc pas un moi repérable qui les produit, comme dans le cas de Balzac. Cela n'empêche pas une présence du moi dont il faut prendre la mesure exacte.

À la fin de la 12e lettre, nous avons droit à une véhémente péroraison :

> Vous croyez avoir la force et l'impunité : mais je crois avoir la vérité et l'innocence. C'est une étrange et longue guerre, que celle où la violence essaie d'opprimer la vérité. [...] Quand la force combat la force, la plus puissante détruit la moindre : quand l'on oppose les discours aux discours, ceux qui sont véritables et convaincants confondent et dissipent ceux qui n'ont que la vanité et le mensonge : mais la violence et la vérité ne peuvent rien l'une sur l'autre. Qu'on ne prétende pas de là néanmoins que les choses soient égales :

1 [Père Goulu], *Lettres de Phyllarque à Ariste*, Paris, Nicolas Buon, 1627, p. 166.

> car il y a cette extrême différence, que la violence n'a qu'un cours borné par l'ordre de Dieu, qui en conduit les effets à la gloire de la vérité qu'elle attaque ; au lieu que la vérité subsiste éternellement, et triomphe enfin de ses ennemis, parce qu'elle est éternelle et puissante comme Dieu même[1].

Le conflit entre Force et Vérité définit deux sphères incommensurables. Qu'il y ait une guerre entre elles semble les porter toutes deux sur le terrain de la force. Pourtant, le propre de toute force physique est de s'user, alors que la vérité, n'étant pas d'ordre physique, peut durer éternellement en demeurant elle-même. Ce conflit apparemment transcendant est aussi un conflit bien concret entre jésuites et jansénistes, dans lequel le personnage qui prend en charge l'énonciation de ces lettres affirme une position qui ne nous surprend pas aujourd'hui, mais dont il faut percevoir l'étonnement des lecteurs au milieu du XVIIe siècle. Cette 12e lettre commence en effet ainsi :

> j'espère en me défendant vous convaincre de plus d'impostures véritables que vous ne m'en avez imputé de fausses. En vérité, mes Pères, vous en êtes plus suspects que moi. Car il n'est pas vraisemblable qu'étant seul, comme je suis, sans force et sans aucun appui humain, contre un si grand corps, et n'étant soutenu que par la vérité et la sincérité, je me sois exposé à tout perdre, en m'exposant à être convaincu d'impostures[2].

Qu'une position d'isolement total puisse valoir comme garantie d'authenticité et de vérité est difficile à recevoir dans une époque où parler publiquement se fait toujours au nom d'un statut qui vous alloue une reconnaissance suffisante et une autorité sociale adéquate. Avoir raison seul contre tous n'offre pas beaucoup de sens (« mieux vaut être fou avec tout le monde que sage tout seul », dit justement Gracian en résumant un lieu commun). Or, c'est ici la solitude complète qui est donnée comme porteuse de vérité – il faut attendre un Rousseau au XVIIIe siècle et surtout les poètes maudits du XIXe pour voir opérer collectivement ce genre de revendication.

Les jésuites ironisent à leur tour en montrant (d'ailleurs à juste titre) le fonctionnement collectif de ces opérations d'écriture solitaire :

> VOUS ESTES SEUL. Je croy fermement, que vous voulez faire pitié aux gens, & pour moi j'ay de la compassion de voir trente ou quarante solitaires fort empêchez, l'un à chercher des passages, l'autre a les couper ou les allonger,

1 B. Pascal, *Les Provinciales*, éd. M. Le Guern, Paris, Gallimard, Folio, 1987 [1657], p. 201.
2 *Ibid.*, p. 187.

> l'autre à revoir vos Lettres, l'autre à corriger des épreuves, l'autre à débiter des fueilles [*sic*], l'autre à les lire à la ruelle des lits, & les faire valoir, pendant que vous criez en vous cachant, JE SUIS SEUL, *sans force, & sans aucun appui humain, donc je ne suis pas un imposteur.* Ce raisonnement est persuasif & fort puissant[1].

Le père Nouet (1605-1680), un des brillants polémistes jésuites, démonte parfaitement la pseudo-logique de l'homme seul : c'est bien toute une communauté qui parle par la voix de son intermédiaire. Il appelle même l'auteur des *Lettres* le « Secrétaire de Port-Royal » : celui qui est dans le secret des jansénistes et qui se trouve être leur plume cachée, comme Balzac pouvait être le Secrétaire du duc d'Épernon. La voix des *Lettres provinciales* en reçoit là aussi son autorité. C'est précisément cette assignation que tente de refuser Pascal. Mais ce n'est pas sa solitude seule qui fait son pouvoir, c'est son retrait du domaine de la force. En affirmant qu'il serait absurde pour lui de lutter contre tout le corps des puissants jésuites, il place ses adversaires du côté de la force pour mieux s'établir dans le royaume de la vérité, dont la fin véhémente assure la victoire finale. Autrement dit, c'est au nom de la tradition de tous les chrétiens authentiques qui sont dans la vérité de Dieu qu'il prétend parler. Nous sommes donc loin de la solitude des poètes maudits. Pourtant, c'est dans cette posture de revendication solitaire que la figure de l'intellectuel trouve sa plus lointaine origine, même s'il a fallu un renversement d'un autre genre pour lui donner un statut public reconnu. C'est de se sentir plein d'une vérité qui le transcende que le « moi » peut se livrer légitimement en public. La globalisation ne concerne pas seulement l'économie capitaliste qui se développe ou la colonisation occidentale qui s'amplifie, mais aussi la façon dont les « moi » des particuliers en viennent à se gonfler d'une dimension publique qui *autorise* leurs énonciations personnelles.

Ce n'est donc pas par hasard si le capitalisme global et les forces politiques de la conquête impériale sont, à l'instar des individus, de plus en plus ouvertement fondés sur la recherche de leur intérêt. Le duc de Rohan l'exprime dans son ouvrage à succès *De l'intérêt des princes et des États de la chrétienté*[2] ou Pascal le souligne dans son apologie de la

---

1 [Jacques Nouet], *Responses aux Lettres provinciales publiées par le Secrétaire de Port Royal contre les PP. de la Compagnie de Jesus, Sur le sujet de la Morale desdits Peres*, Liège, Jean Mathias Hovius, 1658, p. 294-295. Les majuscules sont de l'auteur.

2 Voir H. de Rohan, *De l'intérêt des princes et des États de la chrétienté*, Paris, Seuil, 1995 [1641], et l'excellente introduction de C. Lazzeri, en particulier p. 145-146.

religion chrétienne : « il y a toujours quelque intérêt à se faire aimer des hommes[1]. » Commerce des biens et commerce des signes se développent de concert. C'est pourquoi Jacques Esprit (1611-1678) – en correspondance avec lequel La Rochefoucauld a élaboré certaines de ses maximes – peut généraliser la posture commerçante : « tous les hommes sont des marchands, [...] ils exposent tous quelque chose en vente[2]. »

Nous ne sommes pas sociables parce que nous aimons les autres êtres humains, nous nous rendons sociables *pour* être aimés d'eux. La société apparaît comme un assemblage artificiel d'intérêts personnels et la littérature morale devient, à l'âge classique, une technique de calcul des grossissements du moi et de la globalisation des intériorités. Comme la grenouille qui voulait se faire aussi grosse que le bœuf, le moi se gonfle de tout un public – mais à la différence de la fable de La Fontaine, le moi y parvient en maintes occasions...

LE VRAI MONDE EST AILLEURS : RETRAITE INTÉRIEURE ET FIGURES DE L'ÉLOIGNEMENT

Dans une de ses fables les plus connues, « Le songe d'un habitant du Mogol », La Fontaine semble nouer une intrigue des plus simples par son caractère binaire. Dans un rêve qu'il fait, un personnage voit un vizir au paradis et un ermite en enfer. S'étonnant de ce chassé-croisé qui ne répond pas aux attentes, il a recours à un interprète des songes qui lui en donne la solution : le vizir recherchait parfois la solitude et l'ermite hantait trop souvent la cour. La morale est ainsi rétablie : c'est bien la valeur de la retraite qui est ainsi reconnue aux dépens du monde avec ses illusions et ses vanités. Plutôt que le divertissement avec les autres, le souci de soi l'emporte.

Pourtant, la fable ne s'arrête pas là : « Si j'osais ajouter au mot de l'interprète, / J'inspirerais ici l'amour de la retraite ». La continuation personnelle de l'interprétation proposée par le « je » du fabuliste opère sur des plans décalés. Les modèles de la retraite chrétienne et du « vivons

1 B. Pascal, *Pensées*, éd. M. Le Guern, Paris, Gallimard, 1992, § 758 (Lafuma 978).
2 J. Esprit, *La fausseté des vertus humaines*, Paris, Aubier, 1996 [1678], p. 309.

caché » épicurien consonnent manifestement, mais s'opposent aussi sur des points irréductibles (par exemple, la prière de la bonne retraite chrétienne devient un doux sacrifice au sommeil et le paradis semble gagné « sans remords »). Par ailleurs, le changement de plan entre le narratif et le lyrique trouble le jeu habituel du genre des fables dans lequel les apologues ont une vocation plutôt impersonnelle, voire universelle – et puis quel est ce « je » qui prend soudain tant de place (une place accentuée par le passage au seul alexandrin à rimes plates qui lui donne une certaine solennité) au moment même où il affirme la valeur du retrait du monde et de la solitude ?

Comme le note Bernard Beugnot dans son grand livre sur la retraite : « "Loin du monde et du bruit", l'expression appartient pour la postérité à une fable de La Fontaine [...]. La fluidité et le naturel des vers dissimulent la pluralité des registres de retraite qui viennent ici s'épouser sans heurt : opposition vie politique / vie privée, cour / solitude, esquisse d'un *locus amœnus*, vie intérieure faite de rêverie savante, de sommeil et de poésie. Seul l'ordre fantasmatique et le polymorphisme d'un tempérament accueillant à toutes les suggestions donnent cohérence à ce syncrétisme de thèmes[1]. » On doit donc donner au songe toute son ampleur potentielle et ne pas le prendre comme un trivial exemple qui permettrait d'ouvrir le registre de l'interprétation. La part finale allouée au sommeil témoigne sans doute aussi de l'importance que l'on doit reconnaître au rêve. Il faudrait alors concevoir cette première partie comme un « songe-anamorphose » pour reprendre la belle analyse de Florence Dumora[2]. Un songe qui fait voir à la manière d'un appareil de déformation calculée, permettant une conversion comme dans le *Polyeucte* de Corneille. Pris dans un mouvement très rapide (du paradis à l'enfer) sans bouger de son lit, le rêveur habitant du Mogol parvient à allier les contraires en en renversant les attentes : l'homme qu'on suppose corrompu par le monde jouit de plaisirs purs et infinis tandis que l'ermite retiré pour prier Dieu est tourmenté dans les enfers. Le mode subjonctif de la seconde partie prolongerait à sa manière cet ordre du rêve.

Cependant, il faut aussi insister sur ce que note très justement Bernard Beugnot quand il parle de « syncrétisme ». Références orientales

---

1 B. Beugnot, *Le discours de la retraite au XVIIe siècle. Loin du monde et du bruit*, Paris, PUF, 1996, p. 7-8.

2 F. Dumora, *L'œuvre nocturne. Songe et représentation au XVIIe siècle*, Paris, Champion, 2005, en particulier p. 354.

(Mogol, vizir), grecques (Minos, Champs Élyséens, Muses, Parques), occidentales et chrétiennes (ermite, modèle du paradis et de l'enfer) sont ainsi mélangées sans souci, comme le « je » personnel est mêlé à l'apologue ayant valeur universelle. Et cette revendication de discours personnel est aussi imbibée de références, voire de reprises littérales de textes extrêmement connus depuis Lucrèce, Virgile, Tacite et Sénèque jusqu'à des auteurs plus contemporains de La Fontaine comme Sorbière et d'Hesnaut. Quant au petit récit exemplaire, il vient directement d'un recueil d'un poète turc ayant vécu en Perse[1].

Le plus énigmatique reste l'éloignement vers l'Inde que suppose la référence à l'empire mogol. Pourquoi ne pas s'en tenir à la Turquie ou à la Perse ? Alors même que le message insistant du fabuliste consiste à vanter les bienfaits de la retraite et de la solitude, alors même que ce message consonne avec d'autres fables comme « Le chartier embourbé » (VI, 18) où le conteur dit aux lecteurs : « Dieu nous préserve des voyages », en fait les références tacites ou explicites nous font abondamment voyager et La Fontaine ajoute encore au déplacement vers la Turquie et la Perse un cran de plus avec l'Inde. Voilà un songe qui vient de bien loin pour nous vanter les bonheurs de la campagne proche de Paris !

Sans doute la référence aux fables de Pilpay bien marquée par La Fontaine dans sa préface à l'édition de 1678 sert-elle de toile de fond à ce déplacement supplémentaire vers l'Inde. Il faut alors prendre garde à ce que le texte traduit de Pilpay proposait comme mise en scène auctoriale : « Pilpay Bramine Indien est l'Auteur de ce Livre [...]. Il le composa pendant qu'il gouvernoit une partie de l'Indostan, c'est-à-dire des Royaumes qui sont entre l'Inde et le Gange, sous l'autorité du Roi Dabchelim son Maitre. Pilpay a mis toute sa Politique dans cet Ouvrage[2]. » Pilpay est plus du côté du vizir que de l'ermite, du politique que du religieux. La sagesse trouvée à l'Orient se mesure à l'aune de cet investissement dans l'ordre politique autant que dans l'art de la diversion : « une des raisons qui obligent les Orientaux à se servir de Fables quand ils donnent des conseils, c'est que [...] comme ces Peuples sont ingénieux, ils ont trouvé ce moyen de pouvoir, sans exposer leur

1 Saadi, *Gulistan, ou l'Empire des Roses*, Paris, Antoine de Sommaville, 1634, p. 88. La seconde partie peut, elle aussi, avoir été inspirée par une autre des histoires de Saadi p. 48-49.

2 [Bidpaï], *Les Fables de Pilpay Philosophe Indien, ou La conduite des Rois*, Paris, Claude Barbin, 1698 [1644], « Avertissement » non paginé.

vie, donner des avis à leur Rois, qui les traitent en esclaves, & qui ne leur laissent pas la liberté de dire ce qu'ils pensent. »

Cette réalité politique n'est pas pour autant fort loin du songe, tellement Orient et rêverie consonnent facilement pour les Européens. Comme l'exprime ironiquement un des personnages de Madeleine de Scudéry, « Je sais bien que les savants en songe, disent qu'il y en a de trois espèces qu'ils distinguent, et qu'ils divisent aussi exactement que s'ils avaient voyagé au pays des songes, comme on voyage en Asie[1]. » L'éloignement approprié de la réalité présente par le songe ou par l'hypothétique est, d'office, mis en jeu par le voyage dans l'espace. Et on peut aussi y trouver le trait d'union entre l'intérêt politique et le divertissement utile comme le souligne François Bernier dans sa dédicace au roi du récit de ses voyages dans l'empire mogol :

> Sire,
> Les Indiens veulent que l'esprit de l'homme ne puisse pas toujours être tendu dans le sérieux et qu'il soit toujours enfant en ce point que, pour en tirer quelque chose, il faille presque avoir autant de soin de le divertir que de l'appliquer ; cela pourrait avoir lieu au regard de ces Asiatiques. Mais selon les grandes choses que j'entends dire partout de la France et de son Monarque, depuis le Gange et l'Indus, le Tigre et l'Euphrate, jusques à la Seine, j'ai de la peine à m'imaginer que ce soit une maxime générale. Néanmoins, je ne laisserai pas de me hasarder de lui présenter cette histoire, parce qu'il me semble qu'elle serait capable de donner quelques heures de divertissement à un roi qui voudrait se relâcher quelquefois de ses sérieuses occupations, non seulement parce que c'est une tragédie que je viens de voir représenter tout fraîchement sur un des plus grands théâtres du monde, mais parce qu'elle se trouve diversifiée de plusieurs incidents grands et extraordinaires, et qui touchent une famille royale des plus illustres de l'Asie[2].

À l'instar de *Peau d'âne*, dont le fabuliste avoue dans « Le pouvoir des fables », le plaisir constant de lecture au point d'en tirer la conclusion générale que « nous sommes tous enfants sur ce point », François Bernier fait de ce même désir de divertissement une constante de l'humanité – tout en faisant l'éloge de Louis XIV qui parviendrait à y échapper, tout en sentant la possibilité heureuse de s'y laisser aller : la flatterie est parfois

1 Madeleine de Scudéry, *Clélie. Histoire romaine*, 3e partie, L. II, Paris, Slatkine reprints, 1973 [1656], p. 624.

2 *Un Libertin dans l'Inde moghole. Les voyages de François Bernier (1656-1669)*, éd. F. Tinguely, A. Paschoud, C.-A. Chamay, Paris, Chandeigne, 2008, p. 39.

contournée… Le récit des voyages de François Bernier était évidemment disponible pour La Fontaine. Plus encore, il est un de ses familiers, à la fois par héritage partagé de Gassendi et par présence commune dans le salon de sa protectrice, Mme de La Sablière. D'ailleurs, celle-ci, fille de banquier hollandais, possède des intérêts dans la Compagnie des Indes orientales. Les vertus de l'Inde sont loin d'être étrangères au fabuliste[1].

Or, que découvre-t-on dans cet empire mogol dont François Bernier nous rapporte l'histoire récente et certains aspects plus anciens ? Faisant la généalogie de l'empereur mogol contemporain de Louis XIII et Louis XIV, Shah Jahan (c'est-à-dire « Roi du Monde »…), il remonte jusqu'à Tamerlan « si célèbre par ses conquêtes, qui épousa sa proche parente, la fille du prince des peuples de la grande Tartarie appelés Mogols qui ont laissé et communiqué leur nom aux étrangers qui gouvernent à présent l'Hindoustan, le pays des hindous ou Indiens, quoique ceux qui entrent dans les charges et dignités, et même dans la milice, ne soient tous de la race des Mogols, mais que ce soient des étrangers et gens ramassés de tous pays, la plupart étant persans, quelques-uns arabes et d'autres turcs ; car il suffit à présent pour être estimé Mogol d'être étranger, blanc de visage et mahométan[2] ». Le syncrétisme des références du fabuliste trouve ainsi dans l'empire mogol un modèle sociopolitique évident.

Le paradoxe, pourtant, demeure : plus on aspire à se retirer du monde, plus on en déploie les figures les plus variées et les plus lointaines ; plus on aspire à se recueillir en soi, plus on accueille la diversité des êtres et des cultures. C'est aussi la preuve d'un impérialisme qui s'ignore que cette capacité à traverser impunément les espaces et les cultures, afin de faire du plus lointain le symptôme du plus proche. L'autre du politique et du mondain trouve sa figuration possible dans l'autre géographique et culturel dont on retient surtout quelques histoires importables, à l'instar des épices pour parfumer les ragoûts français.

On se sert d'autant plus aisément de l'autre et du lointain que l'on pense pouvoir les contrôler. Il en allait, d'ailleurs, de même du côté de l'empire mogol : « The Mughals of the late sixteenth and early seventeenth centuries were curious about Europe and attracted by a

1 Pour la présence de l'Inde dans la culture littéraire de la France de Louis XIV, voir l'excellente mise au point de Faith E. Beasley dans ce même volume.

2 *Un Libertin dans l'Inde moghole*, p. 44-45.

number of aspects of the material culture of the Europeans, be it their paintings, their clocks, or their firearms. But they dealt with them playfully, as powerful monarchs could in the face of what they imagined were quite minor interlocutors[1]. » Côté Occident, il est possible inversement de jouer avec ces formes de sagesse, en mêlant au passage différents Orients sans s'effaroucher des différences entre Turcs, Persans ou Mogols dont les réalisations semblent, de toute façon, inférieures aux modèles européens. Mais c'est à condition d'en universaliser la leçon : le détachement de ce monde-ci grâce au lointain devient retraite en général. Le caractère schématique du récit (ni le vizir ni l'ermite ne reçoivent de personnalisation ou de caractérisation pourtant si souvent présentes chez La Fontaine) ouvre d'office sur cette universalisation de l'intrigue. Une telle universalisation trouve un relais dans le premier des souhaits exprimés par le « je », car il faut noter combien, dans cette fable, la retraite espérée conduit d'abord à la connaissance du cosmos dans son ensemble, avant de se résoudre à la simple nature rencontrée dans ses aspects les plus modestes :

> Lieux que j'aimai toujours ne pourrai-je jamais,
> Loin du monde et du bruit, goûter l'ombre et le frais ?
> Ô qui m'arrêtera sous vos sombres asiles ?
> Quand pourront les neuf Sœurs, loin des cours et des villes,
> M'occuper tout entier, et m'apprendre des Cieux
> Les divers mouvements inconnus à nos yeux,
> Les noms et les vertus de ces clartés errantes
> Par qui sont nos destins et nos mœurs différentes ?

C'est ainsi que l'on passe des références culturelles à la nature même, de la retraite intérieure au cosmos dans son ensemble. Ce que l'on conçoit souvent comme un essor de l'individualisme dans les temps modernes doit être saisi plutôt comme un rapport d'échange entre l'intériorité des personnes et la sociabilité mondaine. L'individu passe sur le devant de la scène sociale parce qu'il est simultanément saisi comme une réfraction du public. Il peut d'autant plus rêver d'une idéale retraite qu'elle signe son accès au monde tout entier.

---

1 M. Alam et S. Subrahmanyam, *Writing the Mughal World. Studies on Culture and Politics*, New York, Columbia University Press, 2012, p. 310.

CONCLUSION

Il est sans doute juste de penser la globalisation comme une question de révolution de l'économie ou d'émergence de nouvelles technologies. Ainsi, dans *Historical Foundations of Globalization* or *Handbook on the Globalization of the World Economy*[1], c'est la machine à vapeur, le chemin de fer et le télégraphe qui ont conduit à la globalisation. Et aujourd'hui, nous nous inquiétons du fait que les bouleversements récents des technologies et de nos économies amènent une homogénéisation des cultures et effacent les identités culturelles.

Ces accusations laissent, pourtant, de côté trois éléments importants : d'abord, la construction sociale du « moi » a été accompagnée par un processus de complexification croissante des sociétés qui a engendré une homogénéisation nécessaire des comportements individuels comme autant de ressources calculables ; ensuite, la tradition et la mémoire collective ne permettant plus d'assurer la cohésion des êtres, la « culture » est devenue l'instrument indispensable pour créer un imaginaire commun et penser un vivre ensemble ; enfin, le façonnage des identités personnelles est un processus constant passant par la multiplicité de rencontres avec des altérités qui autorisent, même négativement, même de manière rêvée, leur existence.

Notre univers, aujourd'hui, n'est donc pas global simplement en raison des technologies qui nous affranchiraient de certaines des contraintes du temps et de l'espace, il est surtout global parce que nous partageons de plus en plus la même conception de l'être humain, motivé par la poursuite de son intérêt et donnant à la centralité de son « moi » l'effusion de la globalité. Or, ce sont sans doute les moralistes français de l'âge classique qui en fournissent les premiers éléments cohérents, contribuant au caractère apparemment universalisable de la littérature française.

Éric MÉCHOULAN
Université de Montréal

1 *Historical Foundations of Globalization*, éd. J. Foreman-Peck, Cardiff, Cardiff Business School, 1998 ; *Handbook on the Globalization of the World Economy*, éd. A. Lévy-Livermore, Cheltenham, Elgar Publishing, 2002.

OUVRAGES CITÉS

[ARTAUD], *Pensées de Montagne, propres à former l'esprit et les mœurs*, Amsterdam, Henri Desbordes, 1703 [1700].

[BALZAC, Jean-Louis Guez de et Duc d'Épernon ?], *Lettre du Roy envoyee à Monsieur le Duc d'Espernon. Ensemble la premiere & derniere response du dict sieur d'Espernon au Roy*, reprise dans le *Mercure François*, Paris, E. Richer, 1619, t. V, p. 130-131.

BALZAC, Jean-Louis Guez de, *Les Premières lettres, 1618-1627*, éd. critique et intro. par H. Bibas et K.T. Butler, Paris, Droz, 1933.

BERNIER, François, *Un Libertin dans l'Inde moghole. Les voyages de François Bernier (1656-1669)*, éd. par F. Tinguely, A. Paschoud, et C.-A. Chamay, Paris, Chandeigne, 2008.

BEUGNOT, Bernard, *Le Discours de la retraite au* XVII*e* siècle. Loin du monde et du bruit, Paris, PUF, 1996.

[BIDPAÏ], *Les Fables de Pilpay Philosophe Indien, ou La conduite des Rois*, Paris, Claude Barbin, 1698 [1644].

BOUHOURS, Père Dominique, *Entretiens d'Ariste et Eugène*, Paris, Sébastien Mabre-Cramoisy, 1671.

[BRILLON, Pierre-Jacques], *Le Nouveau Théophraste ou Réflexions critiques sur les mœurs de ce siècle dans le goût des Pensées de Pascal*, Paris, Augustin Brunet, 1700.

BURKE, Peter, *The Art of Conversation*, Ithaca, Cornell University Press, 1993.

DUMORA, Florence, *L'Œuvre nocturne. Songe et représentation au* XVII*e* siècle, Paris, Champion, 2005.

ESPRIT, Jacques, *La Fausseté des vertus humaines*, Paris, Aubier, 1996 [1678].

FLANDRIN, Jean-Louis, *Familles : parenté, maison, sexualité dans l'ancienne société*, Paris, Seuil, 1984.

Globalization of the World Economy, éd. Amnon Lévy-Livermore, Cheltenham, Elgar Publishing, 2002

GORDON, Daniel, « Beyond the social history of ideas : Morellet and the Enlightenment », *André Morellet (1727-1819) in the Republic of Letters and the French Revolution*, éd. Jeffrey Merrick et Dorothy Medlin, New York, Peter Lang, 1995.

[GOULU, Père Jean], *Lettres de Phyllarque à Ariste*, Paris, Nicolas Buon, 1627.

GOYET, Francis, « L'origine logique du mot maxime », *Logique et littérature à la Renaissance*, éd. par M.-L. Demonet et A. Tournon, Paris, Champion, 1994.

Historical Foundations of Globalization, éd. James Foreman-Peck, Cardiff, Cardiff Business School, 1998.

JOUHAUD, Christian, *Sauver le Grand siècle ? Présence et transmission du passé*, Paris, Seuil, 2007.

MARTIN, Henri Jean, *Livre, pouvoirs et société à Paris au XVII*[e] *siècle*, Genève, Droz, 1984.

Maximes saintes et chrestiennes tirees des Lettres de Messire Jean du Verger de Hauranne Abbé de saint Cyran, Paris, J. Le Mire, 1653.

Maximes chretiennes tirées de l'Écriture sainte et des saints Peres, Paris, M. et G. Jouvenel, 1701.

MUZZAFAR Alam et SUBRAHMANYAM, Sanjay, *Writing the Mughal World : Studies on Culture and Politics*, New York, Columbia University Press, 2012.

[NOUET, Jacques], *Responses aux Lettres provinciales publiées par le Secrétaire de Port Royal contre les PP. de la Compagnie de Jesus, Sur le sujet de la Morale desdits Peres*, Liège, Jean Mathias Hovius, 1658.

PARMENTIER, Bérengère, *Le Siècle des moralistes*, Paris, Seuil, 2000.

PASCAL, Blaise, *Pensées*, éd. par M. Le Guern, Paris, Gallimard, 1992 [1670].

PASCAL, Blaise, *Les Provinciales*, éd. par M. Le Guern, Paris, Gallimard, Folio, 1987 [1657].

ROHAN, Henri de, *De l'intérêt des princes et des États de la chrétienté*, Paris, Seuil, 1995 [1641].

SAADI, *Gulistan, ou l'Empire des Roses*, Paris, Antoine de Sommaville, 1634.

SCHALK, Ellery, *From Valor to Pedigree*, Princeton, Princeton University Press, 1986.

[SCUDÉRY, Madeleine de], *Clélie. Histoire romaine*, 3e partie, L. II, Paris, Slatkine reprints, 1973 [1656].

[SCUDÉRY, Madeleine de], *Conversations nouvelles sur divers sujets*, Paris, Claude Barbin, 1684.

LE GLOBE ET LA FIGURE

Réflexions sur la traversée des frontières à la Renaissance

Dès l'amorce de la Renaissance en France, des penseurs humanistes (grammairiens, philosophes, écrivains) ont traduit dans la nouvelle langue vernaculaire française des ouvrages latins portant sur les globes. Pour la première fois dans l'histoire de la littérature française, des spéculations mystiques sur la nature des globes faisaient leur apparition dans la prose et la poésie.

Les humanistes français qui traduisirent les œuvres du mystique dominicain Nicolas de Cues (1401-1464), notamment son ouvrage tardif *Du jeu de boule* (*De ludo globi*, 1462), ont introduit en France des traditions de longue date sur les globes comme domaine de spéculation sur le rapport du fini à l'infini. En retraçant la figure du globe depuis les œuvres de Nicolas de Cues jusqu'au début de la Renaissance française, je propose ici de montrer que certaines œuvres des humanistes français du début et du milieu du XVIe siècle occupent une place importante mais peu étudiée dans l'histoire littéraire française de la Renaissance. Je montrerai notamment que des œuvres de Jacques Lefèvre d'Étaples (1450-1536) et Charles de Bovelles (1475-1566), de même que d'Érasme (1469-1536) et de Marguerite de Navarre (1492-1549), ont instauré une période importante de réflexion sur les globes qui a continué d'exercer une influence sur la littérature française de la Renaissance plus tard au XVIe siècle, par exemple dans le *Microcosme* (1562) de Maurice Scève (1501-1564).

Le globe est une figure tridimensionnelle dotée d'un caractère rotationnel particulier. Un globe peut tourner autour d'un nombre potentiellement infini de diamètres, mais il restera toujours fixe et immobile en tant que figure géométrique. Pour Nicolas de Cues et de nombreux penseurs qui l'ont suivi, ce caractère rotationnel représente plusieurs idées. Si un globe peut avoir un nombre potentiellement infini de diamètres, tous d'angle différent, le globe contient et réunit cependant tous ces diamètres potentiels en une seule forme qui demeure identique à elle-même. Ainsi, dans la mesure où le globe réunit la multiplicité infinie à l'unité, il représente un microcosme du cosmos. La forme sphérique du globe illustre la relation de l'infinité divine à la multitude des être finis dans le monde de la création. De façon capitale pour mon propos, des penseurs mystiques emploient la figure ancienne de la sphère infinie pour illustrer la présence et l'absence simultanées de Dieu dans la matière issue de la création. Comme je propose de le montrer, des mystiques humanistes de la Renaissance et des réformateurs qui s'opposaient aux pratiques de l'Église catholique romaine ont eu recours à l'idée que le caractère à la fois rotationnel et stationnaire du globe réunit le fini et l'infini, et que ce caractère illustre ainsi la nature omniprésente de Dieu.

L'affirmation théologique ancienne de l'omniprésence de Dieu pose le problème de l'infinité de Dieu et de sa conceptualisation comme une totalité infinie renfermant tous les êtres finis de la création, sans pour autant que cette totalité soit identique à ces êtres. La capacité du globe de rester identique à lui-même tout en englobant une infinité de diamètres possibles, disposés selon différents axes, fournit une illustration du paradoxe de la nature omniprésente de Dieu : Dieu est présent partout dans la multiplicité de la nature issue de la création, et cependant, il transcende absolument le monde fini et demeure identique à lui-même. Comment Dieu peut-il maintenir son identité dans son infinitude tout en contenant en lui des êtres finis ? Dieu est-il la somme de toute la création, ou se tient-il à l'écart du monde ?

La figure du globe prit toute son importance dans la pensée philosophique française de la Renaissance grâce à l'influence du cardinal catholique allemand Nicolas de Cues, philosophe, mathématicien, ecclésiologue et cartographe[1]. Comme l'a montré Karsten Harries, les propositions de

---

1 À travers l'influence du néoplatonisme italien, les philosophes français voyaient Nicolas de Cues comme l'exégète le plus fiable des œuvres du Pseudo-Denys (vers 500 ap. J.-C.). Les théologiens français croyaient, de façon erronée, que le Pseudo-Denys était un disciple de saint Paul (5-67 ap. J.-C.). Ils voyaient donc le commentaire de Nicolas de Cues comme une explication des enseignements mystiques transmis par le Christ à saint Paul et par saint Paul au Pseudo-Denys. Ainsi, Nicolas de Cues était pour les penseurs français de la Renaissance un commentateur de la tradition apostolique faisant autorité. Voir N. de Cues (Nicholas of Cusa), *Complete Philosophical and Theological Treatises of Nicholas of Cusa* (2001) ; *Introducing Nicholas of Cusa : A Guide to a Renaissance Man*, éd. C.M. Bellitto, T.M. Izbicki, et G. Christianson (2004). On trouve dans *Writings on Church and Reform*

Nicolas de Cues sur les globes ont marqué un tournant dans l'histoire de la science aristotélicienne du Moyen Âge et de la Renaissance, au moment où celle-ci fait une rencontre difficile avec les cosmologies ptolémaïque et hermétique. Pour Harries, la révolution scientifique copernicienne, qui marque le passage d'un modèle géocentrique à un modèle héliocentrique de l'univers, a ses origines dans une tradition à la fois mystique et scientifique de la Renaissance. L'émergence de la cosmologie scientifique moderne relèverait donc en partie de l'évolution d'une tradition mystique en plus des innovations de la méthode scientifique moderne. Harries avance notamment que la théologie spéculative dominicaine du Moyen Âge et de la Renaissance, où Nicolas de Cues est une figure capitale, a contribué de façon significative à l'exploration de la perspective dans sa relation à l'infini. L'ouvrage de Harries met en lumière le rôle de la pensée dominicaine du Moyen Âge et de la Renaissance au sujet des globes, de la perspective, et de l'infini dans les traditions médiévales qui ont précédé le développement de la cosmologie moderne avant et autour de 1547. Son travail fournit un exemple d'une étude des globes qui traverse les frontières disciplinaires de la religion et de la science, et montre comment la spéculation mystique à la Renaissance a contribué à l'émergence de ce qui, au XVIIe siècle, deviendra la science moderne.

On comprend mieux l'importance des globes dans la philosophie et la littérature françaises à la Renaissance lorsqu'on voit comment des penseurs comme Jacques Lefèvre d'Étaples et Charles de Bovelles se sont tournés vers la philosophie de Nicolas de Cues dans leurs spéculations sur la relation entre le fini et l'infini, et sur la figure du globe comme emblème de cette relation. Ainsi, Lefèvre et Bovelles ont recours à la pensée mystique de Nicolas pour réaffirmer la doctrine ancienne de la non-ressemblance de Dieu (*nulla proportio*) à la finitude de la création[1]. La thèse mystique de la présence et absence simultanées de Dieu dans la

---

(2008), le traité pédagogique et philosophique de Nicolas de Cues sur les globes, *De ludo globi* (Du jeu de boule).

1 La doctrine de « non-proportion » a toujours été au cœur de débats entre les concepts occidentaux et orientaux d'orthodoxie et d'hétérodoxie, et sur la question du centre de l'autorité de l'Église. L'histoire de la doctrine remonte à la pensée médiévale chrétienne orientale et arabe. D'abord importée en Occident au IXe siècle par Jean Scot Érigène, qui introduisit le Pseudo-Denys dans l'Occident latin, la doctrine fut ensuite reprise par des mystiques médiévaux tels que le philosophe espagnol Raymond Lulle (1232–1315) au XIVe siècle. L'influence considérable de Lulle sur la philosophie chrétienne de Nicolas de Cues, de même que sur des penseurs plus tardifs comme Michel de Montaigne (1533–92 ;

nature est une doctrine de « non-proportion » qui insiste sur la séparation entre pouvoir divin et pouvoir temporel. D'après cette thèse, le fini et l'infini sont sans proportion l'un avec l'autre : ils sont fondamentalement incommensurables. La thèse n'écarte cependant pas – et affirme au contraire avec vigueur – que le divin et le temporel ont entre eux des frontières perméables. Cette doctrine s'est transmise des œuvres du Pseudo-Denys à celles de Nicolas de Cues, et de là à la Renaissance française. Elle avait pour figure centrale le globe, puisque le globe met en question l'identité stable des totalités.

Dans ses réflexions sur la doctrine de « non-proportion », Nicolas de Cues montre comment le concept de néant peut servir de médiateur entre le fini et l'infini. À la suite de Nicolas de Cues, Lefèvre et Bovelles emploient le néant comme catégorie intermédiaire entre l'être divin et la finitude de la création. Le concept de néant employé par Bovelles, désigné en latin par le terme *nihil*, utilise une double négation pour affirmer l'absence mais en même temps la présence d'une proportion entre le fini et l'infini. En d'autres termes, si la doctrine de non-proportion insiste sur l'absence de Dieu de toute localisation spécifique dans l'espace ou le temps, elle admet cependant la possibilité de points de contact entre le fini et l'infini. Comment ce concept de néant rejoint-il l'idée du globe ?

La réponse tient à des similitudes structurelles entre deux concepts interreliés se rapportant au globe. D'abord, comme l'a montré Pierre Magnard, le terme *nihil* se rapporte étymologiquement au mot-racine et concept qui sous-tend les figures allégoriques traditionnelles de l'écorce et du noyau ou de l'os et de la moelle : ce concept évoque une enveloppe autour d'un noyau, qui à son tour évoque l'idée de force vitale. L'association entre le mot *nihil* et l'idée du noyau est déjà fermement établie dans la pensée mystique dominicaine du Moyen Âge. Ensuite, Bovelles a recours à l'idée de négation pour affirmer que le mouvement de l'écorce au noyau doit continuer au-delà du noyau, à travers un processus de double négation qui mène à l'unité divine.

La figure du globe a donc un rapport important avec la figure d'interprétation allégorique traditionnelle que représentent l'écorce et le noyau. Dans les pratiques allégoriques médiévales, l'écorce et le noyau ainsi que la figure du globe ont en commun des oppositions

voir l'*Apologie de Raymond Sebond*), suggère toute son importance pour la tradition littéraire française.

sémantiques implicites de « finitude » et d'« infini », de « visibilité » et d'« invisibilité ». Les deux figures servent à répondre à une question posée dans toutes les périodes de l'histoire intellectuelle et littéraire : quelle est la relation du sacré au profane, de l'infini au fini, du naturel au métaphysique ? Pour tenter de répondre à ces questions, Lefèvre et Bovelles ne séparent pas le discours logique du discours mystique ; ils emploient au contraire le langage de la logique en combinaison avec des figures de rhétorique qui illustrent la présence et l'absence simultanées des mystères chrétiens dans le monde de la création. Dans cette synthèse de logique et de mysticisme Lefèvre et Bovelles choisissent pour modèle Nicolas de Cues puisque sa pensée leur fournit des solutions à la question du fini et de sa relation avec l'infini.

L'idée que le globe constitue une totalité en soi est cruciale dans l'emploi que les humanistes français du XVIe siècle font de Nicolas de Cues. Son œuvre marque un seuil important vers la cosmologie (copernicienne) moderne et la spéculation au sujet des globes, et constitue une influence majeure sur la pensée philosophique et littéraire française à l'aube de la Renaissance. Dans la tradition qui s'étend du mysticisme pseudo-dionysien à Nicolas de Cues jusqu'à la Renaissance française, Dieu est défini comme omniprésent ; son mode d'immanence dans l'univers fini est sans proportion avec le mode d'opération de la raison humaine. La raison humaine mesure, mais Dieu est sans mesure : l'infini et le fini cohabitent donc comme des occasions manquées, des mondes à part et pourtant interreliés.

GLOBES ET JEU DE BOULE, FAÇON CHRÉTIENNE

Jacques Lefèvre d'Étaples, le plus grand philosophe français du XVIe siècle (pourtant méconnu), réformateur religieux et universitaire, travaillait en collaboration avec un cercle d'humanistes français appelé le groupe de Meaux, au sein duquel on compte Bovelles. Pour les humanistes comme Lefèvre d'Étaples, à l'aube de la Renaissance, il y a peu de points de discorde entre la tradition néoplatonicienne chrétienne et les enseignements du catholicisme romain. La théologie mystique du

Pseudo-Denys est réintroduite en France pendant la Renaissance en 1499, au moment même où apparaissent les œuvres de Nicolas de Cues ; Lefèvre d'Étaples publie les *Œuvres complètes* du Pseudo-Denys en 1499 et encore en 1515, en plus d'une première édition de celles de Nicolas de Cues en 1514. Le groupe de Meaux a reçu moins d'attention des universitaires aux États-Unis qu'en France, bien qu'il ait été l'objet de certaines des meilleures études sur la Renaissance produites au vingtième siècle, surtout en Belgique, en France, et au long des frontières franco-allemandes de la Suisse. Lefèvre, humaniste parisien de troisième génération, a proposé des réformes de l'université de Paris et de l'Église catholique romaine contemporaines de celles de Martin Luther (1483-1546) en Allemagne, et il vécut une génération avant Jean Calvin.

Dans son traité mystique *Le Livre du néant*, Bovelles clarifie des concepts importants qui sous-tendent la pensée de Lefèvre. Bovelles se penche notamment sur les problèmes de temps et d'espace qui sont implicites dans les réflexions théologiques sur la notion de totalité. Il adhère à l'idée néoplatonicienne conventionnelle selon laquelle l'âme peut aller, par la contemplation, au-delà de l'ordre du sensible (esthésie et beauté) et de la multiplicité, vers le Bien, arrivant ensuite à une totalité (*totum*) qui est le contraire dialectique du néant (*nihil*, *nichil*). Comme l'a montré Pierre Magnard, Bovelles répond au problème de l'omniprésence de Dieu par l'idée qu'un cercle ne peut avoir de centre fixe et ne peut donc assurer la stabilité nécessaire pour expliquer les révolutions cosmiques. C'est uniquement du point de vue de l'égalité infinie de Dieu qu'un point de référence fixe et stable peut être défini. Suivant le mysticisme de Nicolas de Cues, nous montre Magnard, Bovelles adopte l'idée que l'infini est, paradoxalement, la totalité des êtres non-totalisables. Chaque être diffère irréductiblement des autres dans la sphère du fini, mais ceci n'exclut pas une relation à la sphère de la totalité divine.

Pour Lefèvre et Bovelles, la relation entre le fini et l'infini passe par le concept de néant, puisque ce dernier est la source de l'univers de la création : Dieu ne crée pas des êtres finis à partir de lui-même, mais *ex nihilo*, à partir de rien. Le néant est donc la source immédiate de l'être créé, alors que Dieu est sa source ultime. Les difficultés de traduction associées au mot *nihil* (néant, rien) proviennent en partie de ses connotations variées, et surtout végétales : *nihil* peut signifier le tégument ou le germe contenant le principe vital. Ce mot est donc fondamentalement associé avec des figures allégoriques traditionnelles comme l'écorce et le noyau ou l'os et la moelle. Le néant appartient à un groupe de figures, à la fois logiques et rhétoriques, qui illustrent la façon dont les vérités spirituelles peuvent devenir intelligibles dans le domaine de l'entendement humain. La figure géométrique du globe, dans sa capacité pédagogique d'illustrer les intuitions spéculatives, est elle-même reliée à la figure traditionnelle (exégétique et littéraire) de l'écorce et du noyau.

La figure du globe, et donc celle du noyau/écorce et du centre/périphérie, peut servir de point de comparaison solide entre les œuvres de différents mouvements humanistes européens, sans être contrainte par les frontières nationales. Dans les études seiziémistes, notamment, il n'existe que peu de travaux en profondeur sur les relations entre les œuvres de Nicolas de Cues, d'Érasme et de Marguerite de Navarre. On pourrait objecter que de telles études existent (Bedouelle, Heller). Mais, à l'exception des travaux de critiques tels ceux de Christian Belin, Robert Cottrell, Dominique de Courcelles, Gary Ferguson, Jan Miernowski, Margaret M. Philipps et Paula Sommers, les études françaises ont passé en grande partie sous silence l'importance de la théologie négative dans la pensée littéraire et philosophique française à la Renaissance, et ce malgré son importance cruciale dans les réflexions philosophiques et esthétiques françaises depuis la seconde moitié du XXe siècle. On pourrait citer les études plus anciennes et bien connues d'Henri Busson sur l'opposition entre rationalisme et irrationalisme dans la littérature française de la Renaissance, mais, de façon générale, la tradition mystique a été beaucoup mieux étudiée dans la spiritualité espagnole et jésuite du XVIIe siècle[1].

---

1 Marc Fumaroli explique l'entrée en France de l'érudition classique romaine par la migration de modèles rhétoriques anciens de la Méditerranée à la France, jusque dans les écrits jésuites du XVIIe siècle. Cette proposition a mené à un renouveau des approches rhétoriques et théologiques de la littérature de la Renaissance, qu'on trouve par exemple dans les travaux récents d'Olivier Millet sur la rhétorique sacrée dans la spiritualité de la Réforme française. Les réflexions historiographiques de Michel de Certeau et sa proposition d'une présence « transversale » du sacré à travers les disciplines scientifiques régionales ont été critiquées par Alain de Libera pour leur omission des sources arabes dans l'histoire du mysticisme occidental. De Libera critique également *La Fable mystique* de Certeau pour les problèmes méthodologiques qui y sont reproduits par l'application de méthodes tirées des sciences sociales à la question du mysticisme. Voir A. de Libera et F. Nef, « Le discours mystique », *Littoral* n°9, 1983.

Il n'est pas étonnant que la déconstruction ouvre des avenues importantes sur la culture rhétorique et théologique du XVIe siècle. Les réflexions de Derrida sur la structure noyau-écorce (*Moi-la psychanalyse*; *L'Oreille de l'autre*) jettent beaucoup de clarté sur les similitudes entre les humanismes dans différentes périodes de l'histoire, à l'intérieur de l'opposition entre rationalisme et irrationalisme. La tendance générale actuelle, chez les universitaires américains, à se détourner de la *French theory* comme de l'héritage religieux du XVIe siècle entraîne une méconnaissance de la place du mysticisme dans la pensée française du XXe siècle. Le mysticisme retrouve cependant son importance à mesure que la place des religions dans les études littéraires est redéfinie, dans le sillage de tendances disciplinaires qui évoluent avec la mouvance des cultures et des frontières globales. Heidegger, comme Derrida, et plusieurs générations de philosophes avant eux, ont repensé l'opposition entre la logique et le mysticisme. Dans la première période comme dans les œuvres plus tardives de Heidegger, notamment dans ses essais postérieurs aux années 1950, on trouve des reformulations modernes des problèmes philosophiques clés des écrits de Nicolas de Cues et de Montaigne.

Dans ses essais tardifs, Heidegger se penche sur l'humanisme en partie en relation avec le mot *occasion* ou l'expression « faire-venir », auquel je reviendrai plus tard. Pour Heidegger, ce mot et ses différentes variantes dérivent de la traduction en latin d'un terme grec ancien qui définit l'action humaine de création comme un laisser-arriver « dans la présence » de « ce qui n'est pas encore présent ». « Ainsi », écrit Heidegger, les actes de création « sont-ils régis d'une façon une par un conduire, qui conduit une chose présente dans l'"apparaître"[1] ». L'observation proposée par Heidegger, qu'il est impératif de penser la création humaine « dans toute sa portée » comme une « (possibilité de) s'ouvrir (qui est impliquée dans) la pro-duction » nous permet de mieux comprendre certaines des structures fondamentales de la littérature spirituelle française du XVIe siècle. Heidegger a développé ses concepts du faire-venir et du laisser-être (*Gelassenheit*) en grande partie à partir de sa lecture de textes mystiques du Moyen Âge. À travers le faire-venir qui « laisse être », propose-t-il, l'homme est approprié et tiré de son essence dans une ex-stase, qui le rend libre dans sa dignité. L'usage que

1 M. Heidegger, « La question de la technique », p. 16-17, dans *Essais et conférences*, trad. A. Préau, Paris, Gallimard, 1958.

fait Heidegger de la liberté est sous-tendu par l'emploi fait par Maître Eckhart de ce même terme de « liberté ».

Les humanistes français du XVIe siècle ont renforcé cette fusion entre discours mystique et discours lyrique. *Les Prisons* de Marguerite de Navarre, texte mystique du XVIe siècle inspiré en partie par les vers médiévaux mystiques de Porete, peut être (et dans une certaine mesure a été) classé dans la tradition eckhartienne des écrits mystiques féminins. Certains tropes mystiques récurrents dans les œuvres d'Eckhart, de Nicolas de Cues, de Lefèvre et de Bovelles (tout/rien, loin/près) réapparaissent à la fois chez Marguerite de Navarre et chez Heidegger. Le concept de l'ex-stase, à la Renaissance française comme chez Heidegger – un état de liberté où l'âme humaine incarne un pur néant (en latin, *nihil*), ce qui crée un espace vacant à l'intérieur de la personne humaine qui s'ouvre alors à une altérité radicale – tient à la fois de la doctrine de « non-proportion » et du concept de néant comme structure noyau/écorce.

L'idée que le progrès spirituel de l'âme peut être décrit en termes logiques, mystiques ou lyriques est fondamentale pour l'humanisme français à l'aube de la Renaissance. Dans la tradition mystique de la Renaissance, issue des traditions médiévales qui l'ont précédée, l'âme humaine incarne un concept radical du *nihil*. Marguerite de Navarre et Heidegger se sont tous deux tournés vers ce mysticisme médiéval pour formuler un langage qui réunit poésie, prose et philosophie. Interprété à travers l'idée de la double négation, le globe décrit une relation qui va de la périphérie (ou circonférence) au centre, mais qui ensuite mène de l'idée de centre à la réalisation que la perfection infinie de Dieu est non-localisable. Du point de vue de l'entendement humain et de ses limites, la présence de Dieu dans la création est une présence excentrée. Une telle reconnaissance a lieu dans l'expérience aporétique de l'ex-stase – définie ici simplement comme un « changement de place ». Ce mouvement vers un centre fini qui, du point de vue de l'infini, n'est pas un centre, et où la personne humaine reconnaît qu'elle ne peut pas elle-même s'approprier l'infinité divine, mène hors de soi, de l'ordre du monde profane à celui du monde sacré, par un processus de transformation et de traduction. Ce mouvement de détachement de soi a lieu à travers un processus de « faire-venir », dont je discuterai plus loin. Il semblerait que la structure noyau/écorce, une des plus anciennes variantes de la notion de « globe », revienne avec l'avènement de chaque nouveau mouvement humaniste.

Le silence historique relatif dans les études comparatives sur Marguerite de Navarre et Érasme suggère les limites des modèles d'analyse historico-littéraire issus du XXe siècle et leur retrait derrière des catégories de lecture historiques. L'unique lettre conservée (sans réponse) ne fournit que quelques indices sur le regard que Marguerite de Navarre et Érasme jetaient l'un sur l'autre et sur leurs initiatives humanistes respectives ; il en résulte que les études comparatives de leurs œuvres ont été peu nombreuses, historiquement parlant. Une vaste quantité de matériel littéraire pourrait cependant – et a commencé à être – soumis à la comparaison sous la lentille d'analyses stylistiques, poétiques et comparatives. La figure du globe, dans sa relation à la doctrine de « non-proportion », parcourt l'œuvre d'auteurs comme Marguerite de Navarre et Érasme, et fournit un exemple pour l'écriture d'une histoire littéraire qui traverse les corpus de la pensée littéraire et philosophique.

Alors que Nicolas de Cues avait employé le globe pour illustrer la doctrine de « non-proportion », établissant par là un modèle repris par Lefèvre, Bovelles, et Marguerite de Navarre, d'autres humanistes au-delà de la France ont utilisé cette figure de façons différentes. Érasme et d'autres humanistes d'Europe du Nord autour de la vallée du Rhin ont choisi d'autres types de figures semblables au globe, comme les cercles concentriques employés par Érasme pour décrire le Christ comme la « cible » de la vie chrétienne dans son manuel d'existence chrétienne, *Enchiridion Milites Christiani* (1503). Le globe est une référence pour les débats et l'argumentation chez les humanistes : il fournit ainsi un point de repère qui permet de cartographier l'adoption par les humanistes européens de points de vue critiques ou opposés sur des questions religieuses, sociales et littéraires. Le globe ou la sphère, étudiés comme signifiants à la fois philosophiques et rhétoriques, sert de schéma organisateur pour l'argumentation humaniste, où les différentes perspectives proviennent des modes de questionnement religieux et cosmologiques.

Nicolas de Cues, Érasme et Marguerite de Navarre ont tous trois, par exemple, puisé dans un traité ancien attribué au mythique personnage de l'antiquité appelé Hermès Trismégiste. Ce traité porte directement sur la figure du globe et constitue l'une des principales sources pour les spéculations sur les globes à la Renaissance. Le nom grec ancien donné à ce mage est lui-même une traduction : c'est un dérivé du nom du dieu égyptien Thot. Le nom égyptien a été traduit ainsi à cause de l'association des deux figures avec le savoir et la magie. Alors que le nom français du mage est Hermès Trismégiste, son nom romain est Mercure. Un autre humaniste d'Europe du Nord, Jean Trithème (1462-1516), fait aussi référence à Hermès Trismégiste, comme le fait Marguerite de Navarre dans son poème *Les Prisons* (1547), où elle emploie la figure de la sphère infinie dont le centre n'est nulle part. Là où on trouve le recueil de textes appelé *Corpus Hermeticum*, on trouve aussi la figure du globe infini et ses multiples associations.

L'étude de la migration des images du globe depuis les textes de l'hermétisme ancien jusqu'à ceux de la Renaissance permet d'enrichir notre compréhension de l'influence des textes et des pratiques discursives de l'Antiquité sur ceux de la Renaissance. La figure de la sphère infinie, chez Érasme comme chez Marguerite de Navarre, accompagne la description du Christ comme remède et donc comme anti-Thot, image dérivée de leur lecture du *Phèdre* de Platon et de textes occultes. Érasme a trouvé dans le *Phèdre* un modèle pour sa conceptualisation du Christ comme le centre d'une série de cercles concentriques, le représentant comme la cible (*scopus*, en latin) de toute vie chrétienne puisque le Christ est le seul médecin légitime (en latin *pharmaceus* ou *medicus*) capable de guérir la présomption, maladie humaine qui afflige la société laïque. Les humanistes évangéliques de la Renaissance qui ont exploré cette correspondance occulte avec le mythe de Thot insistent sur sa connexion avec les figures du cercle et de la sphère. Dans le discours humaniste chrétien, c'est le Christ qui remplace le concept occultiste du centre du cercle ou de la sphère infinis. Le savoir laïc est alors représenté comme la circonférence extérieure d'un cercle dont le point central est le geste auto-sacrificiel du Christ, acte d'abnégation d'importance fondamentale qui renvoie à la sagesse infinie de Dieu. Érasme représente le Christ comme le centre d'une série de cercles puisque le Christ est le fondement et le but ultime de toutes les formes de recherche humaine.

Le traité *De ludo globi* de Nicolas de Cues a exercé une influence particulièrement importante sur les réformateurs évangéliques et humanistes français du XVIe siècle. L'œuvre met en avant ce qu'on pourrait appeler une pensée globale expliquée à travers la métaphore du jeu de boule – ou encore, si on veut, de l'hyperboule. Dans ce traité, Nicolas de Cues offre des perspectives théoriques et littéraires détaillées sur les globes et leur utilité pour concevoir la relation du sacré au profane. Grâce à l'influence d'humanistes français (catholiques et réformés) de l'aube de la Renaissance comme Bovelles (Guillaume Briconnet, Lefèvre d'Étaples, Josse Clichtove, Guillaume Budé, Guillaume Farel, et d'autres encore), Marguerite de Navarre a pris connaissance de la sphère comme symbole réunissant des cosmologies opposées, l'ancienne et la nouvelle. À son tour, elle va affirmer l'incommensurabilité et la discontinuité fondamentales des mondes du fini et de l'infini.

La correspondance spirituelle bien connue de Marguerite de Navarre avec l'évêque Guillaume Briçonnet redéploie la figure du globe héritée de Nicolas de Cues pour illustrer certains changements dans la dévotion spirituelle française à la Renaissance. Leur échange marque la première apparition majeure du globe dans la langue vernaculaire française du XVIe siècle. L'évêque écrit que Dieu « est de tout commancement, moien et fin. En luy tout, hors luy rien ; centre et circumference de tout, il est la seulle verité et par ce de luy toute science et puisque il est tout, en l'ayant l'on a tout[1] ». Cette conception selon laquelle Dieu contient en lui toute la création – alors que la création elle-même, conçue indépendamment de l'être divin, n'est que finitude et néant – connaît un regain de popularité parmi les réformateurs français du début du XVIe siècle, puisqu'elle leur permet de défier l'idée que l'Église catholique romaine est le centre de toute autorité ecclésiastique et spirituelle. Elle contribue également, dans ce courant de pensée ecclésiastique, à la redéfinition du centre de l'Église française, alors que différents groupes réformés se scindent du catholicisme romain tout au long du XVIe siècle.

Tout comme d'autres humanistes du XVIe siècle, Briçonnet et Marguerite de Navarre interprètent l'image de la sphère infinie en termes évangéliques, à travers l'opposition de l'esprit au corps, héritée de Saint Paul, pour affirmer qu'un vrai chrétien doit donner corps à la figure de la sphère en se libérant des péchés associés à la chair et au monde temporel. Ainsi Briçonnet écrit-il :

> Sy la roué parfaictement ronde et sphericque, trouvoit la terre parfaictement plaine, seroit en continuel et parfaict mouvement perpetual et ne la

1 Comme l'a montré Cappello dans son article « Cusano, Briçonnet e Margherita di Navarra » (*Medioevo* n°1, 1975, p. 106), il s'agit d'une imitation directe de Nicolas de Cues, qui écrit que « Dieu [...] est le principe, le moyen et la fin de tout, le centre et la circonférence de l'univers, de sorte qu'il soit l'objet de toutes les recherches, car, sans lui, toutes les choses sont le néant : qu'on le possède, lui seul, et l'on a tout, car il est tout. » N. de Cues, *De la docte ignorance*, trad. L. Moulinier, Paris, Alcan, 1930, p. 166.

> toucheroit que en ung point invisible. Telle doibt estre l'ame, toute celeste et sphereicque ; et sy quelque fois la roué vient en une ornière par adhesion du corps, qui sont les desirs charnels, n'y doibt arrester, ains promptement courir par elevacion de l'esperit[1].

Pour l'évêque, comme pour Marguerite de Navarre, l'expérience mystique dépasse les concepts rationnels et linguistiques puisqu'elle va au-delà des frontières de l'entendement humain et de l'arrangement spatio-temporel du monde. L'âme traverse la frontière qui sépare les formes esthétiquement sensibles de leur origine dans une relation dynamique avec l'infini. Nicolas de Cues utilise la sphère pour affirmer la présence et l'absence simultanées de Dieu ; pour les évangélistes français, cette doctrine indique que l'humanité doit éviter de surinvestir l'existence corporelle et les valeurs matérielles. Par l'anéantissement du corps à travers l'action interne, et par la conformation au manque radical et à la dépendance du monde profane envers l'être divin, on devient un vaisseau capable de recevoir le divin par sa source même, et non par la médiation d'institutions ecclésiastiques appartenant au monde temporel.

Les concepts et les images des sphères infinies traduites en français vernaculaire par Briçonnet continuent d'influencer les écrits spirituels de Marguerite de Navarre jusqu'à la fin de sa vie. Ainsi, dans son poème monumental *Les Prisons* (1547), elle emploie l'image du globe pour illustrer une conception de l'ordre narratif et de sa capacité à exprimer la perfection et l'infinité divines (v. 795). Dans *Les Prisons*, Marguerite de Navarre décrit l'ordre et l'arrangement spatial en poésie d'après une organisation hiérarchique du savoir sacré (biblique) et profane (les arts libéraux, y compris la cosmographie). L'organisation des arts libéraux séculiers est comparée à une structure architecturale composée de vérités temporelles qui emprisonnent l'âme. Cet édifice architectural, structuré d'après les lois et la logique de l'Ancien Testament – tel que conçu d'un point de vue évangélique chrétien à la Renaissance – s'écroule avec la révélation de l'identité de Dieu comme être infini dans le *Nouveau*

---

1 Voir N. de Cues : « Ideo non est possibile etiuam perfectissimam sphaeream de a in c per praecisam rectam pergere : esto etiam quod pavimentum sit perfectissime planum et globus rotundissimus. Nam talis globus non tangereret placiniciem nisi in atomo [...] Pervete igitur rotundus cum eius summum sit etiuam imum et sit atomus : postquam incepti moveri, quantum in se est, numquam cessabit cum varie se habere nequeat [...] Ideo spherea in plana et aequali superficie semper aequaliter habens : semel mota semper moveretur. » *De ludo globi* (Paris 1514, f. 154v). Cité par Cappello, *op. cit.*, p. 107.

Testament. Cette révélation amène la reconnaissance de l'indigence et du néant du monde profane. L'ordre et l'identité du monde se révèlent dépendre entièrement de la perfection transcendante de Dieu, et sont donc « délaissés » quand l'âme renonce à tout ce qui la rattache au monde.

Dans *Les Prisons*, l'âme parcourt les différents niveaux de savoir des arts libéraux avant de recevoir d'un maître spirituel la révélation sacrée de l'identité de Dieu, conçu comme un être parfaitement autoréférentiel qui englobe la totalité de l'ordre du monde temporel :

> Car en disant : « Je suys qui suys », tel maistre
> M'aprint alors lequel estoit mon estre :
> S'il est qui est, hors de luy je ne puys
> Dire de moy, sinon que je ne suys ;
> Si rien de suis, las ! où est ma fiance,
> Vertu, bonté et droicte conscience ?
> Or suys je rien, s'il est Celluy qui est ! (*Les Prisons*, III, v. 525–31)

Le poème explique que l'identité de l'essence de Dieu, qui est autosubsistante, est indiquée par la révélation qu'il ne peut être situé dans le monde spatio-temporel connu de l'entendement humain. Seule la manifestation du Saint-Esprit sous forme de lumière et de flamme peut dispenser la vérité :

> Si Dieu en soy ne le nous fait cognoistre ;
> Péché en Dieu n'est pas, mais il s'y voit,
> Car hors de Dieu, où il est nous deçoit,
> Tant que nul œil ne le peult veoir en chair
> Tel comme il est ; mais qui peult aprocher
> Par vive foy dedans ceste lumiere
> Il void péché, sa source et sa matiere. (*Les Prisons*, III, v. 594–600)

Les Prisons suggère que la sphère peut servir de modèle dévotionnel : par la confession de son non-être face à l'être infini de Dieu, la poétesse procède à un sacrifice. En d'autres termes, elle s'incline devant Dieu par l'abandon (évangélique) de toute prétention humaine à la perfection. À travers cet hyperbolique abaissement de soi, la poétesse abandonne tout honneur à Dieu seul. Ce sacrifice prépare la voie à la manifestation de l'infinité de Dieu dans la structure poétique, ce qui démystifie le monde de l'entendement humain et fini. Par la négation des arts libéraux en tant que structure séculière, le poème permet une infusion, décrite métaphoriquement, de la grâce qui donne vie par la révélation du buisson ardent.

La clarté et le pouvoir de transmission associés au Saint-Esprit sont également décrits comme une source de clarté poétique. Apparaissant sous forme de feu (Marguerite de Navarre, *Les Prisons*, III, v. 685), le Saint-Esprit communique la nature infinie de Dieu par le biais de l'œil humain. L'œil humain représente un globe corporel et matériel capable de comprendre l'infinité de Dieu, conçue comme un globe purement spirituel qui se manifeste à travers l'apparition enflammée de l'Esprit saint. L'œil humain est une sphère qui marque un point de contact entre le sacré et le profane ; il constitue une région diaphane du corps parce que sa pupille constitue un globe temporel (comme le montrent les définitions du terme « globe » dans l'*Oxford English Dictionary*) qui se fait le miroir de la perfection divine par sa perception de l'indigence du monde. L'œil en tant que sphère représente un site potentiel pour la transmission des vérités infinies en vertu de sa participation aux mêmes forces ardentes que le feu[1]. L'âme humaine peut être touchée et mue par le divin parce que, comme le centre le plus profond de l'œil humain, son abandon de tout orgueil lui permet d'aller au-delà de la négation du monde temporel pour devenir l'incarnation radicale du néant d'où Dieu a jadis créé le monde, *ex nihilo*. Par la négation du corps, d'abord, l'âme vient à reconnaître sa dépendance totale face à l'être divin. À travers cette confession, elle reconnaît Dieu comme la cause ultime de tout mouvement et de tout ordre dans le monde. Ceci marque le passage de l'œil corporel à l'œil spirituel, de l'ordre de la figuration et de la spatialité à celui des vérités spirituelles infinies.

GLOBES ET OCCASIONS

Cette tradition de réflexion sur la nature de l'imperfection et de la finitude humaines au XVIe siècle fournit un contexte qui permet de mieux comprendre les fictions séculières de Marguerite de Navarre,

1 « Tresdoulcement adonques le Puyssant / Qui droit au cueur par l'œil tout soudain entre / Frappe le myen au plus profond du centre. » *Les prisons*, III, v. 485–87. Sur le concept de la nature diaphane de la vue en tant que site de transmission des réalités intelligibles et ses associations avec l'igné dans le contexte des théories mystiques de la négation de soi, voir A. Vasiliu, *Du diaphane*, Paris, Librairie Philosophique J. Vrin, 1997.

comme on le voit par exemple avec la dixième histoire de l'*Heptaméron*. On sait depuis longtemps que le genre de la nouvelle, du Moyen Âge tardif jusqu'au début de la Renaissance, porte sur des sujets qui sont souvent – et traditionnellement – désignés par les termes généraux de *cas* ou *aventures*. Le mot *occasion* a des racines étymologiques qui le rapprochent de *cas*, lequel est un dérivé du mot latin *cadere* : « tomber », « décliner », « passer sous », « se séparer de ». Dans un contexte philosophique différent mais non sans rapport, Heidegger écrit que « *Causa*, *casus* se rattachent au verbe *cadere*, tomber, et signifient ce qui fait en sorte que quelque chose dans le résultat "échoie" de telle ou telle manière[1] ». On pourrait ajouter que le terme latin *occasio*, qui désigne un « moment favorable », se rattache aussi à *occidere*, « tomber ». Le mot *aventure* désigne au moins deux concepts importants au Moyen Âge et à la Renaissance : d'abord, il est employé de façon générale pour décrire des événements qui ont eu lieu, et ensuite, il est également utilisé pour parler de « chance » ou de « fortune ». Dans les nouvelles de Marguerite de Navarre, le mot *occasion* et le mot *aventure* sont tous deux fortement liés avec une conception de la littérature comme opposition discursive entre la totalité et le particulier.

La nouvelle, en tant que genre séculier, porte sur la représentation d'événements, ou d'occasions, qui paraissent être dus au hasard, c'est-à-dire qu'ils sont attribués au pouvoir de Fortuna. Le statut de ces événements fortuits est en partie déterminé par leur relation signifiante à une notion indéterminée de futurité[2]. Ainsi, la nouvelle semble contredire l'idée qu'une totalité divine préside sur chaque point spatial et temporel de la création, ou contredire du moins la capacité humaine de comprendre cette totalité. On peut avancer que la nouvelle, en tant que genre, est structurée autour du problème de la contingence, c'est-à-dire de Fortuna, et qu'elle marque un passage à une vision du monde où l'omniprésence providentielle de Dieu constitue un problème fondamental. Le terme *aventure* a toujours possédé, dans la tradition littéraire française, une association proche des concepts de passage, d'approche et de futurité ; de même, quoique dans un sens ni strictement théologique ni profane, le verbe *venir* est proche de l'idée d'avènement.

1 Heidegger, *op. cit.*, « La question de la technique », p. 13.

2 Voir R. Dubuis, *Les cent nouvelles nouvelles et la tradition de la nouvelle en France au moyen âge*, Grenoble, Presses universitaires de Grenoble (Thêta), 1973.

La théorie narratologique de Paul Ricœur, selon laquelle la possibilité de représenter un événement contingent dépend toujours d'un jeu discursif d'oppositions, permet d'expliquer le statut de l'événement dans le genre de la nouvelle[1]. Un événement contingent, pour Ricœur, ne peut paraître contingent que s'il brise un ordre causal et séquentiel précédemment établi. Le récit met en place un ensemble d'horizons interprétatifs construits autour de l'ordonnance causale de l'histoire racontée, alors que l'événement contingent se détache de l'ordre causal établi. Cependant, selon Ricœur, l'événement contingent ne peut devenir partie intégrante du récit que s'il est compris après coup, une fois transfiguré par la construction d'un point de vue rétrograde. Cette construction d'une perspective rétrograde permet au récit d'assimiler ce qui apparaît d'abord contingent dans un ordre causal, lequel transfigure alors la contingence en nécessité. Cette perspective, qui permet la création d'une nécessité narrative, émane d'une conception de la totalité temporelle qui se manifeste lorsque le récit est arrivé à sa fin, sa limite, son terme. Ainsi, la nécessité narrative transforme la contingence physique – qui est le contraire de la nécessité physique – en contingence narrative. Pour Ricœur, cependant, la contingence dépend ici de la nécessité narrative, de la totalité. En d'autres termes, le jeu entre le nécessaire et le contingent constitue le cadre discursif de la représentation d'événements fortuits.

Si on considère le genre de la nouvelle dans cette optique, les concepts d'*aventure* ou de *cas* tirent leur signification de ce cadre discursif. On peut rappeler l'observation de Hans Robert Jauss, selon laquelle le problème fondamental posé par le genre de la nouvelle est celui de trouver une norme à partir de laquelle on puisse juger l'événement central de toute histoire[2]. La proposition de Ricœur, que le récit opère dans un jeu dialectique entre concordance et discordance (entre le nécessaire et le contingent), aide à éclaircir ce phénomène.

La théorie avancée par Ricœur s'accorde de plus avec l'argument de Barthes selon lequel les déterminations rétrogrades constituent la notion d'arbitraire dans le récit. Pour Barthes, le récit détermine la nature des « causes par les effets » ; ici encore, les épisodes racontés n'acquièrent

1 P. Ricœur, *Soi-même comme un autre*, Paris, Seuil, 1990.

2 H.-R. Jauss, « Une approche médiévale : les petits genres de l'exemplaire comme système littéraire de communication », dans *La Notion de genre à la Renaissance*, éd. G. Demerson, Genève, Éditions Slatkine, 1984.

un sens que dans la perspective rétrograde. La fonction d'un épisode raconté dans une fiction littéraire est ainsi organisée par la façon dont elle peut être interprétée à la lumière de la fin de l'histoire. La notion de l'arbitraire dans le récit, d'après Barthes, est la fonctionnalité même du langage ; les signes linguistiques sont arbitraires, et ne sont justifiés comme nécessaires qu'à travers leurs fonctions discursives. Le renversement de détermination qui transforme une relation de moyens et de fins en une relation de « causes » à « effets » est fondamental, selon Barthes, pour l'opération par laquelle la fiction crée des illusions de réalité causale. Grâce aux techniques narratives employées pour construire la motivation des personnages, les déterminations rétrogrades de nécessité deviennent possibles, reléguant par là la contingence à un domaine où la motivation des personnages ne serait pas possible, où nous ne pourrions pas en rendre compte. Avant tout, la constitution d'une nécessité narrative dépend de la motivation puisqu'elle est nécessaire comme critère de détermination de ce qui « devrait » être. La motivation fournit la détermination fondamentale qui rend possible la dimension morale de vraisemblance, c'est-à-dire l'idéalité de l'art même. Il existe donc une relation très proche entre la motivation, la vraisemblance et la transformation narrative de la contingence en nécessité. La motivation s'efface au profit de ce que Barthes appelle « l'illusion de systématicité », où chaque élément individuel peut être justifié moralement par la référence à un ensemble général de lois morales, comme autant d'applications de critères éthiques généraux à des cas particuliers[1].

Ce type d'analyse structuraliste a été revu par Karlheinz Stierle, dans ses premiers travaux structuralistes comme dans ses écrits plus récents. Le travail de Stierle s'appuie de manière implicite sur les propositions de Barthes et de Ricœur concernant la nature de la contingence dans le récit. La notion de motivation, d'après Barthes, a été introduite par le formalisme russe pour désigner la manière dont les éléments narratifs gagnent une fonctionnalité. Ces éléments narratifs se dissimulent en tant que déterminations causales : le contenu n'est pas une motivation, mais seulement une justification a posteriori de la forme qui le détermine[2].

---

1 R. Barthes, « Le discours de l'histoire », *Social Science Information*, vol. 6, 1967.

2 K. Stierle, « Three Moments in the Crisis of Exemplarity : Boccaccio-Petrarch, Montaigne, and Cervantes », *Journal of the History of Ideas*, vol. 59, n° 4, 1998. À partir de la référence de Barthes à Cervantes – c'est-à-dire à la folie de Don Quichotte – comme un exemple

À la lumière de ces observations, on peut examiner par exemple la dixième histoire de l'Heptaméron, dernière nouvelle de la première journée, et la façon dont elle prend part à ce jeu narratif entre contingence et nécessité par l'opposition de motivations de personnages d'ordres discordants[1]. Située à la frontière de l'Espagne et de la France, l'histoire raconte la cour faite par un jeune chevalier espagnol, Amadour, à une femme noble de rang social et économique supérieur, Floride. Puisqu'Amadour est le plus jeune fils d'une famille noble, il n'a pas d'héritage. Deux notions distinctes mais complémentaires de Fortuna convergent ici dans la situation initiale de l'histoire. D'abord, le narrateur emploie le *topos* narratif de Fortuna pour décrire sa propre position dans la hiérarchie sociale. Ensuite, le narrateur indique que, bien que la déesse Fortuna ait laissé Amadour sans fortune, cette même déesse lui a donné la vertu dont il aura besoin pour mener à bien ses intentions. Dans l'*Heptaméron*, comme on le sait, le mot « vertu » est profondément codé en fonction du genre ; dans cette dixième histoire, la vertu masculine désigne la capacité qu'a Amadour d'agir de manière stratégique, opportuniste, et efficace (en particulier à la guerre, mais aussi, par extension métaphorique, dans la lutte des sexes) au moment approprié – c'est-à-dire d'agir pour arriver à ses fins. Le personnage d'Amadour est ainsi présenté comme un enfant ou une création de la déesse Fortuna : d'un côté, ce lieu commun rhétorique nous informe qu'il a perdu son statut social puisqu'il n'a pas d'héritage, alors que, de l'autre, la référence à la déesse Fortuna indique la capacité d'Amadour de saisir le moment opportun, et de compenser ainsi cette perte d'héritage – c'est-à-dire de valeur et, au bout du compte, de signification possible à l'intérieur de la logique narrative même de l'histoire.

L'ouvrage bien connu de Lucien Febvre sur l'*Heptaméron* a montré depuis longtemps que l'effet de cette description est de semer des doutes

---

de divergences narratologiques de récits strictement logiques et linéaires à la Renaissance, Stierle affirme que Cervantes et le genre de la nouvelle jouent avec la tension entre exemplarité et contingence, entre « réflexion morale » et « cas particulier ». Le pouvoir de *Fortuna*, en tant que contingence, « fait ressortir la particularité spécifique de chaque nouvelle ». Puisqu'il y a ambiguïté entre contingence et nécessité, le statut exemplaire de chaque histoire est mis en question : « L'*exemplum* semble évoluer dans un temps essentiel où tous les aspects-temps sont contrôlés et fonctionnalisés par une structure conceptuelle dominante. Dans la nouvelle, le temps devient une structure primaire. »

1 Marguerite de Navarre, *Heptaméron*.

sur la nature des motivations d'Amadour[1]. Bien qu'il fasse preuve d'une constance quasi-parfaite pendant la première moitié de l'histoire, le spectre de la dissimulation hante chaque démonstration de sa vertu. Amadour fait la cour à Floride au nom d'une amitié parfaite, et franchit une série d'obstacles et d'épreuves qui donnent confiance en son caractère moral aux autres personnages de l'histoire. Mais la pureté de ses motivations reste en doute précisément parce que son personnage est apparu sous le signe de Fortuna, qui désigne ici une logique de l'instant, de l'occasion, laquelle est en contradiction fondamentale avec le modèle temporel de progrès régulier qui mène à une amitié idéale. Dans les modèles aristotélicien et cicéronien qui forment le contexte intellectuel et historique de l'*Heptaméron*, des problèmes éthiques surgissent quand des amitiés de niveaux et de qualités différents ne sont pas reconnues comme étant différentes, par exemple lorsque des amitiés d'ordre hiérarchiquement inférieur sont faussement représentées comme idéales. Prendre un ordre d'amitié pour un autre, par exemple une amitié temporaire pour une amitié permanente, n'est pas nécessairement une erreur délibérée : il est possible d'identifier ses propres motivations à celles d'un autre, pour se rendre compte plus tard qu'on s'est trompé sur son propre compte, ou encore sur celui de l'autre.

Amadour fait la cour à Floride en secret, mais il épouse une de ses confidentes, Avanturade, pour protéger sa passion du jugement du public et se donner une occasion de séduire cette première. Amadour s'est doté d'une femme-écran pour détourner les jugements défavorables sur son caractère. Ce faisant, il emploie les conventions courtoises comme une écorce, un masque qui amenuise les risques qu'il choisit de prendre. Fortuna elle-même, sous la forme d'une détermination masculine selon laquelle la fin justifie les moyens, fournit à Amadour ce prétexte pour se rapprocher de Floride, dissimulant ses motivations sans éveiller de soupçon. Floride et Amadour décident ensemble d'entretenir en secret une relation courtoise. Cependant, à mesure que les soupçons du public au sujet des motivations d'Amadour augmentent, le risque d'être découverts augmente aussi, et la séquence finale de l'histoire est mise en marche quand, au moment même où Floride est prête à accepter Amadour comme « parfaict amy » – après des années d'épreuves qui prouvent enfin qu'Amadour est un ami véritable – un événement malheureux

---

1 L. Febvre, *Amour sacré, amour profane : Autour de l'Heptaméron*, Paris, Gallimard, 1944.

se produit : Avanturade, sa femme-écran, meurt d'une tragique *occasio*, une chute mortelle.

Après la perte de la femme-écran, Amadour se transforme et tente par deux fois de violer Floride, sans y parvenir. Floride résiste chaque fois à son agresseur ; les personnages se séparent ensuite, alors que la logique séquentielle de l'histoire se clôt avec la mort d'Amadour au champ de bataille. L'occasion de la chute d'Avanturade brise le progrès régulier de l'amitié idéale d'Amadour pour Floride. Sa chute serait donc l'occasion, le *cas* central de l'histoire, puisqu'elle rompt le progrès narratif qui règne jusque là ; elle permet à une pulsion transgressive sous-jacente dans le personnage d'Amadour de se manifester. La chute d'Avanturade n'est peut-être pas la cause de la violence d'Amadour, mais elle constitue l'occasion qui rend visible le pouvoir latent de Fortuna chez Amadour. La chute et la mort d'Avanturade sont le *cas* autour duquel pivote le récit ; de plus, le nom Avanturade même correspond précisément au sujet conventionnel de la nouvelle en tant que genre. On se souvient que le mot *occasion* implique aussi l'idée d'une distance au-delà et au contraire de la proximité : la distance qui sépare Amadour de Floride lui rend nécessaire Avanturade comme femme-écran, et l'occasion de la chute de cette dernière représente une mise à distance finale des deux personnages qui libère le potentiel destructeur latent dans son personnage.

Le désir d'Amadour pour Floride était voué à l'impossibilité parce que Fortuna, à la fois au sens de « rang social » et au sens de « vertu », le condamne à utiliser des stratagèmes qui finissent par détruire toute possibilité de réconciliation avec les normes de l'amour courtois et de l'amitié parfaite établies au début de l'histoire.

Les implications de cet échec d'une synthèse avec le *cas* central de l'histoire sont profondes. Contrairement aux œuvres théologiques de Marguerite de Navarre, qui affirment sans équivoque un idéal de structure cosmologique et poétique, l'*Heptaméron* lutte avec le monde temporel comme un lieu d'occasions manquées. Un modèle narratologique, nous l'avons vu, permet d'expliquer la pratique de la nouvelle par Marguerite comme un genre qui problématise la synthèse et la totalité.

L'émergence de la pensée évangélique et poétique moderne en Europe de l'Ouest est en partie issue de cette tradition qui affirme l'absence de proportion entre le fini et l'infini. Comme on l'a vu, pour cette tradition, l'essence transcendante de Dieu n'est pas en opposition sémantique avec la finitude, mais avec le néant. L'humanisme évangélique exhorte les chrétiens à contempler la relation de l'écorce au noyau à travers le concept du néant et ses variantes (*nihil*, *nihilo* ou *nichil*). J'ai montré que cette opposition était associée à l'idée du néant en tant que centre absent de la création, un lieu où les forces divines sont traduites en formes temporelles, *ex nihilo*. Le globe, tout comme la figure de l'écorce et du noyau, met en jeu la traversée des frontières entre le sacré et le séculier. Cette traversée s'opère par une action interne, indépendante des formes spatio-temporelles d'activité humaine. Tel qu'employé par les humanistes du XVIe siècle, le terme *nihil* désigne l'enveloppe ou l'écorce qui renferme un principe vital ; en tant que métaphore pour la relation du centre à la périphérie, la structure noyau-écorce montre que le globe configure la relation entre la partie et le tout, le fini et l'infini[1].

Jacob VANCE
Visiting Scholar, Université Harvard
Traduit par François Proulx

1 Voir Maurice Scève, *Microcosme* (1547) : « Dieu, qui trine en un fus, triple es, et trois seras / Et, comme tes Eleus nous eterniseras, de ton divin Esprit enflame mon courage / pour descrire ton Homme, et louër ton ouvrage, / Ouvrage vrayement Chef d'eouvre de ta main : / À ton image fait et divin, et humain. / Premier en son Rien clos se celoit en son Tout, / Commencement de soy sans principe, et sans bout, / Inconnu, fors à soy, par soy, en soy enclose : / Masse de Deïté en soymesme amassee, / Sans lieu, et sans espace en terme compassee, / Qui ailleurs ne se peut, qu'en son proper tenir / Sans aucun tems prescript, passé, ou avenir, / Le present seulement continuant present / Son estre de Jeuness, et de vieillesse exempt : / Essence pleine en soy d'infinité latente, / Qui seule en soy se plait, et seule se contente / Non agente, impassible, immuable, invisible / Dans son Éternité, comme incomprehensible, / Et qui de soy en soy estant sa jouïssance / Consistoit en Bonté, Sapience, et Puissance », Maurice Scève, *Microcosme*, éd. Pascal Quignard, Paris, Mercure de France, 1974, v. 1–22.

OUVRAGES CITÉS

BARTHES, Roland, « Le Discours de l'histoire », *Social Science Information*, vol. 6, 1967, p. 63-75.

CAPPELLO, Glori, « Cusano, Briçonnet e Margherita di Navarra », *Medioevo*, n° 1, 1975, p. 97-128.

CUES, Nicolas de, *De la docte ignorance*, trad. par L. Moulinier, Paris, Alcan, 1930.

DUBUIS, Roger, *Les Cent Nouvelles Nouvelles et la tradition de la nouvelle en France au moyen âge*, Grenoble, Presses universitaires de Grenoble (Thêta), 1973.

FEBVRE, Lucien, *Amour sacré, amour profane : Autour de l'Heptaméron*, Paris, Gallimard, 1944.

HEIDEGGER, Martin, « La Question de la technique », dans *Essais et conférences*, trad. par André Préau, Paris, Gallimard, 1958.

JAUSS, Hans Robert, « Un approche médiévale », dans *Notion de genre à la Renaissance*, éd. par Guy Demerson, Genève, Éditions Slatkine, 1984, p. 35-57.

LIBERA, Alain de et NEF, Frédéric, « Le discours mystique. Histoire et méthode », *Littoral*, n° 9, 1983, p. 79-102.

NAVARRE, Marguerite de, *Heptaméron*.

RICŒUR, Paul, *Soi-même comme un autre*, Paris, Seuil, 1990.

SCÈVE, Maurice, *Microcosme* (1547) ; *Microcosme*, éd. par Pascal Quignard, Paris, Mercure de France, 1974.

STIERLE, Karlheinz, « Three Moments in the Crisis of Exemplarity : Boccaccio-Petrarch, Montaigne, and Cervantes », *Journal of the History of Ideas*, vol. 59, n° 4, 1998, p. 581-595.

Sphaera : Forma immagine e metafora tra medioevo ed età moderna, éd. Pina Totaro et Luisa Valente, Firenze, Leo S. Olschki, 2012.

VASILIU, Anca, *Du Diaphane*, Paris, Librairie Philosophique J. Vrin, 1997.

DU RECTANGLE AU GLOBE

Histoire globale du théâtre aux XVIIe et XVIIIe siècles

Le théâtre épouse la forme du monde. À l'occasion d'une performance, par exemple, les spectateurs ne forment-ils pas, comme par instinct, un rond autour des acteurs ? Cette configuration spontanée, naturelle peut-être, inspire depuis toujours les architectes, les directeurs et autres gens de théâtre. Pour Louis Jouvet, seul l'édifice théâtral peut donner corps à l'idée de théâtre, et cela sans égards aux lieux ou aux temps de la représentation. Dans la salle, le spectateur ressent l'espace théâtral, il se sent « englobé » par lui[1]. C'est au théâtre qu'il prend conscience de sa propre spatialité ; il devient alors un espace dans l'espace. Dans les salles sphériques, selon l'analyse d'Étienne Souriau, l'univers dramatique qui émane des acteurs irradie le public, « englobant » les spectateurs dans une sphère infinie[2]. Au sujet de la forme des théâtres, Denis Guénoun écrivait : « Au théâtre s'exhibe une idée (une vue) de la cité rassemblée. C'est en quoi il est un théâtre du monde : la Cité se regarde comme analogue du cosmos – et le théâtre figure son unité sphérique – le Globe[3]. » Le théâtre démocratique, théâtre de la participation de tous au spectacle, privilégierait l'hémicycle, voire le globe. À l'inverse, la disposition quadrilatérale traduirait la confrontation, voire l'autoritarisme dans la salle comme dans la cité.

En effet, l'espace théâtral s'est métamorphosé au fil des siècles, devenant parfois révélateur ou instigateur d'un certain ordre social. Nos théâtres pris entre quatre murs n'ont plus grand-chose à voir avec les amphithéâtres en plein air des Grecs, exception faite bien sûr qu'ils accueillent des spectateurs venus regarder des acteurs représenter une action qui s'adresse à eux. D'une certaine manière, ces espaces sont avant

1 L. Jouvet, « Notes sur l'édifice théâtral », dans *Architecture et dramaturgie*, éd. A. Villiers, Paris, Flammarion, 1950, p. 10-11.

2 É. Souriau, « Le cube et la sphère », dans *Architecture et dramaturgie*, *op. cit.*, p. 66-67.

3 D. Guénoun, *L'Exhibition des mots*, Paris, Circé, 1998, p. 24.

tout déterminés par le temps de la représentation. Car le théâtre a lieu dans un espace et à un moment définis par ceux qui s'y assemblent ; « le théâtre n'existe qu'au moment où il a lieu » – la formule est de Jacqueline de Jomaron[1]. Il est l'art de l'instant. Même si l'on peut prolonger la vie d'une pièce par la publication. Le support fixe que constitue le texte écrit ne révèle rien du caractère unique de chaque représentation ; une pièce ne sera pas jouée deux fois sans qu'une modification n'intervienne, fût-elle préméditée ou accidentelle. Après la représentation, le silence ; Hamlet avait donc raison.

Le temps théâtral file, comme ces théâtres forains d'un soir, mais certains espaces théâtraux survivent à la représentation, ils accueilleront une autre représentation de la même pièce, et de bien d'autres encore. Cet essai porte sur une salle, et une troupe, l'une et l'autre désormais permanentes, qui depuis leur création au XVIIe siècle définissent l'ancien et le nouveau régime du théâtre. Il s'agit de la Comédie-Française. Saint Siège de l'art théâtral, la Comédie-Française forma le goût de Paris, des Provinces et de l'étranger pendant deux siècles. Les pièces de Corneille, Racine, Crébillon, et Voltaire, entre autres, furent traduites, adaptées et mises en scène dans une bonne partie de l'Europe au XVIIIe siècle. Il y avait un théâtre français à Copenhague, mais aussi à Vienne et à Saint-Pétersbourg. Les poétiques de facture classique furent elles aussi du voyage. Les *Réflexions sur la poétique* du père Rapin et *La Pratique du théâtre* de d'Aubignac furent traduites en anglais respectivement en 1674 et en 1686. Bien reçues outre-Manche par Rymer, un peu plus froidement par Dryden, elles furent boutées par Howard. On continua tout autant à s'intéresser au théâtre français au siècle suivant, notamment en Allemagne où Lessing glosa Diderot. Le théâtre français s'exportait bien mais il serait faux de penser que cela fut passager et unilatéral. Des troupes étrangères jouaient à Paris. Le legs des acteurs italiens est sans conteste ; leur influence sur Molière et Marivaux est connue. Et on oublie trop vite la présence d'un théâtre anglais à Paris au début du XVIIe siècle, vraisemblablement sous le parrainage du Prince de Galles[2]. À cette époque, les pièces de Shakespeare n'étaient pas goûtées des doctes,

1 J. de Jomaron, « Note au lecteur », dans *Le Théâtre en France*, éd. J. de Jomaron, Paris, Armand Colin, 1992, p. 11.

2 A. Howe, *Le Théâtre professionnel à Paris 1600-1649*, Paris, Centre historique des archives nationales, 2000, p. 193.

partisans d'un théâtre plus régulier. Les goûts changeant, on traduisit puis mit en scène, avec quelques succès d'ailleurs, plusieurs pièces du chantre de l'Avon dès le second XVIIIe siècle. Ducis francisa *Hamlet* en 1769, le *Roi Lear* en 1783, puis *Macbeth* un an plus tard. L'eurocentrisme qui dominait la scène du XVIIe siècle s'estompait sous l'influence de nouveaux auteurs, hérauts des grandes révolutions dramatiques à venir. Les frontières de la scène s'ouvrirent ; ainsi y vit-on de nouveaux mondes tels le Pérou peint dans l'*Alzire* de Voltaire, jouée en 1736, puis l'Asie portée à la scène en 1755 dans *l'Orphelin de la Chine* du même auteur, et l'Inde dont Lemierre fit le tableau, à la manière de son temps, dans la *Veuve du Malabar* de 1770. Cette brève histoire a pour seule intention de rappeler que le théâtre de l'ancienne France se tenait aux carrefours des cultures, s'exportant lui-même, important des troupes étrangères, intégrant des traditions dramatiques venues d'ailleurs, puis mettant en scène des lieux lointains auxquels il rendit au fil des réformes un peu plus de vérité. Alors que le répertoire classique s'ouvrait au monde, l'architecture des théâtres *à la française* devait rester confinée aux frontières du royaume. Et pour cause. Les spectateurs étrangers en visite à Paris, et bon nombre de Français eux-mêmes, reprochaient aux salles de la capitale de ne pas être à l'image du monde. En effet, le théâtre *à la française*, comme on l'appelait, ne s'inspirait pas du globe, contrairement à la célèbre salle anglaise, mais du rectangle.

Cet essai ne s'intéressera pas ou peu au texte de théâtre classique régi par des règles inspirées de la *Poétique* d'Aristote revue et remaniée depuis la Renaissance. Le théâtre dit classique est depuis longtemps une catégorie contraignante trop vite définie par deux trinités : celle des fameuses règles de temps, de lieu et d'action, et celle des Corneille, Molière et Racine. Or ces trois auteurs étaient bien plus que des faiseurs de chefs-d'œuvre. Ils prenaient part au spectacle : Molière était acteur et directeur de théâtre, comme on dirait aujourd'hui ; Racine, quant à lui, faisait répéter ses pièces aux comédiens. Il en va de même des trois unités, héritées des Anciens mais surtout adaptées aux spécificités et contraintes de la représentation en ce XVIIe siècle. Quant à la division des pièces en actes, en est-on redevable à Horace ou bien à la nécessité de changer les bougies à intervalles réguliers ? Le théâtre classique n'est pas une châsse où une poignée de critiques timorés garde jalousement quelques reliques prétendues régulières. Ce théâtre, qu'on appellera classique bien plus tard, est au XVIIe siècle en pleine construction, tout comme son panthéon d'ailleurs, la Comédie-Française. Un théâtre sans épicentre, un théâtre en chantier – l'expression est forte mais de rigueur –, voilà ce qui nous intéresse ici. Car il faut attendre 1782 pour que la Comédie-Française occupe enfin un espace qui lui est propre, un théâtre fait pour elle, un théâtre fait pour le théâtre. C'est aussi à cette date que la sphère s'impose comme forme idéale. Du rectangle au globe, voici en quelques pages une des nombreuses histoires du théâtre de l'Ancien Régime.

Fondée en 1680 par la fusion des troupes de l'Hôtel de Bourgogne et de l'Hôtel Guénégaud, la Comédie-Française incarne et perpétue depuis lors, au moins dans l'imaginaire collectif français, le meilleur du théâtre. En ses débuts, le théâtre royal n'avait pas l'éclat qu'on lui connaît aujourd'hui. Sous Louis XIII, Paris ne comptait qu'un seul théâtre permanent, et privilégié, l'Hôtel de Bourgogne, propriété des Confrères de la Passion depuis 1548. Ce monopole fut brisé en 1634 lorsque Montdory, grand interprète des pièces de Corneille, installa sa troupe dans l'ancien jeu de paume du Marais et mena une rude et durable concurrence au théâtre de Bourgogne. Ces deux salles de forme rectangulaire étaient flanquées de loges latérales occupées par des spectateurs assis. À une extrémité se situait une scène étroite et profonde, à l'autre, des gradins, vraisemblablement surélevés, et communément appelés « amphithéâtres » bien qu'ils ne fussent pas disposés en hémicycle. Avant sa réfection de 1647, la salle de l'Hôtel de Bourgogne mesurait environ 33 mètres de long et 13 mètres de large. Surélevée d'un mètre par rapport au parterre, la scène principale faisait un peu plus de 13 mètres de large et 10 bons mètres de profondeur. Au parterre, de 14 mètres sur 9, situé entre la scène et les gradins, des spectateurs se tenaient debout pendant la représentation qui, dans certains cas, durait jusqu'à quatre heures. Cette configuration du théâtre *à la française* ne satisfaisait guère les spectateurs. La courbe de visibilité depuis les loges latérales, loin d'être optimale, nourrit de vives critiques à l'encontre des salles parisiennes ; tout comme le parterre d'ailleurs qui, bruyant et volontiers frondeur, était peu estimé des personnes de qualité.

Il est impossible de dire avec exactitude à quelle date fut abandonnée, sous l'influence grandissante des architectes italiens, la forme quadrilatérale des théâtres de Bourgogne et du Marais. On sait que le théâtre privé du

Cardinal de Richelieu, bâti en 1641, s'inspira de la forme en U des théâtres *à l'italienne*. Ce théâtre, dit Palais Royal, œuvre de Lemercier, accueillit en 1660 la troupe de Molière, forcée de quitter la salle du Petit Bourbon où elle donnait ses représentations. Expulsée du Palais Royal à la mort de Molière en 1673, la troupe s'installa dans l'Hôtel Guénégaud. En 1679, un couple d'acteurs fort célèbre, les Champmeslé, passa de la troupe de l'Hôtel de Bourgogne, déjà affaiblie, au Guénégaud. L'année suivante, la mort de La Thorillière, directeur du Bourgogne, sonna le glas de cette troupe qui fut alors unie, par décret royal, à la troupe de l'Hôtel Guénégaud.

En octobre 1680, la nouvelle troupe royale des Comédiens du Roi obtint le privilège exclusif de jouer en français dans la capitale et ses environs. La troupe royale donna d'abord la comédie à l'Hôtel Guénégaud, puis elle dut s'installer dans un jeu de paume d'où elle fut délogée en 1687 sur requête du clergé qui s'inquiétait de la proximité d'un théâtre et d'un collège, le Collège des Quatre Nations fondé par Mazarin à l'intention d'étudiants des territoires annexés. La troupe se fixa alors dans un autre jeu de paume, l'Hôtel des Comédiens du Roi situé rue des Fossés St-Germain. Ce nouveau théâtre ouvrit ses portes en 1689. Seule une inscription placée sur la façade du bâtiment, « Hôtel des Comédiens du Roi, entretenus par sa majesté, 1688 », en indiquait la vocation et le distinguait des bâtiments voisins. Par théâtre, on entendait alors une représentation donnée derrière quatre murs, sous l'égide du roi, bien plus qu'un édifice indépendant à la fonction affichée. François d'Orbay, architecte du roi, avait conçu l'intérieur de cette salle de comédie.

L'espace intérieur du théâtre reprenait la configuration rectangulaire *à la française*. La courbe des loges témoignait pourtant de l'influence grandissante du modèle italien bien que les gradins du parterre n'épousassent pas l'arrondi de la salle. Le bâtiment mesurait 17, 55 mètres de large et 35, 10 mètres de long. Les loges empiétaient sur la scène, créant un proscenium d'où les acteurs déclamaient leur texte face au public. Jusqu'en 1759, deux rangées de bancs placés de part et d'autre de la scène comprimaient l'ère de jeu, la limitant à un rectangle de 5 mètres sur 4. La présence de gens de qualité, nobles et petits marquis, sur la scène, qui se donnaient volontiers en spectacle, rappelle que le théâtre était peut-être plus le lieu d'une sociabilité bien organisée qu'un seul art du drame. Les mots de Rica, Persan de Montesquieu, en attestent. À la 28e lettre, il immortalise de la sorte une après-midi au théâtre :

> Tout le peuple s'assemble sur la fin de l'après-dîner et va jouer une espèce de scène que j'ai entendu appeler *comédie*. Le grand mouvement est sur une estrade, qu'on nomme le *théâtre*. Aux deux côtés, on voit, dans de petits réduits qu'on nomme *loges*, des hommes et des femmes qui jouent ensemble des scènes muettes [...] Ici, c'est une amante affligée, qui exprime sa langueur ; une autre plus animée, dévore des yeux son amant, qui la regarde de même[1].

Cet extrait de la lettre peint comme une multitude de pantomimes qui, jouées par les spectateurs dans leurs loges, rivalisaient avec la pièce donnée par les acteurs. La présence de spectateurs sur la scène, en plus de ces spectacles dans le spectacle finement retracés par Montesquieu, montre toute la porosité des espaces dramatiques et réels dans l'ancien théâtre. En fait, à la perméabilité des espaces fictifs et réels correspondait une instabilité du lexique théâtral, perceptible dans l'extrait cité des *Lettres persanes*. En 1723, le mot « théâtre » signifiait comme aujourd'hui le bâtiment où étaient données les pièces, mais il désignait également la scène. Aux XVIIe et XVIIIe siècles, les modes de représentation sur scène des acteurs professionnels et hors scène des spectateurs devenus histrions pour l'occasion multipliaient à proportion les spectacles, tout comme le jeu d'ailleurs qui, de la gestuelle stylisée des comédiens aux comportements dramatisés des spectateurs, atomisait le spectacle en mille saynètes d'égal intérêt. La configuration des salles favorisait un tel éclatement du spectacle. L'une des priorités des architectes fut alors de limiter le nombre de spectacles simultanés, tels que nous les décrit Montesquieu, et de faire converger les regards des spectateurs vers un point unique : la scène. Pour nombre d'entre eux, seule une salle en forme d'ellipse pouvait produire ce faisceau des regards.

Le cintrage des théâtres *à la française* de forme rectangulaire fut un ouvrage de longue haleine qui mobilisa de nombreux architectes et praticiens du théâtre aux XVIIe et XVIIIe siècles. Bien que l'adoption progressive de la forme en U dans les salles de spectacle apportât une amélioration notable de l'acoustique et de la visibilité, celles-ci laissaient pourtant encore à désirer. Dans sa *Dissertation sur la tragédie ancienne et moderne*, Voltaire ne se plaignait-il pas de la forme des théâtres français et ne reconnaissait-il pas, presque chagrin, que les chefs-d'œuvre de notre répertoire fussent mieux servis sur les scènes étrangères ? « Il serait

---

1 Montesquieu, *Lettres persanes*, éd. critique par R. Caillois, *Œuvres complètes*, Paris, Gallimard, 1949, t. 1, p. 172.

triste, déplorait-il, après que nos grands maîtres ont surpassé les Grecs en tant de choses dans la tragédie, que notre nation ne pût les égaler dans la dignité de leurs représentations[1]. » Les Modernes sortiraient vainqueurs de la longue querelle qui les opposait aux Anciens, pensait-il, lorsqu'enfin ils abandonneraient l'architecture *à la française* et joueraient nos grands auteurs dans un théâtre digne de leur génie. Toutefois, la rotondité des salles, qui évoquait les vastes théâtres antiques, n'allait pas sans poser de problèmes.

Soumis au jugement des doctes du Grand Siècle, le modèle de l'amphithéâtre grec ne pouvait pas être adopté sans retouches préalables. Selon l'abbé d'Aubignac, les Anciens avaient construit des théâtres dans les provinces conquises *manu militari* pour manifester la noblesse de leurs missions civilisatrices. Le théâtre balançait ainsi les conquêtes faites par la force des armes. À d'Aubignac de préciser que les théâtres justifiaient ces conquêtes puisqu'ils répandaient le bonheur « par tout le monde[2] ». Or, ces monuments au bonheur des peuples qu'étaient les théâtres des Grecs ne devaient pas survivre au travail du temps. Le temps, précise-t-il, obéissant à un dessein providentiel, détériorait ces édifices parce qu'ils avaient répandu une parole contraire à celle du Christ. À en croire d'Aubignac, leur ruine relevait de la volonté divine. Lorsqu'après plusieurs siècles, l'on déterrait ces théâtres, il ne restait d'eux que des corps agonisants. Pourtant, de leur dernier souffle devaient naître de nouveaux théâtres conformes, ceux-ci, à la raison et aux Évangiles. D'un théâtre « mondial » mais par trop humain émergerait un théâtre consacré, et national. Pour d'Aubignac, l'architecture des amphithéâtres antiques ne devait guère arrêter les décisions des architectes modernes dont les théâtres dépasseraient en majesté, il n'en doutait guère, leurs ancêtres pourtant implantés « par tout le monde » et pour tout le monde.

Piètres ambassades de peuples païens, les théâtres grecs révoltaient le politique qu'était d'Aubignac. Tout comme ses contemporains, il jugeait l'esprit républicain des pièces attiques comme inconciliable avec son temps :

> Ainsi les Athéniens se plaisaient à voir sur leur Théâtre, les cruautés et les malheurs des Rois, les désastres des familles illustres, et la rébellion des Peuples

1 Voltaire, « Dissertation sur la tragédie ancienne et moderne », dans *Œuvres complètes*, éd. critique par L. Moland, Paris, Garnier, 1877, t. 4, p. 499.

2 D'Aubignac, abbé, *La Pratique du théâtre*, éd. critique par H. Baby, Paris, Champion, 2001, p. 44.

> pour une mauvaise action d'un Souverain ; parce que l'État dans lequel ils vivaient, étant un gouvernement Populaire, ils se voulaient entretenir dans cette croyance, Que la Monarchie est toujours tyrannique, dans le dessein de faire perdre à tous les Grands de leur République le désir de s'en rendre Maîtres, par la crainte d'être exposés à la fureur de tout un Peuple, ce que l'on estimait juste[1].

La tragédie grecque, selon d'Aubignac, était antimonarchique, tout comme les théâtres où on la jouait. Ces gigantesques amphithéâtres pouvant accueillir la multitude réunie pour célébrer la République n'avaient pas leur place dans un royaume. Au XVIIIe siècle, Marmontel persistait dans cette opinion :

> Le théâtre a sa perspective : le nôtre est nécessairement moins vaste que celui des grecs [...] au lieu d'une nation assemblée, c'est un petit nombre de citoyens ; au lieu d'un grand cirque en plein ciel, c'est une assez petite salle[2].

Pour Marmontel, les théâtres grecs qui convoquaient tout le peuple à un acte politique différaient par ce trait du théâtre français, qui invitait les spectateurs à s'amender individuellement tout en se divertissant. Pour servir à l'édification morale de chaque spectateur, une salle plus modeste faisait l'affaire.

Dans les salles parisiennes, ô combien moins vastes que les amphithéâtres grecs, les spectateurs étaient proches des acteurs ; c'est à ces derniers qu'il revenait de porter le spectacle, et de dispenser l'éducation morale incombant au théâtre. La morale, nous explique Marmontel, se compose de règles universelles que tout théâtre, toutes pièces, peuvent dicter. La politique, au contraire, résolument topique, demeure attachée à un lieu et à un temps donnés. De là, il arrivait à la conclusion que, moral, « notre théâtre est le tableau du monde », alors que le théâtre des Anciens, tout tissé de politique, d'histoire et de religion, n'était guère plus qu'une « opinion locale[3] ». Ces vastes cercles antiques, à l'image du globe, où l'on jouait la tragédie, n'avaient donc pas la portée universelle des théâtres de Paris.

En 1782, Pierre Patte, auteur d'un *Essai sur l'architecture théâtrale* démontrait, preuves scientifiques à l'appui, que la forme circulaire ne

---

1 *Ibidem*, p. 119-120.

2 J.-F. Marmontel, « Éléments de littérature », dans *Œuvres complètes de M. Marmontel*, Paris, Née de La Rochelle, 1787, t. 6, p. 318-319.

3 *Ibid.*, p. 313.

comporte, dans la construction des théâtres, que des inconvénients. Le son, explique-t-il, se déplace vers l'avant, le haut et les côtés mais jamais vers le bas ou l'arrière. Ainsi jugeait-il que le cercle ne pouvait servir de modèle architectural au théâtre. L'ellipse au contraire se prête naturellement à l'architecture des salles de spectacle. Car « si l'on tire d'un de ses foyers, tant de rayons que l'on voudra vers sa circonférence, ces rayons, à raison de l'égalité des angles d'incidence et de réflexion contre cette courbe, seront tous renvoyés ou réfléchis vers l'autre foyer », explique Patte[1]. La scène occupant un foyer A et la salle un foyer B, tout son émis depuis A sera renvoyé de toutes parts contre B. Il en va autrement dans les salles en hémicycle où les sons partant d'un point A, la scène, ne seraient jamais réunis en un autre et seul point, la salle. Fort de sa science, il conclut que la forme elliptique offre la meilleure acoustique. Afin de répondre aux nécessités de la visibilité, le théâtre doit remplir trois conditions : les spectateurs ne doivent pas être trop éloignés de la scène, cela va sans dire ; la hauteur de la salle doit être proportionnée à l'ouverture de la scène, autrement dit, depuis les loges les plus hautes on doit voir la scène sous un angle supérieur à trente degrés ; enfin, rien dans la salle ne doit gêner la visibilité.

Les remarques de Patte sur la forme des théâtres antiques réitèrent les critiques exprimées plus tôt par Marmontel. L'étendue des amphithéâtres interdisait la proximité entre les acteurs et le public, chère au moraliste et à l'architecte. Pour la même raison de gigantisme, et malgré les fameux vases acoustiques, invention de génie des Anciens, la propagation des sons devait être mauvaise dans les théâtres des Grecs. Pour Patte, c'est de par leur fonction que les théâtres anciens et modernes se distinguaient le plus. Les théâtres grecs avaient été bâtis pour la multitude assemblée qui assistait de loin au spectacle, d'où la nécessité d'affubler les acteurs de masques et cothurnes qui faisaient d'eux des colosses défigurés selon le témoignage de critiques du XVIIIe siècle, parmi lesquels Patte et Marmontel. Dans les théâtres français, par contre, où les acteurs côtoyaient les spectateurs, nul besoin des ces accoutrements. Autre différence notable, les amphithéâtres en hémicycle ne permettaient pas la ségrégation sociale du public ; à Paris, le parterre occupé par les petites gens se situait, symboliquement, en dessous des loges réservées aux plus nobles. L'ellipse, selon Patte, satisfaisait donc à des exigences

---

1 P. Patte, *Essai sur l'architecture théâtrale*, Paris, Moutard, 1782, p. 16.

scientifiques, scénographiques et sociales. En même temps, de nombreuses voix s'élevèrent contre la forme elliptique. Parmi les plus fortes, celle de Mercier qui en 1773 regrettait qu'on eût resserré la sphère des scènes parisiennes[1]. Pour Rochefort, qui réédita le *Théâtre des Grecs* du père Brumoy en 1785, l'expérience faite au théâtre en France s'apparentait à une lecture privée[2]. Les Grecs, à l'inverse, faisaient au théâtre l'expérience de la collectivité ; pour eux, aller au théâtre était une action à caractère politique. Au fil du XVIIIe siècle, l'idée d'un théâtre sphérique inspiré des amphithéâtres gagnait les consciences.

Le goût pour l'Antique qui s'imposa dans la seconde moitié du XVIIIe siècle alimenta des débats au sujet des mérites de la sphère, image du monde, comme modèle architectural pour de nouveaux théâtres. En 1749-1750, sous l'égide de Marigny, frère de Madame de Pompadour, les architectes Soufflot et Dumont accompagnés de Cochin, dessinateur du roi, visitèrent les ruines d'Herculanum et étudièrent *in situ* l'architecture des théâtres antiques. De ce voyage provinrent de profonds changements dans les arts picturaux et architecturaux. L'autorité des architectes anciens, notamment Vitruve, sur laquelle faisait fonds tout l'héritage architectural humaniste, fut vite sapée par la recherche empirique à laquelle on se livrait. Dans l'*Encyclopédie*, par exemple, le chevalier de Jaucourt fit étalage des erreurs relatives à l'architecture des théâtres dans le *De Architectura* de Vitruve[3]. En outre, la publication de fort beaux volumes truffés de planches représentant les théâtres antiques inspira des projets de réforme des salles françaises. Au nombre de ces projets, il faut compter, pour son originalité, celui de Cochin intitulé *Projet d'une salle de spectacle pour un théâtre de comédie*, publié en 1765[4]. La critique à l'endroit des théâtres français n'y est pas mesurée. À Cochin de se plaindre des gradins trop éloignés de la scène et des loges latérales à mauvaise visibilité. Pour remédier à ces problèmes, il conçoit une salle en ovale pour que le plus grand nombre de spectateurs soit placé avantageusement. Il réduit les loges et augmente le nombre de spectateurs

---

1 L.-S. Mercier, *Du Théâtre ou Nouvel essai sur l'art dramatique*, Amsterdam, van Harrevelt, 1773, p. v.

2 *Théâtre des Grecs*, éd. critique par G. Dubois de Rochefort, G. de La Porte du Theil, P. Prévost et A.-C. Brottier, Paris, Cussac, 1785, t. 1, p. 233-234.

3 *Encyclopédie*, art. « Théâtre des Grecs ».

4 C.-N. Cochin, *Projet d'une salle de spectacles pour un théâtre de comédie*, Paris, Charles-Antoine Jombert, 1765.

au parterre. En renouant avec les théâtres anciens, théoriciens de l'art, architectes et scénographes du XVIIIe siècle réformèrent l'aspect mais aussi la fonction du théâtre.

Des concerts de protestations à l'endroit des théâtres français, jugés désuets par beaucoup, s'élevèrent tout au long du XVIIIe siècle. Depuis les années 1750 jusqu'en 1782, date de l'inauguration de la nouvelle salle du Théâtre-Français, futur Odéon-Théâtre de l'Europe, maints projets de constructions de salles de spectacles furent présentés à Marigny et D'Angeviller, Directeurs des Bâtiments du Roi. Un nombre non négligeable de projets antérieurs à 1770 adoptait une façade convexe d'inspiration antique. L'architecte Jean Damun, quant à lui, voulait pour Paris un théâtre semi-circulaire *à la grecque*, calqué sur les amphithéâtres des Anciens. Après de nombreuses variantes, le projet de Charles Wailly et Marie-Joseph Peyre fut retenu et achevé en 1782. Dans un premier état de ce projet, la façade semi-cylindrique *à la grecque* englobait une salle circulaire. La rotondité d'un tel théâtre l'aurait-elle par trop distingué des bâtiments l'avoisinant ? Le projet fut amendé. La nouvelle façade, à l'image d'un temple antique, offrait au regard du passant un extérieur massif et rectiligne mais l'intérieur du théâtre conservait sa rotondité. Le principe architectural que Wailly énonça dans *L'Échelle des théâtres*, récemment analysée par Daniel Rabreau, consiste en deux cercles, l'un définissant la scène et l'autre la salle, se croisant au proscenium[1]. Les deux cercles en plan et élévation présents sur les coupes du projet de Wailly dessinent une sphère virtuelle dans laquelle se loge le théâtre. De plus, si à l'instar de Daniel Rabreau, l'on complète le demi-cercle de la place de l'Odéon, le cercle virtuel ainsi obtenu passe par le proscenium, lieu où se rencontrent les cercles de la salle et de la scène, englobant de la sorte les espaces urbains et dramatiques dans une sphère encore plus vaste. Un même souci d'intégration animait de Waily en 1794 lorsqu'il proposa de convertir la place de l'Odéon en un amphithéâtre qui aurait eu pour mur de scène la façade du théâtre.

La forme sphérique exerça la même fascination sur Claude-Nicolas Ledoux, auteur de *L'Architecture considérée sous le rapport de l'art, des mœurs et de la législation* parue en 1804. C'est à celui-ci que l'on doit les plans du théâtre de Besançon. Dans sa célèbre « Présentation symbolique de la

1 D. Rabreau, *Le Théâtre de l'Odéon, du monument de la nation au Théâtre de l'Europe*, Paris, Belin, 2007, p. 89.

Salle de Spectacles à travers la pupille de l'œil », la salle vide de monde se reflète dans l'œil d'un spectateur virtuel. Ayant vivement critiqué le rectangle et l'ellipse, Ledoux ne déclarait-il pas, tout pénétré de ses lectures de Rousseau, que le but du théâtre consistait à voir et être vu de tous ? C'est dans la nature que cet architecte-poète trouva la forme idéale : la sphère. Ainsi en appelait-il au monde : « Peuples de la terre accourez à ma voix ; obéissez à la loi générale. Tout est cercle dans la nature[1]. » S'ensuit alors une liste d'exemples de cercles naturels, tel celui créé par la pierre jetée dans l'eau, ou encore ceux que forme la rotation des planètes. La nature elle-même est telle un théâtre sphérique :

> C'est là, oui, là où l'homme rendu à son état primitif retrouve l'égalité qu'il n'aurait jamais dû perdre. C'est sur ce vaste théâtre, balancé dans les nues, de cercles en cercles qu'il se mêle au secret des dieux [...] c'est un peuple formé de cent peuples, c'est le point de réunion des droits respectifs des humains[2].

L'état de nature du théâtre, pour ainsi dire, est une sphère qui englobe tous les hommes. La sphère du monde est un théâtre, et le théâtre du monde est une sphère. Or, ce théâtre sphérique à l'image du monde sera-t-il jamais plus que la vision d'un architecte de génie ? Ce théâtre sphérique idéalisé pouvait-il obéir aux règles architectoniques ? Un théâtre du monde épousant la forme du monde fut le rêve d'architectes visionnaires du XVIIIe siècle.

Il se peut, comme l'histoire des théâtres semble nous le conter, que le rectangle et la sphère répondent à des climats politiques fort contraires. La rotondité de plus en plus marquée des salles de spectacle aux XVIIe et XVIIIe siècles pourrait bien traduire, ou instiguer, de profonds changements, de nouveaux régimes. Mais il ne faut pas oublier qu'au cintrage des salles correspond un nouvel ordre des spectateurs. En 1782, dans la nouvelle salle de la Comédie-Française, le parterre autrefois turbulent, et désormais assis, s'assagit. Force est de reconnaître que le théâtre sphérique, comme drame des origines et origine du drame, informait alors, et peut-être encore, les consciences et la science des gens de théâtre. Le globe est la métaphore du théâtre par excellence. N'est-ce pas là l'une des leçons de Rousseau ? À la question « ne faut-il donc aucun Spectacle dans une République ? », il devait répondre :

---

1 C. N. Ledoux, *L'Architecture considérée sous le rapport de l'art, des mœurs et de la législation*, Paris, Fernand de Nobele, 1961, t. 1, p. 223.

2 *Idem.*

> Au contraire, il en faut beaucoup ! C'est dans les Républiques qu'ils sont nés [...] Mais n'adoptons point ces Spectacles exclusifs qui renferment tristement un petit nombre de gens dans un antre obscur ; qui les tiennent craintifs et immobiles dans le silence et l'inaction [...] C'est en plein air, c'est sous le ciel qu'il faut vous rassembler et vous livrer au doux sentiment de vôtre bonheur [...] Mais quels seront enfin les objets de ces spectacles ? Qu'y montrera-t-on ? Rien, si l'on veut [...] Donnez des Spectateurs en Spectacle ; rendez-les acteurs eux-mêmes ; faites que chacun se voye et s'aime dans les autres, afin que tous en soient mieux unis[1].

Ce passage, trop vite interprété comme une dénonciation du théâtre, offre plutôt les moyens de le rajeunir. Pas de salle, pas d'objet, seulement une multitude assemblée en une configuration qui permette à tous de se voir et d'être vus. À cette fin, y aurait-il meilleure configuration que le cercle ? Peut-être pas. Mais qu'une seule personne quitte la circonférence et se produise dans le cercle, et vous avez le théâtre, la politique du même coup. Certains souhaiteront, comme Rousseau, que le sage demeure à la périphérie et qu'il observe la comédie depuis le contour. Tant étaient passés de la périphérie au centre que le besoin de spectateurs se faisait de plus en plus sentir, comme le regrettaient Rousseau, et Ledoux après lui, dont la salle sphérique mirée dans un œil était vide de spectateurs. À trop vouloir être acteur, oublierait-on de voir ? Le mot « théâtre » vient du grec θέατρον, lieu d'où l'on voit. Alors même que l'on donnait à la salle la forme du monde, le vieil Hôtel des Comédiens du Roi prit le nom de Théâtre-Français. Par ce nom, ne levait-on pas l'ambiguïté du mot « théâtre » qui de longue date désignait communément la salle, la scène ou l'édifice ? Régénérer le sens et la fonction du théâtre : rêve d'architectes, rêve de tout un siècle. Le monde avait été une scène ; au monde de devenir un théâtre.

Jérôme BRILLAUD
Université de Manchester

1 J.-J. Rousseau, *Lettre à d'Alembert*, *Œuvres complètes*, éd. critique par B. Gagnebin et M. Raymond, Paris, Gallimard, 1995, t. 5, p. 114-115.

OUVRAGES CITÉS

AUBIGNAC, Abbé d', *La Pratique du théâtre*, éd. critique par Hélène Baby, Paris, Champion, 2001.

COCHIN, Charles-Nicolas, *Projet d'une salle de spectacles pour un théâtre de comédie*, Paris, Charles-Antoine Jombert, 1765.

GUÉNOUN, Denis, *L'Exhibition des mots*, Paris, Circé, 1998.

HOWE, Alan, *Le Théâtre professionnel à Paris 1600-1649*, Paris, Centre historique des Archives nationales, 2000.

JOUVET, Louis, « Notes sur l'édifice théâtral », dans *Architecture et dramaturgie*, éd. A. Villiers, Paris, Flammarion, 1950, p. 9-22.

LEDOUX, Claude-Nicolas, *L'Architecture considérée sous le rapport de l'art, des mœurs et de la législation*, Paris, Fernand de Nobele, 1961.

Le Théâtre en France, éd. Jacqueline de Jomaron, Paris, Armand Colin, 1992.

MARMONTEL, Jean-François, « Éléments de littérature », *Œuvres complettes de M. Marmontel*, 17 vol. Paris, Chez Née de la Rochelle, 1787.

MERCIER, Louis-Sébastien, *Du Théâtre ou Nouvel essai sur l'art dramatique*, Amsterdam, van Harrevelt, 1773.

MONTESQUIEU, Charles-Louis de Secondat, *Lettres persanes*, dans *Œuvres complètes*, 2 vol., éd. critique par Roger Caillois, Paris, Gallimard, 1949.

PATTE, Pierre, *Essai sur l'architecture théâtrale*, Paris, Moutard, 1782.

RABREAU, Daniel, *Le Théâtre de l'Odéon, du monument de la nation au théâtre de l'Europe*, Paris, Belin, 2007.

ROUSSEAU, Jean-Jacques, *Lettre à d'Alembert*, dans *Œuvres complètes*, 5 vol., éd. critique par Bernard Gagnebin et Marcel Raymond, Paris, Gallimard, 1995.

SOURIAU, Étienne, « Le cube et la sphère », dans *Architecture et dramaturgie*, éd. A. Villiers, Paris, Flammarion, 1950, p. 63-83.

Théâtre des Grecs, éd. critique par Guillaume Dubois de Rochefort, Gabriel de La Porte du Theil, Pierre Prévost et André-Charles Brottier, Paris, Cussac, 1785-1789.

VOLTAIRE, François Marie Arouet, « Dissertation sur la tragédie ancienne et moderne », dans *Œuvres complètes*, 52 vol., éd. critique par Louis Moland, Paris, Garnier, 1877, t. 4 (« Théâtre »), p. 487-505.

PERSPECTIVES PLANÉTAIRES AU SIÈCLE DES LUMIÈRES

Le XVIIIe siècle touchait à peine à sa fin que les contours de chaque continent étaient tracés avec soin et la Terre entièrement cartographiée. Les tours du monde de Cook et Lapérouse avaient en effet permis de localiser l'Australie, l'Océan Pacifique et l'Antarctique, et d'ainsi assembler les dernières pièces de ce gigantesque puzzle. Quand en 1792 les Européens se prenaient à contempler leur nouvelle vue du globe terrestre, les habitants des Îles Marquises faisaient eux aussi la connaissance de ces peuples venus de l'autre côté de la planète. Ainsi du chef d'Ohitahoo qui, embarqué sur le navire anglais le *Dædalus* et voyant écrire l'astronome de l'expédition Gooch, demanda qu'on lui tatouât la hanche : il inversait les rôles, devenait l'observateur[1]. En un mot, on bouclait la boucle.

Cinq ans plus tard, écrivant de son exil londonien, Chateaubriand ferait le deuil des mystères perdus au profit des données empiriques apportées par ces découvertes. Se comparant à Cook, il admettrait se sentir comme

> cet illustre navigateur resserré de toutes parts par les rivages de ce globe, qui n'offre plus de mers à ses vaisseaux, et connaissant désormais la mesure de notre planète, comme le dieu qui l'a arrondie entre ses mains. Cependant, il faut l'avouer, [continuerait-il] ce que nous gagnons du côté des sciences, nous le perdons en sentiment. L'âme des anciens aimait à se plonger dans le vague infini ; la nôtre est circonscrite par nos connaissances. Quel est l'homme

---

1 Simon Schaffer décrit cet épisode dans « "On Seeing Me Write" : Inscription Devices in the South Seas », *Representations*, vol. 97, n° 1, 2007, p. 90. Sur les explorations à l'époque des Lumières, voir *Visions of Empire : Voyages, Botany, and Representations of Nature*, éd. D. P. Miller et P. H. Reill, New York, Cambridge University Press, 1996 ; *Voyages and Beaches : Pacific Encounters 1769-1840*, éd. A. Calder, J. Lamb et B. Orr, Honolulu, University of Hawaï Press, 1999 ; S. Hooper, *Pacific Encounters : Art & Divinity in Polynesia 1760-1860*, Honolulu, University of Hawaï Press, 2006.

> sensible qui ne s'est trouvé souvent à l'étroit, dans une petite circonférence de quelques millions de lieues[1] ?

Ce qui avait été gagné en connaissances avait été perdu pour l'imagination.

Que Chateaubriand passât ainsi de la « science » à la « connaissance » était révélateur de la signification plus large dont jouissait le mot « science » à l'époque. La science, jusqu'à la quatrième édition du *Dictionnaire de l'Académie française* (1762), désignait une « Connoissance certaine & évidente des choses par leurs causes » ; ce n'est qu'avec la sixième édition (1832) que la connaissance serait définie par son sujet plutôt que par sa méthode, et la science comme « Ensemble, système de connaissances sur quelque matière. *Les sciences naturelles. Les sciences exactes*[2] ». Pendant la majeure partie du XVIIIe siècle, l'étude du monde de la nature, considérée aujourd'hui comme science, fut l'objet de pratiques hétérogènes réalisées dans de multiples domaines d'étude. Parmi ce que nous nommons aujourd'hui des « sciences », nombreuses étaient celles qui entraient dans le champ de la philosophie naturelle ou « physique particulière », terme préféré de Denis Diderot et de Jean Lerond d'Alembert dans leur *compendium* de savoir, l'*Encyclopédie.* Certes, l'histoire naturelle s'attachait aussi à comprendre le monde tangible, mais c'était par l'observation et la description. Si la philosophie naturelle considérait la manière dont fonctionnaient les choses, l'histoire naturelle, elle, en peignait le tableau. Les individus qui menaient ces recherches avaient suivi des parcours professionnels variés, et les domaines d'étude dans lesquels ils concentraient leurs efforts n'étaient en aucune manière fixés mais changèrent fortement tout au long du siècle. Dans le livre plus ancien de Bacon, *Description of the Intellectual Globe* (1612), l'histoire naturelle appartenait à une branche du savoir se rapportant à la mémoire (l'histoire), quand la catégorie, plus large, de philosophie naturelle tombait sous l'égide de la raison, appartenant à la branche « philosophie ». Un siècle plus tard, la *Cyclopedia* de Chambers (1728) restructurait cet ordre afin d'accorder une place centrale

---

1 F. R. de Chateaubriand, *Essai sur les révolutions*, *Œuvres complètes*, Paris, Ladvocat, 1826, p. 243.

2 *Dictionnaire de l'Académie française*, 1762, 1832. La classification du savoir est débattue dans le Discours préliminaire de *L'Encyclopédie.* Voir R. Darnton, « Philosophers trim the tree of knowledge », *The Great Cat Massacre and Other Episodes in French Cultural History*, New York, Basic Books, 1984, p. 195.

à la théologie. En faisant dépendre la théologie du savoir rationnel et en la plaçant aux côtés de la physique, Chambers se débarrassait entièrement de la rubrique « philosophie », éliminant du même trait toute mention des facultés, comme la mémoire ou la raison. L'*Encyclopédie*, qui avait débuté comme simple traduction des travaux de Chambers, abandonna rapidement la nouvelle classification pour revenir aux divisions de Bacon. Ce faisant, elle reflétait le statut, de plus en plus important, de l'histoire naturelle en France aussi bien que le nombre grandissant de pratiques incluses dans la « physique particulière », déstabilisant ainsi la séparation entre histoire naturelle et philosophie naturelle[1]. Au-delà des changements dans la classification, les enquêtes sur ce que signifiait être humain dépassaient le cadre des catégories, les humains devenant le sujet d'un large éventail de méthodes.

Les pages qui suivent examinent ainsi les affinités électives entre l'émergence des enquêtes scientifiques sur le genre humain, les connaissances du globe et les enquêtes littéraires, qui toutes convergèrent pour produire une nouvelle conception de l'humain. Pour ce faire, notre lecture tente d'éviter aussi bien une vue causale de l'histoire, qu'une lecture voyant dans les enquêtes sur la diversité humaine le résultat des grandes découvertes. Ainsi, comment la production littéraire des Lumières, annexée comme elle le fut à une branche différente du savoir (c'est-à-dire conçue comme un produit de l'imagination), a-t-elle collaboré avec les sciences afin de questionner le concept d'« humain » ? Plus précisément, comment le concept d'humain fut-il altéré, ainsi que les questions d'identité et de différence qui en dépendent, par l'essor des discours scientifiques – et des sciences naturelles en particulier – au sein d'une perspective globale ?

La question des relations entre science et littérature au XVIIIe siècle possède une longue histoire, le terme de « littérature » évoluant en cours de siècle, et recouvrant celui de Belles Lettres pour adopter le sens qu'on lui donne aujourd'hui[2]. C'est cette question qui servit à catalyser

1 Richard Yeo et Johan Heilbron ont tous deux souligné l'essor des disciplines rattachées à l'histoire naturelle pendant le XVIIIe siècle en France. R. Yeo, *Encyclopaedic Visions : Scientific Dictionaries and Enlightenment Culture*, Cambridge, Cambridge University Press, 2001 ; J. Heilbron, *The Rise of Social Theory*, Minneapolis, University of Minnesota Press, 1999.

2 Michel Serres, Johan Heilbron, Yves Citton (dans cet ouvrage) et d'autres ont souligné le chevauchement de la science et de la littérature avant qu'elles ne fussent désignées

la résurgence de l'histoire littéraire en France au début du XXe siècle. Lorsque Gustave Lanson et son étudiant Daniel Mornet rétablirent l'histoire littéraire comme discipline, l'une des premières découvertes de Mornet fut que la littérature n'avait pas dominé les goûts des lecteurs du XVIIIe siècle ; c'étaient bien plutôt les livres d'histoire naturelle qui étaient les plus prisés. Les deux historiens de la littérature prirent alors fait et cause pour une méthodologie empirique, cherchant avant tout à reconstruire un contexte historique par l'observation détaillée des faits, à trier les correspondances et les analyses statistiques du lectorat, en affirmant que de telles données pouvaient expliquer la signification d'un texte. Comprendre le rôle dominant de l'histoire naturelle était non seulement la clé pour comprendre la production littéraire du siècle, mais permettait aussi de révéler le « caractère » d'une nation. Le privilège accordé aux faits par Mornet, il était le premier à l'admettre, était en outre validé par les naturalistes du XVIIIe siècle défendant l'empirisme contre l'esprit de système en vigueur ; un empirisme où les sciences étaient à la fois l'objet, la méthode et le chaînon manquant de l'histoire littéraire française au XVIIIe siècle[1].

Depuis, l'historiographie des Lumières a continué de lier la notion plus spécifique de « Lumières » (comme mouvement intellectuel et non pas seulement comme synonyme du siècle dans sa totalité) au rationalisme scientifique, même si la plupart des historiens des sciences ont privilégié les développements scientifiques du XVIIe siècle et ses découvertes plus « visibles ». Dans un premier temps, une reconfiguration critique de la période émergea dans les années 1930 en réaction à l'ancien positivisme. Notamment en France, en Allemagne et aux États-Unis, des historiens tels qu'Ernst Cassirer (aussi bien que, dans une certaine mesure, Paul Hazard, Alexandre Koyré et Arthur Lovejoy) se concentrèrent sur l'« esprit » des Lumières et produisirent une historiographie de tendance idéaliste où la raison alimentait le progrès, et où ce dernier légitimait la première[2]. Durant cette période, si Theodor Adorno et Max Horkheimer

---

comme disciplines à part entière ; cet article considèrera comment la fiction se pose par rapport à la science.

1 R. Herr, « Histoire littéraire : Daniel Mornet and the French Enlightenment », *Journal of Modern History*, vol. 24, n° 2, 1952, p. 152-166.

2 William Clark, Jan Golinski et Simon Schaffer retracent cette tradition idéaliste et son héritage, dans leur introduction à *The Sciences in Enlightened Europe*, Chicago, Chicago University Press, 1999.

soulignèrent à leur tour comment la science et les Lumières se définissaient mutuellement, ils perçurent aussi que l'essor d'une rationalité scientifique conduirait à la disparition des valeurs des Lumières, et mirent en garde contre la dangereuse tendance au positivisme dont avait fait preuve cette période. Une étude du XVIIIe siècle, soutenaient-ils dans *La Dialectique de la raison*, se devait d'examiner les effets collatéraux provoqués par l'essor du capitalisme, la défense de la rationalité et les pratiques totalitaires, tous fondateurs de notre époque contemporaine.

Plus récemment, les historiens de la culture se sont penchés sur des entreprises scientifiques spécifiques menées au siècle des Lumières, et ont montré les structures institutionnelles les ayant rendues possibles, tout comme les conditions matérielles qui les ont façonnées. La science n'y apparaît pas tant être une série de découvertes qu'une autre facette de la culture, participant à un réseau plus large de pratiques sociales. À la même époque, Michel Foucault a mis en avant une histoire qui souligne les relations de pouvoirs imbriquées dans la production des savoirs, ainsi que la prétention des nouvelles épistémologies à la transparence et à l'objectivité, localisant celles-ci à l'âge classique[1]. Dans des travaux ultérieurs, Foucault a aussi montré comment l'essor des sciences de la vie, tout comme les revendications d'une nature humaine commune, rendirent possible la légitimation de nouvelles entités sociales au cours du XVIIIe siècle. Ensemble, suggère-t-il, ces changements engendrèrent un langage permettant le contrôle des individus selon des critères physiques – une transformation dont on retrouve les échos dans les récits fictionnels de l'époque.

Tandis que pour Mornet l'histoire naturelle s'appliquait à la littérature afin de tracer les contours d'une identité nationale, faisant du positivisme le chemin du progrès, une étude des sciences et de la littérature au XVIIIe siècle nous pousse aujourd'hui à considérer un contexte plus large où les peuples pratiquant l'exploration, les expérimentations scientifiques et la spéculation économique à travers le monde, s'influencèrent et se façonnèrent mutuellement ; un monde où la littérature et la science, en tant que pratiques et discours coexistant et parfois contigus, soulevèrent de plus larges questions d'ordre social, ayant trait aux concepts d'identité et de différence ou encore à celui d'humain.

1 Michel Foucault, *Les Mots et les choses : une archéologie des sciences humaines*, Paris, Gallimard, 1966. Lorraine Daston and Peter Gallison offrent un aperçu de l'histoire de l'épistémologie dans *Objectivity*, Cambridge, MIT Press, 2007.

LE GLOBE TERRESTRE, VU DE LOIN

La « révolution scientifique » du seizième et du dix-septième siècles avait refaçonné la manière dont l'humanité concevait sa place dans le monde. Un siècle après Copernic, la publication en 1687 des *Philosophiæ Naturalis Principia Mathematica* de Newton avait porté le coup de grâce à la conception aristotélicienne de la Terre comme centre de l'univers. La cosmologie héliocentrique de Copernic, en sus de la découverte de Newton que notre univers incluait de vastes espaces vides, avait amené les philosophes à voir la nature humaine sous un nouveau jour.

Ainsi, à l'aube du siècle des Lumières, le contexte dans lequel prenaient place les narrations des premières fictions permettait aux lecteurs de considérer, à distance, le globe terrestre, et de réfléchir au concept d'humanité à travers le prisme de la philosophie naturelle, en dehors de toute perspective théologique. Montgolfières, ailes, vols de comètes, ces modes de transport (et d'autres encore) étaient exploités par des écrivains qui aspiraient à faire voler leurs lecteurs. Ces voyages à travers l'espace critiquaient les réalités humaines de l'inégalité sociale et de la guerre, entre autres, tout en rêvant à la mobilité de l'humain et à sa domination sur la nature. Les hommes étaient soudainement capables de se placer littéralement « au-dessus » des autres êtres. *Les États et empires de la lune et du soleil* (1657-1662) de Cyrano de Bergerac représente ainsi un homme aventureux inventant différentes machines volantes, parmi lesquelles des fioles de gouttes de rosée qui, sur le champ, le transportent de l'autre côté de l'Atlantique. Les *Entretiens sur la pluralité des mondes* (1686) de Fontenelle, quant à eux, mettent en scène un dialogue à visée pédagogique sous la voûte étoilée. Plus tard, c'est au tour de Voltaire avec *Micromégas* (1752) d'imaginer l'histoire de deux voyageurs qui explorent la stratosphère en attrapant des comètes en plein vol, tandis que le protagoniste de Rousseau, dans *Le Nouveau dédale* (1743), se confectionne une paire d'ailes afin de réussir là où Icare a échoué. À travers ces textes, le protagoniste est voulu tour à tour scientifique imparfait, voyageur intrépide et ambassadeur improvisé. Si les modestes héros de ces œuvres font maintes fois la découverte de nouveaux mondes, et parfois celle d'êtres non-humains, c'est la notion même d'humain qui, dans chaque cas, est remise en question.

Micromégas est basé sur l'ancienne tradition du conte, que Voltaire développe comme genre philosophique : en appliquant la fiction à la philosophie naturelle de Newton, il ramène cette dernière sur la terre ferme[1]. Ayant voyagé jusqu'à la Terre, le géant Micromégas et un homme de Saturne exercent leur regard relativiste grâce à une série de figures rhétoriques comme l'hyperbole et le genre burlesque, faisant ainsi remarquer que la Terre n'est rien de plus que le théâtre d'un mauvais vaudeville. Le conte de Voltaire se conclut par la réécriture d'un passage de l'*Odyssée* d'Homère mettant en scène la supériorité des dieux sur d'autres divinités. L'intertexte grec est invoqué dans la scène finale où une longue discussion entre les protagonistes – un philosophe et un théologien affirmant que le monde a été conçu pour eux – provoque le fou rire des héros aux dépens des deux mortels. Micromégas et le Saturnien – narrateur et lecteur sont ici de mèche – toisent ainsi la Terre. La fiction ici triomphe : elle nous permet de nous joindre au rire « inextinguible » des dieux se moquant de la prétention humaine[2].

Bien plus qu'une illustration de la cosmographie de Galilée ou de la physique newtonienne, le conte de Voltaire – tout comme celui de Cyrano – devient un espace où, nonobstant une maîtrise des faits et des connaissances empiriques, le lecteur et les protagonistes en viennent à prendre conscience que nous n'avons pas de réponse à la question de la place de l'humain dans l'univers. À travers des métaphores dont le référent vient à manquer et grâce à un « livre tout blanc » sur le savoir (Micromégas laisse aux humains un « beau livre de philosophie, écrit fort menu pour leur usage » dont les pages sont blanches), ces fictions frustrent notre désir d'un texte capable d'une signification définitive, et privilégient des signes qui restent ouverts à l'interprétation.

---

1 Le conte de Voltaire juxtapose différentes références aux sciences émergentes : la théorie newtonienne sur la gravitation universelle, les recherches de Maupertuis sur la forme de la planète en 1735, ainsi que la figure de Bernard de Fontenelle, lequel apparaît comme personnage dans le récit.

2 Voltaire mentionne Homère dans le conte. Quant au passage en question de l'*Odyssée*, où Héphaïstos se venge de sa femme adultère, Aphrodite, et de son amant, Arès, le texte y fait référence par la reprise du terme qu'emploie Homère, le rire « inextinguible ».

LA DIFFÉRENCE COMME ÉTRANGETÉ

Si certains textes de l'époque discutaient des sciences en se concentrant sur la relation de l'individu à l'univers, d'autres fictions abordaient plus directement la question de la diversité humaine soulevée par l'histoire naturelle et les sciences émergentes. Les « sciences de l'homme » incluaient une grande variété d'enquêtes sur le concept d'« humain », allant d'une description de la diversité physique aux us et coutumes à travers le monde. Dans leur propre examen de ces questions, les textes de fiction invoquaient ces nouvelles enquêtes scientifiques et, dans le même temps, produisaient une conception profondément sociale des groupes humains.

Jusqu'alors, les représentations européennes de la diversité humaine s'appuyaient sur une conception du genre humain fondée non pas tant sur une notion intrinsèque des espèces, mais plutôt sur la croyance en une essence unique de l'humain située en-dehors de notre portée, reposant dans les mains de Dieu. Dans l'anthropologie chrétienne, la frontière qui séparait l'humain de ce qui ne l'était pas, n'était pas tant déterminée par l'humanité elle-même qu'en relation avec la question du salut. On était à même de déterminer la seule différence radicale entre les groupes d'êtres, suivant qu'une créature appartenait ou non à ce que la loi divine entendait par « humanité ». Ainsi de Bartolomé de Las Casas qui formula sa critique de l'esclavage des Indiens en soutenant leur appartenance-même au genre humain[1]. De ce point de vue, divers individus étaient inclus – ou pas – à l'intérieur d'une catégorie humaine plus large, et leurs différences spécifiques vues comme modifiables, notamment grâce à une conversion religieuse ou un changement de climat.

Cela ne signifie pas qu'on ne distinguait pas une variété d'êtres au sein de l'humanité. De fait, des différences étaient relevées, tout comme l'étaient les similarités en matière de mœurs, de tenue vestimentaire et de croyances religieuses, autant sinon plus que les traits physiques[2]. Dans

1 L'exemple de Las Casas se retrouve dans C. Guillaumin, *L'Idéologie raciste, genèse et langage actuel*, Paris, La Haye, Mouton, 1972, p. 26. Robert Miles propose un survol des définitions de « race » et de « racisme » depuis le dix-septième siècle dans *Racism*, London, Routledge, 1989, p. 27-53.

2 Roxann Wheeler retrace la préhistoire et la polysémie de l'idée de « race », avant son acception scientifique moderne, dans *Complexion of Race : Categories of Difference in Eighteenth-Century*

l'article de l'*Encyclopédie* écrit par Denis Diderot, « Humaine espèce », sur lequel nous reviendrons, on apprend que les Lapons de ce qui était alors le Danemark, vénéraient un grand chat noir, qu'en Chine continentale les gens étaient aussi blancs qu'en Europe, et que les Jalofs d'Afrique avaient les mêmes critères de beauté que les Occidentaux[1]. Durant la première moitié du dix-huitième siècle, les textes littéraires rapportant les rencontres avec d'autres peuples parlaient d'« étrangeté » – à la fois au sens de *strangeness* et de *foreigness* – plus que d'hétérogénéité, associée à la notion de différences naturelles constantes entre les groupes humains, et qui deviendrait par la suite dominante. Ces récits fictionnels de l'altérité cherchaient avant tout à dé-familiariser leurs lecteurs en utilisant un point de vue ingénu, renvoyant à la France une image critique d'elle-même. Contes et récits revenaient sur des terres connues telles que la Grèce et le Levant, où l'explorateur et géographe français La Condamine venait tout juste de voyager. L'Europe relocalisait ainsi son mythe des origines dans le berceau de l'Antiquité. La publication par Galland des *Mille et une nuits* (1704-1717) avait consolidé la popularité du genre de la nouvelle : le conte oriental était devenu la forme préférée de la satire sociale et polémique, l'Orient étant à la fois point de vue privilégié et cible[2].

Ces réinscriptions de la diversité humaine servaient de point de repère à partir duquel on élaborait une critique de la France. Mais, dans le même temps, elles soulignaient aussi une conception relativiste de l'identité où celle-ci était formée à l'intérieur d'un contexte donné. Les *Lettres persanes* de Montesquieu compliquèrent le procédé de distanciation en mettant en scène le point de vue de deux Persans – Usbek et Rica – à la fois sur la France et sur la vie dans le sérail qu'ils avaient abandonnée, attaquant du même fait le despotisme. Non seulement le lecteur y examinait deux cultures, mais le roman épistolaire, l'un des genres en prose les plus populaires au XVIIIe siècle, montrait comment lettres et identités sociales étaient tout autant

---

British Culture, Philadelphia, University of Pennsylvania Press, 2000. Pour une enquête récente sur la même question dans le contexte français, voir A. Curran, *The Anatomy of Blackness : Science and Slavery in an Age of Enlightenment*, Ithaca, Cornell University Press, 2011.

1 Diderot, « Humaine espèce », *Encyclopédie*.

2 Madeleine Dobie suggère que la visibilité du *topos* de l'Orient vient aussi masquer l'absence des réalités coloniales au cœur de la production littéraire du siècle. Dans *Trading Places : Colonization and Slavery in Eighteenth-Century French Culture*, Ithaca, Cornell University Press, 2010.

performatives que relationnelles, ancrées dans un contexte donné, une idée que Montesquieu développerait dans son étude sociale *L'Esprit des lois*. Ainsi du pape qui, considéré en dehors de toute perspective catholique (Lettre XXIX), n'est rien de plus que « le chef des chrétiens. C'est une vieille idole qu'on encense par habitude », son identité étant devenue plus arbitraire qu'absolue. De la même manière, le premier eunuque révèle, dans la Lettre IX, que sa masculinité, à première vue innée, est moins un donné essentiel qu'elle n'est une position sociale que l'on s'approprie par l'exercice du pouvoir. Parlant des femmes qu'il surveille, il note : « Je me souviens toujours que j'étais né pour les commander ; et il me semble que je redeviens homme dans les occasions où je leur commande encore[1]. » L'eunuque déclare qu'il ne s'identifie à une identité masculine que dans le contexte plus vaste de rôles de sexes binaires, et que le sentiment inné de devenir un homme est ultérieur aussi bien à l'inscription dans un ordre donné qu'à la prise de conscience de ce dernier. Faisant la somme de ces exemples, la dernière lettre de Roxane à son mari Usbek révèle aussi la malléabilité sous-jacente à ces différents rôles sociaux : « j'ai reformé tes lois sur celles de la nature [...] Mais tu as eu longtemps l'avantage de croire qu'un cœur comme le mien t'était soumis. Nous étions tous deux heureux ; tu me croyais trompée, et je te trompais. Ce langage, sans doute, te paraît nouveau. » Ici, la nature est avant tout un idéal à partir duquel l'héroïne peut redresser les torts, plutôt que la matière déterminant la nature humaine. C'est précisément cette articulation par Montesquieu d'une identité dépendant d'un contexte précis dont fait usage Paul Gilroy dans *Postcolonial Melancholia*. Ce dernier fait valoir que nous devrions substituer la notion de « planétaire » à celle de « global » : « Le planétaire suggère à la fois la contingence et le mouvement. Il définit une échelle plus petite que le global, lequel transmet tout le triomphalisme et la suffisance des universaux impérialistes toujours en expansion[2]. » Notre place dans la société n'est ainsi pas désignée par un ordre naturel, prédéterminé, ou théologique ; l'identité est plutôt présentée comme le produit de l'articulation d'un pouvoir de décision individuel (libre-arbitre) à l'intérieur d'un ensemble de discours disponibles.

1 Montesquieu, *Lettres persanes*, Lettre IX, Paris, Flammarion, p. 50.
2 P. Gilroy, *Postcolonial Melancholia*, New York, Columbia University Press, 2004, p. XV.

À LA DÉCOUVERTE DE L'ANIMAL HUMAIN

Avant le début des années 1730, avaient eu lieu nombre de voyages tout autour du globe dont les explorateurs avaient ramené en France de multiples récits, qui nourrissaient les « sciences de l'homme » alors en plein essor. On cite souvent les mots du philosophe écossais David Hume disant que c'était ce domaine du savoir qui était resté en retard sur les autres, pour marquer la naissance de l'humain comme objet scientifique. Alors que l'être humain était enfin considéré comme un animal parmi d'autres, les références à l'espèce humaine servaient de fondation pour revendiquer des droits au nom d'une identité universelle.

Quels étaient ces discours sur l'humain, de plus en plus dominants, qui privilégiaient la dimension physiologique de l'être ? L'histoire naturelle comprenait des domaines tels que ceux de l'anatomie et de l'anthropologie, et sa portée allait au-delà de nos actuelles sciences humaines pour inclure des disciplines alors importantes comme l'organologie – l'étude de Franz Gall sur l'anatomie du cerveau – aujourd'hui disparue. Les naturalistes abordaient aussi les questions de goût, d'économie et de la valeur des biens[1]. Science européenne et euro-centrique, l'histoire naturelle dépendait néanmoins d'un savoir acquis aux quatre coins de la planète, que les explorateurs tenaient souvent des peuples aborigènes qu'ils avaient rencontrés, comme en témoigne le journal du Baron de Lahontan en Nouvelle France (alors colonie française en Amérique du Nord).

Le naturaliste suédois Carl von Linné fut le premier à inclure explicitement l'homme au sein du royaume animal, grâce à une taxinomie des êtres dont la nomenclature binomiale est à ce jour encore en usage[2]. S'il considérait les humains comme une espèce séparée (*Homo sapiens*), il

1 Emma Spary suggère que non seulement l'histoire naturelle joua un rôle décisif tant sur le plan social que politique au XVIIIe siècle, mais que les principaux acteurs dans ce domaine subirent, entre 1775 et 1825, une profonde évolution, se professionnalisant alors que l'idée de scientificité elle-même se modifia, « The "Nature" of Enlightenment », dans *The Sciences in Enlightened Europe*, éd. W. Clark, J. Golinski et S. Schaffer, Chicago, Chicago University Press, 1999, p. 274.

2 Un certain nombre d'études sur les êtres vivants avaient posé les jalons d'une telle entreprise : des naturalistes tels que Réaumur avaient examiné les crustacés, connus à l'époque sous le nom d'« insectes », et l'Abbé Pluche avait complété *Le Spectacle de la nature*, destiné au grand public, et dont Buffon critiquerait le finalisme réducteur.

choisit de manière décisive de les mettre aux côtés des singes dans l'ordre des primates[1]. En France, Georges Leclerc, Comte de Buffon, intendant du Jardin du roi (futur Musée d'Histoire Naturelle) et de son cabinet d'histoire naturelle pendant plus de quarante ans, édita la première étude détaillée sur l'animal humain. Les quarante-quatre volumes de son *Histoire naturelle*, réimprimés en 52 éditions complètes entre 1749 et 1785, consacraient deux des trois premiers tomes à l'anthropologie et au statut privilégié de l'humain parmi les espèces animales.

Dans l'esprit d'une définition large de l'histoire naturelle à cette époque, laquelle considérait les humains sous tous les angles, des mœurs à l'anatomie, l'unité de « groupes humains » utilisée par Buffon restait un concept fluide. Là où le terme de *race* contenait toujours l'idée d'une noblesse définie de manière sociohistorique, et ne désignait pas encore, comme il le ferait un demi-siècle plus tard, une catégorie fixe et distincte des autres, l'examen de « groupes humains » visait une enquête sur l'« étrangeté » décrite plus haut. En réalité, Buffon défendait fermement la monogenèse, la croyance en une seule et même origine pour tous les hommes. À lui s'opposaient les partisans de la polygenèse tels que Voltaire, qui pensaient la variété humaine comme profondément inscrite dans la coexistence de différentes espèces disséminées à travers le monde. Pour les partisans de la monogenèse, lesquels avaient pris part à une longue tradition de débats sur le déterminisme environnemental, couleur de peau, tempérament et traits physiques étaient susceptibles de changer si les êtres vivaient sous différents climats.

Là où ils avaient résisté à l'idée de catégories raciales fixes, Linné et Buffon proposaient plus volontiers un autre marqueur anatomique de différenciation au cœur de l'ordre naturel, donnant à la reproduction binaire un statut qu'elle n'avait encore jamais eu. Chez Linné, et dans sa taxinomie nominaliste, la reproduction ordonnait les êtres en une hétérosexualité marquée par des données physiologiques. Pour Buffon, la différence sexuelle ne jouait qu'un rôle infime, mais la capacité de deux êtres à se reproduire, et la perpétuation de l'espèce ainsi garantie, sont selon lui, l'unique point fixe de l'histoire naturelle[2]. Cet accent

1 Giorgio Agamben note que le geste historique de Linné souligne que le propre de l'humain est de ne rien avoir en propre, si ce n'est la capacité à se connaître soi-même, devenant la condition même de l'humanité. Voir *The Open : Man and Animal*, Stanford, Stanford University Press, 2004, p. 26.

2 L. Schiebinger, *Nature's Body : Gender in the Making of Modern Science*, Boston, Beacon Press, 1993. Katharine Park soutient l'idée de Thomas Laqueur, que la différence de sexe

mis sur la reproduction binaire et sur les humains comme êtres physiques, ainsi que le langage de Buffon liant les traits physiques aux rôles sociaux, posèrent certaines des conditions nécessaires à la naturalisation des groupes humains, sans pour autant l'entériner.

Cette naturalisation serait menée à bien par Georges Cabanis et les Idéologues, groupe dédié à l'élaboration d'une science des idées. À la fin du siècle, Cabanis concevrait les groupes selon des « différences naturelles » et redéfinirait les catégories institutionnelles, telles que l'âge ou la race : ces catégories, entièrement déterminées par la physiologie, déterminaient à leur tour les positions sociales[1]. Ainsi que Colette Guillaumin l'a montré, en faisant des humains l'objet d'une étude empirique, les naturalistes de la fin du siècle avaient produit un langage synecdotique des types naturels, où connaître un seul « spécimen » revenait à connaître le groupe tout entier[2]. C'est ce langage qui devint le discours central à travers lequel fut abordée la question de l'identité, ainsi que le reflétèrent les œuvres de fiction en fin de siècle.

---

jouait, à l'époque pré-moderne, un rôle aussi important qu'elle le joue aujourd'hui, mais elle propose néanmoins que le virage pris par le XVIIIe siècle en direction d'une identité collective du citoyen réclamant des droits naturels, implique une tendance historique à penser la différence sexuelle en termes désormais anatomiques et matérialistes ; K. Park and R. Nye, « Destiny is Anatomy, » compte rendu of Thomas Laqueur, *Making Sex*, *New Republic* (18 février 1991), p. 53-57.

1 Cabanis et les Idéologues préfigurent les théories de Cuvier et Lamarck au XIXe siècle, ces derniers considérant que traits et comportements pouvaient être transmis aux générations futures à l'intérieur de groupes donnés. Voir Richards, « The Emergence of Evolutionary Biology of Behaviour in the Early Nineteenth Century », *The British Journal for the History of Science*, vol. 15, n° 3, 1982, p. 241-280.

2 Guillaumin précise que différents groupes sont naturalisés selon différents critères ; voir *L'Idéologie raciste*. D'autres études de ce processus de naturalisation incluent Michel Foucault, *Histoire de la folie à l'âge classique*, Paris, Gallimard, 1976 ; Adorno and Horkheimer, *La Dialectique de la raison : fragments philosophiques*, Paris, Gallimard, 1974 ; P. Ariès, *L'Enfant et la vie familiale sous l'Ancien Régime*, Paris, Plon, 1960.

INDIVIDUALITÉ ET POSITIONNEMENT CHEZ DIDEROT[1]

La reconnaissance d'une communauté ancrée dans une espèce humaine unique, tout comme le dévouement à la science, fut au cœur de nombreux travaux de Diderot. Dans le monumental projet collaboratif de l'*Encyclopédie ou dictionnaire raisonné des sciences, des arts et des métiers*, publiée en dix-sept volumes (avec onze volumes supplémentaires pour les illustrations), Diderot et d'Alembert réservèrent à l'histoire naturelle la part du lion de ce nouvel arbre de la connaissance. Diderot, qui avait exploré les sciences à travers le prisme du matérialisme, surtout avec ses *Pensées sur l'interprétation de la nature*, délégua la rédaction de nombreuses rubriques, notamment à Daubenton, et en écrivit lui-même plusieurs, dont le « Cabinet d'histoire naturelle ».

Dans une série d'articles, allant de celui, fondateur, sur l'« Encyclopédie » à celui sur les « Juifs », Diderot invoqua une humanité commune en se référant aux termes d'« humaine espèce », de « corps humain » et, le plus souvent, de « genre humain ». Il fit usage de cette communauté soit pour inclure un groupe minoritaire à l'intérieur d'un universel, soit pour dénoncer une catégorie qui se plaçait elle-même à part ou au-dessus des autres (comme dans le cas de la secte des Dosithéens, qu'on trouve sous l'entrée « Juifs » et dont on dit qu'elle « regardait le reste du genre humain avec mépris »). Dans son article « Humaine espèce », Diderot reprit les trois critères de Buffon afin de décrire les humains : la couleur de peau, les taille et forme des corps, et les mœurs. Balayant le globe du Pôle Nord au Pôle Sud, cette vue d'ensemble des populations mondiales prétendait à l'exhaustivité. Et bien que Diderot se fît l'écho de clichés contemporains – les habitants du nord sont plus beaux, les femmes indiennes sont lascives, les Africains manquent généralement d'intelligence – il conclut son enquête par une défense de la monogenèse, théorie selon laquelle tous les peuples constituent une seule et même espèce. Adoptant le point de vue d'une analyse sociale, il y dit

1 Stuart Hall définit l'identité selon la notion de positionnement du sujet (*positionality*) : « Identity is the sum of the (temporary) positions offered by a social discourse in which you are willing for the moment to invest ». Dans « Culture and Power », *Radical Philosophy*, vol. 86, 1997, p. 27.

clairement que ce n'est qu'à cause des relations sociales impliquées par l'esclavage qu'on en vient à identifier certains groupes comme « bêtes de somme » – un groupe non-humain, perçu comme radicalement différent des autres groupes humains.

Loin de son argument répété en faveur d'une espèce universelle à partir de laquelle on peut exiger l'égalité et critiquer le *statu quo*, la fiction de Diderot retourne toujours aux connaissances singulières et partielles qu'apporte chaque contexte particulier, tel que l'île de Tahiti, ou à des voix uniques telles que celle d'une nonne réticente, Suzanne (*La Religieuse*). Avec leur nouvelle manière de représenter un point de vue individuel, une voix et une prise de conscience des pouvoirs de la rhétorique, les romans de Diderot rendent manifeste la tension entre les cas individuels et l'homogénéité supposée d'une catégorie « naturelle ». Dans le *Supplément au voyage de Bougainville*, après que les deux narrateurs, A et B, ont discuté des récents voyages de l'explorateur français Louis Antoine de Bougainville, le texte s'ouvre sur la fiction enchâssée de leur récit de voyage. Les extraits du voyage de Bougainville imaginés par Diderot présentent le jeune Tahitien Orou, un vieil homme de l'île et un prêtre, chacun d'entre eux prêtant sa voix à une perspective différente sur la rencontre entre les Européens et les Tahitiens. Alors que Diderot fait appel à une nature humaine universelle pour dénoncer la civilisation européenne, il expose en même temps, grâce à la voix unique du narrateur, comment des identités particulières contredisent l'universalité des catégories. À l'inverse de l'idée de groupes humains distincts et de rôles sociaux répartis selon différentes anatomies, et malgré les abondantes lectures de Diderot en physiologie, ses récits minent toute notion de « naturalité ». Ils questionnent toute prétention épistémologique d'un texte à nous offrir un accès direct à une nature de référence. En revanche les textes retournent au moment de l'énonciation et à la structure sociale au sein de laquelle l'identité est construite. A et B, les protagonistes du *Supplément*, nous rappellent que leur connaissance de l'Autre tahitien ne se fait que par le biais de la représentation livresque. Qui plus est, la société présumée naturelle de l'île est elle-même gouvernée par des lois, telles que la limite imposée au nombre de partenaires sexuels afin d'être en mesure d'attribuer une paternité. De la même manière, le personnage de Suzanne dans *La Religieuse* révèle, dans un dernier aveu, qu'elle ne fait que « jouer à » être féminine : « Je suis femme, peut-être un peu coquette, que sais-je[1] ? » Tandis que le personnage révèle que son identité est le résultat d'un effet discursif soigneusement élaboré, Diderot ne perd jamais de vue qu'on n'adopte ces rôles qu'au sein de contraintes et de positions sociales de plus en plus légitimées par une discussion des différences physiologiques. Dépouillé de toute sa spiritualité, le couvent n'apparaît pas seulement comme un monde où l'individu est dénaturé et sa sociabilité naturelle contrariée[2]. Il apparaît aussi comme un monde sexué où Suzanne est forcée de joindre ce qu'elle nomme le « troupeau » ; un univers construit socialement et dominé par la troisième personne du pluriel au féminin : « elles » ; un groupe moins défini par son anatomie commune que par sa relation matérielle au monde extérieur, les nonnes jouant leur rôle hypocrite seulement « pour un millier d'écus qu'il en revient à leur maison. Voilà l'objet important pour lequel elles mentent toute leur vie, et préparent à de jeune innocentes un désespoir de quarante, de cinquante années, et peut-être un malheur éternel[3]. » En incorporant des structures sociales existantes dans ses textes, Diderot produit ainsi une théorie de la différence qui met l'accent sur les relations sociales participant à la définition de l'identité humaine.

LA PERTE D'UN PREMIER EMPIRE

Les récits, par Bougainville, de ses voyages autour du monde, publiés en 1771, firent plus qu'ouvrir la porte aux rêveries de Diderot sur les possibilités et les limites d'une société basée sur l'ordre naturel. Ses récits comptaient parmi d'autres séries de navigations à la recherche d'une illusoire Terre Australe. En 1772-1775, Cook cartographierait l'hémisphère sud alors peu connu, et Lapérouse entreprendrait un voyage similaire dans le Pacifique en 1785[4]. Les récits de voyages étaient devenus des

1 D. Diderot, *La Religieuse*, Paris, Librairie Armand Colin, 1961, p. 178.

2 Anne C. Vila explicite les affinités entre la notion de sensibilité chez Diderot et chez les Idéologues dans *Enlightenment and Pathology : Sensibility in the Literature and Medicine of Eighteenth-Century France*, Baltimore, Johns Hopkins University Press, 1998, p. 334.

3 D. Diderot, *op. cit.*, p. 9.

4 Depuis les premiers voyages de Magellan dans le détroit qui porte son nom, vingt-deux circumnavigations avaient eu lieu.

best-sellers permanents : le compte rendu de James Cook sur ses voyages en Antarctique fut épuisé en une seule journée en 1777, et une centaine d'éditions de ses multiples récits de voyages serait imprimée avant 1800[1]. Dans l'intervalle, s'empressant de localiser des sociétés imaginaires en des lieux restés relativement inexplorés par les Européens, des textes comme *L'An 2440* (1771) de Sébastien Mercier et *La Découverte australe* (1781) de Rétif de la Bretonne, ainsi que *Paul et Virginie* (1787) par un Bernardin de Saint-Pierre alors mieux connu, s'inspiraient des genres du récit de voyage et de l'histoire naturelle. À travers des croquis et des personnages à prétentions scientifiques – Buffon apparaît à peine masqué sous les traits de Noffub dans la *Découverte*, et le naturaliste Spallanzani figure dans *L'An 2440* – ces fictions capitalisaient sur l'autorité des sciences dont elles se servaient. Elles postulaient même à l'occasion la supériorité de la fiction sur l'histoire naturelle et sur la philosophie naturelle, et ce, dans des histoires qui représentaient la relation entre la métropole et le monde en général. Marquées par le tournant scientifique que prirent les débats sur les groupes humains à la fin du siècle, ces fictions plus tardives représentaient une conception physiologique de l'humain, et commençaient à soumettre une vue essentialisante de l'identité.

Les formes littéraires du conte, avec son ton souvent satirique, et du roman épistolaire, avec son accent mis sur la communication et sa structure polyphonique, avaient été remplacées par un observateur unique, parcourant la Terre, doté d'un penchant pour les sciences. Ce désir d'une perspective globale et de nouveaux territoires destinés à servir de colonies rentables fut évalué d'un œil critique dans le projet monumental dirigé par l'Abbé de Raynal, *Histoire des deux Indes*. Il y rassembla des données sur la production coloniale, les opportunités et les dangers du commerce, critiquant les méfaits et l'expansion liés au luxe. Quelques années plus tôt, la France avait perdu presque la totalité de ses colonies – La Nouvelle France, l'essentiel de ses possessions dans les Caraïbes (Grenade et Sainte-Lucie) et la Compagnie française des Indes orientales – au profit des Britanniques à la suite d'une série de conflits, dont la Guerre de Sept Ans. C'est à la lumière de ces pertes que les fictions sur la colonisation furent écrites.

1 Voir S. Schaffer, « Visions of Empire : Afterword », *Visions of Empire*, p. 342 ; D. Outram, *On Being Perseus : New Knowledge, Dislocation and Enlightenment Exploration*, Berlin, Max-Planck-Institut für Wissenschaftsgeschichte, 1997.

Le tournant pris vers une économie globale, une connaissance exhaustive de l'humain et la naturalisation des identités apparaissent clairement imbriqués. Alors que les Européens développaient leurs activités commerciales à l'échelle du globe, ils théorisèrent les différences parmi les espèces humaines en termes de races. Héritant pourtant des théories d'Aristote et d'Hippocrate sur les genres naturels et les variations physiologiques auxquelles avaient fait appel les projets de racialisation aussi bien dans l'Antiquité que dans les colonies d'Amérique Latine, les naturalistes des Lumières délaissèrent les formulations de catégories humaines au sein d'un cadre théologique proposées par leurs aïeux[1]. Ils ouvrirent plutôt la voie à une conception des groupes définie par un déterminisme endogène, où les caractéristiques internes produisaient des objectifs sociaux et des rôles spécifiques. L'inégalité augmentant à échelle globale, les fictions commencèrent à esquisser des catégories raciales et à les articuler selon un nouveau cadre de différence sexuelle. De tels fantasmes d'ordres naturels avaient déjà cours dans des communautés entières telles que celle de l'Île Bourbon, aujourd'hui connue comme l'Île de la Réunion, où les lois de ségrégations reconfiguraient la population en suivant des catégories définies selon leur nature présumée.

En tant que « société d'habitation » (un usage des terres coloniales précédant une économie de plantation arrivée à maturité), l'Île Bourbon démontrait une conception plus fluide des groupements sociaux. Les catégories raciales et le statut social ne se superposaient aucunement : les femmes métisses étaient pour la plupart libres, et la majorité des couples libres étaient considérés « mélangés », c'est-à-dire composés d'un homme européen et de son épouse légitime, souvent originaire de l'île. Pourtant, dès 1710, la description de l'île par l'administrateur colonial Antoine Boucher dans son *Mémoire pour servir la connoissance des habitans de l'Isle de Bourbon* (1710), témoignait du passage de l'île à une économie coloniale dépendant des esclaves pour sa production de café, ainsi que de son besoin de créer un marqueur fondamental pour différencier les unités sociales. Dans une série de 115 portraits de chefs de famille et de leurs femmes, Boucher faisait correspondre des doublets de couleurs à des doublets de statuts sociaux. Les catégories de noirs et de blancs nouvellement délimitées étaient rigoureusement associées à leurs rôles

1 J. Cañizares-Esguerra, *Nature, Empire, and Nation : Explorations of the History of Science in the Iberian World*, Stanford, Stanford University Press, 2006.

respectifs d'esclaves et de propriétaires. Quant à la catégorie de femmes « métisses », qui dans ce contexte signifiait « nées sur l'île », elle était mise à part parce qu'elle mettait en danger cet ordre. Aux yeux de Boucher, la population de l'Île Bourbon possédait une hétérogénéité qui trahissait une relation concrète entre les groupes de possesseurs et possédés, individus libres et esclaves : la catégorie à mi-chemin des femmes « métisses » était ainsi présentée comme hyper-sexualisée et immorale, vue comme une menace pour le projet plus large d'une « blanchification » de la population coloniale. Préfigurant les lois du Code Noir qui réguleraient toute interaction avec les esclaves dans les colonies françaises à partir de 1723, et interdiraient les mariages entre des individus de races supposées différentes, l'Île Bourbon présente un exemple rare où est produite une différenciation sociale sur la base de critères anatomiques. Cette dernière assure que la physiologie coïncide avec les idéologies alors en vogue et voulant que les races soient des groupes distincts et déterminants[1].

L'élaboration d'un tel ordre allait constituer le fantasme de Rétif de la Bretonne dans sa fiction hybride *La Découverte australe.* Le texte s'inspire des récits de voyages, de l'histoire naturelle et de la tradition de l'illustration scientifique, aussi bien que des traités politiques. Se faisant l'écho de ses contemporains et de leur mécontentement face au *statu quo*, *La Découverte australe* imagine une société idéale, libérée des « privilèges » (le système de valeur de l'Ancien Régime), passant d'un niveau local à un niveau global au fil du récit. Victorin, un jeune roturier, fonde une nouvelle société au sommet d'une colline isolée où, à l'aide d'ailes artificielles, il décide d'élever les siens en les distinguant des autres grâce à leur capacité à voler. En rejetant l'Ancien Régime, Victorin incarne l'épreuve à laquelle fait face une catégorie sociale en pleine ascension, cherchant à échapper à l'historicisme ambiant en se tournant vers le droit naturel[2]. Dans sa nouvelle société, Victorin remplace les privilèges aristocratiques par un langage de l'égalité naturelle,

---

1 M. Paris, « La page blanche. Genre, esclavage et métissage dans la construction de la trame coloniale (La Réunion, XVIIIe-XIXe siècle) », *Les cahiers du CEDREF. Centre d'enseignement, d'études et de recherches pour les études féministes*, vol. 14, 2006, p. 31-51 ; Sur l'articulation des catégories de sexes et de races, voir aussi E. Dorlin, *La Matrice de la race, généalogie sexuelle et coloniale de la nation française*, Paris, La Découverte, 2006.

2 M. Foucault, « *Il faut défendre la société* » *: Cours au Collège de France (1975-1976)*, Paris, Éditions du Seuil, 1997, p. 186.

qui voile à peine l'instigation d'un ordre hiérarchique des différences naturelles récemment observées, voire produites. Tous les êtres y sont dits égaux, mais seule sa famille possède la capacité de voler, et par là d'étendre son empire sur d'autres territoires.

Cette impulsion impérialiste domine la seconde section du récit, où le protagoniste étend sa société à de lointaines terres où la Nature est encore à son état originel. Les espèces hybrides – Hommes-de-nuit, femmes-génisses et autres – y vivent comme au premier jour. Malgré ses prétentions à une égalité entre les espèces, le texte continue de créer une différence de nature à travers les générations de personnages se reproduisant successivement entre eux et ce, afin de déformer la représentation même de la réalité que la fiction élabore. Le fils de Victorin épouse une femme du peuple des géants, le surnom « les Grands » ne faisant plus référence aux aristocrates mais littéralement à des êtres qui sont physiquement « surélevés ». Tout au long du récit, Rétif consolide son rêve d'inégalité en inscrivant son récit à l'intérieur d'un discours plus large sur la nature entendue comme différence. Empruntant abondamment à des textes scientifiques de l'époque tels que le *Telliamed* par de Maillet, la *Découverte australe* présente une vue déterministe et polygénique de la nature qui appelle à l'usage de marques de distinction naturelles : l'identité est dorénavant lisible sur des corps qui sont considérés comme déterminant les positions sociales.

L'histoire de ces créatures fantastiques montre sans aucun doute les possibilités de la fiction qui fait de l'artiste une nouvelle espèce de créateur, imaginant des êtres monstrueux. Mais, dans le même temps, cette œuvre identifie un changement dans la fiction du XVIIIe siècle en France, trahissant une impulsion empiriste. En outre, grâce à sa maîtrise d'un regard anthropologisant profane sur les autres cultures, cette fiction exprime le désir de renforcer le lien entre nature et culture. En se projetant dans le futur et de l'autre côté du monde, des catégories sont « découvertes », délimitées par des traits corporels, marquées physiologiquement au nom d'une radicalisation de la différence. En proposant sa propre histoire naturelle de l'hémisphère sud, le texte modèle des espèces humaines et animales au sein de taxinomies distinctes pour, au final, remplacer une histoire de « positionalité » par une science de la différence.

En revendiquant un droit au changement, les écrivains du siècle des Lumières privilégièrent une conception universelle de l'espèce humaine dont le fonctionnement se révèle à double tranchant : à la fois outil pour critiquer le *statu quo* de l'Ancien Régime et permettant l'habilitation d'une nouvelle francité non-aristocratique, mais aussi manière d'aborder les questions sociales s'appuyant de plus en plus sur la biologie. Alors que les inégalités matérielles se perpétuèrent tout au long du XVIIIe siècle, l'égalité de nature nouvellement revendiquée fut réconciliée avec les disparités grâce à un discours sur des différences de nature supposées. Si les Lumières avaient alors réussi à prendre les mesures de la planète, armées de connaissances plus détaillées de l'humain, elles faisaient aussi appel à une conception globale de l'humanité, tout en mettant en avant les circonstances planétaires et contingentes à travers lesquelles les identités individuelles sont produites.

Natasha LEE
Université de Princeton

OUVRAGES CITÉS

ALEMBERT, Jean Lerond d' et DIDEROT, Denis, *L'Encyclopédie*.
ADORNO, Theodor et HORKHEIMER, Max, *Dialectic of Enlightenment*, Stanford, Stanford University Press, 2007.
AGAMBEN, Giorgio, *The Open*, Stanford, Stanford University Press, 2004.
ARIÈS, Philippe, *L'Enfant et la vie familiale sous l'Ancien Régime*, Paris, Seuil, 1975.
BACON, Francis, *Description of the Intellectual Globe*, Whitefish, Kessinger Publishing, LLC, 2010.
BERGERAC, Cyrano de, *Les États et empires de la lune et du soleil*, Paris, Seuil, 2004.
BERNARDIN DE SAINT-PIERRE, Jacques-Henri, *Paul et Virginie*, dans *Romanciers du XVIIIe siècle*, éd. par Marguerite du Cheyron et Gilbert Lely Étiemble, Paris, Gallimard (La Pléiade), 1965.
BOUCHER, Antoine, *Mémoire pour servir la connoissance des habitans de l'Isle de Bourbon*, éd. par Mario Serviable, Sainte-Clotilde, ARS Terres Créoles, 1989.
BRETONNE, Rétif de la, *La Découverte australe par un homme volant*, Paris/Leipzig, 1781.
CAÑIZARES-ESGUERRA, Jorge, *Nature, Empire and Nation*, Stanford, Stanford University Press, 2006.
CHAMBERS, Ephraim, *Cyclopaedia, or a Universal Dictionnary of Arts and Sciences*, London, James & John Knapton, 1728.
CHATEAUBRIAND, François René de, *Essai sur les révolutions*, dans *Œuvres complètes*, Paris, Ladvocat, 1826.
CURRAN, Andrew S., *The Anatomy of Blackness : Science and Slavery in an Age of Enlightenment*, Baltimore, Johns Hopkins University Press, 2011.
DARNTON, Robert, « Philosophers trim the tree of knowledge », dans *The Great Cat Massacre*, New York, Basic Books, 1984.
DASTON, Lorraine et GALLISON, Peter, *Objectivity*, Cambridge, MIT Press, 2007.
Dictionnaire de l'Académie française, éditions de 1762 et de 1832.
DIDEROT, Denis, *La Religieuse*, dans *Contes et romans*, éd. par Michel Delon, Paris, Gallimard (La Pléiade), 2004.
DIDEROT, Denis, *Le Supplément au voyage de Bougainville*, dans *Contes et romans*, éd. par Michel Delon, Paris, Gallimard (La Pléiade), 2004.
DOBIE, Madeleine, *Trading Places : Colonization and Slavery in Eighteenth-Century French Culture*, Ithaca, Cornell University Press, 2010.
DORLIN, Elsa, *La Matrice de la race, généalogie sexuelle et coloniale de la nation française*, Paris, La Découverte, 2006.

FONTENELLE, Bernard Le Bouyer de, *Les Entretiens sur la pluralité des mondes*, éd. par Christophe Martin, Paris, Garnier-Flammarion, 1998.

FOUCAULT, Michel, *Les Mots et les choses*, Paris, Gallimard, 1966.

FOUCAULT, Michel, *Il faut défendre la société*, Paris, Gallimard/Seuil, 1997.

GALLAND, *Mille et une nuits*, éd. par Jean-Paul Sermain, Paris, Garnier-Flammarion, 2004.

GILROY, Paul, *Postcolonial Melancholia*, New York, Columbia University Press, 2004.

GUILLAUMIN, Colette, *L'Idéologie raciste : genèse et langage actuel*, Paris-La Haye, Mouton, 1972.

HEILBRON, Johan, *The Rise of Social Theory*, trad. par Sheila Gogol, Minneapolis, University of Minnesota Press, 1999.

HERR, Richard, « Histoire littéraire : Daniel Mornet and the French Enlightenment », *Journal of Modern History*, vol. 24, n° 2, juin 1954, p. 152-166.

HOOPER, Steven, *Pacific Encounters : Art & Divinity in Polynesia 1760-1860*, Honolulu, The University of Hawaii Press, 2006.

MERCIER, Louis Sébastien, *L'An 2440, rêve s'il en fut jamais*, éd. par Christophe Cave, Paris, La Découverte, 1999.

MONTESQUIEU, *Lettres persanes*, éd. par Laurent Versini, Paris, Garnier-Flammarion, 2011.

NEWTON, Isaac, *Philosophiæ Naturalis Principia Mathematica*, trad. par Bernard Cohen et Anne Whitman, Berkeley, University of California Press, 1999.

OUTRAM, Dorinda, *On Being Perseus : New Knowledge, Dislocation and Enlightenment Exploration*, Berlin, Max-Planck-Institut für Wissenschaftsgeschichte, 1997.

PARIS, Myriam, « La page blanche. Genre, esclavage et métissage dans la construction de la trame coloniale (La Réunion, XVIIIe-XIXe siècle) », *Les cahiers du CEDREF. Centre d'enseignement, d'études et de recherches pour les études féministes*, n° 14, 2006, p. 31-51.

PARK, K. et NYE, Robert, « Destiny is Anatomy », compte rendu de Thomas Laqueur, *Making Sex*, *New Republic*, 18 février 1991, p. 53-57.

PLUCHE, L'Abbé de, *Le Spectacle de la nature*, Paris, Chez la veuve Estienne, 1741.

RAYNAL, L'Abbé de, *Histoire des deux Indes*, Paris, Bibliothèque des introuvables, 2006.

RICHARDS, Robert. J., « The Emergence of Evolutionary Biology of Behaviour in the Early Nineteenth Century », *The British Journal for the History of Science*, vol. 15, n°, 3, 1982, p. 241-280.

ROUSSEAU, Jean-Jacques, *Le Nouveau dédale*, Paris, Presses de l'Université de Paris Sorbonne, 1995.

SCHAFFER, Simon, « "On Seeing Me Write" : Inscription Devices in the South Seas », *Representations*, vol. 97, n° 1, 2007, p. 90-122.

SCHIEBINGER, Londa, *Nature's Body : Gender in the Making of Modern Science*, Boston, Beacon, 1993.

The Sciences in Enlightened Europe, éd. William Clark, Jan Golinski et Simon Schaffer, Chicago, Chicago University Press, 1999.

VILA, Anne C., *Enlightenment and Pathology : Sensibility in the Literature and Medicine of Eighteenth-Century France*, Baltimore, Johns Hopkins University Press, 1997.

Visions of Empire : Voyages, Botany and Representations of Nature, éd. David P. Miller and Peter H. Reill, Cambridge, Cambridge University Press, 1996.

VOLTAIRE, *Micromégas*, dans *Romans et contes*, éd. par Frédéric Deloffre et Jacques van den Heuvel, Paris, Gallimard (Bibliothèque de la Pléiade), 1979.

Voyages and Beaches : Pacific Encounters 1769-1840, éd. Alex Calder, Jonathan Lamb et Bridget Orr, Honolulu, University of Hawaii Press, 1999.

WHEELER, Roxann, *Complexion of Race : Categories of Difference in Eighteenth-century British culture*, Philadelphia, University of Pennsylvania Press, 2000.

YEO, Richard, *Encyclopaedic Visions : Scientific Dictionaries and Enlightenment Culture*, Cambridge, Cambridge University Press, 2001.

POÈTES EN MAL DE PAYS

Les paradoxes du lyrisme dans la France du dix-neuvième siècle

La poésie de Thomas Hood livra à Charles Baudelaire une formule qui résume bien nos envies modernes de voyage. Ces simples mots servant de titre, « Anywhere out of the world » – « N'importe où hors du monde[1] », nous invitent à laisser derrière nous et la France et Paris pour nous élancer vers un vaste monde. Ce monde s'étend, dans ce poème en prose, de la Hollande à Tornéo, nom d'un pays flottant quelque part entre la Mer Baltique et le Brésil. Que Tornéo soit une terre imaginaire importe peu, puisqu'« Il faut partir / Pour partir », comme l'avait écrit le poète à la fin des *Fleurs du Mal* en proposant un voyage « sans vapeur et sans voile ». Mais dès lors que Baudelaire nous fait voyager sur les ailes de l'imagination, là où se confondent souvenirs et poésie, nous voici confrontés à une question délicate. Comment ces envolées lyriques vont-elles nous amener vers autrui, en vue d'un dialogue ou d'une véritable rencontre ? Aussi longtemps que l'imagination restera reine dans l'univers lyrique, quelle garantie aurons-nous que la poésie puisse accomplir autre chose que l'appropriation égoïste d'autres pays, paysages et coutumes ? Et surtout qu'en sera-t-il de cet autre, qui lui aussi est à concevoir comme sujet ?

L'histoire de la poésie lyrique en France porterait ainsi l'empreinte d'une rencontre manquée avec un monde en expansion – à moins de considérer, peut-être, d'autres poètes. Arthur Rimbaud ou Marceline Desbordes-Valmore ont-ils eux aussi préféré à de vrais déplacements l'envol vers les verts paradis de l'art ? Rimbaud, on le sait bien, naquit avec la passion du voyage : c'est en montant dans un train ou en prenant

1 Baudelaire s'est inspiré du poème « Bridge of Sigh » de Thomas Hood qu'il traduisit en 1865 et qu'Edgar Allen Poe cite dans « Philosophy of Composition ». Je tiens à remercier Yulia Nazvanova pour l'aide apportée à la traduction de cet article ainsi que Zeina Hakim.

des chemins de traverse qu'il vit s'ouvrir à lui la nuit étoilée de la poésie. Plus tard, la soif de l'aventure amène ce fils de soldat et héritier d'un père qui lit l'arabe au cœur de l'Abyssinie. Il a, dit-on, une extraordinaire facilité pour les langues et, selon Enid Starkie, il se serait intéressé au commerce d'esclaves. Rimbaud explorateur aurait donc tourné le dos à la poésie, montrant par là même qu'il faut choisir entre des voyages imaginaires et une aventure sur le terrain. Ne restent alors que ces quelques bribes de poésie[1] que constituent, à leur façon, les messages envoyés en France (longues listes où Rimbaud requiert des livres, des instruments, un appareil photographique), la description d'un bazar ou encore telle lettre évoquant une brève illumination.

En 1801, Marceline Desbordes-Valmore, qui s'est déjà essayée à la scène dans plusieurs villes de France pour gagner quelques sous, est en partance pour la Guadeloupe, suivant une mère en peine de cœur et en quête de meilleure fortune. Elle a quatorze ans lorsqu'elles débarquent toutes deux à Saint-Barthélémy, découvrant une ville qu'une révolte d'esclaves a mise à feu et à sang. Sa mère, très vite malade, ne survit pas à la fièvre jaune, puis survient un tremblement de terre. Seule et dénuée de ressources, l'orpheline refait alors un autre voyage périlleux sur l'océan pour rentrer en France. On sait si peu de cette traversée qu'on se prend à l'imaginer à travers le récit que fait George Sand, dans *Indiana*, des péripéties auxquelles pouvait s'attendre une jeune fille revenant d'outremer sans argent et sans protection. L'œuvre poétique de Desbordes-Valmore ne révèle en effet que quelques traces de cette aventure : une poignée de poèmes en langue créole et quelques-uns en français, dans une veine semi-romantique ou humanitaire. Même le long poème intitulé « À mes sœurs » (1830), qui commence par une très belle évocation, à la première personne, d'un voyage en mer (« J'étais enfant, l'enfance est écouteuse ; / Sur notre beau navire emporté par le vent[2] »), se détourne de ce thème pour revenir aux conventions d'une romance. C'est à se demander donc si le type d'aventure que vécurent Desbordes-Valmore et Rimbaud ne va pas à l'encontre de ce que voulaient accomplir les poètes lyriques de ce siècle pourtant si voyageur. Peut-être

1 C'est ce que suggère Michel Butor dans *Improvisations sur Rimbaud*, Paris, Éditions de la Différence, 1989.

2 M. Desbordes-Valmore, *Œuvres poétiques*, Grenoble, Presses Universitaires de Grenoble, 1973, t. 1, p. 168.

qu'une poésie du sentiment et de l'attachement servira, au contraire, à effacer de la mémoire de Desbordes-Valmore les périlleuses traversées où l'on risquait à chaque fois sa vie. Quant à Rimbaud, n'est-ce pas justement pour échapper à son destin de poète qu'il partira ? Le genre lyrique n'est assurément pas destiné à accueillir les cris de douleur de cet aventurier impénitent à la jambe gangrenée qu'il fallut transporter à travers le désert somalien.

Dès lors, comment la poésie lyrique française va-t-elle pouvoir s'ouvrir à un monde en remarquable expansion au dix-neuvième siècle, un monde qui grandit à la mesure des nouveaux réseaux que dessinent le chemin de fer et les bateaux à vapeur ? Il nous faut nuancer notre réponse, pour tenir compte des positions extrêmes qu'incarnent, d'une part, Rimbaud l'aventurier et, de l'autre, Mallarmé le poète (en apparence du moins) d'un frileux repli domestique. Quel contraste, par exemple, entre le riche périple qui mène Rimbaud de Rotterdam à Gibraltar, par Suez en direction d'Aden et vers Batavia ou les Açores et le trajet régulier d'un Mallarmé passant de son salon de la rue de Rome à sa maison de campagne de Valvins, sans que ces fenêtres ne s'ouvrent sur autre chose que ce ciel abstrait qu'il nomme « azur » ! Il faut aussi pouvoir identifier les paradoxes. C'est sans avoir jamais vu la mer que Rimbaud écrivit « Le Bateau ivre », alors que Mallarmé, qui dès ses débuts s'imagine partir (voir ces mouchoirs qu'on agite dans « Brise marine » et cette envie manifeste de se transformer en poète chinois dans « Las de l'amer repos ») finit par dessiner une trajectoire où c'est l'esprit qui se projette vers des cieux nouveaux faits de mots. Ce seront donc les vers brisés d'*Un Coup de dés* qui signifieront un naufrage tandis que, las de raconter la mer, le poète la réinventera en démiurge dans « À la nue accablante tu », à travers des sonorités, des images et des rythmes. Quant à Victor Hugo, qui se dit le premier, avec ses *Orientales*, à « se promener en Orient[1] », il ne s'aventura jamais plus loin qu'en territoire voisin, même dans son exil. L'inspiration ne pouvait alors venir que des livres et de sa fertile imagination.

Chez d'autres, le voyage, au lieu de créer des ouvertures, semble au contraire provoquer un repli vers ce qui est ancien ou familier. Bien qu'un médecin compatissant encourage Marceline à prendre la plume pour raconter cette désastreuse épopée outremer, elle va s'en détourner,

1 Préface à l'édition originale, p. 578.

s'appropriant d'abord l'élégie classique pour évoquer, plus tard, dans des vers inoubliables, les paysages autrement familiers de son enfance flamande. Quant à Gérard de Nerval, qui revient de l'Orient avec un trésor de notes, de récits et de souvenirs, c'est en prose qu'il choisit de raconter son périple tandis que sa poésie convoque, sous la forme exigeante des sonnets des *Chimères*, un monde aux croyances anciennes disparu des cartes au profit de comptoirs commerciaux. Pendant ses années de création les plus intenses (autour des *Chimères*, des *Filles du Feu* et d'*Aurélia*), Nerval brûlera lui aussi de nostalgie pour un monde plus familier. Du fond de son désarroi, il supplie qu'on le laisse revoir le Valois de son enfance et les petites villes allemandes de sa jeunesse, comme si seuls ces paysages amis pouvaient encore nourrir l'inspiration et apaiser l'errance tourmentée de ce fol esprit.

Le long périple d'un jeune Baudelaire rebelle qu'on a envoyé en mer en 1841 pour l'éloigner de ses aspirations poétiques et de ses extravagances budgétaires est devenu l'objet de légendes autant que, plus récemment, de recherches biographiques. D'un côté, le mythe d'un poète ayant pris goût à l'aventure, comme lorsque Maxime du Camp raconte que le jeune homme serait allé jusqu'« aux Indes [...] où il fit des fournitures de bétail pour l'armée anglaise, il vécut je ne sais où, je ne sais comme ; la mère envoyait quelque argent sous main à son fils qui se promenait sur des éléphants et faisait des vers[1] ». De l'autre côté, des biographes plus sérieux et soucieux d'effacer toute gloriole, montrent que Baudelaire n'aurait mis pied ni à Malabar ni à Ceylan ou en Hindoustan, mais se serait effectivement arrêté au Cap, pour y faire, comme il l'écrit, « des promenades heureuses[2] » et recueillir des impressions qui essaimeront dans quelques poèmes. Il lui faudra des années, cependant, pour trouver le dosage subtil qui transformera une simple notation en cet or poétique surgi d'images, de rimes et de rythmes que nous livrent ses *Fleurs du Mal*. Cependant, le capitaine Saliz, qui le

---

1 M. Du Camp, *Souvenirs littéraires*, Paris, Hachette, 1882, t. 2, p. 59-60. La présence d'éléphants et de l'armée anglaise suggère que Du Camp confond, comme beaucoup d'autres, les Indes occidentales et les Indes orientales. Dans « The Indies' : Baudelaire's Colonial World » (*PMLA*, vol. 123, n° 3, mai 2008), Françoise Lionnet analyse et corrige les « abus de langage géographiques » (p. 724) répandus dans les travaux critiques sur cet auteur, en expliquant pourquoi nous sommes tenus par « une obligation éthique » (p. 733) à identifier le référent des terres lointaines évoquées par les poètes.

2 Comme l'indique l'une des *Notices Bibliographiques* de Baudelaire, citée par J. Richardson, *Baudelaire*, London, John Murray, 1994, p. 66.

chaperonne pendant cet exil, l'avait bien perçu : le jeune homme dont il a la charge s'intéresse bien plus à trouver des compagnons en poésie qu'à explorer un monde nouveau. Une lettre qu'il envoie aux parents du jeune homme identifie un ennui qui tient moins au changement de paysages qu'à l'absence d'une confrérie : « Rien dans un pays, dans une société, tout nouveaux pour lui, n'a attiré son attention, ni éveillé la facilité d'observation qu'il possède ; il n'a eu des rapports qu'avec quelques hommes de lettres inconnus dans un pays où elles occupent une place bien petite, et ses idées se sont fixées sur le désir de retourner à Paris le plus tôt possible[1]. » C'est ainsi que lorsque le navire arrive à la Réunion, on ne peut plus convaincre le jeune homme de poser le pied à terre. Craignant pour la vie du jeune poète qui révèle des symptômes aigus de nostalgie, on fait les arrangements nécessaires pour le rapatrier. La *Chronique de Paris*, revue littéraire tenue par Balzac, fait circuler une histoire peut-être apocryphe : il semble que si notre poète refuse de bouger, c'est parce qu'il lui est impossible de débarquer en tenant d'une main une pile de livres chéris et de l'autre, la corde permettant d'assurer le saut dans la petite embarcation amenant au quai[2]. Baudelaire avait-il déjà compris, peut-être, que sa muse l'attendait en France, celle-ci exigeant l'étude approfondie des poésies de la Pléiade et par là-même un ressourcement en pays natal ? C'est donc bien plus tard et de retour à Paris que Baudelaire va pouvoir rappeler à lui les soleils exotiques et les corps sensuels qui l'avaient à peine séduit pendant cette traversée. Or s'il est bien vrai que, comme l'affirmait Virginia Woolf, le souvenir surgit de ce qu'on a oublié, la poésie baudelairienne ne souffrira pas de naître dans l'après-coup, bien au contraire.

L'histoire littéraire peut elle aussi faire montre d'ironie. C'est ainsi que le poète qui s'était d'abord formé à l'école de ceux qui, à la Renaissance, célèbrent *la douce France*, compose en 1860 « Le Cygne », poème qui nous livre en une brève vignette la poignante expression du mal du pays propre aux exilés et transfuges. Figure emblématique de notre modernité urbaine et de ce changement de sensibilité, une « négresse amaigrie et phtisique » vient ainsi prendre sa place dans un mélancolique cortège parisien où

---

1 Lettre citée par C. Pichois et J. Ziegler, *Baudelaire*, Paris, Julliard, 1987, p. 148.

2 Cette anecdote est peut-être apocryphe, voir *ibid.*, p. 146-147. La lecture de Richardson (*op.cit.*, p. 71) suggère que ces livres étaient peut-être « Ronsard and his Pléiade », parmi les rares ouvrages, selon le témoignage de Charles Cousin, à se trouver dans le premier logement de Baudelaire.

marchent côte à côte une princesse endeuillée, un poète portant « ses souvenirs plus lourds que des rocs » et un cygne « traîn[ant] son blanc plumage ». Frère d'exil, le poète se fait témoin d'une ville changée à jamais et de la nostalgie de celle qui, venue d'outremer, cherche « Les cocotiers absents de la superbe Afrique ». Ce superbe alexandrin dit l'émigration forcée à travers une image qui n'a rien perdu de sa « sorcellerie évocatoire[1] » ni de son pathos. Plus tard encore, s'inspirant de scènes entrevues dans ses voyages, Baudelaire rédige en prose, pour le *Spleen de Paris*, « La Belle Dorothée », en y glissant une allusion à un trafic sexuel. Mais parce qu'il s'attache à bien dessiner les courbes sensuelles de la belle, le voilà en pleine dispute avec son éditeur, qui craint la censure. En 1866, la mort approchant, le poète dicte à son ami Catulle Mendès les changements de ponctuation pour un autre poème inspiré par « Dorothée ». Jusqu'au bout donc, Baudelaire aura nourri avec la même rigueur son perfectionnisme formel et ce que Swinburne appela son « mal du pays tropical[2] ». N'est-ce pas dire, alors, que le souci de la forme et l'envolée vers un ailleurs remémoré ne sont pas totalement étrangers l'un à l'autre ?

Pourtant, à l'ère des études postcoloniales et d'un renouveau éthique, la relecture de ces œuvres phares du lyrisme moderne que sont les poèmes des *Fleurs du Mal* ou du *Spleen de Paris* nous amène au cœur d'un dilemme. Comment, en effet, trouver moyen de réconcilier des normes esthétiques définissant cette poésie lyrique et un impératif moral demandant désormais la reconnaissance de ce qui définit l'expérience de l'Autre (pour parler en philosophe) ou « des autres » (pour parler en ethnographe ou sociologue) ? La question est d'importance, dès lors qu'en l'absence d'une telle conciliation, c'est le genre lui-même – et donc ce lyrisme poétique de notre modernité – qu'on reléguera dans les marges. À l'heure où toute histoire, y compris littéraire, se doit d'être revue à la lumière de la mondialisation, mais face à un genre fortement investi de questions d'esthétique, il nous faut commencer par identifier une tension inhabituelle entre contraintes formelles et contenus poétiques. En traçant l'émergence d'une voix poétique portée par un élan altruiste

1 « De la langue et de l'écriture, prises comme opération magique, sorcellerie évocatoire », note Baudelaire (« Fusées », XI, *Œuvres complètes*, Paris, Gallimard, 1976, p. 658). L'expression apparaît également dans « Théophile Gautier », *Curiosités esthétiques, l'art romantique et autres œuvres critiques*, Paris, Garnier, 1962, p. 646.

2 Cité par Richardson, *op. cit.*, p. 69.

ou humanitaire, on voit alors se dessiner d'abord une bifurcation entre « forme » et « représentation », puis un équilibrage de plus en plus réussi entre ces deux pôles de l'activité littéraire.

Plus de trente ans séparent *Les Orientales* (1829) de Victor Hugo du « Cygne » (1860) et du *Spleen de Paris* (1862 et 1869)[1] – temps nécessaire à l'élaboration de nouvelles configurations lyriques s'ouvrant à l'autre et faisant place, chez Baudelaire, à l'étrangèr-e. Cet intervalle nous permet de mesurer combien le genre s'accommode difficilement d'une visée altruiste ou de la charité due à son prochain. L'adresse liminaire ironique faite au lecteur dans *Les Fleurs du Mal* – « Mon semblable – mon frère » témoigne à sa façon de ce fossé ou malaise. Nerval le dit autrement, lorsque, dans son élégante odelette au titre révélateur de « Fantaisie », il montre que le ton est donné en poésie par ceux qui, à l'instar de « Rossini, Mozart ou Weber », écrivent de belles mélodies, des mélodies qui, on l'imagine, servent aussi à couvrir les bruits discordants de la rue. Quand le mot « humanitaire » fait son entrée dans le vocabulaire vers 1835, c'est bien d'abord avec des connotations péjoratives de sentimentalité et des relents malvenus de pauvreté et de rassemblements populaires[2]. L'air raffiné des cénacles n'a que faire de ces odeurs de rue, d'autant plus que ce nouvel apport thématique demandera peut-être des changements de rime ou, pire encore, l'élargissement du lexique de la belle et pure poésie lyrique. Hugo a beau militer pour qu'on mette « le bonnet rouge au dictionnaire[3] », bien peu semblent vouloir suivre ses pas. Baudelaire formulera encore à l'encontre du poète ouvrier Pierre Dupont une critique dénonçant « de nombreuses négligences de langage et un lâché dans la forme vraiment inconcevables[4] ». C'est dire que, pour ce maître escrimeur du vers, l'élargissement du champ expressif du poème lyrique auquel Dupont a travaillé ne compte que très peu au regard de considérations de forme – d'où la cruauté du verdict.

Pour dénoncer le scandaleux massacre des canuts dont elle a été le témoin à Lyon en 1834, Desbordes-Valmore publie un poème au titre

---

1 La première date correspond à la publication incomplète et en trois parties dans *La Presse* (« La Belle Dorothée » figure parmi les textes qu'Arsène Houssaye refusa de publier) et la seconde à la publication posthume de *Spleen de Paris* dans les *Œuvres Complètes*, parues chez Michel Lévy.

2 Le *Grand Robert* suggère que Lamartine fut l'un des premiers à utiliser ce terme dans un texte de 1835, en notant que « le mot a souvent été péjoratif, surtout dans la seconde moitié du XIXe siècle ».

3 Hugo, « Réponse à un acte d'accusation », v. 38, dans *Les Contemplations.*

4 « Pierre Dupont », *Curiosités esthétiques*, *op. cit.*, p. 777.

révélateur de « Dans la rue », dans lequel elle invoque la figure d'Antigone pour exiger qu'on rende aux victimes les honneurs funèbres qui leur sont dus[1]. C'est en faisant rimer *funérailles* avec *mitrailles* qu'elle demande que l'État paie pour ces obsèques. Mais cette rime audacieuse est mal servie par des alexandrins peu réussis, car trop réguliers ou bancals. Comme ce fut le cas pour Pierre Dupont, poète ouvrier, le défi, pour celle qu'on a nommée « la prolétarienne des lettres » ou « la dame du peuple », reste en effet celui de la maîtrise formelle. Alors que les poèmes politiques représentent, chez Desbordes-Valmore, environ dix pour cent d'un vaste corpus[2], seule une poignée est réussie. L'absence de tri suggère que les besoins d'une bonne cause l'emportent tout naturellement sur les défauts dans la facture du vers. Desbordes-Valmore échoue quand lui échappe cette « formule du sentiment[3] » qui, aux yeux de Baudelaire déjà, fait d'elle un poète admirable. Mais cette autre pièce sur la « sanglante répression de la deuxième insurrection des canuts » parue en 1836 et adressée à un poète est une réussite[4]. Témoin d'un spectacle effroyable qui s'est joué sous ses fenêtres, elle évoque avec brio et dans des vers à la cadence parfaite un rossignol qui « Prenant cette stupeur pour le calme d'un bois, / Exhalait sur la mort son innocente voix ! » et qui chante un « requiem sur le grand cimetière » jusqu'à ce qu'une « bombe troua le mur mélodieux ». Mêlant le chant de l'oiseau poétique par excellence à une scène de bombardement, Desbordes-Valmore est sans doute l'un des premiers poètes de notre modernité à oser nous livrer sous forme lyrique son témoignage sur une guerre civile menée en milieu urbain.

Dans ces mêmes années, Hugo se tourne vers l'Orient, concevant un recueil au titre évocateur, *Les Orientales*. Est-ce à dire qu'il a trouvé une forme lui permettant de dépasser la recherche du pittoresque et de la couleur locale pour s'ouvrir aux nuances et aux différences d'expérience marquant cet « ailleurs » situé au Moyen Orient ? Mêlant les genres lyrique et épique, cet ouvrage permet de mieux discerner les exigences

---

1 Entre 1831 et 1834, les ouvriers travaillant dans les soieries de Lyon (les « canuts ») s'organisèrent pour exiger de meilleurs salaires, ce qui donna lieu à des émeutes, des grèves et des barricades. La répression fut sanglante. Desbordes-Valmore fut le témoin horrifié du second carnage en 1834.

2 Pour une discussion de ce corpus politique voir M. Bertrand, *Une femme à l'écoute de son temps*, Lyon, M. Bertrand, 1977, ainsi que son introduction aux *Œuvres poétiques*, *op. cit.*, p. 6-7.

3 « Marceline Desbordes-Valmore », *Curiosités esthétiques*, *op. cit.*, p. 746.

4 Voir la note de C. Planté, dans M. Desbordes-Valmore, *L'Aurore en fuite : poèmes choisis*, Paris, Éditions Points, 2010, p. 241.

contradictoires entre le style, d'une part, et la représentation, de l'autre. Cultiver en même temps le pittoresque évocateur de la couleur locale et le drame humain paraît en effet difficile, à tel point qu'on se demande, en lisant Hugo, s'il est vraiment possible de faire de beaux vers avec de bons sentiments[1]. L'exemple de Delacroix suggère qu'un compromis se trouve plus aisément en peinture : la toile intitulée « Scènes des massacres de Scio » est bien le fruit d'un travail pictural sur la couleur locale, mais elle nous livre aussi la représentation, immédiate et sans fard, de l'horreur que vécurent ces « sujets » situés dans un pays lointain en nous faisant voir sur un *chiaroscuro* de fumée et de ciel les corps contorsionnés et les scènes d'arrachement. En poésie, en revanche, de tels effets requièrent l'adoption de genres nettement différenciés, comme le montre *Les Orientales*, où des pièces lyriques servent à l'évocation de la couleur locale, tandis que le poète invoque un registre épique pour raconter, par exemple, la violence et les souffrances endurées dans un Orient en guerre. Les failles que révèle ce recueil résultent alors d'une double impasse, formelle tout autant que générique : l'impulsion d'ordre esthétique visant à faire du beau à partir de l'Orient s'accorde mal avec un élan humanitaire.

Ainsi, le lyrisme invitant le plan rapproché, l'intime ou encore l'idéalisation esthétique, le mode épique donnant dans la fresque, l'amplification et l'allégorie morale, le mélange n'est pas forcément réussi et l'équilibre du recueil s'en ressent. On y découvre aussi certaines faiblesses presque comiques, comme dans « Enthousiasme », poème où Hugo s'enferre en cherchant, à travers des images animales, des analogies expressives. Il nous montre ainsi comment des « tigres ottomans » vont « Fuir avec des pieds de gazelle », ou encore, dans « La Bataille perdue » des « chevaux [...] aux jambes grêles, / Qui volaient dans les blés comme des sauterelles ». Les notes de la Pléiade ont beau nous expliquer que, comme ses illustres prédécesseurs du dix-septième siècle, Hugo néglige parfois le sens au profit de l'image, l'effet n'en reste pas moins maladroit. Dans ce même poème, certaines rimes ne sont pas des plus heureuses non plus, comme lorsque « guitare » rime avec « tartare » et le verbe « sommes » avec la ville biblique de Sodome. Mais il en va autrement dans « Navarin », poème qui participe à ce qui constitua,

1 C'est à André Gide que nous devons la maxime : « On ne fait pas de la littérature avec des bons sentiments ».

au niveau politique, la première intervention dans l'histoire portant sur un droit d'ingérence pour des raisons humanitaires[1]. Écrit dans le sillage de la terrible débâcle des Grecs aux mains des Ottomans dans la Mer Ionienne, ce long poème ressemble tout à la fois à un reportage, à une exhortation à agir et à un éloge, fait paradoxalement sur un mode épique, des victimes de la violence guerrière. Il nous convainc qu'un noble sentiment doit pouvoir l'emporter sur l'élégance littéraire. Ici, quelques rimes maladroites ou des analogies peu réussies semblent un maigre prix à payer au regard de ce qu'accomplit Hugo en mobilisant le vers pour exprimer son indignation morale.

À travers ces incursions en terre étrangère, la poésie engagée de Hugo nous rappelle qu'au dix-neuvième siècle encore, ce sont tout d'abord les soldats qui partent à la conquête du monde, d'où sans doute les regrets évoqués dans « Enthousiasme » : « Je veux voir des combats, toujours au premier rang ! … Allons !… – mais quoi, pauvre poète. » Venant du fils de l'un des généraux de Napoléon, un tel désir ne saurait surprendre. D'ailleurs, Hugo n'est pas le seul à envier ceux qui se sont trouvés dans le feu de l'action : d'autres, comme Musset, Balzac ou Stendhal, l'ont également dit dans leur prose. Pour Baudelaire cependant, il faut oser comparer différentes fonctions sociales, pour montrer que la poésie représente sa propre forme de conquête héroïque, comme le dit bien cet aphorisme de *Mon cœur mis à nu* : « Il n'existe que trois êtres respectables : le prêtre, le guerrier, le poète. Savoir, tuer et créer[2]. » C'est parce que l'action poétique peut se substituer à celle qui se joue sur la scène du monde qu'il devient possible, selon le célèbre poème des *Fleurs du Mal*, de voyager sur une chevelure – par métaphore tout autant que par la puissance du souvenir – de sorte que cet « ailleurs » se trouve soudain à la portée du rêve, dans un transport où se confondent érotisme, sensualité et mémoire. Dans cette même veine métaphorique, Baudelaire donnera le nom d'Épaves à son recueil posthume de 1868, qui portera, écrit-il, « des rêves, des espoirs, des chants naufragés ». On retrouve ces

1 Comme l'expliquent les historiens sur le site www.herodote.net/histoire/événement, consulté en 2010.

2 Baudelaire, « Mon cœur mis à nu », dans *Œuvres complètes*, *op. cit.*, p. 684. On notera que Baudelaire imagine trois vocations distinctes. Pourtant, au dix-huitième siècle, deux officiers-poètes de l'Île de Bourbon, Évariste Parny et Antoine de Bertin, se firent une très belle réputation en maniant et la plume et l'épée, écrivant une poésie érotique et des élégies d'inspiration classique.

mêmes images chez Mallarmé, qui évoque une sirène et un naufrage dans « À la nue accablante tu » ou fait se profiler, dans *Un Coup de dés*, l'image emblématique du célèbre *Capitaine Achab* et de son insaisissable blanche capture.

Or, ce jeu de métaphores invite à formuler, à partir de Mallarmé, une interrogation plus précise et peut-être plus urgente ayant trait à la fonction du poète dans ce monde en expansion dans lequel se multiplient les échanges commerciaux. Qu'adviendra-t-il de cet « acte [qui] toujours s'applique à du papier » et à quoi peut prétendre « l'action restreinte », action restreinte par quoi Mallarmé dénomme le geste poétique[1] ? C'est en jouant ainsi de l'ambiguïté de l'adjectif « restreinte » (pour dénoter à la fois l'envergure de cet acte et son empêchement) que Mallarmé identifie une nouvelle conjoncture défavorable à tous ceux qui s'en remettent au papier et à la plume pour faire acte de présence dans un monde où l'or et le papier imprimé (presse ou papier monnaie) tiennent le haut du pavé. Comment le geste d'un poète lyrique pourra-t-il laisser sa marque dès lors que son produit relève d'un tout autre commerce que celui des marchés ? Il faut sortir de ce circuit d'échanges, renonçant donc « aux mots de la tribu[2] », pour circonscrire un espace spirituel où règnera, de façon suprême, le livre. Cette aventure dont l'instrument est le verbe et l'idéal, la musique, exigera une reconfiguration du langage poétique aussi rigoureuse que radicale. Combien modestes alors, en comparaison, les efforts de ses prédécesseurs ! Eux qui semblent avoir fait de l'image un nouveau fétiche, alors qu'il fallait s'attaquer au fondement même, et réinventer le vers. Ne faut-il pas en effet opposer aux désirs matériels de ce nouveau monde en effervescence commerciale une tout autre logique où les mots sertis dans le vers serviront à eux seuls de capital ?

Ce n'est pas que le destin de la poésie lyrique française se joue à l'écart de tout échange, bien au contraire ; elle n'aurait pu exister sans que prospèrent, dans ce siècle, le commerce du livre et un riche truchement entre les arts et les langues. Hugo le dit bien, en janvier 1829, dans sa préface à l'édition originale : ce qui paraît être un « livre inutile de pure poésie » reflète bien « une sorte de préoccupation générale »

1 Voir Mallarmé, « L'Action restreinte », dans *Œuvres complètes*, Paris, Gallimard, 1966, p. 369-373, et l'excellent commentaire de B. Johnson dans « Erasing Panama », *A World of Difference*, Baltimore, Johns Hopkins University Press, 1989.

2 La mission du poète consiste selon Mallarmé à « Donner un sens plus pur aux mots de la tribu », comme le dit ce vers du « Tombeau d'Edgar Poe ».

pour les études orientales inspirant « les intelligences autant que [...] les imaginations[1] ». Comme un musicien romantique alors, Hugo se sert de ces poèmes comme d'études destinées à étendre tant sa diction que son registre expressif tout en s'inspirant d'« une source à laquelle il désirait depuis longtemps se désaltérer[2] ». Mais il se fait aussi l'émule des peintres, d'un Turner ou d'un Delacroix par exemple, lorsqu'il annonce qu'il veut « faire une mosquée[3] ». C'est donc par imitation d'une pratique picturale qu'il dépeindra une captive, un clair de lune en Orient, ou, dans un poème intitulé « Le Voile », les lamentations d'une femme s'apprêtant à mourir aux mains de son frère parce que « [s]on voile un instant s'est ouvert ». Quant à son commerce livresque, il ne le portera pas seulement vers des sources érudites, mais aussi vers des influences étrangères, empruntées à des poésies en allemand ou en anglais, qui sont elles-mêmes parfois traduites d'autres langues, comme c'est le cas avec « Gulistan » de S'adi, « Lala Rookh » de Moore ou encore « Mazeppa » de Byron. Étant donné qu'Hugo s'inspire également de Virgile ou de l'Othello de Shakespeare pour cet ouvrage, c'est bien un livre cosmopolite que nous découvrons là.

Pourtant, un autre point de vue est tout aussi défendable, qui verrait dans ces études aux tonalités nouvelles, avec leur prédilection pour le blanc et leur élan vers un art épuré, une anticipation des symbolistes, comme dans ces vers de « La Captive » :

J'aime de ces contrées
Les doux parfums brûlants,
Sur les vitres dorées
Les feuillages tremblants,
L'eau que la source épanche
Sous le palmier qui penche,
Et la cigogne blanche
Sur les minarets blancs.

Dans ce beau décor stylisé, le vers hugolien ne s'offre pas tant à représenter l'Orient qu'à tirer profit, poétiquement parlant, de sa puissance évocatoire. Edward Said le montre bien dans sa magistrale étude

1 Hugo, *Œuvres poétiques*, éd. par Pierre Albouy, Paris, Gallimard, Pléiade, 1967, t. 1, p. 580.
2 *Ibid.*, p. 580.
3 *Ibid.*, p. 579.

sur l'orientalisme : à l'époque même des grandes incursions militaires, cet Orient existe avant tout comme un imaginaire fait de peintures et de livres, et parmi ces derniers donc, *Les Orientales*. Mais cette critique n'implique pas forcément la condamnation du projet d'expansion du champ lyrique. Elle nous permet au contraire de mieux cerner ce qui se passe dans ce recueil et ceci, dans l'esprit de son créateur. Car le Hugo des *Orientales* occupe bien dans ce volume une position ambiguë à la frontière entre une conquête poétique et une visée socio-politique. La première préface le dit bien : il s'agit d'expérimenter avec « *les limites de l'art* » et donc de conquérir un territoire dépourvu de « géographie précise » en l'absence de « cartes routières de l'art avec les frontières du possible et de l'impossible tracées en rouge et en bleu[1] ».

À partir de cette proclamation pour un art sans frontières, on conclura de manière provisoire que c'est par métaphore et à travers l'invention de nouvelles formes que la poésie lyrique du dix-neuvième s'ouvre à des horizons jusque-là inconnus. Elle élargit son champ en expérimentant avec un nouveau lexique, ainsi que de nouvelles images et rimes. D'où la tentation de s'arrêter à ce premier cliché : pas plus soldats que marins, mais explorateurs du vers travaillant à une table solitaire, nos poètes n'ont cure de ce qui se passe sous leurs fenêtres et préfèrent leurs livres à tout autre aventure dans le vaste monde. En revanche, ils communiqueront entre eux par le truchement de leurs précieux volumes. Ainsi, cette superbe amorce visuelle que constituent dans « Marine » de Rimbaud les vers « Les chars d'argent et de cuivre / Les proues d'acier et d'argent / Battent l'écume » n'existerait sans doute pas sans cette brève illumination qu'Hugo lui livra en évoquant, dans « Le cri de guerre du Mufti », « vos tranchants étriers, larges triangles d'or ». Les nouveaux territoires qu'investit la poésie française se dessinent alors depuis l'intérieur, à travers des influences entre poètes et ce que dictent l'imagination et le souvenir.

Il fallut donc, tant à Desbordes-Valmore qu'à Baudelaire, de longues années d'apprentissage avant qu'une scène associée au voyage, entrevue pourtant à un âge très impressionnable, ne devienne poème. « Les Roses de Saadi », pièce justement célèbre de Desbordes-Valmore, a transmué en or poétique ce qui fut d'abord un paysage marin ou peut-être même une expérience maritime. Des poèmes tels que « La Vie antérieure », « La Chevelure » et « L'Invitation au voyage » montrent bien comment diverses

1 *Ibid.*, p. 578, les italiques sont de l'auteur.

permutations d'un processus métaphorique permettent la convergence entre un thème exotique et une quête esthétique. En sculptant ses sonnets et ses autres pièces, le poète convoque des paradis imaginaires, qui, bien qu'absents de toutes les cartes, resteront en revanche longtemps inscrits dans la topographie moderne du *Weltschmerz*. Ce désir pour un outremer rêvé nous livrera ainsi parmi les plus grands poèmes lyriques qu'ait produits le dix-neuvième siècle. Pourtant, revus à la lumière de la perspective, évoquée plus haut, d'une saisie intersubjective plutôt qu'« objectifiante » de mondes étrangers, ces derniers révèlent soudain leurs défauts. Peut-on encore y voir autre chose, alors, que des signes d'une imagination colonisatrice ? C'est qu'il existe aussi, sous forme d'intertexte, un discours d'appropriation et de domination éprouvant les attraits d'une vie au milieu « d'un peuple d'esclaves », dont on retrouve des échos chez Balzac : « Allons aux Indes, là où le printemps est éternel [...], où l'homme peut employer l'appareil des souverains, sans qu'on en glose comme dans les sots pays où l'on veut réaliser la plate chimère de l'égalité[1]. » Ces paroles dictées au personnage de Henry du Marsay, un dandy aux goûts aristocratiques, nous rappellent bien à raison que si certains imaginent des voyages exotiques, c'est bien pour servir leur (bon) plaisir.

Pour trouver un antidote à ce discours colonisateur, il nous faut revenir à Marceline Desbordes-Valmore et à une poétique qui, bien que moins raffinée en apparence que celle de Baudelaire, ouvre un champ nouveau en se fondant sur l'empathie ou la sympathie. En effet, le geste poétique semble chez elle indissociable du sentiment et d'un élan vers autrui, alors que ses meilleurs poèmes révèlent un don singulier, que Baudelaire lui-même (pourtant peu ami des femmes de lettres et rebuté par la poésie sentimentale) ne désavoue pas, en suggérant « qu'aucun auteur ne cueille plus facilement la formule du sentiment, le sublime qui s'ignore[2] ». Mais pour mieux identifier la force rhétorique de ce corpus et pour comprendre par là-même ce qui fit de cette femme poète l'une des grandes voix d'un lyrisme « altruiste[3] » un autre détour s'impose.

1 Balzac, *La Fille aux yeux d'or*, Paris, Gallimard, 1976, p. 339.

2 Le sentiment, écrit Mikel Dufrenne dans *L'inventaire des a priori*, « c'est le mode d'ouverture au monde par lequel s'engage, jusqu'à s'y oublier, la personne tout entière, un sujet qui n'est plus seulement attentif à maîtriser l'objet, mais qui peut l'accueillir et l'intérioriser » (cité par Michel Collot, *La Matière émotion*, Paris, PUF, 1997, p. 21).

3 « Le sens est donc dans la parole de l'autre », soulignait Christine Planté lors d'une conférence intitulée « Le silence dans la voix de Marceline Desbordes-Valmore ». Ailleurs, Planté

C'est en effet la vie même de Desbordes-Valmore (à savoir un contexte biographique qui infléchira différemment sa formation poétique) qui explique pourquoi sa poésie se démarque de celle de Baudelaire, Rimbaud, Hugo ou Mallarmé. Il n'y aura pas, pour elle, d'années d'apprentissage dans un collège et pas non plus de rencontre, décisive pour ces derniers, avec le vers classique[1]. Pas de latin ni de grec et très peu de livres, sans doute, pour celle qui se forgera une langue poétique à partir de voix entendues sur scène et dans la rue ou ce qu'elle a pu glaner au hasard de lectures. Actrice de théâtre dès sa jeune adolescence, puisqu'elle était assez jolie, avait un peu de voix et qu'il lui fallait gagner son argent, elle se fit l'oreille en écoutant des vers. C'est de cette façon aussi, chose que ses amies d'enfance qui grandirent avec elle en terre flamande auraient pu lui envier, qu'elle acquit la maîtrise de la langue française.

Partie jeune de Douai, puis souvent démunie (et cela même après son mariage), Desbordes-Valmore fera tôt déjà l'expérience d'une mobilité constante. Tandis qu'elle se déplace à l'intérieur de la France et fréquente des milieux moins cultivés que ses pairs, elle s'expose à une mosaïque de dialectes et de langues que même l'éducation gratuite et publique, en place depuis Napoléon, n'arrive pas à unifier. En effet, au grand souci des autorités et de leurs visées centralisatrices subsistent pendant tout le siècle en France de larges enclaves où l'on préfère parler un dialecte, le français « de Paris » s'apprenant alors presque comme une langue étrangère. Ainsi par exemple, comme l'a découvert l'historien Eugen Weber, dans les Noëls traditionnels de province, les anges chantent en français et les bergers en patois[2].

Desbordes-Valmore était-elle sensible à ces régionalismes ? La seule évidence tangible que nous ayons se trouve dans ses poèmes en créole et dans ceux rédigés dans l'idiome de sa ville natale de Douai[3]. Ce qui est

---

évoque « la voix écouteuse » de cette femme poète ou encore une « structure poétique d'adresse à l'autre » (*La Licorne no 47 : Penser la voix*, éd. G. Dessons, Poitiers, La Licorne, 1997, p. 105 et 101). Ces réflexions sur Desbordes-Valmore ont été inspirées dans une large mesure par les travaux remarquables de Christine Planté et par nos échanges. Je tiens ici tout particulièrement à la remercier.

1 On se souviendra que tant Baudelaire que Rimbaud apprennent au collège à écrire des vers latins.

2 Voir E. Weber, « Who Sang the *Marseillaise ?* », dans *My France : Culture, Politics, Myths*, Cambridge, Belknap Press, 1991, p. 96.

3 Aimée Boutin suggère que Desbordes-Valmore s'intéresse aux dialectes dans son article « Colonial Memory, Narrative, and Sentimentalism in Desbordes-Valmore's *Veillée des*

certain, en revanche, c'est que ses constants déplacements à l'intérieur de la France aussi bien que sa situation sociale l'exposent à une diversité linguistique inhabituelle. Or pour faire carrière en poésie, c'est le français qu'il faut maîtriser et c'est dans cette langue, donc, que Desbordes-Valmore s'efforcera de traduire son enfance flamande, sans pourtant sacrifier entièrement les inflexions régionales ou encore la couleur locale. Quelques indices suggèrent que, pour celle qui ne passa que peu de temps sur les bancs d'école, cela représente un défi. On la sait peu sûre de son orthographe et la métrique exigeante du noble alexandrin ne sera jamais son fort. Elle lui préfère d'ailleurs un vers plus court et irrégulier, plus facile à mettre en musique et à la grammaire plus simple. Aux années passées sur la scène à jouer un répertoire tant moderne que classique, elle doit sans doute l'inflexion toute racinienne qu'elle donne à certaines de ses élégies. Stefan Zweig, qui dans sa biographie la place au firmament de la littérature mondiale, déclare que, malgré son admirable talent lyrique, Desbordes-Valmore « de toute sa vie n'a jamais compris ce que c'est que la littérature[1] ». Poète d'origine modeste, femme de surcroît, elle a donc occupé une position précaire dans l'institution littéraire. Pourtant, c'est de cette marginalité même qu'on voit naître spontanément une poésie de la compassion et de l'ouverture à la souffrance du peuple qui ne viendra à Baudelaire que tardivement, au terme d'un double apprentissage, qui passa explicitement par Hugo mais peut-être aussi par celle qui excella dans « la formule du sentiment[2] ».

De transformer en avantage les obstacles placés sur cette trajectoire de poète exige une habileté considérable, dont on trouve un bel exemple dans « Une lettre de femme » commençant par « Les femmes, je le sais, ne doivent pas écrire ». Jouant admirablement d'une modestie convenue pour surmonter l'interdit, la femme poète nous livre ici un poème d'amour d'une désarmante simplicité. Il en va de même dans « La Chambre » et bien d'autres petits poèmes : la musique intime du

---

Antilles », *L'Esprit créateur*, vol. 47, n° 4, 2007, p. 63.

1 *Marceline Desbordes-Valmore : das Lebensbild einer Dichterin*, Leipzig, Insel Verlag, 1927, p. 64. Le commentaire de Zweig demande à être relu à la lumière de *La Parole muette*, ouvrage dans lequel Jacques Rancière nous offre une riche étude de l'évolution de la notion de style et de forme au dix-neuvième siècle.

2 Voir A.-E. Berger, *Scènes d'aumône : misère et poésie au* XIX*e* *siècle*, Paris, Honoré Champion, 2004. Sans évoquer directement l'influence que Desbordes-Valmore aurait pu avoir sur Baudelaire, Berger pose dans cet ouvrage les jalons indispensables de ce passage à une littérature qui « se socialise » (p. 44).

vers parle ici, à travers ses rythmes et ses sonorités, bien plus fort que les images ou les figures de rhétorique. Ni lettrée, ni vraiment cultivée, une voix poétique féminine s'affirme alors dans un terrain que, mis à part Rimbaud peut-être, les grands poètes du dix-neuvième siècle n'ont pas su labourer de leurs vers. À l'instar de celui qui écrit sur les enfants qui ont faim (« Les Effarés ») ou sur le pantalon ou les souliers abîmés d'un vagabond (« Ma bohème »), Desbordes-Valmore trouve moyen de forger une poésie qui parle pour les laissés-pour-compte et les exclus – pour ceux et celles qui travaillent durement et humblement (telles, aussi, les mères) à l'écart de l'expansion commerciale ou des conquêtes coloniales. Aux antipodes de l'aliénation poétique d'un Baudelaire et de son dandysme (et tout aussi étrangère à l'univers balzacien des ambitieux), l'œuvre de Desbordes-Valmore se fonde sur une notion d'inclusion et d'appartenance, comme lorsqu'elle fait de la formule « j'en étais » le refrain du poème « Le Puits de Notre-Dame ». Bon nombre de ses poèmes naissent en effet de la sympathie, depuis ses premiers essais un peu maladroits, mêlant larmes et esclaves dans les chaînes, aux poèmes dénonçant le massacre des canuts à Lyon ou encore à la souffrance d'un prisonnier entrevu depuis sa fenêtre. Il n'est pas surprenant alors que le mot « pauvre », emblématique chez elle de la compassion et d'un geste altruiste, apparaisse si souvent dans son œuvre ; loin de signifier une quelconque sentimentalité, il survient dans ces poèmes comme pour ponctuer l'élan d'une âme vers une autre.

Tantôt fraternelle, tantôt maternelle, la diction poétique de Desbordes-Valmore garde les traces de son enfance et aussi de l'errance forcée qui fut la sienne, puisqu'elle déménagea quatorze fois, à la recherche chaque fois d'un emploi et d'un abri, pour elle, son mari et ses enfants. Elle évoquera donc non seulement une sympathie profonde pour les démunis mais, dans des poèmes d'une intensité remarquable parfois occasionnés par le deuil, des liens affectifs qui ne sont pas érotiques mais familiaux comme par exemple entre une mère et sa fille, une mère et son fils et entre sœurs[1]. Thème conventionnel de la poésie lyrique, l'absence de l'être aimé englobe chez elle tous les absents. En cela, celle qui a si souvent déménagé semble parler pour des milliers d'autres, travailleurs ou demandeurs d'emploi à la recherche d'un gagne-pain qui, dans son siècle,

1 Voir par exemple « Rêve intermittent d'une nuit triste », « Les Sœurs », « À mon fils après l'avoir conduit au collège » et « Amour partout, à Inès ».

parcourent les routes et chemins de France ou se dirigent vers les villes. « Défendez aux chemins de m'emmener encore ! », c'est une angoisse contemporaine qu'on entend derrière le cri du cœur qui résonne dans « Fragments : Dimanche des Rameaux ». Tout se passe en effet comme si, en exprimant cette nostalgie et cette fatigue du voyage, Desbordes-Valmore avait déjà pressenti ce qu'apporterait dans son sillage l'épopée d'expansion commerciale, de conquête coloniale et de tourisme qui se joue au dix-neuvième siècle : pour des milliers en France et pour des millions à l'échelle planétaire, de cruelles souffrances ou, dirions-nous, « le coût humain » lié à l'exil et à une existence nomade.

Fraternelle et maternelle, cette diction suscite une émotion qui lie la femme poète à ses lecteurs, parce qu'elle sait donner expression à des aspirations simples, en des termes personnels et à travers des images saisissantes. Le lyrisme de Desbordes-Valmore semble désormais d'autant plus actuel et convaincant qu'il invite un rapprochement entre l'expérience de la pauvreté ou de la précarité à l'âge du progrès et celle qui marque nos sociétés post-industrielles. C'est lorsqu'on fait une sélection à partir des neuf ouvrages de poésie de Desbordes-Valmore (dont l'un posthume), comme l'ont fait Yves Bonnefoy et plus récemment Christine Planté, que l'on saisit le mieux ce qui donne la qualité propre et la force évocatoire de sa poésie. La relecture de ces œuvres les plus mémorables ne fait que confirmer l'intuition de Baudelaire : c'est comme formules du sentiment que « Rêve intermittent », « Un Ruisseau de la Scarpe » et « Une Ruelle de Flandre » restent inoubliables. Des expressions comme perdre sa maison, perdre un enfant, se sentir déraciné, apprendre à faire avec moins ne font que délimiter un champ d'expérience dont l'essence reste indéfinissable. Or la poésie de Desbordes-Valmore sait justement évoquer ce qui est absent des récits et des phrases convenus : la douleur du déracinement, l'angoisse de la perte et la persistance de ce deuil pour les choses et les êtres qu'on doit laisser derrière soi. Apparaissent alors dans ces poèmes, déchirant le voile de l'oubli et de la nostalgie, « les flots d'or des pliantes moissons », « ce puits large et dormeur au cristal enfermé », des charmilles et jardins embaumant la rose, et « les blonds essaims de jeunes Albertines[1] ». Précises et personnelles et pourtant élémentaires au point d'être presque banales, les images que nous livre le poète semblent portées par une « inquiétante

1 Nous citons, dans l'ordre, « Rêve intermittent d'une nuit triste », « La Maison de ma mère » et « Une Ruelle de Flandre ».

étrangeté » ou encore, par un « souffle de préhistoire[1] ». C'est en évoquant de telles expériences que Desbordes-Valmore leur fait une place sur la carte de la littérature mondiale.

Évoquant ce que peut accomplir le lyrisme poétique, Hans-Robert Jauss écrit que « vu à distance, même l'univers le plus familier se verra doté d'une aura[2] ». Bien que de portée plus générale, ces mots semblent décrire ce qui se passe au cœur de l'œuvre de Desbordes-Valmore quand, à travers les figures d'une nostalgie intense, singulière et ciblée sur les lieux de son enfance, elle touche à un lyrisme universel. Ce n'est que rarement, alors, que cette voix lyrique englobe un monde plus large. C'est le cas pourtant avec l'un de ses plus beaux poèmes, lorsque pour « Les Roses de Saadi », Desbordes-Valmore s'inspire de la poésie orientale et du poème persan *Gulistan* pour écrire ce qui ressemble au prime abord à un poème d'amour ayant pour fond l'espace intemporel de la mer. Là, des « roses envolées / Dans le vent, à la mer [...] toutes allées » servent à évoquer un amour ou une passion teintant une eau « rouge et comme enflammée » dans un geste dont une robe porte la trace « toute embaumée ». À qui appartient cette robe ? Revu à la lumière de ses sources orientales, le poème ne fait que gagner en complexité : redoublant, dans une pièce au genre non marqué, l'ambiguïté des identités sexuelles, la robe portée en Orient par des hommes fonctionne comme accessoire ou « signifiant » épicène[3]. Dans la lecture d'Yves Bonnefoy, c'est bien la langue qui « fait » ce poème, dans lequel, écrit-il, « la parole est une offre, une prière, un échange[4] ». Quel autre poète lyrique du dix-neuvième siècle français a su évoquer un désir aussi radicalement transitif et intersubjectif ? Peut-être fallait-il d'ailleurs que ce fût une femme... Au-delà de ces questions qu'inspire ce poème à l'érotisme subtil et indéterminé, « Les Roses de Saadi » semble bien confirmer qu'une reconfiguration de l'écriture lyrique de sorte qu'elle s'ouvre à l'autre est inséparable d'une révolution du discours poétique. Il ne s'agit pas seulement d'imaginer

1 Nous faisons allusion à l'essai de Freud *Das Unheimliche* et à la façon dont Walter Benjamin définit l'aura dans « Sur quelques thèmes baudelairiens », *Œuvres*, Paris, Gallimard, 2000, t. 3, p. 378.

2 « Aus der Ferne kann die vertraute Welt der Nähe selbst auratisch werden », écrit H.-R. Jauss dans « Die ästhetische Vermittlung sozialer Normen », dans *Ästhetische Erfahrung und Hermeneutik*, Frankfurt, Suhrkamp, 1982, p. 770.

3 « Épicène » puisque les formes grammaticales habilement choisies empêchent que l'on identifie le sexe des « acteurs » ou « actants » de ce poème.

4 « Préface », M. Desbordes-Valmore, *Poésies*, Paris, Gallimard, 1983, p. 22.

des descriptions inédites, mais encore de susciter une nouvelle rhétorique qui infléchira autrement ce qui a trait à la différence. C'est dire à quel point ce poème, écrit à l'époque où l'Orient devient un cliché (Nerval parle d'un « Orient qui fait fureur dans les entresols et les sixièmes des gens de lettres[1] »), se démarque des conventions littéraires de l'époque.

C'est chez Nerval aussi qu'on trouvera, au prime abord, les signes d'une sensibilité poétique altruiste tournée vers des terres étrangères. Homme de lettres et poète, il partira au Proche-Orient en 1843 tant, semble-t-il, pour se ressourcer et trouver son inspiration que pour faire oublier un épisode de maladie mentale. Un daguerréotype fait partie de ses bagages, mais il ne semble pas l'avoir utilisé. De porter un regard nouveau sur des scènes et des paysages que les peintres orientalistes ont déjà représentés lui paraît problématique puisque « partout les peintres nous ont découpé l'Asie en petits carrés pendus au mur[2] ». Il se dirigera donc vers des lieux moins fréquentés, le Caire, le Liban, la Syrie, ce qui, combiné avec ses maigres ressources, fera qu'il aura un contact plus étroit avec les habitants locaux. Sa correspondance met en avant des aspects de l'Orient qui ont peu intéressé les voyageurs romantiques, comme Chateaubriand ou Lamartine, qui l'ont précédé ; il y parle de la cruauté de l'esclavage et s'interroge sur la pauvreté choquante qui l'entoure. Pourtant l'œuvre qui paraîtra huit ans plus tard, *Le Voyage en Orient*, doit tout autant à une matière livresque qu'à celle recueillie sur le terrain ; on y trouve, par exemple, de nombreuses paraphrases de l'ouvrage de E.W. Lane, *Les Mœurs de l'Orient.* De ce voyage, le poète semble avoir retiré avant tout une irrésistible fascination pour des légendes orientales, légendes qu'il interprète à sa façon pour les incorporer à une mythologie personnelle.

Goethe, que Nerval a beaucoup pratiqué, lui aura peut-être servi de modèle. Ne suggérait-il pas, en effet, qu'on trouverait en Orient *mehr Licht*, ce surplus de lumière propice à l'inspiration ? Les révélations poétiques promises par le maître devaient paraître bien illusoires à ce voyageur qui se frotte concrètement à la pauvreté du Caire en logeant dans des quartiers pauvres et qui partage son existence, l'espace de quelques semaines, avec une esclave. En outre, même si, comme il l'écrit, « le soleil est beaucoup plus brillant dans ces pays que dans

1 Cité par P. Gascar, *Gérard de Nerval et son temps*, Paris, Gallimard, 1981, p. 107.
2 Comme il écrit à Théophile Gautier, voir Nerval, *Œuvres complètes*, éd. J. Guillaume et C. Pichois, t. 1, p. 1403.

les nôtres », il est possible aussi « qu'on ait vu ce soleil-là que dans la première jeunesse, quand les organes étaient plus frais[1] ». Mais dès lors que l'enfance est baignée de cette même lumière idéale que ces terres ensoleillée, pourquoi aller chercher un ailleurs en Orient ? Pour cette âme nostalgique, les paysages d'enfance situés en Île-de-France peuvent paraître tout aussi lointains et donc tout aussi désirables. Il faut voir ici la clé, sans doute, de la réticence de Nerval à vouloir entourer cet Orient vu de près d'un voile poétique : c'est le passé qui l'attire comme le montre si bien « Sylvie ». Ce chef-d'œuvre d'écriture lyrique composé en prose est rempli en effet de voyages intérieurs remontant vers une France lointaine et ancienne aux tonalités quasi ronsardiennes. Les objets du désir nervalien (parmi eux une Sylvie rivalisant avec cette muse plus sylvestre encore qu'est Adrienne) se découvrent au bout d'un voyage en fiacre dans des terres emplies encore de l'âme de Jean-Jacques Rousseau. Le voyage nervalien se place désormais sous le signe de la nostalgie.

En effet, point n'est besoin de voyager vers des terres lointaines, dès lors que l'expérience lyrique peut se nourrir de la distance temporelle tout aussi bien que d'un lieu exotique : il suffit de trouver (ou, dans l'idiome contemporain, de « localiser ») les cordonnées espace-temps de ce « doux point de l'Univers » où l'on se sent chez soi[2]. Pourtant, cette nostalgie nervalienne pour ces villages aux noms évocateurs ou même « poétiques[3] » de Senlis, Loisy ou Châalis cachés au cœur de la douce France a pour pendant une conscience accrue du processus de modernisation visible partout, à Paris comme en province. Alors que son imagination s'envole vers Sylvie et des paysages bucoliques qui paraissent de plus en plus lointains, Paris sous Louis-Philippe s'est transformé en vaste chantier. On travaille à développer en France un réseau de chemin de fer, pendant qu'à l'étranger, on s'occupe de nouvelles conquêtes. On fait la guerre en Algérie, tandis qu'au-delà de l'océan, à Tahiti, la reine Aimata Pomaré se voit forcée d'abdiquer[4]. Signes d'un nouveau marché à l'échelle mondiale,

---

1 *Ibid.*, t. 1, p. 1394.

2 Nous reprenons ici le dernier vers de « Rêve intermittent d'une nuit triste » de Desbordes-Valmore.

3 C'est ce que suggère la lecture que fait Marcel Proust de « Sylvie » dans l'essai « Gérard de Nerval », *Contre Sainte Beuve*, Paris, Gallimard, 1971, p. 241. Cette poésie des mots nervaliens trouvera son écho dans *À la recherche du temps perdu*, en particulier dans « Noms de pays ».

4 Aimata Pomaré IV régna sur Tahiti, Moorea et leurs dépendances entre 1817 et 1877, mais à la suite de l'intervention militaire de Dupetit-Thouars en 1842, sous le joug de

de nouveaux mots étrangers font leur entrée dans la langue française : on donne le nom exotique de « smalah » à une étoffe (produite à Lyon) de soie ornée de dessins et brochée et « Pomaré », à une nouvelle soie peinte[1]. Par contraste, dans ces mêmes années, le poète Gérard de Nerval s'est tant appauvri qu'il devra revenir à pied de son dernier séjour en Allemagne.

Définissant le genre lyrique, Hegel déclare que « l'intériorité, concentrée, ramassée sur elle-même, se sert souvent d'objets tout à fait extérieurs pour faire comprendre que l'âme comprimée est hors d'état de s'exprimer[2] ». C'est dans « Sylvie » que les modalités de cette intériorisation salvatrice se font le plus visibles, comme s'il s'agissait d'opposer à des réalités économiques et matérielles de plus en plus présentes ces « tableaux d'une couleur irréelle[3] » suscités par la rêverie. Griffonnées au coin d'une rue ou dans une pauvre chambre, les images nervaliennes évoquant un château de l'époque d'Henri IV, des paysages boisés baignant dans la brume et des eaux argentées se substituent aux clichés exotiques. On y trouve aussi une simple jeune fille de la campagne ouvrant sa porte accueillante à un Orphée vagabond, dans une chaumière où s'allient pampre et roses trémières. L'imaginaire romantique est empreint de telles images, inspiré par le *Faust* de Goethe que Nerval a traduit dans sa jeunesse. Cependant, au risque d'un certain *pathos*, il faut ici encore rattacher un travail poétique à des conditions existentielles, la recherche d'un ailleurs littéraire s'expliquant peut-être à partir d'une « mélancolie noire » qui mena un poète sans manteau à se pendre au coin d'une rue, par une nuit glacée de janvier 1855, avec une corde faite du tablier de sa tante. Il avait écrit dans une lettre : « Jusqu'ici rien n'a pu guérir mon cœur, qui souffre toujours du mal du pays[4] ». À l'âge des performances ou du « body art », cette vignette biographique invite peut-être à une lecture ironique : les tourments de l'artiste ne sont-ils pas devenus, eux aussi, une source de capital ? Pourtant, dans une histoire de la littérature qui cherche à se réinventer au regard d'une carte mondiale, une statistique urbaine du dix-neuvième siècle, quoiqu'imprécise, s'impose à l'esprit :

---

l'administration française. Tahiti devint une colonie à la mort de la reine.

1 Gascar, *op. cit.*, p. 197.

2 Cité par Collot, *op. cit.*, p. 29.

3 Proust, *op. cit.*, p. 235.

4 « À A. Houssaye », « Fragment de la Bohème Galante », *Œuvres complètes*, Paris, Gallimard, 1974, t. 1, p. 461.

selon le Baron Haussmann, il y a à Paris un million deux cent mille pauvres – parmi eux, Gérard de Nerval[1].

Quelle place reste-t-il au poète ? Alors que la ville s'étend et se modernise et que la France agrandit son territoire, son univers semble se rétrécir, comme en témoigne Baudelaire : « [L'artiste] restera pauvre et seul, mais fidèle à lui-même, et s'obstinera à tirer de son cerveau toute la décoration de sa vie[2]. » Ces mots donnent une formulation concrète à ce qui est vécu comme marginalisation ou aliénation dans un contexte politique et socio-historique[3]. Mais au-delà, ils tracent un processus d'intériorisation et une remontée vers soi dont témoigne cette poésie lyrique. De là, un souci accru, chez nos poètes, de trouver la forme juste ou parfaite en même temps qu'une posture « poétique » ou « romantique » fortement individualisée. C'est à partir de ce double élan vers un style propre et une singularité qu'émergera ce qu'il faut bien nommer une nouvelle modalité de la subjectivité. Elle définit, sous la forme de ce repli lyrique et à travers un « contre-investissement » dans l'imaginaire, ce que George Poulet a appelé un « espace intérieur ». Mais ici encore, c'est le travail sur la langue qui reste décisif, travail par lequel ceux et celle qui, mus par un souci de singularité et d'expression d'un moi poétique, ont su forger une nouvelle grammaire et rhétorique constitutive d'une individuation. L'historien de la langue Jacques-Philippe Saint-Gérard nous donne les indices d'une telle évolution, lorsqu'il parle, dans un chapitre de la *Nouvelle histoire de la langue française*, d'une « nouvelle épistémé » remplaçant « une poétique classique et normée de l'expression » qui a pour conséquence que « la singularité du Sujet individué s'élève sur les décombres de la communauté des sujets régis par la langue[4] ». En résumant de la sorte une révolution langagière dont le poème lyrique est sans doute l'instrument (ou le produit) le plus remarquable, l'historien marque aussi indirectement une rupture décisive entre le sujet et l'objet ou encore entre le moi et l'autre. Dans cette nouvelle configuration, le mot n'est plus tant le fruit d'une pensée partagée spontanément

1 Gascar, *ibid.*, p. 311.

2 Cité par J. Thélot, *Baudelaire : Violence et poésie*, Paris, Gallimard, 1993.

3 Pour un survol des relations complexes entre poésie, histoire et politique voir C. Millet, « L'éclatement poétique, 1848-1913 », *Histoire de la France littéraire, Modernités* XIXe-XXe *siècle*, Paris, PUF, 2006, p. 258-285.

4 J.-P. Saint Gérard, « La Langue française au dix-neuvième siècle », *Nouvelle histoire de la langue française*, Paris, Seuil, 1999, p. 414.

qu'un objet soigneusement mûri en soi qu'on profère et adresse à un autre désormais séparé et distant. Le dire poétique se construit dès lors comme ce qui se voit séparé d'autrui par une nouvelle distance et finit presque par consacrer une séparation entre soi et l'autre. C'est ainsi que la conquête d'un nouveau territoire expressif à travers le lyrisme poétique fera paradoxalement ombrage à cette réconciliation, pourtant désirée, entre contemplation poétique et solidarité humaine.

Au vingtième siècle encore, Yves Bonnefoy, sous l'influence de ses lectures de Baudelaire, Mallarmé et Rimbaud, s'exprime sur cette séparation en opposant « écrire » et « agir » et en concluant que l'on ne peut connaître « la solidarité avec l'autre [...] que si on cesse d'écrire[1] ». En mettant en évidence ce retrait de la poésie face à l'action, Bonnefoy ne fait autre que confirmer ce que les poètes du siècle précédent avaient déjà perçu : qu'un engagement dans l'histoire et une vocation poétique fondée sur l'individu sont incompatibles. En travaillant sur un vaste échantillon de poèmes lyriques parus (ou écrits) en France en 1857, l'année de la condamnation des *Fleurs du Mal*, le critique Hans-Robert Jauss nous livre les éléments concrets de ce repli sur la sphère intime que marque la poésie lyrique française. Ces recherches sur la thématique des poèmes aboutissent à deux découvertes liées l'une à l'autre. Il conclut ainsi que la poésie lyrique « reste le genre qui offre le plus de résistance à une lecture matérialiste ou à une sociologie de la littérature[2] » tout en montrant que la majorité des poèmes converge autour d'une figure centrale aux connotations féminines qui est celle de la « douceur du foyer ». « Le Rouet d'Omphale », de Victor Hugo n'est alors qu'un exemple, parmi des dizaines, de poème inspiré par « la contemplation élégiaque d'une maison qu'on a quittée[3] ». C'est dire à quel point la poésie de ce moment-là s'inscrit en faux contre les images d'une masculinité partie à la conquête du monde et préfère s'investir dans un quotidien (*eine Alltagswelt*) féminisé dont on voit les traces encore chez Mallarmé, dans « Don du poème ».

Il semble donc que, loin de se superposer dans ce mouvement d'expansion que soutiennent des projets d'urbanisme, des ambitions coloniales et des transports grandement facilités par la machine à vapeur et la création de nouveaux réseaux, la poésie lyrique se dirige ailleurs,

1 Y. Bonnefoy, *Le Nuage rouge : Essais sur la poétique*, Paris, Mercure de France, 1977, p. 80.
2 Jauss, *op. cit.*, p. 753.
3 Jauss, *op. cit.*, p. 764.

vers l'intérieur. Comment saurait-elle en effet s'ouvrir au monde, alors qu'elle a pour prémisses une prise de conscience que Baudelaire exprime dans « Le Voyage », sous la forme d'un étonnement ou d'une inquiétude ? En clôture du recueil, le vers « Que le monde est grand à la clarté des lampes ! » exprime encore une fois cette intériorisation propre au travail lyrique, en redisant l'écart entre dehors et dedans et plaçant le poète dans sa chambre, là où il étudie, rêve, écrit un univers poétique plutôt que géographique. Même Leconte de Lisle qui, ballotté pendant toute sa jeunesse entre la Réunion et la Bretagne, connut le multiculturalisme sous une forme toute concrète ne témoigne que très rarement de ce riche vécu dans ses vers (bien qu'il l'ait fait dans sa prose)[1]. En se faisant Parnassien, il choisit une muse autrement lointaine, se rattachant à l'Antiquité latine, grecque ainsi qu'indienne, et s'impose un style élaboré aux antipodes d'une langue et d'une grammaire vernaculaires. Sa poésie, comme le montre bien Edgar Pich, s'articule autour de notions telles que l'incommunicabilité et l'incompatibilité entre la parole poétique et l'histoire[2]. À travers ce repli sur l'œuvre, le poème se transforme en pur objet, mais en un objet si à l'écart du monde qu'il se voit privé de cette action restreinte que Mallarmé lui attribuait encore.

En fin de compte, la diversité et la richesse de ce remarquable corpus que constitue la poésie lyrique du dix-neuvième siècle invite bien naturellement à des conclusions plus nuancées. Le schéma le plus juste serait celui d'une dialectique. On ne peut oublier, par exemple, que le poète lyrique s'arroge « l'incomparable privilège d'être à la fois lui-même et un autre[3] ». Loin de révéler un autre exemple d'arrogance baudelairienne, cette déclaration tirée du poème en prose « Les Foules », peut se rattacher aussi à la pratique poétique de Desbordes-Valmore et de Rimbaud. Il nous faut alors ramener les notions d'individuation et d'intériorisation développées plus haut à leur contexte littéraire, pour rappeler que c'est précisément parce qu'elle se satisfait d'évoquer des impressions et des illuminations contenues dans le rayon étroit d'une sensibilité que cette poésie lyrique française réussit là où

---

1 Baudelaire signale une exception en écrivant, à propos du « Manchy », que c'est « un chef-d'œuvre hors ligne, une véritable évocation, où brillent, avec toutes leurs grâces mystérieuses, la beauté et la magie tropicale » (cité par C. Gothot-Mersch (éd.), dans C. Leconte de Lisle, *Poèmes Barbares*, Paris, Gallimard, 1985, p. 169).

2 Voir « Leconte de l'Isle », *Dictionnaire de la poésie de Baudelaire à nos jours*, éd. M. Jarrety, Paris, PUF, 2001.

3 Baudelaire, « Les Foules », *Spleen de Paris*, *op. cit.*

justement la tragédie (trop figée) et le roman réaliste (trop imbriqué dans un contexte socio-historique) vont échouer. C'est à la poésie qu'il échoit alors de présenter les formes d'une expérience moderne qui transcendent les différences géographiques, pour nous faire entendre, comme l'écrit Georg Lukács, « la musique et les sonorités du profond désir de l'âme[1] ». La formulation est sans doute désuète. Néanmoins le critique évoque avec justesse cet élargissement au monde dont témoigne l'expression lyrique, puisque cette « âme » dont il nous parle reste indéterminée, transcendant les différences entre soi et l'autre, entre le poète qui écrit et son objet. Partant d'une expression hautement individualisée s'adressant à chacun, les poètes lyriques du dix-neuvième siècle se sont ainsi donné, sans le vouloir ni le savoir peut-être, une mission œcuménique. Leur poésie reste vraie même à l'échelle planétaire en exprimant un sentiment familier, comme par exemple, cette anomie propre à un monde où, selon Lukács, « la vie est désormais définie de telle façon que ces regards que personne ne remarque ou les mots que l'on laisse échapper sans qu'ils soient entendus ou compris sont devenus les formes mêmes à travers lesquelles les êtres humains communiquent entre eux[2] ». Récit extraordinaire d'un tel échange qui précisément n'aura pas lieu, le sonnet « À une passante » parle d'une expérience tout aussi réelle à Bombay, qu'à Sao Paolo ou Pékin qu'elle le fut une fois à Paris ou Berlin. C'est à partir de telles rencontres qu'on pourra conclure que la poésie lyrique française « se mondialise » et se dissémine, non pas sous forme d'une conquête, mais par un phénomène d'échos qui traversent spontanément les distances géographiques[3]. Ce partage devient effectif et garde toute son efficace lorsque « Enivrez-vous » se retrouve sur YouTube, que des vers tirés de « Aube » servent d'inspiration à une « pub » ou que le *World Wide Web*, autrement dit la toile, nous propose des traductions de Baudelaire ou Rimbaud en langue tchèque, en bengali, en arabe, en portugais et en mandarin.

Que reste-t-il de cette ère de conquête poétique si ce n'est le livre – le livre comme symbole de l'idée, mais aussi d'une humanité sans cesse

---

1 G. Lukács, « The New Solitude and its Poetry », dans *Soul and Form*, trad. Anna Bostock, Cambridge, MIT Press, 1997, p. 85. L'essai de Lukács porte sur Stefan George, épigone et traducteur de Baudelaire, qui évoque « un lyrisme chaste qui ne reproduit que les expériences les plus générales et symboliques », *ibid.*, p. 82.

2 Dans son article, F. Lionnet évoque ce qu'elle appelle le « worldness » (la « mondialité ») de Baudelaire, *op. cit.*, en particulier p. 733.

3 Lukács, *op.cit.*, p. 84.

en quête d'un idéal linguistique, philosophique et existentiel ? Alors qu'aujourd'hui les mots et les images se présentent si souvent à nous sous forme numérisée, la notion mallarméenne que « Tout au monde existe pour aboutir à un livre[1] » peut paraître démodée. Pourtant l'objet reste une merveille d'inventivité et son influence sur les esprits, inégalée. Le livre n'aura pas perdu de son aura aussi longtemps que dans telle bibliothèque américaine, à des milliers de lieues d'où il fut conçu (en France) et imprimé (en Angleterre), on trouvera encore, parmi les objets rares, un mince volume relié en cuir et or, avec des lettres enluminées et des gravures sur bois, tout cela pour mettre en valeur des poèmes du *Livre de Jade* de Judith Gautier. L'ouvrage vient à nous à travers un redoublement de distance, un lointain Extrême-Orient et une époque lointaine où une femme pleine de talents, épouse malheureuse de l'un des défenseurs de l'art pour l'art, avait pris des leçons de chinois de sorte à pouvoir traduire en vers libres les poèmes de Ly-Taï-Pé, de Thou-Fou, et d'autres encore[2]. S'est-elle souvenue alors, sous la clarté de la lampe d'une chambre ou d'un salon, de ce qui disait Baudelaire ? Cela ne l'empêcha pas d'envoyer sa lettre au monde en 1867, à travers un geste exquis ou plutôt, dirons-nous, une action héroïque de transmission linguistique qui n'a rien perdu aujourd'hui de sa signification[3]. Mais c'est chez Walter Benjamin qu'on trouvera le mot le plus juste pour une telle évocation : est-elle autre chose, en effet, qu'une « illumination » ?

Evelyne Ender
Hunter College et université
de la ville de New York (CUNY)
Traduit par l'auteure

1 « Le Livre, instrument spirituel », *op. cit.*, p. 378.

2 Judith Gautier était la fille de Théophile Gautier, selon Baudelaire « le parfait magicien des lettres françaises » et de la chanteuse Ernesta Grisi (sœur de la ballerine romantique Carlotta), ce qui la plaçait d'emblée au centre de monde artistique français. Elle épousa le protégé de son père, le poète Catulle Mendès, qui comme elle était un fervent wagnérien. Le titre évocateur de la biographie de Bettina Knapp, *Judith Gautier : Writer, Orientalist, Musicologist, Feminist* résume parfaitement l'étendue inhabituelle de la vocation de celle qui se vit destinée à traverser les frontières entre les arts et les cultures.

3 Un poème célèbre d'Emily Dickinson commence par les mots, « This is my letter to the World » – « Ceci est ma lettre au monde » (#441 dans l'édition de Thomas H. Johnson).

OUVRAGES CITÉS

BALZAC, Honoré de, *La Fille aux yeux d'or*, Paris, Gallimard, 1976.

BAUDELAIRE, Charles, « Marceline Desbordes-Valmore », *Curiosités esthétiques, l'art romantique et autres œuvres critiques*, Paris, Garnier, 1962, p. 744-747.

BAUDELAIRE, Charles, *Œuvres complètes*, éd. par Cl. Pichois and Jean Ziegler, Paris, Gallimard, 1976.

BAUDELAIRE, Charles, « Pierre Dupont », *Curiosités esthétiques, l'Art romantique et autres œuvres critiques*, Paris, Garnier, 1962, p. 771-777.

BENJAMIN, Walter, « Sur quelques thèmes baudelairiens », *Œuvres*, trad. par M. de Gandillac, R. Rochlitz et P. Rusch, Paris, Gallimard, 2000, t. 3, p. 329-390.

BERGER, Anne-Emmanuelle, *Scènes d'aumône : misère et poésie au XIX*e *siècle*, Paris, Honoré Champion, 2004.

BERTRAND, Marc, *Une femme à l'écoute de son temps : Marceline Desbordes-Valmore*, Lyon, M. Bertrand, 1977.

BONNEFOY, Yves, « Baudelaire contre Rubens », *Le Nuage rouge : Essais sur la poétique*, Paris, Mercure de France, 1977, p. 9-80.

BONNEFOY, Yves, « Préface », dans M. Desbordes-Valmore, *Poésies*, Paris, Gallimard, 1983.

BOUTIN, Aimée, « Colonial Memory, Narrative, and Sentimentalism in Desbordes-Valmore's *Veillée des Antilles* », *L'Esprit créateur*, vol. 47, n° 4, 2007, p. 57-67.

BUTOR, Michel, *Improvisations sur Rimbaud : Essai*, Paris, Éditions de la différence, 1989.

COLLOT, Michel, *La Matière émotion*, Paris, PUF, 1997.

DESBORDES-VALMORE, Marceline, *L'Aurore en fuite : poèmes choisis*, préf. et notes par Christine Planté, Paris, Éditions Points, 2010.

DESBORDES-VALMORE, Marceline, *Œuvres poétiques*, Grenoble, Presses Universitaires de Grenoble, 1973.

DESBORDES-VALMORE, Marceline, *Poésies*, préf. et notes par Yves Bonnefoy, Paris, Gallimard, 1983.

DICKINSON, Emily, *The Complete Poems*, éd. par Thomas H. Johnson, New York, Little, Brown and Company, 1961.

DU CAMP, Maxime, *Souvenirs littéraires*, Paris, Hachette, 1882.

GASCAR, Pierre, *Gérard de Nerval et son temps*, Paris, Gallimard, 1981.

GAUTIER, Judith, *Album de poèmes tirés du Livre de Jade*, Hammersmith, The Eragny Press, 1911.

GAUTIER, Judith, *Le Livre de Jade*, éd. par Yvan Daniel, Paris, Imprimerie Nationale, 2004.

HUGO, Victor, *Œuvres poétiques*, éd. par Pierre Albouy, Paris, Gallimard, 1964.

JAUSS, Hans-Robert, « Die ästhetische Vermittlung sozialer Normen (*La douceur du foyer*) », dans *Ästhetische Erfahrung und Hermeneutik*, Frankfurt, Suhrkamp, 1982, p. 753-787.

JOHNSON, Barbara, « Erasing Panama », dans *A World of Difference*, Baltimore, Johns Hopkins University Press, 1989, p. 57-67.

KNAPP, Bettina, *Judith Gautier : Writer, Orientalist, Musicologist, Feminist*, Lanham, Hamilton Books, 2004.

LECONTE DE LISLE, Charles, *Poèmes Barbares*, éd. par C. Gothot-Mersch, Paris, Gallimard, 1985.

LIONNET, Françoise, « "The Indies" : Baudelaire's Colonial World », *PMLA*, vol. 123, n° 3, mai 2008, p. 723-736.

LUKÁCS, György, « The New Solitude and its Poetry », dans *Soul and Form*, trad. par Anna Bostock, Cambridge, MIT Press, 1997, p. 79-90.

MALLARMÉ, Stéphane, *Œuvres complètes*, éd. par H. Mondor et G. Jean-Aubry, Paris, Gallimard (Bibliothèque de la Pléiade), 1966.

MILLET, Claude, « L'Éclatement poétique, 1848-1913 », dans *Histoire de la France littéraire, Modernités* XIXe-XXe *siècle*, éd. M. Prigent, Paris, PUF, 2006, p. 258-285.

NERVAL, Gérard de, *Œuvres complètes*, éd. par J. Guillaume et C. Pichois, Paris, Gallimard, 1989.

NERVAL, Gérard de, *Les Filles du feu, Les Chimères*, éd. par B. Marchal, Paris, Gallimard, 2005.

NERVAL, Gérard de, *Le Voyage en Orient*, dans *Œuvres complètes*, éd. par J. Guillaume and Cl. Pichois, Paris, Gallimard, 1984.

PICH, Edgar, « Leconte de l'Isle », *Dictionnaire de la poésie de Baudelaire à nos jours*, éd. M. Jarrety, Paris, PUF, 2001, p. 421-423.

PLANTÉ, Christine, « J'en étais : le *Je* du poète et la communauté chez Marceline Desbordes-Valmore », *Le moi, l'histoire 1789-1848*, éd. D. Zanone, Grenoble, ELLUG/Université Stendhal, 2005, p. 117-132.

PLANTÉ, Christine, « Le Silence dans la voix de Marceline Desbordes-Valmore », Conférence, Université de Genève, 10 février 1994.

PLANTÉ, Christine, « Ce qu'on entend dans la voix – Notes à partir de Marceline Desbordes-Valmore », *La Licorne n° 47 : Penser la voix*, éd. G. Dessons, Poitiers, La Licorne, 1997, p. 87-105.

PROUST, Marcel, « Gérard de Nerval », *Contre Sainte-Beuve*, Paris, Gallimard, 1971, p. 233-242.

PICHOIS, Claude et ZIEGLER, Jean, *Baudelaire*, Paris, Julliard, 1987.

RANCIÈRE, Jacques, *La Parole muette : Essais sur les contradictions de la littérature*, Paris, Hachette, 1998.
RICHARDSON, Joanna, *Baudelaire*, Londres, John Murray, 1994.
RIMBAUD, Arthur, *Œuvres complètes*, éd. par A. Adam, Paris, Gallimard 1972.
SAINT-GÉRAND, Jacques-Philippe, « La Langue française au dix-neuvième siècle », dans *Nouvelle histoire de la langue française*, éd. Jacques Chaurand, Paris, Seuil, 1999, p. 378-504.
SAND, George, *Indiana*, éd. par Béatrice Didier, Paris, Gallimard, 1994.
STARKIE, Enid, *Arthur Rimbaud in Abyssinia*, Oxford, Clarendon Press, 1937.
THÉLOT, Jérôme, *Baudelaire : Violence et poésie*, Paris, Gallimard, 1993.
WEBER, Eugene, « Who Sang the *Marseillaise* ? », dans *My France : Culture, Politics, Myths*, Cambridge, Belknap Press, 1991, p. 92-102.
ZWEIG, Stefan, *Marceline Desbordes-Valmore : das Lebensbild einer Dichterin*, Leipzig, Insel Verlag, 1927.

CONVENTIONS CRITIQUES, PAYSAGES LITTÉRAIRES ET ÉCOCRITIQUE POSTCOLONIALE

Une tendance vigoureusement cosmopolite parcourt la vie intellectuelle et culturelle française depuis les Lumières. Elle cohabite avec des arguments nationalistes en faveur de la « vraie France », notion qui suggère l'existence d'un noyau dur de valeurs stables garantissant la continuité dans le récit mythique d'une identité culturelle française authentique[1]. Parfois ces deux tendances coexistent de façon instructive, promouvant des formes d'universalisme qui sont manifestement – et exceptionnellement – gauloises en dépit de ou peut-être en effet à cause de leur prétention à être globales. Des idéologies coloniales de « la plus grande France » au manifeste de 2007 en faveur d'une « littérature-monde », la dévotion française à un modèle diffusionniste de « culture générale » qui inclut une défense active de la langue française est un phénomène bien connu, quoique souvent critiqué, du vingtième siècle. Par contraste, l'histoire des rapports de la nation avec l'altérité – entendue comme ce qui est à la fois externe à l'espace national et interne à ses frontières virtuelles et son système linguistique – n'a pas été facile à reconnaître, encore moins à gérer, que ce soit dans les cercles académiques, populaires ou politiques, bien que des penseurs tels que Julia Kristeva et Jean-Luc Nancy nous donnent les outils théoriques indispensables à ce type d'analyse[2].

La manière dont la diversité culturelle a pu influencer très tôt la transformation de la langue et de la littérature est devenue aujourd'hui l'objet d'une plus grande attention grâce aux études comparatives des

1 H. Lebovics, *True France : The Wars Over Cultural Identity, 1900-1945*, Ithaca, Cornell University Press, 1994.

2 J. Kristeva, *Étrangers à nous-mêmes*, Paris, Gallimard/Folio, 1988 ; J.-L. Nancy, *L'Intrus*, Paris, Galilée, 2000 et *La Création du monde*, Paris, Galilée, 2002.

littératures françaises et francophones qui soulignent les emprunts, les croisements, les hybridations et les métissages. Les interférences culturelles créent, selon Lise Gauvin, une forme de surconscience linguistique commune aux écrivains issus des minorités et qui travaillent la langue pour la transformer par le biais de pratiques créatrices nourries de leur sensibilité multilingue[1]. Prêter attention à la nature hétéroglosse de leurs dissonances verbales, c'est en souligner à la fois les limites lexicales ou syntaxiques, ainsi que l'hétérogénéité interne de ces actes de langage qui leur servent à défamiliariser le français. Ainsi, les créolistes de la Caraïbe soutiennent l'idée que « l'exigence première de l'acte littéraire » consiste à « savoir produire un langage au sein même de la langue[2] ». Edouard Glissant parle de la présence vivante de l'imaginaire des autres langues qui défait la possibilité pour lui d'écrire comme s'il était simplement monolingue[3]. Le Marocain Abdelkebir Khatibi insiste sur le fait que « la langue française n'est pas la langue française : elle est plus ou moins toutes les langues internes et externes qui la font et la défont » et qui lui insufflent ainsi une multiplicité d'échos[4].

Mais de tels échos ne sont pas seulement présents dans le texte francophone contemporain bien connu du Maghreb ou des Caraïbes. Ils étaient déjà évidents dans les récits des voyageurs – témoins des dix-septième et dix-huitième siècles sur les Indes (orientales ou occidentales : les îles des Mascareignes ou les Antilles) comme Pierre-Corneille Blessebois, Moreau de Saint-Méry et Bernardin de Saint-Pierre ; dans la poésie du dix-neuvième siècle de Baudelaire ; dans les contes créoles de l'Île Maurice rassemblés en 1887 par Charles Baissac ; et enfin dans la re-création fictive de l'Île de la Réunion par George Sand qui se documentait, quant à elle, par la lecture des récits de ceux qui connaissaient la région[5].

---

1 L. Gauvin, *Langagement : l'écrivain et la langue au Québec*, Montréal, Boréal, 2000, p. 8.

2 J. Bernabé, P. Chamoiseau et R. Confiant, *Éloge de la créolité*, Paris, Gallimard, 1969, p. 46.

3 E. Glissant, « L'Imaginaire des langues », dans *Introduction à une poétique du divers*, Paris, Gallimard, 1996, p. 112.

4 A. Khatibi, *Maghreb pluriel*, Paris, Denoël, 1983, p. 188.

5 D. Garraway procède à des analyses instructives de Blessebois et Moreau de Saint-Méry. Elle suggère, dans *The Libertine Colony : Creolization in the Early French Caribbean*, Durham, Duke University Press, 2005, p. 178, qu'« Il se pourrait très bien que l'œuvre de Blessebois contienne la toute première apparition du terme "zombie" dans une langue européenne » (je traduis). Pour une perspective comparable sur le vocabulaire de Baudelaire, voir F. Lionnet, « Reframing Baudelaire : Literary History, Biography, Postcolonial Theory,

Paul et Virginie (1787) de Bernardin et l'*Indiana* (1832) de Sand connurent tous deux un large succès immédiat à leur publication. Ce sont des romans qui privilégient une écriture de la nature dont l'impact fut significatif quant à la perception et l'idéalisation du caractère « sauvage » des tropiques interprétés comme paysage ultime de l'authenticité et de la pureté, non-contaminé par la décadence de la civilisation[1]. Le vocabulaire utilisé par ces écrivains pour décrire ce qui est dit « sauvage », et donc « autre » et dépaysant pour le lecteur ou critique hexagonal, consiste en des « mots propres, inouïs, bizarres » qui désorientent complètement l'éminent Gustave Lanson dans son commentaire sur *Paul et Virginie.* Dans son *Histoire de la littérature française*, l'historien déclare :

> Le cadre est séduisant : c'est la nature des tropiques avec *sa richesse éclatante et ses étranges violences*... Des mots propres, inouïs, bizarres, *palmistes, tatamaques, papayers*, dressent devant les imaginations françaises, toute une nature insoupçonnée et saisissante... Ici, nous sommes dépaysés ; et l'étrangeté de ce monde exotique a une force particulière pour exciter en nous le sentiment des beautés naturelles[2].

Toutefois, ce sont ces mots dits « bizarres » qui font éclater l'apparente homogénéité de la langue française, servant ainsi à la métisser en l'ouvrant aux formes précoces de créolisation et de mondialisation dont témoigne Bernardin alors même qu'il crée des paysages d'une sublime mélancolie allant refléter parfaitement le désespoir de Paul à l'occasion du départ de Virginie pour la France :

> [Paul] s'assit dans ce lieu sauvage, toujours battu par les vents, qui y agitent sans cesse les sommets des palmistes et des tatamaques. Leur murmure sourd et mugissant ressemble au bruit lointain des orgues, et inspire une profonde mélancolie[3].

---

and Vernacular Languages », *Diacritics*, vol. 28, n° 3, 1998, p. 63-85, et « "The Indies" : Baudelaire's Colonial World », *PMLA* 123, n° 3, 2008, p. 723-736, ainsi que « Continents and Archipelagoes : From *E Pluribus Unum* to Creolized Solidarities », *PMLA*, vol. 123, n° 5, 2008, p. 1503-1515. Pour Baissac, voir L. Haring, *Stars and Keys : Folktales and Creolization in the Indian Ocean*. Bloomington, Indiana University Press, 2007.

1 Voir l'approche culturelle écocritique de William T. Cronon, « The Trouble with Wilderness ; or Getting Back to The Wrong Nature », p. 80, in W. Cronon, ed., *Uncommon Ground : Rethinking the Human Place in Nature*, Londres, Norton, 1996, p. 69-90.

2 G. Lanson, *Histoire de la littérature française*, Paris, Hachette, 1912 [1894], p. 832, je souligne.

3 J. H. Bernardin de Saint-Pierre, *Paul et Virginie*, Paris, Garnier-Flammarion, 1966, p. 146.

Comme le reconnaît Lanson, les images colorées de ce tout nouvel environnement tropical arrivent à remplir « le vide secret... l'ennui profond des cœurs » auxquels avait conduit « le raffinement extrême des idées et des mœurs » libertines de la société prérévolutionnaire[1]. L'altérité linguistique et naturelle va ainsi servir à remplir le manque à être ressenti par l'Européen des Lumières.

George Sand, qui ne voyageait qu'en imagination vers les tropiques, avait lu Bernardin, *L'histoire naturelle* de Buffon, ainsi que le *Cahier* de son ami Jules Néraud pour arriver à se documenter sur la région des Mascareignes. Elle utilise, selon Pierre Salomon, « les mots exacts de l'île de la Réunion[2] » pour développer un style que Lanson qualifie de simultanément « pittoresque et poétique[3] », termes identiques à ceux qu'il emploie pour juger *Paul et Virginie*. Sand suit son héroïne Indiana, qui le soir va s'enfoncer dans « la savane » sauvage, alors que ses personnages masculins se contentent eux de profiter des attributs de la vie moderne afin de « savourer sous la varangue l'aromatique infusion du *faham*, et distiller lentement la fumée de leurs cigares[4] ». La pratique descriptive de Sand renforce ici les perceptions romantiques liées à la division nature-culture et tradition-modernité, qui vient ainsi se superposer à la division des sexes et des genres. Mais cette pratique, on le verra, prépare également le terrain pour l'émergence d'une conscience écologique créole qui sera plus tard liée aux subjectivités postcoloniales sous-tendant les paysages de *La Lézarde* d'Edouard Glissant (1958) et du *Dernier frère* de Nathacha Appanah (2007).

En dialogue avec des auteurs comme Bernardin et Sand qui, les premiers, ont inscrit cette réalité créole dans la langue française, Glissant et Appanah développent un style qui donne à voir l'importance accrue

1 G. Lanson, *op. cit.*, p. 832.

2 L'« Introduction » de Pierre Salomon à l'édition d'*Indiana* par les Classiques Garnier (1964) fournit un excellent survol de la dette de Sand envers ces particularismes régionaux. La citation est à la p. XLII.

3 G. Lanson, *op. cit.*, p. 1000. Il utilise les mêmes adjectifs dans son opinion mitigée de l'auteur de *Paul et Virginie* : « L'insignifiance de l'idée fait ressortir plus fortement l'impression poétique ou pittoresque », p. 833.

4 G. Sand, *Indiana*, Paris, Garnier, 1962 p. 194. Le *faham* est un thé aromatique produit à partir d'une orchidée très odorante originaire du sous-continent asiatique. La traduction anglaise de 1900 de G. Burnham Ives, disponible en ligne, utilise « wilderness » au lieu de « savannah » – usage qui confirme la théorie de W. T. Cronon sur la nature sauvage (ou « wilderness ») et son rapport au monde civilisé.

de l'environnement colonial en tant que lieu chargé de sens et déjà fondé sur des utopies exotisantes et des mythes durables, mais aussi en tant que paysage naturel bien réel et servant donc de fondement à l'histoire[1]. Réfutant implicitement des déclarations critiques françaises sur l'exotisme littéraire, Glissant et Appanah thématisent et allégorisent l'importance de leurs paysages antillais et mauriciens ainsi que la manière dont ceux-ci fonctionnent (pour les lecteurs métropolitains comme pour les habitants des tropiques) « non pas comme un objet à regarder ou un texte à lire, mais plutôt comme un processus qui devient partie prenante de la formation des identités sociales et subjectives locales[2] ». Ils décrivent la nature comme lieu de mémoire et d'identité, comme centre littéral et métaphorique de triage et de transplantation, et ils nous mettent en face des innovations soit encore illisibles, soit simplement mal interprétées, de leurs prédécesseurs bien français dont la dette envers les lieux et épistèmes non-hexagonaux reste largement sous-estimée par la critique.

Mon but dans cet essai est de réfléchir sur ce que j'appellerai les *triages* et *transplantations* qui ont marqué les dialogues croisés de l'histoire littéraire. Je désire ainsi proposer une généalogie *autre* que ce que nous considérons habituellement comme « monde » dans l'histoire littéraire dont quelques-unes des racines se trouvent dans les périphéries insulaires de l'océan Indien et de la Caraïbe, donc dans les Indes orientales et occidentales de l'imagination coloniale. Je mettrai en évidence les pratiques sociales et linguistiques communes à des écrivains français *et* francophones, mon but étant de souligner comment ceux-ci se construisent des identités littéraires partagées dans le temps et l'espace, entre différentes générations d'écrivains ou d'écrivains et de lecteurs, dans un contexte global de réception qui bouleverse les hiérarchies établies et le binarisme simpliste et factice entre auteurs dits majeurs et mineurs[3].

---

1 *Caribbean Literature and the Environment : Between Nature and Culture*, éd. E. DeLoughrey, R. K. Gosson et G. B. Handley, Charlottesville, University of Virginia Press, 2005, ainsi que des américanistes comme L. Buell, *The Environmental Imagination*, Cambridge, Harvard University Press, ont ouvert davantage le champ de l'écocritique qui prend un bel essor aujourd'hui.

2 W. J. T. Mitchell, *Landscape and Power*, Chicago, Chicago University Press, 2002, p. 1, je traduis.

3 F. Lionnet et S. Shih, dans « Thinking Through the Minor », in *Minor Transnationalism*, Durham, Duke University Press, p. 1-23, invitent à un travail comparatif latéral et transversal ; L. Fraisse, dans « La définition du grand écrivain dans l'histoire littéraire de Lanson »,

TRIAGES

Le moment présent de notre ère de mondialisation nous invite aujourd'hui à réfléchir sur ce qu'une idée spécifiquement française du global en littérature pourrait signifier, ce à quoi elle pourrait mener, et donc aux processus de création de mondes littéraires qui ont été mis en place depuis l'époque coloniale. Le point de départ de mon analyse sera l'idéal cosmopolite hérité des Lumières et véhiculé par un pan de la critique incarné par un historien de la littérature du début du dix-neuvième siècle, Jean-Jacques Ampère. Doté d'une conscience aiguë des normes sociales et institutionnelles servant à construire le système des valeurs et des goûts, il mérite toute notre attention en tant que pionnier de la sociologie de la littérature, discipline aujourd'hui représentée par Pierre Bourdieu et ses disciples. La relative ouverture d'esprit d'Ampère et son intérêt pour le différentialisme identitaire ont été obscurcis par le lansonisme qui prévalait au tournant du siècle et promouvait la raison et *l'esprit français* comme but premier et patriotique de l'éducation civique nationaliste[1]. Des dictats éditoriaux et des processus critiques de sélection et de distinction furent nécessaires pour étayer et consolider l'enseignement et la diffusion d'une tradition pédagogique ancrée dans la connaissance de textes classiques à but et à prétention universaliste. Cette tradition, étroitement associée au projet nationaliste qu'elle associe à l'universalisme, en est ainsi venue à masquer une forme de pensée unique avant la lettre[2]. Des impératifs institutionnels ont donc servi à articuler un discours durable liant pédagogie et nationalisme, fondé sur des idéaux d'homogénéité et cousus de fantasmes de pouvoir et de pureté. C'est Ampère qui nous fournit une alternative édifiante aux tendances et normes d'enseignement représentées et défendues par Lanson et ses disciples.

Revue d'histoire littéraire de la France, vol. 99, n° 2, 1999, p. 249-271, analyse le système lansonien et sa façon de créer une « hiérarchie des auteurs » (voir surtout p. 250-251).

1 Voir M. Wolff, « Individuality and *L'esprit français* : On Gustave Lanson's Pedagogy », *MLQ : Modern Language Quarterly*, vol. 62, n° 3, 2001, p. 239-257 et surtout p. 248.

2 I. Ramonet, « La pensée unique », fut le premier à utiliser cette expression aujourd'hui couramment utilisée pour faire référence à la face cachée et prédatrice de la mondialisation. Voir *Le Monde diplomatique* de janvier 1995, p. 1.

En mettant au premier plan ce que l'histoire littéraire nationaliste a passé sous silence dans les textes canoniques mêmes, c'est-à-dire dans ce que Franco Moretti nomme « les littératures puissantes[1] », je voudrais proposer un changement d'optique afin d'attirer l'attention, tout d'abord, sur les éléments « autres » qui ont marqué les écrivains du « centre » dont la pratique créatrice est striée de cosmopolitisme, de l'écologie des tropiques et des idiomes de la créolisation. Parce que j'examine ces écrivains hexagonaux de la perspective des marges ou des périphéries insulaires dites « littératures de l'exiguïté[2] », je m'intéresse beaucoup moins que Moretti à la façon dont un texte « puissant » du centre peut venir altérer de façon non-réciproque ou asymétrique la production littéraire des périphéries continentales d'Afrique, d'Asie ou d'Amérique Latine. Mon but est plutôt de montrer comment la « dette étrangère », linguistique ou générique, d'un écrivain francophone envers un auteur du centre permet en fait une vision nouvelle du centre et de *sa* dette linguistique envers la périphérie. En soulignant ce phénomène de réciprocité, je souhaite aller à l'encontre du modèle avancé par Moretti et selon lequel on ne trouverait que deux pôles distincts et hiérarchisés, avec des « vagues » d'influence provenant uniquement du lieu le plus fort. Relire le canon et les classiques du point de vue fourni par les écrivains francophones signifie pour moi souligner ce que Sherry Simon nomme le « brouillage culturel » qui existait déjà dans les textes bien antérieurs au courant « francophone » d'aujourd'hui[3]. Mais cela implique qu'il faille aussi prêter attention à un parcours différent, moins emprunté de la critique, et dont les conséquences utiles sont la mise en évidence de la créolisation du paysage littéraire *national* et la déstabilisation des catégories traditionnelles de l'identité, de l'identification culturelle et des conventions établies de périodisation en littérature.

Une telle réorientation critique se doit, selon moi, de prendre comme point de départ le discours inaugural d'Ampère, prononcé le 14 février 1834, à la chaire d'histoire de la littérature française au Collège de France[4]. Germaniste, lecteur de la *Weltliteratur* de Goethe et ami de

1 F. Moretti, « Conjectures on World Literature », *New Left Review*, n° 1, 2000, p. 65.

2 F. Paré, *Les littératures de l'exiguïté*, Hearst, Le Nordir, 1992.

3 S. Simon, *Le trafic des langues*, Montréal, Boréal, 1994, affirme : « le texte brisé, pénétré d'altérité, est l'un des modes d'expression du brouillage culturel… ; il nous oblige à repenser la congruence entre la littérature et l'identité culturelle », p. 19.

4 J.-J. Ampère, « De l'histoire de la littérature française », *Revue des Deux-Mondes*, vol. 3, n° 1, 1834, p. 406-425.

Mme de Staël, Mme de Récamier et Tocqueville, Ampère était un contributeur notoire au quotidien controversé *Le Globe*, qui fut interdit en 1832. Défenseur précoce d'une approche globale de la littérature française, il croyait fermement en son hétérogénéité fondamentale. Dans son discours, il met au premier plan sa version de ce que Gérard Noiriel appellera plus tard *Le creuset français* : ce multiculturalisme qui fait partie intégrale du tissu de l'histoire. Il affirme : « Il y a … toute une portion de notre vie littéraire dont l'origine ou le terme est hors de nous » (p. 418) et, voulant promouvoir une approche critique ouverte plutôt qu'étroitement nationale, il suggère que « l'histoire de notre littérature » doit être envisagée « dans des proportions plus vastes qu'on ne l'a souvent montrée » (p. 417). Il fait un survol de l'évolution des genres et des modes de représentation et reconnaît le cosmopolitisme de l'activité littéraire au cours des siècles. Recourant à une rhétorique orientaliste pour le moins paternaliste, il dresse toutefois un portrait critique affectueux et humoristique de la tendance de la nation française à s'approprier ce qui est étranger, et souligne la « gratitude » apparente des nations étrangères envers la France :

> La France… n'est pas comme la Chine, … ce pays isolé du monde… derrière sa grande muraille, aux extrémités de l'Orient… La France n'est pas ainsi ; … nation curieuse et facile, bien qu'un peu vaine et dédaigneuse, … se fait raconter, moitié souriant, moitié ravie, les choses des pays étrangers ; puis revient les dire, à sa manière, à son humeur, avec son tour vif et rapide, de cette voix claire et sonore, de cet air dégagé, décidé, tranchant même, qu'on lui connaît et qu'on lui pardonne. Et les autres peuples reprennent volontiers d'elle les richesses qu'ils lui ont données, parce qu'en y mettant sa marque, elle y a gravé le titre qui les rend propres à la circulation et au commerce des idées.
>
> C'est l'honneur de la littérature française que son histoire soit liée à celle de toute l'Europe, et par les Arabes, les Juifs, les croisades, à celle de l'Orient. La France est le cœur de l'Europe, elle reçoit le sang qui afflue de toutes les parties de ce grand corps et le renvoie à ses extrémités plus coloré, plus vivant : circulation qui a toujours existé et qui est aujourd'hui plus active que jamais. (p. 417-418)

Les gestes rhétoriques d'Ampère, bien que condescendants, sont la marque de l'idéal cosmopolite de son époque et de ses cercles intellectuels. Cet idéal vaut la peine qu'on s'y attarde. Dans son modèle d'échanges tolérants, la France incorpore avec plaisir des histoires venues d'ailleurs, puis les reformule et les revivifie dans son style caractéristique, accroissant ainsi leur valeur et leur accordant une légitimité au sein d'un système mondial de circulation culturelle. Ce système, avec la France en son centre, est présenté comme un organisme vivant qui s'épanouit grâce à l'appropriation et la transformation des fables et suppléments qui viennent des recoins les plus éloignés du monde. En étiquetant ces traditions « étrangères » d'un label de qualité, « le titre » qui les garantit, la France reconnaît ainsi leur valeur et atteste du prestige qui leur est attaché. Ceci accélère leur recirculation dans des sphères culturelles et intellectuelles mondiales. La France guide ainsi un processus de métissage qui génère d'importantes formes nouvelles de connaissance. Ampère remarque que la libre circulation qu'il promeut « déplaît à certains esprits » (p. 418) ; il écrit cela en 1834, trois ans après le début du règne répressif de Louis-Philippe et de la Monarchie de Juillet, et deux ans après l'interdiction du *Globe* saint-simoniste. Mais il demeure confiant que les idées cosmopolites continueront à circuler librement et que « le cœur généreux de l'Europe [c'est-à-dire la France] ne s'arrêtera pas de battre et de palpiter » (p. 418). Décidé à encourager le rapprochement et l'étude de toutes les cultures, il déclare qu'« élargir sa perspective au moyen d'un travail comparatif revient à s'élever de l'observation des objets qui nous entourent à celle du globe, et du spectacle du globe à la contemplation de l'univers » (p. 419).

En tant qu'un des tout premiers défenseurs des études comparatives, il invite son public à rejeter le sectarisme en faveur d'une appréciation raisonnée de la valeur littéraire au sein d'un contexte global. Cependant, il insiste également sur un élément plus irrationnel ou romantique, une faculté française mystérieuse et innée « qu'on a peine à définir, et qu'on ne saurait nier » (p. 420) : le bon goût. Avec ce plaidoyer en faveur du goût français, il réintroduit donc la hiérarchie esthétique dans son projet pédagogique. L'appréciation littéraire, soutient-il, doit être acquise à travers l'éducation du jugement de goût, même si le goût constitue quelque chose d'ineffable et d'indéfinissable : « Le goût, c'est la conscience délicate du beau » (p. 420), il se caractérise par un mélange d'audace et d'élégance, et c'est « un sentiment mâle autant que délicat » (p. 421) qui implique une appréhension spontanée et fondamentalement androgyne de la beauté. Cette faculté ou ce « sentiment » peut et doit être cultivé.

Le détour d'Ampère par le global ou l'universel sert ainsi à renforcer un idéal de beauté « délicat » et entièrement français déjà consacré au

« cœur » du système, idéal qui filtre le meilleur de ce qui a été pensé et exprimé. Ainsi, sa philosophie de l'histoire littéraire ne présuppose ni inclusion indiscriminée ni relativisme faible. L'historien suggère plutôt qu'une approche totale ou globale bien comprise doit exiger l'ouverture à ce qui est « autre », assortie à une capacité intuitive qui « sait reconnaître le génie et l'adorer ». Il conclut avec un plaidoyer en faveur de la liberté intellectuelle, de l'indépendance et de la continuité en cette période particulièrement troublée des années 1830 au cours de laquelle, comme il l'explique, la France a fait l'expérience de quelque chose qui s'apparente à « un entr'acte du grand drame social qui a commencé en [17]89 » (p. 425). Ces observations pertinentes d'Ampère annoncent déjà ce que Julia Kristeva a pu remarquer dans *Étrangers à nous-mêmes*, à savoir que « Nulle part on n'est *plus* étranger qu'en France … nulle part on n'est *mieux* étranger qu'en France[1] », puisqu'y être étranger signifie justement s'assujettir aux termes généreux mais condescendants établis par « la nation curieuse et facile » d'Ampère dont les citoyens étalent sans vergogne leur style caractéristique, c'est-à-dire « cet air dégagé, décidé, tranchant même » (p. 417) que l'étranger est cependant disposé à leur pardonner, probablement parce que la France peut tant donner en retour. Mais comme le note aussi Kristeva, la volonté de s'assimiler aux normes que la nation tient en si grande estime résulte souvent en la réification de la position de marginalité de l'individu exogène par rapport à ce qui fait l'essence éternelle et toujours élusive de ce qui constitue le bon goût français, ce « je ne sais quoi » censé demeurer à tout jamais hors de portée des étrangers, quel que soit leur degré d'assimilation et le statut qu'ils acquièrent au sein de cette société.

L'intérêt de la France pour ce qui est étranger confère une valeur symbolique à la personne ou à l'objet ou au corpus de textes sélectionnés à des fins d'incorporation et d'assimilation ; mais parce que ce corps étranger doit se plier aux paramètres normatifs connus pour pouvoir être investi de vraie valeur, il se retrouve donc pris dans une double contrainte. Cette situation renforce le statut de l'étranger en tant qu'être à la fois problématique et désirable puisqu'il sera toujours perçu à travers un schéma exigeant la préservation de formes distinctes de différence pouvant produire des « délices » exotiques ; mais, par ailleurs, cet étranger doit aussi potentiellement être soumis

1 Kristeva, *op. cit.*, p. 38-39.

à l'appropriation, à la transformation, et au ré-étiquetage ou au « repackaging » afin que l'assimilation soit réussie. L'ouverture française à « l'autre » devient ainsi un jeu paradoxal d'échange culturel dans lequel la séduction et la distanciation, la soumission et la résistance font partie d'une logique interminable d'assimilation. La France a besoin d'un afflux constant de « sang frais » afin de garder sa vitalité, et « l'autre » qui fournit cet approvisionnement exogène nécessaire est, par conséquent, pour reprendre les termes exacts de Kristeva, « un problème, un désir : positif ou négatif, jamais neutre » (p. 39) par rapport à ce qui devient le texte transplanté ou traduit d'une autre culture. « L'autre » est ainsi tantôt approprié tantôt rejeté, tantôt incorporé et tantôt expulsé.

Ampère croit en la fonction sociale de la littérature en tant que phare de vérité et de progrès aux époques d'obscurantisme. Son insistance sur la centralité globale de la France (« le cœur »), avec son sens particulier du « goût » et ses intérêts cosmopolites, suggère qu'il a une compréhension aiguë des hiérarchies qui constituent la sphère de la légitimité. C'est en ce sens qu'Ampère est le précurseur des sociologues contemporains de la littérature, de Bourdieu à Franco Moretti, en passant par Pascale Casanova et James English, qui étudient l'importance dans la création de la culture mondiale soit d'une capitale littéraire, d'un « centre » prestigieux ou d'une métropole, ou encore de la distinction conférée par une récompense convoitée ou un prix littéraire[1]. Les textes qui se voient attribuer une reconnaissance universelle par le « centre » acquièrent de ce fait le capital symbolique qui encourage leur recirculation au sein de la république mondiale des lettres. La légitimation par ce centre confère distinction à quelques rares élus et les inclut dans les transactions symboliques qui renforcent et la distribution inégale de la valeur et la manière dont cette valeur structure le champ de l'histoire littéraire. Pour Casanova, Paris, en tant que centre symbolique, éditorial et financier, demeure le lieu de médiation du transfert de capital littéraire, celui qui consacre la stratification hiérarchique des écrivains de la périphérie au sein d'une économie de domination et de dépendance qui est effectivement constitutive de la dynamique interne de ce qui reste (pour elle) le domaine autonome du littéraire : « Paris est universel

1 P. Casanova, *La République mondiale des Lettres*, Paris, Seuil, 1999 ; J. English, *The Economy of Prestige*, Cambridge, Harvard University Press, 2005.

deux fois : dans la croyance en son universalité et dans les effets réels que produit cette croyance[1] ».

James English critique « l'économie du prestige », ses tendances inflationnistes et la « prolifération fébrile » au cours des récentes décennies de prix littéraires, cinématographiques et musicaux. Il traite de récompenses telles que le Nobel, le Goncourt ou le Booker, qui ont maintenant honoré des auteurs de tous les continents, et examine comment cette « globalisation du prestige culturel » génère plusieurs problèmes graves du point de vue de différentes positions idéologiques. Il souligne que, d'une part, les critiques qui accordent de l'importance à certaines formes d'authenticité culturelle ont déploré les risques de dilution de la spécificité locale ainsi transformée en « produit essentiellement faux et touristique, destiné, pas toujours consciemment, à la consommation euro-américaine, et se faisant passer pour une forme représentative de production culturelle indigène[2] ». L'attrait des éditeurs pour les goûts littéraires transnationaux mais surtout occidentalisés est également évident dans la prolifération d'anthologies médiocres de littérature dite mondiale, autre symptôme de la fièvre galopante de marketing qui sert à construire des canons artificiels et peut-être de très courte durée. D'autre part, ajoute-t-il, les traditionalistes qui se plaignent de « l'abandon, sous la pression du "politiquement correct", de principes esthétiques universels » (p. 308) s'efforcent quant à eux de redoubler leur défense d'un universalisme plutôt raciste. Dans l'ensemble, soutient English, les lois de la compétition littéraire ont maintenant été modifiées par l'intervention de joueurs institutionnels globaux qui « introduisent de nouvelles donnes » (p. 296). Il conclut en déclarant que « ce que Goethe proclamait déjà en 1827, de façon erronée parce que prématurée – à savoir que "de nos jours la littérature nationale ne veut pas dire grand-chose ; c'est l'ère de la littérature-monde qui commence" – est enfin devenu une affirmation soutenable » (p. 312). Cependant, ce qu'English ne prend pas en considération et ce dont il ne peut donc pas rendre compte, c'est la façon dont le « national » contient déjà des éléments transculturels, occultés par les conventions et les pratiques d'exclusion qui ont rendu invisibles les influences extrinsèques, mais pas si voilées que cela, présentes depuis toujours au cœur du corpus canonique. Ce

1 P. Casanova, *op. cit.*, p. 50.
2 J. English, *op. cit.*, p. 307, je traduis.

sont précisément ces influences qui intéressent Goethe, Ampère et tous ceux et celles qui faisaient partie de leur cercle intellectuel.

Là où Ampère se contente de défendre une expertise critique soigneusement cultivée par le biais de moyens pédagogiques et agrémentée d'une dose intuitive de goût, Casanova, elle, pense que Paris va maintenir son monopole sur la légitimité et le goût, et que la capitale va continuer à absorber au sein d'un espace littéraire autonome de nombreux écrivains internationaux mais excentrés ; son approche demeure donc proche de celle de Moretti. English, en revanche, déplore le commerce des prix et le degré auquel il a détruit toute possibilité d'autonomie esthétique. À divers degrés, cependant, ces critiques se concentrent tous sur le même processus : les moyens par lesquels la sélection ou la classification génère un canon et élève certains titres au rang du global. Somme toute, ces penseurs déploient devant nous les mêmes pratiques éditoriales et critiques que je nomme ici processus de *triage*, et qui ont été capitales à l'élaboration des idéologies d'exclusion, souvent dissimulées ou naturalisées en jugement esthétique fondé sur de fausses valeurs d'objectivité.

Selon le *Trésor informatisé de la langue française*, le mot « triage » a plusieurs sens spécialisés qui comprennent, dans la perspective de mon argument, trois définitions utiles. Premièrement, dans l'expression « gare de triage », nous avons l'exemple d'un modèle d'exclusion temporaire avant la réintégration de l'élément dans le système au vu de sa remise en circulation. Deuxièmement, dans le contexte de l'industrie textile et du traitement de la laine, le triage fait référence à l'acte d'enlever les impuretés, « les pailles et autres corps étrangers » ; ici, il s'agit d'exclusion permanente. Troisièmement, le terme a été utilisé au dix-neuvième siècle pour faire référence à la sélection d'élites professionnelles hiérarchisées, « des personnes choisies, triées pour leur appartenance à l'élite » : on a donc là affaire à une unité flexible ou une catégorie de spécialistes qui pouvaient être incorporés à l'envi – selon les besoins d'une institution. À ces définitions du dictionnaire français on peut ajouter deux autres concepts ou codes utiles : le codage médical d'urgence ou triage universel des patients et des victimes selon leurs données vitales, d'une part ; et d'autre part, le « code-switching » pratiqué par des locuteurs multilingues dont les choix lexicaux sont adaptés aux signaux contextuels. Terme hautement polysémique, le mot « triage » sert à souligner toute une gamme de dispositions institutionnelles, de l'inclusion et l'incorporation à l'interdiction pure et simple, en passant par de nombreuses positions intermédiaires, comme on le peut constater à partir de ces exemples.

En tant que concept, le « triage » suggère donc de nombreuses approches possibles du pouvoir. Il peut ainsi servir à nuancer notre compréhension critique des dynamiques littéraires et culturelles énoncées plus haut et à révéler les limites de toute appréhension du global qui demeurerait présentiste ou uniquement liée à des économies de prestige strictement contemporaines. De plus, grâce à l'utilisation bien connue du mot dans le contexte médical d'urgence, ou encore pour décrire des choix linguistiques « émergents » qui font urgence pour la critique francophone post- et trans-coloniale, le concept de triage nous autorise à adopter une vision beaucoup plus nuancée de la capacité d'initiative des locuteurs multilingues, cosmopolites et créoles dont les tactiques et stratégies verbales démontrent l'ampleur créatrice des actes de langage qui servent à transformer de l'intérieur la langue dite standard ou encore ces « littératures de l'exiguïté » qui intéressent François Paré. Être conscient de ces triages créateurs (ce que ne pouvait être Lanson), c'est développer une vision beaucoup plus riche de sens, et que ni le modèle critique traditionnel ni le binarisme oppositionnel des études postcoloniales anglophones[1] ne nous permet d'avoir.

La notion de triage m'est particulièrement utile car elle sert donc à souligner des formes multidirectionnelles de médiation et d'échange résultant, pour la plupart, de schémas étroitement imbriqués de sélection coloniale et de résistance active ou passive à ceux-ci. Parmi ces procédés, citons en passant ceux d'appropriation et de mimétisme, de transplantation et de traduction, d'intertextualité et de dialogisme qui ont toujours existé sous un régime de réciprocité *asymétrique*, et donc désavoué, entre une métropole et sa (post)colonie.

1 Depuis la publication d'un livre dont l'influence fut capitale : B. Ashcroft, G. Griffiths et H. Tiffin, *The Empire Writes Back : Theory and Practice in Post-colonial Literatures*, Londres, Routledge, 1989.

TRANSPLANTATIONS

Pour ceux ancrés au cœur de la francité, où l'on accorde beaucoup de valeur à l'authenticité et à la pureté, le métissage linguistique et l'hétérogénéité d'idiomes créolisés peuvent être perçus comme exotiques ; mais de tels idiomes servent plutôt à décrire avec précision l'univers bien réel, banal ou quotidien de la périphérie et la capacité d'initiative de ses locuteurs. Dans sa critique de *Paul et Virginie*, Lanson se lance dans du triage linguistique exotisant quand il qualifie « *palmistes, tatamaques, papayers* » de mots « bizarres ». En mettant en italiques les noms de ces plantes tropicales, il les met à part et les démarque du français standard, chose que Bernardin n'a pas besoin de faire, parce que sa propre pratique descriptive est en accord avec des modalités de bilinguisme correspondant bien à cette *surconscience linguistique* que Lise Gauvin attribue principalement aux écrivains francophones, comme indiqué plus haut, mais que l'on pourrait tout aussi bien attribuer aux actes de langage fort précis et donc *réalistes* de Bernardin.

Lanson reconnaît le talent et l'originalité de Bernardin, son rôle clé dans la révolution du langage. « Sans y penser, il nous achemine vers une révolution du langage » (p. 830), concède le critique, bien qu'il refuse d'élever Bernardin au rang de figure « majeure » dans son panthéon littéraire, qui ne favorise que des génies français plus classiques. Ce mandarin de l'histoire littéraire a donc le provincialisme sur la main au lieu de nous livrer une critique utile ou éclairante de l'écrivain botaniste et voyageur dont le séjour à l'Île de France avait enrichi le vocabulaire, puisqu'il transplante de façon réussie dans son texte des mots que Lanson se contente de taxer de corps étrangers exotiques, dans le but avoué de reléguer le livre au rang de littérature romantique ou baroque, ou les deux. *Paul et Virginie* est donc demeuré pour beaucoup de critiques mal informés un exemple d'excès romantique assorti du portrait naïf de l'amour naissant et de la nature sauvage. Lanson conclut que « L'effet de ce petit roman fut immense en 1787. […] L'innocence naïve, la nature sauvage, […] cela remplissait le vide secret, consolait le profond ennui des cœurs. Nous en rabattons un peu aujourd'hui. L'églogue paraît mince et fade » (p. 832). Il fait ainsi acte de triage, l'excluant de son canon et l'écartant de l'« axe » univoque des chefs-d'œuvre qui ne doit inclure, selon lui, que des exemples du « grand goût » français[1].

Toutefois, pour les lecteurs francophones originaires des tropiques, *Paul et Virginie* présente le mérite d'être le premier texte populaire à représenter la nature tropicale de façon réaliste et quasi-scientifique, et pas simplement dans la veine pré-romantique de l'écriture imaginative et exotique dont il continue à servir d'exemple. La langue de Bernardin traduit un univers qui m'est très familier, à moi lectrice mauricienne ; en sa présence, je ressens, dès la première lecture, la jubilation que peut produire la compréhension, surtout après un régime d'auteurs classiques imposés par le programme pédagogique colonial. C'est pourquoi ce roman reste une référence permanente et un ancrage durable pour les écrivains mauriciens, de Marcel Cabon à Marie-Thérèse Humbert, en passant par Loys Masson et J. M. G. Le Clézio[2]. Par contraste avec le procès d'élimination radicale du canon intenté par Lanson, le roman nous donne un autre exemple de triage linguistique qui consiste en l'inclusion et l'incorporation de nouveaux éléments lexicaux que Bernardin introduit dans la langue française, la rendant ainsi plus perméable à l'altérité : *le palmiste* et *la papaye* font maintenant partie du lexique standard, faisant référence à des produits alimentaires largement disponibles ; *le tatamaque*, par contre, est un arbre indigène (comme l'ébène) qui a presque disparu de l'écosystème de l'île, et la trace linguistique qu'en donne l'écrivain est un précieux témoignage qui nous autorise aujourd'hui à dénoncer la mauvaise gestion des forêts indigènes par divers régimes coloniaux qui ont fragilisé (sinon détruit à tout jamais) l'écosystème de l'île.

La transplantation de nouvelles espèces – flore et faune – par des scientifiques du dix-huitième siècle a créé la possibilité de faire pousser de nouvelles récoltes dans les « zones torrides » du globe, mais elle a également encouragé la surexploitation de bois rares et précieux et causé des bouleversements démographiques et environnementaux[3]. *Paul et*

1 G. Lanson, « La méthode de l'histoire littéraire », dans *Essais de méthode, de critique et d'histoire littéraire*, éd. Henry Peyre, Paris, Hachette, 1965, p. 34 ; voir aussi Lanson, *Histoire* et L. Fraisse, *op. cit.*, p. 252.

2 V. Valaydon, « La permanence de *Paul et Virginie* dans la littérature mauricienne d'expression française », dans *L'Océan Indien dans les littératures francophones*, éd. Kumari R. Issur et Vinesh Hookoomsing, Paris, Karthala, 2001, p. 315-333.

3 J. Carney, dans *Black Rice : The African Origins of Rice Cultivation in the Americas*, Cambridge, Harvard University Press, 2001, démontre comment les technologies agricoles connues des Africains de différentes régions du continent ont été transplantées dans les régions

Virginie fait œuvre de témoignage sur ces transformations historiques de la nature et de ses représentations. Il est donc éclairant de relire ce roman à travers le prisme de la méthode écocritique postcoloniale, approche aujourd'hui émergente qui permet de remettre en valeur le rôle de ce roman en tant que véritable intervention culturelle, capable de transformer nos perceptions puisqu'il participe à la création discursive de nos environnements créoles, soit ces paysages plantés et transplantés, au gré des triages botaniques des agents de l'Empire, et dont les nombreux projets agricoles et économiques ont marqué toutes les latitudes tropicales.

Malgré les divergences qui marquent leur vision de l'histoire de la littérature française, et les approches théoriques distinctes qui en découlent, Ampère et Lanson partagent des notions d'altérité que chacun déploie par rapport à des jugements esthétiques qu'ils veulent universalistes. Leur vision du global expose des facettes différentes mais étroitement liées d'une compréhension singulièrement française du goût, qui perdure aujourd'hui, et qui apporte la consécration à certains écrivains tout en en éliminant d'autres ou en les dirigeant vers une voie différente, parallèle ou marginale, jusqu'à ce que leur transplantation dans un système normatif devienne possible, surtout après qu'ils ont été reconnus par des prix littéraires, comme ce fut le cas au cours de décennies récentes pour des écrivains d'Afrique, des Antilles ou des îles Mascareignes, dont certains furent signataires du « Manifeste des 44 » sur la littérature-monde.

Si le récent succès d'écrivains français non-natifs et non-hexagonaux a démontré une chose, c'est bien la présence répandue de « l'étranger » au cœur de la nation et la valeur croissante qui lui est attachée : la capitale culturelle et littéraire de la France est devenue encore une fois un lieu qui facilite, à la Ampère, la circulation et l'échange d'idées parmi les intellectuels francophones qui y publient leurs ouvrages. Mais ce lieu n'est pas exactement le Paris cosmopolite au cœur du modèle de médiation avancé par Casanova ; il s'agirait plutôt d'un cœur toujours déjà

---

respectives du Nouveau Monde où ils furent emmenés comme esclaves. Ses conclusions suggèrent que les chefs de traite se livraient bien à ce qui correspond dans mon analyse à des triages humains, de façon à assortir des qualifications spécifiques aux besoins agricoles d'un lieu. Pour une critique féministe des tropiques, voir F. Nussbaum, *Torrid Zones : Maternity, Sexuality, and Empire in Eighteenth-Century English Narratives*, Baltimore, The Johns Hopkins University Press, 1995.

transplanté qui révèle les fictions associée à l'idée de « vraie France », celle qui a longtemps servi à étouffer, mais toujours temporairement, les différences internes qui en sont partie prenante. J'abonderai ici dans le sens de Jean-Luc Nancy, pour qui « l'étrangeté ne devait venir du dehors que pour avoir surgi du dedans[1] ». La diversité a toujours été interne à la nation, mais il aura fallu la présence accrue d'altérités bien visibles (raciales, culturelles) pour mettre en évidence les mécanismes structurels que les exclusions institutionnelles ont longtemps réussi à masquer.

Dans *L'Intrus*, sa méditation autobiographique et lyrique sur l'altérité et sur sa propre transplantation cardiaque, le philosophe se demande : « qu'est-ce que cela peut vraiment être, que de remplacer un cœur ? » (p. 25) – un cœur malade qui est devenu l'ennemi intime du corps même. Il songe au fait que :

> [S]on cœur devenait [s]on étranger : justement étranger parce qu'il était dedans. L'étrangeté ne devait venir du dehors que pour avoir surgi du dedans. Quel vide ouvert soudain dans la poitrine ou dans l'âme – c'est la même chose – lorsqu'on [lui] dit : « il faudra une transplantation ». (p. 40)

Nancy parle ensuite de la « maîtrise et possession de la nature » programmées par la modernité, dans laquelle le spectacle ou la mise en scène de la prorogation de la mort par la technologie a remplacé la religion comme moyen de simuler notre immortalité, donnant ainsi aux êtres humains une impression illusoire de souveraineté. Pour le malade du cœur, cependant, le quadrillage médical constitué par le réseau de traitements et de troubles d'immunodéficience, et la guérison qui peut s'en suivre, ne prouve seulement, au final, que la dépendance obscure de l'extérieur et de l'intérieur, du corps et de son autre. La perméabilité de ce corps aux virus détruit tout sens possible d'un soi propre : « On en vient à une certaine continuité dans les intrusions, à un régime permanent de l'intrusion » (p. 40, je souligne). Dans ce régime, l'organe ou le supplément transplanté n'est qu'un des éléments du phénomène de transformation continuelle du corps originel, avec son métabolisme poreux et le fait qu'il dépend tout autant de ses parasites internes que des prothèses médicales qui lui sont accordées.

Ce que je proposerai donc ici, c'est que, de la même façon, dans l'histoire littéraire, si l'on veut bien analyser les conventions établies ou les diagnostics critiques assénés avec certitude, on est obligé de

1 Nancy, *L'Intrus*, p. 17.

constater l'ampleur des dettes étrangères contractées par le corpus de textes canoniques, ainsi que la logique de la dépendance qui concourt à la formation de ce canon au fil du temps, et en modifie ou même en transplante le cœur, alors même que ce cœur peut aussi s'approprier l'autre de façon à revitaliser ses propres traditions et ainsi renforcer sa souveraineté. Ceci, comme le suggère Ampère, n'est en fait que la pratique française immémoriale qui consiste à élever un facteur particulier mais dominant au rang de caractéristique universelle ou « globale ».

CONVERSATIONS

C'est ce régime quasi permanent d'intrusion de l'altérité, décrit par Nancy, que la lecture croisée d'auteurs canoniques et francophones peut nous aider à identifier. La « francité », tout comme l'identité sexuée du sujet, tel qu'elle est théorisée par les féministes de Kristeva à Hélène Cixous et Teresa de Lauretis, est multiple, plurale et polyvalente. Elle n'arrive à « se constituer [que] le long de plusieurs axes et dans le va-et-vient entre discours et pratiques mutuellement contradictoires[1] ». Ainsi, quelques courts exemples vont me permettre de souligner la « richesse éclatante » et les « étranges violences[2] » des tropiques, afin de démontrer comment des échos descriptifs se réverbèrent le long d'axes littéraires historiques et géographiques multiples. En se faisant écho à travers le temps et l'espace, ces exemples devraient souligner de façon définitive les limites du modèle unidirectionnel – que ce soit celui de la « vague » de Moretti, ou bien encore le modèle diffusionniste français de civilisation – et donc nous encourager à penser plutôt en termes de modèles dynamiques d'influence réciproque (même si les rapports de force sont inégaux), enracinés dans l'écologie singulière des régions insulaires de la planète, souvent considérées comme excentrées, mais tout à fait capables de fournir un éclairage inattendu, et d'inspirer des conversations critiques inouïes ainsi que de nouvelles méthodes comparatives.

1 T. de Lauretis, « Displacing Hegemonic Discourses : Reflections on Feminist Theory in the 1980s », *Inscriptions*, n° 3 et 4, 1988, p. 136, je traduis et je souligne.

2 Lanson, *Histoire*, p. 832.

Voici d'abord Bernardin qui décrit les suites d'un cyclone tropical et le pouvoir de la nature de remodeler des lieux créés par l'homme :

> Sur le soir la pluie cessa ; le vent alizé du sud-est reprit son cours ordinaire ; les nuages orageux furent jetés vers le nord-ouest, et le soleil couchant parut à l'horizon.
> Le premier désir de Virginie fut de revoir le lieu de son repos. [...] Des fumées blanches s'élevaient sur les croupes de la montagne sillonnée çà et là de l'écume des torrents qui tarissaient de tous côtés. Pour le jardin, il était tout bouleversé par d'affreux ravins ; *la plupart des arbres fruitiers avaient leurs racines en haut* ; de grands amas de sable couvraient les lisières des prairies, et avaient comblé le bain de Virginie. *Cependant les deux cocotiers étaient debout et bien verdoyants* ; mais il n'y avait plus aux environs ni gazons, ni berceaux, ni oiseaux, excepté quelques bengalis qui, sur la pointe des rochers voisins, déploraient par des chants plaintifs la perte de leurs petits. (p. 131)

Ce passage réunit les *topoi* majeurs des genres romantiques mineurs : le pittoresque (le ciel, le soleil couchant), le sentimental (la plainte des oiseaux) et l'exotique (plantes et animaux inhabituels). Bernardin utilise le terme *bengali* pour faire référence à une espèce d'oiseau, le bec-rose commun à Maurice et à La Réunion, originaire du continent africain mais que l'on a cru à tort provenir d'Asie du Sud-Est et de l'Inde. Le terme fut introduit en français par l'ornithologue Mathurin-Jacques Brisson en 1760 et il figure aujourd'hui dans le *Petit Robert*. Il était déjà entré dans la langue vernaculaire ou créole mauricien au temps de Bernardin et avait perdu toute connotation exotique pour le lecteur mauricien[1]. Le cocotier, qui prolifère dans les régions côtières sous ces latitudes, est une plante tropicale emblématique pour l'imaginaire européen. Il symbolise l'essence de l'exotique : le soleil, la mer et le sable, la brise langoureuse et l'indolence de ses feuilles qui se balancent, ses fruits abondants qui poussent sans effort ni culture[2]. D'où le fait que cet arbre se voit rarement attaché une connotation de force, de durabilité ou de permanence. Cependant, Bernardin fait bien allusion à son endurance :

1 T. E. Palmer et G.T. Bradshaw expliquent, dans *The Mauritius Register : Historical, Official, and Commercial*. Port-Louis : Channel, 1859, que le nom mauricien des becs-roses, est « bengali » et qu'ils sont parmi les plus jolis oiseaux de l'île (p. LXXX). Voir aussi A. Pittie, « A Dictionary of Scientific Bird Names Originating from the Indian Region », *Buceros : Journal of the Bombay Natural History Society*, vol. 2, n° 9, 2004, p. 8. La rubrique « bengalus » explique que Brisson a baptisé par erreur l'*Uraeginthus* africain « bengali ».

2 Dans son essai, *On Beauty and Being Just*, Princeton, Princeton University Press, 1999, E. Scarry présente de façon révélatrice ses propres réactions esthétiques au palmier.

au beau milieu de la destruction générale, les arbres sont « debout et bien verdoyants ».

George Sand aussi décrit, dans *Indiana*, la férocité de la zone tropicale et ses vents rugissants et torrents déchaînés, autre topos bien connu du sublime romantique qui peut inspirer crainte et émerveillement :

> Un instant après s'éleva un vent furieux… Puis le vent tomba ; le brouillard se reforma, pour être chassé encore par une terrible rafale… Des torrents de pluie gonflèrent le lit des rivières… En une heure, tout fut inondé, et les flancs de la montagne, ruisselants de toutes parts, formaient une immense cascade qui se précipitait avec furie vers la plaine. (p. 342)

La force de la nature est une réalité que les esclaves des colonies et leurs descendants avaient appris à apprivoiser. Cette force est omniprésente dans l'œuvre d'Edouard Glissant. Les Indes occidentales sont pour lui le lieu de modernités distinctes et sa prose poétique dans *La Lézarde* confirme la signification polysémique des cocotiers dans l'imaginaire caribéen :

> *Le long des sables, les cocotiers brûlés par le soleil – quand on connaît la force terrible de leurs racines, quand on a su leur fraternité sèche – nul ne peut plus les confondre avec l'image exotique qu'on en donne* : leur office est plus sauvage, et leur présence plus pesante. Ils sont la floraison extrême, la ligne inflexible et sans cesse menacée, le fil et la frange, ce moment d'éternel équilibre entre ce qui demeure et ce qui déjà s'en va. Avec eux la terre s'ouvre vers le large ; par eux la mer décide du visage de la terre. Lieu de reniement et d'acceptation, cette couronne d'arbres est dépositaire de l'essentiel, enseigne la mesure pesante en même temps qu'elle suscite l'audace irréfléchie. (p. 43)

Figures mélancoliques dans un environnement inhospitalier, « brûlés par le soleil », ces arbres signifient le potentiel ambigu et menaçant de la marge, zone de contact entre la vie et la mort, entre la terre sèche et la mer bouillonnante, « le fil et la frange », ou encore la modération et l'audace. Tout comme le sujet cerné par les penseurs de la modernité, les arbres se situent entre le renouveau et la perte, entre la survie et la disparition, donc à un moment fragile « d'éternel équilibre » et de réciprocité éphémère. Mais contrairement à l'être foucaldien qui « s'effacerait, comme à la limite de la mer un visage de sable[1] », ces arbres sont la ligne de front d'une espèce durable et tenace. Ce sont les représentants d'une écologie évolutionnaire qui s'adapte dans un paysage tout autant chargé

1 M. Foucault, *Les Mots et les choses*, Paris, Gallimard, 1966, p. 398.

de sens diachroniques contradictoires – poids du passé et possibilités de l'avenir – que fréquemment altéré par des transplantations, qu'il s'agisse de migrations humaines ou de greffes botaniques.

Je ne peux pas m'étendre ici sur le nœud de significations que les discours anti-humanistes combinés à ceux de la biologie évolutionniste soulèveraient dans le contexte de l'écocritique postcoloniale. Il me suffit de suggérer que les « conversations » sur lesquelles j'attire ici l'attention servent à souligner les lacunes propres à la conception contemporaine plutôt romantique de l'environnementalisme en tant que simple gardiennage de la nature et protection de toutes les espèces selon le modèle taxonomique et statique de Linné. Ce que les écrivains mis en conversation ici soulignent plutôt c'est bien la faculté d'adaptation et les variations forcées – par procédés de triage – auxquelles les humains, les animaux et les plantes ont été soumis tout au long de l'histoire, coloniale ou autre[1].

Nathacha Appanah reprend le même fil conducteur environnemental dans *Le dernier frère*, un conte tragique d'amitié et de mort qui rend hommage à *Paul et Virginie* et à ses deux jeunes protagonistes. L'écrivaine mauricienne met en scène, dans la forêt de l'île décrite avec une profusion de détails à la Bernardin, une rencontre entre deux enfants de neuf ans : Raj, un petit garçon indo-mauricien qui a perdu ses deux frères dans une inondation, et David, un déporté juif tchèque orphelin, détenu dans la prison de Beau-Bassin avec un groupe de Juifs d'Europe de l'Est qui, lors d'un triage, ont été écartés et redirigés vers cette colonie britannique après s'être vu refuser l'entrée en Palestine en 1940[2]. Décrivant l'impact d'un cyclone, l'auteure s'attarde sur les dégâts causés par l'orage : le manguier, grand arbre majestueux, a été renversé. Son système de racines peu profondes le rend beaucoup plus vulnérable que le cocotier à l'apparence pourtant fragile :

> C'est le cyclone qui s'abattit sur le pays dès le soir même qui m'aura le plus aidé dans toute cette histoire. [...]

1 Pour un compte-rendu utile sur l'écocritique, voir U. Heise, « The Hitchhiker's Guide to Ecocriticism », *PMLA*, vol. 121, n° 2, 2006, p. 503-516.

2 G. Pitot fournit un historique complet de cet épisode négligé de la Seconde Guerre Mondiale dans *The Mauritian Shekel : The Story of the Jewish Detainees in Mauritius, 1940-1945*, New York, Rowan and Littlefield, 2000. Ce livre a été écrit en français, traduit en anglais, mais n'a encore jamais été publié dans l'original. Voir F. Lionnet, « "Dire *exactement*" : Remembering the Interwoven Lives of Jewish Deportees and Coolie Descendants in 1940s Mauritius », *Yale French Studies*, n° 118/119, 2010, p. 111-135.

> Au cinquième jour, un ciel pur et une lumière qui éclatait par-ci par-là en bouillons autour de la forêt nous dévoilèrent le paysage dévasté. [...]
> Tous mes repères, mes endroits favoris, mes cachettes, mes secrets avaient disparu. (107)
>
> *Le manguier avait été arraché et gisait maintenant sur la maison aux bougainvillées. Ses racines faisaient penser à une énorme fleur et je n'en revenais pas de voir abattu ce géant à l'ombre épaisse, au feuillage serré, aux fruits juteux.* (p. 102-108)

Inadapté aux violents orages des îles tropicales, l'arbre fruitier fertile importé d'Asie s'est transformé en un géant dangereusement destructeur. Il devient une allégorie des dramatiques tourbillons historiques du milieu du vingtième siècle qui ont touché jusqu'à ceux qui vivent dans cette distante colonie britannique des antipodes :

> Le manguier avait éventré le bureau du directeur. La cour de la prison ressemblait à la clairière autour de notre maison, jonchée de débris, il ne restait rien de la pelouse grasse et verte, rien des fleurs douces et colorées. Finalement, cette prison de Beau-Bassin où étaient enfermés des Juifs refoulés de Palestine ressemblait à ce qu'elle était vraiment : une chose monstrueuse. (p. 108)

La Lézarde et *Le dernier frère* se passent la même année, 1945, dans l'île respective de chacun des auteurs. La Martinique et Maurice sont très éloignées l'une de l'autre géographiquement et du point de vue d'une potentielle « conversation », malgré leur histoire commune en tant que « vieilles colonies » françaises et le fait qu'elles partagent bien évidemment divers aspects des cultures créoles héritières de cette histoire. Mais les axes hiérarchisés et verticaux du pouvoir colonial ont favorisé puis renforcé une très grande ignorance mutuelle qui a longtemps fragmenté, sinon complètement entravé, les solidarités créoles. Ce n'est que grâce à une approche systématique de ce que nous avons appelé le « transnationalisme mineur » que des études comparatives transversales entre régions éloignées et exiguës du monde pourra se développer et favoriser les échanges et solidarités culturels[1].

Les romans de Glissant et d'Appanah se déroulent fort loin des grands événements historiques mondiaux qu'ils ont néanmoins pour toile de fond. Mais l'insistance méticuleuse de ces auteurs sur la nature leur permet de développer un sens différent de la temporalité et de l'histoire, de la mémoire collective et de l'amnésie, ponctué à Maurice

1 F. Lionnet et S. Shih, *op. cit.* Voir aussi F. Lionnet, « Continents and Archipelagoes ».

par le cyclone de février 1945 et l'épidémie de polio de la même année, et en Martinique par une campagne électorale qui reste non-précisée dans le livre mais qui correspond à la campagne victorieuse d'Aimé Césaire à la mairie de la ville, à laquelle le jeune Glissant avait participé.

Auteure récompensée dont le style lumineux et les thématiques sociales et historiques graves ont attiré l'attention de jurys internationaux, Appanah a été comparée à Arundhati Roy et à J. M. Coetzee, et chacun de ses livres à ce jour a reçu un prix, la propulsant dans l'orbite raréfiée où l'on peut dire que la valeur artistique et l'estime sociale entrent en parfaite corrélation : sa place au panthéon des auteurs « monde » ou globaux va certainement se confirmer le moment venu. En attendant, les conversations littéraires auxquelles participent ses livres permettent de dessiner de nouvelles voies d'affiliation parmi les auteurs français et francophones, ainsi qu'avec d'autres auteurs postcoloniaux.

Pour conclure, permettez-moi d'insister sur le fait que, au lieu de jouer un remake francophone de la méthodologie oppositionnelle postcoloniale énoncée dans *The Empire Writes Back*, mon but est ici de souligner la nature hétérologue de la littérature « française », de démontrer comment l'écologie tropicale des colonies insulaires a marqué les textes d'auteurs « hexagonaux » comme Bernardin et Sand. Des écrivains contemporains de ces mêmes tropiques sont, quant à eux, revenus aux œuvres de leurs précurseurs métropolitains comme à des sources quasi-mythiques de savoir local en voie de disparition. Lire ces précurseurs à travers le regard des écrivains contemporains, c'est se donner l'occasion d'examiner les conditions dans lesquelles des formes de réciprocité implicites et explicites arrivent à émerger au sein des stratégies de représentation et des choix sémantiques qui sont faits par des auteurs du Nord comme du Sud, de l'Occident ou des ses « ailleurs » internes ou externes. De tels choix soulignent bien le fondement matériel sur lequel se base la représentation historique et littéraire qui reste ancrée dans des géographies bien réelles. Enfin, ces choix correspondent à des modes de sélection que j'ai appelés triages et transplantations, et qui se sont produits dans les deux sens au fil du temps : à savoir, entre centre et périphérie, sans que ces échanges soient jamais univoques, malgré les dissymétries évidentes entre « centre » et « périphéries ».

Que signifie, alors, pour des écrivains francophones de donner à voir leur environnement, leur espace physique et leur lieu culturel d'origine, à travers un travail de médiation qui est aussi une translation de textes des dix-huitième et dix-neuvième siècles ? Comment est-ce que la destruction de leur habitat historique par les forces de la nature (cyclones, ouragans, inondations, tremblements de terre et éruptions volcaniques) ou par l'agriculture coloniale, avec son utilisation désastreuse de la monoculture à grande échelle de denrées lucratives (riz, sucre, tabac, thé, café), peut se traduire en une critique de la dichotomie nature-culture ? Comment la modification de la nature a-t-elle transformé les conditions de vie et les stratégies narratives de ceux qui refaçonnent aujourd'hui nos paysages littéraires ? Voilà les questions plus larges que cet essai a pour but de soulever mais qui ne peuvent certes être résolues ici. Ces questions, cependant, vont devenir de plus en plus pressantes parce qu'elles révèlent avec une clarté dramatique la résilience et la pertinence continues du champ des études littéraires à une compréhension historiquement saine et juste de la diversité humaine et écologique.

Françoise LIONNET
Université de Californie,
Los Angeles (UCLA)
Traduit par Nathalie Ségeral
et Françoise Lionnet

OUVRAGES CITÉS

AMPÈRE, Jean-Jacques, « De l'histoire de la littérature française », *Revue des Deux-Mondes*, vol. 3, n° 1, 1834, p. 406-425.

APPANAH, Nathacha, *Le Dernier Frère*, Paris, l'Olivier, 2007.

ASHCROFT, Bill, GRIFFITHS, Gareth et TIFFIN, Helen, *The Empire Writes Back : Theory and Practice in Post-colonial Literatures*, Londres, Routledge, 1989.

BERNABÉ, Jean, CHAMOISEAU, Patrick et CONFIANT, Raphaël, *Éloge de la créolité*, Paris, Gallimard, 1969.

BERNARDIN DE SAINT-PIERRE, Jacques-Henri, *Paul et Virginie*, Paris, Garnier-Flammarion, 1966.

BRISSON, Mathurin-Jacques, *Ornithologia sive Synopsis methodica sistens avium divisionem in ordines, sectiones, genera, species, ipsarumque varietates*, Paris et Leiden, Bauche, 1760-1763.

BUELL, Lawrence, *The Environmental Imagination*, Cambridge, Harvard University Press, 1995.

Caribbean Literature and the Environment : Between Nature and Culture, éd. Elizabeth DeLoughrey, Renée K. Gosson et George B. Handley, Charlottesville, University of Virginia Press, 2005.

CASANOVA, Pascale, *La République mondiale des Lettres*, Paris, Seuil, 1999.

CARNEY, Judith, *Black Rice : The African Origins of Rice Cultivation in the Americas*, Cambridge, Harvard University Press, 2001.

CRONON, William, « The Trouble with Wilderness ; or Getting Back to The Wrong Nature », dans *Uncommon Ground : Rethinking the Human Place in Nature*, éd. W. Cronon, Londres, Norton, 1996, p. 69-90.

DE LAURETIS, Teresa, « Displacing Hegemonic Discourses : Reflections on Feminist Theory in the 1980s », *Inscriptions*, n° 3 et 4, 1988, p. 127-144.

ENGLISH, James, *The Economy of Prestige*, Cambridge, Harvard University Press, 2005.

FOUCAULT, Michel, *Les Mots et les choses*, Paris, Gallimard, 1966.

FRAISSE, Luc, « La définition du grand écrivain dans l'histoire littéraire de Lanson », *Revue d'histoire littéraire de la France*, vol. 99, n° 2, 1999, p. 249-271.

GAUVIN, Lise, *Langagement : l'écrivain et la langue au Québec*, Montréal, Boréal, 2000.

GARRAWAY, Doris, *The Libertine Colony : Creolization in the Early French Caribbean*, Durham, Duke University Press, 2005.

GLISSANT, Édouard, *La Lézarde*, Paris, Seuil/Points, 1958.

GLISSANT, Édouard, « L'imaginaire des langues », dans *Introduction à une poétique du divers*, Paris, Gallimard, 1996, p. 111-143 [entretien avec Lise Gauvin].

HARING, Lee, *Stars and Keys : Folktales and Creolization in the Indian Ocean*, Bloomington, Indiana University Press, 2007.

HEISE, Ursula, « The Hitchhiker's Guide to Ecocriticism », *PMLA*, vol. 121, n° 2, 2006, p. 503-516.

KHATIBI, Abdelkébir, *Maghreb pluriel*, Paris, Denoël, 1983.

KRISTEVA, Julia, *Étrangers à nous-mêmes*, Paris, Gallimard/Folio, 1988.

LANSON, Gustave, *Histoire de la littérature française*, Paris, Hachette, 1912 [1894].

LANSON, Gustave, « La méthode de l'histoire littéraire », dans *Essais de méthode, de critique et d'histoire littéraire*, éd. Henry Peyre, Paris, Hachette, 1965, p. 31-56.

LEBOVICS, Herman, *True France : The Wars Over Cultural Identity, 1900-1945*, Ithaca, Cornell University Press, 1994.

LIONNET, Françoise, « Reframing Baudelaire : Literary History, Biography, Postcolonial Theory, and Vernacular Languages », *Diacritics*, vol. 28, n° 3, 1998, p. 63-85.

LIONNET, Françoise, « "The Indies" : Baudelaire's Colonial World », *PMLA*, vol. 123, n° 3, 2008, p. 723-736.

LIONNET, Françoise, « Continents and Archipelagoes : From *E Pluribus Unum* to Creolized Solidarities », *PMLA*, vol. 123, n° 5, 2008, p. 1503-1515.

LIONNET, Françoise, « "Dire *exactement*" : Remembering the Interwoven Lives of Jewish Deportees and Coolie Descendants in 1940s Mauritius », *Yale French Studies*, n° 118/119, 2010, p. 111-135.

LIONNET, Françoise et SHIH, Shu-mei, « Introduction : Thinking Through the Minor, Transnationally », dans *Minor Transnationalism*, éd. Françoise Lionnet and Shu-mei Shih, Durham, Duke University Press, 2005, p. 1-23.

MORETTI, Franco, « Conjectures on World Literature », *New Left Review*, n° 1, 2000, p. 54-68.

Landscape and Power, éd. W. J. T. Mitchell, 2e éd., Chicago, Chicago University Press, 2002.

NANCY, Jean-Luc, *L'Intrus*, Paris, Galilée, 2000.

NANCY, Jean-Luc, *La Création du monde ou la Mondialisation*, Paris, Galilée, 2002.

NOIRIEL, Gérard, *Le Creuset français*, Paris, Seuil, 1988.

NUSSBAUM, Felicity, *Torrid Zones : Maternity, Sexuality, and Empire in Eighteenth-Century English Narratives*, Baltimore, The Johns Hopkins Press, 1995.

PALMER, T. E. et BRADSHAW, G. T., *The Mauritius Register : Historical, Official, and Commercial*, Port-Louis, Channel, 1859.

PARÉ, François, *Les Littératures de l'exiguïté*, Hearst, Le Nordir, 1992.

PITOT, Geneviève, *The Mauritian Shekel : The Story of the Jewish Detainees in Mauritius, 1940-1945*, New York, Rowan et Littlefield, 2000.

PITTIE, Aasheesh, « A Dictionary of Scientific Bird Names Originating from the Indian Region », *Buceros : Journal of the Bombay Natural History Society*, vol. 2, n° 9, 2004, p. 1-36.

PRIETO, Eric, « The Uses of Landscape : Ecocriticism and Martinican Cultural Theory », dans *Caribbean Literature and the Environment : Between Nature and Culture*, éd. Elizabeth DeLoughrey, Renée K. Gosson et George B. Handley, Charlottesville, University of Virginia Press, 2005, p. 236-246.

RAMONET, Ignacio, « Le pensée unique », *Le Monde diplomatique*, janvier 1995, p. 1.

SALOMON, Pierre, « Introduction », dans George Sand, *Indiana*, Paris, Classiques Garnier, 1962, p. I-XLII.

SAND, George, *Indiana*, Paris, Classiques Garnier, 1962.

SCARRY, Elaine, *On Beauty and Being Just*, Princeton, Princeton University Press, 1999.

SIMON, Sherry, *Le trafic des langues*, Montréal, Boréal, 1994.

Trésor informatisé de la langue française. http://atilf.atilf.fr/tlf.htm.

VALAYDON, Vijayen, « La permanence de *Paul et Virginie* dans la littérature mauricienne d'expression française », dans *L'Océan Indien dans les littératures francophones*, éd. Kumari R. Issur et Vinesh Hookoomsing, Paris, Karthala, 2001, p. 315-333.

WOLFF, Mark, « Individuality and *l'Esprit Français* : On Gustave Lanson's Pedagogy », *MLQ : Modern Language Quarterly*, vol. 62, n° 3, 2001, p. 239-257.

LITTÉRATURE, ESPACE ET L'ÉTAT-NATION FRANÇAIS APRÈS 1950

Qu'entendons-nous tout d'abord par « French Global[1] » ? S'agit-il du fait que l'on trouve des supermarchés Carrefour dans chaque ville d'Asie et de la zone Pacifique, que les produits LVMH circulent tout autour du monde sous l'œil vigilant du PDG de l'entreprise Bernard Arnauld, ou bien fait-on référence à la présence de plateformes pétrolières Total sur les côtes des anciennes colonies françaises en Afrique ? Dans les médias américains, la France est souvent méprisée parce qu'elle s'oppose à la globalisation, un synonyme, pour les Français comme l'agriculteur engagé José Bové, de l'américanisation de la planète. La globalisation est, en général, assimilée à la communication électronique, ainsi qu'à la circulation des marchandises et aux échanges financiers internationaux. Cependant, la décolonisation ajoutée à la globalisation de l'économie a eu pour conséquence d'accroître les flux, non seulement monétaires mais aussi humains, qui circulent tout autour de la planète. Dans quelle mesure la France impulse-t-elle cette dynamique dans notre époque « globale », et qu'en est-il de l'avenir de ces mouvements ?

Nous nous pencherons sur cette question en défendant l'idée qu'en France, comme dans la plupart des pays occidentaux et ailleurs, les réseaux électroniques et économiques planétaires, et les mouvements de populations qu'ils induisent, ont eu un effet durable sur l'État-nation, la subjectivité et la citoyenneté, ainsi que sur la littérature française et francophone, et sur la culture en général. Une littérature et une culture « françaises » – un concept de toute façon mythique – qui exprimeraient l'« essence » ou l'« âme » de la nation ont cédé la place à une culture médiatique à l'américaine, mais aussi à une diversité de cultures transnationales produites en et depuis la France.

---

1 L'article joue sur le titre du volume, *French Global*. Contrairement au français qui distingue entre « mondialisation » et « globalisation », l'anglais se sert d'un seul terme. L'article joue sur cette équivoque.

On pourrait facilement commencer par montrer que ce que l'on appelle depuis un siècle et demi « la culture nationale française » existe en fait toujours « au pluriel », puisqu'elle est le résultat de nombreuses rencontres et croisements. Les migrations entre provinces, pays et royaumes avaient déjà lieu au Moyen Âge ; les grandes traversées des océans à la Renaissance ont repoussé les frontières de l'Europe ; les tragédies que regardait le Roi-Soleil étaient inspirées de l'Antiquité grecque, tandis que les grands romanciers et philosophes des Lumières échangeaient beaucoup avec leurs homologues anglais qui étaient familiers du Nouveau Monde. Et avant même la décolonisation, de grandes maisons d'édition françaises publiaient déjà – certes avec sélectivité – des écrivains des Antilles, du Maghreb et d'Afrique qui, comme l'a rappelé récemment Rachid Boudjedra lors d'une conférence, étaient largement inspirés par le Surréalisme ainsi que par la littérature américaine, en particulier par William Faulkner[1].

Dans les années 1960, après un siècle d'efforts souvent violents de la bourgeoisie pour créer une nation française homogène, c'est-à-dire une entité unifiée et unifiante excluant l'altérité, un certain nombre d'écrivains, d'artistes et de théoriciens – dont beaucoup venaient d'ailleurs, comme Hélène Cixous, Julia Kristeva, et Tzvetan Todorov – ont fondé et développé des revues littéraires qui portaient sur la poétique des textes plutôt que sur une littérature et une histoire littéraire nationales. Parmi ces revues figuraient *Tel Quel*, *Poétique*, et *Littérature*. Hélène Cixous, une des figures majeures de *Poétique*, a avancé l'idée qu'il y avait une proximité entre tous les écrivains et théoriciens du monde au-delà des genres mais aussi des frontières spatiales et temporelles, de par leur traitement de problèmes similaires, tels que l'articulation de la vie et de la mort. En réaction à un pays intellectuellement et physiquement pollué, et entaché des souvenirs de Vichy et de la colonisation, ces intellectuels et artistes ont opté pour des espaces de résistance et d'invention. Comme des « phares », selon le terme d'Hélène Cixous, ils sont entrés en dialogue les uns avec les autres et ont combattu par leur vigilance les injustices sociales et politiques dans l'État français.

En effet, depuis la Deuxième Guerre mondiale, et en particulier depuis les années 1960, l'espace est devenu un concept critique au moment

1 R. Boudjedra, Conférence donnée au département de Langues et Littératures Romanes de l'Université de Harvard, en avril 2007.

même où les écrivains et les théoriciens mentionnés ci-dessus se sont sentis comprimés par la technologie et par ce qui était encore perçu comme un État bourgeois au pouvoir disciplinaire. Ces intellectuels restent critiques par rapport à l'administration d'État ainsi qu'envers le terme de « nation », qui connote toujours le fantasme de l'homogénéité et de l'unité. Alors qu'ils sentent les changements naissants, et sans toujours en saisir la portée, ces écrivains et penseurs se concentrent sur la poétique, mais aussi sur le retour du quotidien, en marge de l'histoire monumentale. Ils mettent l'accent sur les pratiques de l'espace du quotidien qui minent l'autorité bureaucratique : ils considèrent que les littératures nationales officielles sont à la solde d'une pensée rationnelle universelle au service de l'État qui en imprègne la vie pour finalement la paralyser dans un état de *rigor mortis*. Selon les termes de Gilles Deleuze et Félix Guattari, les espaces « striés » qui ont perdu leur flexibilité ont sans cesse besoin d'être rendus « lisses » de même que des micro-espaces devraient être ouverts au sein des macro-espaces de l'état afin de permettre d'autres manières de penser[1].

Cette attention critique envers les pratiques quotidiennes de l'espace, fonctionnant en dehors des réseaux administratifs d'État et questionnant indirectement les stratégies modernistes de la société industrielle qui a encouragé le colonialisme, se trouve être le sujet de la *Critique de la vie quotidienne* (1947), la *Révolution urbaine* (1970) et *La production de l'espace* (1974) de Henri Lefebvre, ainsi que de *Arts de faire 1 : L'invention du quotidien* (1980) de Michel de Certeau. Le cinéaste Jean-Luc Godard travaille aussi dans ce domaine : en s'accordant à faire des allusions théoriques (Lefebvre) et littéraires (Faulkner), il a exploré, dans *Deux ou trois choses que je sais d'elle*, les effets humains de l'imposition d'un ordre spatial et de la création des premiers grands ensembles – ces gigantesques complexes d'appartements construits dans la banlieue parisienne dans le but de loger les ouvriers français qui vivaient dans des conditions insalubres, et d'accueillir les pieds-noirs rapatriés d'Algérie depuis l'indépendance de 1962. Godard a tourné son film dans la Cité des 4000 de la Courneuve, non loin de la station ferroviaire d'Aubervilliers où les touristes passent

1 Tout au long de leur œuvre, mais en particulier dans *Mille Plateaux*, Gilles Deleuze et Félix Guattari ont distingué les « espaces lisses », c'est-à-dire des espaces, comme la mer, dans lesquels un maximum de tracés peut être fait, des « espaces striés », qui ont perdu leur flexibilité et leur potentialité de résistance créatrice.

aujourd'hui sans s'arrêter sur leur route vers l'aéroport de Roissy. Une séquence mémorable du film représente le face à face entre un homme et une femme vus de profil, leur tête n'étant pas « couverte de paille » façon T.S. Eliot, mais recouvertes par deux sacs de voyage, l'un, bleu, portant le logo de la Pan Am (un globe), l'autre, rouge, montrant les lettres en caractère gras de *Trans-World Airlines.* À travers cette image, et d'autres, Godard demande : comment réinventer et rendre plus habitables les espaces urbains en question, alors que non seulement l'État mais surtout une culture de masse grandissante remplacent les valeurs culturelles traditionnelles par des icônes globales ?

Beaucoup de textes et de films de cette époque s'interrogent sur les moyens de reconquérir un territoire existentiel – qu'il soit mental ou physique – ou se demandent même comment ouvrir des espaces qui pourraient défier un système de signes de plus en plus abstrait, résultat de l'accélération des technologies orchestrée par l'État puis par l'idéologie de la consommation à travers le monde. Au moyen de leurs œuvres de fiction et de critique, Cixous, Lefebvre, Certeau, Godard et d'autres exhortent leur public à se réapproprier l'espace par le langage et par de nouvelles sortes de pratiques corporelles. Dans *La jeune née* (1975), Cixous pointe l'attitude répressive et colonialiste de l'État français en épousant la cause d'une série de textes virulents ne correspondant pas à la norme du canon national (chauvin). Cependant, lors de son long dialogue avec Catherine Clément, à la fin de leur livre cosigné, Cixous exprime un certain pessimisme quant à l'avenir, à l'heure où les « marchés » et la société de consommation se développent comme jamais :

> Il y a de façon très générale une extinction des voix dans le monde de l'écriture, de la littérature, de la création. C'est symptomatique et ça aura des effets ; ce n'est pas par hasard qu'il y a un mouvement de retrait par rapport à la lecture, dans presque tous les pays, en particulier les pays de l'Ouest. Ça signifie en ce moment de la part de tous les gouvernements unis, de droite ou réformistes : « vous, si vous avez encore des yeux, fermez-les, et intellectuels de tous les pays, vos gueules, et ne commencez pas à faire des analyses, et puis d'ailleurs c'est pas la peine. » On voit se développer une intrigue internationale qui tend à l'imbécillisation capitaliste sous sa forme la plus inhumaine, la plus automatisée, la plus redoutable. Que tous les pays se vendent, se livrent, comme par exemple la France aux États-Unis, ça se fait aussi à condition d'un silence complice [...][1].

1 H. Cixous et C. Clément, « L'intenable », dans *La jeune née*, Paris, Union générale d'édition, 10/18, 1975, p. 294-295.

Peu à peu, ces écrivains et ces critiques se sont rendu compte que l'état bureaucratique lui-même s'était transformé avec l'avènement d'une société de consommation à l'américaine. La société française s'est restructurée à travers un autre genre d'économie, fondée sur la finance internationale. Un apogée a été atteint avec le développement de la technologie électronique et l'expansion mondiale des médias, que Roland Barthes avait déjà démystifiés dans certains de ses essais de *Mythologies* (1957). Ce qui était perçu comme la perte de la « vie » à travers la disparition d'espaces de tradition, et l'émergence d'une nouvelle hiérarchie sociale sont tournés en dérision dans les films de Jacques Tati, comme *Mon oncle* (1958), œuvre qui juxtapose d'une part les scènes vivantes dans lesquelles on voit l'oncle avec ses amis au marché et au café où les gens chantent et jouent de la musique, avec d'autre part l'existence stérile d'une famille habitant une maison ultramoderne saturée de gadgets électroniques dernier cri. Dans *Playtime* (1967), la seule trace qui demeure des quartiers traditionnels est une vendeuse de fleurs, devenue l'objet des photos des touristes, en quête de la vie parisienne quotidienne d'autrefois. La ville elle-même s'est transformée d'un amas d'immeubles à cinq étages sous un ciel gris-acier en un kaléidoscope de tours transparentes à l'intérieur desquelles chacun est sous surveillance électronique. Les deux symboles du paysage urbain que constituent la Tour Eiffel et Montmartre sont réduits à leur simple reflet dans des portes vitrées.

Dans son roman *Les belles images* (1966), Simone de Beauvoir condamne fermement ce nouvel ordre de la société française. La vie elle-même se trouve menacée par une invasion d'images trompeuses de l'individu idéal. À travers le personnage principal, Laurence, une jeune professionnelle de la publicité, Beauvoir montre non seulement comment un nouveau marché de la culture dicte aux gens, par la ruse de la publicité, comment être et paraître, mais aussi comment la prédominance des images, qui éradique une dimension existentielle et une pulsion de vie chez les individus, transforme ces êtres en zombies. Jean-Charles, le mari de l'héroïne, croit naïvement que la technologie sauvera le monde. Il incarne tout à fait le technocrate incapable de voir la perte de dimensions existentielles. Dans son « conte des années 60 » nommé à juste titre *Les Choses : une histoire des années soixante* (1965), Georges Perec a choisi une approche différente pour explorer une société émergente avec ses nouvelles règles de réussite. Jérôme et Sylvie, un jeune couple de psychosociologues travaillant dans les études de motivation, rêvent d'une autre vie mais ne se donnent pas les moyens de changer. Ils vivent dans le monde scintillant de la publicité et demeurent incapables de distinguer les illusions de la réalité. De manière générale, la société de consommation à l'américaine, qui baigne dans une culture grandissante d'images, est perçue comme une menace pour ce qui était considéré – peut-être à cause des photos en noir et blanc d'avant-guerre, telles celles que l'on peut voir dans le *Paris des années 1930* (1998) de Marc Augé – comme la culture française « traditionnelle ».

Dans une veine cartésienne, Jean Baudrillard, dans *Le système des objets* (1967) explique que le consumérisme transforme les espaces bourgeois symboliques, dont les aspects répressifs ont été l'objet d'un examen approfondi par les féministes. Quand, avec la culture de marché, « intériorité » et « profondeur », synonymes d'espace personnel et de foyer intime du soi, ont laissé place à l'extériorité, il s'en est suivi une certaine liberté d'inventer l'espace. Un ordre jusqu'alors vertical devient plus horizontal ; mais de nouvelles hiérarchies fondées sur l'argent réapparaissent rapidement. Baudrillard déclarera plus tard qu'avec ce qu'il a appelé la nouvelle « tendance globale » introduite par une économie de consommateurs, le retour au quotidien était une impasse, à l'heure où la visée du capitalisme était d'éliminer les espaces symboliques et d'établir à la place des espaces plus fonctionnels[1].

Ainsi, l'effondrement bien perçu des territoires existentiels était moins le symptôme d'un raffinement du contrôle étatique que d'un phénomène alors non encore articulé d'un consumérisme global. On peut dire, rétrospectivement, que les mouvements intellectuels qui, dans les années soixante, mettaient en question l'*ethos* de l'État français ont coïncidé avec cette transformation même. Avec la globalisation, qui pourrait en fait être qualifiée de deuxième mondialisation, la première étant celle des rencontres transatlantiques des XVIe et XVIIe siècles – et sans compter celle du communisme qui a tenté d'imposer le même langage partout – la France a subi les mêmes transformations que la plupart des autres pays industrialisés occidentaux. Formé par la Révolution de 1789 et par l'entreprise coloniale au siècle suivant, l'État français des années 1960 s'est trouvé affaibli par les sociétés transnationales et ce

1 J. Baudrillard, « L'Amérique ou la pensée de l'espace », dans *Citoyenneté et urbanité*, éd. Y. Dauge, Paris, Esprit/Seuil, 1991, p. 156.

que Jean-François Lyotard a appelé, dans ses *Political Writings* (1993), l'arrivée du « *big money* ». La France a dû rapidement faire face à cette nouvelle situation pour protéger ses citoyens contre une perte de droits, au moment même où il lui a fallu s'occuper d'un autre changement majeur : l'intensification des flux migratoires venant des anciennes colonies françaises, ainsi que d'Europe de l'Est, d'Asie et d'autres parties du monde. Avec la globalisation, les migrations et la construction de l'Union Européenne, la France a commencé à changer à tel point qu'aujourd'hui les critiques dans la lignée d'Étienne Balibar se demandent si la France peut encore être reconnue comme un pays à part entière ou bien s'il s'agit simplement d'une frontière se dressant contre l'hémisphère sud. Non sans provocation, Balibar en vient même à poser la question de savoir si, au-delà de la France, l'Europe elle-même peut encore être identifiée comme un continent ou si elle est devenue une simple frontière[1].

Dans ce nouveau contexte d'accélération technologique, de globalisation économique, de vastes mouvements de population et d'étiolement progressif de l'État-nation, qu'en advient-il de la littérature et de la culture françaises ? La question du consumérisme, des médias ou de la technologie mise à part, on peut établir que l'effet des mouvements de population sur la culture a consisté en la défaite d'un certain « état d'esprit » français antérieur, comme l'a dit Paul Virilio, avec ses idéaux classiques (et illustrés à travers de nombreuses histoires littéraires s'appuyant sur le positivisme), un déclin qui a commencé dans les années 1960 alors que les espaces littéraires et culturels étaient l'objet d'un nouvel intérêt. L'universalisme issu des Lumières et de la Révolution qui a paradoxalement mené à des politiques d'assimilation répressives, n'est plus acceptable. Pas plus que l'humanisme qui affirme l'existence d'une condition humaine universelle. La culture nationale, qui, depuis l'immédiat après-guerre et jusqu'aux années 60, a assimilé, comme si cela allait de soi, les Beckett, Camus, Ionesco, Sarraute – et même Cixous et Derrida – à son canon, devient alors l'objet d'un examen minutieux. Désormais, Beckett est célébré en tant que « grand écrivain irlandais », tandis que *L'Étranger* de Camus a été critiqué pour son traitement transparent de « la condition humaine » tout en ignorant la donne coloniale de la scène sur laquelle se déroule l'histoire. Cixous et Derrida, eux, ont redécouvert leurs racines algériennes, à travers

1 É. Balibar, *Droit de cité*, Avignon, Éditions de L'Aube, 1998, p. 6.

leur relation difficile à la langue et à la littérature françaises[1]. Dans les dernières décennies, ces mêmes écrivains et théoriciens se sont peu à peu éloignés non seulement des problématiques universelles de la condition humaine, mais aussi du domaine de la poétique pure, pour se consacrer à l'exploration et à la réélaboration de leurs attaches transnationales. Ces liens étant de plus en plus nombreux, l'État-nation français et sa culture s'ouvrent vers l'extérieur en même temps qu'ils sont aussi transformés de l'intérieur. Avec l'apparition d'un monde mis en réseau, ces liens rendent dorénavant impossible toute division binaire entre intérieur et extérieur.

Cependant, bien que le monde global puisse sembler sans frontière, et malgré le rêve de nombreux écrivains et intellectuels (comme Jacques Derrida, dans *Cosmopolites de tous les pays, encore un effort*, 1997) d'une *cosmopolis* à venir, les individus sont encore – et le resteront encore quelque temps – identifiés par rapport à l'État-nation auquel ils appartiennent ou dans lequel ils aimeraient résider. Ces dilemmes inédits créent, à l'intérieur des pays, de nouveaux vecteurs et des tensions qui infléchissent la production de la culture. La notion de « communauté », jusqu'alors rejetée en tant que phénomène prérévolutionnaire, est récemment réapparue en France républicaine. Des communautés formées par des personnes d'ethnie, de religion et d'origine nationale diverses et qui ont souvent des attaches au-delà de l'ancien hexagone, ont contribué à produire quelque chose qui est bien loin de l'idéal d'une culture nationale homogène mais aussi d'une culture-monde que les médias nourrissent à travers les informations et la publicité.

À travers ces communautés qui remettent l'accent sur les sujets *et* les citoyens, le concept même d'État-nation se trouve reconsidéré[2]. Les conséquences en sont multiples : d'une part, les frontières du pays, devenues plus poreuses que jamais, ouvrent le passage aux capitaux et à certaines populations provenant de l'Union Européenne et d'ailleurs. D'autre part, de nouvelles frontières, visibles et invisibles, sont érigées à l'intérieur du pays sous la forme de racisme et de discrimination

1 Voir, par exemple, G. Deleuze, « Le plus grand film irlandais, » *Critique et clinique*, Paris, Minuit 1993, p. 36-40. Pour la réévaluation de Camus, voir le numéro de *MLN* intitulé « Camus 2000 », et, dans le même numéro, L. Kritzman, « Camus's Curious Humanism or the Intellectual in Exile », *MLN*, vol. 112, n° 4, 1997, p. 36-39.

2 Pour une discussion sur la relation entre sujet et citoyen, voir *Who Comes After the Subject ?*, éd. Eduardo Cadava, Peter Connor et Jean-Luc Nancy, New York, Routledge, 1991.

économique. Dans l'« État » français tel qu'il est encore défini par un langage républicain et administratif, une soudaine obsession pour ce qui est « national » resurgit au moment même où le terme de « nation » se métamorphose sous l'impact de migrations. De plus, depuis 2001, les frontières extérieures sont de nouveau plus strictes suite aux menaces réelles ou phantasmatiques du terrorisme.

Pour beaucoup d'écrivains et de théoriciens, il est important de séparer la nation (et l'idéal du sang et du sol) de l'État (droits humains et questions de citoyenneté), et de transformer ce dernier pour qu'il reflète les changements qui lui sont contemporains. Entre les nouvelles communautés, avec leur nombre croissant de liens transnationaux qui constituent l'État français contemporain, on ne peut discerner de simples flux. En 1985, Michel de Certeau – suivi plus récemment par Étienne Balibar – a clairement montré, dans deux essais sur les rencontres inter-ethniques publiés à titre posthume dans un volume intitulé *La prise de parole* (1997), que certains codes comme la mode, la nourriture ou la musique s'exportent facilement[1]. Leur mobilité a conduit à l'hybridation des cultures, bien que, comme Certeau avait prévenu, celle-ci ne soit souvent qu'un « monisme hybride » à peine déguisé, c'est-à-dire un discours unifié, dominant, et exploité par les médias pour simuler une diversité. D'autres codes, cependant, en particulier ceux qui relèvent de problèmes symboliques comme la sexualité ou le genre, le mariage, la vie et la mort, sont plus résistants : malgré leur érosion à travers la culture médiatique, ces codes portent des restes inconscients qui n'ont pas entièrement disparu. Ils sont au centre d'une grande partie de la littérature contemporaine, de la théorie et des films produits en et depuis la France.

Les écrivains de ces diverses communautés qui vivent en France peuvent avoir recours au français pour critiquer des aspects répressifs de leur propre culture ; par exemple, *La Répudiation* (1969) de Rachid Boudjedra, ou, plus récemment, *La Voyeuse interdite* (1991) de Nina Bouraoui, abordent de manière critique la question de la sexualité, des femmes, et du genre dans les communautés musulmanes. Plus nombreux sont ceux qui, résidant dans leur communauté en France en tant que citoyens français d'origine algérienne ou sénégalaise plutôt que de Provence ou de Bourgogne,

1 Balibar, *op. cit.* ; M. de Certeau, *La prise de parole et autres essais politiques*, texte établi par L. Giard, Paris, Seuil, 1993.

écrivent sur les problèmes de la société française. Balibar pense que ces voix sont celles de « l'altérité de la France ». Peut-être ne s'agit-il pas tant d'« altérité » – un terme encore trop binaire pour un monde en réseau qui remet en question une telle division – que d'une culture produite dans l'État français d'aujourd'hui et qui de ce fait se trouve de plus en plus séparée de l'idée de nation. La France d'aujourd'hui se compose de différentes communautés. Et il est de la responsabilité des écrivains de produire des fictions qui soient des médiations, des traductions actives et des négociations entre ces communautés qui débordent largement l'Hexagone et de son histoire littéraire traditionnelle.

Dans son étude sur la France « classique », Michel Foucault a sensibilisé ses lecteurs, dans les années 1960 et 1970, par rapport au pouvoir de la « taxonomie ». Alors que des textes écrits en langue française dans d'autres pays du monde – souvent des anciennes colonies françaises du Maghreb ou d'Afrique sub-saharienne – peuvent être classés comme francophones, bien que cette appellation ait été récemment contestée, par exemple dans le très discuté manifeste de la « littérature-monde », ceux produits en France font par définition partie de la culture du pays[1]. Une tentative de classer ces textes dans des catégories différentes indique une forme, volontaire ou involontaire, d'exclusion. Séparer des textes écrits par d'« autres » communautés à l'intérieur de la France sous la catégorie de « francophone » – comme cela se fait encore souvent dans les programmes universitaires américains – c'est refuser de reconnaître que la culture « nationale » française telle qu'elle a été envisagée au XIXe et au début du XXe a *de facto* cessé d'exister. En d'autres termes, la littérature produite par ces communautés ne peut pas être traitée comme distincte de la « littérature et culture françaises ». Au contraire, nous nous trouvons face à la reconfiguration et la réévaluation d'une littérature et d'une culture « françaises » produites par une pluralité de voix issues de communautés en France. Ces voix peuvent être – mais ne le sont pas nécessairement – en dialogue avec d'autres groupes à l'extérieur du pays, tout comme elles peuvent, parfois, avoir des attaches transnationales. Elles sont hybrides, mais aussi plurielles et de teneur diverse. En tout cas, elles sont loin d'être homogènes[2].

1 « Pour une "littérature-monde" : en français », Le manifeste de quarante-quatre écrivains en faveur d'une langue française qui serait « libérée de son pacte exclusif avec la nation » (*Le Monde*, 16 mars 2007).

2 Le statut de la culture dans les départements d'outre-mer, en particulier en Guadeloupe, en Martinique et en Guyane française, théoriquement parties de la France et de l'Union

Dans un tel climat, il n'est plus possible d'être à l'écoute d'une seule voix dominante, comme celle de Jean-Paul Sartre, qui, paradoxalement, a été peut-être le dernier intellectuel français « universel ». Dans le monde global et multipolaire qui est le nôtre, ce que Bruno Latour qualifie régulièrement avec dérision de « rêves cargo de transcendance », et que les penseurs conservateurs comme Luc Ferry (dans *Une vie réussie*, 2002) sont résolus à ranimer, n'est plus envisageable[1]. Un nouvel universalisme est désormais moins porté sur les problèmes métaphysiques partagés par l'humanité (comme les idées de transcendance de Sartre et de Camus) que sur l'existence d'universalités qui sont conflictuelles, et même en concurrence les unes avec les autres, que ce soit dans l'État français, l'Union Européenne ou dans l'espace mondial. Même si aujourd'hui les problèmes sont similaires partout dans le monde, les contextes géographique, historique, et géopolitique confèrent à chaque question un profil particulier, et donnent un angle à la fois local et transnational à la culture ou aux cultures.

Si les écrivains et théoriciens des années 60 ont d'abord écrit contre ce qu'ils percevaient comme un resserrement ou une compression de l'espace et du temps en mobilisant des espaces littéraires ou en utilisant des tactiques pour empêcher la disparition d'espaces quotidiens menacés par ce qu'ils percevaient comme des technologies d'État, ceux qui écrivent au tournant du XXIe concentrent leur attention sur l'élaboration urgente de ce que Balibar appelle « un nouvel espace », mental et physique, dans lequel les frontières tombent et de nouvelles articulations sont créées entre les communautés et même entre les pays. Dans un effort continu pour traduire les spécificités culturelles, toujours avec un reste, ces écrivains se livrent activement à la construction de nouveaux espaces non seulement en France mais aussi en Europe et dans le monde en général. Contrairement à leurs homologues anglo-saxons qui sont davantage enclins à la médiation, les écrivains des communautés immigrées en France ou même dans les anciennes colonies ont hérité d'une tradition républicaine militante de longue date dont ils se servent avec efficacité.

On peut se demander, à ce stade, si les moyens culturels traditionnels, comme la littérature et le cinéma, sont même capables de traiter des

---

Européenne, est similaire mais pas identique à celui en France métropolitaine. Voir l'essai de Mylène Priam publié dans ce même volume.

1 B. Latour, *Paris ville invisible*, Paris, La Découverte, 1998 ; L. Ferry, *Une vie réussie*, Paris, Grasset, 2002.

problèmes nationaux français et du monde actuels. Les enjeux sociaux, économiques et politiques d'aujourd'hui, qui sont inséparables de la globalisation, sont très différents non seulement de ceux que Sartre avait pointés, mais aussi de ceux qui préoccupaient les fondateurs de *Tel Quel*, *Poétique*, et *Littérature* qui ont « défait » la littérature nationale au service de la machine bureaucratique (dont l'appareil universitaire, qui était le chantier d'intenses questionnements et le ferment d'actions politiques) grâce à une poétique internationale ou bien même en s'identifiant à ceux qui ont cherché à combattre l'État par leurs pratiques de l'espace. Aujourd'hui, depuis leurs communautés qui se transforment sans cesse, les écrivains contemporains s'occupent de problèmes sociaux et politiques qui sont le résultat de la décolonisation et de la globalisation économique. Ils ne s'intéressent pas moins aux problèmes de la culture de consommation et, de plus en plus, aux destinées de la littérature et de la culture dans le contexte de la communication électronique. Il est peut-être symptomatique qu'aucun nom de poète ou de figure littéraire de langue française ne soit ressorti au début du nouveau millénaire à la tête d'une armada, comme l'ont fait les existentialistes dans les années 1940 ou les élites avant-gardistes et poststructuralistes des années 1960 et 1970. Les écrivains et les intellectuels ont été « miniaturisés, » comme le dit encore Bruno Latour[1]. Leurs livres sont rendus disponibles sur des disques compacts facilement reproductibles. Dans un contexte global où « centre » et « périphéries » sont des points de référence obsolètes, les livres circulent dans des réseaux qui parfois se croisent, parfois non. L'activité culturelle est dispersée dans des unités plus petites. La question de savoir comment se réapproprier des territoires existentiels en voie de disparition devient moins importante que celle de comment vivre et se déplacer de manières diverses dans ces réseaux multiples. Moins enclins à afficher de grands idéaux universels, ces nouveaux espaces sont plus directement politisés. Ils dirigent leurs énergies créatrices vers un remodelage des frontières intérieures et extérieures, mentales et concrètes, sous des pressions mondiales accrues.

Dans ce but, on peut dire que les genres eux-mêmes ont été hybridés. Étant confronté à une accélération due aux technologies et à la commercialisation d'une bonne partie de la littérature et du cinéma, ainsi qu'à l'avènement d'intellectuels et d'écrivains médiatiques, l'essai

---

1 Latour, *op. cit.*, p. 126.

critique, dont la circulation est limitée, qui questionne souvent aussi la forme, revêt une nouvelle importance, de même que les documentaires écrits ou filmiques, et un certain théâtre militant qui se penche sur les problèmes actuels. Des commentaires et théories plus éphémères remplacent les projets romanesques plus ambitieux – et d'emblée inachevés –, comme *Les Chemins de la liberté* (1945-1949) de Sartre, ou encore la littérature d'avant-garde et la soi-disant « High theory » des années 1970. Les essais critiques contemporains, de facture éphémère et ponctuelle, posent des « questions brûlantes », selon les termes de Balibar, de manière nouvelle et complexe. Ils sont écrits depuis ce que le philosophe nomme des « lieux de fiction ». Ils ne constituent pas seulement des intentions littéraires mais des constructions fondées sur un savoir et une expérience qui incluent un inconscient et produisent un réel qui contient toujours une dimension fictionnelle.

Ce qui est en jeu dans ces essais est la *construction* d'espaces communs. Écrits par ceux qui vivent ou ont vécu en France, ils incluent *Les trois écologies* (1989) de Félix Guattari, *Pourparlers* (1990) de Gilles Deleuze, *On Cosmopolitanism and Forgiveness* (2001) de Derrida, *The War of the Worlds : What about Peace* (2002) de Bruno Latour. Tous ces écrivains et théoriciens produisent leurs « espaces fictionnels » liés aux problèmes de l'État-nation, de la subjectivité, de la citoyenneté, des médias et des marchés, ainsi qu'à la question du sens de l'existence dans un espace-monde national et multipolaire, et des moyens de vivre une avant-garde politique. D'autres œuvres, comme *L'immigré et sa ville* (1984), *Écarts d'identité* (1990) et *Quartier sensibles* (1994) d'Azouz Begag, sont issues des communautés immigrées. Contre les simplifications racistes liées à la question de l'ethnicité, Begag se bat pour donner une voix aux immigrés et rapporter leur expérience de la ville et du pays à un public compatissant. D'autres textes encore sont écrits par des réfugiés politiques et des exilés d'anciennes colonies, des émigrants racontant leur expérience du pays d'accueil ou de leur propre pays et de ses cultures vus de loin. Assia Djebar, écrivaine de langue française ayant passé beaucoup de temps aux États Unis, tisse différentes voix dans ses toiles narratives, comme *Le Blanc de l'Algérie* (1995), afin de dénoncer les injustices sociales et politiques actuelles en Algérie, et de négocier de nouvelles manières, moins violentes, de vivre en commun. Tous ces écrivains expriment, sous différents angles, des problèmes culturels similaires. Et, à travers leurs négociations critiques, ils créent une culture « française » en perpétuelle évolution.

Telle est aussi la visée de ce que l'on appelle, depuis peu, les « docu-fictions ». On peut penser à François Maspero et Anaik Frantz, un écrivain et une photographe, qui, par leur fiction documentaire *Roissy-Express* (1990), tentent de donner une voix et un visage aux nombreux individus formant les communautés hétérogènes qui composent la France d'aujourd'hui, en s'arrêtant à diverses stations de train entre Paris et Roissy, telles qu'Aubervilliers. Comme les praticiens du quotidien de Certeau, Maspero et Frantz marchent, discutent, laissent les autres parler et même écrire des poèmes. La distance entre ces « docu-fictions » et les récits filmiques et textuels des années 1960 est perceptible lorsqu'on juxtapose le film – rétrospectivement, magistral – de Godard *Deux ou trois choses que je sais d'elle* avec le film documentaire à peine connu de Patrick Lebel, *Notes pour Debussy, Lettre ouverte à Jean-Luc Godard* (1994). En effet, Lebel – qui apparaît dans le film de Godard de 1966 en tant que Bouvard, un personnage flaubertien qui récite sans réfléchir les titres de nombreuses vidéos – conteste ce qu'il perçoit comme l'univocité du réalisateur suisse dans sa représentation des grands ensembles. Dans son propre documentaire fictionnalisé, Lebel revisite le même immeuble de la cité des 4000 à La Courneuve près d'Aubervilliers qui porte, ironiquement, un nom de culture classique, le « Debussy ».

À l'inverse de Godard, et dans un style dépassant le cinéma-vérité ou le simple témoignage, Lebel invite les habitants des différentes communautés de la cité à produire leur propre récit. En leur donnant la possibilité de raconter leur propre histoire et à en créer de nouvelles, Lebel aide les résidents à entreprendre des actions de résistance et de création. Les habitants de la cité participent donc, à travers leurs mots et leurs actes, à la construction d'un nouvel espace français – ce « nouvel espace » que prônent Étienne Balibar et d'autres – que la fin du film met en exergue, avec la création collective d'une mosaïque murale riche en couleurs. Les fragments de la mosaïque sont comme les pixels d'une photographie digitale qui, contrairement à la photographie traditionnelle reproduisant un réel préexistant, permet de composer et de recomposer à l'infini les images[1]. Avec la prolifération et l'entrelacement des voix

1 L'image créée avec les pixels est celle d'un joueur de tennis frappant une balle vers le ciel à l'extérieur du court. On peut se souvenir que plusieurs des meilleurs joueurs de tennis

sans dehors, les critiques, les cinéastes et les écrivains se mettent eux-mêmes en scène. Ils deviennent une voix parmi d'autres. Il n'y a plus d'interprètes d'objets mais des médiateurs. *They pull in, they do not push back*[1] : ils font passer, ils ne bloquent pas.

On pourrait aussi parler ici d'autres documentaires fictionnalisés, tels que le film *La Haine* (1995) de Mathieu Kassovitz, qui se sert de la population d'un quartier pour donner une voix et un visage à ses habitants. Dans le script du film, publié sous le titre de *Jusqu'ici tout va bien* (1995), on trouve des photos de Gilles Favier. Le photographe, cependant, ne reproduit pas les images du film. Il a choisi des images différentes de manière à inventer, à son tour « une nouvelle fiction documentaire qui interroge la double réalité de la vie en banlieue et de la réalisation d'un film[2] ». Favier, à propos des photos prises pendant le tournage du film, ajoute que celles-ci ne sont accompagnées d'aucune légende. Ainsi, les photos créent, dans l'espace du livre, encore une autre fiction, en dialogue avec celle du film. Le documentaire est aussi utilisé par Abdellatif Kechiche dans son film *L'Esquive* (2003), qui ressuscite *Le Jeu de l'amour et du hasard* de Marivaux, une pièce classique de l'Ancien régime. Celle-ci prend un sens tout nouveau quand elle est jouée par des jeunes de banlieue. On pourrait ajouter le documentaire fictionnalisé *Entre les murs* (2007) de Laurent Cantet, dans lequel une classe hétérogène d'un collège de banlieue fait son propre film. *Entre les murs* a gagné la Palme d'Or au festival de Cannes en 2008, et toute la classe était présente, aux côtés du réalisateur, pour recevoir le prix.

Le fait de se mettre en scène, de parler avec les autres et de laisser les autres s'exprimer, de même que l'intérêt renouvelé pour la traduction et les négociations, mène aussi à la résurgence d'un certain théâtre militant. Dans ce théâtre collectif, souvent créé en communauté, avec une pluralité de voix, la scène classique est remplacée par un autre espace qui inclut fréquemment le public. Dans *La Ville parjure* (1995), Hélène

---

français sont des enfants de l'immigration qui ont grandi, pour la plupart, en banlieue (Yannick Noah, Gaël Monfils, Jo-Wilfried Tsonga, entre autres). La scène répond aussi peut-être à Godard qui, dans son film *Soigne ta droite* (1985), déclare, avec insistance et nostalgie, que le tennis a perdu son charme chic.

1 P. Zimmermann, « Eco-Publics », dans *From Earth Art to Eco Art*, Cornell University, 17-18 octobre 2008.

2 C. Caujolle, « Postface », dans M. Kassovitz et G. Favier, *Jusqu'ici tout va bien*, Arles, Actes Sud, 1995, p. 194.

Cixous remet en cause d'anciennes injustices sociales qui perdurent en France : sa pièce s'inspire du scandale du sang contaminé, provoqué par la transfusions de sang infecté du virus du SIDA à des hémophiles. Dans *Tambours sur la digue* (1999), elle aborde des problèmes politiques, éthiques et écologiques qui sont très préoccupants en Asie, comme avec l'inondation imminente des Trois Gorges du fleuve Yang-Tse en Chine. À la limite, on pourrait même inclure *Thérèse, mon amour* (2008) de Julia Kristeva, un « récit » baroque de 750 pages consacré à Thérèse d'Avila qui, traversant les époques et mélangeant les genres, est écrit au croisement de la biographie, de l'autobiographie, de l'échange épistolaire, de la philosophie, du dialogue théâtral, et contenant des annotations musicales d'opéra, des photos de sculptures et de tableaux. L'histoire fictionnalisée est composée d'une multiplicité de voix tressées sans retour possible à un monde extérieur à elle-même.

Ces écrivains, cinéastes, théoriciens, philosophes abordent des problèmes qui sont tout autant locaux que transnationaux et mêmes globaux. Ils ne peuvent pas être subsumés sous la bannière d'un ancien humanisme universel ou d'une république nationale des lettres. Ils reconnaissent en effet que le monde consiste en des universalités différentes, même conflictuelles, qui forment et redéfinissent la « culture française » contemporaine. Cette nouvelle « francitude », si l'on peut dire, qui se distingue de la « francité », est fondée sur des contingences et des transformations continues plutôt que sur des valeurs intemporelles.

Conscients d'élaborer de nouvelles manières d'« être en commun » dans un monde de pays densément peuplés, ces écrivains et ces artistes travaillent dans et à partir de réseaux différents. Par leurs déformations des genres et leur interdisciplinarité, ils réévaluent et réélaborent la tradition de l'universalisme français. Ils sont parfaitement conscients, en plus des mouvements de population, de l'emprise de la globalisation économique sur le pouvoir médiatique, mais aussi de ce qui en advient du monde, mené par les technologies électroniques. Les conséquences sont considérables, tant pour l'État-nation que pour ce que l'on nomme traditionnellement la « politique » et la « culture ». À l'heure actuelle, comme l'ont soutenu Jacques Derrida et beaucoup d'autres, les êtres humains quittent le monde de la culture écrite pour celui de l'information et des technologies électroniques. Dans une interview de Paul Virilio, Friedrich Kittler répond, de manière simple et succincte, à son interlocuteur français qui se lamente de « la mort du genre humain » consécutive à l'avènement des télé-technologies, qu'il ne s'agit pas tant de la mort des êtres humains que de celle de la culture et de la politique « telles que nous les connaissons[1] ».

Étant donné un tel contexte, que restera-t-il non seulement de la littérature nationale, mais aussi de la littérature tout court ? Où va la littérature – un terme élaboré en 1802 par Madame de Staël – quand l'être humain change son rapport à une culture dont le support est le livre ? Que restera-t-il au XXIe siècle du cinéma, médium du XXe siècle ? Les films seront-ils simplement classés dans les annales d'une blogosphère et répertoriés dans une myriade de comptes Facebook et Youtube ? Et qu'en sera-t-il de la théorie ? Pour poser la question de manière moins extrême, dans les termes de Deleuze et Guattari : est-ce que la littérature et le cinéma peuvent continuer à résister et à inventer, à occuper la rue plutôt que de tenir le fort, à l'époque de la pensée d'État ? Dans notre perspective, la question peut être reformulée ainsi : la littérature et la culture « françaises » telles qu'on les repense aujourd'hui peuvent-elles encore ouvrir des espaces pour reformuler des « questions brûlantes », ou simplement pour penser autrement ? Jacques Rancière, qui n'a jamais cessé de méditer sur la relation entre la politique et l'esthétique et la « part des sans part », réfléchit à cette question par rapport à l'art. Dans une interview récente à *Artforum* (Mars 2007), il se demande ce que l'art peut faire. En adaptant sa question dans le style de Sartre qui se demandait « Qu'est-ce que la littérature ? », Rancière demande ce que peut la littérature. Quelle est sa puissance ? Avec l'avènement de la culture de communication et de l'ère numérique, est-il possible de continuer à croire en la puissance de la littérature ?

Le domaine de la littérature française s'est élargi, comme nous l'avons vu, avec l'inclusion de « fictions » culturelles diverses et variées. On pourrait convoquer ici Amartya Sen, cité par Balibar, pour dire que ces nouvelles « fictions » littéraires, filmiques, théoriques ouvrent de nouveaux espaces en augmentant la capacité des lecteurs et des spectateurs en tant que sujets et citoyens. On pourrait aussi retourner à une question soulevée précédemment : à l'âge de la technologie et de la globalisation, ces fictions ne sont-elles que ces petits cailloux blancs dans un raz de marée technologique comme l'avait suggéré Certeau il

1 P. Virilio et F. Kittler, dans. *Virilio Live*, éd. John Armitage, Londres, Continuum, 2002.

y a déjà plusieurs décennies ? Pour répondre à ces questions, tournons-nous encore une fois vers Gilles Deleuze qui insiste sur la nécessité et l'importance d'ouvrir des vacuoles ou micro-espaces de résistance dans le quotidien afin de nous permettre de penser autrement. Il ne s'agit pas de retourner à un quotidien d'antan ou de chercher refuge, comme dans les années 1960, dans des espaces littéraires raréfiés, mais plutôt d'inventer d'autres modes d'être en commun à partir de notre situation actuelle : un contexte de mégalopoles, de populations migrantes dans tous les sens, et de technologies qui séparent les différentes générations de population.

On pourrait aussi faire appel encore une fois à Hélène Cixous qui a repris les dernières paroles de Beckett dans son livre *Le Voisin de zéro : Sam Beckett* (2007). Lorsqu'on lui a demandé ce qu'il avait appris de la vie, l'écrivain que Deleuze appelait le « plus grand poète irlandais », a répondu : « *Precious little* ». Peut-être est-ce ce qui reste de la littérature, du cinéma et de la théorie : un petit rien mais un petit rien précieux. Ce qui reste est capable d'ouvrir des espaces et permet de voyager ainsi que de traduire et de négocier entre les personnes et les communautés, et ce, de plus en plus avec l'aide des technologies, dans un effort pour créer des espaces communs « nationaux, » européens et mondiaux. Ce « precious little » ou petit rien précieux ne légitime pas plus une culture nationale qu'il n'exprime des valeurs universelles, transcendantales[1]. Il remet plutôt en question (comme Jacques Rancière l'exprime dans un contexte un peu différent) les « divisions and boundaries, high culture and popular culture, representation and the unrepresentable, the modern and the postmodern, to point to the configurations of possibilities, a perception of the multiple alterations and displacements that make up forms of political subjectivization and artistic invention[2] » (« les divisions et les limites, la culture savante et la culture populaire, la représentation et l'irreprésentable, le moderne et le postmoderne, pour mettre en avant les configurations de possibilités, une perception des multiples changements et déplacements qui façonnent les formes de la subjectivation politique et la création artistique »). La littérature, la

1 Dans *Une vie réussie*, Luc Ferry fait appel à une culture-monde fondée sur des valeurs intemporelles, transcendantales, dans un effort pour éliminer ce qui constitue le cœur d'une grande partie de la littérature française contemporaine : son énergie politique.

2 J. Rancière, « "Art of the Possible" : Interview with Fulvia Carnevale and John Kelsey », *Artforum International*, vol. 45, n° 7, 2007, p. 6.

théorie, le cinéma – si l'on veut faire ces distinctions – défont les limites qui définissent encore certaines pratiques. Chacun à sa manière, ils se débarrassent des contraintes esthétiques passées et rendent possibles l'ouverture de passages et la création de nouvelles significations, qui sont loin des constructions réductrices des médias dominants mais aussi des limites traditionnelles entre disciplines et des effets homogénéisants des langues et littératures nationales.

À l'instar d'autres domaines, comme l'anthropologie et la sociologie, la littérature est en train de s'hybrider. Elle montre son nouveau visage dans des textes (ou sous des formes) plus concis et en codage magnétique ou numérique, rarement en tant que pures œuvres d'art ou d'écriture. Elle est souvent de genre mixte ou éphémère : des essais critiques, des documentaires, des CD-Roms ou des projets sur internet. Elle circule dans des réseaux électroniques. Il s'agit aujourd'hui moins d'une littérature et d'une culture purement françaises que d'une littérature et d'une culture produites en France par des groupes hétérogènes d'écrivains, de théoriciens et de cinéastes de France, des anciennes colonies, d'Europe et d'ailleurs qui sont reçues non plus comme des produits nationaux mais comme une gamme de productions originales. Ces formes hybrides font exploser la signification de « création nationale » telle qu'elle était étroitement conçue antérieurement. Elles ouvrent de nouveaux espaces pour des connexions novatrices et, ainsi, produisent quelque chose de « français » qui est désormais véritablement global.

Verena ANDERMATT CONLEY
Université Harvard

OUVRAGES CITÉS

AUGÉ, Marc et VIOLLET, Roger, *Paris des années 1930*, Paris, Hazan, 1998.
BALIBAR, Étienne, *Droit de cité*, Avignon, Éditions de L'Aube, 1998.
BAUDRILLARD, Jean, *Simulacres et simulations*, Paris, Galilée, 1981.
BAUDRILLARD, Jean, « L'Amérique ou la pensée de l'espace », dans *Citoyenneté et urbanité*, éd. Yves Daugé, Paris, Seuil, 1991.
BEAUVOIR, Simone de, *Les Belles Images*, Paris, Gallimard, 1966.
BEGAG, Azouz, *L'Immigré et sa ville*, Lyon, Presses universitaires de Lyon, 1984.
BEGAG, Azouz, *Écarts d'identité*, Paris, Seuil, 1990.
BEGAG, Azouz, *Quartiers sensibles*, Paris, Seuil, 1994.
BOUDJEDRA, Rachid, *La Répudiation*, Paris, Denoël, 1969.
BOURAOUI, Nina, *La Voyeuse interdite*, Paris, Gallimard, 1991.
CERTEAU, Michel de, *Arts de faire 1 : L'Invention du quotidien*, Paris, Union Générale d'Éditions, 1980.
CERTEAU, Michel de, *La Prise de parole et autres textes politiques*, texte établi par Luce Giard, Paris, Seuil, 1993.
CIXOUS, Hélène, *La Ville parjure ou le Réveil des Erinyes*, Paris, Théâtre du Soleil, 1995.
CIXOUS, Hélène, *Tambours sur la digue*, Paris, Théâtre du Soleil, 1999.
CIXOUS, Hélène, *Le voisin de zéro : Sam Beckett*, Paris, Galilée, 2007.
CIXOUS, Hélène et CLEMENT, Catherine, *La Jeune née*, Paris, Union Générale d'Éditions, 1975.
DELEUZE, Gilles, *Pourparlers*, Paris, Minuit, 1990.
DELEUZE, Gilles, *Critique et Clinique*, Paris, Minuit, 1993.
DELEUZE, Gilles et GUATTARI, Félix, *Mille plateaux*, Paris, Minuit, 1980.
DERRIDA, Jacques, *Cosmopolites de tous les pays, encore un effort*, Paris, Galilée, 1997.
Deux ou trois choses que je sais d'elle, réalisé par Jean-Luc Godard, Les films du Carosse, Cana, 1966.
DJEBAR, Assia, *Le Blanc d'Algérie : Un récit*, Paris, Albin Michel, 1995.
Entre les murs, réalisé par Laurent Cantet, Haut et Court, France, 2008.
FERRY, Luc, *Une vie réussie*, Paris, Grasset, 2002.
GUATTARI, Félix, *Les Trois Écologies*, Paris, Galilée, 1989.
La Haine, réalisé par Mathieu Kassovitz, Canal+, 1995.
KASSOVITZ Mathieu et FAVRIER, Gilles, *Jusqu'ici tout va bien*, Arles, Actes Sud, 1995.
KRISTEVA, Julia, *Thérèse mon amour*, Paris, Fayard, 2008.
KRITZMAN, Lawrence, « Camus's Curious Humanism or the Intellectual in Exile », *MLN*, vol. 112, n° 4, 1997.

LATOUR, Bruno, *Paris : Ville invisible*, Paris, La Découverte, 1998.

LATOUR, Bruno, *War of the Worlds : What About Peace ?*, éd. par John Tresch, trad. par Charlotte Bigg, Chicago, Prickly Paradigm Press, 2002.

LEFEBVRE, Henri, *Critique de la vie quotidienne*, Paris, L'Arche, 1947.

LEFEBVRE, Henri, *La Révolution urbaine*, Paris, Gallimard, 1970.

LEFEBVRE, Henri, *La Production de l'espace*, Paris, Anthropos, 1974.

MASPERO, François et FRANTZ, Anaik, *Les Passagers du Roissy-Express*, Paris, Éditions du Seuil, 1990.

Mon oncle, réalisé par Jacques Tati, Gaumont, 1958.

Notes pour Debussy : Lettre ouverte à Jean-Luc Godard, réalisé par Jean-Patrick Lebel, Citécable/Périphérie, 1988.

PEREC, Georges, *Les choses : Une histoire des années soixante*, Paris, Juillard, 1965.

Playtime, réalisé par Jacques Tati, Specta, 1967.

« Pour une "littérature-monde" en français », *Le Monde des livres*, 16 mars 2007.

RANCIÈRE, Jacques, « "Art of the Possible" : Interview with Fulvia Carnevale and John Kelsey », *Artforum International*, vol. 45, n° 7, 2007, p. 256-269.

VIRILIO, Paul et KITTLER, F., dans *Virilio Live*, éd. par John Armitage, London, Continuum, 2002.

Who comes after the subject ?, éd. par Eduardo Cadava, Peter Connor et Jean-Luc Nancy, New York, Routledge, 1991

OÙ QUE CE SOIT : LES FEMMES ÉCRIVAINS « GLOBALES » ET LE MAGHREB

Hélène Cixous, Assia Djebar et Leïla Sebbar : trois femmes, trois écrivains d'Algérie dont le travail en langue française a eu un profond impact sur le paysage littéraire contemporain. Si elles ne sont pas les premières femmes nées au Maghreb à s'être emparées de la plume pour s'exprimer, elles sont, en bien des manières, des pionnières de l'écriture féminine en Français, ayant commencé à publier à un moment décisif du vingtième siècle. Elles ont vécu et engagé trois changements importants survenus dans le champ de la littérature française : elles sont associées à l'effervescence théorique des années soixante, à la Révolution féministe des années soixante-dix, et à l'essor des études francophones. Leur travail ne peut être séparé de ces trois développements cruciaux, et, de par son histoire, leur écriture exerce aujourd'hui une influence planétaire.

Avec des histoires personnelles très différentes, Cixous, Djebar et Sebbar, incarnent une multiplicité (ethnique, linguistique, religieuse) qui caractérise le Maghreb. Leurs différences illustrent l'extraordinaire diversité qui marque depuis longtemps cette région particulière de l'Afrique du Nord tout en soulevant la difficulté de définir nombre d'individus qui ont en commun la naissance sous ce qui était alors l'emprise coloniale française. Chacune d'elles, à sa manière, a montré à travers un grand corpus de textes littéraires dans une variété de genres, que leurs origines et leurs horizons étaient uniques, et, dans chaque cas, la terre natale a engendré une œuvre aussi prolifique que singulière. Cixous a ainsi forgé des socles théoriques et stylistiques selon des compositions très inventives, qui relient l'histoire intime, la scène politique et l'instance philosophique. Du berbère et de l'arabe vers le français tout comme de la forme orale à la forme écrite, Djebar a opéré la traduction de textes riches et denses issus de voix féminines auparavant négligées. Leïla Sebbar a compté parmi les premières à attirer l'attention sur la situation des immigrés algériens en

France et sur les innombrables difficultés auxquelles font face ceux qui recherchent leur place dans un pays au passé troublé.

Chacune de ces trois femmes a posé des défis uniques à ceux qui ont tenté de les classer ou de les inscrire dans une typologie. Dans la mesure où elles se situent à la fois à l'intérieur et à l'extérieur de la France, elles se dérobent aux définitions faciles. De ce fait, elles ont été placées dans des catégories exclusives. Hélène Cixous, Assia Djebar et Leïla Sebbar défient les suppositions implicites associées aux marquages qu'imposent les mots « Français » ou « Francophone » : elles ne sont ni l'un ni l'autre, et pourtant elles sont aussi cela. Leurs scrupules à embrasser le terme chargé de « francophonie » pour se décrire et pour qualifier leur travail, indiquent que le partage entre deux catégories, « Français » et « Francophone », est insuffisant pour désigner la nature mondiale de la littérature française. Et ce n'est pas un phénomène nouveau. La proclamation de la « mort de la francophonie » et l'appel à une nouvelle compréhension de la « littérature-monde en français » à travers le manifeste publié dans *Le Monde* en mars 2007 relèvent en fait d'une longue histoire. À bien des égards, la littérature en français produite par des écrivains du Maghreb a toujours eu une dimension planétaire, et le travail de ces trois écrivains spécifiques aide à en donner la mesure.

L'HISTOIRE LITTÉRAIRE REVISITÉE : ÉCRITURES MAGHRÉBINES

À l'approche de la conclusion de son essai *Le blanc de l'Algérie*, Assia Djebar revisite l'histoire de la littérature du pays qui l'a vue naître :

> La littérature algérienne – et il faut la commencer à partir d'Apulée au IIe siècle jusqu'à Kateb Yacine et Mouloud Mammeri, en passant par Augustin, l'émir Abdelkader et Albert Camus – s'est inscrite constamment dans un triangle linguistique[1].

Outre le fait que ce spectre littéraire s'étend sur près de vingt siècles, cette brève liste d'auteurs ayant contribué à la « littérature algérienne » est

1 A. Djebar, *Le Blanc de l'Algérie*, Paris, Albin Michel, 1995, p. 272.

remarquable car elle ne se limite pas à une langue ou tradition particulières. En effet, Assia Djebar met l'emphase sur la diversité linguistique d'œuvres qui circonscrivent la « littérature algérienne » telle qu'elle la revisite dans *Ces voix qui m'assiègent*, tout en indiquant que cette ample définition du corpus algérien lui permet d'« inscrire la multiplicité des langues (Latin, Arabe, Berbère et Français) aux racines mêmes de la culture algérienne[1] ». Ces différentes langues témoignent d'une longue histoire de conquête et de domination, de mélanges et d'interactions, qui ont marqué le Maghreb comme un espace particulièrement multilingue – ou « plurilingue » comme le formule l'écrivain marocain Abdelkébir Khatibi. À travers sa compréhension de la pluralité des langues qui font la région Nord-Africaine dont il est issu, Khatibi se fait l'avocat du développement d'une « pensée plurielle » qui « ne réduit pas les autres (sociétés et individus) à la sphère de leur propre autosuffisance ». Il soutient que les ressortissants des anciennes colonies doivent « décentrer » la pensée occidentale en eux et qu'ils doivent s'en décentrer eux-mêmes à la faveur d'une pensée qui ne serait pas seulement « plurielle », mais aussi « planétaire », révélant une « différence qui combat sa propre réduction et domestication[2] ». Le soutien de Khatibi à l'égard d'une manière de penser « planétaire » et non européocentrique, ou focalisée sur l'Europe, ne signifie pas qu'il n'est pas profondément instruit par la philosophie et la littérature européennes ; au contraire, il encourage le savoir de la tradition européenne afin que celle-ci puisse devenir la cible de la « double critique » maghrébine de l'héritage duplice.

En situant des auteurs comme Augustin et Albert Camus aux côtés de Kateb Yacine et Mouloud Mammeri, Assia Djebar déstabilise les notions préconçues à propos de ce qui doit être considéré comme un « écrivain algérien ». Si des lecteurs français s'accorderaient vite sur le fait que Yacine et Mammeri appartiennent à cette sphère, ils seraient plus réticents à ranger Augustin et Camus dans cette catégorie. Assia Djebar s'est souvent référée à Augustin comme à un éclaireur dont le travail autobiographique, composé dans une langue qui ne pouvait être sa « langue maternelle », faisait de lui ainsi un précurseur de son propre travail. Insistant sur son affinité avec le saint chrétien, elle démontre que les questions d'identité littéraire ne peuvent souvent être aisément

1 A. Djebar, *Ces voix qui m'assiègent*, Paris, Albin Michel, 1999, p. 213.
2 A. Khatibi, *Maghreb pluriel*, Paris, Denoël, 1983, p. 178, 18, 54.

confinées dans des limites nationales. Ce n'est que relativement récemment que le récipiendaire du Prix Nobel, l'auteur en langue française Albert Camus, a commencé à être perçu comme « écrivain algérien ». La publication posthume de son texte autobiographique *Le Premier Homme*, a beaucoup contribué à l'émergence d'une prise de conscience quant à l'influence qu'a exercée son lieu de naissance – et sa mère algérienne – sur sa fiction. Dans un essai récent, de manière univoque, David Carroll présente l'écrivain renommé comme un Algérien :

> Si, comme Camus l'écrit dans *Le Premier Homme*, c'était « l'Algérien en lui » que ses critiques parisiens n'aimaient pas et ne pouvaient accepter (à tout le moins pendant la Guerre d'Algérie), on pourrait aussi proclamer que c'était le même « Algérien en lui » qui le distinguait d'autres écrivains français de l'époque[1].

Il est envisageable que cet accent porté sur l'arrière-plan « algérien » de Camus soit le signe d'une tendance nouvelle à revisiter les origines et ascendances identitaires, reconsidérant ainsi les œuvres de diverses pensées liées au contexte algérien.

Ainsi, dans les années quatre-vingt-dix, le philosophe Jacques Derrida n'était pas typiquement envisagé comme un « Juif d'Algérie » lorsqu'un livre majeur intitulé *Le monolinguisme de l'autre, ou la prothèse d'origine*, a été publié en français, et peu de temps après, en traduction anglaise. Dans ce texte provocateur, Derrida attire l'attention sur son statut de « Franco-Maghrébin » et lance qu'il est même « le plus Franco-Maghrébin » – plus que son ami Abdelkébir Khatibi, par exemple – tout en mettant en question la notion même d'identité que la formulation sous-tend. Il explique que les particularités de son expérience de l'école en tant que « Juif français d'Algérie » – avant que les Juifs ne voient leur citoyenneté française révoquée par le régime de Vichy –, le faisait se sentir « plus *et* moins français mais aussi plus *et* moins juif que tous les Français, tous les Juifs et tous les Juifs de France. Et ici encore [plus Maghrébin francophone] que tous les Maghrébins francophones[2] ». Cette hyperbole

---

1 D. Carroll, « Albert Camus », *The Columbia History of Twentieth-Century French Thought*, éd. L. D. Kritzman, New York, Columbia University Press, 2006, p. 463. Voir aussi David Carroll, *Albert Camus, The Algerian : Colonialism, Terrorism, Justice*, New York, Columbia University Press, 2007.

2 J. Derrida, *Le Monolinguisme de l'autre, ou la prothèse d'origine*, Paris, Galilée, 1996, p. 83. C'est Jacques Derrida qui souligne.

a influencé sa vie et son travail de manière indéniable, de l'avis même de Derrida, puisqu'il a toujours tâché de « parler en bon français, en français pur, même au moment de s'en prendre, de mille façons, à tout ce qui s'y allie et parfois à tout ce qui l'habite[1] ». L'apparent paradoxe contenu dans sa déclaration est en partie imputable à la perception que Derrida a de la « littérature française » lorsqu'il rencontre le système d'éducation de la France coloniale en tant qu'écolier. La « première chose » qu'il a reçue « de l'enseignement français en Algérie » et « la seule qu'[il ait] aimé recevoir » était la littérature, néanmoins bien éloignée de sa réalité quotidienne :

> La découverte de la littérature française, l'accès à ce mode d'écriture si singulier qu'on appelle la « littérature-française », ce fut l'expérience d'un monde sans continuité sensible avec celui dans lequel nous vivions, presque sans rien de commun avec nos paysages naturels ou sociaux[2].

Derrida aboutit à la conclusion frappante qu'« on n'entrait dans la littérature française qu'en perdant son accent[3] ». Dans ce texte il formule son désir infatigable qu'aucune de ses publications « ne laisse rien paraître » de son « français d'Algérie » :

> Je ne crois pas, pour l'instant et jusqu'à démonstration du contraire, qu'on puisse déceler à la lecture, et si je ne le déclare pas moi-même, que je suis un « Français d'Algérie[4] ».

Derrida exprime ainsi son vœu d'échapper à la stigmatisation de son extranéité, à celle de quelqu'un qui possède un léger accent trahissant des racines non-françaises, un lieu de naissance et une formation extérieurs à la France métropolitaine. Il révèle à quel point ces idéaux de « pureté » sont ancrés dans la mentalité française véhiculant une conception caractéristique de la langue française. En dépit du fait que son travail a sans relâche questionné « le motif de la "pureté" » « sous toutes ses formes », il confesse qu'il ressent de la douleur dès que cette question se pose en termes linguistiques[5]. Derrida va au-

1 *Ibidem*, p. 81-82.
2 *Ibid.*, p. 76.
3 *Ibid.*, p. 77.
4 *Ibid.*, p. 77.
5 *Ibid.*, p. 78.

delà de cette idée pour avancer deux points cruciaux au sujet de la langue et de la littérature. Il évoque son rêve de « faire *arriver* quelque chose, à cette langue », à « cette langue demeurée intacte, toujours vénérable et vénérée », « quelque chose de si intérieur qu'elle en vienne à jouir comme d'elle-même », « au moment où un hôte incompréhensible, un arrivant sans origine assignable la ferait arriver à lui, ladite langue, l'obligeant alors à parler, elle-même, la langue, dans sa langue, autrement[1] ». Même s'il a avoué sa soumission au français, Derrida s'accroche au rêve de transformer singulièrement cette langue, non pas violemment, mais plutôt de manière intime. Il n'est pas accidentel que le passage cité à l'instant suive immédiatement un paragraphe qui marque un événement littéraire important ayant eu lieu durant la Seconde Guerre mondiale :

> En pleine guerre, juste après le débarquement des Alliés en Afrique du Nord, en novembre 1942, on assiste alors à la constitution d'une sorte de capital littéraire de la France en exil à Alger. Effervescence culturelle, présence des écrivains « célèbres », prolifération des revues et des initiatives éditoriales. Cela confère aussi une visibilité plus théâtrale à la littérature algérienne d'expression, comme on dit, française, qu'il s'agisse d'écrivains d'origine européenne (Camus et bien d'autres) ou, mutation très différente, d'écrivains d'origine algérienne[2].

Derrida souligne ici la possibilité – et la réalité – d'autres centres littéraires, loin de Paris. Dans le cas d'espèce, Alger a fait office de centre littéraire impromptu en raison des circonstances particulières de la guerre. Même si les littératures représentées dans cet espace étaient assez différentes de par leur nature et leur perspective – en fonction des itinéraires des auteurs – elles étaient néanmoins composées dans une langue commune : le français. Il est important de noter que Derrida mentionne spécifiquement Camus, tout comme Assia Djebar l'a fait, même s'il ne va pas aussi loin qu'elle dans l'utilisation de l'étiquette « Algérien ».

1 *Ibid.*, p. 85.
2 *Ibid.*, p. 83-84.

L'ÉCRITURE GLOBALE : LE MAGHREB, LA FRANCE ET AU-DELÀ

David Carroll déclare que « l'Algérie n'a jamais été complètement absente des essais politiques et des textes littéraires [de Camus][1] ». On pourrait dire la même chose d'Hélène Cixous, en dépit du fait que son lieu d'origine n'a que récemment atteint un degré substantiel de « visibilité théâtrale » pour reprendre l'expression de Derrida. Hélène Cixous est née à Oran en 1937, de parents juifs ayant des racines en Europe Occidentale et Orientale. Grâce aux itinéraires de ses ancêtres des deux côtés de sa famille, Hélène Cixous a grandi avec une conscience géographique qui n'était pas limitée à l'Algérie ou à la France, mais qui s'étendait plutôt à toute l'Europe. Dans *Photos de racines*, un texte autobiographique poignant, elle se place à hauteur de l'enfant qu'elle était, sur une plage algérienne, regardant simultanément vers le nord-ouest et le nord-est :

> Géographie de ma mémoire généalogique : je me tiens au bord de l'Afrique du Nord. À sa plage. À ma gauche, c'est-à-dire à l'Ouest, ma famille paternelle – qui a suivi le trajet classique des Juifs d'Espagne jusqu'au Maroc[2].

Du côté maternel, la fuite devant la persécution était beaucoup plus récente, opérée sous l'emprise croissante de Hitler. Une prise de conscience du destin de sa propre famille a certainement donné à Hélène Cixous une perspective qui va bien au-delà de l'individu, et même de la famille, pour incarner le sort des peuples du monde entier :

> Quand je parle aujourd'hui en termes de généalogie, ce n'est plus seulement l'Europe que j'aperçois mais, de façon astrale, la totalité de l'univers. Les familles de ma mère, très nombreuses comme souvent les familles juives, ont eu deux sorts : les camps de concentration d'une part ; d'autre part l'essaimage sur toute la terre. Ceci me donne une sorte de résonance mondiale[3].

L'attention sourcilleuse qu'Hélène Cixous prête à sa famille dans son écriture créative ouvre de ce fait une compréhension aiguë de la détresse

1 Carroll, « Albert Camus », *op. cit.*, p. 465.

2 Hélène Cixous et Mireille Calle-Gruber, *Hélène Cixous, Photos de racines*, Paris, Des Femmes, 1994, p. 183.

3 *Ibid.*, p. 192.

subie par tant de peuples de toutes sortes d'horizons. C'est en particulier dans son écriture théâtrale qu'Hélène Cixous fait montre de son souci et de sa solidarité à l'égard de peuples opprimés dans le monde : elle l'a fait à travers *L'Histoire terrible mais inachevée de Norodom Sihanouk, Roi du Cambodge*, et *L'Indiade ou l'Inde de leurs rêves*, des pièces mises en scène sous la direction d'Ariane Mnouchkine au Théâtre du Soleil.

En bien des manières Hélène Cixous hérite avec ses deux parents d'une ouverture sur le monde dans laquelle l'Algérie joue un rôle crucial. Elle a ainsi été exposée à une diversité qui a contribué à son approche de la langue et de la culture françaises. Hélène Cixous témoigne de sa grande surprise lorsqu'elle a découvert que la misogynie était omniprésente en France quand elle y est arrivée en 1955 ; elle avait été habituée à l'observer sous une forme explicite en Algérie mais avait été frappée par le fait que la misogynie était beaucoup plus « insidieuse et perfide » en France « que nulle part ailleurs en Europe[1] ». Durant la décennie suivante, sa sensibilité à l'égard de l'injustice et des préjugés l'a encouragée à protester contre le *statu quo* en France. Hélène Cixous a ainsi été activement impliquée dans les événements de Mai 1968 et elle a compté parmi les fondateurs de l'Université Paris 8 à Vincennes (maintenant située à Saint-Denis), un lieu d'enseignement de haut niveau qui s'est notamment illustré par l'effort de briser la relation répressive qui avait alors cours entre étudiants et enseignants dans le système universitaire français traditionnel. Hélène Cixous est toujours rattachée à cette université où elle a endossé pendant près de trente ans les responsabilités de directrice du Centre d'Études Féminines, une institution qu'elle a fondée en 1974. Délivrant des diplômes à des chercheurs dans le domaine des différences sexuelles, ce centre est le seul de ce type qui existe en France jusqu'à présent. Hélène Cixous insiste sur le fait qu'elle a créé ce programme doctoral pour deux raisons :

> J'étais professeur de littérature anglaise et je me sentais confinée, puisque dans le contexte universitaire le référent est national. Pour moi, la littérature ne peut être enfermée à l'intérieur des frontières. C'est la première chose. La littérature est un pays transnational. Les auteurs que nous lisons ont toujours été les citoyens d'un autre monde ; ils traversent les frontières et ils existent en dehors des lois. Ils ont toujours rendu étrangère leur propre langue. La

1 S. Phoca, « Hélène Cixous in Conversation », *Wasafiri*, vol. 15, n° 31, 2000, p. 11.

deuxième chose, c'est que la littérature – comme tous les discours – est en grande majorité masculine[1].

Hélène Cixous a une conception de la littérature et des questions de genre [*gender*] qui transcende les catégories établies et résiste aux frontières nationales. On en trouve des échos dans le même entretien à travers ses commentaires sur la langue :

> Il existe des manières d'écrire le français qui sont des manières d'écrire le « bon » ou le « correct » français en créant des frontières et en défendant à tout prix le nationalisme et la nationalité français.

Ceci, toutefois, n'est pas le type de français qu'Hélène Cixous déploie dans ses œuvres, lorsqu'elle envisage de « dégrammaticaliser le Français » pour le rendre « ouvert, réceptif, maniable, tolérant, intelligent, et capable d'entendre les voix de l'autre en son propre corps ». Hélène Cixous, la théoricienne qui était initialement connue et qui continue à être célébrée pour son exhortation des femmes à écrire leurs corps, a récemment élaboré une nouvelle métaphore corporelle[2]. Elle exprime son aversion pour les mots connotés comme « intégration » ou « assimilation », qui réfèrent à la posture des immigrés en France. Comme Hélène Cixous l'indique,

> tous les éléments « étrangers » qu'on voudrait faire un, qu'on voudrait assimiler : voilà l'assimilation – je la pense toujours en termes de digestion mal faite[3].

Dans sa caractérisation du féminisme français contemporain, Mireille Rosello identifie une « relation entre une tradition française universaliste et deux catégories (genre et ethnicité) qui défient de façons différentes l'idéal utopique d'un sujet Républicain asexué, et, plus fortement encore non-racial ». Elle se réfère ainsi au travail d'Hélène Cixous tel qu'il « implique l'émergence d'un passé colonial longtemps négligé », tout

---

1 K. O'Grady, « Guardian of Language : An Interview with Hélène Cixous », *Women's Éducation des Femmes*, vol. 12, n° 4, hiver 1996-1997, p. 6-10.

2 Dans son essai souvent cité « Le Rire de la méduse », Cixous encourage les femmes à faire ce que peu d'entre-elles ont osé faire : « Il faut que la femme écrive par son corps, qu'elle invente la langue imprenable qui crève les cloisonnements, classes et rhétoriques, ordonnances et codes », H. Cixous, *Le Rire de la méduse*, *L'Arc*, n° 61, 1975, p. 55.

3 F. Noudelman, « Hélène Cixous : La voix étrangère, la plus profonde, la plus antique », *Rue Descartes : Revue du Collège International de Philosophie*, n° 37, septembre 2002, p. 111-112.

comme l'« ethnicisation » de « sa propre histoire française » témoignant de « la relation de la France avec le continent africain ». Du point de vue de Mireille Rosello, cette emphase marque un infléchissement en regard de ce qui a été l'écriture d'Hélène Cixous auparavant :

> Longtemps associée au « Rire de la Méduse » et à la première vague d'« écriture féminine », Hélène Cixous s'est trouvée liée plus récemment à un mouvement culturel plus récent lorsqu'elle a commencé à explorer ses racines nord-africaines, son éducation multiculturelle et juive dans l'Oran et l'Alger coloniaux[1].

Si Hélène Cixous a fait des allusions à l'Algérie dans des textes anciens, il est vrai que sa confrontation intime à ce pays est récente. Le cas de Derrida est similaire et ce n'est pas avant les années quatre-vingt-dix qu'Hélène Cixous est « retournée » en Algérie de manière très réelle dans son écriture, et je dirai que c'est aussi, pour une large part, lié à l'émergence des « études francophones » en littérature aux États-Unis. Dans la préface d'un numéro spécial des *Yale French Studies* Farid Laroussi et Christopher Miller montrent comment, dans les années quatre-vingt et quatre-vingt-dix, l'ajout de nouveaux textes au programme signifiait beaucoup plus qu'un élargissement du *cursus* :

> C'était le surgissement de nouveaux points de vue et de nouvelles questions à propos de la nature de la littérature et de la culture. De façon assez soudaine, les horizons se sont élargis et les *French Studies* [Études françaises] sont devenues « multiculturelles[2]. »

Nombre d'écrits récents de Hélène Cixous, allant d'essais comme « Mon Algériance » jusqu'à des livres comme *Les Rêveries de la femme sauvage*, sont de part en part marqués par le lieu de naissance de l'écrivain Hélène Cixous. Ils explorent en profondeur sa propre expérience de l'exclusion dans ce pays, avec la mise à l'écart de catégories entières de la société algérienne, rejetées notamment par les habitants français, avec qui Hélène Cixous était forcée de s'identifier, et face à quoi elle a créé le néologisme d'« inséparabe[3] ». Cette attention à l'égard de l'Algérie

---

1 M. Rosello, « New Gendered Mosaics : Their Mothers, the Gauls », dans *Beyond French Feminisms*, éd. R. Celestin, E. Dalmolin et I. de Courtivron, New York, Palgrave Macmillan, 2003, p. 97, 103, 106.

2 F. Laroussi et C.L. Miller, « Editors' Preface : French and Francophone : The Challenge of Expanding Horizons », *Yale French Studies*, n° 103, 2003, p. I.

3 H. Cixous, *Les Rêveries de la Femme sauvage*, Paris, Galilée, 2000, p. 24.

semble aussi faire signe vers d'autres espaces, vers d'autres explorations textuelles qui s'élancent outre-Atlantique vers les États-Unis : le résultat est par exemple *Manhattan, lettres de la préhistoire*, un livre inventif qui jette une lumière neuve sur nombre de *topoï* qui s'agitent au cœur de l'œuvre d'Hélène Cixous. Celle-ci met en évidence la nature fictionnelle de cet ouvrage, mais elle utilise aussi le travail de la fiction pour communiquer des dimensions vitales concernant son existence – en particulier à propos de ce moment spécifique où elle a fréquenté les bibliothèques américaines en tant que jeune chercheuse. Le décor inspire un texte virevoltant qui fluctue incessamment du français à l'anglais, jouant des deux langues à la fois comme dans ce passage :

> "*Every day, road construction crews, State and Federal transportation authorities and local developers are working to make your maps and atlases out of date*", dit *American Map*. On ne peut dire une chose aussi menaçante et apocalyptique sinon en américain. Je traduis les mots mais pas le ton : chaque jour, les équipages de travaux d'aménagement routier, les pouvoirs et autorités des Transports d'État et de l'État Fédéral et les entrepreneurs locaux se liguent pour rendre vos cartes vos plans vos atlas et vos mémoires, nuls et périmés[1].

Ce passage entremêle le français et l'anglais pour mieux communiquer les thèmes du changement et de l'évolution, du passé et de son influence sur un présent en mouvement perpétuel. Les avertissements cartographiques témoignent du besoin utilitaire d'avoir un plan à jour afin de pouvoir trouver son chemin, mais Hélène Cixous ressent un besoin émotionnel convainquant de réveiller des souvenirs menacés qui vont aussi lui permettre de trouver son chemin personnel.

Revisitant en détail un séjour à New York qui a précédé la composition de ce texte vieux d'environ quarante ans, la voix narratrice inscrit en anglais des formules prescriptives comme

> *Don't drive today with yesterday's map.* Ce qui signifie : n'écrivez pas aujourd'hui avec une mémoire d'hier. On ne peut pas écrire hier aujourd'hui[2].

Cette exploration circulaire du passé et du présent – de l'impossibilité de capturer complètement le passé dans le temps présent –, touche à la difficulté de retrouver quelque part que ce soit du passé, en particulier

1 H. Cixous, *Manhattan, Lettres de la préhistoire*, Paris, Galilée, 2002, p. 68.
2 *Ibid.*, p. 35.

sous forme écrite. Et, de fait, en dépit de la résistance, la voix narratrice doit évoquer ce qui lui est revenu malgré elle : le souvenir de ce voyage vers un autre lieu, à distance de la France et de l'Algérie. La destination n'était pas un pays spécifique, mais quelque chose de tout autre :

> je n'avais pas sur un bateau de port d'arrivée en vue, même lorsque je pris le bateau géant pour aller aux USA ce n'était certes pas pour aller aux USA mais pour aller en Bibliothèque donc clandestinement chez moi dans ce foyer sans adresse fixe[1].

Ces commentaires sont des échos d'autres notations d'Hélène Cixous sur le fait qu'elle était « destinée à quitter » l'Algérie, mais qu'elle ne va jamais « arriver » en France, qu'elle est toujours « en passance[2] ». Alors qu'elle passe d'une bibliothèque à une autre « de Paris à Londres à New York à New Haven à Buffalo », la narratrice explique qu'elle va « droit à la littérature comme bannissement[3] ». Les bibliothèques qu'elle fréquente sont des lieux d'un monde à part, et la narratrice décide d'habiter la littérature.

Ce qui est particulièrement révélateur d'un changement de lieu dans *Manhattan*, c'est que les points de repères sont perturbés, et que l'identité du sujet narrateur est modifiée pour s'adapter à l'environnement. Lorsqu'une femme demande à la narratrice si elle est d'Ithaca, dans un petit avion qui l'emmène de la ville de Buffalo vers New York, elle opte pour la facilité et répond par l'affirmative :

> Je décide vaguement de mon être-américain. Finalement je jugeai impossible de lui dire : je suis née en Algérie. En Amérique l'Algérie n'existe pas[4].

Alors qu'en France tout le monde savait où se trouvait l'Algérie, la narratrice suppose qu'un Américain n'aurait aucune idée de l'existence de ce pays nouvellement indépendant. Elle avoue :

> Ensuite, je me voyais confier des détails sur mon identité supposée à des inconnus, je ne disais jamais Algérie, c'eût été vain, mais plus près plus familier, tout ce qu'il y a de plus répandu dans le monde[5].

---

1 *Ibid.*, p. 80.
2 Voir en particulier H. Cixous, « Mon Algériance », *Les Inrockuptibles*, n° 115, 20 août-3 septembre, 1997, p. 71-74.
3 H. Cixous, *Manhattan*, p. 81.
4 *Ibid.*, p. 50.
5 *Ibid.*

Le compte rendu qu'elle donne d'elle-même à ses interlocuteurs américains est celui qu'ils sont capables de recevoir.

LES DÉ-*FAUX* DE LA « FRANCOPHONIE »

Il est peu surprenant que les États-Unis figurent dans un texte d'Hélène Cixous : sa vie professionnelle l'a souvent conduite en Amérique pour des conférences, notamment. La carrière d'Assia Djebar l'avait aussi envoyée en Amérique du Nord où elle a dirigé le Programme des Études Francophones de l'Université d'État de la Louisiane de 1995 à 2001, avant qu'elle n'accepte une chaire à l'Université de New York en 2002. Il n'y a pas de hasard à ce qu'Assia Djebar, née à Cherchell en 1936 d'un père arabe et d'une mère berbère, ait occupé ces postes aux États-Unis et *pas en France*. En 1955, après un an d'études préparatoires au Lycée Parisien Fénelon, Assia Djebar est devenue la première Algérienne à intégrer l'École Normale Supérieure. La Guerre d'Algérie avait tout juste commencé et Assia Djebar a manifesté sa solidarité avec ses compatriotes en refusant de passer ses examens, et, en conséquence, a été forcée de quitter l'institution sans valider son cursus. Elle a publié son premier roman en 1957 mais a reçu peu de reconnaissance en France jusqu'à son élection à l'Académie Française en 2005. Après Léopold Sédar Senghor, Assia Djebar est seulement la seconde personne du continent africain à avoir été acceptée par l'illustre assemblée, et sa réaction initiale à l'honneur qui lui était donné, a été de déclarer aux journalistes qu'elle était heureuse à l'égard de ce que cela signifiait pour la littérature francophone du Maghreb : « J'étais contente pour la francophonie du Maghreb ». La question de savoir si cette élection était *de facto* une récompense pour l'écriture brillante d'Assia Djebar ou un « hommage à la francophonie » a été soulignée dans un grand nombre d'articles annonçant la nouvelle. En 2006, dans son discours de réception, Assia Djebar a ensuite expliqué pourquoi elle se sentait honorée en tant que personne, et au-delà, que ceci était dirigé vers la mémoire des Algériens qui avaient perdu la vie au cours des années quatre-vingt-dix pour avoir osé exposer leurs idées en langue française.

Dans son discours à l'Académie, Assia Djebar rappelle que dans l'« Algérie coloniale » l'enfant qu'elle était appartenait à ceux qu'on appelait « Français Musulmans », qui ont appris les leçons sur « nos ancêtres les Gaulois » et que sa « terre ancestrale avait déjà une littérature écrite de haute qualité, de langue latine[1] ». La nouvelle « immortelle » précise alors qu'écrire en français n'est pas le seul choix pour les Algériens et que son pays possède une grande littérature séculaire. Elle indique aussi que, depuis des années, maintenant, la relation problématique avec la langue qui a accompagné la conquête de l'Algérie a été résolue :

> Depuis des décennies, cette langue ne m'est plus langue de l'Autre. Presqu'une seconde peau, ou une langue infiltrée en vous-même, son battement contre votre pouls, ou tout près de votre artère aorte, [...] rythmant votre marche.

Les déplacements ont toujours occupé une place centrale dans l'œuvre d'Assia Djebar et c'est aussi un ressort décisif de son processus d'écriture. Dans la même phrase, elle explique qu'elle écrit et marche quotidiennement dans la ville de New York, et qu'elle vit et agit *en français*, une langue qui accompagne ses émerveillements devant tout ce qu'elle voit :

> Je ne me sens alors que regard dans l'immensité d'une naissance au monde.

Lorsqu'elle souligne le rôle du théâtre français dans sa vie de tous les jours, même lorsqu'elle se trouve à New York, Assia Djebar semble reconduire ces possibilités globales de la francophonie qu'elle a déjà louées dans d'autres contextes :

> Une francophonie en constant et irrésistible déplacement, pourquoi pas ? ... Tester sa vitalité, hors la généalogie et bien loin d'un ancien Empire démantelé[2]...

Comme en attestent ces phrases, Assia Djebar a été une voix éloquente qui a porté ce qui est associé à l'adjectif « francophone », tout en exprimant sa réticence à accepter le mot dans son usage courant et son désir de le redéfinir dans des termes plus larges. Le sous-titre de son essai de 1999 résume sa posture : *Ces voix qui m'assiègent... en marge*

1 A. Djebar, « Discours de réception », 22 juin 2006, www.academie-francaise.fr/immortels/discours-reception/djebar.html.

2 A. Djebar, *Ces voix qui m'assiègent ... en marge de ma francophonie*, Paris, Albin Michel, 1999, p. 27.

de ma francophonie. Elle donne aux mots la possibilité de décrire « son activité intellectuelle et critique » mais indique qu'elle voudrait infléchir le sens du terme « francophonie » :

> à sortir des limites géographiques de la langue française pour analyser, discuter, mettre en question cette notion ambiguë de *francophonie.*

Elle souhaite pousser les frontières dans son travail : « sur ce territoire linguistique de ladite "francophonie", je me place, moi, sur les frontières[1]. » Dans le même texte, Assia Djebar nomme trois femmes écrivains de langue française qu'elle considère comme les plus importantes de la fin du vingtième siècle : Marguerite Duras, Nathalie Sarraute et Marguerite Yourcenar. Selon Assia Djebar il n'y pas de hasard que ces trois femmes aient en commun d'être des *expatriées*, mettant en question toute identification aisée à la condition d'« écrivains françaises ». L'écrivain Djebar – qui, elle aussi, est une expatriée –, puise son inspiration dans le destin littéraire de ces auteurs dont le langage personnel a été forgé par les « transformations et mouvements » spécifiques de leurs vies. Sans le formuler explicitement, Assia Djebar suggère que ce qui pourrait être considéré comme « français » plutôt que « francophone » dans la littérature, n'est pas aussi évident qu'il ne le paraît de prime abord.

Dans une livraison du *Magazine littéraire* consacrée à l'« année des francophonies » en mars 2006, Romuald Fonkoua défend l'idée qu'une « histoire littéraire de la francophonie » devrait remonter à l'Abbé Grégoire. Dans son texte de 1808 intitulé *De la littérature des nègres*, l'ecclésiastique plaidait pour « la création d'une littérature étrangère de langue française et pour une ouverture aux auteurs étrangers ». Il a perçu le potentiel énorme d'une telle littérature comme étant « à l'intérieur et à l'extérieur de la littérature française, [...] en dialogue permanent avec elle[2] ». En dépit des bons auspices de ce début d'histoire littéraire, quelque chose a mal tourné. Au lieu de comprendre la littérature francophone comme faisant partie de la littérature française, de nombreux critiques et éditeurs ont considéré la littérature francophone comme appartenant à une catégorie complètement séparée de la littérature française. Cette séparation a eu des conséquences dévastatrices, non seulement sur tout ce qu'on range sous la

1 *Ibid.*, p. 26-27.

2 R. Fonkoua, « Pour une histoire littéraire de la francophonie », *Le Magazine littéraire*, n° 451, mars 2006, p. 30-31, 33.

catégorie de « littérature francophone », mais aussi sur sa réception, et plus encore, sur des auteurs dont la pleine reconnaissance a été fréquemment entravée. Patrick Corcoran évoque les failles de cette sous-catégorie :

> Pour être franc, affirmer qu'on est « français » est une affirmation d'identité tandis que le fait d'être « francophone » indique seulement un rapport à une « identité » qui appartient à quelqu'un d'autre ou, au mieux, signifie où on se situe à l'égard d'une culture qui n'est pas la sienne. Le mot « francophone » fait allusion à l'identité sans jamais tout à fait la conférer. C'est un contexte inévitable d'un état inachevé, marqué par la différence, un sens d'un statut inférieur et finalement, possiblement, de l'exclusion[1].

Ce qui complique encore cette identité littéraire est le fait de sa faible liaison avec une identité nationale. On peut très bien posséder la citoyenneté française mais porter toujours l'étiquette écrivain « francophone » ; ainsi l'étiquette « français » apparaît attachée à des présupposés sur l'origine et l'appartenance communautaire ou ethnique qui demeurent implicitement associés à cette catégorisation.

Assia Djebar bouscule les questions d'identité avec enthousiasme dans *Les Nuits de Strasbourg*, un roman qui se situe dans une ville-frontière, comme le titre le suggère, qui incarne aussi un lieu d'interactions et d'échanges multiculturels et divers. Alors que le travail d'Hélène Cixous a commencé à véritablement figurer l'Algérie durant les années quatre-vingt-dix, à la même époque Assia Djebar a cessé de s'occuper du pays de ses origines pour se tourner vers l'Europe en composant une œuvre de fiction qui allie une grande variété de personnages venus de différents pays. Assia Djebar explique que pour elle

> écrire en et sur l'Europe, c'est entrecroiser des mémoires : des gens sur place avec moi – ou tel ou tel autre étranger[2].

Les étrangers qui apparaissent dans ce livre sont étonnants, révélant des destins familiaux et des histoires mal connues, et détaillant des accointances entre l'Algérie et l'Alsace :

> Karl était alsacien certes, mais un Alsacien d'ailleurs. [...] Il était issu d'une lignée d'Alsaciens partis en 1871, expatriés pour ne pas devenir citoyens

1 P. Corcoran, *Cambridge Introduction to Francophone Literature*, Cambridge, Cambridge University Press, 2007, p. 10.

2 Djebar, *Ces voix qui m'assiègent*, *op. cit.*, p. 238.

> allemands : trois générations après cet exode en Algérie coloniale, la famille paternelle de Karl se retrouvait de retour[1].

L'exode de la famille de Karl fait écho à celui qui figure dans le prologue du livre, lorsque toute la ville de Strasbourg a été vidée de ses habitants par l'avancée allemande en septembre 1939 : « c'est une armée, une horde ; un exode ». Ces déplacements forcés, ces migrations, témoignent de la tumultueuse histoire européenne et nord-africaine tout en s'érigeant de façon contrastée en contrepoint des mouvements du désir, qui unissent des couples aux itinéraires notoirement antagonistes.

Le couple le plus saisissant est formé par Ève, une Juive algérienne et Hans, un allemand. Ève a étudié l'allemand au Lycée, mais elle refuse de parler à son amoureux dans sa langue maternelle. Par contraste, Hans a fait un effort réel pour embrasser la culture de sa compagne et il est en train d'apprendre l'arabe pour mieux communiquer avec elle. Au cours de leurs fréquentes disputes, Hans découvre que, lorsque le français échoue, la langue maternelle d'Ève se montre plus efficace, tout comme l'anglais, un « terrain neutre » qui calme leurs colères lorsqu'il s'exclame : « My love, my sweet love ! ». Mais quelque chose demeure en souffrance dans leur relation, jusqu'à ce que le couple décide finalement d'engager une action qui va marquer la fin de leurs querelles. Ève fait un geste thérapeutique, et explique à Hans ce qu'elle a en tête :

> Oui, « le serment de Strasbourg », tu l'as appris à l'école primaire, rappelle-toi, en 842 de l'ère chrétienne, trente ans après Charlemagne.

Elle insiste sur le fait qu'elle a étudié cette période en détails dans son Algérie natale :

> Moi-même, je l'ai lu à Tébessa, ces années où l'on nous enseignait encore le français, comme du temps de la France… c'est une histoire de la langue française[2].

Ève rappelle ensuite à Hans que les frères Charles le Chauve et Louis le Germanique s'étaient voués allégeance respective, chacun dans « la langue de l'autre », non en latin ou dans sa propre langue maternelle, mais dans la langue vernaculaire de l'autre. Ainsi, Ève et Hans suivent

1 A. Djebar, *Les Nuits de Strasbourg*, Arles-Paris, Actes Sud, 2003, p. 281-282.
2 *Ibid.*, p. 235.

cet exemple et se jurent amour réciproque, non dans la langue étrangère qu'ils ont en commun, le français, mais dans la langue maternelle de l'autre. Pour Ève, il ne peut se concevoir de plus grand geste d'amour :

> jamais une femme venant de la Francia occidentale, ne se sera ainsi totalement donnée !

Ce performatif a des implications, non seulement quant aux relations entre ceux qui se sont prononcés, mais aussi pour les descendants futurs :

> Avant que l'enfant n'arrive, nous avions éteint tout souvenir de généalogie[1] !

Ici, dans « la ville des routes », l'effacement du passé n'est pas sous-tendu par les entraves d'une histoire oppressante, mais au contraire, par un geste qui va de l'avant à travers la construction d'identités nouvelles. Les protagonistes de Strasbourg viennent d'horizons multiples pour surmonter et abolir des préjugés ancrés de longue date afin de créer un meilleur avenir moins retranché dans des identifications nationales et linguistiques, ouvrant vers la richesse des créations que les mélanges peuvent provoquer.

À LA RECHERCHE DES FILIATIONS : ÉCRITURES FÉMININES ET HÉRITAGES LITTÉRAIRES

Leïla Sebbar, née en Algérie d'un père algérien et d'une mère française à Aflou en 1941, s'est installée à Aix-en-Provence pour y poursuivre ses études en 1961, avant de s'établir à Paris deux ans plus tard. Dans son texte autobiographique *L'arabe comme un chant secret*, Leïla Sebbar s'interroge sur la raison pour laquelle il lui a fallu tant d'années avant d'être finalement capable d'écrire à la première personne :

> Pour arriver à moi, pour dire "je", [...] il m'a fallu entendre, loin du pays natal, partout où elle se parlait, la voix de la langue de mon père, la voix de l'arabe, la langue étrangère, l'étrangère intime.

1 *Ibid.*, p. 238.

Parmi ses proches « la mémoire est blanche, vide, sans inscription religieuse ou familiale qui lui donne de la profondeur, une épaisseur tangible, réelle, un sol dont on puisse lire et déchiffrer les strates géologiques, généalogiques ». Elle se lamente sur le fait qu'une règle non-dite dans sa famille était le bannissement de l'expression personnelle :

> Rien n'est dit, mais le "je" est proscrit, des deux côtés, maternel et paternel[1].

Leïla Sebbar revisite les événements de Mai 1968 et le mouvement des femmes à Paris, se souvenant de toutes les manifestations auxquelles elle a pris part au cours de cette période, et de l'enchantement de ces protestations collectives lorsque son identité personnelle n'était plus un problème, que sa cause individuelle était devenue synonyme d'un mouvement plus large :

> je ne suis pas une individue, je suis toutes les femmes, tous les exclus, tous les colonisés de l'Empire et de l'intérieur. C'est exaltant. Je ne suis pas une personne particulière. Je n'ai pas de famille, ni père ni mère, pas de pays. On ne me demande pas qui je suis, de qui je suis la fille, d'où je viens, quelle est ma place dans la société[2].

La libération qu'elle a ressentie lorsqu'elle collaborait au journal *Histoires d'Elles*, et à *Sorcières* à la fin des années soixante-dix était inextricablement liée à la liberté gagnée à l'égard des fardeaux de la définition de soi qui habituellement hante l'écrivain :

> Chaque fois que j'ai à parler de moi écrivant des livres, j'ai à me situer dans mon métissage, à répéter que le français est ma langue maternelle, à expliquer en quoi je ne suis pas immigrée, ni beur[3].

Ainsi que Leïla Sebbar l'éclaircit dans sa correspondance avec Nancy Huston dans *Lettres parisiennes*, le métissage qui la définit est précisément le facteur qui rend le mouvement des femmes si satisfaisant :

> J'aimais le mélange des genres dans l'équipe et dans le journal. C'est ce métissage des pays, des cultures, des corps, des vêtements, des accents, des

1 L. Sebbar, *L'Arabe comme un chant secret*, Paris, Bleu Autour, 2007, p. 63, 52.
2 *Ibid.*, p. 59.
3 L. Sebbar et N. Huston, *Lettres parisiennes, Histoires d'exil*, Paris, Bernard Barrault, 1986, p. 133.

> voix, des gestes qui m'a attachée et je ne l'ai pas retrouvé ailleurs, sauf [...] dans des textes de fiction[1].

Leïla Sebbar rapporte que ce sont les femmes arabes qu'elle a côtoyées dans le contexte du mouvement des femmes en France, qui ont ravivé les souvenirs de l'Algérie chez elle. À la suite de cette expérience, elle recherchait ceux qui parlaient arabe dans les parcs et les squares de Paris et observait soigneusement leurs gestes, leurs apparences et leurs rires en dépit du fait que la signification de leurs mots lui échappait. Ainsi naquit son premier livre :

> Elles deviennent *Fatima ou les Algériennes du square*, la première Fatima de la littérature française en France, la première Algérienne littéraire, immigrée, analphabète[2].

À plus forte raison, Leïla Sebbar souligne dans ses écrits l'aspect nouveau qui consiste à évoquer les habitants de France venus d'ailleurs. Dans les années quatre-vingt, ses publications sont marquées par la création d'un personnage d'adolescente née de parents algériens, Shérazade, qui va laisser une trace importante dans la littérature de langue française. Ces textes étaient particulièrement innovants car leurs actions se déroulaient en France mais décrivaient des événements qui débordaient les frontières hexagonales, comme Françoise Lionnet l'explique :

> Ses romans sont des modèles de textes « impossibles à classifier » selon les critères traditionnels qui opposent la littérature « française » aux littératures « francophones », puisqu'ils rendent inopérante l'opposition classique entre centre et périphérie[3].

Non seulement Leïla Sebbar défie les définitions qui tranchent entre « Français » et « Francophone » dans son œuvre, mais en incluant des peuples du monde entier – d'Algérie et des régions postcoloniales, certes, mais également d'Europe de l'Est – elle étend les conceptions de l'altérité en France en réalisant de ce fait un geste inclusif qui préfigure l'explosion globale que nous constatons actuellement dans

1 *Ibid.*, p. 95.
2 Sebbar, *L'Arabe comme un chant secret*, *op. cit.*, p. 61.
3 F. Lionnet, *Postcolonial Representations : Women Literature, Identity*, Ithaca, New York, Cornell University Press, 1995, p. 177.

la littérature en français. Comme Winifred Woodhull le note dans *Shérazade*,

> les jeunes immigrés essaient, à la fois, d'inventer de nouvelles relations sociales entre eux-mêmes – évitant les contraintes familiales traditionnelles autant que des obligations rigides déterminées par des appartenances ethniques, de classes, sexuelles ou raciales – et, plus généralement, ces jeunes redessinent la carte culturelle de la France des années quatre-vingt[1].

Métro : Instantanés de Leïla Sebbar fait montre d'un souci permanent pour ceux qui sont venus d'ailleurs quels que soient les lieux d'où ils viennent :

> Le métro à Paris, c'est Babel, les visages, les gestes et les corps posés sans voix[2].

Leïla Sebbar prend des notes dans une langue poétique fragmentaire, à propos des rencontres qu'elle observe en voyageant d'une station de métro à l'autre. Elle compare ses propres observations indiscrètes et l'œuvre des photographes orientalistes qui ont pris des photographies d'étrangers à l'époque coloniale. Dans son interprétation, la totalité de l'ancien Empire est visible dans ce moyen de transport :

> Les photographes ont voyagé dans l'Empire au-delà des mers, leurs images vivent ici, dans le métro.

Leïla Sebbar semble considérer avec une grande tendresse un jeune africain lisant le Coran, le couple malgache radieux, les adolescents japonais, les Asiatiques, les Indiens, et bien sûr les Maghrébins. Elle est particulièrement attentive aux échanges incongrus entre des peuples de convictions visiblement différentes, et à la formation de couples improbables dans cet espace singulier. Les moments furtifs que Sebbar restitue ne sont pas embellis ou commentés d'emblée : ils sont simplement posés devant nous, présentant une vision de la diversité de la capitale française d'aujourd'hui.

Comme dans le cas d'Assia Djebar, il est possible de voir en Leïla Sebbar une représentante de « la génération qui vient » dans les traces d'écrivains tels que « Jean Pélégri, Kateb Yacine, Mouloud Feraoun, Mohamed Dib » qui « ont fondé la littérature algérienne de langue

---

1 W. Woodhull, *Transfigurations of the Maghreb : Feminism, Decolonization and the Maghreb*, University of Minnesota, 1993, p. 122.

2 L. Sebbar, *Métro : Instantanés*, Paris, Éditions du Rocher, 2007, p. 11.

française et ouvert une route majeure[1] ». Leïla Sebbar s'inscrit elle-même dans cette lignée dans *Mes Algéries en France* :

> Je suis la fille de ces fils qui écrivent des livres si loin de la maison qu'ils ont quittée pour n'y plus revenir et, parce qu'ils sont partis, parce qu'ils ont subi l'épreuve du passage pour tous les autres, nous écrivons, j'écris[2].

Mais, en dépit de la reconnaissance qu'elle exprime à l'égard de ses prédécesseurs masculins, Leïla Sebbar est constamment attirée par les *femmes* lorsqu'elle évoque ses inspirations. Elle n'est pas la seule à établir une corrélation entre sa propre écriture et celle d'autres femmes en Algérie. Assia Djebar a explicitement indiqué sa familiarité avec les textes d'Hélène Cixous, ainsi qu'en atteste l'exergue emprunté à *La Jeune Née* de Hélène Cixous :

> J'ai appris à lire, à écrire, à hurler, à vomir en Algérie[3].

Ailleurs, Assia Djebar reconnaît son immense dette à l'égard d'une autre femme, l'ethnographe Germaine Tillion, qu'elle considère comme la devancière de toutes les femmes algériennes en raison de ses recherches menées dans les montagnes des Aurès au cours des années trente, ou encore de son engagement vigoureux en faveur de pourparlers pendant la Bataille d'Alger en 1957, et enfin de *La République des cousins*, une étude qu'Assia Djebar salue pour sa lucidité[4]. Leïla Sebbar a aussi un terrain commun avec celui d'Hélène Cixous dont elle mentionne fréquemment l'œuvre[5], et elle exprime également son admiration pour Tillion. Cette « chercheuse pionnière », ainsi que Michelle Perrot qualifie l'ethnographe, a créé un précédent indéniable :

> De « la passion algérienne » de Germaine Tillion, Leïla a beaucoup appris : l'audace, la rigueur, les manières d'enquêter et de classer[6].

---

1 M. Perrot, « Préface : Les routes algériennes de Leïla Sebbar », dans Leïla Sebbar, *Mes Algéries en France, Carnet de voyages*, Paris, Bleu Autour, 2004, p. 13.
2 L. Sebbar, *Mes Algéries en France*, Carnet de voyages, Paris, Bleu Autour, 2004, p. 95.
3 A. Djebar, *Le Blanc de l'Algérie*, Paris, Albin Michel, 1995, p. 61.
4 Djebar, « Discours de réception », *op. cit.*
5 Un des exemples de la diversité des références à Hélène Cixous peut être trouvé dans le livre de L. Sebbar intitulé *Je ne parle pas la langue de mon père*, où on trouve mention des *Rêveries de la femme sauvage* de H. Cixous, p. 18.
6 Michelle Perrot, « Préface », p. 11.

En outre, Leïla Sebbar a souvent évoqué Isabelle Eberhardt dans son œuvre, parlant de sa hauteur de vues d'« aventurière et de mystique ». Eberhardt, une femme intrépide née à Genève de parents venus d'ailleurs, qui a vécu parmi les Arabes en Algérie à partir de 1897, lorsqu'elle avait tout juste vingt ans. Leïla Sebbar, qui est hantée par son propre manque de connaissance de la langue de son père, est fascinée par la prolificité de cette écrivain française qui maîtrisait l'arabe, s'est convertie à l'islam et a voyagé à travers toute l'Algérie à cheval, déguisée en homme[1]. Il est significatif que Leïla Sebbar ne limite pas ses références aux femmes nées en Algérie, mais étende ses influences à des femmes qui ont passé des frontières, brouillé les identifications strictes et défié les attentes, qu'elles soient liées à la langue, à la nationalité ou au genre.

La production littéraire de Leïla Sebbar a été marquée par la représentation de l'Algérie, de la France, de l'Algérie en France, et par la traduction de l'Algérie pour des lecteurs de langue française tout comme par le don adressé à quelqu'un en particulier :

> Je lui fabrique, je me fabrique une famille immense des deux côtés de la mer. Je crois ainsi rétablir une filiation rompue. C'est cette filiation que j'offre à mon père[2].

Cette figure vitale qui a été le déclencheur de l'œuvre prolifique de Leïla Sebbar, cet « homme-frontière », était un professeur de français, tout comme l'était le père d'Assia Djebar. Leïla Sebbar fait allusion au paragraphe qui ouvre *L'amour la fantasia*, dans lequel une jeune fille marche avec son père vers l'école, afin d'établir une relation intime initiale, avant de poser une question critique :

> Nous sommes, Assia et moi, les filles du père, diseuses de mémoire. Écrivaines, saurons-nous transmettre une filiation nouvelle[3] ?

Le travail inaugural d'Hélène Cixous, Assia Djebar et Leïla Sebbar est le produit d'histoires familiales et de contextes géographiques et politiques de leurs lieux de naissances. Leurs créations littéraires uniques sont aussi le résultat d'une acuité linguistique qui est renforcée dans le cas des écrivains maghrébins, ainsi que Derrida l'explique dans *Le monolinguisme de l'autre* :

1 Sebbar, *Lettres parisiennes*, *op. cit.*, p. 68-69. Voir aussi son texte intitulé *Isabelle l'Algérien*.
2 Sebbar, *L'Arabe comme un chant secret*, *op. cit.*, p. 73.
3 Sebbar, *Mes Algéries en France*, *op. cit.*, p. 32.

> je n'ai qu'une langue et ce n'est pas la mienne, ma langue « propre » m'est une langue inassimilable. Ma langue, [...] c'est la langue de l'autre[1].

Pour aucune de ces femmes la relation à la langue d'écriture ne va de soi et chacun de leurs textes interroge la nature « prescrite » de l'identité. Cette contribution cruciale à la littérature en français nous permet de répondre affirmativement à la question de Leïla Sebbar à propos de la filiation. Non seulement ces femmes écrivains du Maghreb ont ouvert la voie pour d'autres femmes écrivains nées en Algérie en leur donnant une voix textuelle, – Maïssa Bey, Nina Bouraoui et Malika Mokeddem –, mais elles ont aussi frayé un chemin pour un phénomène relativement nouveau, celui de l'écriture féminine globale en français. Je dirai que la prolifération inédite d'écrits contemporains en langue française par des femmes du monde entier est profondément liée aux courageuses innovations engagées par les corpus de ces trois écrivains. Des femmes écrivains de langue française, qui essaiment à partir de lieux comme le Canada, la Chine, la Hongrie, le Japon, l'Île Maurice, le Sénégal, la Slovénie ou la Corée du Sud se sont acheminées vers l'écriture en réponse à ces précurseures éminentes du Maghreb. Le contenu global croissant des textes les plus récents d'Hélène Cixous, Assia Djebar et Leïla Sebbar a suscité des élans d'inspirations chez toutes sortes d'héritières littéraires, et ces œuvres montrent un large potentiel de la littérature en langue française : il s'étend à toutes les régions du monde, et mènent les lecteurs *où que ce soit*, aussi bien figurativement que littéralement.

Alison RICE
Université de Notre Dame
Traduit par Olivier Morel

1 Derrida, *Le Monolinguisme de l'autre*, *op. cit.*, p. 47.

OUVRAGES CITÉS

CARROLL, David, « Albert Camus », *The Columbia History of Twentieth-Century French Thought*, éd. Lawrence D. Kritzman, New York, Columbia University Press, 2006, p. 463-468.

CARROLL, David, *Albert Camus, the Algerian : Colonialism, Terrorism, Justice*, New York, Columbia University Press, 2007.

CIXOUS, Hélène, *Manhattan, Lettres de la préhistoire*, Paris, Galilée, 2002.

CIXOUS, Hélène, *Les Rêveries de la Femme sauvage*, Paris, Galilée, 2000.

CIXOUS, Hélène, « Le Rire de la Méduse », *L'Arc*, n° 61, 1975, p. 39-54.

CIXOUS, Hélène, « Mon Algériance », *Les Inrockuptibles*, n° 115, 20 août – 2 septembre 1997, p. 71-74.

CIXOUS, Hélène et CALLE-GRUBER, Mireille, *Hélène Cixous, Photos de racines*, Paris, Des Femmes, 1994.

CORCORAN, Patrick, *The Cambridge Introduction to Francophone Literature*, Cambridge, Cambridge University Press, 2007.

DERRIDA, Jacques, *Le Monolinguisme de l'autre, ou la Prothèse d'origine*, Paris, Galilée, 1996.

DERRIDA, Jacques et BENNINGTON, Geoffrey, *Jacques Derrida*, Paris, Seuil, 1991.

DJEBAR, Assia, *Ces voix qui m'assiègent … en marge de ma francophonie*, Paris, Albin Michel, 1999.

DJEBAR, Assia, « Discours de réception », 22 juin 2006, www.academie-francaise.fr/immortels/discours-reception/djebar.html.

DJEBAR, Assia, *L'Amour, la fantasia*, Paris, J-C Lattes, 1985.

DJEBAR, Assia, *Le Blanc de l'Algérie*, Paris, Albin Michel, 1995.

DJEBAR, Assia, *Les Nuits de Strasbourg*, Arles-Paris, Actes Sud, 2003.

FONKOUA, Romuald, « Pour une histoire littéraire de la francophonie », *Le magazine littéraire*, n° 451, mars 2006, p. 30-33.

KHATIBI, Abdelkébir, *Maghreb pluriel*, Paris, Denoël, 1983.

LAROUSSI, Farid et MILLER, Christopher L., « Editor's Preface : French and Francophone : The Challenge of Expanding Horizons », *Yale French Studies*, n° 103, 2003, p. 1-6.

LIONNET, Françoise, *Postcolonial Representations : Women Literature, Identity*, Ithaca, New York, Cornell University Press, 1995.

NOUDELMAN, François, « Hélène Cixous, La voix étrangère, la plus profonde, la plus antique », *Rue Descartes : Revue du Collège International de Philosophie*, n° 37, septembre 2002, p. 111-119.

O'GRADY, Kathleen, « Guardian of Language : An Interview with Hélène Cixous », *Women's Éducation des Femmes*, vol. 12, n° 4, hiver 1996-1997, p. 6-10.

PERROT, Michelle, « Préface, Les routes algériennes de Leïla Sebbar », dans Leïla Sebbar, *Mes Algéries en France, Carnet de voyages*, Paris, Bleu Autour, 2004, p. 9-13.

PHOCA, Sophia, « Hélène Cixous in Conversation », *Wasafiri*, vol. 15, n° 31, printemps 2000, p. 9-13.

ROSELLO, Mireille, « New Gendered Mosaics : Their Mothers, the Gauls », dans *Beyond French Feminisms : Debates on Women, Politics, and Culture in France, 1981-2001*, éd. Roger Célestin, Éliane Dalmolin et Isabelle de Courtivron, New York, Palgrave Macmillan, 2003, p. 97-112.

SEBBAR, Leïla, *L'Arabe comme un chant secret*, Paris, Bleu Autour, 2007.

SEBBAR, Leïla, *Isabelle l'Algérien*, Paris, Al Manar, 2005.

SEBBAR, Leïla, *Je ne parle pas la langue de mon père*, Paris, Julliard, 2003.

SEBBAR, Leïla, *Mes Algéries en France*, Paris, Bleu Autour, 2004.

SEBBAR, Leïla, *Métro : Instantanés*, Paris, Éditions du Rocher, 2007.

SEBBAR, Leïla et HUSTON, Nancy, *Lettres parisiennes, Histoires d'exil*, Paris, Bernard Barrault, 1986.

WOODHULL, Winifred, *Transfigurations of the Maghreb : Feminism, Decolonization and the Maghreb*, University of Minnesota, 1993.

DEUXIÈME PARTIE

MOBILITÉS

SOI-MÊME COMME UN AUTRE

Parler français dans l'Angleterre médiévale

Les débats du nationalisme du dix-neuvième siècle, dans la mesure où ils ont été liés à l'établissement d'une classe professionnelle de spécialistes de la littérature, ont longtemps informé le paysage critique – et ce, bien après que les mouvements politiques et sociaux qui leur ont succédé ont remis en cause leurs idéologies. Ainsi, pendant plus d'un siècle, la discipline des études littéraires a tracé ses délimitations internes en fonction de la nation : ce n'est que tout récemment que ces frontières institutionnelles ont commencé de craquer sous le poids des indices textuels. La structure formelle des départements continue néanmoins pour une grande part de correspondre aux conceptualisations nationales et temporelles de l'histoire littéraire. Ce modèle intellectuel conduit évidemment, de par sa structure même, à ignorer les voix multilingues et transethniques, qui en constituent le point aveugle. Ceci se vérifie même, dans une certaine mesure, pour le Moyen Âge, bien que, pour cette période, la configuration des archives, ordonnées autour des langues vernaculaires, ait longtemps invité à une approche plus transversale et plus fluide. Certaines délimitations, qui reflètent généralement les frontières géographiques et linguistiques de la nation du dix-neuvième siècle, ont cependant continué d'être considérées comme valides dans le contexte plus large de l'histoire littéraire de l'Europe occidentale. L'une de ces délimitations recouvre la distinction entre la littérature médiévale anglaise et la littérature médiévale française – distinction qui implique précisément une relation directe entre la langue et la nation.

Pendant de nombreuses années, les chercheurs étudiant et enseignant la littérature du Moyen Âge français y ont inclus des textes tels que *La Chanson de Roland* d'Oxford ou les œuvres de Marie de France, bien que ces textes, tout comme d'autres œuvres bien connues du répertoire médiéval français, aient été très probablement composées en Angleterre.

Les historiens de la littérature ne rangent habituellement pas ces œuvres au sein du premier répertoire anglais, et ce, à rebours de ce que leur géographie pourrait suggérer. Les textes français d'Angleterre font ainsi figure d'anomalies. Certes, de nombreux manuscrits ont été édités avec compétence, étudiés avec une grande attention et souvent inclus dans les collections d'œuvres médiévales françaises : toutefois, en étudiant ces textes dans le cadre d'une recherche fondamentalement nationale[1], on a longtemps sous-estimé leurs implications quant à une identité littéraire transethnique ou transnationale. L'attention récente portée aux Français d'Angleterre a cependant recentré les énergies critiques autour de l'importance du multilinguisme en Angleterre durant le Haut Moyen Âge, en appréhendant le bilinguisme des diverses populations insulaires comme un élément constitutif de l'identité sociale collective. Je me propose dans cet article d'aller un peu plus loin, dans l'espace comme dans le temps, et de m'attacher aux conceptualisations changeantes de la francité et de l'identité insulaire telles que celles-ci ont été articulées de l'extérieur, à mesure que les populations insulaires évoluaient d'une culture multilingue à une culture monolingue au sein de laquelle « le Français » en vint finalement à signifier « l'Autre » extra-insulaire.

Dès lors qu'il s'agit d'étudier le langage d'une communauté, et plus encore quand on en examine les formulations médiévales, c'est la définition même des termes qui, d'emblée, pose problème. Ici, ce sont « la France », « français » et « francité » qui s'avèrent des termes problématiques, et ce, pour les raisons mêmes qui nourrissent cette enquête : à savoir, que ni la langue française telle que nous la connaissons, ni même la France, en son incarnation hexagonale contemporaine, n'existaient au Moyen Âge. La définition de la France, au douzième siècle par exemple, relève de la perspective adoptée et varie en fonction des réalités politiques. De la même manière, la « francité », en tant qu'articulation

1 Comme le note William Calin, « chez un certain nombre d'historiens et de littéraires – et c'est encore vrai aujourd'hui – la phase française de l'histoire littéraire anglaise est à peine effleurée, ou traitée comme un interlude. Ils sont nombreux à parler des sources françaises de Chaucer – *Le Roman de Renart*, ou les fabliaux – comme étant des fables animalières internationales, et à évoquer les sources françaises du roman en vers anglais comme relevant des romans populaires, des légendes et des traditions folkloriques. Un certain nombre d'études continue de commenter le génie créateur et l'art conscient d'un texte anglais, alors même qu'il s'agit d'une traduction directe ou d'une adaptation d'un texte français ». W. Calin, *The French Tradition and the Literature of Medieval England*, Toronto, University of Toronto Press, 1994, p. IX-X.

d'une communauté imaginée, est un concept fluide, défini en partie par l'usage de la langue, mais compliqué par une géographie mouvante et les affiliations idéologiques des locuteurs. En outre, le fait même de parler d'une « communauté imaginée » ne va pas sans quelque anachronisme. Benedict Anderson conçoit en effet la communauté imaginée nationale comme un phénomène moderne, postrévolutionnaire, défini précisément par ce en quoi il diffère de la période qui précède[1]. Toutefois, comme l'ont remarqué plusieurs critiques, il existait certainement bien avant la fin du dix-huitième siècle des conceptualisations de la « nation ». Ainsi que l'écrit Kathy Lavezzo, « les valeurs médiévales de "nacione", entendue comme "race de gens", "pays politique" ou "nationalité", chevauchent de manière significative la constellation de caractéristiques attribuées aux nations modernes. L'indétermination même de la "nation" moderne cependant, ainsi que la relation fondamentale que ce terme entretient avec l'imaginaire, suggèrent les limites d'un débat sur le nationalisme – que ce soit au Moyen Âge ou à l'ère moderne – qui se fonderait sur la lexicographie[2] ».

L'histoire de « la francité », telle qu'elle est définie dans les Îles Britanniques, commence bien avant la conquête normande : il ne fait pas de doute, étant donnée la proximité géographique de l'Angleterre avec le continent, que cette histoire précède même les plus anciens documents d'archives l'attestant. On ne prendra pas de risques en disant que l'influence française dans les Îles Britanniques remonte au moins au dixième siècle, c'est-à-dire au traité de défense mutuelle établi entre l'Angleterre et la Normandie en 991. Le mariage d'Aethelred à Emma de Normandie au tournant du onzième siècle servit à affermir le lien. Le fils d'Emma, Édouard, connu comme le Confesseur, passa près d'un quart de siècle en Normandie avant de monter sur le trône, et était donc profondément familier de l'héritage linguistique et culturel de sa mère. Comme C.P. Lewis l'a noté, « la cour d'Édouard avait un caractère

---

1 B. Anderson, *Imagined Communities : Reflections on the Origin and Spread of Nationalism*, 2e éd., London et New York, Verso, 2006, p. 12-24.

2 K. Lavezzo, *Imagining a Medieval English Nation*, Minneapolis, University of Minnesota Press, 2004, p. XVI. Lavezzo suggère également que « l'on peut faire remonter l'émergence d'un sentiment national en Angleterre au seizième siècle » et que « pour comprendre pleinement les toutes premières représentations de la communauté anglaise dans les artefacts littéraires, on doit regarder encore plus loin encore dans l'histoire de l'Occident, et remonter jusqu'au Moyen Âge » (p. VII). La même chose peut être dite à propos de la France.

français [...] Édouard était culturellement français, avec vraisemblablement des habitudes, des préférences, et un tour d'esprit qui venaient du continent[1] ». En outre, Édouard favorisa parfois les Normands, peut-être par amitié, peut–être, plus politiquement, pour contrer l'influence du Comte Godwin. Quoi qu'il en soit, la nomination par Édouard de Robert de Jumièges comme archevêque de Canterbury fut emblématique d'une prédilection qui frustrait les seigneurs anglo-saxons. Cet esprit de faction, qui éclata en émeutes ouvertes et en rébellion, notamment en 1051-1052, eut pour ultime conséquence de renforcer plus intensément encore les liens normands avec l'Angleterre, tandis qu'Édouard le Confesseur, selon la plupart des versions, désignait Guillaume de Normandie comme son héritier, ouvrant ainsi la voie à la conquête de 1066 et à la déposition de Harold. La présence française en ces temps d'avant la conquête ne se limitait cependant pas aux membres de la famille régnante et autres éminentes figures politiques. Le *Domesday Book* énumère les patronymes de nombreux propriétaires terriens dont les noms ou les surnoms régionaux étaient clairement français. Lewis remarque à ce sujet que « l'Anglo-Français typique sous le règne d'Édouard n'était pas l'un des cousins normands du roi, ou l'un des prêtres de sa maison... mais un propriétaire terrien local, à la fortune modeste et aux origines incertaines (pour nous), installé dans un manoir, quelque part dans la province anglaise[2] ». Ainsi, la conquête normande représente, non pas une rupture, mais bien au contraire l'intensification d'un processus d'émigration et de transethnicité déjà bien engagé près d'un siècle avant que Guillaume ne lance sa flotte à l'assaut de l'Angleterre.

En dépit de cette précocité de la présence française dans les Îles Britanniques, c'est après 1066 que l'on observe les signes de ce que nous pourrions appeler une culture francophone en Angleterre. Appliqué au Moyen Âge, le terme « francophone », qui désigne aujourd'hui la littérature de langue française des anciennes colonies de la France, recouvre une combinaison disparate d'identités proto-françaises : le terme n'est donc pas aussi anachronique qu'il y pourrait paraître. S'il nous faut être prudent dès lors qu'il s'agit de comparer la période actuelle et une période dont nous séparent aussi bien le temps que la distance culturelle, il est cependant

1 C.P. Lewis, « The French in England before the Norman Conquest », *Anglo-Norman Studies*, n° 17, 1994, p. 126.

2 *Ibidem*.

fascinant de noter que la trajectoire de la «*francophonie*» dans l'Angleterre médiévale est par bien des aspects parallèle à celle de l'idiome francophone contemporain, et ce, pour les mêmes raisons sociales et politiques. En effet, dans les années qui suivent immédiatement l'arrivée de Guillaume, l'Angleterre est pratiquement une colonie, bien que, le temps passant, le rapport hiérarchique entre le colonisateur et le colonisé se fasse de plus en plus ambigu, selon un processus qui ne se retrouve pas dans l'histoire du monde francophone moderne. Sur le front linguistique, le jeu complexe entre les langues indigènes et la langue importée défie dans les deux cas les partitions trop nettes. La langue indigène se maintient en effet pour certains secteurs de la population et pour certains usages, aux côtés de la langue des nouveaux arrivants et du latin. En outre, les nouveaux arrivants ne constituent pas eux-mêmes un ensemble homogène. L'histoire les retient certes comme étant « les Normands » – et, de fait, les Normands sont, par le nombre, le groupe le plus important émigrant en Angleterre à la fin du onzième siècle. Toutefois, la plupart des régions de langue d'oïl sont également représentées – ainsi de la Bretagne, du Beauvaisis, des Flandres, de la Picardie médiévale, de la Bourgogne et de l'Île de France.

La littérature qui se situe en ce point de rencontre, au confluent de ces langues et de ces cultures, présente la même diversité. Lorsque nous parlons de la littérature française d'Angleterre, nous pourrions tout aussi bien vouloir désigner la littérature continentale importée et récitée dans les Îles Britanniques, que les textes composés en Angleterre par des écrivains continentaux pour un public parlant le français, bilingue ou non – ceci pourrait bien être le cas de Marie de France – ou encore, pour s'en tenir à une définition plus restreinte, les produits du bilinguisme insulaire – soit, ces textes produits par des lettrés locaux pour un public local. Comme l'on pouvait s'y attendre, la définition de la francité est multiple, et varie selon le temps et le point de vue.

C'est avec les premières chroniques que nous commençons notre exploration de la définition de la francité après la conquête normande, et nous observons que, si la « normanité » est un marqueur important de l'identité pour les chroniqueurs normands, le trait est moins pertinent pour les Anglo-Saxons. Si l'on compare la *Gesta Guillelmi* de Guillaume de Poitiers avec la *Chronique anglo-saxonne*[1], il apparaît d'emblée que,

---

1 Gulielmus Pictaviensis, *The Gesta Guillelmi of William of Poitiers*; *Anglo-Saxon Chronicles*, trad. M. Swanton, New York, Routledge, 1996.

tandis que la première exalte la prééminence d'une cohorte spécifiquement normande identifiée comme « Normanni », la seconde emploie l'appellation plus générale de « Franci » pour désigner tout ensemble les Normands, les Poitevins, les Bourguignons, les Bretons et les Parisiens. Pour les Anglais, comme le souligne Lewis, « la différence entre un Normand et un Boulonnais était dénuée d'intérêt : tous deux parlaient des variétés de ce qui était identifiable comme étant la même langue, ils partageaient la même culture, ils vivaient dans le même royaume ». Il semblerait que les Normands aient adopté sans délai une distinction semblable puisqu'en dépit du désir des chroniqueurs normands de promouvoir une « normanité » exemplaire, les sujets de Guillaume, dans les formulations officielles, étaient considérés comme « Franci » et « Angli ». Dans les registres légaux et diplomatiques, comme le note Georges Garnett, « les Normands sont presque toujours subsumés sous la catégorie de Français[1] ». À première vue donc, la distinction précoce entre les deux communautés semblerait tracée de manière nette, « Français » désignant une entité manquant certes de cohérence interne, mais signalant tout du moins une même provenance dialectale et spatiale. Toutefois, la netteté binaire de cette formule dissimule une réalité infiniment plus complexe, au sein de laquelle « Français » est un marqueur social et politique, bien plus que géographique et linguistique. Ainsi, bien que de nombreux Français résidant déjà dans les Îles Britanniques au moment de la conquête normande reçoivent titres et terres de Guillaume, ceux-ci ne suffisent pas à les placer au premier rang de l'ordre nouveau. D'autres noms français datant d'avant la conquête normande disparaissent des registres, perdant sans doute après celle-ci leur statut et leur substance. Plus révélateur encore est le règlement du *murdrum* dans les ordonnances de Guillaume connues sous le nom de *Willelmi Articuli*. Selon celles-ci, aux fins de la loi, tous les Français vivant en Angleterre avant la conquête devaient être considérés comme Anglais : « Et pour tout homme né Français qui, sous le règne de mon parent le roi Édouard, vivait en Angleterre et observait la coutume des Anglais… l'amende sera exigée selon la loi des Anglais[2]. » Il apparaît

1 G. Garnett, « "Franci et Angli" : The Legal Distinctions Between Peoples After the Conquest », *Anglo-Norman Studies*, n° 8, 1986, p. 114.

2 « Et omnis Francigena qui tempore regis Eadwardi, propinqui mei, fuit in Anglia particeps consuetudinum Anglorum, quod ipsi dicunt on hlote et an scote, persolvatur secundum legem Anglorum », *ibid.*, p. 118.

donc de manière claire que « Français », tout en retenant sa valeur comme terme désignant les variétés de *gens* parlant français qui accompagnèrent Guillaume dans son aventure anglaise, ne peut en aucun cas être appliqué à tous les locuteurs français – le terme désigne en fait les partisans d'Édouard, qui constituent, dans l'Angleterre d'après la conquête, l'élite nouvelle.

Tandis que, dans certains cas, cette élite excluait légalement de son sein la population francophone insulaire préexistante, elle n'en utilisa pas moins le français pour se construire comme groupe social spécifique au sein d'une communauté anglaise plus vaste, tout comme l'église médiévale utilisait le latin pour circonscrire la sphère comprenant ses membres et en marquer les délimitations. Comme l'écrit Ian Short, « en se définissant collectivement comme *Franci* de langue romane, pour s'opposer – selon des termes binaires – aux *Angli* de langue germanique, les premiers Anglo-Normands parvinrent à se distinguer comme membres d'une communauté culturelle spécifique au sein d'une entité politique plus large[1] ». Au sein de l'opposition diglossique du français et de l'anglais, le français était la langue associée à un rang social élevé, et ce à tel point que, comme l'a noté Susan Crane, « les locuteurs monolingues percevaient leur ignorance du français comme participant de leur subordination[2] ». Ainsi, la mobilité sociale passait par la francité : d'où le choix fait par bien des Anglo-Saxons dans l'Angleterre d'après la conquête, qui adoptèrent un nom normand pour des raisons sociales ou professionnelles. En dépit de ces habitudes dans le choix des noms, la vaste majorité de la population anglaise demeura résolument monolingue. Pourtant, comme beaucoup d'historiens en tombent d'accord, les Anglo-Normands de langue française, autrefois étrangers et vivant désormais en Angleterre, liés aux Anglo-Saxons par les mariages, développèrent un bilinguisme fonctionnel pour des raisons de nécessité pratique. Ce bilinguisme constitua une première étape du processus social conduisant à une assimilation qui ne compromit pas nécessairement la spécificité fondamentale de la minorité anglo-normande en regard de la majorité anglo-saxonne : bien au contraire, le maintien, à côté de l'anglais, du

---

1 I. Short, « Tam Angli quam Franci : Self-definition in Anglo-Norman England », *Anglo-Norman Studies*, n° 18, 1996, p. 163-164.

2 S. Crane, « Social Aspects of Bilingualism in the Thirteenth Century », dans *Thirteenth Century England VI*, éd. M. Prestwich, Woodbridge, Boydell and Brewer, 1997, p. 104.

français comme langue liée à un rang social élevé servit à légitimer, en autorisant la différence, la prétention anglo-normande au pouvoir et à la supériorité sociale.

Par ailleurs, facteur essentiel à l'expression et à l'exercice du pouvoir anglo-normand dans les Îles Britanniques, la francité se transforma et se redéfinit tout au long du douzième siècle, en réponse tout à la fois à l'assimilation progressive des Anglo-Normands à la population anglaise et à leur éloignement linguistique et culturel croissant du continent. Ainsi, autour de 1120, le poète anglo-normand Philippe de Thaon caractérise sa langue comme la « raisun mustree de la nostre cuntree[1] » dans son *Livre des creatures*, ou *Comput*, un poème didactique portant, entre autres choses, sur l'astronomie et sur les méthodes de calcul du calendrier. Si nous admettons l'argument de Ian Short, selon lequel la langue de Philippe est spécifiquement insulaire, plutôt que normande, alors sa « cuntree » correspondrait à l'Angleterre. Philippe, tout en se positionnant comme Anglais, se donne simultanément une identité francophone, participant en cela du monde plus vaste des locuteurs français. La reconceptualisation du terme « français » comme appartenant à la sphère extra-insulaire se fait plus marquée avant dans le douzième siècle, alors que l'idéologie de l'identité s'est une fois de plus modifiée. Dans les années 1170, pour un autre poète anglo-normand, Thomas de Kent, dans son *Roman de toute chevalerie*, la francité est convoquée comme un autre contre lequel se définir : « les esteilles que nos "Chales Waïn" nomon ; / "Char" l'appellent Franceis » [« Cette constellation que nous appelons "le wagon de Charles"; / Les Français l'appellent "la charrue"][2] ». La définition de soi est en fait en train de devenir, dans la seconde moitié du douzième siècle, un enjeu crucial pour les Anglo-Normands. Cette période représente l'apogée de l'empire anglo-normand, s'il nous est permis d'user en ce contexte d'un terme aussi grandiloquent : Henri II réunit en effet des territoires considérables de part et d'autre de la Manche, réalisant ainsi, ne serait-ce que pour une courte période, la vision originelle par Guillaume d'un royaume trans-Manche. Mais cette période correspond aussi, et sans aucun doute de manière

1 Philippe de Thaon, *Comput (MS BL Cotton Nero A.V.)*, éd. I. Short, London, Anglo-Norman Text Society from Birkbeck College, 1984, l. 101-102.

2 Thomas of Kent, *The Anglo-Norman Alexander*, éd. Brian Foster, London, Anglo-Norman Text Society, 1967-1977, l. 4674-4675.

parfaitement logique, au moment où les Anglo-Normands, désormais relativement assimilés, commencent à conceptualiser et à affirmer leur différence par rapport à la francité continentale. C'est à cette époque que se manifestent les premiers signes d'une certaine déférence anglo-saxonne à l'égard des normes linguistiques continentales – en réponse notamment à la francité occidentale de la cour angevine d'Henri. La nonne de Barking est célèbre, qui dans sa *Vie de saint Edouard*, s'excuse pour son « faus franceis [...] d'Angleterre[1] » tandis que Guernes de Pont-Sainte-Maxencee, dans sa *Vie de saint Thomas Becket*, remarque que « mis langages est bons, car en France fui nez[2] ». Dans ce contexte, la description que Marie de France fait d'elle-même dans les *Fables* : « Marie ai nun, si sui de France[3] » pourrait bien être lue comme une manière de s'emparer de l'autorité linguistique, plutôt que comme le simple énoncé des origines de l'auteur, en particulier si on relit le passage à la lumière des efforts minutieux de Marie pour différencier les langues et les dialectes, ainsi qu'elle le fait dans le « Lai du Laüstic » :

Une aventure vus dirai,
Dunt li Bretun firent un lai;
Laüstic ad nun, ceo m'est vis,
Si l'apelent en lur païs;
Ceo est russignol en franceis
E nihtegale en dreit engleis[4].

Ainsi, à la fin du douzième siècle en Angleterre, la francité se trouve reconstruite à la fois comme géographie et comme hiérarchie sociale. Tandis que le français retient sa valeur de langue liée à un rang social élevé en Angleterre, à l'échelle internationale le continent se voit investi de l'ancien prestige de la francité, au détriment de l'anglo-normand insulaire. Ce processus est accéléré par les changements liés à la situation politique dans les premières années du treizième siècle, quand les territoires continentaux se séparent de la couronne anglaise sous John Lackland. Après la perte initiale de la Normandie en 1204, et la

1 *La vie d'Édouard le confesseur : Poème anglo-normand du* XII*e* *siècle*, éd. Ö. Södergård, l. 7 et Crane, *op. cit.*, 103.
2 Guernes de Pont-Sainte-Maxence, *La vie de Saint Thomas Becket*, éd. E. Walberg, l. 6165, et Crane, *op. cit.*, 103.
3 Marie de France, « Épilogue », *Fables*, v. 4.
4 Marie de France, « Lai du Laüstic », *Les lais de Marie de France*, v. 1-6.

défaite définitive de John à Bouvines en 1214, il devint plus important encore pour les Anglo-Normands insulaires de se rattacher à l'histoire et à la culture anglaises, légitimant par là leur héritage et leur position dans la société anglaise. Les Anglo-Normands se séparèrent ainsi un peu plus d'avec le continent, et, dans le même temps, s'identifièrent plus étroitement avec l'Angleterre sur le plan idéologique. Ceci eut des conséquences linguistiques, notamment un bilinguisme progressif où l'on observe le passage d'un code à un autre. Peu à peu, le français devint, non pas une langue vernaculaire vivante, mais une langue acquise, liée à la culture et au savoir. Le prestige du français et de la francité ne s'en maintint pas moins – de fait, il s'accrut, à mesure même que déclinait au sein de la population insulaire la maîtrise de la langue. Ainsi, pendant cette période, les usages sociétaux du français s'étendirent : le français devint la langue de gouvernement, la langue des cours, et la langue de la littérature. Aussi était-il devenu au treizième siècle socialement et culturellement nécessaire d'apprendre le français si l'on souhaitait accéder aux structures de pouvoir – et ce, en dépit des efforts pour remplacer le français par l'anglais dans certains contextes officiels. Le statut de 1362 commande par exemple que les plaidoiries devant la cour soient désormais exécutées en anglais, bien que les registres de cour écrits, et, de fait, le statut lui-même, fussent composés en français[1]. C'est à ce moment-là que s'observe l'avènement de grammaires, de vocabulaires, et finalement, de manuels destinés à l'enseignement du français. Il en existe un nombre substantiel : aussi n'en aborderai-je ici que quelques-uns[2].

Le premier, et peut-être le plus connu, de ces manuels est le traité sur le français de Walter Bibbesworth, qui date du milieu du treizième siècle[3]. Bibbesworth souligne l'importance du français non seulement pour des raisons pratiques, mais également comme marqueur social : le français est la langue « que nuls gentils homme covient saver ». Le français est un sujet qu'il convient aux nobles d'étudier ; inversement, leur aptitude à maîtriser la langue est l'une des mesures de leur noblesse. Aussi l'incapacité supposée des Anglo-Saxons en la matière est-elle traitée dès le douzième

1 W. Rothwell, « Anglo-Norman and Middle English Vocabulary in Femina Nova », *Medium Aevum*, n° 69, 2000, p. 48.

2 Pour une vue d'ensemble, voir W. Rothwell, « The Teaching of French in Medieval England », *Modern Language Review*, vol. 63, 1968, en particulier *For to Speke French Trewely*.

3 Walter de Bibbesworth, *Le tretiz*, éd. W. Rothwell, London, Anglo-Norman Text Society, 1990. Voir notamment le prologue, l. 17-20.

siècle comme un signe de nature légitimant leur asservissement. Ian Short se réfère à ce sujet à une série de miracles « démontrant, comment, dans la perception populaire, c'était seulement à travers l'intervention directe du Saint-Esprit que l'accès au français pouvait devenir une réalité. » Cette francité noble a une composante géographique de plus en plus marquée, ainsi qu'en témoigne au treizième siècle le *Jehan et Blonde* de Philippe de Rémi, dans lequel l'héroïne Blonde a besoin de recourir à un tuteur venu du continent : « Un peu paroit a son langage / Que ne fu pas nee a Pontoise » ; son visiteur Jehan « en milleur françois le mist / Qu'ele n'estoit quant a li vint, / Par quoi ele mout chier le tint[1] ».

Pour Bibbesworth, le français est supérieur notamment en vertu de la précision qu'il permet dans l'expression. Il note que « Ore de diversité de fraunceiz ki tut est dit de un engleis », tandis qu'il évoque la richesse du vocabulaire français, donnant en guise d'exemple la couleur rouge, qui ne peut être que « *red* » en anglais, mais peut se décliner, en français, en *rous* pour le chevalier, en *sor* pour le cheval, en *gules* pour le bouclier, en *rouge* pour la lance et, enfin, en *vermeil* pour le vin.

L'anonyme *Manière de langage* de 1396 fait preuve de la remarquable persévérance de cette association du français avec le rang élevé, ou avec la noblesse, qui dérive en partie de ce que l'on perçoit comme sa puissance rhétorique. *La Manière* propose d'« *apprendre a parlere, bien sonere et parfitement escriere douce francés, qu'est la plus beale et la plus gracious langage et la plus noble parlere aprés latin de scole que soit en monde et de toutz gentz melx preysé et amee que nulle autre* ». Le français est tout ensemble noble et gracieux, à la fois un objet d'admiration esthétique et l'outil puissant qu'il est devenu au sein du gouvernement anglais, ne le cédant, dans la hiérarchie des langues, qu'au latin d'école.

Bien que la norme langagière à laquelle aspiraient ceux qui apprenaient le français fût continentale, les manuels disponibles ne la reflétaient pas nécessairement. Non sans quelque ironie, le français enseigné dans les diverses *Manières de langage* continue bien plutôt de refléter le bilinguisme et le passage d'un code à un autre qui caractérisent l'anglo-normand tardif, comme en témoigne l'exemple suivant :

> Auxi que vous en alez a mercer et achatez de lui costiers de sengle wostede pur ma chambre, un lit entier de soy parce et un autre de drape d'or, c'est

1 Philippe de Rémi, *Jehan et Blonde*, l. 358-359, 404-406.

> assoavoir testre, cillour, curtyns et coverlit ovesque les autres appurtenancez com blanetz, lincheux, quiltez longes, coisson, orillers, un sarge et un large canvas de chemvre[1].

Une variété de mots, que l'on ne comprenait sans nul doute que dans les Îles Britanniques, se glissèrent ainsi dans les *Manières* : ainsi de *veel* (veau), *plovers* (pluvier), *river* (rivière), *makerels* (maquereau), *busselle* (boisseau), *pek d'aveyne* (quart de boisseau) et *hakeneys* (rebattu). Le but de l'enseignement est bien entendu d'être capable de communiquer avec les locuteurs français où qu'ils soient, Îles Britanniques incluses. On trouve dans la *Manière* de 1396 un court dialogue portant précisément sur une conversation de ce type, et c'est encore une préoccupation presque une centaine d'années plus tard, dans le *Lytell treatyse for to lerne Englysshe and Frensshe* de Wynkyn de Worde, dans lequel les phrases d'introduction énoncent que l'étudiant, parlant à la première personne, apprendra « à parler francoys, affin que ye puisse faire ma marchandise en France et aillieurs en autre pays, là où les gens parlent françoys[2] ». Toutefois, en dépit de l'héritage linguistique anglo-normand et de la finalité pragmatique de la pédagogie, plusieurs des manuscrits de la *Manière* de 1396 se réfèrent spécifiquement à la France à la fois comme source et comme objectif : « *Ci commence la maniere de langage que t'enseignera bien adroit parler et escrire doulz franceoys selon l'usage et la coustume de France* » (ms OA ; *Manières*, p. 81) et « *Ici comence un tretis de douls franceis que enfomera aussi bien les petiz comme les granz a parler bien et perfectement beau franceis selon l'usage et la manere de Paris et Aurilians* » (9ms PN ; *Manières* 81). En outre, l'insistance croissante, notamment après 1500, dans presque tous les manuels, sur la francité de naissance de leurs auteurs et donc des matériaux pédagogiques, suggèrerait que l'identification de la francité avec une géographie spécifique ne fait que s'intensifier pendant et après la Guerre de Cent ans, tandis que la promesse d'un nouvel empire anglo-normand se voit finalement anéantie.

En accord, donc, avec cette géographie de la francité, les *Manières* médiévales tardives, structurées généralement comme des conversations

---

1 *Manières de langage : 1396, 1399, 1415*, éd. A. M. Kristol, London, Anglo-Norman Text Society, 1995. La citation est extraite de *Manières 1396*, p. 5.

2 « Here begynneth a lytell treatyse for to lerne Englysshe and Frensshe », dans *Deux manuels de conversation imprimés en Angleterre au XVe siècle*, éd. W. de Worde, Bruxelles, Édition de la Librairie encyclopédique, 1941, p. 21.

types basées sur les activités quotidiennes plutôt que comme un compendium de règles et d'exercices grammaticaux, sont souvent mises en scène dans des espaces continentaux plutôt qu'insulaires. Les dialogues évoquent en détail une géographie française régionale (Picardie, Champagne, Touraine) ou citadine (Paris, Lyon, Orléans, Bordeaux, Chartres, Rouen), voire des monuments particuliers, tels la cathédrale de Saint-Denis et la Sorbonne. Dans les faits, les auteurs des *Manières* avaient pour objectif d'inculquer un savoir aussi bien linguistique que culturel ; toutefois, leur identification spatiale d'une France s'étendant bien au-delà du Bassin parisien et incluant une grande partie de ce qui correspondrait aujourd'hui à l'Hexagone moderne manifeste l'élaboration progressive d'une idée de la francité menant tout droit à la réification de la nation après la Révolution.

Des discussions politiques servent à définir plus nettement la francité comme un phénomène continental, établi comme « autre » par rapport à un soi insulaire, comme il ressort clairement de cette conversation à propos d'Azincourt, extraite de la *Manière* de 1415 :

> Et puis j'ay oye dyre qu'ore tarde, lez seignours de Fraunce ovesque la nombre de.l. ou.lx. mille persones armez ount encontrez le roy par le batuz ovesque eaux a un lieu appelé Agincourt, a quele bataille i sount pris et tuez.xi. mille personis dez Franceys et sount tuez forsque.xvi. personnes des Englès, dount le duc d'Everwyk estoit un et le counte de Suffolk un autre. Et le roy avoit le champe et le victorie – loiez soit Dieu – et mist toutz les autrez Fraunceys au fewer. Et issint le roy tient soun chymyn vers Calays et soy purpose de retourner en Engleterre par la grace de Dieu[1].

Dans cette conversation, il est clair que « Franceys » et « Englès » ne désignent plus deux groupes de personnes vivant dans les confins d'un seul territoire ou d'une région, comme il en allait pour les « Franci » et les « Angli » des siècles précédents. La Guerre de Cent ans, si elle ne semble pas – du moins dans ces *Manières* – avoir produit un « autre » diabolisé, comme on aurait pu s'y attendre du fait des hostilités (de fait, les marchands, si l'on excepte cette conversation secondaire à propos de la guerre, sont représentés comme poursuivant leur commerce jusqu'à Lyon avec toutes les apparences d'une insouciance imperturbable), a cependant un effet sur les délimitations de la francité, contribuant à les redessiner et

1 *Manières 1415*, *op. cit.*, p. 70.

à les redéfinir en termes spatiaux plutôt que sociaux, tandis qu'une anglicité insulaire unit désormais les Anglo-Normands et les Anglo-Saxons.

Nous devons pourtant veiller à ne pas pousser trop loin le parallélisme avec les nationalismes modernes : les frontières régionales et linguistiques continuent en effet d'être poreuses, tout particulièrement sur le continent, où la lignée, la langue et la situation géographique se chevauchent et se combinent de manière relativement fluide, comme le montre ce court dialogue, extrait de la *Manière* de 1396 : « Hé, mon any, j'ay oblié de vous demandre un chose. Dont estes vous ? – Mon sire, je su de Henoude. – Que dea, vous esties un Englois donques ! – Nonil dea, mais nous aymons bien les Engloys a cause que les plus vaillantz seignours de ceste pais la sont de nostre linage[1]. » Le comté d'Hainaut, qui correspond, au moins en partie, à la province du même nom dans la Belgique moderne, en Wallonie, était de langue française. Il apparaît clairement, néanmoins, que le locuteur éprouve un sentiment de filiation avec les Anglais, en réponse à ce qu'il perçoit comme un héritage commun : « les Engloys » n'en sont pas moins considérés comme étant de « ceste pais », c'est-à-dire d'un pays clairement différencié de celui du locuteur.

Au-delà de la francité définie comme géographie linguistique relativement homogène, les *Manières* suggèrent aussi – et tout en les suggérant, servent à les renforcer – certains clichés et stéréotypes de la francité qui ont persisté de manière remarquable, en tout cas dans le monde anglophone. Parmi ces stéréotypes, le plus significatif est sans aucun doute l'identification de la francité à l'élégance et à la beauté. J'ai déjà mentionné l'emploi du français en Angleterre comme expression d'une classe sociale, son statut même générant et renforçant l'association avec une esthétique linguistique positive. Ces qualités esthétiques positives furent peu à peu associées au peuple aussi bien qu'au langage. Ce faisceau d'attributs, né des conséquences sociales et politiques de la conquête normande, finit par être redéplacé sur le continent, tandis que la définition insulaire de la francité évoluait. Dans la conversation qui suit, extraite des *Manières* de 1396, c'est en évoquant tout à la fois le lieu et la langue que le locuteur verse dans la poésie :

> – En que pais fustez vous nee, beau sir, se vous pleast ?
> – Veraiment, en le roialme de france.

1 *Manières 1396*, *op. cit.*, p. 23.

> – Je vous en croi bien. Vous parlez bien et graciousement doulx franceys, et pur ce il me fait grant bien et esbatement au coer de parler ovesque vous de vostre beal langage, quar est le plus gracious parler que soit en monde et de toutz gentz meulx preisés et amee que nulle autre. Et coment vous est avys, beau sir, de la tresbeale citee de Parys ?
> – Veraiment, il m'est avys que je ne vie unques mais jour de ma vie si beal citee com est, toutz chosez acomptez, quar il en y atant de si beaux chasteulx, si grantz forteressez et si hautez meisons et fortez et que sount si honestement apparaillez que, se vous les eussez veu, vous en serroiez trestout esbaiez[1].

La langue française n'est pas seulement la plus belle des langues : elle est la plus prisée. Paris, dont les châteaux, les forteresses et les maisons sont les produits d'un peuple – le paysage est, de manière notable, affranchi de la nature, et marqué par la main de l'homme – est également digne d'éloge, et ce, à tel point que l'autre non-français se doit d'être ébahi (esbaiez) et ébloui, par le spectacle.

L'attribution de la beauté et de l'élégance ne se limite pas à Paris, ainsi que le marque le dialogue suivant : « – Est Orliance une beale ville ? – Oil, sir, si Dieu m'eide, la plus beale que soit en roialme de france après Parys. Et auxi il y a un grant estudie dez lois, qar les plus vailla[nz] et les plus gentils clercz que sont en cristiantee y repairent pur estudier en civil et canon » (*Manières 1396* : p. 33). La France imaginée au travers des *Manières* donne ainsi à voir une géographie généralisée, qui ne relève certes pas du « national » dans notre sens moderne, mais du moins d'une ethnicité, au sens où Anthony Smith emploie le terme pour dénoter des communautés partageant des souvenirs, des traits culturels communs et une association avec un territoire historique ou avec une patrie[2]. La francité, telle qu'elle est imaginée depuis les Îles Britanniques au cours du Moyen Âge tardif, en vient à justement être définie comme une ethnicité de ce type : les membres de la communauté partagent non seulement les traits de beauté et d'élégance, mais également, selon un autre stéréotype qui aura la vie longue, une réputation de succès intellectuel – aspect qui ressort de la mention, dans la citation, de l'université d'Orléans, ainsi que des références diverses à la Sorbonne.

1 *Ibid.*, p. 32.
2 A. D. Smith, « National Identities : Modern and Medieval ? », dans *Concepts of National Identity in the Middle Ages*, éd. S. Forde, L. Johnson et A. V. Murray, Leeds, University of Leeds, 1995, p. 28-29.

Enfin, concernant les qualités générales qui constituent la francité, nous pourrions noter les premiers signes d'une association de la France – et en l'occurrence, plus particulièrement de Paris – avec le cosmopolitisme. Ainsi de cette description par le marchand du spectacle qu'offre à Paris la variété d'hommes et de marchandises : « *Donques l'epprentice s'en vait a Parys pur vendre les danrés de son maister, et la veignont grant cope des gentz dez diverses pays de les achater*[1]. » De fait, dans les *Manières*, la France imaginée par les insulaires a un caractère international : les voyageurs des dialogues rencontrent d'autres voyageurs venus de toutes sortes de pays ; tous ont cependant eu à cœur, par plaisir ou pour leurs affaires, d'inclure les territoires de langue française dans leur itinéraire. Cette élaboration de la France, envisagée par ses « autres » insulaires comme le lieu d'un exaltant échange international, investi en conséquence du prestige de la position du pays au sein d'un monde plus vaste, était bien engagée à la fin du quatorzième siècle et au quinzième siècle.

En somme, à la fin du Moyen Âge, la francité, construite en réponse aux impératifs socio-linguistiques des locuteurs vivant hors du continent, commence à prendre forme comme « natio » imaginée (si ce n'est encore réalisée) – une « natio » que fondent une géographie, une langue, des mythologies fondatrices, et des traits culturels partagés. Pour la population des Îles Britanniques, pour qui le français est depuis longtemps à cette époque bien plus une langue apprise qu'une langue maternelle, la francité continentale est une construction tout à la fois culturelle et spatiale, une différence qui se définit, ironiquement peut-être, au travers de textes qui tentaient justement d'atténuer ces différences en se réappropriant les racines linguistiques de l'identité commune. « Cette tentative pour regagner ou retenir quelque chose des attributs d'une francité perçue comme désirable dans les Îles Britanniques, rend manifeste, par l'écart qui existe désormais entre parler français et être français, la nouvelle distinction géographique et linguistique. Les Anglo-Normands ont ainsi parcouru un long chemin depuis leur auto-identification comme *Franci* au onzième siècle. De fait, la redéfinition de l'anglicité au Moyen Âge tardif, comme par exemple chez Chaucer ou dans les efforts des Lollards pour traduire l'Écriture sainte en anglais, est en elle-même un élément qui contribue

1 *Manières 1396*, *op. cit.*, p. 19.

à articuler la francité comme extra-insulaire et comme continentale : une francité définie du dehors, hors de ses frontières, pour le bénéfice de ceux qui cherchaient à les franchir ; et une France inventée aussi bien depuis l'extérieur que de l'intérieur[1].

Kimberlee CAMPBELL
Université Harvard
Traduit par Clémentine
Fauré-Bellaiche

1 Voir J. Havens, « "As Englishe is comoun langage to oure puple" : The Lollards and Their Imagined "English" Community » et P. Knapp, « Chaucer Imagines England (in English) », dans *Imagining a Medieval English Nation*, éd. K. Lavezzo, Minneapolis, University of Minnesota Press, 2004. Je voudrais remercier ici David Georgi de New York University de m'avoir transmis une prépublication de l'article qu'il a présenté au Kalamazoo Medieval Congress de 2007, « From Romanz to Franceis : The Invention of French in England After the Conquest ».

OUVRAGES CITÉS

ANDERSON, Benedict, *Imagined Communities : Reflections on the Origin and Spread of Nationalism*, 2e éd., London et New York, Verso, 2006.

CALIN, William, *The French Tradition and the Literature of Medieval England*, Toronto, University of Toronto Press, 1994.

CRANE, Susan, « Social Aspects of Bilingualism in the Thirteenth Century », dans *Thirteenth Century England VI*, éd. Michael Prestwich, Woodbridge, Boydell and Brewer, 1997, p. 103-115.

Deux manuels de conversation imprimés en Angleterre au XVe siècle, éd. par Wynkyn de Worde, Bruxelles, Édition de la Librairie encyclopédique, 1941.

GARNETT, George, « "Franci et Angli" : The Legal Distinctions Between Peoples After the Conquest », *Anglo-Norman Studies*, n° 8, 1986, p. 109-137.

GUERNES DE PONT-SAINTE-MAXENCE, *La vie de Saint Thomas Becket*, éd. par Emmanuel Walberg, Paris, H. Champion, 1971.

GULIELMUS PICTAVIENSIS (Gulliaume de Poitiers), *The Gesta Guillelmi of William of Poitiers* ; *Anglo-Saxon Chronicles*, trad. par Michael Swanton, New York, Routledge, 1996.

HAVENS, Jill, « "As Englishe is comoun langage to oure puple" : The Lollards and Their Imagined "English" Community », dans *Imagining a Medieval English Nation*, éd. Kathy Lavezzo, Minneapolis, University of Minnesota Press, 2004, p. 96-130.

Imagining A Medieval English Nation, éd. Kathy Lavezzo, Minneapolis, University of Minnesota Press, 2004.

KNAPP, Peggy, « Chaucer Imagines England (in English) », dans *Imagining a Medieval English Nation*, éd. Kathy Lavezzo, Minneapolis, University of Minnesota Press, 2004, p. 131-160.

La Vie d'Édouard le confesseur : Poème anglo-normand du XIIe siècle, éd. par Östen Södergård, Uppsala, Almqvist & Wiksells boktr., 1948.

LEWIS, C.P., « The French in England before the Norman Conquest », *Anglo-Norman Studies*, n° 17, 1994, p. 129-139.

Manières de langage : 1396, 1399, 1415, éd. par Andres M. Kristol, London, Anglo-Norman Text Society, 1995.

MARIE DE FRANCE, *Fables*.

MARIE DE FRANCE, *Les Lais de Marie de France*.

PHILIPPE DE RÉMY, *Jehan et Blonde*.

PHILIPPE DE THAON, *Comput (MS BL Cotton Nero A.V.)*, éd. par Ian Short, London, Anglo-Norman Text Society from Birkbeck College, 1984.

ROTHWELL, William, « Anglo-Norman and Middle English Vocabulary in Femina Nova », *Medium Aevum*, n° 69, 2000, p. 34-58.

ROTHWELL, William, « The Teaching of French in Medieval England », *Modern Language Review*, vol. 63, 1968, p. 37-46.

SHORT, Ian, « Tam Angli quam Franci : Self-definition in Anglo-Norman England », *Anglo-Norman Studies*, n° 18, 1996, p. 153-175.

SMITH, Anthony D., « National Identities : Modern and Medieval ? », dans *Concepts of National Identity in the Middle Ages*, éd. Simon Forde, Lesley Johnson et Alan V. Murray, Leeds, University of Leeds, 1995, p. 21-46.

THOMAS OF KENT, *The Anglo-Norman Alexander*, éd. par Brian Foster, London, Anglo-Norman Text Society, 1967-1977.

WALTER DE BIBBESWORTH, *Le tretiz*, éd. par William Rothwell, London, Anglo-Norman Text Society, 1990.

S'ORIENTER À LA RENAISSANCE

Michel de Montaigne ne cherche pas « des Gascons en Sicile », nous dit-il dans ses *Essais* (1580-1595) – il en a « assez laissé au logis[1] ». De même, lit-on dans une addition tardive, quand il est « ailleurs qu'en France » il refuse qu'on lui serve à manger « à la Françoise », préférant chercher les « tables les plus espesses d'estrangers ». Ces confidences quelque peu anecdotiques témoignent d'un optimisme proprement montaignien : la traversée des frontières est bien possible, semble-t-il nous dire. L'essayiste recherche la différence : il mange les produits locaux et il s'entretient avec les habitants du lieu où il se trouve. C'est ainsi qu'il se dépeint d'ailleurs dans son célèbre *Journal de voyage*[2]. Le voyage lui permet non seulement de quitter la Gascogne, sa région natale, mais aussi de prendre ses distances vis-à-vis des points d'ancrage de son identité[3]. Cette éthique d'ouverture à la différence et à la traversée des frontières aussi bien culturelles que géographiques et politiques est celle que nous retrouvons dans les deux chapitres[4] consacrés au Nouveau Monde, « Des cannibales » et « Des coches[5] », textes devenus paradigmatiques pour toute réflexion sur l'altérité renaissante[6]. Cet optimisme n'est pourtant pas typique, ni du XVIe siècle ni de la plupart des époques et des lieux. Certes, les deux chapitres de Montaigne, ainsi que, par exemple,

1 M. de Montaigne, *Œuvres Complètes*, éd. M. Rat et A. Thibaudet, Paris, Gallimard (La Pléiade), 1962, p. 964.

2 M. de Montaigne, *Journal de voyage*, éd. F. Rigolot, Paris, PUF, 1992.

3 Voir à ce sujet T. Conley, « Montaigne's Gascoingne : Textual Regionalism in *Des Boyteux* », *MLN*, vol. 92, n° 4, 1977, p. 710-723.

4 Nous suivons une tendance récente qui préfère l'appellation « chapitre » plutôt qu'« essai » pour désigner les éléments distincts des *Essais*. Le mot « essai » se réfère plus correctement aux « essais de jugement » dont un « chapitre » peut contenir un nombre variable.

5 Ces deux chapitres ont fait l'objet de nombreuses études publiées en France et aux États-Unis. Voir *inter alia* T. Conley, « The *Essays* and the New World », dans *The Cambridge Companion to Montaigne*, éd. U. Langer, New York, Cambridge University Press, 2005, p. 74-95.

6 Pour la question de l'altérité à la Renaissance se rapporter au numéro spécial de *L'Esprit créateur*, vol. 48, n° 1, printemps 2008.

la *Brevísima relación de la destrucción de las Indias* (1552), l'*Histoire d'un voyage faicte en la terre du Brésil* (1578), et les différents ouvrages de José de Acosta, comptent parmi les lectures essentielles pour qui s'intéresse à l'histoire du relativisme culturel et aux origines de l'ethnographie moderne. Pourtant, on ne saurait ignorer le fait que l'ironie souriante de Montaigne et la remise en question des idées reçues qu'elle représente – « Tout cela ne vas pas trop mal, mais quoy ils ne portent point de haut de chausses[1] ! » – étaient exceptionnelles et atypiques. Le fait que le regard décentré des *Lettres persanes* de Montesquieu (1721) possède un même pouvoir plus d'un siècle après la publication des *Essais* nous rappelle combien nouveau était l'éloge montaignien non du voyage au sens propre mais bien d'une certaine mobilité intellectuelle permettant à l'individu de se déplacer et de se décentrer pour repenser le familier. Dans le présent chapitre, nous aurons à examiner l'écriture des frontières qui séparent à cette époque l'Europe et l'Empire ottoman, car il nous semble bien y avoir une « écriture » des frontières. Pour étudier celle-ci, nous nous proposons d'opérer deux lectures croisées. Dans chaque paire de textes, nous chercherons à faire dialoguer un texte littéraire (Pierre de Ronsard, François Rabelais) avec un récit de pèlerinage (Henri Castela, Denis Possot[2]).

LES FRONTIÈRES INCERTAINES DE L'EMPIRE OTTOMAN

Avant d'aborder la première des lectures croisées, quelques points de repère s'imposent. D'abord, soulignons ceci : les frontières entre l'Europe et l'Empire ottoman, telles qu'elles furent définies par écrivains et cartographes, n'étaient point fixes à l'époque de la Renaissance, ce

1 Montaigne, *Œuvres Complètes*, *op. cit.*, p. 213.

2 On constate depuis une quinzaine d'années un regain d'intérêt pour les récits de pèlerinage. Voir surtout M.-C. Gomez-Géraud, *Le Crépuscule du grand voyage*, Paris, Champion, 1999 ; Wes Williams, *Pilgrimage and Narrative in the French Renaissance : The Undiscovered Country*, Oxford, Clarendon Press, 1998 ; A.-S. German de Franceschi, *D'Encre et de poussière. L'écriture du pèlerinage à l'épreuve de l'intimité du manuscrit*, Paris, Champion, 2009 (et notre compte rendu dans *Revue de l'histoire des religions, Collège de France*, 2011, n°3, p. 455-457) ; P. J. Usher, *Errance et cohérence : Essai sur la littérature transfrontalière à la Renaissance*, Paris, Classiques Garnier, 2010 (chapitres 1 et 4).

qui reflète une situation historique pour le moins complexe[1]. On doit donc tenir compte, dans tout ce qui suit, d'une sorte d'ambivalence généralisée. À cet égard, l'absence de frontières politiques autour de la Turquie (appelée « Anatolia ») dans le *Theatrum oirbis terrarum* (1570) d'Abraham Ortelius peut être lue comme une trace mimétique de la façon dont l'imagination géographique et culturelle représentait les frontières à l'époque pré-moderne. Dans l'atlas d'Ortelius, œuvre qui a fait date, les noms des pays et des continents « flottent » littéralement au-dessus de territoires qui eux-mêmes ne sont pas toujours définis sur la carte par des frontières visibles. À consulter les ouvrages populaires et érudits de l'époque, on observe que l'Empire ottoman fascinait et faisait peur en même temps[2]. Or, si l'Orient tel qu'on le voyait depuis l'Europe était bien entendu une « construction » européenne (ce qui semble inévitable), il faut se garder de rapprocher trop simplement les orientalismes renaissants de ceux du XIXᵉ siècle étudiés par Edward Said[3]. Sur le plan historique, une telle mise en garde se justifie du fait que, depuis la prise de Constantinople en 1453, l'Empire ottoman était un acteur majeur (et très souvent vainqueur) dans l'actualité géopolitique de l'époque. L'empire de Soliman le Magnifique et de Selim II n'était aucunement un « Autre » colonial et opprimé. Ainsi que l'a expliqué plus généralement David Viktus, « de nombreuses représentations de l'Islam produites par la culture européenne à la Renaissance servaient à résoudre, par le biais de l'imagination, des angoisses réelles touchant la richesse et la force militaire Islamiques[4] ». L'angoisse, observe Barbara Fuchs, ne concernait pas seulement d'éventuelles victoires turques mais la possibilité même d'« aboutir à une idée cohérente, ethnique et religieuse, d'une nation

1 Pour le rapport entre la cartographie et l'histoire, voir F. de Dainville, *La Cartographie reflet de l'histoire*, Genève, Slatkine, 1986.

2 Voir F. Tinguely, « La peur du Turc (XVIᵉ-XVIIIᵉ siècles) », *Travaux de Littérature*, n° 17, 2004, p. 289-305.

3 E. Said, *L'Orientalisme, l'Orient créé par l'Occident*, trad. C. Malamoud, Paris, Éditions du Seuil, 1980. Lors de la parution de la traduction française de l'ouvrage de Said, Sophie Fenouillet le qualifia de « salutairement impertinent », soulignant que, au lieu de fournir des « réponses », Said se consacre au « désapprentissage de l'esprit spontané de domination », citant Raymond Williams (qu'elle appelle par erreur Robert Williams) (voir S. Fenouillet, *Mots*, 30, 1992, p. 117-121).

4 D.J. Viktus, « Early Modern Orientalism : Representations of Islam in Sixteenth and Seventeenth-Century Europe » dans *Western Views of Islam in Medieval and Early Modern Europe*, éd. D. R. Blanks et M. Frassetto, New York, St. Martin's Press, 1999, p. 207-230.

en train de naître », en l'occurrence, la France[1]. Les Français de la Renaissance devaient donc souvent craindre les conséquences de la politique expansionniste des sultans ottomans. Il n'est guère étonnant qu'on ait publié de nombreux textes (souvent teintés de différents préjugés) sur les « Turcs » et sur la religion musulmane, parmi lesquels des pamphlets destinés à une circulation immédiate tels les *Derniers advis nouellement venus de Constantinople* (1573) ou l'*Advis d'une victoire obtenue par l'armée impériale contre celle du grand Turc* (1593[2]). Bien que la peur de la « menace ottomane[3] » s'ancre dans une conjoncture géopolitique réelle et quoique l'Europe dût parfois craindre, par exemple après la prise de l'île de Chypre (1570), que la Chrétienté tout entière soit sur le point de disparaître, la peur comporte toujours une part de fantaisie, ainsi que l'entend Montaigne lui-même lorsqu'il la qualifie d'« une estrange passion » dont les médecins disent qu'elle « emporte plustost nostre jugement hors de sa deuë assiete[4] ». Et, comme nous le dit Montaigne, la peur a partie liée avec l'imagination.

Qu'en est-il donc de la conjoncture géopolitique réelle ? On le sait au moins depuis les travaux de Geoffroy Atkinson : en même temps que la France et d'autres pays européens cherchaient à fonder des colonies au Nouveau Monde, ils étaient conscients de la fragilité des frontières dans le bassin méditerranéen[5]. Par ailleurs, on observe, dès le départ, d'étranges transferts entre les deux « aires ». On surprenait parfois les vieux ennemis (les « Turcs ») en Amérique, par exemple en 1570 quand le vice-roi du Pérou Francisco de Toledo entra dans la ville de Cuzco pour y voir des Amérindiens déguisés en maures[6]. On pense aussi à Colomb qui, à Trinidad, rapprochait les foulards portés par les indigènes des *almaizares* des Maures espagnols[7]. Pour François Ier, Soliman

---

1 B. Fuchs, *Mimesis and Empire : The New World, Islam, and European Identities*, Cambridge, Cambridge University Press, 2001.

2 Dans son étude qui a fait date, C. D. Rouillard a compté 269 publications de ce type parues entre 1480 et 1630. Voir C. D. Rouillard, *The Turk in French History*, Paris, Boivin, 1941, annexe 1, p. 646-663.

3 Voir J. Delumeau, *La Peur en Occident (XIV*[e]*-XVIII*[e] *siècles)*, Paris, Fayard, 1978, p. 265.

4 Montaigne, *Œuvres complètes*, *op. cit.*, p. 74.

5 Se rapporter aux ouvrages de G. Atkinson, *Littérature géographique française de la Renaissance, répertoire bibliographique*, Paris, Picard, 1927 ; et, du même, *Nouveaux horizons de la Renaissance française*, Genève, Slatkine, 1969.

6 Fuchs, *Mimesis and Empire*, p. 1.

7 S. Greenblatt, *Marvelous Possessions : The Wonder of the New World*, Chicago, University of Chicago Press, 1991.

le Magnifique (1494-1566) était un allié politique contre les Habsbourg tout-puissants à la tête desquels était Charles Quint (1500-1558), qui avait récemment eu raison du roi à la bataille de Pavie (1525[1]). Si le pacte conclu en 1536 entre le roi et l'empereur soulageait certains, il inquiétait de nombreux autres, leur semblant constituer une « trahison[2] ». Bien qu'allié politique, l'Empire ottoman n'en était pas moins mal compris. On se méfiait du pacte comme de l'empire avec lequel il avait été conclu. À la suite de la conquête de la Terre Sainte par les Ottomans en 1517, de nombreux chrétiens d'Europe appelèrent même à la croisade. Mais au-delà de la rhétorique binaire propre à la croisade, peu d'opinions sur les « Turcs » à cette époque étaient universellement admises. Le livre de Bartolomej Georgijević, *De afflictione tam captivorum quam etiam sub Turcae tributo viventium Christianorum* (1544), traduit en différentes langues dont l'italien et le français, raconte l'histoire d'un pèlerin hongrois qui, arrivé en Terre Sainte, est enlevé par les « Turcs ». Comme l'on pouvait s'y attendre, le récit met en avant le traitement cruel que réservèrent à l'auteur ses ravisseurs. D'autres textes, en revanche, dressent un portrait beaucoup plus positif de l'Empire ottoman, par exemple *La genealogie du grand turc* (1520) de Teodoro Spandugino qui donne à voir l'image d'une société organisée et efficace[3]. Les écrits d'un Guillaume Postel eux aussi fournissent une véritable apologie de l'Empire ottoman. Ne lit-on pas ceci au début de son livre *De la république des turcs* (1560) : « tous ceus qui ont escrit, parlent seulement [...] de choses odieuses, & de vices, sans aucune memoire de vertu : ce qui en nul peuple universellement, tant Barbare soit il, ne peut estre[4] », une véritable remise en question.

1 Au sujet des représentations littéraires et artistiques de cet événement, se rapporter au deuxième chapitre de notre étude, P. J. Usher, *Epic Arts*, Oxford, Oxford University Press, à paraître.

2 M. E. Yapp, « Europe in the Turkish Mirror », *Past and Present*, n° 137, novembre 1992, p. 134-155.

3 À propos de Georgijević, voir C. D. Rouillard, *The Turk in French History, Thought, and Literature (1520-1660)*, Paris, Boivin, 1938, p. 189-195 ; pour Spandugino, voir p. 169-179. L'étude de Rouillard, bien qu'elle remonte aux années 1930, reste essentielle. Voir aussi F. Tinguely, *L'Écriture du Levant à la Renaissance : enquête sur les voyageurs français dans l'empire de Soliman le Magnifique*, Genève, Droz, 2000. Pour les récits de voyage dans l'empire ottoman à cette époque, voir l'importance bibliographie de S. Yérasimos, *Les Voyageurs dans l'empire ottoman (XIXe-XVIe siècles). Bibliographie, itinéraires et inventaire des lieux habités*, Ankara, Imprimerie de la Société turque d'histoire, 1991.

4 Guillaume Postel, *De la république des Turcs : & là où l'occasion s'offrera, des mœurs & loy de tous les Muhamédistes*, Poitiers, par Enguibert de Marnef, 1560, p. 1.

Avant d'ériger Postel en chantre du multiculturalisme, rappelons toutefois que son apologie s'inscrit dans un projet de concorde universelle selon lequel juifs, Musulmans et Chrétiens pourraient vivre ensemble – sous un roi français *très chrétien* (comme on disait à l'époque). Ces différentes remarques, touchant différents domaines et divers moments historiques, suggèrent l'impossibilité d'établir une frontière fixe (politique, culturelle, géographique) entre la France et l'Empire ottoman. Il y avait, pour ainsi dire, plusieurs Frances et plusieurs Empires ottomans, ce que la littérature de l'époque traduit avec une étonnante fidélité. Les frontières et la nature de celles-ci dépendaient en grande partie de la position à partir « d'où » chaque auteur écrivait. L'argument mérite d'être souligné d'autant plus qu'on publia au XVIe siècle plus de livres sur l'Empire ottoman que sur la découverte du Nouveau Monde[1].

Au lieu de constituer un florilège des différentes frontières et d'expliquer pour chacune comment la littérature l'« écrit » et la « traverse », ce que l'on pourrait faire en relisant par exemple la *Cosmographie universelle* (1575) d'un François de Belleforest, nous nous proposons plutôt ici, en guise d'exorde sur la nécessité de lire la Renaissance d'un point de vue global, de faire deux lectures croisées, comme nous l'avons déjà indiqué. Dans chacune, nous chercherons à faire dialoguer le texte d'un auteur « canonique » avec un récit de voyage rédigé par un pèlerin de l'époque qui s'est rendu en Terre Sainte. Cette méthode nous semble d'autant plus justifiée que, dans les deux genres (le texte proprement « littéraire » et le texte sorti de la bibliothèque viatique), le réel et l'imaginaire se croisent et s'interpénètrent sans cesse. Les récits de pèlerinage sont particulièrement importants pour notre propos parce que le pèlerin est à lui tout seul un palimpseste géographique et culturel qui doit être au cœur de toute réflexion sur la façon dont la France se voyait dans un contexte global à l'époque. Quand un pèlerin du XVIe siècle quittait la France pour se rendre à Jérusalem dans l'intention de célébrer sa foi chrétienne, un voyage que vivaient par le biais de l'imagination ceux qui restaient en Europe, il devenait un « étranger à lui-même » et d'une certaine façon aliéné vis-à-vis de la Chrétienté, puisque la Terre Sainte, ottomane depuis 1517, était un pays étranger et musulman. Cette défamiliarisation aliénante n'était pas le but du pèlerinage, mais elle faisait partie intégrante du voyage et de la littérature pèlerine. Dans les récits

1 Atkinson, *Nouveaux horizons de la Renaissance française*, *op. cit.*, *passim*.

de pèlerinage, la rencontre du bon-chrétien ne donnait pas seulement lieu à des épisodes narratifs relevant de l'anecdotique, elle était au cœur même du voyage et du récit qu'on en faisait. Un pèlerinage chrétien en terre musulmane était donc *unheimlich*, parce que le centre de la Chrétienté se trouvait à l'extérieur de celle-ci. Faire l'expérience de sa foi d'Européen chrétien, c'est donc s'aventurer dans le lieu d'origine de cette religion (la Palestine), c'est-à-dire dans un lieu désormais ottoman et donc (éventuellement) soustrait à l'organisation symbolique de l'espace. Malgré la Réforme et en dépit des attaques lancées *inter alia* par Érasme et Rabelais, le nombre de pèlerins se rendant en Terre sainte s'est en fait accru au fil des décennies et surtout à l'époque de la Contre-Réforme. Le point de vue des pèlerins est donc loin d'être une simple curiosité[1]. Agrippa d'Aubigné, en se moquant du pèlerinage dans ses *Tragiques* (écrits en grande partie au XVIe siècle mais publiés en 1616), définit avec une clarté étonnante le palimpseste *unheimlich* qui nous intéresse :

> Si de Syrte et de Caribde il ne tombe au naufrage,
> Si de peste il ne meurt, du mal de mer, du chaud,
> Si le corsaire turc le navire n'assaut,
> Ne le met à la chiorme et puis ne l'endoctrine,
> A coups d'un roide nerf à ployer par l'eschine :
> Il void Hierusalem, et le lieu supposé
> Où le Turc menteur dit, que Christ a reposé[2].

Agrippa d'Aubigné met l'accent sur le brouillage des frontières entre un lieu anciennement chrétien et la présence contemporaine, dans ce même espace, de Musulmans qui le cartographient pour le visiteur. La formule virulente du poète calviniste est éloquente et rappelle le pouvoir de la représentation spatiale et les frontières que certaines pratiques de l'espace nous obligent à traverser. Le voyage du pèlerin conduit depuis la France vers un territoire musulman et depuis l'indépendance vers la dépendance vis-à-vis d'un « Autre », et ce pour voyager – on voit bien l'ironie – vers l'un des lieux les plus saints de la Chrétienté qui gisait, tel un palimpseste, sous les territoires visibles.

---

1 Gomez-Géraud, *Le Crépuscule du grand voyage*, *op.cit.*, p. 214.

2 Agrippa d'Aubigné, *Les Tragiques*, éd. J.-R. Fanlo, Paris, Champion (Champion Classiques), 2006, 7 : 564-570, p. 763.

TRAVERSER (OU PAS) LE FANTASME DU TURC : RONSARD ET HENRI CASTELA

Les *Hymnes* (1555-1556) de Ronsard sont l'œuvre d'un poète-philosophe[1]. Jugé sérieux, parfois abstrait, traitant de questions intellectuelles et théologiques, ce recueil semblerait être bien loin de l'étendue terrestre du « globe » renaissant[2]. Pourtant, dans l'« Hymne des daimons », un poème-clé du recueil, les ailes du poète-philosophe semblent brûlées par la hauteur de la réflexion philosophique, au point que l'étendue horizontale du monde se réaffirme et que la réalité concrète se révèle. Pour comprendre cette transformation, il faut d'abord appréhender la structure verticale du poème. Le poète divise la Création en « deux extremitez », situant l'Éternel au-dessus de l'espèce humaine. Entre les deux royaumes, jouant le rôle de véritables messagers, passent des *daimons*[3]. Ceux-ci vivent « dessoubz la Lune » dans l'« air gros, espaix, brouillé [...] au milieu des nuages ». Leur poids est néanmoins suffisant pour qu'ils ne montent pas jusqu'au ciel dont l'accès est réservé à Dieu et aux anges. Comme les nuages dont ils sont entourés, ils changent volontiers de forme. Certains respirent de l'air, d'autres s'abreuvent de l'humidité ambiante. Ces *daimons* peuvent être de bons ou de mauvais esprits, tenant simultanément du pouvoir divin et de l'imperfection humaine ; ils secondent les humains, en « adjuvants » ou en « opposants » selon les cas, une définition qui remonte à Platon[4]. Les bons esprits, dit Ronsard, « viennent de l'air jusques en ces bas lieux, / Pour nous faire sçavoir la volonté des Dieux » (v. 209-210), tandis que les mauvais « apportent sur la Terre / Pestes, fiebvres, langueurs, orages & tonnerre » (v. 223-224). Par la suite, Ronsard dresse une véritable typologie des différents types de *daimons* et conclut en évoquant dans une description

1 Pour les *Hymnes* de Ronsard, nous citons d'après l'édition des *Œuvres complètes*, éd. J. Céard, D. Ménager et M. Simonin, Paris, Gallimard (Bibliothèque de la Pléiade), 1994, t. 2, p. 486-493.

2 Pour une tentative de définition du genre ronsardien, se rapporter à Michel Dassonville, « Éléments pour une définition de l'hymne ronsardien », dans *Autour des* Hymnes *de Ronsard*, éd. Madeleine Lazard, Paris, Champion, 1984, p. 1-32.

3 P. Ford, *Ronsard's Hymnes : A Literary and Iconographical Study*, Tempe, Arizona, Medieval and Renaissance Texts and Studies, 1997.

4 Voir Platon, *Le Banquet*, 202 D.

affreuse les pires esprits qui « malings, entrent dedans noz corps, / Et en nous tourmentant, nous laissent presque mortz » (v. 409-410).

Ainsi, dans ce poème, Ronsard établit-il un ordre vertical très net, qui s'étend depuis le royaume terrestre, bas et corrompu, jusqu'au céleste, haut et pur. Cette typologie, conforme aux pratiques de l'époque, réconcilie des éléments antiques et Chrétiens. Ainsi, les *daimons* que nous trouvons chez Platon, Hésiode et Homère sont-ils transformés pour les lecteurs Chrétiens du XVIe siècle. On a souvent jugé avec sévérité le syncrétisme de ce poème. Albert-Marie Schmidt, par exemple, a remarqué le désordre dans la prodigieuse érudition de Ronsard[1]. Or, c'est la fin de l'hymne qui retient notre attention ici. Ronsard abolit l'ordre vertical qu'il venait d'établir. Ou plutôt, il le « rabat », sans commentaire aucun, sur un axe horizontal qui définit non la distance (théologiquement investie) entre la terre et le ciel, mais l'étendue globale, les espaces politique et culturel du XVIe siècle. Ce passage d'un ordre vertical à un ordre horizontal, d'une construction philosophico-théologique à la réalité politique a lieu dans la dernière apostrophe à Dieu :

> O SEIGNEUR eternel, en qui seul gist ma foy,
> Pour l'honneur de ton nom, de grace, donne moy,
> Donne moy que jamais je ne trouve en ma voye
> Ces paniques terreurs, mais, ô SEIGNEUR, envoye
> Loing de la Chrestienté, dans le païs des Turcz,
> Cas Larves, ces Daimons, ces Lares & Lemurs [...] (v. 421-426)

Voilà donc la prière de Ronsard : renvoyer les esprits malins qui peuplaient son système sublunaire depuis l'ordre vertical dans l'Empire ottoman, selon un axe horizontal. La présence du Turc et du musulman ici peut être qualifiée d'« acousmatique » (c'est-à-dire dissimulée, menaçante, désignant un bruit venu « des coulisses »), non au sens où l'employait Pythagore pour qualifier l'enseignement qu'il donnait, caché de ses disciples par un rideau (pour éviter que sa présence corporelle n'accapare l'attention de ceux qui l'écoutaient), mais au sens d'un cri de loup dans un film d'horreur, un cri omniprésent, menaçant et pourtant impossible à « situer ». À part la minutieuse identification des différentes sources de la démonologie de Ronsard – Michel Psellos, Marsile Ficin,

---

1 A.-M. Schmidt, *La Poésie scientifique en France au XVIe siècle*, Lausanne, Éditions Rencontre, 1970, p. 79. Voir aussi H. Moreau, « Les Daimons, ou de la fantaisie », dans *Autour des* Hymnes *de Ronsard*, éd. M. Lazard, p. 215-242 et J. Céard, *La Nature et les Prodiges. L'insolite au XVIe siècle*, Genève, Droz, 1977, p. 203.

Apulée, Henri Corneille Agrippa de Nettesheim – la critique ne s'est que peu intéressée à ces vers. L'expulsion des esprits malins dans ce « pais des Turcz » n'intéresse guère la plupart des lecteurs. Peut-être est-ce parce que, d'une certaine façon, ces vers ne posent aucun problème d'interprétation : il est évident, pour ainsi dire, que Ronsard veuille y envoyer ces malfaiteurs. Par ailleurs, les lecteurs de Ronsard savent bien que, dans la poésie de celui-ci, les lieux littéraires, mythiques, voire inventés, coïncident parfois avec des lieux réels. La forêt de Gâtine, dans un sonnet resté célèbre, n'est pas un paysage arcadien comme ceux des poètes classiques – cette forêt existait pour de vrai, dans un lieu géographique identifiable[1]. Il n'est donc guère étonnant que Ronsard « mette en quarantaine » les esprits malins dans un lieu précis et qui s'appelle l'Empire ottoman. Comme un pèlerin (et pourtant d'une manière diamétralement opposée) Ronsard situe une partie de son *Weltanschauung* chrétien au-delà des frontières de la France et au-delà des frontières de la Chrétienté. Or, les esprits que Ronsard y envoie sont des messagers divins et des prophètes. Est démon qui joue un rôle d'« entremetteur » et qui établit la communication entre l'humain et le divin. Sans doute faut-il concéder pourtant que l'expulsion de ces esprits dans le « païs des Turcz » relève de l'*unheimlich* parce que, depuis 1517, ce même « païs des Turcz » contient (du moins métonymiquement) la Terre sainte des Chrétiens. Le passage soudain d'un ordre vertical à un ordre horizontal, depuis un espace divin, chrétien, vers la corruption terrestre, turque, se révèle donc peut-être plus éloquent qu'il ne le semble de prime abord. Il va sans dire que l'expulsion porte la trace des préjugés européens et de la tendance (humaine, « normale ») à faire de son propre « lieu » l'*axis mundi*, mais ce sur quoi nous aimerions insister ici, c'est le palimpseste spatial qui règle la composition du poème de Ronsard : la Terre sainte chrétienne se trouve dans l'Empire ottoman et c'est là que Ronsard compte envoyer les esprits malins.

Pour situer les espaces terrestres de Ronsard et pour réfléchir à la part d'imaginaire dont ils se composent, lisons à présent un texte écrit par Henri Castela, un prêtre catholique qui rédigea un récit de pèlerinage

---

1 Voir H. M. Richmond, « Rural Lyricism : A Renaissance Mutation of the Pastoral », *Comparative Literature*, vol. 16, n°3, été 1964, p. 197. Voir aussi L. Mackenzie, *Poésie est un pré. Landscapes in French Lyric Poetry, 1549-84*. Thèse de PhD, University of California, Berkeley, 2002, p. 164.

à propos de son voyage à Jérusalem et aussi le premier « guide » pour pèlerins. Ses écrits, publiés au tout début du XVIIe siècle, pratiquent un raccord similaire des axes vertical et horizontal et témoignent d'une même peur sous-jacente de « pollution » culturelle. Il est notable que Castela, s'opposant ainsi à l'ouverture éthique de Montaigne, conseille au futur pèlerin d'éviter tout dialogue avec les « indigènes ». Il propose même pour cela un moyen efficace : il faut faire semblant, dit-il, d'être à la fois sourd et muet. Cette exigence de fermeture corporelle, qui permettra d'éviter la pollution, se prolonge dans un deuxième conseil qui, lui, témoigne d'une peur plus profonde, sexualisée : la curiosité du pèlerin ne doit pas le pousser à explorer la vie nocturne du Moyen-Orient, car il risque de se faire sodomiser[1]. Il faut fermer les yeux, les oreilles, l'anus. À un moment donné dans son récit, Castela raconte que, un après-midi, lui et un compagnon de voyage (qui ne sont pas encore arrivés dans l'Empire ottoman) se promenaient « au milieu de si grandes & espouuentables montaignes & forests ». Ils étaient « effrayés de [se] voir en lieu si dangereux » et, pour cela, ils se sont mis à pleurer : ils craignaient d'être dévorés par quelque bête sauvage[2]. Ils prient Dieu, lui demandant qu'Il leur envoie un ange qui puisse les secourir en les guidant vers le bon chemin. Dans un premier temps, pourtant, ce n'est pas un ange qui apparaît, mais un indigène qui porte « son espée au costé & vne hache en la main[3] ». Castela prend peur. Cet indigène, c'est peut-être un « volleur ». Dans le récit, Castela se réfère à lui toujours comme « volleur » ou comme « brigant ». Malgré tout, lui et son compagnon lui proposent à boire et à manger ; il accepte. Avant de manger, l'indigène pose son épée et sa hache. Le lecteur présume sans doute qu'une conversation va suivre. Mais il n'en est rien. À ce moment précis du récit, l'indigène lance à Castela, dit celui-ci, « un regard furieux ». Rien n'explique dans le récit pourquoi. L'indigène posait des questions (d'où venez vous ? où allez vous ? etc.) et soudain : « un regard furieux ». La seule explication, motivée par le texte lui-même, est que Castela a dû tenir compte de ses propres conseils : il jouait le sourd-muet et son interlocuteur (si un tel mot convient ici) réagit en lui lançant ce regard désapprobateur. Au lieu

---

1 H. Castela, *La (sic) guide et adresse pour ceux qui veullent faire le s. voiage de Hiérusalem*, Paris, L. Sonnius, 1604, f. 60^r.

2 H. Castela, *Le sainct voyage de Hiérusalem et Mont Sinay, faict en l'an du grand Jubilé, 1600*, Paris, L. Sonnius, 1603, p. 22.

3 *Ibidem*, p. 23-24.

de répondre à des questions banales, le voyageur explique qu'il ne savait pas quoi dire. Il a donc fait semblant, nous dit-il explicitement, « de ne l'entendre[1] ». C'est à ce moment précis que « le volleur [les] regarda avec un regard furieux ». Le texte ne porte aucune trace de menace réelle : l'indigène a déposé ses armes pour prendre le thé, puis il a posé quelques questions banales ; les deux Européens, en revanche, apeurés, ont joué les sourds-muets. La conclusion de l'événement est la suivante : l'indigène est surpris par une soudaine douleur intestinale (« une certaine douleur le saisit »). Il en est incapable de se mettre debout, « dequoy mon compaignon et moy nous esmerueillasmes ». Tout de suite après, les pèlerins entendent la voix d'un jeune garçon qui possède – la prière est donc exaucée – « [la] voix d'un Ange ». Ayant digéré des aliments européens et « de la peur » européenne, l'indigène est comme mis « hors jeu », il est neutralisé[2]. Ronsard, s'il lui avait été donné de lire l'ouvrage de Castela, se serait peut-être esclaffé de joie.

La démonologie ronsardienne, dans notre lecture, n'est donc pas qu'un abrégé de diverses philosophies antiques et renaissantes, mais bien une véritable carte des frontières qui se dressent entre la France et l'Empire ottoman. Le récit de Castela, qui relate un événement qu'on suppose historique, se raccorde avec le poème philosophique de Ronsard, comme deux éléments d'un ensemble fini, d'un « pavage », réconciliant ainsi les royaumes angélico-démoniaque avec la translation des espaces euro-Chrétiens et turco-Musulmans. On pourrait dire que les textes de Castela sont à l'origine de ce que Michel Chion, un spécialiste des études cinématographiques, appelle la « désacousmatisation », à savoir que la présence fantasmatique de l'Empire ottoman dans l'hymne de Ronsard ici se révèle et s'incarne[3]. Ronsard et Castela articulent tous

1 Soulignons au passage que le mot *entendre*, au XVIe siècle, voulait dire simultanément « entendre » et « comprendre ». Voir l'article « entendre » dans R. Cotgrave, *A Dictionarie of the French and English Tongues*, Londres, Adam Islip, 1611 : « To understand, conceive, apprehend, perceiue, iudge of ; also, to learne, or heare ; to have notice, get intelligence, come by the knowledge of ».

2 Notre lecture diffère quelque peu de celle de Wes Williams qui résume l'épisode ainsi : « They share a meal. But then, suddenly, the stranger makes for the pilgrims "une hache en la main, avec un cruel et hideux regard" » (W. Williams, *Pilgrimage and Narrative*, p. 264). C'est-à-dire que le résumé de Williams, nous semble-t-il, intervertit l'ordre des événements tel que les raconte Castela.

3 Pour la notion de *désacousmatisation*, voir M. Chion, *La Voix au cinéma*, Paris, Éditions de l'Étoile, 1982.

deux comment la peur peut *viser* un corps étranger. Alors que le pluriel de Ronsard (les « Turcz ») se réfère à un tout désincarné, Castela évoque une intervention divine similaire, qui sauve le Chrétien de ses peurs les plus profondes, les plus enfouies, dans un phantasme singularisé et localisé dans une rencontre spécifique. La désacousmatisation n'est et ne saurait être que partielle. L'espace géographique horizontal, dans sa relation avec l'espace vertical et théologique, conduit à une révélation ambiguë et partielle de l'Autre. L'espace du globe renaissant, malgré la redécouverte de la *Geographia* de Ptolémée, le raffinement progressif des portulans et le développement de cartes réalisées selon des méthodes de plus en plus empiriques, continue d'être une sorte de mémoire artificielle servant à « caser » les narrations propres à la religion chrétienne[1].

Traverser une frontière, dans un poème à prétention philosophique, dans un récit de voyage, exige non seulement qu'on se déplace dans l'espace mais aussi qu'on entretienne un dialogue complexe avec les cartographies religieuses des espaces lointains. Castela, qui raconte comment il fait semblant d'être sourd et muet, n'est pas plus proche – et ne le sera même pas en arrivant – de l'Empire ottoman que Ronsard, bien que l'espace « d'où » il écrit s'y rattache par le *telos* de son voyage. Pourtant, son récit à la première personne arrache le poème de Ronsard à l'éthéré et au philosophique pour singulariser une rencontre interculturelle et transfrontalière. Les deux textes, nous semble-t-il, cherchent à inscrire l'Autre dans un espace confus, à la fois frontalier et transfrontalier, constitutif de limites et pourtant refusant celles-ci.

MANGER AILLEURS : FRANÇOIS RABELAIS ET DENIS POSSOT

L'insistance de Castela sur la fermeture corporelle lors d'un voyage en Orient sert à rappeler que les limites du corps peuvent tenir lieu de frontières qui rattachent et séparent les différentes cultures : rester en Europe, pour Castela, c'est veiller à l'incorruptibilité de son corps

1 Voir P.J. Usher, « Chopping up Columbus' Pear : World Roaming after 1492 », dans *Space : New Dimensions in French Studies*, éd. E. Gilby et K. Haustein, Oxford, Peter Lang, 2005, p. 71-89.

pendant qu'il se trouve dans l'Empire ottoman. Pour continuer à réfléchir à cette question, on peut étudier comment s'écrit, en Europe, le régime musulman : les aliments et le vin qu'on consomme (ou qu'on ne consomme pas) se rapportent directement à l'établissement des frontières interculturelles. Pour cela, un *topos* s'impose : Jaffa, la « porte » de la Palestine. C'est là où arrivent les bateaux emplis de pèlerins. En plus d'être ce port, ce lieu à partir duquel on accède au centre historique de la Chrétienté, Jaffa est aussi le port où s'embarqua Jonas qui, désobéissant à Dieu qui l'avait envoyé à Ninive (aujourd'hui Mossoul en Irak), préfère prendre la fuite sur un bateau. Or, les pèlerins n'ignorent pas cette coïncidence. D'après la Bible, Jonas essuie une tempête due à la colère divine et Jonas dit ceci à ses compagnons : « Prenez-moi et jetez-moi à la mer, et la mer se calmera » (Jonas 1 : 12). Les marins écoutent Jonas et jettent celui-ci par-dessus bord ; une baleine l'avale. À la fin, « l'Éternel parla au poisson qui rejeta Jonas sur la terre ferme » (Jonas 2 : 11). La plupart des auteurs de récits de pèlerinages reconnaissent l'importance de cet épisode. Ils y font généralement allusion en décrivant leur arrivée en Terre sainte. Ayant survécu aux dangers de la traversée maritime, les pèlerins arrivent donc à Jaffa – l'itinéraire de Jonas, mais à l'envers. S'ils y arrivent en toute sécurité, ce n'est que pour affronter d'autres difficultés. Jonas a été « avalé » ; les pèlerins, eux, « avaleront ».

Quelle que soit la consolation textuelle fournie par l'allusion à Jonas dans les récits de pèlerinage, l'arrivée à Jaffa y est aussi la plupart du temps un moment narratif qui témoigne d'une grande tension entre Européens et « Turcz ». En fait, dans le récit d'un pèlerin, Jean de Cuchermoys (dans les années 1490), l'arrivée à Jaffa est une des seules occasions où le narrateur s'autorise à dire « Je » – pour raconter comment il dut se déguiser afin de regagner le bateau, pour qu'il y cherche ses affaires après un vol commis par un « traystre More[1] ». Pour une raison similaire, Castela conseillera à ses pèlerins de se déguiser : il leur vaut mieux, dit-il, ne pas porter l'habit de pèlerin typique orné des célèbres croix rouges[2]. La question des différences culturelles est encore plus remarquable quand il s'agit du régime musulman. Le récit de pèlerinage de Denis Possot, publié pour la première fois en 1536, exprime une angoisse similaire quand son auteur arrive à Jaffa. Sous la double

1 W. Williams, *Pilgrimage and Narrative*, p. 199, p. 203-206.
2 *Ibid.*, p. 69.

responsabilité du capitaine et des autorités locales, les pèlerins quittent le bateau et se dirigent vers « grande voulte à façon de cave couverte » et qui a les dimensions d'« une petite eglise[1] ». Aussi rassurante que puisse être cette comparaison, Possot dit de ce lieu qu'il est « bien orde » (très sale) parce que « les Turcz, Mores et aultres frequentans le port y font leur aisance[2] ». Les pèlerins s'y installent et on leur sert à manger melons et concombres. Pourtant, explique Possot, « ne se recouvre point de vin à ladicte ville de Jaffe, pour ce que les Turcz n'en boivent point, synon en cachette[3] ». Le mot est juste : la « cave couverte » est en effet une « cachette ». Il n'est guère étonnant dès lors que « les Turcs et Mores [venaient les] regarder, dont les ungs prenoient, franchement et sans demander, partie [des] vivres, principalement du vin, car ils n'en boivent que secretement[4] ». La *cachette* où se réfugient les Musulmans pour boire *secrètement* du vin se concrétise dans cette « cave », lieu où les Chrétiens ne se ressemblent pas tout à fait non plus : parfois, ils se déguisent en « Turcz ». Possot dépeint donc les « Turcz », qui ne boivent qu'en cachette, dans cet espace caché, un peu à part de l'Empire ottoman / l'Islam. La trace textuelle de ce voyage paradoxal depuis la Chrétienté vers cette origine désormais décentrée implique donc l'écriture d'une hétérotopie dans laquelle le Chrétien et le « Turc » se déguisent, chacun pour rester fidèle à soi – en se faisant *autre*[5]. Dans la *cachette* de Jaffa, les frontières entre la France et la non-France s'appréhendent dans le noir, mais les pèlerins dans leurs écrits nous y font entrer pour que ces frontières apparaissent au grand jour.

Pour réfléchir aux échanges et rencontres décrits par Possot, on peut passer au *Pantagruel* (1532) de Rabelais, texte publié bien sûr sous le pseudonyme Alcofrybas Nasier. Aucun lecteur ne manquera de remarquer que ce livre est l'œuvre d'un auteur fasciné par tout ce qui se trouve *ailleurs* qu'en France. On sait, en effet, qu'à Rome Rabelais

1 D. Possot, *Le Voyage de la Terre Sainte*, Paris, éd. Leroux, 1890, p. 152.

2 *Ibid.*, p. 152-153.

3 *Ibid.*, p. 153.

4 *Ibid.*, p. 153.

5 Voir M. Foucault, *Le Corps utopique ; Les Hétérotopies*, Paris, Lignes, 2009. Nous avons exploré ailleurs le caractère hétérotopique de la Terre sainte visitée par les pèlerins renaissants. Voir aussi P.J. Usher, « "On ne vit pas dans un espace neutre" : pour une lecture hétérotopologique de Jérusalem au XVIe siècle », dans *Parcourir le monde : Les voyages d'Orient au Moyen Âge et dans la première modernité*, éd. D. de Courcelles, Paris, Éditions de l'École Nationale des Chartes, sous presse.

passait son temps dans les marchés à la recherche d'objets curieux venus de Chypre, de Grèce et de Constantinople. *Pantagruel* porte les traces de cette fascination[1]. Or, dans ce livre, on lit l'épisode très connu racontant « la manière comment [Panurge] eschappa de la main des Turcqs[2] ». Fait prisonnier à Mytilène, la capitale de Lesbos (c'est donc une allusion à la défaite essuyée par les Français en 1502), le compagnon de Pantagruel est entouré de « lardons » ; on s'apprête à le manger. Or, si ces « lardons » sont certes comiques, nous ne saurions dire avec Ian Morrison qu'ils sont « une invention évidente, étant donné que l'Islam "a horreur" du porc[3] ». Ils doivent être lus comme les signes d'une frontière. En effet, au début de la description de cette rencontre malheureuse le narrateur constate sa différence d'avec ses ravisseurs : « je [...] contoys », dit-il, « comment ces diables de Turcqs sont bien malheureux de ne boire goutte de vin. Si aultre mal n'estoit en l'*Alchoran* de Manumeth, encores ne me mettroys-je mie de sa loy[4] ». Or, cette constatation n'est pas anodine. Il ne s'agit pas que d'un point mineur et qui laisse entrevoir le désir charnel de Panurge[5]. Tout comme chez Possot, la frontière entre le chrétien et le musulman se définit par rapport à une différence théologique : la consommation ou la non-consommation du vin. Chez Possot, pourtant, le Musulman traverse cette frontière, car il boit le vin apporté par le Chrétien. C'est cette transgression d'ailleurs qui donne son sens à la frontière. Il n'est guère surprenant qu'une traversée de frontière similaire se trouve aussi chez Rabelais. Panurge, « mis en broche tout lardé », en train d'être rôti, adresse une prière à Dieu : « ayde moy [...] oste moy de ce torment[6] ». Il arrive en effet à s'échapper dès que son ravisseur s'endort. Or, il est essentiel de souligner que Panurge arrive à se libérer *grâce à ses dents*. Il ne s'en sert pas pour manger : « Quand je vys que [son

1 R. Cooper, *Rabelais et l'Italie*, Genève, Droz, 1991.

2 F. Rabelais, *Œuvres complètes*, éd. M. Huchon, Paris, Gallimard (La Pléiade), 1994, p. 262.

3 I. Morrisson, « Rabelais : Christendom and Europe » dans *Conceptions of Europe in Renaissance* France, éd. David Cowley, New York, Rodopi, 2006, p. 35-53, ici, p. 44. Le commentaire de Morrisson rappelle par ailleurs une idée de William Arens, à savoir que les anthropophages n'existaient pas. Voir W. Arens, *The Man-Eating Myth : Anthropology and Anthropophagy*, Oxford, Oxford University Press, 1979. Arens suggère *inter alia* que, puisque l'épisode est tellement fantaisiste, « no serious criticism [of Turks] can be inferred » (on ne saurait y voir aucune critique sérieuse [des Turcs]) (p. 44-45). Voir aussi F. Lestringant, *Le Cannibale*, Paris, Perrin, 1994.

4 Rabelais, *Œuvres complètes*, p. 263.

5 Morrisson, « Rabelais : Christendom and Europe », p. 44

6 Rabelais, *Œuvres complètes*, p. 264.

ravisseur] ne me tournoit plus en routissant [...] je prens avecques les dents un tyson par le bout où il n'estoit point bruslé, et vous le gette au gyron de mon routisseur ». Ensuite, il en saisit un deuxième qu'il lance « soubz un lict de camp » qui s'enflamme. Bientôt toute la ville brûle. Là, tout à coup, une fois que Panurge a réussi à s'échapper, alors « un villain petit Turq, bossu par devant, [...] me croquoit mes lardons[1] », mais Panurge réagit. Peu de temps après, on vient à sa rescousse, on lui propose à boire et à manger, mais il refuse parce qu'il n'y a pas de vin. Il continue à fuir au milieu d'une ville qui brûle. Puis arrivent de nouveaux chiens : « sortirent plus de six, voire plus de treze cens et unze chiens gros et menutz tous ensemble de la ville, fuyant le feu[2] ». Sentant ses « lardons », ils le prennent en chasse.

Ces chiens, bien sûr, représentent par métaphore les « Turcz », les ravisseurs de Panurge. Il était en effet très répandu à cette époque de se référer aux « Turcs », aux Musulmans et aux Sarrasins par le mot « chien[3] ». Les pamphlets touchant la « question ottomane » portaient parfois des titres comme *Sensuyuêt les faictz du chien insaciable du sang chrestien, ql se nôme Lempereur de Turquie* (1526). Les chiens, donc, poursuivent Panurge, « sentant l'odeur de [sa] paillarde chaire demy rostie ». Panurge a de la chance pourtant : il se souvient d'un remède pour les « maux de dents ». C'est-à-dire qu'il se souvient des lardons dont il s'est séparé en les jetant aux chiens. Ce faisant, il expose son propre corps en perdant ce qu'on a pu appeler son « substitut de prépuce[4] » – encore une référence à sa différence vis-à-vis des « Turcs ». Les « chiens turcs » le poursuivent donc en essayant d'attraper un aliment qui leur est interdit – le vin et le porc sont, bien sûr, interdits aux croyants musulmans comme l'indique le Coran (ex : 2 : 173, 5 : 3, 6 : 145 et 16 : 115). La frontière entre l'Occident et l'Orient se crée donc dans la manière dont chacun diffère de lui-même. Le fait que les « Turcs » (représentés comme des chiens) poursuivent un aliment qu'ils devraient mépriser

1 *Ibid.*, p. 209.

2 Rabelais, *Œuvres complètes*, p. 267.

3 Voir *inter alia*, J.-L. Nardone, *La Représentation de Jérusalem et de la terre sainte dans les récits de pèlerins européens au* XVI*e* *siècle*, Paris, Champion, 2007, p. 40.

4 T. Hampton, *Literature and Nation in the Sixteenth Century : Inventing Renaissance France*, Ithaca, Cornell University Press, 2001, p. 57. La lecture de Hampton (dans le deuxième chapitre) est essentielle. Elle articule avec éloquence le rapport entre l'idée de « nation », la charité chrétienne et le « Turc », en insistant sur la manière dont les mots se rapportent aux choses.

est essentiel dans cette création des frontières : traverser une frontière, partir à la rencontre de l'« Autre », passe dans ces textes par la question de la différence qui est en même temps celle de l'identité. Autrement dit, les textes de Possot et de Rabelais suggèrent tous deux ceci : ce que l'« Autre » s'interdit est précisément ce qu'il cherche chez l'« Autre » (le vin, les lardons, le prépuce). On pourrait prétendre que cet échange est à l'opposé de celui que nous avons relevé chez Ronsard et Castela, qu'on pourrait résumer ainsi : ce qui n'est pas désiré est renvoyé à/sur l'« Autre ». Chez Possot et Rabelais, le narrateur prétend raconter sa propre traversée de frontière mais en fait il transfère cette traversée sur un « Autre », comme si ce renversement niait la possibilité de rencontrer cet « Autre ». À nos yeux, le moment clé de cet épisode rabelaisien, qui résume les épisodes de Rabelais et de Possot, est celui où Panurge forge un nouveau juron. Étonné que les « Turcs » poursuivent Panurge alors que leur ville brûle, Rabelais dit qu'un « Turc » s'écrie « Ventre Mahom[1] ! » comme si le ventre du prophète (c'est-à-dire, par transfert, les interdits alimentaires) emblématisait la traversée des frontières, expliquant ainsi la catastrophe actuelle.

LE HASARD N'EXISTE PAS

Si certains textes renaissants appellent de manière explicite une lecture consciente de la relation complexe qu'entretenait la France avec l'Empire ottoman (les Œuvres de Rabelais, par exemple), alors d'autres (comme les *Hymnes* de Ronsard) exigent, pour qu'on puisse les lire « globalement », un changement d'habitudes. Lire les *Hymnes* comme nous le proposons ici implique une remise en question proche de celle qui a changé les habitudes de lecture par rapport à *L'Étranger* de Camus. Auparavant, on y voyait surtout une représentation de notre angoisse existentielle. Certes, celui que Meursault tue était *par hasard* arabe. Mais depuis, la lecture novatrice de Conor Cruise O'Brien, contresignée par la suite *inter alia* par Edward Said, réinscrit le texte dans le contexte colonial de la

1 Rabelais, *Œuvres complètes*, p. 266.

présence française en Algérie[1]. Comme nous l'avons déjà dit, l'Empire ottoman n'était pas un « Autre » colonial s'opposant à une Europe toute puissante et notre lecture des textes renaissants doit toujours tenir compte des singularités du moment historique. En relisant des textes littéraires canoniques (Rabelais, Ronsard, ou d'autres encore) dans un dialogue avec des genres soi-disant mineurs comme les récits de pèlerinage, on se rappelle l'importance des frontières culturelles entre la France et le reste du monde au XVIe siècle. Il ne suffit pas, nous rappellent ces récits de pèlerinage, de consulter des « documents historiques » pour quitter l'Europe, avec pour but de rencontrer la réalité concrète qui se trouverait « derrière » les fictions littéraires. Il semblerait plutôt qu'il faille lire les frontières et bien le monde d'un point de vue plurigénérique tout en étant sensible aux spécificités et à l'histoire de chaque genre. Il convient de célébrer le relativisme culturel de Montaigne, voire d'y chercher un modèle transposable dans le présent, mais il est tout aussi important de relire et de repenser les textes moins exemplaires qui, sans chercher à nier complètement la présence de l'« Autre », fournissent toujours, parfois malgré eux, des cartes du monde ambiguës[2].

Phillip John USHER
Barnard College
(Université Columbia)

---

1 Pour une discussion productive des différentes lectures de Camus, voir E. Apter, « Out of Character : Camus's French Algerian Subjects », *MLN*, vol. 112, n°4, 1997, p. 499-516.

2 De nombreuses études récentes vont dans ce sens. Voir *inter alia*, T. Conley, *The Self-Made Map : Cartographic Writing in Early Modern France*, Minneapolis, University of Minesota Press, 1996 ; S. Greenblatt, *Marvelous Possessions* ; F. Lestringant, *L'Atelier du cosmographe ou l'image du monde à la Renaissance*, Paris, Albin Michel, 1991.

OUVRAGES CITÉS

APTER, Emily, « Out of Character : Camus's French Algerian Subjects », *MLN*, vol. 112, n° 4, 1997, p. 499-516.

ARENS, William, *The Man-Eating Myth : Anthropology and Anthropophagy*, Oxford, Oxford University Press, 1979.

ATKINSON, Geoffroi, *Littérature géographique française de la Renaissance, répertoire bibliographique*, Paris, Picard, 1927.

ATKINSON, Geoffroi, *Nouveaux horizons de la Renaissance française*, Genève, Slatkine, 1969.

AUBIGNÉ, Agrippa d', *Les Tragiques*, éd. par Jean-Raymond Fanlo, Paris, Champion (Champion Classiques), 2006.

CASTELA, Henry, *Le sainct voyage de Hiérusalem et Mont Sinay, faict en l'an du grand Jubilé, 1600*, Paris, L. Sonnius, 1603.

CASTELA, Henry, *La (sic) guide et adresse pour ceux qui veullent faire le s. voiage de Hiérusalem*, Paris, L. Sonnius, 1604.

CÉARD, Jean, *La Nature et les Prodiges. L'insolite au XVIe siècle*, Genève, Droz, 1977.

CHION, Michel, *La Voix au cinéma*, Paris, Éditions de l'Étoile, 1982.

CONLEY, Tom, « Montaigne's Gascoingne : Textual Regionalism in *Des Boyteux* », *MLN*, vol. 92, n° 4, 1977, p. 710-723.

CONLEY, Tom, *The Self-Made Map : Cartographic Writing in Early Modern France*, Minneapolis, University of Minnesota Press, 1996.

CONLEY, Tom, « The *Essays* and the New World », dans *The Cambridge Companion to Montaigne*, éd. Ullrich Langer, New York, Cambridge University Press, 2005, p. 74-95.

COOPER, Richard, *Rabelais et l'Italie*, Genève, Droz, 1991.

COTGRAVE, Randle, *A Dictionarie of the French and English Tongues*, Londres, Adam Islip, 1611.

DAINVILLE, François de, *La Cartographie reflet de l'histoire*, Genève, Slatkine, 1986.

DASSONVILLE, Michel, « Éléments pour une définition de l'hymne ronsardien », dans *Autour des* Hymnes *de Ronsard*, éd. Madeleine Lazard, Paris, Champion, 1984, p. 1-32.

DELUMEAU, Jean, *La Peur en Occident (XIVe-XVIIIe siècles)*, Paris, Fayard, 1978.

FORD, Philip, *Ronsard's Hymnes : A Literary and Iconographical Study*, Tempe, Medieval and Renaissance Texts and Studies, 1997.

FOUCAULT, Michel, *Le Corps utopique; Les Hétérotopies*, Paris, Lignes, 2009.

FUCHS, Barbara, *Mimesis and Empire : The New World, Islam, and European Identities*, Cambridge, Cambridge University Press, 2001.

GERMAN DE FRANCESCHI, Anne-Sophie, *D'Encre et de poussière. L'écriture du pèlerinage à l'épreuve de l'intimité du manuscrit*, Paris, Champion, 2009.

GOMEZ-GERAUD, Marie-Christine, *Le Crépuscule du grand voyage*, Paris, Champion, 1999.

GREENBLATT, Stephen, *Marvelous Possessions : The Wonder of the New World*, Chicago, University of Chicago Press, 1991.

HAMPTON, Timothy, *Literature and Nation in the Sixteenth Century : Inventing Renaissance France*, Ithaca, Cornell University Press, 2001.

LESTRINGANT, Frank, *L'Atelier du cosmographe ou l'Image du monde à la Renaissance*, Paris, Albin Michel, 1991.

LESTRINGANT, Frank, *Le Cannibale*, Paris, Perrin, 1994.

MACKENZIE, Louisa, *Poésie est un pré. Landscapes in French Lyric Poetry, 1549-84*, Thèse de PhD, University of California, Berkeley, 2002, p. 164.

MONTAIGNE, Michel de, *Journal de voyage*, éd. par F. Rigolot, Paris, PUF, 1992.

MONTAIGNE, Michel de, *Œuvres Complètes*, éd. par Maurice Rat et Albert Thibaudet, Paris, Gallimard (La Pléïade), 1962.

MOREAU, Hélène, « Les Daimons, ou de la fantaisie », dans *Autour des* Hymnes *de Ronsard*, éd. Madeleine Lazard, Paris, Champion, 1984, p. 215-242.

MORRISSON, Ian, « Rabelais : Christendom and Europe », dans *Conceptions of Europe in Renaissance France*, éd. David Cowley, New York, Rodopi, 2006, p. 35-53.

NARDONE, Jean-Luc, *La Représentation de Jérusalem et de la terre sainte dans les récits de pèlerins européens au XVIe siècle*, Paris, Champion, 2007.

POSSOT, Denis, *Le Voyage de la Terre Sainte*, Paris, Éditions Leroux, 1890.

POSTEL, Guillaume, *De la république des Turcs : & là où l'occasion s'offrera, des mœurs & loy de tous les Muhamédistes*, Poitiers, Enguibert de Marnef, 1560.

RABELAIS, François, *Œuvres complètes*, éd. par Mireille Huchon, Paris, Gallimard (Bibliothèque de la Pléiade), 1994.

RICHMOND, H. M., « Rural Lyricism : A Renaissance Mutation of the Pastoral », *Comparative Literature*, vol. 16, n° 3, 1964, p. 193-210.

RONSARD, Pierre de, *Œuvres complètes*, 2 vol., éd. par Jean Céard, Daniel Ménager et Michel Simonin, Paris, Gallimard (Bibliothèque de la Pléiade), 1994.

ROUILLARD, Clarence D., *The Turk in French History*, Paris, Boivin, 1941.

SAID, Edward, *L'Orientalisme, l'Orient créé par l'Occident*, trad. Catherine Malamoud, Paris, Éditions du Seuil, 1980.

SCHMIDT, Albert-Marie, *La poésie scientifique en France au XVIe siècle*, Lausanne, Éditions Rencontre, 1970.

TINGUELY, Frédéric, *L'écriture du Levant à la Renaissance : enquête sur les voyageurs français dans l'empire de Soliman le Magnifique*, Genève, Droz, 2000.

TINGUELY, Frédéric, « La peur du Turc (XVIe-XVIIIe siècles) », *Travaux de Littérature*, n° 17, 2004, p. 289-305.

USHER, Phillip John, « Chopping up Columbus' Pear : World Roaming after 1492 », dans *Space : New Dimensions in French Studies*, éd. Emma Gilby et Katja Haustein, Oxford, Peter Lang, 2005, p. 71-89.

USHER, Phillip John, *Errance et cohérence : Essai sur la littérature transfrontalière à la Renaissance*, Paris, Classiques Garnier, 2010.

USHER, Phillip John, *Epic Arts in the French Renaissance*, Oxford, Oxford University Press, 2013.

USHER, Phillip John, « "On ne vit pas dans un espace neutre" : pour une lecture hétérotopologique de Jérusalem au XVIe siècle », dans *Parcourir le monde : Les voyages d'Orient au Moyen Âge et dans la première modernité*, éd. Dominique de Courcelles, Paris, Éditions de l'École Nationale des Chartes, 2013.

VIKTUS, David J., « Early Modern Orientalism : Representations of Islam in Sixteenth – and Seventeenth – Century Europe », dans *Western Views of Islam in Medieval and Early Modern Europe*, éd. David R. Blanks et Michael Frassetto, New York, St. Martin's Press, 1999, p. 207-230.

WILLIAMS, Wes, *Pilgrimage and Narrative in the French Renaissance : The Undiscovered Country*, Oxford, Clarendon Press, 1998.

YAPP, M. E., « Europe in the Turkish Mirror », *Past and Present*, n° 137, novembre 1992, p. 134-155.

YERASIMOS, Stéphane, *Les voyageurs dans l'empire ottoman (XIXe-XVIe siècles). Bibliographie, itinéraires et inventaire des lieux habités*, Ankara, Imprimerie de la Société turque d'histoire, 1991.

DE GRANDES CULTURES SE RENCONTRENT

Conversations indiennes à l'époque classique

> Il vit qu'elle en faisait des nœuds à une canne des Indes, fort extraordinaire, qu'il avait portée quelque temps et qu'il avait donnée à sa sœur, à qui Madame de Clèves l'avait prise sans faire semblant de la reconnaître pour avoir été à Monsieur de Nemours.
>
> Marie Madeleine Pioche de la Vergne, comtesse de Lafayette, *La Princesse de Clèves*

Dans l'une des scènes les plus remarquables du célèbre roman de Madame de Lafayette, la princesse de Clèves noue de manière suggestive des rubans sur une canne ayant appartenu au duc de Nemours, tout en observant le portrait de celui-ci avec adoration[1]. Le fait que Lafayette qualifie cette canne de « fort extraordinaire » nous invite à interpréter ce remarquable objet. Cette canne et l'étrange action de la princesse sont depuis longtemps un sujet de spéculation, mais le nom, « des Indes », précisant la provenance de la canne, n'a jamais été examiné de plus près. Pourquoi « une canne des Indes » ?

Un autre classique, paru la même année que le chef-d'œuvre de Lafayette, est également imprimé d'une marque indienne. Il s'agit du second volume des *Fables* de La Fontaine. Dans sa préface, La Fontaine voit en l'Inde une nouvelle source d'inspiration : « [...] je dirai par reconnaissance que j'en dois la plus grande partie à Pilpay sage indien. Son livre a été traduit en toutes les langues. Les gens du pays le croient

1 Cet article est une brève présentation d'un travail plus approfondi, à paraître prochainement sous le titre de *Exotic Encounters : Versailles Meets the Taj Mahal* (Rencontres exotiques : Versailles face au Taj Mahal).

fort ancien, et original à l'égard d'Esope [...]. Enfin j'ai tâché de mettre en ces deux dernières parties toute la diversité dont j'étais capable ».

D'autres allusions à l'Inde apparaissent dans des textes composés au cours de la seconde moitié du XVIIe siècle. En 1674, par exemple, la marquise de Sévigné écrit à sa fille : « Ma bonne, apportez-moi votre vieux éventail et votre vieille robe de chambre des Indes. De l'un, je vous ferai faire un petit tableau, et de l'autre un petit paravent. Il ne faut point rire ; vous verrez ! » (29 janvier 1674). Dans une autre lettre, Sévigné remercie sa fille « d'avoir pensé à [lui] chercher une robe de chambre des Indes » (2 mars 1689). Ces références à l'Inde renvoient à la découverte des Indes orientales, qui commençait à avoir un effet sur les milieux aristocratiques et bourgeois du XVIIe siècle. Jusqu'à une date assez récente, une grande partie de ce que nous savions des relations entre la France et l'Inde de la fin du XVIe au début du XVIIIe siècles ne nous était parvenu que sous le contrôle exercé par le XIXe siècle sur le savoir historique relatif à l'Inde, à travers le prisme du colonialisme britannique[1]. Depuis quelques années, un certain nombre d'historiens s'emploient à percer ce voile d'interprétations afin d'étudier les débuts de la découverte des Indes orientales par les Français[2]. Si nous commençons à avoir une notion plus claire des événements historiques et des acteurs qui ont marqué les premiers contacts de la France avec l'Inde, certaines questions fascinantes n'en restent pas moins à examiner. Quel effet les contacts développés par la France avec l'Inde, au XVIIe siècle, eurent-ils sur la culture de ce qui deviendrait bientôt le « Grand Siècle » ? Les connaissances et perceptions de l'Inde transmises par les marchands, missionnaires et intrépides voyageurs laissèrent-elles une empreinte durable sur la culture française du XVIIe siècle, notamment sur les mentalités de cette période particulièrement marquante de l'histoire

---

1 La préface accompagnant une traduction anglaise du récit de voyage de François Bernier au XIXe siècle en constitue un bon exemple. Elle sert avant tout à justifier l'autorité britannique imposée à des « sauvages », tels que le récit de Bernier nous les montre évidemment, aux dires du traducteur (*Travels in the Mogul Empire, by François Bernier*, trad. I. Brock, London, t. 1, p. VIII). L'histoire de ce texte souligne au plus haut point la nécessité de revenir aux sources originales et d'écarter les interprétations britanniques et coloniales qui les ont recouvertes, ainsi que les perceptions postcoloniales fondées sur ces interprétations.

2 Voir notamment N. Dew, *Orientalism in Louis XIV's France*, Oxford, Oxford University Press, 2009 ; J. Weeks, *Représentations européennes de l'Inde du XVIIe au XIXe siècle*, Paris, L'Harmattan, 2009 et K. Marsh, *India in the French Imagination : Peripheral Voices, 1754-1815*, London, Pickering and Chatto, 2009.

de France, et durant laquelle certaine des œuvres les plus importantes de la littérature française furent créées ?

La découverte de l'Inde par La Fontaine, Sévigné et Lafayette fut favorisée par une femme qui est restée dans l'ombre de ces personnages plus célèbres, mais qui se révéla pourtant un lien essentiel entre eux, Marguerite de la Sablière. Marguerite Hessein Rambouillet de la Sablière était la fille de Gilbert Hessein, riche financier bourgeois protestant, qui avait quitté les Pays-Bas pour la France[1]. Hessein fonda sa propre banque, s'occupant principalement d'actifs provenant du commerce avec l'Inde, essentiellement le commerce du safran et des diamants. Lorsque la mère de Madame de la Sablière mourut en 1649, son oncle, Antoine Menjot, et sa cousine, Madeleine Gaudon de la Raillière, marquise de Saint-Aignan, prirent son éducation en charge. Elle étudia le grec et le latin, les mathématiques, et particulièrement les sujets scientifiques et l'astronomie. À quatorze ans, elle épousa Antoine Rambouillet de la Sablière (aucun lien avec Catherine de Rambouillet), un financier comme son père, et qui, comme Marguerite, descendait de l'une des plus illustres familles protestantes de France. Le mariage ne fut pas heureux et, en 1668, elle obtint une séparation de biens et établit un salon à Paris.

La Fontaine, Sévigné et Lafayette furent tous trois membres du salon de Madame de la Sablière, un cercle d'esprits particulièrement actifs et féconds dans les années 1670 et au début des années 1680. Tout comme la question de l'Inde, le salon de madame de la Sablière est resté en grande partie ignoré de la postérité. Les histoires littéraires ne manquent pas de souligner que Madame de la Sablière était la protectrice de La Fontaine, mais ses nombreux autres rôles et les liens qu'elle a tissés entre certaines des figures les plus célèbres du XVIIe siècle sont tombés dans l'oubli. Son influence sur la culture française s'étend bien au-delà du patronage exercé sur un auteur particulier. Madame de la Sablière créa l'un des salons les plus influents de son époque, et certainement celui qui regroupa les individus les plus éclectiques, dont beaucoup viennent immédiatement à l'esprit lorsque l'on pense au Grand Siècle, et d'autres qui, bien que moins connus aujourd'hui, étaient considérés

1 La seule étude approfondie sur Madame de la Sablière reste la biographie publiée par Menjot d'Elbenne en 1923. John Conley a publié les écrits religieux de Madame de la Sablière dans un chapitre de son ouvrage, *The Suspicion of Virtue : Women Philosophers in Neoclassical France*, Ithaca, Cornell University Press, 2002. Voir l'ensemble du chapitre consacré à Madame de la Sablière.

comme des fils essentiels de la tapisserie culturelle et intellectuelle française en leur temps.

Madame de la Sablière était considérée par ses contemporains comme l'une des femmes les plus savantes du siècle. Elle avait établi un salon qui rassemblait intellectuels, religieux influents, écrivains, hommes politiques et voyageurs, tels La Fontaine, Charles Perrault, Pellisson, Conrart, Fontenelle, et la marquise de Lambert. De nombreux familiers du salon étaient protestants, comme Madame de la Sablière, mais le salon avait aussi pour membres certains érudits catholiques, parmi lesquels figuraient Huet, Testu et Bouhours. La diversité religieuse était assurément un des traits caractéristiques de ces réunions. Le frère de Madame de la Sablière, Pierre Hessein, qui fréquentait le salon, comptait Racine et Boileau au nombre de ses amis. L'oncle et professeur de madame de la Sablière, Antoine Menjot, était un médecin, philosophe et théologien, que Pascal, Racine et Huet tenaient en haute estime. Les plus proches amies de madame de la Sablière n'étaient autres que Lafayette et Sévigné. Parmi les autres habitués du salon, on trouvait Madame de la Suze et Ninon de Lenclos, Saint-Évremond, Madeleine de Scudéry, Chapelle, et des hommes de science tels Roberval et Sauveur. Il s'agissait donc d'un milieu divers, influent, curieux d'idées nouvelles et prolifique. Il est important de remarquer que les femmes y étaient des interlocutrices à part entière, non de simples hôtesses. Fontenelle met ce rôle en scène dans ses *Entretiens sur la pluralité des mondes*, allant même jusqu'à inscrire la cadette des filles de madame de la Sablière, la marquise de la Mésangère, comme interlocutrice fictive dans son texte. Quant à La Fontaine, il souligne le rôle actif exercé par madame de la Sablière dans son salon en choisissant de l'appeler « Iris », du nom de la déesse qui « avait poussé les premiers philosophes aux spéculations philosophiques[1] ».

Cette communauté mondaine et savante était au centre des contacts de la France avec l'Inde et constituait le point de diffusion des connaissances sur l'Inde au sein de la bonne société et du public érudit. La figure centrale de ce salon n'était pas La Fontaine, mais bien François Bernier, mentor et guide intellectuel de madame de la Sablière, qui avait passé un peu plus de dix ans en Inde de 1659 à 1669. La plupart des études historiques ne mentionnent pas les liens de Bernier avec le cercle de

1 Cité par B. Craveri, *L'Âge de la Conversation*, Gallimard, 2005, p. 322.

madame de la Sablière, préférant associer son salon à la figure de La Fontaine[1]. On a essentiellement vu en Bernier le disciple et secrétaire du philosophe Gassendi. À la mort de ce dernier en 1655, Bernier céda à sa passion des voyages et visita la Palestine, l'Égypte, Le Caire, la Perse, l'Éthiopie et l'Inde. Il arriva à Surate à la fin de 1658 et resta en Inde jusqu'en 1669. Il devint le médecin personnel de Dara Shikoh, fils de l'empereur moghol Shah Jahan et frère d'Aurangzeb, qui accéda au trône en 1658. À la mort de Dara Shikoh, Bernier passa au service de Daneshmand Khan, ministre des affaires étrangères puis trésorier de l'Empire moghol. Khan faisait preuve d'une grande curiosité intellectuelle et rémunéra Bernier pour qu'il lui enseignât les découvertes européennes en matière d'astronomie, de physique, d'anatomie, de chimie et de logique. En échange, et au-delà de la seule rétribution pécuniaire, Khan récompensa également Bernier sur le plan intellectuel, en l'initiant à la civilisation indienne.

Bernier voyagea à travers l'Inde entière, souvent en compagnie de l'empereur, et il est souvent considéré comme le premier Européen à avoir visité le Cachemire. À son retour en France, Bernier retrouva le cercle savant de philosophes et d'écrivains qu'il avait laissé et vécut chez madame de la Sablière. Il publia des ouvrages sur la philosophie de Gassendi, composant l'un d'entre eux pour son hôtesse, à laquelle il le dédicaça. Il est plus important encore de noter que Bernier écrivit son *Histoire de la dernière révolution des états du Grand Mogol*, publié par Barbin en 1670, alors qu'il était membre du salon de madame de la Sablière. Un peu plus tard en 1670, il publia *Les Événements particuliers*, ouvrage qui décrit la cour d'Aurangzeb, et une « Lettre de l'étendue de l'Hindoustan », adressée à Colbert. Ces textes constituent le deuxième tome de l'édition originale de Bernier. En 1671, Barbin publia la *Suite des Mémoires du Sieur Bernier sur l'empire du Grand Mogol*, dont le premier volume contient des lettres à La Mothe le Vayer, Chapelain et Chapelle. Le second comprend la *Relation du voyage fait en 1664… au royaume de Cachemire*, composée de neuf lettres à M. de Merveilles, différentes de celles déjà publiées par Thévenot. La *Suite* est donc composée de lettres

1 André Halleys, par exemple, mentionne Bernier, mais seulement pour ses écrits philosophiques (p. 64). Halleys précise que Bernier « habitait dans l'hôtel de la rue Neuve-des-Petits-Champs, comme La Fontaine, avec lequel il devait s'entendre à merveille », *Les Grands Salons littéraires*, Paris, Payot, 1928, p. 65.

écrites alors que Bernier se trouvait en Inde, mais qu'il réarrangea afin de les publier en un recueil destiné à être lu avec son *Histoire*. Le texte de Bernier fut traduit en anglais et publié à Londres en 1671 et 1676. Il y eut aussi des traductions hollandaise, allemande et italienne, parues respectivement en 1672, 1672-3 et 1675[1]. À la fin du siècle, l'éditeur Paul Marret publia l'ensemble à Amsterdam sous le titre de *Voyages de François Bernier*.

Avant de mourir en 1688, Bernier se rendit en Angleterre, où il rejoignit Saint-Évremond au nombre des membres de l'entourage d'Hortense Mancini. Il entama également une longue correspondance avec Pierre Bayle. Ainsi, l'expérience et le savoir de Bernier sur l'Inde circulèrent dans les milieux littéraires, scientifiques et philosophiques les plus importants de son temps, dont beaucoup se trouvèrent unis tout au long des années 1670 par l'intermédiaire du salon de madame de la Sablière. Le récit de voyage de Bernier connut un immense succès. On peut en effet faire remonter à Bernier une grande partie des connaissances françaises sur l'Inde au XVIIe siècle ainsi que l'imaginaire qui en découle, d'autant plus que Bernier ne cessa de transiter non seulement entre les divers milieux érudits de son époque, mais aussi à travers toute l'Europe. Au salon de madame de la Sablière, Bernier retrouvait à l'occasion Jean-Baptiste Tavernier, un autre voyageur qu'il avait rencontré en Inde. Tavernier était un négociant en diamants et effectua une série de voyages en Inde à la recherche de pierres précieuses. Il était fasciné par l'Inde et fut reçu à la cour moghole. À son retour, il composa lui aussi un long récit de voyage dans lequel il décrivit en détail ses nombreuses impressions et expériences.

Si nous voulons comprendre les références à l'Inde dans les ouvrages de Madame de Lafayette et de La Fontaine, entre autres, et saisir l'impact de l'important récit du séjour de Bernier en Inde, il nous faut adopter une nouvelle approche des salons et des textes littéraires qui émanèrent de cette société. Bien que les spécialistes s'intéressant à ces œuvres et à la culture des salons aient souligné à quel point ces textes furent le produit d'une collaboration, personne n'a tenté de reconstituer les conversations d'un salon tel que celui de madame de la Sablière, en en rassemblant les bribes une à une, à l'exemple des références à l'Inde qui se dégagent

1 Voir l'édition du texte de Bernier par Frédéric Tinguely, notamment sa très utile introduction : *Un Libertin dans l'Inde moghole*, Paris, Chandeigne, 2008.

des vestiges littéraires d'un milieu mondain. De telles références nous signalent que ces textes n'étaient pas simplement le produit d'une écriture en collaboration, mais qu'ils étaient aussi formés par les lectures en commun et les conversations qui en résultaient dans les salons. Lafayette et La Fontaine lurent l'œuvre de Bernier et participèrent aux discussions sur l'Inde ; à l'inverse, Bernier lut et discuta les romans et les fables de ses interlocuteurs du salon de madame de la Sablière. En faisant dialoguer ces œuvres, on peut se faire une meilleure idée de la façon dont les idées sur l'Inde circulaient, et des effets qu'eurent ces idées sur les mentalités classiques.

Au cours des trente dernières années, Roger Chartier, entre autres, a développé une nouvelle histoire de la lecture, notamment afin de pouvoir reconstruire l'histoire des mentalités de la Renaissance à la Révolution. Chartier démontre de façon convaincante qu'il existait au XVIIe siècle des modes d'interaction avec les textes et les livres que nous avons aujourd'hui perdus. Bien qu'il fût alors de plus en plus commun de s'adonner seul et en silence à la lecture, les figures intellectuelles qui composaient le salon de madame de la Sablière se réunissaient plus probablement en petits groupes dans leurs découvertes des textes, lisant ensemble, et souvent à haute voix, des passages au fur et à mesure de leur composition. Elles faisaient circuler des lettres publiées ensuite dans des récits de voyage et développaient des idées nées au contact d'ouvrages philosophiques, comme ceux de Descartes et Gassendi. Les textes eux-mêmes nous restent aujourd'hui, mais les discussions animées qu'ils inspirèrent et qui les inspirèrent ne résonnent plus. Cependant, ce qui fut écrit ne contient qu'une partie seulement des informations sur les Indes que leurs auteurs purent transmettre à leurs contemporains. Tout aussi importantes, peut-être même plus, sont les perceptions, les descriptions et les histoires qui, comme autant de fils, composèrent l'éphémère toile de la conversation mondaine née dans les salons et ailleurs, et dont on retrouve la trace dans les œuvres littéraires, les correspondances et la culture classique en général tout au long de cette période.

Il nous faut donc compléter les souvenirs de l'Inde que les textes nous ont fait parvenir avec les voix imaginées et hypothétiques qui se font entendre, si l'on reste attentif et réceptif à leur inscription dans le tissu culturel de cette époque. Il est possible de ressusciter ces voix, en cherchant l'empreinte de la conversation laissée par les lectures en commun et les discussions sur le tissu textuel d'œuvres comme celles qui émanèrent du salon de madame de la Sablière. Ces conversations hypothétiques peuvent même venir enrichir le sens de textes aussi canoniques que *La Princesse de Clèves* ou les *Fables* de La Fontaine, en dévoilant des caractéristiques propres à l'histoire des mentalités de l'âge classique, perdues dans les ombres des siècles.

Des textes comme ceux de Bernier ou bien les conversations hypothétiques que l'on peut recomposer à partir de références à l'Inde dans des ouvrages tels que ceux qui prirent naissance dans le salon de Madame de la Sablière font clairement apparaître qu'au XVIIe siècle, l'Inde n'était pas perçue comme un « autre » inférieur, que la France était déterminée à conquérir et utiliser pour se définir elle-même. Notre vision des relations entre une puissance occidentale comme la France et ce que l'on considère souvent aujourd'hui comme un pays du tiers-monde a trop souvent été obscurcie par les théories postcolonialistes et les voiles, influents mais pas particulièrement pertinents, de l'orientalisme du XIXe siècle. Nous supposons qu'un pays occidental comme la France aurait été amené à se considérer comme naturellement supérieur à un pays supposé « moins développé », comme l'Inde, et qu'il y aurait eu un Orient réunissant en un tout les pays de la Méditerranée à l'Asie, une culture qu'ils auraient partagée et transmise à l'Occident, ou bien encore que chaque pays « occidental » aurait réagi de la même façon envers chaque pays « oriental ». En ce qui concerne le XVIIe siècle notamment, l'« Orient » ne regroupait pas ensemble l'Empire ottoman, par exemple, et les Indes orientales. Bernier, qui avait visité les deux régions, les distingue fréquemment. Quelle était alors l'Inde à la rencontre de laquelle partaient les Européens de l'âge classique ? L'Inde fournissait l'Europe en épices, mais le commerce textile, du coton notamment, et celui des pierres précieuses se révélaient encore plus importants et lucratifs. Vers la fin du XVIIe siècle, l'Inde contrôlait le quart du commerce mondial du textile[1]. Jusqu'au début du XVIIIe siècle, les mines du royaume de Golconde, près d'Hyderabad, constituaient la seule source de diamants au monde[2]. L'Inde avait une population nombreuse, et comme la France, était principalement rurale. Vers la fin du XVIe siècle, le pays subvenait

1 G. Das, *India Unbound*, New York, Anchor Books, 2000, p. 55.

2 Das souligne les associations produites par le nom de Golconde dans les imaginaires indien et européen, au XVIIe siècle : « Pour les Européens, le nom de "Golconde" devint le

aux besoins de plus d'une centaine de millions d'habitants et son agriculture égalait celle de l'Europe[1]. C'est à cette époque que les princes moghols régnèrent sur une partie de l'Inde, et que fleurirent palais et mausolées tels que le Taj Mahal, qui pouvait rivaliser avec Versailles, quand Versailles même n'était encore qu'un pavillon de chasse. Dans la première moitié du XVIIe siècle, les empereurs moghols Akbar (1556-1605), Jahangir (1605-1625) et Shah Jahan (1625-1658), développèrent un monde qui égalait et par certains aspects surpassait en richesse et culture ce que l'Europe d'alors pouvait imaginer. L'économie indienne était largement excédentaire. Durant la seconde moitié du XVIIe siècle, les revenus annuels d'Aurangzeb se révélaient dix fois supérieurs à ceux de Louis XIV. Jusqu'au début du XVIIIe siècle, la part de l'Inde dans le PIB mondial s'élévait à près de 23 %[2]. En fait, dans sa lettre à Colbert, Bernier décrit l'Hindoustan comme « un abîme d'une grande partie de l'or et de l'argent du monde, qui trouvent plusieurs moyens d'y entrer de tous côtés et presque pas une issue pour en sortir » (201). Annemarie Schimmel résume ce qu'était l'image de l'Inde pour l'Europe de l'époque

---

symbole de la richesse légendaire de l'Inde. Célèbre pour ses diamants, le roi de Golconde était le prince le plus riche de l'Inde après l'empereur moghol », *ibidem*, p. 55.

1 Cité par Das, *ibid.*, p. 56. L'auteur poursuit en expliquant que « même les paysans engagés dans une agriculture de subsistance obtenaient de bons rendements. L'Inde possédait une main d'œuvre qualifiée, abondante et vigoureuse, qui produisait non seulement du coton, mais également des produits de luxe pour les riches propriétaires terriens, les cours et l'aristocratie. Par conséquent, l'économie produisait un excédent financier extraordinaire », p. 56.

2 *Ibid.*, p. 56. L'auteur cite Irfan Habib : « On dit que les revenus annuels de l'empereur moghol Aurangzeb (1659-1701) s'élevaient à 450 millions de dollars, soit plus de dix fois ceux de son contemporain Louis XIV. Selon une estimation de 1638, la cour moghole en Inde avait accumulé un trésor équivalant à 1,5 milliards de dollars », et poursuit : « L'excédent économique servit à soutenir un empire moghol vaste et en expansion, ainsi qu'à financer la construction de monuments spectaculaires comme le Taj Mahal [...] La part de l'Inde dans le PIB mondial s'élevait à 22,6 %, selon l'économiste Angus Maddison. Paul Bairoch précise que la part des Indes orientales dans le commerce textile mondial s'élevait quant à elle à 25 %. "Il est plus important encore de souligner qu'il y avait un large secteur commercial avec un marché et une structure de crédit très sophistiqués, développé par une classe commerçante habile et bien souvent très aisée." Les méthodes indiennes de production et d'organisation industrielle et commerciale pouvaient soutenir la comparaison avec celles alors en vogue dans n'importe quelle autre partie du monde. L'Inde avait développé son propre système bancaire. Un capital marchand s'était développé avec un réseau élaboré d'agents, de courtiers et d'intermédiaires. Les billets de change indiens étaient honorés dans les plus grandes cités de l'Asie. Il n'est alors pas surprenant que les voyageurs anglais en Inde aient trouvé une économie dynamique et commerciale, et non stagnante et arriérée ».

quand elle déclare qu'« aux yeux de l'Europe du XVIIe siècle, l'Inde faisait miroiter des richesses sans fin[1] ».

Les statuts de la Compagnie française des Indes orientales, entreprise soutenue par l'État et qui avait pour but de promouvoir le commerce avec l'Inde, font clairement apparaître le fait que la France percevait l'Inde, non comme une possible colonie, mais comme une source fascinante de marchandises de luxe pouvant contribuer à accroître l'image de modèle européen de pouvoir et de culture que la France cherchait alors à incarner. En 1664, encouragé par des négociants et financiers comme le père de madame de la Sablière, Colbert fonda la Compagnie des Indes orientales et convainquit Louis XIV de consacrer des fonds à ce projet[2]. À cette époque, le Portugal, l'Espagne, les Pays-Bas et l'Angleterre avaient déjà établi des liens assez importants avec l'Inde. L'habileté de Colbert lui fit comprendre que la France ne pouvait laisser passer ce qu'il considérait comme la « nécessité indispensable » d'entrer en commerce avec l'Inde, ce que les voisins européens de la France avaient déjà fait à leur profit. Les premiers documents de Colbert établissant la Compagnie font clairement ressortir le fait que l'intérêt principal du ministre était avant tout financier et culturel. De fait, il demanda à l'académicien François Charpentier d'organiser une sorte de campagne publicitaire pour encourager le commerce avec l'Inde, et Charpentier publia le *Discours d'un fidèle sujet du roi touchant l'établissement d'une Compagnie française pour le commerce des Indes orientales, adressé à tous les Français*. Ce texte nous permet d'apprécier la façon dont la France percevait cette terre étrangère qu'était l'Inde et comment elle concevait ses relations avec elle :

> Or, entre tous les commerces qui se font dans toutes les parties du monde, il n'y en a point de plus riche, ni de plus considérable, que celui des Indes Orientales. C'est de ces pays féconds [...] qu'on rapporte ce qu'il y a de plus précieux parmi les hommes, et ce qui contribue le plus soit à la douceur de la vie, soit à l'éclat et à la magnificence... C'est désormais une nécessité indispensable de faire venir de toutes ces choses [...] Unissez-vous donc, généreux Français, unissez-vous, pour vous ouvrir une route glorieuse [...]

1 A. Schimmel, *The Empire of the Great Mughals : History, Art and Culture*, London, Reaktion Books, LTD, 2004, p. 7.

2 Au sujet de la Compagnie française des Indes orientales, voir parmi les nombreuses études de Philippe Haudrère, son ouvrage intitulé *Les Compagnies des Indes orientales*, Paris, Éditions Desjonquères, 2006.

> qui vous conduira à des biens innombrables, et qui se multiplieront encore entre les mains de vos enfants[1].

Si l'Inde, à cette époque, attendait bien peu de choses de la France, pour les habitués du salon de madame de la Sablière, elle était synonyme de « ce qu'il y a de plus précieux parmi les hommes ». Les récits de Bernier et de Tavernier, les deux textes de voyage les plus étroitement associés à ce salon et sans doute les plus connus des textes contemporains sur les Indes orientales, nous offrent un compte rendu détaillé de ces « précieuses » choses.

Quelles furent celles qui frappèrent les deux voyageurs lors de leur traversée du sous-continent indien et de leur séjour à la cour moghole ? Nous associons souvent l'Inde aux épices, mais les marchandises les plus recherchées étaient certainement les toiles indiennes et les diamants, et ces objets attirent l'attention des auteurs des deux récits. Au XVIIe siècle, la supériorité des textiles indiens n'était plus à établir en Europe[2]. L'histoire de l'impact de ces toiles indiennes en France est particulièrement fascinante et éclairante, constituant un exemple révélateur de la sorte d'effet que les contacts avec l'Inde pouvaient produire sur les mentalités. Dans les années 1670, alors même que Louis XIV commençait à développer et imposer un style « français », ses sujets raffolaient des toiles peintes en provenance d'Inde. L'historien Edgard Depitre rend compte de ce goût nouveau pour les toiles étrangères : « séduit par l'agrément, la commodité, la singularité des nouvelles étoffes, le public s'est jeté sur les toiles peintes ». Il cite un contemporain remarquant que « le goût en est devenu si universel qu'on en use non seulement en habits, mais en toutes sortes de meubles » (*La Toile peinte*, p. 15). Étant donné le caractère précieux de ces toiles ainsi que leur résistance, il était courant de les recycler. Les femmes étaient les principaux agents de leur diffusion et de leur consommation. Ces toiles peintes étaient de loin supérieures à tout ce que la France ou l'Europe étaient alors en mesure de produire. La production consistait en effet, non pas à imprimer un dessin sur la toile, mais à peindre le coton avec différentes teintes, voire avec de

---

1 F. Charpentier, *Discours d'un fidèle sujet du roi touchant l'établissement d'une Compagnie française pour le commerce des Indes orientales, adressé à tous les Français*, Paris, 1665, p. 6-7 and p. 60.

2 Pour une histoire complète de cette industrie et de ce commerce, voir E. Depitre, *La Toile peinte en France au XVIIe et au XVIIIe siècle*, Paris, Librairie des sciences politiques et sociales, 1912.

l'or. Qui plus est, les toiles peintes de l'Inde pouvaient être lavées sans craindre la décoloration. Afin de concurrencer ces toiles de coton, les manufactures françaises appelaient aussi leurs produits « toiles peintes », quand en réalité ces tissus étaient simplement imprimés, raison pour laquelle on devrait parler plus proprement de « toiles imprimées ». Les fabricants français tentèrent de faire passer leurs toiles pour indiennes en les appelant toiles peintes, mais les dessins s'effaçaient après quelques lavages. Il faudrait un siècle encore pour que les techniques utilisées par les Indiens soient comprises et copiées en Europe.

Le succès des toiles peintes indiennes se révéla un facteur de déstabilisation. Depitre explique ainsi que « cette consommation nouvelle n'a lieu qu'au détriment des anciennes : la mode des indiennes a supplanté celle des soieries, des dentelles, des batistes et des linons » (*La Toile peinte*, p. 15). En 1686, le roi décida qu'il fallait interdire ces toiles. Il prit alors des mesures contre les importations indiennes, mais rendit aussi illégale la fabrication de fausses toiles peintes par les manufactures françaises. Seuls des tissus de coton unis furent autorisés dans le royaume, et les fabricants français durent concentrer leurs productions sur des méthodes et des tissus français. Incontestablement, pour Louis XIV, ce goût étranger devait être contrôlé, et même censuré. Dès 1670, Molière mettait en scène le personnage ridicule du bourgeois gentilhomme, montrant fièrement « cette indienne-ci », dans une pièce commandée par le roi lui-même, et qui avait pour but de ridiculiser une fascination exercée par l'Orient qui dominait manifestement parmi ses sujets[1]. De 1686 à 1746, date à laquelle l'interdiction fut officiellement levée, il y eut un conflit permanent entre un goût mondain qui ne faiblissait pas et affichait même son attirance pour les toiles peintes indiennes et les décrets officiels de la couronne, dénonçant ces actions antipatriotiques et cherchant en vain à renforcer les frontières afin de prévenir l'entrée de toiles indiennes, en provenance d'Angleterre et des Pays-Bas. Il fut impossible de faire évoluer les goûts et de faire respecter ces lois, malgré le nombre de décrets passés à cette fin et qui illustrent à quel point les autorités tentèrent d'y parvenir.

La façon dont les motifs indiens *paisley* ou cachemire finirent par devenir provençaux est un des exemples qui nous renseignent sur

1 Pour une analyse de la pièce de Molière et de sa relation à l'Orient, consulter M. Longino, *Orientalism in French Classical Drama*, Cambridge, Cambridge University Press, 2002, p. 109-146.

l'influence que la culture indienne pouvait avoir sur le goût français au XVIIe siècle et nous signalent combien cet attrait avait le potentiel d'enrayer la machine absolutiste mise en place par Louis XIV pour asseoir son pouvoir. La France ne produisait pas les toiles les plus convoitées et ne pouvait lutter avec l'Inde en ce domaine. Cela avait une conséquence sur la perception que la France pouvait avoir d'elle-même, mais aussi sur l'image de la France comme parangon mondial du style que le roi notamment cherchait à construire. On peut aussi voir dans le goût de la bonne société pour ces tissus une tentative d'exalter la diversité incarnée par les toiles elles-mêmes avec leurs couleurs éclatantes, leurs dessins sans ordre précis, et leur origine étrangère. Elles représentent une subtile résistance du public français mondain à l'imposition royale d'une uniformité, de normes et du classicisme. Il suffit de penser au programme absolutiste de Louis XIV en matière d'habillement et de style pour comprendre combien les toiles peintes, et de façon plus large, la notion de diversité, pouvaient s'en écarter. Les toiles qui paraient les corps et servaient de somptueux décors étaient un rappel, subtil mais constant, de l'infériorité de la France par rapport au style luxueux des empereurs moghols et au savoir-faire des artistes et artisans indiens.

Les diamants, l'autre principal produit de luxe indien, firent également naître un certain malaise chez le monarque, si l'on en juge par les efforts de ce dernier pour contrôler ces nouvelles pierres précieuses. Jusqu'au XVIIe siècle, c'étaient les perles qui avaient eu la plus grande valeur et la plus large réputation en Europe[1]. Mais au contact de l'Inde, les goûts et valeurs de l'Occident changèrent à jamais. Chaque voyageur européen qui visitait la cour moghole était émerveillé par son déploiement de richesses et particulièrement ébloui par l'emploi des pierres précieuses dans cette ostentation de luxe. Bernier et Tavernier décrivent tous deux le Trône du Paon richement ouvragé de Shâh Jâhân, que ce dernier avait fait construire vers 1643 afin d'exposer la collection impériale de pierres précieuses. Il fallut sept années pour réaliser ce trône, qui mesurait 2,40 mètres de long sur 1,80 de large, et plus de 3,50 mètres de haut, et contenait environ 1,150 kilos d'or. Hiriart, traditionnellement considéré comme l'architecte du trône, le décrit comme étant « d'une valeur inestimable », parce que l'empereur « a plus de diamants à lui seul que

1 *Cf.* J. DeJean, *The Essence of Style*, New York, The Free Press, 2006, p. 163.

tous les princes de l'univers réunis[1] ». Aucun des voyageurs européens à la cour de l'empereur moghol ne passait ce trésor sous silence. Les voyageurs comme Bernier et Tavernier précisent également avoir visité le royaume de Golconde, source mondiale de diamants, conquis par Aurangzeb, fils de Shah Jahan, à l'époque où Louis XIV commença à régner. En 1669, Tavernier vendit une immense quantité de diamants indiens à Louis XIV : 44 grandes pierres et 1200 plus petites, dont un diamant bleu de 111 carats[2]. Certaines des pierres vendues par Tavernier avaient une valeur de plus de 100 carats, et même les petites valaient entre huit et douze carats. Le roi lança alors la mode de porter le plus de pierres précieuses possible et continua d'en acquérir tout au long de son règne.

Mais Louis XIV ne se contenta pas simplement d'imiter les empereurs moghols. Peut-être encouragé par un incident qui eut lieu en 1669, le roi chercha à imposer un style français aux diamants. En 1669, il reçut l'ambassadeur ottoman à la cour et décida de l'impressionner en se parant de tous les diamants alors en sa possession. D'après les témoignages, l'ambassadeur ne fut pas particulièrement impressionné, et fit même la remarque qu'à sa cour, les chevaux arboraient plus de diamants que le roi de France[3]. À la suite de cet affront, qui inspira *Le Bourgeois gentilhomme*, Louis XIV encouragea, et de fait, ordonna que les diamants qu'il se procurait en Inde fussent taillés, ou facettés, et les joailliers français passèrent maîtres en cet art au niveau mondial. Tavernier, entre autres, en était consterné, car cela réduisait considérablement la taille des plus grands diamants, à une époque où la taille était précisément la caractéristique la plus importante de ces pierres[4]. Selon l'interprétation des historiens et des critiques, la fascination de Louis XIV pour les diamants et l'art de les tailler serait liée à son désir de briller. Joan DeJean exprime la vision caractéristique d'un Louis XIV innovateur quand elle

1 Cité par A. Frémont, « Des Aventures de quelques Français en Inde au XVIIe siècle », dans *L'Aventure des Français en Inde XVIIe-XXe siècles*, éd. Rose Vincent, Paris, Éditions Kailash, 1998, p. 13.

2 Ce diamant bleu devait devenir célèbre sous le nom de Diamant Hope, à la suite de son achat par Henry Philip Hope en 1839, après le vol des joyaux de la Couronne sous la Révolution. DeJean raconte la relation de Louis XIV aux diamants dans *The Essence of Style*, *op. cit.*, p. 168-176.

3 DeJean, *ibid.*, p. 172.

4 Par exemple, le Diamant Bleu ou Diamant Hope fut réduit de 111 à 69 carats en 1673, *cf.* DeJean, *ibid.*, p. 167.

affirme qu'« aucun homme avant Louis ne comprit le lien existant entre les diamants et le pouvoir ». Le roi fit usage des diamants pour montrer qu'il était, selon elle, « le plus puissant au monde[1] ». Cependant, comme l'attestent Tavernier, Bernier et d'autres encore, les souverains indiens et moghols, en particulier Shâh Jâhân, développèrent et exploitèrent l'association entre diamants et pouvoir bien avant Louis XIV. Bien entendu, les diamants taillés étaient plus brillants que ceux que portaient les empereurs moghols et les autres souverains indiens. Mais le fait de les réduire en les taillant peut s'interpréter autrement, notamment quand on se rappelle la réaction de la couronne envers les toiles peintes. Louis XIV semble s'approprier et imposer son propre style français à un élément de toute évidence associé à une puissance et une supériorité étrangères, plus particulièrement indienne, et d'autant plus unique aux cours indiennes que les diamants à l'échelle mondiale émanaient alors de cette région[2]. Le fait de tailler les diamants témoigne ainsi d'un effort de contrôle de cette expression de pouvoir, et d'atténuation des valeurs orientales, et indiennes notamment.

Cette brève exploration des effets que produisaient les marchandises indiennes sur la cour de France atteste le pouvoir exercé sur la société française par les contacts avec l'Inde. Mais ces contacts eurent un effet plus profond que le seul fait d'inspirer émulation et envie chez Louis XIV. Lorsqu'on lit la profusion d'informations que contiennent les descriptions de l'Inde établies par les voyageurs et les missionnaires, et que l'on associe ces écrits à ce qui fut sans doute des milliers de conversations et de lettres désormais perdues, décrivant non seulement la cour moghole mais l'Inde en général, il devient évident qu'au cours de cette période, les contacts avec l'Inde durent façonner les mentalités françaises et l'imaginaire de la France de bien des manières. Bernier, tout particulièrement, invite ses contemporains à penser autrement.

Une des caractéristiques dominantes du récit de Bernier consiste en sa valorisation des différences qu'il remarqua entre la France et les

---

1 DeJean, *ibid.*, p. 173.

2 DeJean avance que la passion des Français pour les diamants mena « le monde qu'il [Louis XIV] avait découvert en Inde à sa fin » (*ibid.*, p. 176). Cet argument est difficilement justifiable. La production de diamants du Golconde diminua en effet vers la fin du règne de Louis XIV, mais cela n'était pas dû au fait que Louis XIV en avait acheté tous les diamants, comme le suggère DeJean, mais plutôt à l'instabilité politique de la région et au déclin de l'Empire moghol lui-même.

Indes, ainsi qu'en son désir de faire partager sa fascination à ses lecteurs et auditeurs, pour leur inspirer les mêmes conclusions que lui. De tous les voyageurs français en Inde, Bernier, surtout, sut saisir la variété des différentes Indes, pour avoir vécu à la cour moghole, mais pour avoir aussi beaucoup voyagé au Cachemire ainsi que dans le sud de l'Inde, essentiellement hindouiste, alors que l'empire moghol était avant tout musulman. Tout au long de son récit, Bernier se révèle être un véritable pédagogue. Il souhaite que son lecteur comprenne cette culture et ses traditions, et emploie pour cela des termes indiens dont il explique le sens. Il décrit avec soin les coutumes, l'architecture, l'organisation et la structure politiques, ainsi que le quotidien des populations hindouistes et musulmanes. Bernier cherche à ce que ses lecteurs perçoivent l'Inde comme une culture différente, mais par bien des aspects, d'une valeur égale à la leur. Il semble en effet souvent accéder à l'état d'esprit de ses hôtes indiens. Dans sa lettre à La Mothe le Vayer, il se demande même si son propre goût ne serait pas *indianisé*[1]. Cet hommage rendu au pluralisme et à la différence caractérise non seulement le texte de Bernier, mais aussi ceux de beaucoup d'autres voyageurs français en Inde au XVIIe siècle.

La diversité de la culture indienne est précisément l'une des qualités le plus souvent soulignées dans ces récits, sans doute parce qu'il s'agissait d'une des caractéristiques les plus frappantes pour les Français, étant donné l'uniformité absolutiste qui tendait à s'imposer dans leur propre société. Les Moghols ne régnaient que sur une partie de l'Inde, et il existait de nombreux royaumes indépendants, aussi bien hindouistes que musulmans[2]. On peut en effet soutenir que l'Inde devint un exemple privilégié d'une diversité que Louis XIV était déterminé à éliminer dans son propre monde. Le texte de Bernier offre une variété d'opinions et d'images des Indes Orientales. Son but est moins de transmettre un certain ensemble d'images et d'établir une représentation des Indes

1 S'apprêtant à comparer le Taj Mahal aux Pyramides d'Égypte, Bernier déclare « Pour moi, je ne sais pas bien encore si je n'aurais point le goût un peu trop indien », *Un Libertin dans l'Inde Moghole*, *op. cit.*, p. 300.

2 Ainsi que l'explique Bernier à Colbert : « dans cette même étendue de pays, il y a quantité de nations dont le Mogol n'est pas trop le maître, ayant encore la plupart leurs chefs et souverains particuliers, qui ne lui obéissent et ne lui paient tribut que par contrainte, plusieurs que fort peu de chose, quelques-uns rien du tout, et quelques-uns même qui en reçoivent de lui », *ibid.*, p. 202.

auprès du public que d'amener ses différentes audiences à réfléchir sur la diversité même. On pourrait attribuer cette attention profonde à la diversité indienne à la société du salon au sein duquel Bernier constituait son récit. Nulle autre société n'était en effet si éclectique et variée, ni sans aucun doute, si à l'unisson de la diversité religieuse.

La plupart de ces premiers et intrépides voyageurs français en Inde financèrent eux-mêmes leurs voyages, ce qui les laissait plus libres d'exprimer leurs impressions. Ils ne cherchent pas à se comparer, eux ou leur monde, à « l'Autre », dans le but de vanter les bienfaits d'une France plus civilisée. L'Inde leur sert à entamer une réflexion philosophique sur leur propre culture. Même un simple survol des récits de voyage tels que ceux de Bernier et Tavernier laisse apparaître une fascination et un respect pour les *divers* aspects de cette culture véritablement étrangère et pour la manière dont la diversité était appréciée au sein même de cette culture. Dans sa lettre à La Mothe le Vayer, par exemple, Bernier apporte une réponse à une question que se posaient beaucoup de ses contemporains : Delhi et Agra sont-elles « aussi belles, aussi grandes et aussi peuplées que Paris ? » (p. 235). Au lieu de louer la beauté légendaire de la capitale française, Bernier se sert de la question pour réfléchir au relativisme culturel qui devrait jouer un rôle dans une réponse à ce genre de questions[1]. Ce n'est pas sans provocation que dès l'ouverture de la lettre, il présente une réponse qui donne matière à réflexion :

> Pour ce qui est de la beauté, [...] je me suis quelquefois étonné d'entendre ici de nos Européens mépriser les villes des Indes, comme n'approchant pas des nôtres au regard des bâtiments ; car aussi ne faut-il pas qu'elles leur ressemblent, et si Paris, Londres ou Amsterdam étaient dans l'endroit où est Delhi, il en faudrait jeter par terre la plus grande partie pour bâtir d'une autre façon. (p. 235)

L'Inde est une contrée où Londres, Paris et Amsterdam devraient et seraient en effet réduites à l'état de ruines. Comme le souligne Bernier, il nous faut reconsidérer notre idéal de beauté urbaine et d'utilité, étant donné les différences extrêmes de climat :

1 G.J. Ames et R.S. Love, éditeurs de *Distant Lands and Diverse Cultures : The French Experience in Asia, 1600-1700*, constatent également le sentiment de relativisme culturel qui traverse nombre de ces premiers récits de voyage : « Ainsi, l'idée la plus essentielle qui parcourt l'ensemble de ces ouvrages est sans doute un relativisme culturel croissant, chaque auteur comprenant peu à peu que la différence ne constituait pas *a priori* une infériorité ou une supériorité », p. XVII.

> Nos villes, sans contestation, ont de grandes beautés, mais ce sont des beautés qui doivent leur être particulières et accommodées à un climat froid ; Delhi de même peut avoir les siennes qui lui soient aussi particulières et qui soient accommodées à un climat très chaud. (p. 235-236)

Une tension sous-jacente, que nous avons déjà rencontrée dans le cas des toiles peintes et même des diamants, est encore palpable ici et nous montre que l'Europe et la France ne sont pas les canons universels de la beauté.

Bernier, dans une longue description de Delhi, souligne la nécessité d'évaluer la ville selon le contexte de l'Inde, au lieu de comparer simplement cette civilisation à la civilisation française. En ce qui concerne l'architecture urbaine indienne, par exemple, Bernier conclut : « Je crois qu'on peut dire, sans faire tort à nos villes, que Delhi n'est pas sans bâtiments qui soient véritablement beaux, quoiqu'ils ne soient pas semblables aux nôtres d'Europe » (p. 244). Il va plus loin en déclarant : « ces bâtiments ne ressemblent point aux nôtres, ni [...] n'y doivent pas ressembler : c'est assez qu'ils aient cette magnificence qui peut s'accommoder au climat » (p. 251). « C'est tout un autre air de grandeur que le nôtre, mais qui néanmoins a quelque chose de royal » (p. 277).

Il n'est pas surprenant que la diversité religieuse observée en Inde ait une place de choix dans ces récits, nous offrant un exemple de la façon dont une culture peut s'épanouir quand la tolérance, et la valorisation même, de la diversité font partie intégrante de celle-ci. Au contraire, dans les années 1670, la propre cour de Louis XIV devenait de moins en moins tolérante face à la différence, et particulièrement la différence religieuse, pour aboutir à la révocation de l'Édit de Nantes en 1684. Un grand nombre des voyageurs français, comme Tavernier et Chardin, étaient protestants, au même titre que madame de la Sablière et sa famille. Ils étaient donc particulièrement sensibles aux exemples de tolérance religieuse. Les récits de voyage contiennent de longues descriptions des pratiques et croyances religieuses de l'Inde, et les témoignages soulignent souvent la pluralité des rites. Les premiers missionnaires, par exemple, furent surpris en découvrant la coexistence de différentes religions à la cour moghole et à travers l'Inde, tout autant que la façon dont l'hindouisme encourageait chaque individu à exprimer sa propre spiritualité comme il le désirait. La majeure partie de la population indienne était hindouiste, mais il y avait aussi des Chrétiens, des Juifs, des Parsis et des Jaïns, même au sein de la cour moghole musulmane. De plus, alors que les Moghols étaient sunnites, un grand nombre de leurs conseillers étaient chiites, et l'empereur Akbar était célèbre pour sa tolérance[1]. Hindouistes comme Musulmans faisaient partie de son gouvernement et de celui de ses successeurs. Et bien que la cour moghole fût de confession musulmane, Bernier, entre autres, souligne le fait qu'elle était gouvernée par une forte croyance dans l'astrologie, déclarant que rien ne peut avoir lieu sans que les astres ne soient en accord, trait culturel essentiellement hindouiste, ce qui souligne à nouveau le pluralisme des cours indiennes à l'époque. Les voyageurs comme Bernier pouvaient critiquer les pratiques associées à tel ou tel système de croyances, mais ils étaient fascinés par l'existence même de cette tolérance officielle envers la différence.

Au sein du salon de madame de la Sablière, en particulier, la diversité devient une valeur prisée, diffusée et admirée, et cette façon de penser nous paraît inspirée par les contacts avec l'Inde, tels que narrés par Bernier. Le récit indien de Bernier montre bien que sa recherche de la différence était également une recherche de nouvelles formes de savoir. D'après la définition de Furetière, « divers » est un « terme qui marque la pluralité et la différence soit des temps, soit des lieux, des personnes, ou des choses. Il faut avoir eu affaire à diverses personnes et en divers temps pour connaître le monde ». La *diversité* mène à la connaissance, et cela faisait déjà indéniablement l'objet d'un intense intérêt de la part du salon de madame de la Sablière. On y percevait l'Inde comme une culture pouvant apporter beaucoup au domaine de la connaissance, et de façon importante. En 1684, Bernier rédigea un essai sur la diversité de la race humaine, sans aucun doute inspiré de ses voyages en Inde. Dans cet essai, il renvoie précisément à une thèse qu'il attribue à madame de la Sablière, selon laquelle la découverte de nouvelles cultures et de nouveaux peuples oblige à redéfinir les caractéristiques les plus importantes de la nature humaine[2]. Il est aussi possible de lire les *Entretiens sur la*

1 Cette tolérance envers la différence est un trait caractéristique de la société indienne fréquemment souligné par les historiens et encore d'actualité aujourd'hui. Jacques Weber déclare : « l'un des traits dominants de cette vénérable civilisation, [est] la tolérance », dans « Contre l'oubli de l'Inde », introduction aux *Relations entre la France et l'Inde de 1673 à nos jours*, éd. J. Weber, Paris, Les Indes Savantes, 2002, p. 9.

2 Dans *The Suspicion of Virtue*, John Conley fait référence à l'essai de Bernier (Conley, *op. cit.*, p. 77).

pluralité des mondes que Fontenelle publia en 1686 comme un hommage à la *diversité*. Cette œuvre se présente comme une série de dialogues entre Fontenelle et une marquise, en qui l'on voit traditionnellement la fille de madame de la Sablière, et, bien que ces « mondes » soient extraterrestres, ils n'en abordent pas moins la question de la *diversité*[1].

C'est dans cette ambiance « indienne » particulière, propre à la première moitié du règne de Louis XIV, que virent le jour certaines des œuvres les plus célèbres de la littérature française, à l'exemple du second livre des *Fables* de La Fontaine ou de *La Princesse de Clèves*, citée au début de cet article. La fameuse scène où la princesse s'abandonne à la rêverie nous offre la plus évidente et plus curieuse inscription de l'Inde. À aucun moment Lafayette n'explique comment Nemours pouvait avoir une telle canne en sa possession en 1559, date à laquelle les événements du roman sont supposés se dérouler[2]. La référence à l'Inde est tout à fait anachronique. On peut difficilement concevoir la présence de la France en Inde en 1558-1559, et cette allusion semble donc gratuite. Et pourtant, Lafayette n'a pas pour réputation de faire usage d'une telle *gratuité*. Dans ses récits, Bernier rapporte que de telles cannes étaient employées par des serviteurs afin de guider les éléphants et de contrôler les foules.

Le roman de Lafayette, comme tant d'autres ouvrages composés par les habitués du salon de madame de la Sablière, est entouré d'une *aura* indienne qui invite au déchiffrement. *La Princesse de Clèves* était une des œuvres les plus célèbres et les plus controversées de son temps. Lafayette y redéfinit entièrement ce qu'une femme peut dire ou faire, et défie les règles de la fiction de son époque. Peut-être l'inscription de l'Inde dans un tel roman représente-t-elle pour son auteur un moyen de célébrer la *diversité* et la nécessité de nourrir son imagination à de nouvelles sources d'inspiration, hors des espaces familiers. À l'image de son ami La Fontaine, autre habitué du salon, qui en 1678 s'avoue inspiré par « Pilpay sage indien » au lieu de sources occidentales classiques, Lafayette, en faisant allusion à une « canne des Indes », nous indique la façon dont les auteurs et penseurs de la fin du XVIIe siècle pouvaient définir

1 Il est possible de penser que le « Discours à Mme de la Sablière », dans lequel La Fontaine soutient que les animaux ont une âme, fut inspiré en partie par des discussions du salon ayant trait à l'hindouisme et à la réincarnation.

2 Les gardes des souverains indiens utilisaient des cannes de bambou pour créer un passage au sein des foules. De telles cannes figurent souvent dans les peintures et miniatures représentant le costume de ces gardes.

l'imagination et quelle était leur relation à des influences « diverses », tout particulièrement issues d'une culture jusqu'alors peu connue. Lafayette célèbre la capacité que peut avoir une vision du monde pour stimuler la littérature et l'esprit en général.

Le salon de madame de la Sablière nous permet ainsi d'entrevoir la manière dont la France classique pouvait vivre ses contacts avec l'Inde. Canonisées au cours des siècles suivants comme classiques de la littérature française, les œuvres créées à cette période sont associées à des développements politiques et culturels qui marquèrent profondément le sentiment d'identité collective de la France et son rôle dans le monde. Il nous semble que l'Inde joua un rôle durant cette période fondatrice. Les perceptions de cette culture lointaine transmises au XVIIe siècle au contact des voyageurs, négociants et philosophes nous offre un aperçu fascinant des mentalités de l'âge classique dans toute leur diversité.

Faith BEASLEY
Dartmouth College
Traduit par Alexandre Bonafos,
avec la participation de l'auteur

OUVRAGES CITÉS

BERNIER, François, *Un Libertin dans l'Inde Moghole : Les Voyages de François Bernier*, éd. par Frédéric Tinguely, Paris, Chandeigne, 2008.

BERNIER, François, *Travels in the Mogul Empire*, 2 vol., trad. par Irving Brock, London, William Pickering, 1826.

CHARPENTIER, François, *Discours d'un fidèle sujet du roi touchant l'établissement d'une Compagnie française pour le commerce des Indes orientales, adressé à tous les Français*, Paris, 1665.

CONLEY, John J., S. J., *The Suspicion of Virtue : Women Philosophers in Neoclassical France*, Ithaca, Cornell University Press, 2002.

CRAVERI, Bernadette, *L'Âge de la Conversation*, Paris, Tel, 1995.

DEJEAN, Joan, *The Essence of Style*, New York, The Free Press, 2006.

Distant lands and diverse Cultures : The French Experience in Asia, 1600-1700, éd. Glenn J. Ames et Ronald S. Love, Westport, Praeger, 2003.

D'ELBENNE, Menjot, *Mme de la Sablière*, Paris, Plon, 1923.

DEPITRE, Edgard, *La Toile peinte en France au* XVIIe *et au* XVIIIe *Siècles*, Paris, Librairie des sciences politiques et sociales, 1912.

DEW, Nicholas, *Orientalism in Louis XIV's France*, Oxford, Oxford University Press, 2009.

FRÉMONT, Annette, « Des Aventures de quelques Français en Inde au XVIIe siècle », dans *L'Aventure des Français en Inde* XVIIe-XXe *siècles*, éd. Rose Vincent, Paris, Éditions Kailash, 1998.

GUILLAUME, Lyane, « L'Inde retrouvée ou la Nostalgie des origines », dans *L'Aventure des Français en Inde* XVIIe-XXe *siècles*, éd. Rose Vincent, Paris, Éditions Kailash, 1998.

HAUDRÈRE, Philippe, *Les Compagnies des Indes orientales*, Paris, Éditions Desjonquères, 2006.

KOCH, Ebba, *The Complete Taj Mahal*, London, Thames and Hudson, 2006.

LAFAYETTE, Marie Madeleine Pioche de la Vergne, comtesse de, *La Princesse de Clèves*, 1678, réimp. Paris, Classiques Garnier, 1970.

LONGINO, Michèle, *Orientalism in French Classical Drama*, Cambridge, Cambridge University Press, 2002.

MARSH, Kate, *India in the French Imagination : Peripheral Voices, 1754-1815*, London, Pickering and Chatto, 2009.

SCHIMMEL, Annemarie, *The Empire of the Great Mughals : History, Art and Culture*, Londres, Reaktion Books LTD, 2004.

SÉVIGNÉ, Marquise de, *Correspondance*, éd. par Roger Duchêne, 1973, réimp. Paris, Gallimard, 1985.

Les relations entre la France et l'Inde de 1673 à nos jours, éd. Jacques Weber, Paris, Les Indes Savantes, 2002.

WEEKS, Joëlle, *Représentations européennes de l'Inde du* XVIIe *au* XIXe *siècle*, Paris, L'Harmattan, 2009.

DE L'IMAGINATION ETHNOGRAPHIQUE AU XVIIIᵉ SIÈCLE

Lors de son discours d'inauguration du Musée du Quai Branly en 2006, musée dédié aux « arts premiers », le président de la République française, Jacques Chirac, a parlé de la nécessité de réparer les torts faits aux « peuples brutalisés, exterminés par des conquérants avides et brutaux. Peuples humiliés et méprisés, auxquels on allait jusqu'à dénier qu'ils eussent une histoire. Peuples aujourd'hui encore souvent marginalisés, fragilisés, menacés par l'avancée inexorable de la modernité ». Il a appelé à rejeter « l'ethnocentrisme et [...] cette prétention déraisonnable et inacceptable de l'Occident à porter, en lui seul, le destin de l'humanité[1] ». Jacques Chirac, se tenant dans l'amphithéâtre portant le nom (et en la présence) de Claude Lévi-Strauss, a invoqué l'appel de l'anthropologue à préserver les « fleurs fragiles de la différence ». Afin de contrer un désir utopique d'unité et d'homogénéisation issu de la globalisation économique, il a lié ce projet présidentiel à « l'imaginaire, l'inspiration, le rêve contre les tentations du désenchantement ». Le discours de Chirac a fait écho à des principes qui datent au moins des Lumières : l'égalité (entre les arts, les cultures et les peuples), la tolérance, le progrès, et le sentiment universaliste d'une humanité partagée. À cela, il a ajouté l'ambition de promouvoir de multiples perspectives qui permettent d'« autres manières d'agir et de penser, d'autres relations entre les êtres, d'autres rapports au monde ». Il n'a pas échappé aux participants du colloque d'inauguration (des philosophes, des conservateurs de musées, des critiques littéraires et d'autres), ou aux critiques du projet, qu'avec ce musée ethnographique Paris devenait encore, si ce n'est le centre, du

1 J. Chirac, *Allocution de M. Jacques Chirac, Président de la République, à l'occasion de l'inauguration du Musée du Quai Branly*, le 20 juin 2006. http://www.quaibranly.fr/fr/actualites/actualites-par-rubriques/archives-des-actualites/m-jacques-chirac-president-de-la-republique-a-inaugure-le-musee-du-quai-branly/allocution-de-m-jacques-chirac-president-de-la-republique.html

moins le pivot, des échanges culturels. Leurs interrogations sur le vingt-et-unième siècle émanent de celles, restées sans réponses définitives, du dix-huitième siècle : depuis quel lieu (géographique) parlons-nous, et qui est ce « nous » ? Quand « il » devient « nous », et quand « nous » devient « eux », comment les peuples et les cultures entrent-ils en dialogue ?

John Mack, professeur de « world art » à l'université de East Anglia, fait s'effacer les distinctions entre l'ethnographique et l'esthétique, en soulignant que ce qui est observé importe moins que la façon dont l'observateur observe[1]. La visée de cet essai sera de montrer comment des écrivains du dix-huitième siècle ont créé différents points de vue pour critiquer leur propre société. Entre la période des conquêtes européennes au seizième siècle et celle de l'expansion coloniale du dix-neuvième siècle – pendant lesquelles la relation aux autres cultures était un rapport d'appropriation (des populations autant que des objets) – beaucoup d'écrivains du dix-huitième siècle se sont engagés dans des chemins d'apprentissage et de connaissance à partir du contact avec des peuples d'époques et de régions différentes. Rousseau, Diderot, Montesquieu, Graffigny et Voltaire, entre autres, ont soutenu de différentes manières que, pour se voir en tant qu'individu et membre d'une culture, il était nécessaire de regarder à distance : dans certains cas, une distance temporelle à l'intérieur de l'histoire du genre humain ; dans d'autres cas, une distance spatiale par rapport à d'autres cultures ou à des sociétés imaginées. Que ce soit par la reconstruction des sociétés primitives et des origines du langage, ou à travers l'interrogation de valeurs sociales, politiques, religieuses ou morales, ils intègrent à leurs récits de fiction ce que les voyageurs et les historiens ont puisé dans leurs observations des langues, des cultures et des gouvernements au-delà des frontières françaises. Des discussions en littérature et en philosophie ont été lancées au sujet de la liberté de parole, de la tolérance religieuse et morale, des droits de l'homme, des fondations pour un contrat social (à l'intérieur et par-delà la nation), de l'inclusion et de l'exclusion de la citoyenneté. Ce qui était alors en jeu n'était pas moins qu'une vision radicalement neuve de l'avenir de l'humanité et des sociétés. Pour décrire le but du vaste projet collectif de l'*Encyclopédie ou dictionnaire raisonné des sciences et des arts*, Diderot s'est appuyé sur une métaphore spatiale du savoir :

1 *Le Dialogue des cultures : Actes des rencontres inaugurales du musée du Quai Branly*, Paris, 21 juin 2006, éd. B. Latour, Paris, Babel, 2007, p. 371.

« rassembler les connaissances éparses sur la surface de la Terre ; [...] exposer le système général aux hommes avec qui nous vivons, et ... le transmettre aux hommes qui viendront après nous[1] ». L'ordre général du livre devait être « comme une mappemonde où l'on ne rencontrera que les grandes régions », par contraste avec les ordres particuliers des connaissances qui seraient « comme des cartes particulières de royaumes, de provinces, de contrées ». Diderot espérait que, grâce à l'*Encyclopédie*, œuvre d'où le terme de « Lumières » a émergé, lui et ses contemporains pourraient « changer la façon commune de penser ».

DÉPAYSEMENT ET ETHNOGRAPHIE

Pour beaucoup d'écrivains du dix-huitième siècle, le désir de voir et d'imaginer d'autres cultures, coutumes et régimes sociopolitiques a donné naissance à des œuvres qui placent le lecteur culturellement ailleurs ; le dépaysement, au sens propre et au sens figuré, l'éloignement ou la désorientation, ont suscité des questions sur des manières de penser nouvelles et différentes. Certains, par le passé, comme les voyageurs, les marchands, les pèlerins et les missionnaires avaient rapporté ce qu'ils avaient vu et pensé[2]. D'autres ont créé des histoires imaginaires sur la nature et la société à travers le monde : de l'état de nature dans des climats nordiques et méridionaux aux colonies américaines, au Canada, à la Perse, au Pérou, et à Tahiti, entre autres lieux.

Pour ceux qui n'ont pas fait le voyage réel, les carnets de voyages et les images visuelles leur ont fourni la matière pour une sorte de « travelling mental » qui leur a permis de concevoir leurs propres communautés dans un contexte global et d'étendre leur sens du « nous » avant qu'il

1 Premiers tomes de *l'Encyclopédie* de Diderot et D'Alembert, Archives de France, http://www.archivesdefrance.culture.gouv.fr/action-culturelle/celebrations-nationales/recueil-20001/litterature-et-sciences-humaines/encyclopedie-de-diderot-et-d-alembert

2 Sur des questions concernant le regard problématique des Européens depuis les Lumières, lire J. Clifford, *Le malaise dans la culture. L'ethnographie, la littérature et l'art au XXe siècle*, Paris, ENSB-A, 1996 ; E. Said, *Orientalisme*, trad. C. Malamoud, préf. T. Todorov, Paris, Seuil, 1980 (rééd augm. 2003) ; T. Todorov, *Nous et les autres : la réflexion française sur la diversité humaine*, Paris, Le Seuil, 1989 ; F. Kurasawa, *The Ethnological Imagination : A Cross-Cultural Critique of Modernity*, Minneapolis, University of Minnesota Press, 2004.

ne se soit rétréci dans le sens jacobin d'une nation pure et rassemblée pendant la Révolution française.

Avant que le mot « nation » n'indique principalement un état politique, le terme français (qui puise ses origines dans l'anglo-normand *nacium*) signifiait un peuple d'une même langue et d'une même culture, et le mot « peuple » (du latin *populus*) désignait une multitude de personnes sous l'autorité d'un même prince, habitant la même région, ou professant la même religion, qu'elles vivent ou non sur le même territoire : par exemple, les Juifs (*Dictionnaire de l'Académie française*, 1762). Le terme « ethnologie » quant à lui a une racine grecque, *ethnos*, qui signifie race, tribu, nation, individus vivant ensemble dans une communauté, et famille. Alors que les termes mêmes d'ethnologie et d'ethnographie n'étaient pas utilisés en Français jusqu'à 1820, ils ont fait leur apparition dans la tradition germanique pendant la seconde moitié du dix-huitième siècle (avec August Ludwig Schlözer et Johann Gottfried Herder, parmi d'autres) et se sont répandus partout en Europe. « Ethnologie » est devenu le terme employé pour l'étude comparée des cultures et de leur territoire, ainsi que de la relation entre les langues ; l'« ethnographie » désignait la description d'une seule culture dans le présent[1]. Avant le dix-neuvième siècle, où l'ethnologie a ajouté à son champ l'étude des identités nationales et de la race dans un cadre conceptuel évolutionnaire, et avant le vingtième siècle où elle s'est associée au travail de terrain comme fondement de l'analyse et de la comparaison, l'étude des différentes cultures faisait partie d'un discours philosophique.

Je considère l'ethnographie au dix-huitième siècle dans un sens large, proche de la formulation de Merleau-Ponty : « L'appareil de notre être social peut être défait et refait par le voyage, comme nous pouvons apprendre à parler d'autres langues [...]. L'ethnologie n'est pas une spécialité définie par un objet particulier, les sociétés "primitives" ; c'est une manière de penser, celle qui s'impose quand l'objet est "autre", et [qui] exige que nous nous transformions nous-mêmes. Aussi devenons-nous les ethnologues de notre propre société, si nous prenons distance envers elle[2]. » Pour Merleau-Ponty, l'accès à l'universel ne viendrait pas à travers

---

1 H. F. Vermeulen et A. Alverez Roldan, « Origins and Institutionalization of Ethnography and Ethnology in Europe and the USA, 1771-1845 », dans *Fieldwork and Footnotes : Studies in the History of European Anthropology*, éd. Hans F. Vermeulen and Arturo Alvarez Roldán, New York, Routledge, 1995..

2 M. Merleau-Ponty, « De Mauss à Claude Lévi-Strauss », *Signes*, Paris, Gallimard, 1960, p. 150.

« d'une méthode strictement objective » (qui renvoie au positivisme du dix-neuvième siècle), mais plutôt par une « incessante mise à l'épreuve de soi par l'autre et de l'autre par soi ». L'anthropologue Vincent Crapanzano a formulé la complexité du défi en ces termes : « L'ethnographe est pris dans un [...] paradoxe. [Il] doit rendre intelligible ce qui est étranger. [...] Comme le traducteur selon Benjamin, il vise à résoudre le problème de l'étrangeté [...]. Le traducteur le réussit à travers le style, l'ethnographe le fait par la conjonction d'une présentation qui maintient ce qui est étranger et une interprétation qui le rend familier[1]. » Distinguer ce qui est étranger (que ce soit par l'observation ou dans l'invention), puis le rendre familier par l'interprétation, constituait, pour bien des écrivains du dix-huitième siècle, plus qu'une série séquentielle de tâches ; la démarche produisait un effet de distanciation envers les présuppositions de leur existence, et a permis l'autocritique et la capacité d'examiner minutieusement les échecs à l'intérieur de leur propre société.

IMAGINATION ET CRITIQUE

Si l'ethnographie dans ce sens large implique des rencontres avec d'autres cultures et le sens de l'altérité, la notion d'imagination aux dix-septième et dix-huitième siècles vient de sa racine latine *imago* (image) et comprend la pensée et l'invention. Telle qu'elle est définie dans l'*Encyclopédie*, l'imagination, avec la raison philosophique et la mémoire, en tant que principe structurant, devient la faculté créatrice en architecture, en littérature (poésie et éloquence), en peinture, en sculpture, et en musique. Dans son article « Imagination » de l'*Encyclopédie*, Voltaire propose deux sortes d'imagination : l'une passive et servile, l'autre active et créatrice. L'imagination passive implique la réception d'objets par les sens et leur rétention dans la mémoire ; il s'agit d'une réaction que les animaux ont aussi, et elle est faible : car sujette aux passions, à l'erreur, et à la mentalité grégaire qui amène à la superstition et au

1 V. Crapanzano, « Hermes'Dilemma : The Masking of Subversion in Ethnographic Description », dans *Writing Culture : The Poetics and Politics of Ethnography*, éd. James Clifford et G. E. Marcus, Berkeley, University of California Press, 1986.

fanatisme, entre autres maux. Au contraire, l'imagination active repose sur la mémoire et requiert un jugement, étant reçue comme cadeau de la nature. L'imagination, comprise dans ce sens, engendre l'invention dans les arts et les sciences, selon la vénérable tradition qui remonte à Homère, Virgile et Horace. Source d'enthousiasme, l'imagination permet à un auteur de se mettre à la place de ses personnages[1].

Dans ce qui suit, j'examine plusieurs œuvres, écrites entre 1715 et 1772 (après la Régence et quelque temps avant la Révolution française), par des écrivains qui se sont servis de l'imagination ethnographique pour localiser l'expansion et les limites du savoir comme défi au *statu quo*. Rousseau, Montesquieu, Graffigny, Diderot et Voltaire se sont demandé, de différentes manières, quelle était la place des hommes et des femmes à l'intérieur du monde naturel, social et politique, et comment la critique pourrait produire un changement. En 1694, le terme français « critique » signifiait, en tant que nom, l'art de juger, et, en tant qu'adjectif, le moment où une crise arrive. Marmontel, dans son article « Critique » dans l'*Encyclopédie*, a étendu la définition de la critique pour y inclure le rôle de ligne de conduite morale dans les conflits d'opinions et de mœurs[2].

HYPOTHÈSES ETHNOLOGIQUES : LÉVI-STRAUSS ET ROUSSEAU

Claude Lévi-Strauss a rendu hommage aux perspectives sur le monde qu'avaient les penseurs des Lumières lors de son salut à Jean-Jacques Rousseau, qu'il considérait non pas seulement comme le précurseur mais comme le fondateur de l'ethnologie moderne : explorer la manière de vivre et de penser des autres pour avoir une meilleure compréhension de la relation des êtres humains avec la société en général, et avec différentes sociétés en particulier[3]. Il a précisément fait référence au *Discours sur l'origine et les fondements de l'inégalité parmi les hommes* (désormais

1 « Imagination », *Encyclopédie*, http://encyclopedie.uchicago.edu.

2 J.-F. Marmontel, « Critique », *Encyclopédie*, http://encyclopedie.uchicago.edu.

3 C. Lévi-Strauss, « Jean-Jacques, Fondateur des sciences de l'homme », dans *Jean-Jacques Rousseau*, Neuchâtel, La Baconnière, 1962, p. 240.

nommé le *Second Discours*, écrit en 1755) dans lequel Rousseau décrit le développement hypothétique de la société et du langage sur terre depuis une nature « originelle » de l'humanité. Dans son *Discours sur les arts et sciences* (1749), l'essai qui a lancé sa carrière, il décrivait la dissolution morale des sociétés développées et en attribuait la cause pernicieuse aux arts et aux sciences. Dans son *Essai sur l'origine des langues*, il examinait la naissance des relations entre les hommes et la nature dans différents contextes géographiques, et entre les êtres humains eux-mêmes, avant tout contrat social : « Quand on veut étudier les hommes, il faut regarder près de soi ; mais pour étudier l'homme il faut apprendre à porter sa vue au loin ; il faut d'abord observer les différences pour découvrir les propriétés[1]. »

Comme d'autres penseurs du milieu du dix-huitième siècle, Rousseau avait lu les écrits des voyageurs. Il avait lu, entre autres, les *Voyages de Monsieur le Chevalier Chardin en Perse et autres lieux de l'Orient* (1686), compte rendu en trois volumes devenu extrêmement populaire du voyage en Perse du bijoutier protestant Jean Chardin, ainsi que la célèbre *Histoire d'un voyage fait en la terre du Brésil* (1578) écrite deux siècles plus tôt par Jean de Léry (1536-1613). Rousseau a lu le physicien Maupertuis (1698-1759) qui avait voyagé en Laponie pour y mesurer des longitudes, et La Condamine, qui était allé en Amérique du Sud pour effectuer des mesures sur l'Équateur ; il a aussi lu la compilation des récits de voyage publiés par l'Abbé Prévost (1697-1763) dans *Histoire des voyages* (1746-1759). Rousseau a tiré de ces lectures le sens d'un savoir en pleine expansion, en même temps qu'elles ont aussi fait naître en lui un grand scepticisme par rapport à ce qu'on pouvait apprendre de ces œuvres. Il écrit, avec étonnement, dans la célèbre note 10 du *Second Discours* que « les Peuples des Indes orientale » et d'Afrique « sont encore à examiner ; toute la terre est couverte de Nations dont nous ne connaissons que les noms, et nous nous mêlons de juger le genre-humain[2] ! ». De la notion de voyage terrestre sacré, le voyage touristique était devenu la ressource par laquelle chacun pouvait acquérir du savoir. Cependant, Rousseau se moque de la littérature en plein essor des voyageurs qui reviennent ; comment

1 J.-J. Rousseau, *Essai sur l'origine des langues*, dans *Œuvres complètes*, Paris, Gallimard (La Pléiade), 1995, t. V, p. 394.

2 Rousseau, *Le discours sur l'origine et les fondements de l'inégalité*, dans *Œuvres complètes. op. cit.*, t. III, p. 213–214.

pourraient-ils comprendre et traduire ce qu'ils voient ? Comment des récits de première main pourraient-ils être fiables ? Il faudrait davantage qu'un savoir pratique acquis par le voyage pour comprendre d'autres sociétés. Dans son roman d'éducation *Émile,* Rousseau rend hommage aux écrivains de l'Antiquité, en particulier Homère et Hérodote, qui selon lui faisaient de meilleures observations culturelles – alors qu'ils n'avaient que peu voyagé – que ses contemporains, écrivains et historiens[1]. Dans un commentaire à double tranchant, Rousseau énonce ce qui serait nécessaire pour une épistémologie du voyage :

> Supposons un Montesquieu, un Buffon, un Diderot, un Duclos, un d'Alembert, un Condillac, ou des hommes de cette trempe voyageant pour instruire leurs compatriotes, observant et décrivant comme ils savent faire, la Turquie, l'Égypte, la Barbarie, l'Empire du Maroc, la Guinée, les pays des Cafres, l'intérieur de l'Afrique et ses côtes orientales, les Malabars, le Mogol, les rives du Gange, les Royaumes de Siam, de Pegu et d'Ava, la Chine, le Tartarie, et surtout le Japon : puis, dans l'autre Hémisphère, le Mexique, le Pérou, le Chili, les Terres Magellaniques, sans oublier les Patagons vrais ou faux [...], le Paraguay si c'était possible, le Brésil [...][2].

La première étape pour découvrir d'autres lieux et d'autres cultures et les décrire était de sortir de sa patrie. La deuxième consistait à rentrer chez soi et à écrire afin de voir sa propre société différemment : « Supposons que ces nouveaux Hercules, de retour de ces courses mémorables, fissent ensuite à loisir l'histoire naturelle, morale et politique de ce qu'ils auraient vu, nous verrions nous-mêmes sortir un monde nouveau de dessous leur plume, et nous apprendrions ainsi à connaître le nôtre[3]. »

L'impératif sous-jacent – comprendre comment à partir du particulier un sentiment universel de l'humain peut émerger – a rendu ce genre d'ethnologie, avec son discours, possible ; et cela a, en retour, fourni à Rousseau assez de matériaux pour imaginer une histoire qui prendrait la place de celle qui a abouti aux inégalités de la société dans laquelle il vivait.

Rousseau se préoccupait précisément de la manière dont l'imagination permettait à une personne de se mettre à la place d'une autre. L'émergence

1 Rousseau, *Émile*, dans *Œuvres complètes*, Paris, Gallimard (La Pléiade), 1969, t. IV, p. 829.
2 Rousseau, *Le Discours sur l'origine et les fondements de l'inégalité*, *op. cit.*, p. 123
3 *Ibidem.*

de la vision d'un soi laïc présupposait que l'individu vivait dans un monde contingent, issu du rationalisme cartésien, plutôt que dans un monde régi par un dieu tout puissant : l'homme était un être pensant supérieur aux autres espèces. Rousseau a ensuite substitué à cette définition de l'humain centrée sur la raison la commisération naturelle, ou l'identification avec autrui fondée sur le sentiment, un sens du lien humain et de l'unité spirituelle. Dans son *Second Discours*, il a annoncé qu'il y avait deux principes antérieurs à la raison : premièrement, *l'amour de soi*, et deuxièmement, la *pitié*, qui est une « répugnance naturelle à voir périr ou souffrir tout être sensible et principalement nos semblables[1] ». La pitié était la faculté qui a permis aux hommes, à l'origine, de se reconnaître en tant qu'êtres sensibles, et d'établir des relations pacifiques plutôt qu'hostiles. Rousseau est revenu sur cette définition dans l'*Essai sur l'origine des langues* et dans l'*Émile*, en avançant que toute relation à autrui nécessitait un développement social pour rendre l'imagination active et couvrir la distance entre le soi et l'autre. Jacques Derrida a analysé la contradiction entre les deux définitions de la *pitié*, fournissant le fondement d'une économie de lecture qui infirmait l'hypothèse qu'il avait accordée à Rousseau d'un état originel antérieur à l'imagination qui serait à la fois pur et autosuffisant[2].

Dans notre perspective, ce qui importe est que les deux descriptions de la *pitié* impliquent le fait de se mettre à la place d'autrui. Ainsi les deux définitions établissent une égalité entre le soi et l'autre, même s'ils se trouvent à différents stades de développement social.

Lévi-Strauss en revient à Rousseau, lors d'un hommage magistral, dans lequel il qualifie ce dernier de « plus ethnographe des philosophes : s'il n'a jamais voyagé dans des terres lointaines, sa documentation était aussi complète qu'il était possible à un homme de son temps[3] ». Au-delà des documents, les deux penseurs recherchaient des hypothèses : en tant que modèle de vérité pour Rousseau, et de savoir pour Lévi-Strauss. Dans le *Second Discours*, Rousseau s'est détourné des faits de l'histoire pour se tourner vers la narration des origines hypothétiques du genre humain, créant une vérité imaginaire pour contrer la dégradation morale de l'homme en société. Il s'agissait là de concevoir un être primitif non

1 Rousseau, *Discours sur l'origine de l'inégalité*, *op. cit.*, p. 125-126.

2 Voir J. Derrida, *De la grammatologie*, Paris, Éditions de Minuit, 1967.

3 C. Lévi-Strauss, *Tristes tropiques*, Paris, Plon, 1955, p. 421.

corrompu par le péché originel, un « homme » qui, au commencement, était bon naturellement. Bien que, comme l'écrit Rousseau, l'état de nature n'ait peut-être jamais existé, et n'existe ou n'existera peut-être jamais, il est nécessaire de connaître la « vérité » de cet état, car elle établit le fondement théorique des œuvres sociopolitiques ultérieures de Rousseau qui ont pour visée de refonder la nature humaine et l'ordre social.

Le développement du langage et de l'écriture s'avérait être important, et dans le *Second Discours* et dans l'*Essai sur l'origine des langues* (c.1761), Rousseau a retracé le lent déclin de la poésie et du chant jusqu'à l'articulation et la prose. Ce qui est beau et même surprenant dans la description que Rousseau fait des premiers développements de la langue, c'est le concept du multilinguisme. La première langue était passionnée, proche du Chinois, du Grec et de l'Arabe, dans son euphonie et sa beauté ; cette langue initiale pouvait convaincre sans recourir à la persuasion – plutôt que d'en passer par l'argumentation logique – et elle pouvait peindre des objets plutôt que de raisonner. Quant à l'écriture, un premier stade – comme chez les Mexicains et les Égyptiens – qui consistait en la figuration d'objets allégoriques, a été suivi par un deuxième, celui du développement des figures traditionnelles et des lois (Rousseau donne l'exemple du Chinois) ; la phase finale et contemporaine est devenue alphabétique, à travers le commerce et les voyages. Les stades hypothétiques du développement de la langue correspondent aux trois stades de la société : la société primitive, les peuples barbares, et, finalement, une société policée et ordonnée. Alors, en s'éloignant de l'origine, une langue passionnée et chantante a cédé la place à diverses langues plus froides et prosaïques dont le français – toutes situées dans une culture et une histoire spécifiques. Selon ce scénario, la langue française se dégrade à la mesure de la dégénérescence de la société dont elle est issue. Pourtant, ces voyageurs qui pouvaient apprendre plusieurs langues parlaient une *lingua franca* (une langue franque – c'est-à-dire européenne – en usage au Levant, parfois décrite comme un mélange confus de différentes langues) qui ne ressemblait en rien à la langue dans ses premiers développements. L'ironie, c'est que c'est en français – la seule langue dans laquelle écrit Rousseau et qu'il manie avec un brio rhétorique étonnant – qu'il parle du déclin de cette langue même.

« BARBARUS HIC EGO SUM »

Qui est à l'intérieur d'une culture et qui en est à l'extérieur ? La méthode ethnologique que Lévi-Strauss a dégagée de la pensée de Rousseau prend le moi de l'observateur comme son propre instrument d'observation d'une manière particulière. L'ethnologue, écrivant une sorte d'autobiographie représentative et de l'individu et du groupe (« L'ethnologue écrit-il autre chose que des confessions ? »), acquiert des connaissances en *se rendant autre*[1], c'est-à-dire en transformant ce qui lui semble étranger, précisément parce que le soi se voit lui-même et sa culture à distance – qu'elle soit géographique ou imaginée, ou les deux. S'identifier avec l'autre impliquait, pour le Lévi-Strauss ethnologue, le rejet de l'identification avec son moi et sa culture. Selon une longue tradition, chaque « je » renferme un « il » ou « elle » : depuis le « Que sais-je ? » de Montaigne, jusqu'au sujet pensant de Descartes qui n'a jamais douté de sa capacité à douter et donc à exister (« je pense, donc je suis »), jusqu'à l'insistant « connais-toi toi-même ; qui suis-je ? » de Rousseau.

À deux reprises Rousseau s'est appelé lui-même barbare : dans l'épigraphe du *Discours sur les sciences et les arts* et dans celle de son livre d'autofiction écrit sur le tard, les *Dialogues*. Il y écrit : « *Barbarus hic ego sum quia non intelligor illis* » (« Ici, je suis un barbare parce qu'ils ne me comprennent pas »), déformant légèrement *Les Tristes* d'Ovide en substituant le « ils » au « personne ». En prenant la position du « barbare », dans le sens strict où les Grecs l'entendaient, c'est-à-dire celui qui ne parlait pas grec (et dont la langue était tellement obscure qu'on n'en saisissait qu'un « ba-ba-ba »), Rousseau s'accorde la position d'étranger : celle dont la compréhension et la perspicacité échappent pour la plupart à ceux qui sont à l'intérieur d'une communauté[2]. Rousseau poursuit la fascinante interrogation de Montaigne, dans son essai *Les Cannibales*, quant à savoir qui en réalité devrait être considéré comme barbare, et il applique l'imagination ethnographique à lui-même et à sa société,

1 Lévi-Strauss, « Jean-Jacques, Fondateur des sciences de l'homme », *op. cit.*, p. 245.

2 Je remercie mon collègue Richard Thomas pour ses commentaires sur les épigraphes de Rousseau.

pour créer un effet de distance. Comme nous le verrons, Diderot pose la même question dans son *Supplément au voyage de Bougainville*.

Rousseau a choisi d'écrire de la fiction, ainsi que des essais et des traités, afin d'explorer ces problèmes. Ainsi, en un sens très large, il a investi la littérature du pouvoir de changer la pensée. Rousseau réimagine la relation aux autres, qu'ils soient proches ou lointains, d'abord dans son roman *La Nouvelle Héloïse*, puis, dans le *Contrat social*, à travers son concept de « *volonté générale* » – c'est-à-dire l'abandon d'une partie de l'autonomie personnelle et de la liberté individuelle au profit de l'intérêt général, et, en retour, le gain par l'individu de la liberté civile[1].

Rousseau avait lu Montesquieu attentivement et il explique, dans *Émile*, qu'il a compris le message de Montesquieu dans *Les lettres persanes* : « Quand le mot *peut-on être Persan ?* me serait inconnu, je devinerais à l'entendre dire qu'il vient du pays où les *préjugés* nationaux sont le plus en règne, et du sexe qui les propage le plus[2]. » Rousseau heurte l'ethnocentrisme de ses compatriotes en attirant l'attention sur la scène iconique dans laquelle les Français révèlent leurs limitations quant à leur connaissance d'autrui : personne ne reconnaît Rica la *rock star* persane quand il apparaît en tenue européenne. Réciproquement, nous savons que des Français étaient habillés comme des Turcs en tant que modèles pour des peintres comme le Franco-Suisse Jean-Étienne Liotard (1702-1789) ou encore Jean-Baptiste Van Mour (1671-1737). Mais au-delà des apparences et des vêtements, la question inscrite dans l'expression célèbre « Comment peut-on être Persan ? » était celle de savoir comment, étant données les circonstances, on pouvait être Français.

MONTESQUIEU : DÉFICIENCES DE L'ETHNOGRAPHE

Les Lettres persanes, de Charles-Louis Secondat Montesquieu, d'abord publiées sous un pseudonyme à Amsterdam en 1721, est un roman épistolaire qui suit le cours du voyage d'un noble Persan et de ses amis,

---

1 Sur cette question, voir *Rousseau and Freedom*, éd. C. McDonald et S. Hoffmann, Cambridge, Cambridge University Press, 2010.

2 Rousseau, *Émile*, *op. cit.*, p. 826. Je souligne.

d'Ispahan en Perse, à Paris, entre 1712 et 1720. Trois récits s'entrecroisent dans cette œuvre : d'abord, les journaux de voyage, décrivant la société française à la fin du règne de Louis XIV à travers les yeux des voyageurs persans Usbek et Rica ; puis, la vie du harem abandonné par Usbek (qui peut rappeler, sans en être pour autant proche, les contes orientaux qui avaient tant de succès au dix-huitième siècle, après la traduction par Galland des *Mille et Une Nuits*, 1704-1717) ; enfin, des fragments de réflexions philosophiques sur la liberté, la justice et le bonheur, parsemés dans les lettres depuis différentes perspectives. Dans le premier exemple, le contraste des cultures (Ispahan et Paris) ne vient pas de la rencontre avec une société primitive, ni simplement de l'idée d'un « regard neuf » sur la société française par des observateurs extérieurs – bien qu'il s'agisse de cela aussi ; il vient, plus profondément, de l'observation de coutumes sociales par des personnages dont le statut dans leur société est plus ou moins le même que celui des observés. Le protagoniste persan quitte son pays, en proie à des troubles politiques, mais un « désir de savoir », et le dépassement des limitations de sa société étriquée, rendent l'exil attrayant. Une motivation similaire a animé certains de ceux dont Montesquieu tire ses connaissances sur la Perse : Jean-Baptiste Tavernier (1605-1689), auteur des *Six voyages en Turquie, en Perse, et aux Indes* (1676), et Jean Chardin (1643-1713) – qui, en tant que Protestant, était certainement sensible à l'histoire des conflits religieux et de la persécution à l'intérieur de la France. L'histoire d'expatriation que Montesquieu raconte inverse l'expérience de ces voyageurs en reprenant le trajet qu'avait parcouru Tavernier et en suivant de près des observations culturelles qu'avait faites Chardin. Montesquieu crée donc l'histoire d'étrangers venus en Europe en superposant les réflexions de ses personnages au modèle des récits d'Européens qui sont partis ailleurs. L'effort de déplacer le centre de l'Europe à la Perse, et ainsi de produire un effet de distance par rapport à ce qui est observé en Europe, transparaît chez les divers épistoliers, qui écrivent tous (apparemment sans aucun problème) en français. Ici le terme *barbare* indique des perspectives kaléidoscopiques sur des centres déplacés : d'une forme de langage distincte des vulgaires langues latines des quartiers mélangés (Lettre XXXVII), à la lamentation de la femme du harem au sujet du voyage d'Usbek dans des « pays barbares » (Lettre II), aux références à la Côte Barbare (le terme romain pour Barbares étant pris du mot Berbère pour désigner ce qui est maintenant le Maghreb [Lettre CXVIII]), à la vision persane des Turcs et des Tartares comme « *barbares* » (Lettre XIX), et enfin au sens le plus large du mot « barbare » dans la cruauté infligée aux femmes du harem par les Eunuques (Lettre XLVII).

Usbek et ses amis sont des étrangers, des voyageurs et des ethnographes de la société parisienne et européenne : « je passe ma vie à examiner, j'écris le soir ce que j'ai remarqué, ce que j'ai vu, ce que j'ai entendu dans la journée. Tout m'intéresse, tout m'étonne » (Lettre XLVIII). Aucun Européen n'est mentionné par son nom, sauf, ironiquement, les deux voyageurs d'après lesquels Montesquieu s'est inspiré pour son récit, Tavernier[1] et Chardin, cités par un homme dont Usbek prétend qu'il connaît mieux Ispahan que lui (Lettre LXXIII). Usbek et ses amis décrivent les comportements de groupe plutôt que les individus, y compris la vie religieuse en Europe, la vie politique et économique, la Cour, les femmes, et davantage.

La connaissance, cependant, diffère de l'assimilation, et Usbek demeure dans « un climat barbare » (Lettre CLV), alors que Rica s'adapte. Leurs lettres sont écrites sous la forme d'essais personnels, qui rappellent le style de Montaigne, dans un format libre et fragmenté qui permet le commentaire, les citations, et l'inclusion de récits. Le cadre plus général de l'action repose sur l'histoire de la relation à distance entre Usbek et son harem à Ispahan.

Le deuxième aspect de ce roman est douloureux et intrigant : c'est par la catastrophe finale du harem que l'œuvre transmet son message éthique le plus important. Usbek est aussi aveugle envers les besoins et la structure politique de son monde domestique (Lettre CXIX) qu'il semble lucide dans ses observations de la France. Quand il doit faire face à l'effondrement de son propre harem, il n'arrive pas à faire preuve d'un bon jugement. Le récit de la violence croissante d'Usbek dans le contrôle qu'il tente d'exercer envers ses femmes – à travers le pouvoir intermédiaire des Eunuques – aboutit à une crise et à une leçon de morale : malgré tout ce qu'il a appris à l'étranger, Usbek n'a pas changé dans sa politique et devient brutal et répressif. La révolte du harem mène à l'explosion avec un acte tragique de liberté personnelle et politique, le suicide d'une des femmes d'Usbek, Roxane, qui proclame, dans la

1 Voir l'anthologie des écrits de voyage de J.-B. Tavernier, *Les Voyages en Orient du baron d'Aubonne*, éd. P. Nicolet, Lausanne, Favre, 2005.

dernière lettre, que malgré toute la répression et l'asservissement qu'elle a endurés sous la loi du harem, elle a maintenu *sa propre liberté intérieure.* En s'exprimant depuis sa « prison », avec un sentiment d'« émigration intérieure », Roxane affiche son acte de résistance morale et politique.

Si l'on accepte les principes du roman – des étrangers qui écrivent à propos de l'Europe, et particulièrement sur Paris, dans un roman épistolaire qui s'adresse à un lectorat français – Usbek s'est rendu familier avec ce qui lui est étranger afin de rendre étrange pour ses lecteurs ce qui leur est familier. Mais il n'a pas acquis suffisamment de distance (socialement et politiquement) pour se changer ou changer sa société. Et c'est là où Montesquieu avertit son lecteur : le sort du harem pourrait être celui de la France, la monarchie pourrait tomber dans le despotisme. Ainsi, Usbek est un ethnologue déficient, puisque les connaissances tirées des descriptions ethnographiques restent isolées, souvent satiriques, et incomplètes lorsqu'elles ne sont pas accompagnées d'un examen de soi ; la tyrannie et le despotisme demeurent une menace même à l'intérieur des sociétés les plus cosmopolites. Pourtant, l'aspiration envers une justice essentielle et une humanité partagée reste forte – même si elle n'est perceptible qu'à travers les perspectives et témoignages limités de la forme épistolaire. Dans une phrase célèbre, Montesquieu disait qu'il était un « homme avant d'être Français [...], parce que [qu'il était] nécessairement homme, et [...] Français [...] par hasard[1] ». Cette contingence – être de là d'où l'on vient – sous-tend la séquence imaginaire des lettres écrites : ce dialogue de points de vues différents apporte un savoir sur la manière dont le soi et l'autre se lient dans des réseaux multiples.

GRAFFIGNY : DÉPLACEMENTS FÉMININS

Les *Lettres d'une péruvienne* (1747) de Madame de Graffigny offrent une rencontre culturelle qui fait écho aux *Lettres persanes* ainsi qu'aux plus anciennes *Lettres portugaises* (1669), premier roman épistolaire à succès, et elles font entendre un discours féministe des Lumières.

1 Montesquieu, *Mes pensées*, éd. R. Caillois, Paris, Gallimard, NRF, 1949, p. 980.

Vacillant entre les genres du conte philosophique et du roman sentimental, les *Lettres péruviennes* examinent, au-delà de ce que cela signifie d'être péruvien, ce que cela veut dire d'être une femme française. Dans cette histoire, située au seizième siècle, une princesse Inca, qui a été kidnappée au Temple du Soleil par des pillards espagnols, se trouve devoir « immigrer de force » en France, bien que dans un grand luxe. Zilia traduit les lettres qu'elle « écrit » à son fiancé, un prince Inca, avec des *quipus*, forme non phonétique d'écriture à travers laquelle elle garde son identité d'origine. Le *quipu* est un type de nœud dont on suppose qu'il a été soit un système idiosyncrasique d'une personne, soit un système conventionnel dont le code n'a, à ce jour, pas encore été complètement déchiffré[1]. L'intrigue amoureuse échoue quand on découvre que le bien-aimé Aza a trahi Zilia en s'assimilant à la société espagnole et en l'abandonnant pour se marier à une autre femme. Bien que les raisons qui la rattachaient à sa destinée inca disparaissent, Zilia éprouve une indépendance et une résistance contingentes mais inébranlables à s'assimiler à la société française, comme le montre sa réticence à épouser son hôte Déterville qui lui est passionnément dévoué. Ce refus de Zilia a un précurseur dans *La Princesse de Clèves*, où l'héroïne éponyme choisit la vie de couvent plutôt qu'un nouveau mariage après la mort de son époux. Zilia suit un chemin profane dans lequel le langage, écrit et oral, fournit une clé pour comprendre et critiquer la société française. Une fois qu'elle apprend le français et qu'elle devient parfaitement bilingue, Zilia ressemble davantage à une femme philosophe qu'à une femme française (soumise à la culture des apparences), exerçant sa liberté de choisir quand elle négocie avec la culture dominante de ses hôtes. Les choix de Zilia sont le résultat de ses observations quasi ethnographiques et de sa capacité d'action et d'autodétermination acquises en France, ce qui la différencie de ses prédécesseurs persans, Usbek et les femmes de son harem, particulièrement Roxane. Ne dépendant plus de ses valeurs éthiques d'origine, Zilia choisit de rester seule et, autant que possible, indépendante. Les questions qui sont soulevées ici et qui n'ont pas de réponses tranchées, sont : quand et jusqu'à quel point s'assimiler à une nouvelle culture, et quelles sont les conséquences de tels choix ?

---

1 Françoise de Graffigny s'est inspirée de *El Inca Garciloso de la Vega*, (c. 1539-1616) dans *Comentarios reales de los Incas*, 1609.

VOLTAIRE : AMBIVALENCES MORALES ET POLITIQUES

Le conte de Voltaire intitulé *L'Ingénu* traite de la question de l'assimilation et de l'apprentissage. Dans ses vastes écrits, Voltaire (François-Marie Arouet, 1694-1778) tire ses exemples de la longue histoire de la civilisation. Il était cosmopolite et défendait l'idée d'une identité européenne plutôt que nationale ; il voyait en Confucius le prototype du sage philosophe, et sa passion principale est devenue, dans les années 1760, son combat contre le fanatisme, l'intolérance, la superstition, et les abus de l'Eglise Catholique. L'Europe que désigne Voltaire repose sur les valeurs de la raison et de la liberté, au-delà et contre les excès passés du religieux. Dans *L'Ingénu*, publié anonymement en 1767 à Genève, Voltaire revient à la discussion de Rousseau sur le « bon » sauvage en mettant en scène l'arrivée en France du « Huron », membre d'une population indigène de la Nouvelle-France (un territoire s'étendant de la Terre-Neuve aux Montagnes Rocheuses, et comprenant la Baie d'Hudson et la Louisiane). La région a été connue à travers le récit du *Grand voyage au pays des Hurons* (1632) de Gabriel Sagard Théodat. Voltaire a peut-être bien lu les missionnaires Jésuites français et le Baron de Lahontan (1666-1716), qui a raconté son voyage de 1683 dans un livre à succès intitulé *Voyages du baron de Lahontan, dans l'Amérique septentrionale* (1703). Le « Huron » de Voltaire (nommé ainsi par les Européens) se révèle cependant être génétiquement européen, descendant d'une famille de Bretagne. Prenant pour cible la théorie de l'état de nature de Rousseau, l'ironie incisive de Voltaire permet tout à la fois de mobiliser et cibler le récit sentimental de l'innocent « Huron », dont les idées naïves sont révélatrices des excès de l'autorité judiciaire sous la monarchie absolue, ainsi que de l'arbitraire du rituel et du pouvoir chrétiens à l'intérieur de la société. Rappelant *Manon Lescaut* de l'Abbé Prévost et une tradition de romans de la veine du romancier anglais Richardson, l'histoire sentimentale se superpose au conte satirique et à la critique de la société contemporaine. La capacité autodidacte d'apprentissage du Huron ouvre des choix et des perspectives précédemment inenvisageables, comme, par exemple, quand il se trouve dans la rivière attendant son baptême – parce qu'il avait appris par des lectures le baptême en rivière de quelque eunuque d'une reine éthiopienne – alors qu'il aurait pu aller dans une église luxueusement décorée[1].

La question de savoir ce qui est inné à l'humain et ce qui est acquis faisait partie du débat qui animait Voltaire ; le Huron est innocent, libre, sans préjugé, et capable d'apprendre. Attristé par sa découverte des crimes de l'histoire, il s'accommode néanmoins des coutumes locales et commence à s'assimiler. Dès lors se pose l'épineux problème qui est de savoir combien l'on peut se changer et, en retour, combien l'on peut transformer la société. Deux scènes attestent d'un changement progressif. Dans la première, le Huron est emprisonné à la Bastille – un lieu dont la prise allait bientôt devenir l'emblème de la Révolution française – par une *lettre de cachet* (un ordre royal arbitraire sans recours légal) à l'instigation du confesseur du Roi parce qu'il était accusé de fréquenter des Protestants français Huguenots (et ainsi d'être susceptible de brûler des couvents et de s'enfuir avec des femmes françaises). Il finit par être très proche du Janséniste Gordon, qui croit au concept de prédestination et de salut de Saint Augustin. Le Janséniste imagine le panorama du voyage du Huron depuis le Lac Ontario jusqu'en Angleterre, en France et finalement à la Bastille, comme une action de la Providence, alors que le Huron trouve son emprisonnement *barbare*. Les deux personnages engagent une conversation au sujet de la différence entre la Providence et les *lettres de cachet*, le bien et le mal, le péché originel, et ils débattent des mérites du Cartésianisme. Chacun en arrive à comprendre le point de vue de l'autre. Ainsi, à la question soulevée par Rousseau et suivant la discussion de Montesquieu sur la diversité – où et comment les religions pourraient jouer un rôle sans chercher à dominer ou constituer un danger ? – Voltaire répond que, à l'intérieur de la société, la liberté devient possible quand deux points de vue divergents entrent en dialogue.

Ce qui est heureux dans ce conte c'est que, lors de sa captivité, le Huron se transforme « de brute en homme[2] ». Sans changer sa nature, il devient progressivement civilisé – il apprend à lire, à écrire et à développer un bon jugement. L'apprentissage européen, qu'il ne pouvait obtenir en Amérique, s'est donc offert à lui au moment même où il se trouve dépourvu de cette possibilité, étant en prison. Voltaire met en scène

1 *Actes des Apôtres* 8 : 26-40.

2 Voltaire, *L'Ingénu*, *La Princesse de Babylone*, intro. R. Pomeau, Paris, Flammarion, 2004, p. 69.

une expérience consistant à explorer la limite entre ce qui, dans la vie humaine, est déterminé et ce qui est l'effet de la liberté, comme il l'a fait dans *Candide* et dans son poème sur la catastrophe du tremblement de terre de Lisbonne. Gordon, le Janséniste, apprend que son propre raisonnement sur la grâce efficace, la liberté de Dieu et de l'homme, ne l'a en aucun cas rapproché de la liberté, et que Saint Augustin n'est d'aucune aide quand il s'agit de sortir de prison. Le janséniste et le Huron changent, et en une phrase qui compromet des siècles de colonisation organisée par les missionnaires jésuites, le narrateur conclut avec étonnement (ironique) : « Pour dernier prodige, un Huron convertissait un janséniste ». La perfectibilité humaine associée à un bien naturel et à la religion crée la possibilité du changement et du progrès.

Ce qui est moins heureux c'est que le prix à payer pour la liberté politique du Huron est la vertu d'une femme ; Sainte-Yves, la bien-aimée du Huron, échange sa virginité contre la libération du Huron et du janséniste, donnant au ministre Saint-Pouange le droit du seigneur (le droit d'initier à la sexualité) afin qu'il intervienne. Sainte-Yves meurt en étant certaine d'avoir trahi son amour afin de le sauver. En un sens, elle ne peut pas assimiler ce qui est étranger à sa nature, alors que tous les hommes tirent bénéfice de son sacrifice : le janséniste abandonne ses croyances excessives, le ministre empli de remords dévoue sa vie à se racheter, et le Huron devient un officier militaire à Paris. En réponse à la devise optimiste de Gordon, « "malheur est bon à quelque chose," » le narrateur conclut sur une note moins certaine : « Combien d'honnêtes gens dans le monde ont pu dire : "malheur n'est bon à rien ?"[1] »

À travers la distance ethnographique imaginaire créée par une rencontre entre un immigrant quasiment indigène et un membre du clergé civilisé, l'œuvre de Voltaire met en relief l'ambivalence entre la morale et le politique. Selon l'analyse de Reinhardt Koselleck à propos de la critique et des crises, le secret politique des Lumières réside dans « le changement politique crucial de la liberté morale intérieure en une liberté politique exprimée », un glissement qui serait même caché à « la plupart des hommes des Lumières eux-mêmes[2] ». Koselleck suggère que « la critique se fonde elle-même comme un mouvement apolitique, déliée

1 Voltaire, *L'Ingénu*, p. 144.

2 MEK traduction du texte en anglais de R. Koselleck, *Critique and Crisis*, Cambridge, Mass, MIT Press, 1988, p. 85.

de l'État, mais pourtant soumise à son jugement. C'est en cela que se trouvent les racines de l'ambivalence de la critique, une ambivalence qui est devenue, après Voltaire, sa référence historique : ostensiblement non politique et au-dessus de la politique, elle était en fait politique[1] ». La critique, conclut-il, « sonna la fin des rois[2] ». Les Lumières ont ainsi constitué à la fois une fin, un commencement et une période de transition.

DIDEROT : DIALOGUES POUR « CHANGER LA FAÇON DE PENSER »

Personne n'a autant œuvré pour mettre en dialogue cette transition que Denis Diderot et, dans *Le Supplément au voyage de Bougainville* (1772), il montre la complexité de la tâche. Dans le cadre d'un bulletin d'information de la *Correspondance littéraire*[3], la revue culturelle de son ami Grimm, Diderot fait une critique du compte rendu de Bougainville, qui avait réalisé la circumnavigation du globe ; l'explorateur, parti de France, était allé en Afrique, en Amérique du Sud, puis était revenu en France, après un arrêt à Tahiti au sujet duquel il avait écrit, dans *Voyage autour du monde* (1771). Comme Rousseau, mais avec peut-être plus de pragmatisme, Diderot se demande comment des aventuriers attirés par le fantastique peuvent véritablement écrire sur les choses « telles qu'elles sont » ; les voyageurs ont tendance à exagérer et à justifier l'effort extraordinaire qu'ils font pour arriver en ces lieux si éloignés ; ces rapports regorgent d'intérêt personnel. Selon Diderot, il manque à Bougainville la capacité d'étonnement d'un philosophe, ainsi que celle d'analyser et de comprendre ce qu'il voit dans les « chefs œuvres » des autres sociétés et de la nature. Diderot se sert alors de certaines phrases de Bougainville pour écrire son *Supplément au voyage de Bougainville.*

Dans le *Supplément*, Diderot juxtapose des dialogues ayant lieu à Tahiti, une société proche de la nature, entre un aumônier français et un

1 MEK traduction, *ibid.* p. 114.
2 MEK traduction, *ibid.* p. 116.
3 D. Diderot, « Compte rendu du voyage autour du monde », dans Bougainville, *Voyage autour du monde*, éd. M. Bideaux et S. Faessel, Paris, Presses de l'Université de Paris, 2001, p. 447-451.

Tahitien, marié, père et en position d'aîné, qui lui révèle les joies et les périls de l'hospitalité, ainsi que les mœurs arbitraires (et hypocrites) de la société et de la religion européennes. Deux lecteurs, A et B (comme s'il s'agissait de personnages pris de l'ordre alphabétique de l'*Encyclopédie*) commentent ces dialogues et analysent le voyage de Bougainville et les descriptions de cette société sexuellement libre mais aussi bien régulée – une communauté fondée sur une structure familiale alternative. Les dialogues, quelque peu décousus, réussissent néanmoins à se répondre et le long discours du « Vieillard » est particulièrement important. Il s'adresse directement à Bougainville et ses compatriotes lors du départ des Européens : ne pleurez pas leur départ, exhorte-t-il, mais pleurez le fait qu'ils aient un jour mis les pieds ici ; alors peuple libre, les Tahitiens en sont venus à connaître l'esclavage, la propriété privée, la violence et les maladies apportées par les étrangers. Lisant ce discours, traduit depuis la langue du vieillard en espagnol et en français, l'interlocuteur A dit : « À travers je ne sais quoi d'abrupt et de sauvage, il me semble retrouver des idées et des tournures européennes ». Dans ce discours, Diderot fait un clin d'œil à l'une des ses sources : l'*Histoire d'un voyage fait en la terre du Brésil* de Léry, un travail que lui et l'Abbé de Raynal avaient repris en écrivant une *Histoire philosophique et politique des deux Indes* (1771), à travers un discours acerbe dénonçant les transgressions du colonialisme. Dans le *Supplément*, le vieillard proteste contre l'intrusion de Bougainville et d'autres Européens qui, en s'appropriant les insulaires de Tahiti, ont violé la liberté et l'innocence de ces derniers en leur apportant des maladies et leur prochain « asservissement ». Exprimant une critique voilée, il montre que les Tahitiens ne peuvent pas éprouver, comme les Européens à leur égard, de l'empathie et de la compréhension parce que, comme le porte-parole Orou l'a dit, les Européens viennent d'un pays dont l'ordre en désarroi les rend « plus barbares que nous[1] ». Néanmoins, le porte-parole de Tahiti déclare avec pragmatisme que les Tahitiens vont avoir besoin de l'aide des navigateurs pour procréer et avoir plus d'enfants – sur lesquels leur économie est fondée – car, bien que les insulaires soient plus forts, les Européens sont plus intelligents. Les graines de la mission civilisatrice –argument utilisé plus tard pour légitimer le colonialisme du dix-neuvième siècle – sont littéralement semées lors de cette rencontre.

1 Diderot, *Le Supplément au voyage de Bougainville ; Pensées philosophiques ; Lettres sur les aveugles*, Paris, Flammarion, 1972, p. 176.

Diderot insère dans son texte le tollé d'une femme qui proteste contre l'injustice des lois de la Nouvelle Angleterre, dans un fragment détaché des discussions sur le voyage de Bougainville que mènent A et B, et séparé de la discussion entre le Tahitien et l'Européen : Miss Polly Baker se défend au tribunal contre l'injustice des lois qui la pénaliseraient d'avoir eu cinq enfants hors mariage. Diderot écrit ici une version légèrement modifiée de la fiction de Benjamin Franklin assumant la voix d'une femme qui transforme son propre sort (le tribunal l'exonère, et le juge, père des enfants, l'épouse) dans les colonies d'Amérique où les lois répressives sur la reproduction contrastent fortement avec la Tahiti qu'il dépeint. Dans le *Supplément*, Diderot s'en prend à la fausse moralité non pas seulement de la société française mais aussi de l'Amérique coloniale. Malgré un message parfois délibérément incomplet et ambivalent, les personnages de Diderot séduisent le lecteur par la perspective de la culture tahitienne qui – bien que n'étant pas en soi un modèle à suivre – commence à contrarier sérieusement l'ordre existant de la société européenne.

ESPACES/MULTIPLICITÉS

Les œuvres que j'ai évoquées dans ce texte se trouvent non seulement dans une multiplicité d'espaces géographiques mais aussi à l'intérieur d'une sédimentation temporelle : le *Second Discours* de Rousseau date de 1755 et se tourne vers les origines des êtres humains à l'état de nature afin de produire une attaque dévastatrice sur la société contemporaine. En dialogue avec les *Lettres persanes* de Montesquieu de 1721 (datant d'avant la fin du règne de Louis XIV), l'œuvre de Graffigny de 1747 nous renvoie au seizième siècle et au début du colonialisme. Le conte de Voltaire de 1767 inscrit son histoire en 1689, suivant donc de près la révocation de l'Édit de Nantes et la répression des Protestants en 1685.

Le *Supplément* de Diderot, écrit en 1771, reste à peu près contemporain du voyage de Bougainville et de la propre vie de Diderot. Comme la *mappemonde* que Diderot avait envisagée pour l'*Encyclopédie*, la connaissance émerge, dans ces œuvres, de la relation, de la distance ethnographique, et de l'effet kaléidoscopique des époques et des lieux : sortir de France afin de situer le savoir et y revenir pour faire le point dans son propre contexte. L'idée d'une altérité à l'extérieur et à l'intérieur a permis à ces penseurs de critiquer leur propre société. L'histoire contournera cette période de transition et de changement, et évoluera, pendant la Révolution française, vers une idée de nation comme entité politique unifiée. Pourtant, les leçons tirées des rencontres culturelles dans des réseaux de relations (par des individus et à travers des espaces) ne seront pas perdues. Pour ces penseurs, il s'agissait de concevoir l'imagination ethnographique par rapport aux espaces, aux périodes et aux cultures particulières ; il s'agit également pour nous de questions immédiates, proches de celles posées par certains des participants au colloque d'ouverture du nouveau musée ethnographique français du vingt-et-unième siècle : comment peut-on trouver le sentiment d'humanité unifiée à l'intérieur d'un monde de différences ?

Christie McDONALD
Université Harvard
Traduit par Mona El Khouri

OUVRAGES CITÉS

CHIRAC, Jacques, *Allocution de M. Jacques Chirac, Président de la République, à l'occasion de l'inauguration du Musée du Quai Branly*, Paris, le 20 juin 2006. http://www.quaibranly.fr/fr/actualites/actualites-par-rubriques/archives-des-actualites/m-jacques-chirac-president-de-la-republique-a-inaugure-le-musee-du-quai-branly/allocution-de-m-jacques-chirac-president-de-la-republique.html

CLIFFORD, James, *Le malaise dans la culture. L'ethnographie, la littérature et l'art au XXe siècle*, Paris, ENSB-A, 1996.

CRAPANZANO, Vincent, « Hermes' Dilemma : The Masking of Subversion in Ethnographic Description », dans *Writing Culture : The Poetics and Politics of Ethnography*, éd. par James Clifford et George E. Marcus, Berkeley, University of California Press, 1986, p. 51-77.

DERRIDA, Jacques, *De la grammatologie*, Paris, Éditions de Minuit, 1967.

Le Dialogue des cultures : Actes des rencontres inaugurales du musée du Quai Branly, Paris, le 21 juin 2006, éd. par Bruno Latour, Paris, Babel, 2007.

DIDEROT, Denis « Compte rendu du voyage autour du monde », dans Bougainville, *Voyage autour du monde*, éd. par Michel Bideaux et Sonia Faessel, Paris, Presses de l'Université de Paris, 2001, p. 447-451.

DIDEROT, Denis, *Le Supplément au voyage de Bougainville ; Pensées philosophiques ; Lettres sur les aveugles*, Paris, Flammarion, 1972.

L'Encyclopédie de Diderot et d'Alembert, Archives de France, http://www.archivesdefrance.culture.gouv.fr/action-culturelle/celebrations-nationales/recueil-20001/litterature-et-sciences-humaines/encyclopedie-de-diderot-et-d-alembert.

GRAFFIGNY, Françoise de, *Lettres d'une péruvienne*, New York, Modern Language Association, 1993.

« Imagination », *Encyclopédie*, http://encyclopedie.uchicago.edu.

KURASAWA, Fuyuki, *The Ethnological Imagination : A Cross-Cultural Critique of Modernity*, Minneapolis, University of Minnesota Press, 2004.

LÉVI-STRAUSS, Claude, « Jean-Jacques, Fondateur des sciences de l'homme », dans Samuel Baud-Bovy et al., *Jean-Jacques Rousseau*, Neuchatel, La Baconnière, 1962.

LÉVI-STRAUSS, Claude, *Tristes tropiques*, Paris, Plon, 1955.

MARMONTEL, Jean-François, « Critique », *Encyclopédie*, http://encyclopedie.uchicago.edu

MCDONALD, Christie, « L'épreuve des limites », *Passages*, n° 34, 2003, p. 30-36.

McDONALD, Christie, « Opérateurs du changement : de Miss Polly Baker à Murphy Brown », *Œuvres et critiques*, vol. 19, n° 1, 1994, p. 70-78.

MERLEAU-PONTY, Maurice, *Signes*, Paris, Gallimard, NRF, 1960.

MONTESQUIEU, Charles-Louis Secondat, *Mes pensées*, éd. par Roger Caillois, Paris, Gallimard, NRF, 1949.

Rousseau and Freedom, éd., Christie McDonald et Stanley Hoffmann, Cambridge, Cambridge University Press, 2010.

ROUSSEAU, Jean-Jacques, *Le discours sur l'origine et les fondements de l'inégalité*, dans *Œuvres complètes*, Paris, Gallimard (La Pléiade), 1964, t. III, p. 111-240.

ROUSSEAU, Jean-Jacques, *Émile*, dans *Œuvres complètes*, Paris, Gallimard (La Pléiade), 1969, t. IV, p. 241-880.

ROUSSEAU, *Essai sur l'origine des langues*, dans *Œuvres complètes*, Paris, Gallimard (La Pléiade), t. V, 1995, p. 373-432.

SAID, Edward, *Orientalisme*, trad. par Catherine Malamoud, préface par Tzvetan Todorov, Paris, Seuil, 1980 [rééd. augmentée, 2003].

TAVERNIER, Jean-Baptiste, *Les voyages en Orient du baron d'Aubonne*, éd. par Philippe Nicolet, Lausanne, Favre, 2005.

TODOROV, Tvetan, *Nous et les autres : la réflexion française sur la diversité humaine*, Paris, Seuil, 1989.

VERMEULEN, Hans F., et ROLDÁN, Arturo Alverez, « Origins and Institutionalization of Ethnography and Ethnology in Europe and the USA, 1771-1845 », dans *Fieldwork and Footnotes : Studies in the History of European Anthropology*, éd. par Hans F. Vermeulen and Arturo Alvarez Roldán, New York, Routledge, 1995, p. 39-59.

VOLTAIRE, *L'Ingénu*, intro. par René Pomeau, Paris, Flammarion, 2004.

LA TRAITE DES ESCLAVES, LA FRANÇAFRIQUE ET LA MONDIALISATION DU FRANÇAIS

À Bruxelles en 2003, un restaurateur a répondu à des visiteurs qui voulaient parler français plutôt qu'anglais : « Vous êtes en Europe, Monsieur, il faut parler anglais ! ».

Le français est parlé, ou du moins employé, de Paris à Papeete, de la Belgique au Bénin et dans bien d'autres pays encore. Néanmoins, dans l'expression « French Global » se glisse un soupçon de tristesse. Tout le monde sait bien que l'anglais est *la* langue internationale. L'État français en est douloureusement conscient, lui qui a encouragé le développement de la Francophonie afin de rivaliser sur la scène internationale avec la langue et la culture anglo-saxonnes. Cette stratégie postcoloniale s'est toutefois soldée par un échec[1]. Le français reste second dans la course pour s'imposer comme la langue mondiale. Sa place contemporaine est la conséquence directe de l'histoire de l'Empire français, dominé par l'Empire anglais en Amérique à partir de 1762 et en Afrique depuis le partage de celle-ci à la fin du dix-neuvième siècle. Le français reste le dauphin de l'anglais, ce qui a du moins encouragé et justifié les ambitions internationales de la France[2].

1 Voir de C. Miller l'article « Francophonie » dans *The Columbia History of Twentieth-Century French Thought*, éd. L. D. Kritzman, New York, Columbia University Press, 2006, p. 235-238. « De source diplomatique française, on le reconnaît volontiers, le français est en "situation difficile" dans les institutions internationales ». N. Herzberg, H. Morin et N. Nougayrède, « Le Français lutte pour garder sa place dans le monde », *Le Monde*, 20 mars 2007.

2 Le français est en deuxième place, si l'on compte le nombre de pays dans lequel il est parlé (trente-trois, contre quarante-cinq pour l'anglais) et classé comme la deuxième « langue la plus influente » si l'on prend en compte le nombre de locuteurs et cinq critères complémentaires (George Weber, 1997) ; J-B. Nadeau et J. Barlow, *The Story of French*, New York, St. Martin's Press, 2006, p. 452–453. Toutefois, ce n'est pas sans un tour de passe-passe que l'on fait du français la seconde langue la plus influente du monde. Il n'est en réalité que la *onzième* langue mondiale si l'on considère le nombre de personnes pour lesquelles il est la langue maternelle.

Or, la mondialisation ne se déroule pas exclusivement en anglais. Aux États-Unis, une ligne d'assistance téléphonique est parfois directement connectée à un centre d'appel en Inde. De même, il arrive qu'un appel de France soit reçu par des techniciens au Sénégal : formés pour s'exprimer dans un français sans accent, ils se présentent sous le nom de « Jean » ou « Monique ». Ces emplois ont été délocalisés par les entreprises françaises. « L'histoire n'est pas dépourvue d'ironie, puisque [cette] "menace" qui pèse sur les emplois français provient de l'ancien pays fournisseur de la main d'œuvre esclave[1] », commente à ce sujet Nayan Chanda, spécialiste de la mondialisation. Si tant est qu'elle soit bien réelle, une telle menace ne serait que justice : comme le rappelle Nayan Chanda, la France est liée à l'Afrique par une longue histoire d'exploitation et cette histoire a commencé avec la traite des esclaves. La délocalisation des emplois serait-t-elle la forme moderne des « réparations » ?

Entre la fin du dix-septième et le milieu du dix-neuvième siècle, la France a transporté plus d'un million d'Africains vers les colonies des îles Caraïbes. Les esclaves y travaillaient jusqu'à leur mort, produisant une richesse considérable au profit de la France. Après l'abolition de l'esclavage, la France (et la Grande-Bretagne) ont systématiquement envahi l'intérieur de l'Afrique, ouvrant une période d'exploitation coloniale et postcoloniale qui aujourd'hui encore n'est pas entièrement achevée. Les puissances européennes sont passées d'une forme de colonisation fondée sur l'esclavage dans les îles à une nouvelle forme de colonisation en Afrique, basée sur le travail « libre » quoique souvent forcé. Les Français ont notamment enrôlé les tirailleurs africains au cours des deux guerres mondiales. Durant ce que l'on convient d'appeler l'ère postcoloniale, la soi-disant mondialisation a fait notoirement peu dans l'intérêt du continent africain. Le taux de délocalisations vers l'Afrique demeurant dérisoire, le continent ne représente pas une menace majeure pour les télévendeurs de France ou les producteurs de coton des États-Unis[2]. Tenue à l'écart dans un « ghetto stratégique » depuis la fin de la

---

1 N. Chanda, « Don't Tell Anybody It's Africa Calling », *Yale Global Online*, 4 octobre 2005. Voir aussi de N. Chanda, *Bound Together*, New Haven, Yale University Press, 2007, p. 68, 294, 297.

2 Sur la question des investissements en Afrique, voir de P. Hugon, « L'Afrique dans la mondialisation », *Esprit* n°317, 2005, p. 160, et de M. Diouf, *L'Afrique dans la mondialisation*, Paris, L'Harmattan, 2002, p. 11, p. 163. Voir aussi de J. Herbst, *States and Power in Africa*, Princeton, Princeton University Press, 2000, p. 11. Sur la mondialisation en

Guerre froide, l'Afrique regarde la mondialisation tourner autour d'elle[1]. Ce continent semble placé dans une situation de radicale non-réciprocité avec le monde extérieur : il exporte quarante-six pour cent de sa production alors que sa part dans l'économie mondiale n'est que de un ou deux pour cent[2]. L'Afrique court donc le risque d'être rendue à son isolement et reléguée aux marges de l'économie mondiale, tributaire de relations « polarisées » et « souterraines » avec les anciennes puissances coloniales[3]. Dans le cas français, ce complexe binaire s'est fait connaître sous le nom de *Françafrique*[4].

Cet article vise à produire une vue d'ensemble qui mette en relation l'histoire de la traite des esclaves et le monde dans lequel nous vivons aujourd'hui. Il fait remonter les origines du « global French » à la traite des esclaves par la France. D'une part, il examine les ressemblances entre les formes d'extraction et de distribution qui se sont organisées durant les siècles où le commerce triangulaire a été pratiqué. Et d'autre part, il considère les formes de mondialisation post-modernes et postcoloniales

---

Afrique, voir également T. A. Aina, *Mondialisation et politique sociale en Afrique*, Dakar, CODESRIA Document de Travail 2/97, 1997.

1 A. Mbembe, « At the Edge of the World… », *Public Culture*, vol. 12, n° 1, p. 273. Comme Mbembe l'explique (p. 276), l'Afrique du Sud fait exception à cette règle.

2 D'après Makhtar Diouf, la part de l'Afrique dans le commerce mondial est passée de 5 % en 1980 à 1.9 % en 1997 : *L'Afrique dans la mondialisation*, p. 163. Voir aussi de Hugon, « L'Afrique dans la mondialisation », p. 160 ; et de C. Miller, *Le Triangle atlantique français*, trad. par Thomas Van Ruymbeke, Bécherel, Éditions les Perséides, 2011, p. 480, n° 35. La part de l'Afrique dans le commerce extérieur de la France était de 40 % en 1957 ; en 2008, elle est passée à 0.5 %, P. Bernard, « L'Image très dégradée de la France en Afrique », *Le Monde*, 26 avril 2008.

3 P. Hugon, « L'Afrique dans la mondialisation », p. 159 ; H. Sciardet et al., introduction, « Dossier : De la Françafrique à la Mafiafrique », *Mouvements*, n° 21/22, 2002, p. 9. Hugon souligne le rôle exceptionnel joué par la *culture* africaine – tout particulièrement la musique – sur la scène mondiale.

4 D'après l'article « Françafrique » sur Wikipedia.fr, l'expression « la France-Afrique » a été utilisée pour la première fois en 1955 par Félix Houphouët-Boigny, l'ancien président de la Côte d'Ivoire, longtemps demeuré au pouvoir. La forme parodique de cette expression, la « Françafrique », a été créée par F.-X. Verschave dans son ouvrage *La Françafrique : le plus long scandale de la République*, Paris, Stock, 1998 ; sur ce sujet, voir aussi *De la Françafrique à la Mafiafrique*, Bruxelles, Tribord, 2004. Le terme est devenu commun parmi les observateurs critiques des relations entretenues par la France et l'Afrique. Voir aussi de B. Mammadu, *Françafrique : l'échec, l'Afrique postcoloniale en question*, Paris, Nubia, 2001 ; de J.-P. Dozon, *Frères et sujets : La France et l'Afrique en perspective*, Paris, Flammarion, 2003, p. 340 ; et le dialogue instructif : « De la colonisation à la décolonisation : les modes de constitution de la Françafrique, une table ronde avec Nicolas Bancel et Jean-Pierre Dozon », in Sciardet et al., « Dossier : De la Françafrique à la Mafiafrique », p. 15-27.

contemporaines. Enfin, cet article décrit la place occupée par ce commerce d'êtres humains dans l'histoire de la grandeur et de la décadence de la puissance française, ainsi que l'émergence progressive du français comme moyen d'expression littéraire multiracial, global ou semi-global.

LE PRÉSIDENT SARKOZY VISITE LA FRANÇAFRIQUE

Au cours de sa première visite en Afrique sub-saharienne, en 2007, le président récemment élu de la République française, Nicolas Sarkozy, a prononcé un discours dont le souvenir ne semble pas près de se dissiper. Ce discours a eu « un effet désastreux[1] ». S'adressant aux « jeunes d'Afrique » face à l'audience réunie dans l'Université Cheikh Anta Diop de Dakar, il a expliqué un certain nombre des malheurs contemporains de l'Afrique par la traite des esclaves, attribuant toutefois une large part de la responsabilité à une entité biologique qu'il a nommée « l'homme africain ». À la consternation de l'audience et de ceux qui plus tard ont lu son discours, Nicolas Sarkozy a affirmé que « l'homme africain n'est pas assez entré dans l'histoire », que « jamais il ne s'élance vers l'avenir ». Cet homme africain – semblable à celui décrit par Hegel – « reste immobile au milieu d'un ordre immuable où tout semble être écrit d'avance ». D'un autre côté, « l'homme moderne » (à savoir, l'Européen), « éprouve le besoin de se réconcilier avec la nature » et de ce fait « a beaucoup à apprendre de l'homme africain qui vit en symbiose avec la nature depuis des millénaires ». Selon Sarkozy, « l'Africain » reste inchangé par l'histoire, le colonialisme, l'urbanisation et la mondialisation, figé dans un éternel présent. Comme Achille Mbembe l'a fait remarquer, le discours de Nicolas Sarkozy redonne vie à l'Afrique décrite par Hegel – un continent figé dans le temps, à l'écart de l'Histoire – en reprenant les idées du philosophe « presque mot pour mot[2] ».

1 P. Bernard, « L'Image très dégradée de la France en Afrique », *Le Monde*, 26 avril 2008.

2 A. Mbembe, « L'Afrique de Nicolas Sarkozy », *LDH-Toulon*, 5 août 2007. Voir aussi de Mbembe, « France-Afrique : ces sottises qui divisent », *LDH-Toulon*, 10 août 2007, et d'I. Thioub « Ibrahima Thioub répond à Nicolas Sarkozy », *LDH-Toulon*, site internet, 8 août 2007. Dans son article « Y a pas rupture, patron ! » (*Le Messager*, 8 août 2007) J.-F. Bayart décrit le public de Dakar comme « *médusé* ». Voir aussi *L'Afrique répond à Sarkozy*, éd. M. Gassama, Paris, Philippe Rey, 2008.

Ce discours est un surprenant amalgame d'idées sur l'Afrique, obsolètes depuis cinquante ans au moins. Aux citations politiquement correctes de Césaire, Senghor et Camara Laye s'ajoutent les truismes plaisants à l'oreille et les leçons morales à l'intention des « jeunes d'Afrique », prononcées sur un ton condescendant. Le président français est venu en Afrique pour « lancer un défi » à ce continent – un continent que l'Histoire a dévasté avant de l'abandonner à son sort – pour l'exhorter à « cesser de toujours répéter, de toujours ressasser », à « entrer davantage dans l'Histoire ». L'espoir de lendemains meilleurs pour l'Afrique, a prêché Sarkozy, peut seulement venir d'un métissage avec l'Europe au sein d'une « grande destinée commune [...] l'Eurafrique[1] ». En d'autres termes, pour être plus précis et davantage réaliste, cette destinée commune se nomme la Françafrique. L'auteur de cette proposition est le même homme qui, au cours de sa campagne électorale, avait appelé à « définitivement tourner la page des complaisances, des officines, des secrets et des ambiguïtés » de la Françafrique[2]. Dans le domaine de la rhétorique, Nicolas Sarkozy a repris les clichés pernicieux appartenant au passé dont il prétendait vouloir se libérer ; et dans les faits, il s'est rendu chez deux alliés traditionnels de la Françafrique, le Sénégal et le Gabon – le Gabon, que le même homme dirige depuis quarante ans[3]. Comme l'a fait remarquer un journaliste du *Monde*, « ce n'était pas le meilleur moyen de rompre avec plus de quarante ans de "Françafrique"[4] ».

---

1 « Allocution de M. Nicolas Sarkozy, Président de la République, prononcée à l'Université de Dakar [l'université a été renommée "L'Université Cheikh Anta Diop de Dakar" il y a des décennies de cela] », Site officiel de l'*Élysée* online, 2007. Voir P. Bernard et C. Jakubyszyn, « À Dakar, Nicolas Sarkozy appelle l'Afrique à "renaître" et à "s'élancer vers l'avenir" », *Le Monde*, 14 février 2007. Sur les réactions à Dakar, voir « Au Sénégal, Sarkozy prône un partenariat en rupture avec le passé », *Jeune Afrique*, 27 juillet 2007 ; de T. Hofnung, « Sarkozy l'Africain fait grincer les dents », *Libération*, 27 juillet 2007 ; de P. Bernard, « Le faux pas africain de Sarkozy », *Le Monde*, 23 août 2007 ; « Place à la Sarkafrique ! », *Libération*, 28 juillet 2007 ; Vieux Savane, « Volonté de puissance ou complexe du colonisé ? », *SudOnLine*, 28 juillet 2007. Sarkozy a répété son discours au Gabon. D'après *Libération*, il a été écrit par l'économiste Henri Guaino, connu pour être « la plume de Sarkozy ». Un an plus tard, Guaino a publié une défense de ce discours intitulée : « L'Homme africain et l'histoire » (*Le Monde*, 26 juillet 2008). A. J. Mbem a défendu Sarkozy contre les accusations de racisme qui pesaient sur lui, affirmant que le discours avait été mal interprété : *Nicolas Sarkozy à Dakar*, Paris, L'Harmattan, 2007.

2 Ces expressions sont tirées d'un discours de Nicolas Sarkozy prononcé en mai 2006 et citées par P. Bernard, « France-Afrique », *Le Monde*, 14 février 2007. Voir ausssi de V. Schneider, « Sarkozy veut nettoyer la "Françafrique" », *Libération*, 20 mai 2006.

3 Voir de T. Hofnung, « Sarkozy rattrapé par "la Françafrique" », *Libération*, 27 juillet 2007.

4 Éditorial « Continuité africaine », *Le Monde*, 28 juillet 2007.

Il vaut la peine de citer les dernières phrases de Nicolas Sarkozy car elles mettent le roman francophone africain au service de sa représentation de « l'homme africain » et de son salut. Pourvu que le continent suive les conseils de Sarkozy, il promet que « alors, et alors seulement », « l'enfant noir de Camara Laye, à genoux [?] dans le silence de la nuit africaine [...] se sentira enfin un homme comme tous les autres hommes de l'humanité[1] ». Apparemment, il n'est pas encore possible de tenir cette promesse puisqu'aux yeux de Sarkozy, rien n'a changé depuis l'époque de la traite des esclaves, quand les abolitionnistes devaient plaider en faveur de l'humanité des Africains.

Sans amalgamer entièrement la littérature et la politique, il est aisé de voir que la production et les thématiques de la littérature francophone africaine ont évolué au sein d'une Françafrique virtuelle. La majorité des œuvres produites dans les anciennes colonies françaises ou bien à leur sujet sont écrites en français. Ce fait demeure intact, cinquante ans après l'indépendance. De même que le cinéma francophone, l'essentiel de la littérature africaine francophone est au moins partiellement subventionnée par le gouvernement français, par le biais de ses services diplomatiques, d'organisations telles que l'Agence de Coopération Culturelle et Technique (ACCT) ou de diverses agences appartenant au mouvement de la francophonie – lui-même largement financé par le gouvernement français[2]. La majorité de la littérature francophone africaine est publiée en France et raconte le plus souvent des histoires au sujet de l'Afrique, de la France ou des deux. Comme le fait justement remarquer Lydie Moudileno, la fiction francophone africaine a tourné autour de « deux pôles monolithiques » – d'une part le pays natal et de l'autre la ville européenne (« la plupart du temps Paris ») – et ce « à l'exclusion d'autres espaces transnationaux[3] ». Depuis *Les Trois volontés de Malic* en 1920 et les *Mirages de Paris* de Ousmane Socé en 1937 jusqu'à ces œuvres majeures que sont *L'Enfant noir* de Camara Laye (1953), *Une Vie de boy* de Ferdinand Oyono (1957), *L'Aventure ambiguë*

1 « Allocution » de N. Sarkozy. J'ignore pour quelle raison Sarkozy/Guaino représentent *l'enfant noir* agenouillé : cette position ne correspond à rien dans le roman. Voir de Camara Laye, *L'Enfant noir*, Paris, Plon, 1953.

2 L'ACCT, fondée en 1969, est l'Agence de Coopération Culturelle et Technique. Voir de Miller, « Francophonie ». Elle a été renommée l'AIF, Agence Intergouvernementale de la Francophonie. Voir www.francophonie.org. Sur la question du financement du mouvement francophone, voir d'O. Milhaud, « Post-Francophonie », *espacetemps.net*, 2007.

3 L. Moudileno, *Parades postcoloniales*, Paris, Karthala, 2006, p. 88-89.

de Cheikh Hamidou Kane (1961) et *Bleu-Blanc-Rouge* d'Alain Mabanckou (1998), la littérature francophone africaine a surtout retracé la rencontre de l'Afrique avec la France, raconté les voyages accomplis en France par des Africains ou décrit les relations « ambiguës » qui se nouent au sein de ces deux espaces interculturels. La plupart des œuvres francophones prennent pour contexte littéral l'espace de la Françafrique : les colonies et anciennes colonies françaises ainsi que la France elle-même. La quatrième de couverture du livre de Daniel Biyaoula, *L'Impasse* (1997) est représentative de cette tendance : elle annonce que le « roman se situe successivement dans l'Afrique et dans la France contemporaines[1] ». Pour être vastes, ces deux espaces ne sont pas globaux.

L'immigration a modifié le panorama des relations franco-africaines, rompant pour toujours l'opposition entre la France et l'Afrique par la création d'un terme hybride, celui de « France noire[2] ». Mais, à bien des égards, ce changement n'a fait que renforcer les liens binaires unissant l'Hexagone à ses anciennes colonies, comme le révèlent les œuvres d'un auteur aussi bien établi en France que l'est Calixthe Beyala. L'ouvrage de Dominic Thomas, *Black France*, analyse le francocentrisme tenace de la littérature africaine. *La République mondiale des lettres* de Pascale Casanova inscrit le problème dans une perspective plus large : les Africains francophones ne sont pas les seuls à être entraînés vers la cité « universelle » qu'est Paris, subissant le pouvoir d'attraction exercé par les institutions de la capitale[3]. Quant au romancier et blogueur Alain Mabanckou, il décrit Paris comme « l'unité de mesure » hégémonique[4].

Existe-t-il un moyen d'échapper, dans le domaine de la politique comme dans celui de la littérature, à la binarité permanente de cette relation entre

---

1 D. Biyaoula, *L'Impasse* (Paris, Présence Africaine, 1996) quatrième de couverture de la deuxième édition. Ce roman a reçu le Grand Prix Littéraire de l'Afrique Noire, décerné par l'Association des Écrivains de Langue Française. Le roman décrit le « passage obligé, la France » (p. 55). *L'Impasse* et *Agonies* de Biyaoula sont des récits admirables et complexes sur les relations bilatérales entre l'Afrique et la France.

2 Voir de D. Thomas, *Black France*, Bloomington, Indiana University Press, 2007.

3 *Ibidem*, chapitre 2, « Francocentrism and the Acquisition of Cultural Capital » ; voir aussi les commentaires de Thomas sur l'Hexagone et la centralité de Paris dans sa conclusion, p. 206. Voir aussi de P. Casanova, *La République mondiale des lettres*, Cambridge, Harvard University Press, 2004.

4 A. Mabanckou, « Le Chant de l'oiseau migrateur », in *Pour une littérature-monde*, Paris, Gallimard, 2007, p. 57. P. Nganang remarque que l'on voit rarement, sinon jamais, le héros d'un roman francophone africain *ne pas* se rendre à Paris. (*Manifeste d'une nouvelle littérature africaine*, Paris, Homnisphères, 2007, p. 236, p. 242).

la France et ses anciennes colonies ? Comment a-t-elle pu s'enraciner aussi profondément ? Afin de répondre à ces questions, je souhaite considérer la longue durée qui unit la traite des esclaves à l'époque contemporaine. Au cours des premières années du millénaire, il semble que nous ayons assisté à trois tournants, à la fin possible de trois répercussions de la traite des esclaves et du colonialisme. Chacun de ces tournants a été annoncé, sinon concrétisé :

1. La fin du long silence de la France au sujet de l'esclavage et de la traite des esclaves (et la régénération de la mémoire culturelle de ces phénomènes).
2. La fin de la francophonie (et le début de la littérature-monde en français).
3. La fin de la Françafrique.

Comme l'a bien montré la performance de Sarkozy à Dakar, dire que l'on veut terminer quelque chose ne revient pas nécessairement à y mettre un terme, quand bien même cette chose serait déjà obsolète dans les faits. Il se peut que la Françafrique ne soit plus qu'un souvenir et que la Chinafrique l'ait remplacée, la Chine disputant à la France sa position dominante sur le continent africain[1]. Il reste à déterminer quels effets peuvent en résulter pour la culture francophone.

LA TRAITE DES ESCLAVES PAR LA FRANCE ET LA MONDIALISATION

Les moments où le reste du monde s'est intéressé à l'Afrique peuvent se compter sur les doigts d'une main. Il y eut la traite des esclaves ; la colonisation après 1885 ; les guerres mondiales du XXe siècle ; et la Guerre froide. Dans le cas de la France, la traite des esclaves a duré environ deux cent ans, depuis les années 1630 jusqu'à 1831. La colonisation moderne qui a suivi le Congrès de Berlin (1885) a duré presque moitié moins que la traite des esclaves, quoique sa postérité néocoloniale soit virtuellement infinie, ce qui reste encore à déterminer. Au cours des

1 Voir de H. W. French et L. Polgreen, « China, Filling a Void, Drills for Riches in Chad », *The New York Times*, 13 août 2007, section A, p. 1.

deux guerres mondiales, les Français ont recruté plusieurs milliers de soldats africains. Et durant la Guerre froide, les puissances occidentales ont soutenu des dictateurs tels que Mobutu.

Il est courant d'associer la mondialisation et l'hybridité : ce sont deux mots en vogue au tournant du deuxième millénaire. Cette association, ainsi que la supposition selon laquelle ces deux tendances se manifestèrent uniquement à l'époque post-coloniale de la fin du XXe siècle, méritent toutefois d'être repensées[1]. Comme nous le savons aujourd'hui, la mondialisation a débuté beaucoup plus tôt, avec l'essor du commerce triangulaire dans l'Atlantique. Au milieu du XVIIIe siècle, le ministre Choiseul décrivait le commerce d'Afrique – à savoir, le commerce des esclaves – comme « le moteur de tous les autres ». Napoléon portait le même regard sur ce commerce, jusqu'à ce que la perte d'Haïti le force à changer de perspective et à oublier le sucre, les esclaves, Haïti, la Louisiane et l'Afrique[2].

Affirmer que le commerce des esclaves et l'exploitation des colonies du Nouveau Monde par l'Europe revenaient à une esquisse précoce de la mondialisation est presque devenu un lieu commun. L'Historien africaniste Patrick Manning décrit la traite des esclaves comme « la mondialisation du travail forcé[3] », caractérisée par « un véritable marché mondial de la main d'œuvre esclave [qui] a grosso modo existé entre 1750 et 1850, incluant le commerce Occidental, Africain et Oriental[4] ». Olivier Pétré-Grenouilleau, historien reconnu de la traite des esclaves par la France, considère la traite des esclaves – organisée dans un monde que les grandes découvertes avaient soudain rendu « gigantesque » – comme « un début de la mondialisation[5] ». D'après Elikia M'Bokolo, « la traite a radicalement transformé le mode d'insertion de l'Afrique dans l'économie mondiale[6] ». (En pratique, la traite des esclaves était le mode d'insertion en question[7]). Quant à George Clement Bond, dont les travaux s'inscrivent

1 I. Baucom, *Specters of the Atlantic*, Durham, Duke University Press, 2005, p. 160–161.

2 Sur Choiseul et Napoléon, voir chapitre 2 de Miller, *Le Triangle atlantique français*, *op. cit.*, p. 61-68.

3 P. Manning, éd., *Slave Trades, 1500–1800*, Aldershot, Variorum, 2006.

4 P. Manning, *Slavery and African Life*, Cambridge, Cambridge University Press, 1990, p. 22.

5 O. Pétré-Grenouilleau, *La Traite des Noirs*, Paris, Presses Universitaires de France, 1997, p. 27.

6 E. M'Bokolo, *La Rencontre des deux mondes et ses répercussions : la part de l'Afrique (1492–1992)*, Paris, UNESCO, 1995, p. 24.

7 Pour d'intéressantes reflexions sur la transition de la traite des esclaves à la colonisation, voir de M. Gueye, « L'Afrique à la veille de la conquête », dans l'ouvrage édité par E.

dans la lignée des études pionnières de Roland Robertson, il affirme que « la traite massive des esclaves d'Afrique [...] a posé les fondements du monde moderne et de ses réseaux mondiaux englobants[1] ».

La mondialisation se caractérise par deux mouvements compensatoires : d'une part, l'expansion de la sphère d'action (celle des navires, du capital) et d'autre part, la contraction des distances (cette « compression du monde[2] » dont parle Robertson). Les voyages de découverte, la traite des esclaves et la colonisation du Nouveau Monde ont fait partie intégrante d'un processus d'expansion de la puissance et de contraction des distances[3]. La traite des esclaves s'est fondée sur ces deux mouvements opérant en duo, l'un centrifuge et l'autre centripète.

Lorsqu'on parle de la mondialisation, le mouvement centrifuge est souvent célébré pour la « liberté » qu'il implique. Des hommes libres ont courageusement hasardé leur argent dans l'espoir d'obtenir un gain en retour : c'est ce que l'on nomme l'économie « libérale ». La mondialisation est quant à elle décrite comme la « libre » circulation du capital[4]. Mais l'application de cette rhétorique au cas de la traite des esclaves dans l'Atlantique ne va pas sans une ironie révoltante. Des sommes considérables ont été déboursées par les armateurs de Nantes, Bordeaux ou La Rochelle pour financer chacun des 3649 voyages enregistrés dans l'histoire de la traite des esclaves par la France[5]. Ce capital circulait « librement » autour de l'océan mais, sur l'un des segments du voyage triangulaire, il prenait la forme d'êtres humains réduits à l'esclavage et achetés comme des biens matériels. Ainsi, au cours des années où le passage du milieu avait cours, ce capital en « libre » déplacement était littéralement enchaîné. Quand les esclaves étaient vendus sur les îles, leur valeur marchande était si élevée qu'il ne fallait pas moins de deux

---

M'Bokolo, *L'Afrique entre l'Europe et l'Amérique*, p. 93-101. Voir aussi l'ouvrage édité par P. Burnett et F. Manji, *From the Slave Trade to "Free" Trade*, Nairobi, Fahamu, 2007.

1 G.C. Bond, « Introduction : Globalization, Neoliberalism, and Historical Conditionalities », *The Journal of African American History* 88, n°4, p. 332. Voir de R. Robertson, *Globalization*, London, Sage Publications, 1992, p. 8.

2 Robertson, *Globalization*, *op. cit.*, p. 8.

3 Voir de Miller, *Le Triangle atlantique français*, *op. cit.*, p. 120-122.

4 Hugon, « L'Afrique dans la mondialisation », *op. cit.*, p. 158.

5 Ce chiffre est tiré de l'ouvrage de D. Eltis et al., *The Trans-Atlantic Slave Trade : A Database* sur CD-ROM, Cambridge, Cambridge University Press, 1999. Voir aussi de D. Geggus, « The French Slave Trade : An Overview », *William & Mary Quarterly*, 3e série, vol. 58 n°1, 2001, p. 119-138.

ou trois navires, accomplissant le commerce en droiture entre la France et les îles, pour regagner l'argent investi. Ces navires échangeaient le sucre et d'autres produits coloniaux, eux-mêmes produits par la main d'œuvre esclave. Comme l'écrit Hilary Beckles, les plantations étaient à la fois des bastions de « la mondialisation économique et de la suprématie blanche[1] ».

À l'époque de la traite, la structure commerciale connue sous le nom de « l'Exclusif » avait pour but de garantir le retour du capital en France, au terme d'un voyage centripète et sécurisé vers la métropole. Il s'agissait de récupérer le capital initialement investi de l'autre côté de l'Atlantique et dont le circuit triangulaire était étroitement surveillé. Toutes les formes d'activité commerciale retournaient directement vers la France[2]. Sans doute, il s'agissait bien là d'une forme de mondialisation, mais elle ne s'accomplissait pas librement pour toutes les parties concernées. Libre, cette mondialisation ne l'était certainement pas pour les prisonniers mis en esclavage dans le cadre de ce vaste processus ; elle ne l'était pas davantage – quoique dans un sens entièrement différent – pour les commerçants enchaînés au système de l'Exclusif.

La colonisation de l'intérieur de l'Afrique à la fin du dix-neuvième et au début du vingtième siècle, caractérisée par une « économie de traite[3] » ; le recrutement des soldats africains au cours des deux guerres mondiales ; le BUMIDOM, cet organisme chargé d'encourager l'importation de la main d'œuvre au cours des années 1960[4] ; jusqu'aux vagues d'immigration successives, tous ces phénomènes ont reproduit le modèle établi par le système de l'Exclusif. Chaque colonie ou ancienne colonie est en relation directe et prioritaire avec la France et ce à l'exclusion de tout autre vecteur possible de commerce ou d'échange. Il en va ainsi des départements d'outre-mer (Martinique, Guadeloupe, Guyane, La Réunion) ; il en va ainsi de la Françafrique.

---

1 H. M. Beckles, « Capitalism, Slavery and Caribbean Modernity », *Callaloo*, vol. 20, n°4, 1998, p. 784.

2 Sur la question de l'Exclusif, voir de Miller, *Le Triangle atlantique français*, *op. cit.*, p. 39-45.

3 Voir de C. Coquery-Vidrovitch, « The Colonial Economy of the Former French, Belgian, and Portuguese Zones », in *General History of Africa, vol. 7, Africa Under Colonial Domination 1880-1935*, éd. A. Adu Boahen, Paris, UNESCO, 1985, p. 43 et p. 185-191.

4 Le BUMIDOM était le Bureau pour les Migrations des Départements d'Outre-mer.

LA FRANCITÉ ET L'ESCLAVE ABSENT

Dans ces circonstances, de quelle manière les « signes de la Francité » ont-ils été disséminés autour de l'Atlantique à l'époque de la traite des esclaves ? D'une manière inégale : l'Afrique intérieure est demeurée impénétrable jusqu'à la fin du dix-neuvième siècle, dans la mesure où les régimes politiques africains se sont montrés solides et résistants aux incursions extérieures. Dans la majeure partie des cas, les Européens s'en sont tenus à leurs établissements côtiers, tels que Saint-Louis et Gorée au Sénégal. La plupart des captifs étaient menés sur les côtes par des marchands d'esclaves africains et vendus sur place à des navires européens. La Francité s'est répandue dans les petites sociétés créoles de ces établissements mais elle ne pouvait guère se propager au-delà des limites de la ville ou de l'île. Dans les Caraïbes, au contraire, la France exerçait un pouvoir et une domination presque absolus. Il s'agissait de sociétés esclaves à deux égards : d'une part, elles étaient entièrement fondées sur l'esclavage, une institution alimentée par la traite transatlantique des esclaves. Et d'autre part, dans un sens métaphorique et politique, ces îles étaient elles-mêmes « réduites en esclavage » par la métropole, au moyen des mesures commerciales de l'Exclusif.

Au cours de la traite des esclaves, les signes de la Francité étaient disséminés d'une manière irrégulière et inégale autour de l'Atlantique et au-delà, mais la Francité et l'esclavage formaient une troublante association. Après tout, le mot « France » ne veut-il pas dire « libre » si l'on en considère l'étymologie ? Les auteurs français n'ont pas cessé d'osciller entre deux pôles. D'une part, ils étaient sujets à l'influence des droits de l'Homme théorisés par les Lumières ; mais, de l'autre, ils étaient enclins à reconnaître le « besoin » de mettre des hommes en esclavage pour en tirer un profit. Missionnaire, prêtre et exploitant d'esclaves, Jean-Baptiste Labat (1663-1738) a signé des œuvres où il n'hésitait pas à en plagier copieusement d'autres. Pour des générations de lecteurs français, ses écrits ont exercé une influence durable sur la définition de l'Afrique et des Caraïbes. Aux yeux de Labat et d'une grande partie de ses contemporains, l'esclavage sauvait l'âme du captif païen. Montesquieu (à qui il arrivait de citer Labat) a fait la satire de l'esclavage quoiqu'il en justifiât l'existence dans les climats du sud. Voltaire a investi dans la traite des esclaves et permis que son nom soit utilisé sur le navire d'un marchand d'esclaves, tout en déplorant en France et à l'étranger les effets déplorables de l'esclavage. Rousseau a écrit au sujet du « droit d'esclavage » qu'il était parfaitement « nul », ignorant toutefois l'esclavage des Africains à son époque. Des auteurs abolitionnistes tels que Olympe de Gouges et Madame de Staël ont cherché, avec un succès limité toutefois, à rendre la situation désespérée des esclaves « présente » en France, où leur sort était loin des yeux et des préoccupations de leurs compatriotes[1].

Les textes littéraires français à teneur abolitionniste et exotique ont préfiguré les batailles pour le droit à la Francité et le droit à l'altérité – ceux de l'assimilation, de la départementalisation, de l'immigration et de l'intégration – qui ont été livrées au cours des époques coloniales et postcoloniales. La nouvelle de Madame de Duras, *Ourika* (1823), est certainement une escarmouche précoce dans l'histoire du long combat entre la race et la Francité. Madame de Duras raconte une histoire inspirée de faits réels, celle d'une enfant sénégalaise sauvée de la traite des esclaves et placée dans une famille aristocratique française, qui se retrouve condamnée au malheur par la couleur de sa peau. Cette œuvre préfigure un texte et un film francophones de la période postcoloniale, *La noire de…* de Sembene, dans lesquels une Sénégalaise tenue de nos jours en « esclavage » par des colons français demande : « Qu'est-ce que je suis, ici[2] ? ».

Après la seconde et dernière abolition de l'esclavage en 1848, la mémoire culturelle de l'esclavage a été minutieusement effacée en France. Mais les textes abolitionnistes et exotiques autant que la couleur locale présente dans les romans d'aventure et la littérature maritime du dix-neuvième siècle ont préparé le terrain pour l'écriture francophone. Des auteurs comme Hugo, Mérimée et Sue ont mis en place des normes de représentations qui ont été récupérées et altérées par des auteurs des vingtième et vingt-et-unième siècles venus des colonies et des anciennes colonies françaises[3]. Quand le français s'est mondialisé pour la première fois, au cours du dix-septième et du dix-huitième siècles, personne n'aurait pu deviner le

1 Sur les auteurs mentionnés dans ce paragraphe, voir de Miller, *Le Triangle atlantique français*, *op. cit.*

2 O. Sembene, *La Noire de…*, Filmi Domirev, 1966.

3 Pour un traitement plus complet de cette question, voir de Miller, *Le Triangle atlantique français*, *op. cit.*, p. 221-296.

nombre d'Africains qui, à la fois sur le continent et dans l'archipel des Caraïbes, accèderaient un jour à la Francité, sous une forme linguistique ou juridique. En Afrique, au cours de la seconde phase du colonialisme, la France faisait miroiter cette perspective aux yeux de l'élite de la population afin de l'encourager à la collaboration avec le régime colonial. La France se trouvait au fondement d'une mission civilisatrice. Le marché a fonctionné, quoique d'une manière sans doute différente de celle qu'auraient prédite les fonctionnaires français. Des millions d'Africains (et d'autres) ont pénétré le discours mondial au moyen du français.

Comme Sartre l'a demandé dans une formule demeurée célèbre : « Qu'est-ce donc que vous espériez, quand vous ôtiez le bâillon qui fermait ces bouches noires[1] ? ». Aucun texte écrit durant la période coloniale du vingtième siècle n'incarne mieux les trajectoires ambiguës du « global french » que le *Cahier d'un retour au pays natal* de Césaire. Débutant avec la stagnation d'une petite ville « inerte » des Caraïbes, cette « épopée de la négritude[2] » remonte au temps de la traite des esclaves, à la fois pour répéter l'histoire cruelle du système des plantations et pour trouver le symbole d'un changement révolutionnaire. Le poème navigue dans la totalité de l'espace atlantique français, depuis son port d'attache en Martinique (que le texte ne nomme pas), jusqu'à la France et ce « pays natal », qui est peut-être l'Afrique sans que l'on puisse avoir de certitude absolue à ce sujet. Le *Cahier* n'est pas ce que l'on a coutume de croire, à savoir un chant de louange au paradis perdu de l'Afrique. Sa « négritude » est davantage une quête ouverte qu'une essence déterminée. Il n'y a pas de « retour » définitif en tant que tel, seulement un cahier, une carte ambiguë et complexe. Une chose est claire cependant : la quête se poursuit en français, elle est rendue possible par une éducation française. Sans doute, la révolte d'esclave est le point d'acmé du poème : l'esclave est enfin présent ici, « debout et libre ». Mais c'est dans l'élaboration de nouveaux concepts, en français, au moyen de néologismes tels que « négritude » et « verrition » (un mouvement balayant qui est le geste final du poème), que Césaire met en scène sa révolution.

La Francité ne pouvait rester la même après la parution de textes semblables. Depuis lors, c'est en permanence qu'elle a dû être renégociée. Les trajectoires du triangle ont perduré, unissant à la fois la France et

1 Voir J.-P. Sartre, « Orphée noir », préface à l'*Anthologie de la nouvelle poésie nègre et malgache de langue française*, éd. L. Sédar Senghor, Paris, Presses Universitaires de France, 1948, p. IX.
2 A. J. Arnold, *Modernism and Negritude*, Cambridge, Harvard University Press, 1981, p. 133.

les Caraïbes à l'Afrique et l'Afrique à la France. Les deux guerres mondiales et l'immigration durant l'après-guerre ont renouvelé et confirmé la centralité de l'Hexagone. Mais simultanément, l'essor de la littérature francophone a ouvert le français vers l'extérieur et l'a légèrement altéré. Le roman d'Ahmadou Kourouma, *Les Soleils des indépendances*, d'abord publié à Montréal en 1968, a été acclamé comme une africanisation du français depuis longtemps attendue. Cependant il n'a pas entraîné une créolisation en masse de la langue française et de la littérature francophone. L'Académie a refusé l'inclusion des néologismes français venus des anciennes colonies, y compris du Québec[1]. Le français est entré dans la mondialisation, mais le français demeure le français. À moins que...

À LA RENCONTRE DE LA NOUVELLE FRANÇAFRIQUE...

Au commencement de cet article, j'ai mentionné trois phases de transition qui sont censées se produire depuis le tournant du vingtième siècle : la fin du silence de la France au sujet de l'esclavage et de la traite des esclaves ; la fin de la littérature francophone et le début de la « littérature-monde en français ; et la fin de la Françafrique. Le premier de ces dénouements est un fait avéré, du moins pour le moment : sous l'impulsion de quarante mille descendants d'esclaves descendus dans les rues de Paris le 23 mai 1998[2], la France a adopté en 2001 la loi Taubira. Celle-ci a qualifié l'esclavage et la traite des esclaves de crimes contre l'humanité et décidé de la création d'une nouvelle mémoire historique en France. La manifestation la plus évidente de cette nouvelle mémoire – pour laquelle il reste encore beaucoup à faire toutefois – est la nouvelle journée annuelle de commémoration, fixée au 10 mai, dont la première fut observée en 2006. Avec de nouveaux monuments et un nouveau centre de recherche national sur l'esclavage (dont le premier directeur

---

1 Milhaud cite l'example du verbe *girafer*, refusé par l'Académie. Ce verbe désigne l'action d'un étudiant de haute taille, regardant par dessus l'épaule d'un plus petit pour copier son travail. Milhaud, « Post-Francophonie ? », *Espacetemps.net*, 2007.

2 Voir sur le Comité Marche du 23 mai 1998, http://www.gensdelacaraibe.org/index.php?option=com_content&task=view&id=3362&Itemid=194

fut Edouard Glissant), il est possible de prévoir une prise de conscience nouvelle et sincère de cette histoire longtemps réprimée[1].

Les deux autres dénouements annoncés sont intimement liés : la fin de la littérature « francophone » a été souhaitée par beaucoup, car cette catégorie est perçue comme un symptôme de la relation malade et peut-être moribonde connue sous le nom de Françafrique. En 2007, un collectif de quarante-quatre écrivains a publié un manifeste nommé : « Pour une littérature-monde en français ». Ils commencent par observer que cinq parmi les dix prix littéraires français les plus prestigieux ont été décernés à des écrivains d'« outre-France ». Cet événement leur apparaît comme la confirmation d'une « révolution copernicienne » : il marque le déplacement longtemps attendu du centre, qui désormais « n'est plus le centre ». Ils annoncent le retour à une littérature qui se préoccupe désormais du monde plutôt que d'elle-même, l'avènement d'une littérature en « incandescence » et « la fin de la Francophonie ». À la manière des écrivains français abolitionnistes du dix-neuvième siècle, ces auteurs se tournent vers la Grande Bretagne en quête d'un modèle. Dans la « littérature-monde » en anglais – courant représenté par Bruce Chatwin, Ben Okri, Michael Ondaatje, Salman Rushdie et d'autres – ils voient « l'ébauche d'un monde nouveau », caractérisé par son « identité plurielle ». Telle est l'antidote qu'ils prescrivent pour lutter contre ce qu'ils décrivent comme le ghetto de la Francophonie, une « variante exotique tout juste tolérée » par « une France mère des arts [...] [qui continue] de dispenser ses lumières, en bienfaitrice universelle [...] ». À la place, ces écrivains prédisent et appellent de leurs vœux « l'émergence d'une littérature-monde en langue française consciemment affirmée, ouverte sur le monde [et] transnationale ». Une telle littérature, d'après eux, « signe l'acte de décès de la francophonie » qui n'est que « le dernier avatar du colonialisme[2] ». Si l'on en croit ce manifeste, alors le français ne sera plus exclusivement « français » : la langue et sa littérature seront

1 Voir la préface et la conclusion de Miller, *Le Triangle atlantique français*, *op. cit.* ; É. Glissant, *Une Nouvelle région du monde*, Paris, Gallimard, 2006, p. 190-195.

2 M. Barbery, et al., « Pour une "littérature-monde" en français », *Le Monde des livres*, 16 mars 2007. Voir aussi *Pour une littérature-monde* (éd. M. Le Bris et J. Rouaud, Paris, Gallimard, 2007), comprenant des essais de vingt-quatre signataires du manifeste et de trois autres écrivains. Le manifeste est précédé par un essai d'A. Mabanckou, « La Francophonie, oui, le ghetto : non ! », *Le Monde*, 19 mars 2007. Dans ce texte, Mabanckou déclare : « La littérature française est une littérature nationale. C'est à elle d'entrer dans ce grand ensemble francophone ».

libérées de leur « pacte » avec la nation, de leur pacte avec la France. Comme l'écrit Achille Mbembe, il s'agit de « dénationaliser la langue française » et de mettre un terme à « la totale identification de la langue française et de la république française[1] ».

La critique de la Francophonie exposée dans ce manifeste n'apporte rien qui n'ait déjà été exposé depuis longtemps par des écrivains tels que Mongo Beti[2]. Ce qui en revanche est nouveau dans ce texte est l'alliance entre écrivains « français » et « francophones », qui se rassemblent pour faire évoluer les institutions littéraires françaises vers un pluralisme dont il se peut qu'il soit enfin de l'ordre du possible. Avec les noms de J.M.G Le Clézio, Nancy Huston, Éric Orsenna, et Didier Daeninckx sur la liste des signataires (quoique de nombreux autres noms brillent par leur absence) aux côtés de ceux de Tahar Ben Jelloun, Maryse Condé, Edouard Glissant et Alain Mabanckou, cette déclaration a une toute autre portée. C'est le capital culturel accumulé par le groupe dans sa totalité qui lui permet de « se poser en fossoyeurs de la Francophonie[3] ».

Ce manifeste n'apporte rien de radicalement nouveau au débat mais s'inscrit dans une série de tentatives pour surmonter les conditions d'absence, d'ignorance et de marginalisation des (anciennes) colonies, conditions qui ont caractérisé la société française depuis le dix-septième siècle. Les anciennes colonies avec leurs esclaves, et les plus récentes avec leurs « indigènes », sont restées en permanence à l'écart du regard et des préoccupations de la France. Les abolitionnistes eurent toutes les peines du monde à changer cette situation ; quant au lobby colonial, travaillant au début du vingtième siècle à « faire aimer nos colonies » et à inciter des Français à s'y installer, il n'y a jamais pleinement réussi[4]. Abdou

---

1 Cité dans « Écrivains en position d'entraver » de Waberi, in *Pour une littérature-monde*, Paris, Gallimard, 2007, p. 72 ; le reste des citations est tiré de « Francophonie et politique du monde » (*congopage.com*, 24 mars, 2007) de Mbembe.

2 Voir M. Beti, « Seigneur, délivre-nous de la francophonie », *Peuples noirs, peuples africains*, 11 n°59-62, 2007. Sur ce point, voir aussi de C. L. Miller, *Theories of Africans*, Chicago, University of Chicago Press, 1990, p. 181-201.

3 Abdou Diouf, président de l'Organisation internationale de la francophonie, s'est plaint que les signataires du manifeste aient adopté cette pose. Voir de A. Diouf « La Francophonie, une réalité oubliée », *Le Monde*, 20 mars 2007. Diouf accuse les signataires de « confondre le francocentrisme et la Francophonie ». Dans « Un peu de mémoire, s'il vous plaît ! » (*Le Monde*, 6 avril 2007), A. Lamine Sall et Lilyan Kesteloot affirment que la notion de « littérature-monde » en français n'a rien de nouveau.

4 L'Exposition Coloniale de 1931 est la manifestation la plus spectaculaire de cette entreprise. Voir de Miller, *Nationalists and Nomads*, Chicago, University of Chicago Press, 1998,

Diouf, le Directeur de l'Organisation internationale de la francophonie, tout en défendant l'idée de Francophonie contre ses « fossoyeurs », se plaint toutefois du « désamour des Français pour la Francophonie ». Ces derniers manquent à ses yeux d'intérêt et de curiosité pour la Francophonie[1]. En rassemblant de nombreux peuples du monde au sein de la France, l'immigration postcoloniale a modifié l'équation, de sorte que la marginalisation mentale absolue qui prévalait jadis est devenue plus difficile à maintenir. Ce manifeste peut se lire dans la perspective de la longue durée historique, comme le prolongement littéraire de cette évolution radicale. Il reste toutefois à déterminer quelle différence réelle existe entre « la littérature-monde en français » et la « Francophonie telle qu'on la connaît ».

Le nouveau tournant « global » adopté ces dernières années par certains écrivains africains peut se lire comme un signe de changement. Il serait aisé de ne pas le remarquer puisque la majorité des textes africains en Français demeure centrée sur les relations franco-africaines. Un petit nombre d'auteurs se sont toutefois ouverts à de plus vastes horizons, s'affranchissant du binarisme de la Françafrique à la manière de leurs homologues musiciens, tels qu'Angélique Kidjo, Youssou N'Dour et tant d'autres musiciens pour qui les barrières du langage n'existent pas[2]. De nombreux auteurs ont fait quelques pas au moins en-dehors des frontières de l'Hexagone, envoyant leurs personnages en excursion dans d'autres pays de l'Union Européenne[3]. Rares sont ceux toutefois qui se sont ouverts au reste du monde[4].

---

p. 55-117.

1 Diouf, « La Francophonie », *op. cit.*

2 Ce tournant a été anticipé par un petit nombre de textes parus au cours de la génération précédente, tels que *Patron de New York* (1964) de Bernard Dadié. Sur la poursuite de cette tradition, voir de Moudileno *Parades postcoloniales*, Paris, Karthala, 2006, p. 89.

3 Par exemple, Njami Simon fait voyager son « African Gigolo » à Venise et Amsterdam dans son roman éponyme ; dans *Verre cassé* (Paris, Seuil), A. Mabanckou se tourne vers l'Amérique (p. 230-231). Dominic Thomas m'a informé de l'existence d'écrivains africains venus de pays francophones qui désormais écrivent en italien, tel que Pap Khouma, originaire du Sénégal.

4 Je ne voudrais pas donner l'impression que « l'ouverture à la mondialisation » est une évolution à laquelle devrait aspirer la littérature africaine ou dont il faudrait la féliciter. Il s'agit simplement d'une autre manière d'écrire dans le monde et à son sujet. Patrice Nganang observe également que la littérature francophone africaine ne s'est pas « mondialisée » et n'est pas « encore » devenue une littérature de « l'errance ». *Manifeste d'une nouvelle littérature africaine*, *op. cit.*, p. 244.

Il n'est pas surprenant qu'Henri Lopes, auteur aux origines ethniques variées, diplomate et ambassadeur ô combien privilégié d'un président autoritaire du Congo-Brazzaville – Denis Sassou-Nguesso – et de deux autres présidents avant lui, compte au nombre de ces auteurs « globaux ». Lopes mène une vie internationale aux airs de conte de fée, goûtant les privilèges du pouvoir au Congo et la gloire d'être un auteur célèbre dans le monde entier, publié par les Éditions du Seuil à Paris[1]. S'il est une figure emblématique de la Françafrique, c'est bien lui. Il n'en demeure pas moins un romancier talentueux dont les dernières œuvres se sont aventurées dans un nouvel espace Atlantique et mondial autrefois absent de la littérature africaine en français. Contrairement à son remarquable ouvrage, *Le Pleurer-Rire* (1982), ses derniers romans ont placé l'Afrique dans un contexte mondial. Dans *Sur l'autre rive* (1992), *Le Lys et le flamboyant* (1997) et *Une enfant de Poto-Poto* (2012), l'Afrique entre en contact avec les Caraïbes, les États-Unis et la France. *Sur l'autre rive* est peut-être le premier roman africain en français dont l'action se passe (en partie) dans les Caraïbes, sur l'île de la Guadeloupe[2]. Le titre de cet ouvrage fait référence aux villes jumelles des deux Congos – Kinshasa et Brazzaville – l'une se trouvant « sur l'autre rive » par rapport à l'autre ; cette expression est transposée dans un autre contexte afin d'évoquer le profond mystère de l'identité transatlantique.

Tierno Monénembo est l'un des écrivains africains les plus complexes et stimulants d'aujourd'hui. Il est l'auteur de *Pelourinho*, un texte qui marque une première dans le roman francophone : un voyage au Brésil, où le narrateur africain, à la manière d'une figure inversée de la Véronique de Maryse Condé dans *Hérémakhonon*, rend visite à ses « cousins » parce que « nous sommes comme des jumeaux sur les deux bords de l'Océan ». Il s'agit d'un véritable roman de l'Espace Atlantique, doté d'une vision historique profondément ancrée dans la traite des esclaves : c'est un nouveau *Racines* – le roman d'Alex Haley – mais un *Racines* dont l'histoire progresserait à rebours. Cette vision, comparable à celle de Césaire dans

1 Sur Lopes, voir chapitre 4 de D. Thomas, *Nation-Building, Propaganda, and Literature in Francophone Africa*, Bloomington, Indiana University Press, 2002.

2 Au sujet de *Sur l'autre rive*, voir de Moudileno, *Parades postcoloniales*, *op. cit.*,p. 82. Il existe de nombreux exemples du phénomène contraire (à savoir, des représentations de l'Afrique par des auteurs issus des Caraïbes francophones) : R. Maran, *Batouala* (1921) ; R. Dorsinville, *Renaître à Dendé* (1980) ; *Juletane* (1982) de M. Warner-Vieyra ; *Hérémakhonon* (1976) et plusieurs autres ouvrages de M. Condé, ainsi que *Sartorius* (1999) d'É. Glissant.

le *Cahier*, est toutefois un travail en cours pour le narrateur-écrivain et le mieux qu'il puisse faire, confronté à la rupture que représente la traite des esclaves, est de « rafistoler la mémoire ». Parmi les choix intéressants de Monénembo dans ce roman, on peut remarquer celui qui consiste à ne pas situer son histoire dans un espace francophone des Caraïbes – en Martinique, Guadeloupe, Guyane ou en Haïti. Au contraire, il élargit les horizons de la fiction francophone africaine à une nouvelle sphère linguistique, tout en reconnectant l'Afrique à l'histoire de la traite des esclaves, une démarche inhabituelle chez les auteurs africains de langue française[1].

Selon toute apparence, *Le Ventre de l'Atlantique* de Fatou Diome est le dernier récit en date d'une immigration décevante et des frustrations engendrées par le francocentrisme. Comme l'écrit Dominic Thomas, Diome « s'inscrit dans [la] longue généalogie intertextuelle » des auteurs africains « explo[rant] le *bilatéralisme* des relations franco-africaines » (C'est nous qui soulignons). Cependant, par une description continuelle de l'« Atlantique » comme ce qui sépare la France de l'Afrique – l'une étant de « l'autre côté » par rapport à l'autre – Diome altère légèrement la géographie de sorte que cet océan apparaît comme un vecteur est-ouest davantage que comme un axe nord-sud. En réalité, *Le Ventre de l'Atlantique* met en œuvre une « réflexion sur la mondialisation et son impact en Afrique ». « Étrangère partout », Salie veut se trouver et se définir elle-même – en réalité, elle cherche à se procurer de nouveaux papiers d'identité – au moyen de l'écriture. « Je cherche » déclare-t-elle, « mon territoire sur une page blanche ».

1 Au sujet des exceptions au « silence » africain sur la traite des esclaves, voir de Miller *Le Triangle atlantique français*, *op. cit.*, p. 427-450. Né au Togo et vivant en France depuis 1986, Sami Tchak est l'un de ces auteurs « mondialisés ». L'action de son roman *Hermina* est située à Cuba, au Mexique, à Miami et dans un pays européen dont le nom n'est pas cité. Le récit de *La Place des fêtes* (2004), du *Paradis des chiots* (2006), et de *Filles de Mexico* (2008) se déroule également en Amérique latine. Il ne va pas sans ironie que plusieurs romans de S. Tchak, notamment *Hermina*, soient publiés par Gallimard dans une collection nommée « Continents Noirs ». La collection est présentée par son éditeur, J.-N. Schifano, dans un petit texte qui agrémente la dernière page d'*Hermina* et de nombreux autres romans. Schifano reproduit à la lettre le discours colonial, invitant le lecteur dont il présuppose qu'il est blanc et français à « parier sur les Africains d'Afrique et d'ailleurs » et sur leurs « fétiches en papier qui prennent le relais des fétiches en bois ». Faisant preuve d'une condescendance tout aussi profonde, une semblable invitation à « parier » sur « la race noire » animait l'Exposition coloniale de 1931. Plus de quatre-vingts ans après l'apparition de la littérature africaine francophone, Schifano fait appel aux pouvoirs de l'écriture africaine pour « dégeler l'esprit romanesque et la langue française du nouveau siècle » – justifiant ainsi l'entrée tardive de Gallimard dans ce domaine.

Un recueil de nouvelles intitulé *Dernières nouvelles de la Françafrique* nous conduit à la conclusion de cet article. Le titre contient une énigme riche de sens en même temps qu'un jeu de mot évident : le jeu de mot provient du double sens de *nouvelles*, au sens à la fois d'« actualités » et de « court roman ». Mais le terme « dernières » est lui aussi doté d'un double sens, puisqu'il peut aussi bien signifier « ultimes » ou « dernières en date ». Avons-nous affaire aux « dernières paroles » prononcées par une Françafrique peut-être moribonde ou à son actualité la plus brûlante ? À moins qu'il ne s'agisse des courts récits les plus récents à nous venir de la Françafrique ou bien de ses ultimes productions littéraires ? La quatrième de couverture définit sans ambiguïtés la Françafrique : « Magouilles, barbouzes, tortures et autres manipulations… Tout y passe ». Dans son introduction à l'ouvrage, Romuald Fonkoua décrit la relation entre la France et l'Afrique comme « un refus viscéral de l'égalité entre les Européens et les Africains ». Ces nouvelles se veulent une série de révélations « interlopes » sur les secrets de cette hégémonie[1]. Cependant, elles ne décrivent nullement la disparition de la domination française. Dans le texte conclusif de ce volume, l'homme qui a littéralement écrit l'ouvrage sur *La Françafrique*, François-Xavier Verschave, décrit ce qu'il advient de ce binarisme dans le nouvel univers créé par la mondialisation : « les réseaux et les trésors de la Françafrique se branchent sur ceux de ses homologues américain, britannique, russe, israélien, brésilien, etc. ». Si la *Françafrique* se mondialise, il en résultera une « mafiafrique[2] ». La perspective de Verschave s'accorde avec celle de Fatou Diome dans *Le Ventre de l'Atlantique* : pour l'Afrique, la mondialisation semble être une forme de néocolonialisme par d'autres moyens.

Le Français, plus encore que l'Anglais, n'est « global » aujourd'hui qu'en raison de son histoire coloniale. Employé pour la communication internationale, l'Anglais est parlé dans des dizaines de pays qui ne furent jamais conquis par la Grande-Bretagne ou les États-Unis : c'est notamment le cas de la Belgique[3]. La dimension « globale » de la France

1 R. Fonkoua, « Vous avez demandé la Françafrique ? Premières nouvelles de la Françafrique », in *Dernières nouvelles de la Françafrique*, La Roque d'Anthéron, Vents d'ailleurs, 2003, p. 15-18.

2 F.-X. Verschave, « La "Françafrique" en bref », dans *Dernières nouvelles de la Françafrique*, éd. S. Traoré, et al., La Roque d'Anthéron, Vents d'Ailleurs, 2003, p. 221-223.

3 L'anecdote que j'ai citée en introduction à propos du restaurateur de Bruxelles illustre une tendance plus large : le recours à l'Anglais pour combler le fossé entre francophones

et de la langue française demeure tenacement enracinée dans l'histoire coloniale française et dans ses prolongements, la *Francophonie* et la *Françafrique*, aujourd'hui victimes de désamour. Jean Jaurès proclamait que la langue française serait la voie royale de la colonisation et de la civilisation française : « Pour la France surtout, la langue est l'instrument nécessaire de la colonisation[1]. » L'une et l'autre sont restées inséparables. Les auteurs contemporains que j'ai cités dans cet article ne voient guère cette situation évoluer ; quant aux signataires du manifeste « pour une littérature-monde », ils cherchent à y mettre un terme. Serions-nous déjà « post-francophones[2] » ?

Le Français « lutte pour garder sa place dans le monde[3] » titre le journal *Le Monde*. Au cours de sa campagne électorale, Nicolas Sarkozy a déclaré dans un élan d'optimisme que « le recul du français n'est pas une fatalité[4] ». Les sommets « francophones » continuent à attirer un nombre grandissant de dirigeants non-francophones[5]. Toutefois, le prestige de la France en Afrique a grandement souffert lorsque la République à l'origine des droits de l'homme a été soupçonnée d'avoir « aidé un régime responsable d'organiser le génocide des Tutsi » au Rwanda en 1994[6]. La *Françafrique* n'a jamais plus été la même depuis. De nombreux observateurs confirment le déclin progressif de l'influence française[7].

Ce qui a toujours manqué, ce qui est toujours rare aujourd'hui, c'est une authentique volonté d'intégration entre la France et deux choses, l'une temporelle et l'autre spatiale : l'histoire française de la colonisation et les anciennes colonies elles-mêmes. La recréation d'une mémoire de l'esclavage et de la traite des esclaves autrefois méticuleusement réprimée est déjà en cours. Elle peut représenter, au moins partiellement, une

---

et néerlandophones en Belgique. Sur cette question, voir de J. Quatremer, « Défilé en anglais pour sauver l'unité de la Belgique », *Libération*, 19 novembre 2007.

1 J. Jaurès, « Discours pour l'Alliance Française » (1884), cité par D. Ager dans *Identity, Insecurity and Image : France and Language*, Clevedon, Multilingual Matters, 1999, p. 238 n. 81.

2 Voir Milhaud, « Post-Francophonie ».

3 N. Herzberg, H. Morin et N. Nougayrède, « Le Français lutte pour garder sa place dans le monde », *Le Monde*, 20 mars 2007.

4 Sarkozy, « Pour une francophonie vivante et populaire », *Le Figaro*, 15 octobre 2007.

5 Diouf, *L'Afrique dans la mondialisation*, *op. cit.*, p. 207.

6 J. Semujanga, *Origins of Rwandan Genocide*, Amherst, NY, Humanity Books, 2003, p. 226.

7 Bernard, « L'Image très dégradée de la France en Afrique » ; Mammadu, *Françafrique : l'échec*, p. 19.

solution au premier problème évoqué. Le second problème, de nature spatiale quant à lui, est celui que les auteurs du manifeste de 2007 espéraient résoudre au moyen de leur « littérature-monde en français ».

Pour une longue période encore, il semble que le français soit voué à demeurer une langue à laquelle il manque quelque chose pour être pleinement mondiale. Si la nation française parvient à se défaire du sentiment de centralité privilégiée qui depuis si longtemps caractérise ses relations avec ses anciennes colonies, la place du français dans le monde n'en deviendra que plus dynamique et plus intéressante.

Christopher L. MILLER
Université Yale
Traduit par Benjamin Hoffmann

OUVRAGES CITÉS

L'Afrique entre l'Europe et l'Amérique : le rôle de l'Afrique dans la rencontre de deux mondes (1492-1992), éd. Elikia M'Bokolo, Paris, UNESCO, 1995.

L'Afrique répond à Sarkozy, éd. Makhily Gassama, Paris, Philippe Rey, 2008.

AGER, Dennis, *Identity, Insecurity and Image : France and Language*, Clevedon, Multilingual Matters, 1999.

AINA, Tade Akin, *Mondialisation et politique sociale en Afrique*, Dakar, CODESRIA Document de Travail 2/97, 1997.

ARNOLD, A. James, *Modernism and Negritude : The Poetry and Poetics of Aimé Césaire*, Cambridge, Harvard University Press, 1981.

« Au Sénégal, Sarkozy prône un partenariat en rupture avec le passé », *Jeune Afrique*, 27 juillet 2007, www.jeuneafrique.com/jeune_afrique/article_depeche.asp?art_cle=AFP62057ausngssapel0.

BARBERY, Muriel et al., « Pour une "littérature-monde" en français », *Le Monde des livres*, 16 mars 2007.

BAUCOM, Ian, *Specters of the Atlantic : Finance Capital, Slavery, and the Philosophy of History*, Durham, Duke University Press, 2005.

BAYARD, Jean-François, « Y a pas rupture, patron ! », *Le Messager* (Cameroun) 8 août 2005, www.ldh-toulon.net/spip.php?article2197.

BECKLES, Hilary McD, « Capitalism, Slavery and Caribbean Modernity », *Callaloo*, vol. 20, n° 4, 1998, p. 777-789.

BERNARD, Philippe, « France-Afrique : Ségolène Royal et Nicolas Sarkozy, à chacun sa rupture », *Le Monde*, 14 février 2007.

BERNARD, Philippe, « Le Faux Pas africain de Sarkozy », *Le Monde*, 23 août 2007.

BERNARD, Philippe, « L'Image très dégradée de la France en Afrique », *Le Monde*, 26 avril 2008.

BERNARD, Philippe et JAKUBYSZYN, Christophe, « À Dakar, Nicolas Sarkozy appelle l'Afrique à "renaître" et à "s'élancer vers l'avenir" », *Le Monde*, 27 juillet 2007.

BETI, Mongo, « Seigneur, délivre-nous de la francophonie », *Peuples noirs, peuples africains*, vol. 11, n° 59-62, 1987-1988, p. 15-106.

BIYAOULA, Daniel, *L'Impasse*, Paris, Présence Africaine, 1996.

BIYAOULA, Daniel, *Agonies*, Paris, Présence Africaine, 1998.

BOND, George Clement, « Introduction : Globalization, Neoliberalism, and Historical Conditionalities », *The Journal of African American History*, vol. 88, n° 4, 2003, p. 330-338.

CAMARA LAYE, *L'Enfant noir*, Paris, Plon, 1953.

CASANOVA, Pascale, *The World Republic of Letters*, trad. par M. B. DeBevoise, Cambridge, Harvard University Press, 2004.

CHANDA, Nayan, « Don't Tell Anybody It's Africa Calling », *Yale Global Online*, 4 octobre 2005, www.yaleglobal.yale.edu/display.article?id=6333.

CHANDA, Nayan, *Bound Together : How Traders, Preachers, Adventurers, and Warriors Shaped Globalization*, New Haven, Yale University Press, 2007.

The Columbia History of Twentieth-Century French Thought, éd. Lawrence D. Kritzman, New York, Columbia University Press, 2006.

« Continuité africaine », éditorial anonyme, *Le Monde*, 28 juillet 2007, www.lemonde.fr/web/article/0,1-0@2-3212,36-940111,0.html.

COQUERY-VIDROVITCH, Catherine, « The Colonial Economy of the Former French, Belgian, and Portuguese Zones, 1914-1935 », dans *General History of Africa, vol. 7, Africa Under Colonial Domination 1880-1935*, éd. A. Adu Boahen, Paris, UNESCO, 1985, p. 351-381.

DADIÉ, Bernard, *Patron de New York*, Paris, Présence Africaine, 1964.

DIOUF, Abdou, « La Francophonie, une réalité oubliée », *Le Monde*, 20 mars 2007.

DIOUF, Makhtar, *L'Afrique dans la mondialisation*, Paris, L'Harmattan, 2002.

DORSINVILLE, Roger, *Renaître à Dendé*, Paris, L'Harmattan, 1980.

DOZON, Jean-Pierre, *Frères et sujets : La France et l'Afrique en perspective*, Paris, Flammarion, 2003.

ELTIS, David, et al., *The Trans-Atlantic Slave Trade : A Database on CD-ROM*, Cambridge, Cambridge University Press, 1999.

FONKOUA, Romuald, « Vous avez demandé la Françafrique ? Premières nouvelles de la Françafrique », dans *Dernières nouvelles de la Françafrique*, Paris, Vents d'ailleurs, 2003, p. 13-18.

« Françafrique », *Wikipedia.fr*, 2008 http://fr.wikipedia.org/wiki/Fran%C3%A7afrique_%28livre%29.

FRENCH, Howard W. et POLGREEN, Lydia, « China, Filling a Void, Drills for Riches in Chad », *The New York Times*, 13 août 2007.

From the Slave Trade to "Free" Trade : How Trade Undermines Democracy and Justice in Africa, éd. Patrick Burnett et Firoze Manji, Nairobi, Fahamu, 2007.

GEGGUS, David, « The French Slave Trade : An Overview », *William & Mary Quarterly*, 3e série, vol. 58, no 1, 2001, p. 119-138.

GLISSANT, Édouard, *Sartorius : le Roman des Batoutos*, Paris, Gallimard, 1999.

GLISSANT, Édouard, *Une Nouvelle région du monde : esthétique I*, Paris, Gallimard, 2006.

GUAINO, Henri, « L'Homme africain et l'histoire », *Le Monde*, 26 juillet 2008.

GUEYE, M'baye, « L'Afrique à la veille de la conquête », dans *L'Afrique entre l'Europe et l'Amérique : le rôle de l'Afrique dans la rencontre de deux mondes (1492-1992)*, éd. Elikia M'Bokolo, Paris, UNESCO, 1995, p. 93-101.

HERBST, Jeffrey, *States and Power in Africa : Comparative Lessons in Authority and Control*, Princeton, Princeton University Press, 2000.

HERZBERG, Nathaniel, MORIN, Hervé et NOUGAYRÈDE, Natalie, « Le Français lutte pour garder sa place dans le monde », *Le Monde*, 20 mars 2007.

HOFNUNG, Thomas, « Sarkozy rattrapé par la "Françafrique" », *Libération*, 27 juillet 2007.

HOFNUNG, Thomas, « Sarkozy l'Africain fait grincer les dents », *Libération*, 28 juillet 2007, www.liberation.fr/actualite/monde/269527.FR.php.

HUGON, Philippe, « L'Afrique dans la mondialisation », *Esprit*, n° 317, 2005, p. 158-164.

LE BRIS, Michel, et ROUAUD, Jean, *Pour une littérature-monde*, Paris, Gallimard, 2007.

LOPES, Henri, *Sur l'autre rive*, Paris, Seuil, 1992.

LOPES, Henri, *Le Lys et le Flamboyant*, Paris, Seuil, 1997.

MABANCKOU, Alain, « Le Chant de l'oiseau migrateur », in *Pour une littérature-monde*, Paris, Gallimard, 2007, p. 55-66.

MABANCKOU, Alain, *Verre cassé*, Paris, Seuil, 2005.

MABANCKOU, Alain, « La Francophonie, oui, le ghetto : non ! », *Le Monde*, 19 mars 2006.

MAMMADU, Baadikko, *Françafrique : l'échec, l'Afrique postcoloniale en question*, Paris, Nubia, 2001.

MANNING, Patrick, *Slavery and African Life*, Cambridge, Cambridge University Press, 1990.

MARAN, René, *Batouala*, Paris, Albin Michel, 1965 [1921].

MBEM, André Julien, *Nicolas Sarkozy à Dakar : débats et enjeux autour d'un discours*, Paris, L'Harmattan, 2007.

MBEMBE, Achille, « At the Edge of the World : Boundaries, Territoriality, and Sovereignty in Africa », trad. de Steven Rendall, *Public Culture*, vol. 12, n° 1, 2000, p. 259-284.

MBEMBE, Achille, « Francophonie et politique du monde », *Congopage.com*, 24 mars 2007, www.congopage.com/article4594.html.

MBEMBE, Achille, « L'Afrique de Nicolas Sarkozy », *LDH-Toulon*, 5 août 2007, www.ldh-toulon.net/spip.php?article2183 [trad. par Melissa Thackway, « Nicolas Sarkozy's Africa », www.africaresource.com/content/view/376/68].

MBEMBE, Achille, « France-Afrique : ces sottises qui divisent », *LDH-Toulon*, 10 août 2007, www.ldh-toulon.net/spip.php?article2200.

MILHAUD, Oliver, « Post-Francophonie », *Espacetemps.net*, 2007, www.espacestemps.net/document2077.html.

MILLER, Christopher L., *Theories of Africans : Francophone Literature and Anthropology in Africa*, Chicago, University of Chicago Press, 1990.

MILLER, Christopher L., *Nationalists and Nomads : Essays on African Literature and Culture*, Chicago, University of Chicago Press, 1998.

MILLER, Christopher L., *The French Atlantic Triangle : Literature and Culture of the Slave Trade*, Durham, Duke University Press, 2008.

MILLER, Cristopher L., *Le Triangle atlantique français : littérature et culture de la traite négrière*, trad. par Thomas Van Ruymbeke, Bécherel, Éditions les Perséides, 2011.

MOUDILENO, Lydie, *Parades postcoloniales : la fabrication des identités dans le roman congolais*, Paris, Karthala, 2006.

NADEAU, Jean-Benoît et BARLOW, Julie, *The Story of French*, New York, St. Martin's Press, 2006.

NGANANG, Patrice, *Manifeste d'une nouvelle littérature africaine : pour une écriture préemptive*, Paris, Homnisphères, 2007.

La Noire de…, Sénégal, réalisé par Ousmane Sembene, Filmi Domirev, 1966 [DVD, Mediathèque des Trois Mondes, 2007].

PÉTRÉ-GRENOUILLEAU, Olivier, *La Traite des Noirs*, Paris, Presses Universitaires de France, 1997.

« "Place à la Sarkafrique !" », *Libération*, 28 juillet 2007, www.liberation.fr/actualite/monde/269424.FR.php.

QUATREMER, Jean, « Défilé en anglais pour sauver l'unité de la Belgique », *Libération*, 19 novembre 2007, www.liberation.fr//actualite/monde/292249.FR.php?utk=00065d3ᵉ.

ROBERTSON, Roland, *Globalization : Social Theory and Global Culture*, London, Sage Publications, 1992.

SALL, A. Lamine et KESTELOOT, Lilyan, « Un peu de mémoire, s'il vous plaît ! », *Le Monde*, 6 avril 2007,

SARKOZY, Nicolas, « Allocution de M. Nicolas Sarkozy, Président de la République, prononcée à l'Université de Dakar », 26 juillet 2007 [Disponible à http://www.sangonet.com/hist/FichHistoire/NS_afriq_hist/allocution-NS_dakar.html].

SARKOZY, Nicolas, « Pour une francophonie vivante et populaire », *Le Figaro*, 15 octobre 2007, www.lefigaro.fr/debats/20070322.FIG000000021_pour_une_francophonie_vivante_et_populaire.html.

SARTRE, Jean-Paul, « Orphée noir », préface à l'*Anthologie de la nouvelle poésie nègre et malgache de langue française*, éd. Léopold Sédar Senghor, Paris, Presses Universitaires de France, 1948.

SCIARDET, Hervé, et al., « Dossier : de la Françafrique à la Mafiafrique », *Mouvements* n° 21/22, 2002, p. 9-14.

SCHNEIDER, Vanessa, « Sarkozy veut nettoyer la "Françafrique" », *Libération*, 20 mai 2006.

SEMUJANGA, Josias, *Origins of Rwandan Genocide*, Amherst, Humanity Books, 2003.

SIMON, Njami, *African Gigolo*, Paris, Seghers, 1989.

Slave Trades, 1500-1800 : Globalization of Forced Labour, éd. Patrick Manning, Aldershot, Variorum, 1996.

TCHAK, Sami, *La Place des fêtes*, Paris, Gallimard, 2000.

TCHAK, Sami, *Hermina*, Paris, Gallimard, 2003.

TCHAK, Sami, *La Fête des masques*, Paris, Gallimard, 2004.

TCHAK, Sami, *Le Paradis des chiots*, Paris, Mercure de France, 2006.

TCHAK, Sami, *Filles de Mexico*, Paris, Mercure de France, 2008.

THIOUB, Ibrahima, « Ibrahima Thioub répond à Nicolas Sarkozy », *LDH-Toulon*, 2007, www.ldh-toulon.net/spip.php?article2193.

THOMAS, Dominic, *Nation-Building, Propaganda, and Literature in Francophone Africa*, Bloomington, Indiana University Press, 2002.

THOMAS, Dominic, *Black France : Colonialism, Immigration, and Transnationalism*, Bloomington, Indiana University Press, 2007.

VERSCHAVE, François-Xavier, « La "Françafrique" en bref », *Dernières nouvelles de la Françafrique*, éd. Sayouba Traoré et al., La Roque d'Anthéron, Vents d'Ailleurs, 2003, p. 221-223.

VERSCHAVE, François-Xavier, *La Françafrique : le plus long scandale de la République*, Paris, Stock, 1998.

VERSCHAVE, François-Xavier, *De la Françafrique à la Mafiafrique*, Bruxelles, Tribord, 2004.

VIEUX SAVANE, « Volonté de puissance ou complexe du colonisé ? », *SudOnLine*, 28 juillet 2007, www.sudonline.sn/spip.php?article4417.

WABERI, Abdourahman A., « Écrivains en position d'entraver », dans *Pour une littérature-monde*, Paris, Gallimard, 2007, p. 67-75.

WARNER-VIEYRA, Myriam, *Juletane*, Paris, Présence Africaine, 1982.

LE VOYAGE ET SES AUTRES

Inscriptions de la mobilité au XIXe siècle, de Wolfeboro à Mobile

Lorsque Nicolas Sarkozy prit congé de la France pour des vacances estivales aux États-Unis moins de trois mois après son investiture comme président de la République en 2007, la presse attribua la pluie de critiques qu'il reçut à son choix de destination. La controverse avait pourtant peut-être moins à voir avec le lieu du séjour et sa distance de l'Hexagone qu'avec ce que Sarkozy choisit d'y faire et la manière dont il le fit, choix qui renforça l'impression d'un mode d'existence et d'un rythme d'activité que nombre de ses compatriotes voyaient déjà comme psychologiquement et symboliquement détachés de la « France profonde », bien avant qu'il ne la délaisse pour la lointaine Amérique. Wolfeboro, petite ville du New Hampshire, est certes loin de la France, et encore plus éloignée des valeurs et des traditions françaises, mais la faute reprochée à Sarkozy lors de son séjour sur les rives du lac Winnepesaukee – si on en croit la couverture médiatique que ce séjour reçut – semble avoir un lien plus significatif avec sa vitesse et la fréquence de ses mouvements qu'avec la distance traversée. Qu'il pagaye en canoë, saute dans la barque d'un photographe, fasse la navette de Paris à Wolfeboro, ou – tout particulièrement – qu'il pratique le jogging (que ce soit entouré d'amis, suivi par des gardes du corps, ou à la suite de son jeune fils à vélo), Sarkozy fut décrit par le *New York Times* comme « visiblement agité [*restless*], [...] un Français pressé [qui] trace son parcours[1] ». Le mode de déambulation préféré de l'ex-président était bien sûr connu avant son séjour américain : une des images-clé de son quinquennat fut sans doute une photo prise quelques jours après son investiture où on le voit gravissant les marches de l'Élysée en short et

1 E. Sciolino et A. Smale, « A Frenchman in a Hurry Maps His Path », *The New York Times*, 24 septembre, 2007.

baskets Nike. Quelques jours plus tard, une autre photo en couverture du *Point* montrait Sarkozy pratiquant le même sport avec un nouveau partenaire, son premier ministre François Fillon[1].

Il est possible que l'indignation suscitée chez ses compatriotes par le séjour du président à Winnepesaukee n'ait pas été due au lieu choisi mais bien au caractère de ces vacances : il s'agissait moins de *villégiature* que de *tourisme*, si on se rapporte à l'usage conventionnel de ces termes. D'après Guy Cogeval, « le concept de villégiature implique fondamentalement le repos, contrairement au tourisme, qui implique le mouvement et l'activité. Bien que ces deux formes de voyage aient à leur base l'idée de déplacement [...] le *touriste* se définit par la mobilité et la nouveauté, alors que le *villégiateur*, plutôt sédentaire, préfère la stabilité et la routine[2] ». Il faut donc classer Sarkozy parmi les touristes plutôt que les villégiateurs – même s'il fut hébergé dans la villa américaine de ses amis de Microsoft – si le principal critère de différence est le degré relatif de mouvement et d'activité. Une série d'analogies explique peut-être la colère des électeurs français : si le tourisme est à la villégiature ce que le jogging est à la marche, ce que l'Amérique est à la France, ce que la nouveauté est à la tradition, la mobilité à la stabilité, et le corps à l'esprit, le séjour de Sarkozy à Wolfeboro apparaît comme rien de moins qu'un acte de haute trahison culturelle. Alain Finkielkraut a vite résumé l'enjeu dans une supplique au président l'implorant d'abandonner un sport qui ne convient guère à son héritage culturel, intellectuel et national : « L'Occident, dans ce qu'il a de beau, est né de la promenade [...] La promenade, c'est une expérience, sensible, spirituelle. Le jogging, c'est la gestion du corps[3]. » Un article du *New York Times* où Finkielkraut est cité illustre ce contraste par la juxtaposition d'une photo de Sarkozy le joggeur, vêtu d'un short et d'une chemise polo trempée et collée par endroits à son corps par la sueur, avec une photo de François Mitterrand en promenade, portant veste de tweed et casquette, bâton de randonnée à la main, survolant du regard le

1 Voir par exemple, pour la première photo (largement diffusée), « Élysée J+1 : Nomination, jogging et consultations », *Le Point*, 17 mai, 2007 ; la deuxième photo parut le 24 mai 2007.

2 G. Cogeval, *Édouard Vuillard*, New Haven, Yale University Press, 2003, p. 441 – C'est Cogeval qui souligne.

3 E. Sciolino, « New Leaders Say Pensive French Think Too Much », *The New York Times*, 21 juillet, 2007.

paysage champêtre (français, il va sans dire) qui s'étend à ses pieds. La légende au bas de cette dernière photo rappelle aux lecteurs américains que « L'ancien président François Mitterrand aimait la littérature et les longues promenades ». Le mode est clairement pastoral, et la référence évoque une tradition qui remonte à Montaigne et Rousseau. Sous la première photo, on lit plutôt : « Le président Nicolas Sarkozy jogge au devant du peloton, ce qui aux yeux de certains Français semble indigne et – *mon Dieu !* – vaguement américain[1]. »

Avant d'en arriver au XIXe siècle, je voudrais reculer davantage, quittant la redécouverte contemporaine de la Nouvelle-Angleterre par le président français pour les débuts de la colonisation française dans ce qui allait devenir le sud des États-Unis. En 1698, deux frères nés en Nouvelle-France, Pierre Le Moyne, sieur d'Iberville, et Jean-Baptiste Le Moyne, sieur de Bienville, s'embarquent avec quatre vaisseaux abritant deux cents colons, un régiment de la marine, et une quantité importante de marchandises, avec la permission d'établir une colonie près de l'embouchure du Mississippi. Après avoir fondé des établissements à Baton Rouge, Biloxi, et Ocean Springs, ils firent construire un fort qui devint le siège du gouvernement colonial en 1702, et qu'ils baptisèrent Fort Louis de la Mobile, curieux assemblage du nom du peuple indigène maubilien et de celui du roi. Le toponyme Fort Louis de la Mobile, abrégé en Mobile et repris pour désigner son voisin le fleuve Mobile, ne trouva décidément pas faveur à la cour de Louis XIV en ce début de XVIIIe siècle ; de toute évidence, les membres de la cour restèrent indifférents à toute notion de couleur locale évoquée par la dérivation du nom de la tribu des Maubiliens. Ils préférèrent plutôt le franciser, et se montrèrent troublés par l'instabilité suggérée par le nom de la nouvelle colonie[2]. Il est permis de supposer que cette connotation n'était pas entièrement due à la phonétique, et qu'elle avait aussi à voir avec les premiers habitants des colonies, au rang desquels on comptait des trappeurs et des coureurs des bois canadiens, de même que des colons venus de France, dont le mode de vie était défini par des types de déambulation encore moins respectables que la vie nomade imposée par le commerce des fourrures. En témoigne cette description faite par

1 *Ibidem.* – L'exclamation est en français dans le texte.

2 Voir J.B. Garvey et M.L. Widmer, *Beautiful Crescent : A History of New Orleans*, New Orleans, Garmer Press, 1984, particulièrement le chapitre 3.

un historien des premières vagues de peuplement français à la colonie de la Louisiane : « Des débiteurs et des vagabonds, inaccoutumés à la nature et aux travaux de la ferme. En France, si un sujet était sans occupation pendant trois jours, il se méritait un billet pour la Louisiane. Les femmes de la rue, les voleurs, les contrebandiers, les vagabonds [...] étaient envoyés aux colonies[1]. » On rapporte que Bienville – qui devint gouverneur du territoire de la Louisiane en 1701 et se trouva ainsi la cible des critiques issues de la cour – envisagea de donner un nouveau nom à son établissement : « Immobile ».

Et le XIXe siècle ? Il se laisse deviner entre les lignes depuis le début de cet article, non seulement au sens d'un « long XIXe siècle » qui n'en finit plus de s'allonger, s'étendant ici de 1698 à 2007, mais aussi parce que mon sujet s'inscrit dans la longue durée. J'ai voulu situer le récit de voyage du XIXe entre deux anecdotes qui délimitent une période d'environ un siècle et demi de chaque côté, non pour en marquer les bornes, mais pour le présenter dans le cadre d'une persistante anxiété envers la mobilité spatiale et temporelle : une ambivalence face à la traversée des frontières et la pensée de l'« ailleurs », une appréhension à l'idée de changer les rythmes de la civilisation et de modifier le débit de son cours.

Mon propos à partir de là aura deux visées. D'abord, je me pencherai sur la menace qui sous-tend le plaisir de la mobilité dans le récit de voyage. On connaît bien l'attrait de la mobilité dont les figures emblématiques dans la littérature du XIXe sont le poète « aux semelles de vent » (Verlaine décrivant Rimbaud) ; l'écrivain voyageur cherchant à retrouver son almée au parfum de punaises écrasées et de bois de santal (Flaubert en Égypte) ; le romancier solitaire et sa manie de parcourir les rues en prêtant une oreille indiscrète aux histoires qu'on y raconte (Balzac, dont la version romancée de l'auteur-flâneur apparaît dans « Facino Cane » et *La Fille aux yeux d'or*) – ou encore, de façon plus globale, « ceux qui partent pour partir » (l'évocation par Baudelaire, dans « Le Voyage », des vrais voyageurs). Je m'intéresserai ici plutôt aux formes particulières d'ambivalence dont se parent le départ et l'éloignement dans une période de l'histoire littéraire caractérisée par des écrivains-voyageurs beaucoup mieux connus pour en avoir chanté le plaisir. Ensuite, je chercherai à faire ressortir de cet âge d'or du voyage et du récit de voyage que les idées reçues réduisent à l'exotisme et au

1 *Ibid.*, p. 19.

colonialisme quelques préfigurations d'une approche plus moderne : au-delà de l'orientalisme (terme par lequel j'entends un mode de lecture et d'écriture et non une catégorie de destinations), une réceptivité et une humilité face à l'autre[1]. Quels indices peut-on déceler, au XIXe siècle, de la « grande conversation » que les théoriciens de la littérature-monde décrivent aujourd'hui comme essentielle à sa pratique[2] ? Et si le récit de voyage d'alors participait déjà au « travail culturel » (défini comme engagement et échange) que Charles Forsdick évoque quand il décrit la littérature de voyage d'aujourd'hui comme « peut-être plus encore que tout autre genre littéraire [...] un genre transculturel [...] une forme et une pratique changeante [...] [qui permet d'] aller au-delà de tout enfermement sur la France elle-même et d'explorer plutôt la culture [...] d'un réseau plus complexe [...] d'espaces[3] » ?

LES VOYAGEURS FOUS

Bien que mon principal sujet mobile soit le voyageur littéraire (que j'appellerai simplement « le voyageur », pour le distinguer de manière superficielle des touristes et autres sujets mobiles), je veux d'abord me pencher de façon plus large sur la question de la mobilité. Les réactions discursives les plus persistantes face à la mobilité dans la France du XIXe sont la catégorisation et la hiérarchisation, approches qui subsistent encore de nos jours dans les discussions sur le sujet. Le diagnostic médical est une des formes traditionnelles de cette réaction, et la fugue en constitue un exemple à la fin de siècle. En quelques mots, le diagnostic de fugue (à ne pas confondre avec les épisodes de fugue dont on trouve

---

1 Pour une dissociation de l'orientalisme et de l'exotisme, voir N. Schor, « Domestic Orientalism : On the Road with Gustave and Maxime », dans *Corps/Décors : Femmes, orgie, parodie : Hommage à Lucienne Frappier-Mazur*. Amsterdam, Rodopi, 1999.

2 Sur la « grande conversation », voir D. Damrosch, *What is World Literature ?*, Princeton, Princeton University Press, 2003, p. 142. Lawrence Kritzman décrit le besoin de « stratégies herméneutiques qui soient à la fois comparatives et dialogiques » pour l'avenir post-national des études françaises dans « A Certain Idea of French : Cultural Studies, Literature and Theory », *Yale French Studies*, n° 103, 2003, p. 154.

3 C. Forsdick, *Travel in Twentieth-Century French and Francophone Cultures : The Persistence of Diversity*, Oxford, Oxford University Press, 2005, p. VII.

des occurrences dans de nombreuses périodes) correspond à une maladie mentale transitoire liée au genre et à la classe sociale qui fait son apparition en France à la fin du XIXe et au début du XXe siècle. Cette maladie déclenche des épisodes de locomotion impulsive et incontrôlée, surtout chez des hommes des classes populaires, qui au sortir d'un épisode n'ont aucun souvenir des détails de leur déplacement. Dans son ouvrage *Mad Travelers* [*Les voyageurs fous*], Ian Hacking situe la fugue dans une « niche écologique » au sein d'un environnement culturel plus large, ce qui permet de mieux comprendre cette pathologie dans son contexte général[1]. Hacking situe la fugue entre deux variantes à valeur culturelle plus élevée et plus basse : d'un côté le tourisme de masse, de l'autre le vagabondage, c'est-à-dire quelque part entre la culture bourgeoise normative et la déviation culturelle.

Le concept de « niche écologique » emprunté par Hacking au vocabulaire de la biologie et de l'écologie pour son analyse de la culture médicale est particulièrement utile à mon propos. L'espace « riche et bio-complexe » suggéré par le terme « niche » est ouvert par quatre vecteurs, ou forces, auxquels une maladie doit se conformer pour mériter un diagnostic : la taxonomie médicale (les systèmes de classification existants), la polarité culturelle (dans le cas présent, le tourisme romantique et le vagabondage criminel), l'observabilité (un comportement doit être perçu comme excentrique ou aberrant pour devenir désordre), et l'exutoire (le potentiel d'offrir une zone d'échappement aux sujets dysfonctionnels)[2]. Mais c'est l'étonnante richesse de la métaphore étendue qui attire tout spécialement mon attention. Tel que le conçoit Hacking, la valeur du concept de « niche écologique » tient à ce qu'il ne soit « ni uniquement social, ni uniquement médical, ni seulement issu du patient, ni seulement des médecins, mais plutôt de la concaténation d'un nombre extraordinairement vaste de divers types d'éléments *qui pour un moment fournissent un foyer stable* à certains types de manifestations de la maladie[3] ».

Le renforcement du concept de « niche écologique » par la mention d'un « foyer stable » dans la discussion d'une maladie définie précisément par les fuites répétées et compulsives est extrêmement révélatrice de la

1 I. Hacking, *Mad Travelers : Reflections on the Reality of Transient Mental Illnesses*, Cambridge, Harvard University Press, 1998, p. 1-2.

2 *Ibid.*, p. 80-82.

3 *Ibid.*, p. 13 – c'est moi qui souligne.

nature paradoxale de cette maladie. Comme l'indique ailleurs Hacking, malgré tous ses départs soudains et ses errances aléatoires, le fugueur n'est précisément *pas* un vagabond ou un « sans domicile fixe » : « Un fugueur est un individu qui quitte son domicile ou son lieu de travail … il faut donc avoir un domicile ou un lieu de travail [pour être un fugueur] ». Ceci est confirmé par le portrait plutôt coloré des fugueurs que brosse le docteur Albert Pitres en 1891 : « Ils reviennent chez eux, jurant leurs grands dieux qu'ils ne quitteront plus leurs pénates ; mais un nouvel accès provoque bientôt une nouvelle fugue[1]. » Le fugueur-type préférerait rester à son foyer et dans ses pantoufles, si on en croit cette description d'Albert Dadas, le premier cas documenté, qui finit par ressembler un peu à un aspirant bourgeois : « … il était fatigué, mais la fatigue n'était pas la cause de ses larmes. Il ne pouvait s'empêcher de partir quand le besoin l'en prenait ; alors saisi, captivé par un désir impérieux, il quittait famille, travail, habitudes et allait tout à coup devant lui, marchant vite, faisant 70 kilomètres à pied dans la journée, jusqu'à ce qu'enfin il fût arrêté comme vagabond et mis en prison[2]. » De là il n'y a qu'un pas à concevoir le parcours individuel du fugueur comme un trajet symbolique du pôle de la stabilité bourgeoise à celui de la marginalité vagabonde. Ainsi, dans une observation clinique d'Albert Dadas, le docteur Philippe Tissié semble esquisser une parodie grotesque du touriste bourgeois : « Albert peut oublier son âge, qu'il a fait sa première communion … qu'il a été emprisonné comme nihiliste à Moscou … mais il se souviendra toujours des beaux paysages qu'il a vus et des monuments qu'il a admirés[3].

La niche écologique du fugueur, influencée par une combinaison de facteurs médicaux et sociaux dominants (le facteur le plus évident étant ici l'avènement du tourisme populaire) et d'éléments variant selon le patient individuel et son médecin, peut dans un contexte plus général se concevoir à une échelle microcosmique ou macrocosmique. Pour le microcosme, on peut se reporter au cas d'Albert : « un médecin à vélo et son patient, un employé d'usine à gaz atteint d'une manie obsessive et incontrôlable de prendre la fuite pendant des jours, des mois, des

1 A. Pitres, *Leçons cliniques sur l'hystérie et l'hypnotisme*, Paris, Doin, 1891, t. II, p. 269 ; cité par Hacking, *op. cit.*, p. 50 ; je cite, ici et plus loin, les textes français originaux.

2 Ph. Tissié, *Les Aliénés voyageurs : essai médico-psychologique*, Paris, Doin, 1887, p. 3 ; cité par Hacking, *op. cit.*, p. 7.

3 Tissié, p. 86 ; cité par Hacking, *op. cit.*, p. 151.

années, souvent jusqu'à 65 kilomètres par jour, perdant ses papiers, son identité, mais jamais son désir d'aller encore et toujours de l'avant[1]. » Comme le remarque Hacking, Tissié, le médecin qui donna sa visibilité au diagnostic de fugue, avait de longue date un intérêt personnel marqué pour la mobilité : dans sa jeunesse, il avait travaillé à la gare ferroviaire de Toulouse avant de s'embarquer sur le steamer *Niger*, qui assurait la liaison Bordeaux-Sénégal. Plus tard il s'impliqua dans la promotion du cyclisme, et fut l'un des leaders du mouvement pour l'éducation physique en France ; il effectuait toutes ses visites à bicyclette. Il a pu être particulièrement sensible au cas d'un marcheur compulsif qui avait grandi à Bordeaux, ville de province à la réputation d'immobilisme qui était en même temps le port de d'embarquement le plus important pour l'Afrique-Occidentale française et l'Amérique du sud. Bien qu'Albert déteste que ses déplacements compulsifs nuisent à sa vie normale, il avait depuis l'enfance été fasciné par les récits de voyage dans des contrées lointaines[2]. Une lecture littéraire de son cas s'intéresserait sans doute à un détail infime : Albert, on l'a vu, était employé à la Compagnie du gaz, tout comme son père et son frère. Le gaz, nous rappelle le dictionnaire, est une substance qui possède « une mobilité moléculaire parfaite » et « a la propriété d'être indéfiniment extensible[3] ». N'y a-t-il pas une certaine logique littéraire à ce que l'exemple type du fugueur soit lié par son travail à une substance aussi volatile et – non sans ironie, vu son incapacité à contenir sa propre volatilité – au dispositif industriel qui la canalise ?

Au niveau macrocosmique, on se souvient que Hacking situe le fugueur entre les pôles culturels de la vertu et du vice incarnés par le touriste populaire et le vagabond, deux figures à la visibilité sociale grandissante en France dans la deuxième moitié du XIXe siècle. Mais le champ socioculturel de la mobilité est en même temps peuplé d'une multitude d'autres personnages : éditeurs de guides de voyage, d'indicateurs des chemins de fer, et de cartes géographiques (trois emblèmes de l'industrie du tourisme) ; et aussi Tziganes, Juifs errants, immigrants, géographes, archéologues, inspecteurs de monuments, soldats, déserteurs, flâneurs, peintres, en plus des voyageurs littéraires – sans compter tous ceux dont

1 *Ibid.*, p. 4.
2 *Ibid.*, p. 24.
3 *Random House College Dictionary*, New York, Random House, 1979.

le métier n'est pas de voyager mais de patrouiller le long des frontières, de vérifier les passeports et les livrets militaires, et d'appréhender les transgresseurs, bref, de contrôler ou stopper la mobilité[1]. En passant du fugueur de Hacking à mes propres considérations sur l'écrivain mobile, je voudrais retenir le concept de « niche écologique » tout en lui donnant plus d'épaisseur. Plutôt que d'essayer de placer le voyageur littéraire parmi toutes ces autres figures dans une classification bien délimitée à l'intérieur ou au-delà des pôles du tourisme et du vagabondage définis par Hacking – dans une série de niches de plus en plus étroites qui finirait par ressembler à une chaîne alimentaire – je préfère imaginer un vaste écosystème culturel dans un état de circulation constante (un peu comme une version animée du « Rêve », tableau du douanier Rousseau). Penser le voyageur au sein d'un grouillement où circulent vagabonds, nomades, Tziganes, déserteurs, touristes bourgeois, flâneurs, fugueurs, hystériques et bien d'autres encore peut nous amener à une compréhension plus globale des complexités en jeu dans le récit de voyage au XIXe siècle. Laissons donc en place ce vaste paysage culturel, et imaginons un instant que le tableau où coexistent le voyageur, le touriste, le vagabond et le fugueur, chacun dans sa niche bien distincte, ait pu être arrangé différemment.

SUR LA QUESTION DES CATÉGORIES

Il serait tentant de diviser l'environnement culturel dont j'esquisse le tableau en trois champs : tourisme institutionnel, tourisme déviant (pathologique et criminel), et anti-tourisme. Cependant, la définition de telles catégories, tout comme celle de niches ou de diagnostics, amènerait inévitablement la multiplication de bornes latérales et hiérarchiques

1 En fait, l'ambulation compulsive a été le terrain d'une série de disputes frontalières professionnelles entre la police et les médecins (un diagnostic médical pouvant libérer un déserteur de prison). Aux États-Unis, où la mobilité et l'expansion étaient des forces socialement désirables, la fugue ne fut jamais un diagnostic grave ; en effet, elle n'apparut que brièvement sous la forme d'une variante appelée « drapetomanie » (du grec pour « s'enfuir », appliquée aux esclaves dont la pathologie consistait à tenter de fuir leur maître). Hacking, *op. cit.*, p. 70-71 et p. 57.

dans un système culturel qui est au contraire caractérisé par les déplacements. De même, tout effort pour distinguer le voyageur du touriste, du fugueur et du vagabond (exemples parmi d'autres) risque d'ériger en système les bornes et frontières qui caractérisent précisément les discours qui définissent de telles classifications et cherchent à occulter leur interaction potentielle. Voyons des exemples issus de deux champs : le tourisme et la médecine.

Dans son étude sur les guides de voyage français, Michael Rowland souligne « le principe d'exclusion de tout imprévu alors même qu'on s'avance en territoire inconnu[1] ». Le *Guide Vert Michelin*, notamment, prend bien soin de ne laisser le lecteur s'égarer ni dans ses pages ni dans la campagne : il fournit des instructions détaillées pour l'utilisation du guide comme pour l'exploration des sites touristiques ; il classifie les sites d'une région donnée en trois catégories bien connues d'intérêt décroissant (le site trois étoiles « vaut le voyage », le deux étoiles « mérite un détour », le une étoile est « intéressant »), et indique la durée de temps adéquate à passer dans chaque endroit. Il y est d'importance capitale « d'éviter les situations d'incertitude » – le Guide s'assure donc que tous les sites soient faciles à trouver – et de dissiper « la hantise … de se perdre » qui se manifeste en toutes lettres dans le titre d'un chapitre du *Guide Michelin des États-Unis*, « Comment ne pas se perdre[2] ». L'extrême souci d'organisation du tourisme à la française incarné par le *Guide Vert* apparaît de même dans une large part des études sur le tourisme, qui proposent elles aussi de mesurer, classifier, et organiser tous les aspects de leur sujet. Un article typique suggère ainsi de distinguer parmi les voyageurs « les excursionnistes qui ne découchent pas, les touristes qui passent au moins une nuit de dehors de leur résidence principale, et les vacanciers qui séjournent au moins quatre nuitées hors de chez eux », en plus de distinctions additionnelles entre les catégories de « tourisme d'agrément », « tourisme d'affaires », séjour et villégiature[3]. Des distinctions aussi précises mettent en place des limites étanches qui permettent d'éviter toute angoisse de se perdre, sur la route ou dans ses pensées, mais qui réduisent aussi les découvertes de l'imprévu.

1 M. Rowland, « Michelin's *guide vert touristique*, A Guide to the French Inner Landscape », *French Review*, vol. 60, n°5, 1987, p. 654.

2 *Ibid.*, p. 662.

3 J.-M. Hoerner, « Évolution de l'industrie touristique française », dans *Deux siècles de tourisme en France (XIXe-XXe siècles)*, Béziers, Presses Universitaires de Perpignan, 2001, p. 87.

Mon deuxième exemple se trouve au carrefour de la nosologie et de l'idéologie. Au moment où la fugue devient une épidémie, ce diagnostic culturel n'est tout simplement pas disponible pour les femmes. D'après Hacking, la fugue est « l'expression corporelle de l'impuissance des hommes », le double masculin de l'hystérie, laquelle serait généralement considérée comme « l'expression corporelle de l'impuissance des femmes » (Hacking, p. 49). À mes yeux, cependant, une telle équivalence nosologique fournit bien moins de réponses qu'elle n'invite à de nouvelles questions : sur la fugue, l'hystérie, et le rôle du genre dans la mobilité. S'il est vrai qu'une femme ne pouvait pas, sans difficulté et sans danger, se déplacer pendant des jours dans un état d'hébétement et de pénurie (caractéristiques des hommes classifiés comme fugueurs), il est également vrai que certaines femmes voyageaient néanmoins de façon compulsive et parfois obsessive (souvent déguisées, et toujours malgré une difficulté extrême et des risques graves). Voici par exemple la réponse d'Alexandra David-Néel à une lettre de son mari la rappelant d'Asie : « Si je m'arrache [du voyage], c'est ma vie que j'arracherai » ; ou encore Isabelle Eberhardt qui décrit son incontrôlable envie de s'élancer vers le lointain à la moindre possibilité : « Il me semble que, quand j'ai revêtu un burnous blanc et quand j'ai enfourché quelque bouillant cheval … que je cours au hasard ventre à terre dans l'immense plaine[1]. » On peut comparer son témoignage à une description d'Albert Dadas, le type même du fugueur : « S'il entendait par hasard le nom d'un endroit, Albert sentait un besoin profond d'y aller. Il finit par être ébahi de voir jusqu'où il s'était rendu … Quelqu'un avait un jour mentionné Marseille ; une fois rendu là-bas, des gens parlaient de l'Afrique, alors il s'embarqua pour l'Algérie[2]. » Suivant le chemin tracé par des chercheurs comme Catherine Nesci, Ross Chambers, Griselda Pollock, et Janet Wolff, qui ont dessiné pour nous la possibilité de la *flâneuse*, je me demande si des femmes comme Isabelle Eberhardt, Alexandra David-Néel et Ella Maillart ne pourraient pas être considérées comme *fugueuses* ? Ou encore, en posant la question d'une manière plus féconde : et si une étude de leur compulsion à voyager et de leurs élans sans bornes,

1 A. David-Néel, lettre inédite à Philippe Néel, 8 janvier 1920. Archives de la Fondation Alexandra David-Néel, Digne-les-Bains, France, Boîte 4 ; I. Eberhardt, *Écrits intimes : Lettres aux trois hommes les plus aimés*, Paris, Payot, 1998, p. 386.

2 Hacking, *op. cit.*, p. 21.

mis côte à côte avec ceux des fugueurs types, permettait d'étendre les limites du concept de fugue et d'examiner plus attentivement les rôles qu'y joue le genre ? De même, qu'implique une définition analogique de la fugue et de l'hystérie comme l'expression spécifiquement masculine ou féminine d'une même impuissance ? Le mouvement sur de longues distances (épisodes de déplacement incontrôlable) et le mouvement dans les limites du corps (contorsions, convulsions et tics involontaires) ne sont-ils pas des manifestations bien différentes de l'impuissance, d'autant plus que la difficulté – si ce n'est l'impossibilité – du premier type de mouvement pour les femmes ait pu augmenter leur susceptibilité au second ? Certains pourraient répondre que le statut de « fugueuse » n'a rien d'enviable, et que la revendication de ce statut pour la femme au lieu de celui d'hystérique n'en vaut guère la peine. Et pourtant, la question de savoir si le concept de fugue pourrait inclure les femmes peut nous aider à mieux comprendre comment le système des savoirs qui travaillait à exclure cette possibilité a pu en même temps contribuer à la création de la mobilité implosive qui fut appelée hystérie. Imaginons un instant ce que pouvait être l'enfermement à l'intérieur du corps de la puissance d'agitation qui menait les fugueurs à marcher 70 kilomètres par jour en étant toujours prêts à continuer.

LES VOYAGEURS ET LEURS AUTRES

Je me pencherai maintenant, à partir d'une série de cas, sur une troisième approche de la question des bornes qui sont mises en places quand on met à part les voyageurs littéraires du XIXe siècle français – terme par lequel j'entends les auteurs de récits de voyage – au sein du tableau d'ensemble des sujets mobiles, ce qui a pour effet de les confiner à la caste des voyageurs privilégiés. S'il est vrai, comme le propose Hacking, qu'on ne peut concevoir le fugueur sans le touriste et le vagabond, je propose qu'on ne saurait non plus concevoir le voyageur sans le fugueur et le touriste (pour ne nommer que deux figures saillantes d'un tableau socioculturel beaucoup plus vaste). On ne saurait non plus, pour en revenir à ma deuxième visée, faire du voyageur le bouc émissaire d'un dialogue global, issu de notre XXIe siècle, qui cherche à se définir comme l'inverse d'un monologue nationaliste accusé rétrospectivement. Les trois cas suivants (nécessairement esquissés plutôt que sondés en profondeur) suggéreront que l'attrait du déplacement qui se dégage du voyage littéraire possède un double moins manifeste : une anxiété envers la mobilité physique et métaphysique. Ils montreront aussi que le voyageur ne saurait, de façon plausible, être relégué à une perspective et un discours nationalistes, impérialistes et orientalistes, pas plus qu'il ne saurait être catapulté de façon anachronique dans une conversation transnationale. Le texte littéraire est plus nuancé et plus ambigu.

LE CAS MÉRIMÉE : *CARMEN*

Comme le souligne Adrien Gœtz, les adaptations littéraires et musicales de *Carmen* éliminent le narrateur et, du même coup, le cadre narratif tout entier[1]. Or c'est précisément cet équilibre délicat entre le récit-cadre et le récit enchâssé qui fait de la *Carmen* de Mérimée (1845) bien plus qu'une simple histoire de séduction, un tableau de couleur locale ou un poème sur la femme fatale : c'est plutôt une mise en scène de la confrontation du XIXe siècle avec la mobilité. Carmen, on le sait, est une gitane sans racines, une Bohémienne ; on peut lire que les Bohémiens, en tant que groupe, « comme n'étant d'aucun pays, voyageant toujours, parlent toutes les langues, et la plupart sont chez eux … partout[2] ». Carmen est une figure qui anticipe Passepartout, l'anti-héros bouffon du *Tour du monde en 80 jours* de Verne : elle passe tout simplement partout, traverse impunément les frontières, et se fait passer pour n'importe qui, de n'importe quelle nationalité. Elle est aussi fluide que sa langue : perfide de corps comme de langage, elle traduit ses paroles et sa personne librement, et incarne le dicton *traduttore, traditore.* Elle est une force égalisatrice qui circule partout – sombre précurseur de Nana, la « mouche d'or » de Zola[3]. Son amant, le brigand Don José,

1 A. Goetz, préface à Prosper Mérimée, *Carmen*, Paris, Gallimard, 2000, p. 34-36.
2 P. Mérimée, *ibid.*, p. 132.
3 E. Zola, *Nana*, Paris, GF-Flammarion, 2000.

est tout aussi adepte de la traversée des frontières, ayant déserté et abandonné une brillante carrière militaire pour devenir contrebandier et bandit de grand chemin.

À l'ouverture du récit-cadre, le narrateur, un archéologue français, échange des histoires avec Don José (et plus tard avec Carmen) alors qu'il est en expédition en Espagne pour retrouver le site historique de l'antique cité de Munda (comme si la mission archéo-géographique de localisation de cette ville au nom cosmique devait symboliquement régler les menaçantes questions ontologiques soulevées par la question irrésolue de l'origine des Bohémiens). La clôture du récit-cadre délaisse l'histoire vivante (Carmen et Don José sont tous deux morts) au profit d'une digression pédante sur la grammaire romani : l'usage du prétérit et de l'infinitif, et un survol des formes archaïques qui se sont glissées dans d'autres langues européennes, sorte d'ultime tentative de fixer la folle circulation des pieds, du sexe et de la langue des Bohémiens. La « nation » bohémienne invoquée par le narrateur (p. 164) en référence à l'éparpillement de ce peuple nomade autour du globe – une nation dénationalisée, d'une mobilité débordante et menaçante à l'âge même de la consolidation des nations européennes – est donc remise à sa place, celle d'un éventuel traité universitaire, aride et insignifiant, et renvoyée au statut d'idée : « une idée avantageuse de mes études sur le Rommani », conclut le narrateur au dernier paragraphe (p. 169).

À l'époque où il écrivit *Carmen*, Mérimée travaillait pour le gouvernement comme inspecteur des monuments historiques. Il avait pour tâche d'évaluer leur état de conservation et de décider lesquels méritaient protection et restauration ; il était donc, au moins de façon officielle, un protecteur du patrimoine, un consolidateur ou restaurateur national. Il prenait des notes et faisait des esquisses pour ses projets littéraires pendant ses déplacements de fonction. Comme Mérimée, le narrateur de *Carmen* n'est ni vagabond, ni fugueur, ni touriste mais voyageur : c'est un voyageur savant qui étudie et travaille le langage de façon très précise, et qui se déplace dans le cadre d'une mission, tout le contraire de Carmen qui traverse et retraverse les frontières nationales et linguistiques avec autant d'irrespect que de fougue. Et pourtant, au cours de la nouvelle, ces catégories se brouillent, alors que le narrateur perd sa montre, son jugement, et son chemin, et se dit prêt à suivre Carmen dans ses « vagabondages » transeuropéens, pour employer le terme conventionnellement apposé aux déplacements de la Bohémienne – terme qu'on pourrait retraduire, dans le cas de la mobilité compulsive de Carmen, par « fugues ».

Reste à voir si *Carmen* suggère une certaine proto-globalité avec sa nation bohémienne répandue à travers le monde, et sa fable égyptienne en guise de racines. À mes yeux, la question reste ouverte, même si Carmen est tuée et plantée dans la forêt comme un arbre, ainsi que le suggère Elizabeth Carter[1] – comme si on avait littéralement voulu l'enraciner, et imposer à son récit vagabond les contraintes d'un discours archéologique, étymologique et syntaxique à la fois risiblement troublant et réconfortant par sa fixité.

LE CAS FLAUBERT : LETTRES ET CARNETS DE VOYAGE

La correspondance et les carnets de voyage de Flaubert en ont long à dire sur les deux questions qui m'intéressent ici : d'abord, la séparation difficile (et artificielle) du voyageur littéraire d'avec le fugueur et le touriste, et ensuite, l'identité mouvante de ce voyageur entre ce qu'on appellerait aujourd'hui l'axe national et l'axe global – vacillation qui remet potentiellement en question notre tendance contemporaine à concevoir ces deux termes dans une opposition binaire. Une lecture attentive des documents se rapportant aux voyages orientaux de Flaubert (y compris ses lettres, ses journaux de voyage, et les commentaires de son compagnon de route, Maxime Du Camp) révèle un amalgame significatif des caractéristiques du voyageur littéraire, du fugueur, du touriste et de l'anti-touriste, rendant ténue toute classification. Fait important, son *Voyage en* Égypte fut rédigé après coup et hors-lieu : incapable de composer un récit de son voyage alors qu'il était sur place, Flaubert y prit des notes de façon sporadique et n'écrivit le récit de son périple oriental qu'une fois réinstallé chez lui en Normandie[2]. On

---

1 E. Carter, « The Gypsy of Victor Hugo and Prosper Mérimée : An Allegory for Aesthetic Anarchy », manuscrit non publié, p. 19.

2 Pour une analyse plus détaillée, voir J. Beizer, *Thinking through the Mothers*, Ithaca, Cornell Univeristy Press, 2009, chapitre 1, et P.-M. de Biasi, introduction à Gustave Flaubert,

serait tenté, du moins dans ce cas particulier, de mettre l'accent sur l'élément « récit » du concept « récit de voyage », tant le récit semble toujours servir d'intermédiaire à l'élément « voyage » et diminuer ainsi son importance. Flaubert caractérise cependant son désir de voyage comme compulsif (ce qui lui restitue de l'importance) dans un énoncé qui semble anticiper Albert et son insatiable et immédiat besoin de fuite. Voici d'abord Albert : « Les idées de voyage me tourmentaient beaucoup … Que vais-je faire maintenant ? me dis-je, … va donc et marche[1] ! » Et voici Flaubert, de retour à Paris après son voyage. Il écrit à Louise Colet : « Je lis en ce moment un livre … sur les chevaux du Sahara … Pauvre Orient, comme j'y pense ! J'ai un désir incessant et permanent de voyage[2]. »

Tout au long de son voyage oriental, Flaubert était mû par un désir archéologique, mais sa passion pour les ruines était souvent doublée d'une peur de devenir un spectateur mobile – un touriste – comme il l'exprime dans une lettre à Louis Bouilhet écrite sur place : « Nous allons la semaine prochaine commencer nos courses, aux Thermopyles, Sparte, Argos, Mycènes, Corinthe, etc. Ce ne sera guère qu'un *voyage de touriste* (oh ! !)[3]. » Au cours de son grand tour du Proche-Orient, Flaubert dénigre à maintes reprises le tourisme, même celui que P.-M. de Biasi qualifie de « tourisme savant ». L'écrivain incarne ainsi la conscience trouble du monde occidental à ce sujet, telle que décrite par Jean-Didier Urbain : « Si l'Europe a inventé le tourisme à l'aube du XIXe siècle, elle a bien vite renié cette invention[4]. » Dans une frappante anticipation du Des Esseintes de Huysmans, personnage qui préfère feuilleter un guide Baedeker de Londres que partir visiter la ville, Flaubert, en Égypte, s'asseyait pour lire dans des temples antiques ou restait simplement sur le bateau à ne rien faire, ce qui exaspérait son compagnon de voyage Maxime Du Camp : « Le mouvement, l'action lui étaient antipathiques. Il eût aimé voyager, s'il eût pu, couché sur un divan et ne bougeant pas, voir les paysages, les ruines et les cités passer devant lui comme

---

Voyage en Égypte, Paris, Grasset, 1991.

1 Tissié, *op. cit.*, p. 67-68, cité par Hacking, *op. cit.*, p. 143.

2 G. Flaubert, *Correspondance*, Paris, Gallimard (La Pléiade), 1973-2007, t. II, p. 22 [17 déc. 1851].

3 *Ibid.*, t. I, p. 725 [19 déc. 1850].

4 Biasi dans Flaubert, *Voyage*, *op. cit.*, p. 61 ; Urbain, *L'Idiot du voyage : Histoires de touristes*, Paris, Plon, 1991, p. 13.

une toile de panorama qui se déroule mécaniquement[1]. » Flaubert se démarque à la fois du banal touriste occidental et de l'anti-touriste par le regard ironique et démystificateur qu'il jette de temps à autre sur l'un comme sur l'autre, et sur lui-même jouant l'un ou l'autre rôle, au point de rompre (parfois) le cliché de l'occidental venu – avec curiosité ou répugnance – admirer des scènes exotiques.

Tel Dieu dans l'univers ou comme le narrateur idéal conçu à cette image, Flaubert semble être partout et nulle part à la fois : son identité est par endroits nationale ou régionale, alors qu'ailleurs il se considère citoyen du monde – parfois même d'un monde sans frontières ou divisions nationales. Dans les premières années de son voyage, il écrit des lettres où il réfléchit au caractère subjectif de l'identité nationale, et où il s'adonne à des dérives fantaisistes qui suggèrent un « roman civique » qui pourrait être l'analogue du roman familial décrit par Freud. Il s'imagine des racines qui seraient plus proches de ses affinités sentimentales et spirituelles que les racines dues au hasard de la citoyenneté : « Je hais l'Europe, la France mon pays … Je crois que j'ai été transplanté par les vents dans ce pays de boue, et que je suis né ailleurs, car j'ai toujours eu comme des souvenirs ou des instincts de rivages embaumés, de mers bleues. J'étais né pour être empereur de Cochinchine[2]. » Quelques années plus tard, il s'exprimera avec plus de fermeté contre les notions de patrie, de patrimoine et d'enracinement dans un pays : « L'idée de la patrie c'est-à-dire l'obligation où l'on est de vivre sur un coin de terre marqué en rouge ou en bleu sur la carte et de détester les autres coins en vert ou en noir m'a paru toujours étroite, bornée et d'une stupidité féroce. Je suis le frère de Dieu … et le concitoyen de tout ce qui habite le grand hôtel garni de l'univers[3]. » Il rejette fréquemment toute notion cartographique de l'identité, et affirme plutôt s'apparenter aux Bédouins et autres peuples nomades : « Je porte en moi la mélancolie des races barbares, avec ses instincts de migration … quant à l'idée de la patrie, c'est-à-dire d'une certaine portion de terrain dessinée sur la carte et séparée des autres par une ligne rouge ou bleue, non. La patrie est pour moi le pays que j'aime, c'est-à-dire celui que je rêve, celui où je me trouve bien[4]. » Il va jusqu'à prédire l'avènement d'un monde transnational : « Le

1 Flaubert, *Voyage*, *op. cit.*, p. 327, n. 286.
2 Flaubert, *Correspondance*, *op. cit.*, t. I, p. 75-76 [14 nov. 1840].
3 *Ibid.*, t. I, p. 314 [26 août 1846].
4 *Ibid.*, t. I, p. 300 [13 août 1846].

temps approche où toute nationalité va disparaître. La *patrie* alors sera un archéologisme comme la *tribu*[1]. »

Reste pourtant, en contrepoint du discours globaliste de Flaubert, une note de régionalisme : tout, dans l'Orient, lui rappelle la Normandie. Ainsi, à Ipsamboul (Abou Simbel), il a cette impression : « Les chauves-souris font entendre leur petit cri aigu – pendant un moment, l'une d'elles criait régulièrement, et cela faisait comme le battant lointain d'une horloge de campagne – j'ai pensé aux fermes normandes, en été, quand tout le monde est aux champs, vers trois heures de l'après midi[2]. » Alors que Maxime Du Camp raillait la lassitude et la nostalgie philistine de son ami pour la province, Flaubert en vint à penser le voyage comme un état d'esprit contraignant, une attitude prescrite où les sables du Sahara pourraient tout aussi bien être les prés de la Normandie, et le Nil pourrait bien devenir la Seine : « Les temples égyptiens m'embêtent profondément. Est-ce que ça va devenir comme les églises en Bretagne, comme les cascades dans les Pyrénées ? … Être toujours selon les circonstances … comme un jeune homme, comme un voyageur, comme un artiste, comme un fils, comme un citoyen, etc. doit être[3] ! » Dans un tel état d'ennui, le régional et le global ne peuvent entretenir qu'un bien mince dialogue – mais leur différence apparaît tout aussi mince.

LE CAS SAND : LES ROMANS CHAMPÊTRES

C'est George Sand, dans ses romans champêtres de la mi-siècle – souvent ignorés, étant vus comme sans intérêt, proches du conte de fées, ou « régionaux » – qui s'approche le plus, parmi les écrivains français du XIXe siècle que je connais, du dialogique et du global. Dans la trilogie rustique *Les Veillées du chanvreur* (*La Mare au diable*, 1845 ; *François le champi*, 1847 ; *La Petite Fadette*, 1848), Sand écrit sa conversation la plus radicale avec l'altérité – avec pour décor le Berry, au plus profond de la campagne française. On y trouve une forme littéralement dialogique et

1 *Ibid.*, t. I, p. 730 [19 déc. 1850].
2 Flaubert, *Voyage*, *op. cit.*, p. 327.
3 *Ibid.*, p. 327-328.

une conversation enchâssée qui traversent les frontières géographiques, sociales, économiques, linguistiques et culturelles. Bien que Sand n'ait jamais rédigé de manifeste littéraire comme Zola avec son *Roman expérimental*, elle met de l'avant dans les préfaces de ces trois romans – en particulier dans le roman central de la trilogie, *François le champi* – un programme théorique aussi avant-gardiste que complexe[1].

L'avant-propos de *François le Champi* met en scène un dialogue entre le narrateur (un G. Sand masculin) et son ami parisien R. sur la façon de rendre le patois et la culture paysanne du Berry intelligibles au lecteur citadin tout en les représentant fidèlement et de façon accessible aux Berrichons eux-mêmes. Le narrateur décrit cette tâche quasi impossible comme un exercice de traduction : une médiation entre l'oral et l'écrit, la campagne et la ville, l'instinct et le savoir, la rustique parole berrichonne et l'écriture cultivée sanctionnée par l'Académie française ; plusieurs de ces oppositions sont déstabilisées au cours de la transmission d'histoires locales qui, si elles ont une forme naïve d'après les normes parisiennes, n'en ont pas moins une profonde valeur artistique selon les normes internes du texte. R. exhorte Sand : « Tiens … raconte-moi l'histoire du *Champi*, non pas telle que je l'ai entendue avec toi. C'était un chef-d'œuvre de narration pour nos esprits et pour nos oreilles du terroir. Mais raconte-la-moi comme si tu avais à ta droite un Parisien parlant la langue moderne, et à ta gauche un paysan devant lequel tu ne voudrais pas dire une phrase, un mot où il ne pourrait pas pénétrer[2] ». Conformément à son étymologie [« porter au travers »], la traduction est ici un processus actif et mobile de va-et-vient entre l'origine et la fin, qui avance par essai et erreur pour s'adapter à la sensibilité et au seuil d'entendement des cerveaux parisiens sans choquer les oreilles régionales. C'est un art, impossible mais nécessaire, de la négociation.

Cet art est incarné par la figure du « chanvreur » qui donne son nom à la trilogie et qui remplit une double fonction : c'est d'abord un artisan itinérant qui dirige la récolte et la transformation du chanvre en toile ; c'est aussi un artiste (illettré) – dépositaire de récits, archiviste de chants – qui raconte des histoires alors qu'il broie le chanvre tout au

1 Voir Beizer, « "Écoute le Chant du labourage" : Chant et travail de l'écriture dans *Les Veillées du chanvreur* », *Littérature*, n° 134, 2004 pour une discussion plus soutenue de ces préfaces.

2 G. Sand, *François le champi*, Paris, Gallimard (Folio), 1973, p. 52-53.

long de la nuit. Il réunit ainsi ouvrage manuel et travail mental, et sert de médiateur entre les pôles de l'héritage que Sand (fille d'une mère tailleuse et d'un père aristocrate) a cherché à réconcilier par l'écriture. Toute sa vie, elle a rejoué de telles tentatives de réconciliation dans des intrigues qui mettent en scène la mobilité sociale de façon souvent anxieuse. Je tiens à préciser que je ne parle pas ici d'une simple mobilité ascendante, mais bien d'une négociation ou traduction continue entre deux sphères (ainsi, dans *François le champi*, entre la paysannerie berrichonne et l'intelligentsia parisienne) qui cherche la communication, la coordination et la modulation réciproque plutôt que la conquête et la subordination. Je propose que cet élan vers une conversation nourrie par la traduction, mis en branle dans un cadre régional dans les romans champêtres de Sand, est précisément ce qu'on appelle aujourd'hui le globalisme. Suivant les chemins ouverts par Sand, on pourrait affirmer, sans ironie, que le globalisme est le nouveau régionalisme. Ou encore : que le régionalisme, comme le pratique Sand, est un micro-globalisme.

Ce n'est pas à dire qu'on ait fait le tour de ces questions, et retracé les pratiques transculturelles d'aujourd'hui jusqu'à des modèles plus anciens, mais plus simplement que les détours mènent parfois à la découverte d'espaces culturels correspondants. Il est tout naturel que nous cherchions des versions antérieures de nos préoccupations culturelles contemporaines, et même tout à fait probable que nous en trouvions parfois ; celles qu'on trouve, cependant, sont souvent là où l'on s'y attend le moins.

Janet BEIZER
Université Harvard
Traduit par François Proulx,
avec la participation de l'auteure

OUVRAGES CITÉS

BALZAC, Honoré de, *La Comédie humaine*, éd. par Pierre Castex et al., Paris, Gallimard, 1976.

BAUDELAIRE, Charles, *Œuvres complètes*, éd. par Claude Pichois, Paris, Gallimard (La Pléiade), 1975.

BEIZER, Janet, « "Écoute le Chant du labourage" : Chant et travail de l'écriture dans *Les Veillées du chanvreur* », *Littérature*, n° 134, 2004, p. 95-110.

BEIZER, Janet, *Thinking through the Mothers : Reimagining Women's Biographies*, Ithaca, Cornell University PRESS, 2009.

CARTER, Elizabeth, « The Gypsy of Victor Hugo and Prosper Mérimée : An Allegory for Aesthetic Anarchy », [manuscrit non-publié].

COGEVAL, Guy, *Édouard Vuillard*, New Haven, Yale University Press, 2003.

DAMROSCH, David, *What is World Literature ?*, Princeton, Princeton University Press, 2003.

DAVID-NÉEL, Alexandra, Archives de la Fondation Alexandra David-Néel, Digne-les-Bains, France.

DU CAMP, Maxime, *Un Voyageur en Égypte vers 1850 :* Le Nil *De Maxime du Camp*, éd. par Michel Dewachter et Daniel Oster, Paris, Sand/Conti, 1987.

EBERHARDT, Isabelle, *Écrits intimes : lettres aux trois hommes les plus aimés*, Paris, Payot, 1998.

« Élysée J +1 : Nomination, jogging et consultations », *Le Point*, 17 mai, 2007, et couverture de 24 mai 2007.

FLAUBERT, Gustave, *Correspondance*, éd. par Jean Bruneau, Paris, Gallimard (La Pléiade), 1973-2007.

FLAUBERT, Gustave, *Voyage en Égypte*, éd. par Pierre-Marc de Biasi, Paris, Grasset, 1991.

FORSDICK, Charles, *Travel in Twentieth-Century French and Francophone Cultures : The Persistence of Diversity*, Oxford, Oxford University Press, 2005.

FORSDICK, Charles, BASU, Feroza et SHILTON, Siobhán, *New Approaches to Twentieth-Century Travel Literature in French : Genre, History, Theory*, New York, Peter Lang, 2006.

GARVEY, Joan B. et WIDMER, Mary Lou, *Beautiful Crescent : A History of New Orleans*, New Orleans, Garmer Press, 1984.

HACKING, Ian, *Mad Travelers : Reflections on the Reality of Transient Mental Illnesses*, Cambridge, Harvard University Press, 1998.

HOERNER, Jean-Michel, « Évolution de l'industrie touristique française », dans *Deux siècles de tourisme en France (XIXe-XXe siècles)*, éd. Jean Sagnes Béziers, Presses Universitaires de Perpignan, 2001, p. 85-99.
HUYSMANS, Joris-Karl, *À Rebours*, Paris, GF-Flammarion, 1978.
KRITZMAN, Lawrence, « A Certain Idea of French : Cultural Studies, Literature and Theory », *Yale French Studies*, n° 103, 2003, p. 146-160.
MCCOLLEY, Margaret, *The Epistolary Self : Home and Identity in Francophone Women's Travel Letters (1850-1950)*, University of Virginia, 2006 [thèse de doctorat non publiée].
MÉRIMÉE, Prosper, *Carmen*, Paris, GF-Flammarion, 1973.
MÉRIMÉE, Prosper, *Carmen*, éd. par Adrien Goetz, Paris, Gallimard, 2000.
NESCI, Catherine, *Le Flâneur et les Flâneuses : Les Femmes et la Ville à l'époque romantique*, Grenoble, ELLUG, 2007.
PITRES, Albert, *Leçons cliniques sur l'hystérie et l'hypnotisme*, Paris, Doin, 1891.
POLLOCK, Griselda, « Modernity and the Spaces of Femininity », *Vision and Difference : Femininity, Feminism and the Histories of Art*, London, Routledge, 1988, p. 50-90.
Random House College Dictionary, New York, Random House, 1979.
ROWLAND, Michael, « Michelin's *Guide vert touristique* : A Guide to the French Inner Landscape », *French Review* 60, n° 5, 1987, p. 653-664.
SAND, George, *François le champi*, Paris, Gallimard (Folio), 1973.
SAND, George, *La Mare au diable*, Paris, Garnier-Flammarion, 1964.
SAND, George, *La Petite Fadette*, Paris, Gallimard (Folio), 2004
SCHOR, Naomi, « Domestic Orientalism : On the Road with Gustave and Maxime », dans *Corps/Décors : Femmes, orgie, parodie : Hommage à Lucienne Frappier-Mazur*, éd. Catherine Nesci, Amsterdam, Rodopi, 1999, p. 57-65.
SCIOLINO, Elaine, « At the Elysée, Seeing a New Camelot », *The New York Times*, 31 mai, 2007.
SCIOLINO, Elaine, « New Leaders Say Pensive French Think Too Much », *The New York Times*, 21 juillet 2007.
SCIOLINO, Elaine et SMALE, Alison, « A Frenchman in a Hurry Maps His Path », *The New York Times*, 24 septembre 2007.
TISSIÉ, Philippe, *Les Aliénés voyageurs : essai médico-psychologique*, Paris, Octave Doin, 1887.
URBAIN, Jean-Didier, *L'Idiot du voyage : Histoires de touristes*, Paris, Plon, 1991.
VERNE, Jules, *Le Tour du monde en 80 jours*, Paris, Gallimard (Folioplus), 2004.
WOLFF, Janet, « The Invisible Flâneuse : Women and the Literature of Modernity », *Feminine Sentences : Essays on Women and Culture*, Berkeley, University of California Press, 1991, p. 34-50.
ZOLA, Émile, *Nana*, Paris, GF-Flammarion, 2000.

TRADUCTION, TRANSPLANTATION : SUPERVIELLE AUTREMENT LU

Un poète français né en Uruguay ; un Uruguayen devenu poète français : ces deux portraits correspondent bien à Jules Supervielle et, néanmoins, chacun d'eux vient contredire, ou tout au moins remettre en question, le second. Né en Uruguay en 1884 de parents français morts la même année dans un accident ; élevé par des proches qui se sont réinstallés en France dix ans plus tard ; marié à une Uruguayenne de langue espagnole à qui il a toujours parlé français ; résidant en France et écrivant en français mais passant de longs séjours en Uruguay où il maintenait des liens intellectuels avec des écrivains uruguayens et argentins : parfaitement bilingue et biculturel, Supervielle aura été, selon sa propre définition, un « poète des deux rivages[1] ».

Une photographie met bien en valeur cette double appartenance de Supervielle : on y voit le poète à cheval, entouré de sa famille, lors d'un de ses nombreux séjours en Uruguay. Supervielle, tout droit sur la selle, tient son jeune fils devant lui. Il est habillé en costume de ville et porte une cravate – pas de *bombachas*, le pantalon bouffant à l'usage des paysans, pas de foulard au cou – et il est affublé d'un chapeau. Le chapeau n'est ni le chapeau mou du gaucho ni le traditionnel béret basque que l'on porte dans la pampa et que Supervielle privilégiait les dernières années, mais un chapeau carrément de ville. En voyant cette photographie, j'ai été surprise par l'aspect tout à fait incongru de cette pose. Je l'ai montrée à une amie qui a, elle aussi, reconnu son caractère étrange : « *Parece trasplantado al caballo* » a-t-elle remarqué : « **On dirait qu'il a été transplanté sur son cheval** ». L'expression espagnole, parfaitement banale, a tout d'un coup acquis une nouvelle signification : Supervielle constitue un parfait exemple d'une transposition perpétuelle, et pas seulement lorsqu'il est à cheval.

---

1 J. Supervielle, « Champs Élysées », *Œuvres poétiques complètes*, Paris, Gallimard (La Pléiade), 1996, p. 521. Les traductions du français et de l'espagnol sont les miennes.

En effet, la métaphore convient non seulement à l'homme mais aussi à son œuvre, comme le montre la publication récente en espagnol de *L'Homme de la Pampa*[1]. Le roman avait déjà été traduit en espagnol en 1925 par Juan Parra del Riego, poète uruguayen d'avant-garde, qui est allé jusqu'à traduire le nom de l'auteur : *Julio* Supervielle. La version de 2007 de *El Hombre de la pampa* est une toute nouvelle traduction publiée par Interzona, maison d'édition argentine spécialisée dans la traduction de romans d'avant-garde singuliers. Traduit par Damián Tabarovsky, jeune auteur fêté par les critiques qui n'a pas peur des polémiques, le livre a connu une excellente réception : il a été réapproprié ou, pourrait-on dire, transplanté une seconde fois. Un critique argentin y reconnait « l'humour malicieux du Rio de la Plata » ; un autre jeune critique argentin l'acclame comme un nouveau roman de la nation, « *una nueva novela de la patria*[2] ».

Tout comme la photographie, cette nouvelle traduction de *L'Homme de la Pampa* donne à voir un Supervielle de nouveau « transplanté », révèle un roman contemporain et *autre*. Pourquoi un jeune auteur d'avant-garde comme Tabarovsky s'intéresserait-il à Supervielle ? De plus, comment expliquer l'accueil enthousiaste de ce livre en Argentine en 2007 alors qu'il n'avait reçu qu'un succès d'estime en 1925 et qu'en France, de nos jours, on n'y voit qu'un roman exotique où la réalité se mêle au rêve ? Et pourquoi enfin, à une époque où les nationalismes littéraires semblent avoir perdu leur attrait, un critique y saluerait-il une « *novela de la patria* » ? Un critique argentin, et non uruguayen, qui, par conséquent, ne partage pas une *patria*, réelle ou phantasmatique, avec Supervielle ?

La notion de *transplantation* implique bien entendu un déracinement et un ré-racinement, une adaptation si l'on veut : c'est devenir autre dans un milieu différent sans pourtant cesser d'être soi. Le grec Jean Moréas est devenu écrivain français, tout comme Romain Gary (né en Lituanie) et Hector Bianciotti (né en Argentine) ; Joseph Conrad est devenu écrivain anglais et Nabokov écrivain américain, et ce, tout en demeurant grec, russe, argentin ou polonais selon le cas. Il y aurait, à ce qu'il parait, un moment crucial où l'on fait un choix : *le choix de Moréas*.

---

1 J. Supervielle. *El hombre de la pampa*, trad. D. Tabarovsky, Buenos Aires, Interzona, 2007. Le roman avait été publié pour la première fois en France en 1923.

2 J. F. García, « La mirada de un excéntrico », *Diario Perfil* (Suplemento Cultura), 28 octobre 2007, p. 1.

Souvent perçu comme un acte d'héroïsme ou de conversion, le choix nécessite aussi des sacrifices et des pertes. Le nouveau venu – le *hors-venu*, pour reprendre le terme employé par Christian Sénéchal au sujet de Supervielle[1] – doit trouver sa place dans une langue, une littérature et une idéologie culturelle nouvelles. La majorité des écrivains argentins à professer un fervent nationalisme au début du vingtième siècle étaient soit des immigrants européens, soit leurs enfants. Pour ne citer qu'un exemple : *Los Gauchos judíos* [Les Gauchos juifs], roman écrit en 1910 par Alberto Gerchunoff. Serait-ce aussi le cas de Supervielle qui écrit pour se faire une place dans la littérature française ?

« Supervielle », écrit Étiemble, « s'est choisi poète français ». Il est vrai que Supervielle a fait le choix d'écrire en français et qu'il était obsédé par l'idée qu'il pourrait, par inadvertance, laisser transparaître son espagnol. Or ce choix est moins simple que ne pense Étiemble même lorsqu'il s'exprime sans ambiguïté :

> J'ai toujours délibérément fermé à l'espagnol mes portes secrètes, celles qui ouvrent sur la pensée, l'expression et, disons, l'âme. Si jamais il m'arrive de penser en espagnol, ce n'est que par courtes bouffées. Et cela se traduit, plutôt que par des phrases constituées, par quelques borborygmes de langage. Je parle, je pense, je me fâche, je rêve et je me tais en français[2].

Nous sommes ici au bord de l'intolérance linguistique, comme de nombreuses anecdotes de famille en témoignent. Ayant imposé le français à la maison, Supervielle se fâchait si sa femme – qui, selon un membre de la famille, parlait français « comme si elle se faisait violence » – passait à l'espagnol[3].

Malgré l'autorité du poète à l'égard de l'usage du français, son choix de langue est loin d'être aussi évident. En effet, il ne s'agit pas tant d'un déracinement pour s'enraciner plus naturellement (pour filer la métaphore de l'agriculture) que d'une façon de déstabiliser les deux pôles culturels et linguistiques entre lesquels l'écrivain évolue. Quoiqu'il ferme

---

1 C. Sénéchal, dans Étiemble, *Supervielle*, Paris, Gallimard (La Bibliothèque idéale), 1960, p. 10.

2 J. Supervielle, *Boire à la source*, Paris, Gallimard, 1951, p. 125.

3 C'était Madame Supervielle donc qui se voyait réduite aux borborygmes de langage, mais cela ne semble pas avoir importuné son mari (communication de Silvia Baron Supervielle à l'auteur). Voir aussi S. Molloy, « Bilingual Scenes », dans *Bilingual Games : Some Literary Investigations*, éd. D. Sommer, New York, Palgrave Macmillan, 2003, p. 295.

ses portes secrètes à l'espagnol – ou qu'il fasse semblant de le faire – ces portes sont loin d'être verrouillées. Par ailleurs il est intéressant de noter la place qu'il accorde à l'autre langue dans son système littéraire soi-disant monolingue, où elle demeure comme un reste provocateur :

> Connaître bien deux langues [...] les parler couramment peut servir un écrivain [lui permettant] de voir un peu du dehors, avec l'émerveillement du spectateur, la langue qu'il écrit et dont les mots, même les plus simples, prennent un air quasi miraculeux[1].

« Voir un peu du dehors » : principe essentiel de l'esthétique de Supervielle, la phrase n'est pas sans rapport, bien entendu, avec la recherche de l'étrangeté si chère aux écrivains de l'avant-garde. En même temps, elle ne coïncide pas exactement avec le concept formaliste russe d'*ostranenie*, technique qui vise à faire voir au public le quotidien sous un jour étrange et inhabituel. Ce *voir un peu du dehors* de Supervielle met non seulement en scène le spectacle de l'étrange, il propose, littéralement, le spectacle de ce qui est *étranger* et appartient d'une certaine manière – *un peu* – à une autre culture. « Ni tout à fait le même, ni tout à fait un autre », pourrait-on dire avec Verlaine. De plus, l'étrangeté est orchestrée dans et par le langage : pas tant grâce à un usage particulier du langage que par la tentation de mettre sous silence l'autre langue qui demeure néanmoins présente, hantant l'écriture.

À la différence de ses aînés à qui il est souvent comparé – Lautréamont et Jules Laforgue (nés aussi, tous les deux, en Uruguay de parents français) – la double culture de Supervielle est incontestable. Les liens qu'il entretient avec les écrivains des deux rivages sont forts, ses interlocuteurs sont ainsi nombreux et variés. Mais aussi, sa présence littéraire en Uruguay est bien plus que symbolique. Dans la *Enciclopedia ilustrada de la lengua castellana*, on peut lire dans l'article consacré à Supervielle : « Poeta uruguayo nacido en 1884. Ha residido en Paris y escrito sus obras en francés » [« Poète uruguayen né en 1884. Il a vécu à Paris et a écrit en français »]. Notons d'ailleurs que cette encyclopédie ne mentionne ni Lautréamont ni Laforgue, perçus comme des écrivains « vraiment » français.

Les dédicaces des premiers ouvrages de Supervielle sont, en ce sens, fort révélatrices. Il dédie un des tout premiers recueils de ses poèmes,

1 Interview avec Jules Supervielle in *Les Nouvelles littéraires*, 7 octobre 1948. Cité dans Étiemble, *op. cit.*, p. 33.

Brumes du passé (1901), à ses parents, morts l'année même de sa naissance : « À la mémoire de mes parents ». Dix-huit ans plus tard, lorsqu'il publie un recueil plus achevé, *Poèmes*, il le dédie une fois de plus à la mémoire de sa mère française mais au lieu du père il l'inscrit « à la mémoire de José Enrique Rodó ». Le père biologique est ici remplacé par l'écrivain uruguayen le plus important du début du vingtième siècle, soit un père littéraire qui a marqué toute une génération d'écrivains latino-américains. C'est ainsi que Supervielle manipule son roman familial, inscrivant sa double culture au seuil de son œuvre. « Ulysse montévidéen » (comme il se décrit dans un poème[1]) en perpétuel mouvement transatlantique, Supervielle n'est jamais vraiment chez lui. C'est un *Mister In-Between*, un homme de l'entre-deux, pour citer la chanson de Johnny Mercer reprise par Homi Bhabha dans son livre de théorie critique, *The Location of Culture*[2]. Et, comme dit la chanson, « *Don't mess with Mister In-Between* », faut pas s'en mêler. Les critiques ignorent pourtant ce conseil, trouvant difficile de croire en l'équilibre précaire – ou peut-être mieux, en l'instabilité – dont se réclame Supervielle. Ester de Cáceres, critique uruguayenne, écrit : « Supervielle a vécu en France pendant longtemps, c'est là qu'il est devenu écrivain, il écrit en français ; et pourtant il est toujours un de nos écrivains ; nos paysages, nos gens, notre manière de vivre, tout cela vit dans son œuvre[3]. » Et le critique français Robert Weibel-Richard déclare : « Supervielle est un poète français d'Amérique. Bien plus qu'un détail biographique, cela éclaire sa poésie[4]. » Soulignons ici que les deux critiques laissent une place à l'autre culture – la France, l'Amérique – mais qu'au bout du compte, pour éviter tout flottement, ils tranchent en tirant Supervielle chacun de son côté, lui assurant une place dans sa propre culture : Supervielle est toujours « un de nos écrivains », déclare le critique uruguayen ; « Supervielle est un poète français », écrit le Français.

Ces deux perspectives – ou disons plutôt ces deux façons de « voir un peu du dehors », à la fois contradictoires et complémentaires – invitent à mener une double lecture de *L'Homme de la pampa.* Disons même

1 Supervielle, « Dialogue avant le voyage », *Œuvres poétiques complètes*, *op. cit.*, p. 84.

2 H. Bhabha, *The Location of Culture*, London et New York, Routledge, 1994, p. 1.

3 E. de Cáceres, *Significación de la obra de Jules Supervielle en la cultura uruguaya*, Montevideo, Instituto de Estudios Superiores de Montevideo, 1943, p. 65.

4 R. Weibel-Richard, « Dos altos representantes del espíritu francés. Notas sobre el universo de Supervielle », *Sur*, n° 23, 1936, p. 103.

qu'elles l'exigent. Je rappelle sommairement l'histoire que raconte ce roman. Juan Fernández y Guanamiru, un riche Uruguayen qui vit dans la pampa entouré de ses trente enfants illégitimes, s'ennuie et, pour rompre la monotonie de la pampa, il décide de construire un volcan sur sa propriété. Une fois la construction achevée, il continue à s'ennuyer et décide alors de partir à Paris pour montrer son invention. Alors que le volcan est démonté et mis en caisse pour le voyage, il est abîmé et ne peut donc pas être déplacé. Guanamiru part donc pour Paris sans le volcan, du moins c'est ce qu'il croit. Une fois à bord du bateau qui l'emmène en Europe, il découvre qu'une réplique miniature de son volcan s'est glissée dans sa valise, un volcan assez perfectionné et bavard qui émet des sons et des odeurs afin de communiquer avec Guanamiru. Lorsqu'il arrive à Paris, les choses commencent à mal tourner : les gens ressemblent à des marionnettes ; toute la ville n'est qu'un simulacre[1]. Guanamiru tombe amoureux d'une femme qui disparaît et réapparaît à des moments imprévus ; il ne parvient pas à obtenir l'autorisation du préfet de police pour exposer son volcan ; pour se distraire il prend le métro et se retrouve tout à coup au Mexique ; il rentre à Paris, va au cinéma et regarde un film qui le renvoie au Mexique qu'il vient de quitter. Sortant du cinéma, il commence à grandir et grandir au point de devenir géant ; puis il retrouve sa taille normale, grandit de nouveau, et ainsi de suite. La femme qu'il aime le quitte et le volcan le quitte. Enfin, pendant un des épisodes de gigantisme, Guanamiru lui-même entre en éruption et projette des oiseaux latino-américains, des plantes, des vaches et des chevaux dans les rues de Paris. Il meurt « par éclatement de mégalomanie éruptive en un amas de nuages de cendre, de soufre volcanique, et une horrible lave » (p. 186-187).

Vu dans un contexte français, *L'Homme de la pampa* paraît un exercice surréaliste se réclamant de la logique des rêves (en dépit de l'antipathie de Supervielle envers le Surréalisme) ; ou bien, étant donné le recours à la couleur locale exacerbée et burlesque – couleur locale que Borges appellerait, quelques années plus tard, « un culte européen » – on peut y voir un exemple de réalisme magique *avant la lettre*. Jouant le rôle de faux agent culturel auprès des lecteurs du vieux continent, Supervielle, en tant qu'écrivain d'Amérique latine, prend plaisir à cultiver et à exagérer les clichés européens sur le nouveau monde, les rendant risibles.

1 J. Supervielle, *L'Homme de la pampa*, Paris, Gallimard, 1923, p. 109.

Il avait déjà tenté ce genre d'exercice d'écriture auparavant. Les poèmes du « Goyavier authentique » dans *Débarcadères* (1922) présentent une Amérique latine coloniale archaïque, sorte de mélange Africain-Indien-Espagnol auquel l'auteur ajoute des souvenirs d'enfance, de vagues descriptions de voyages, et surtout beaucoup d'imagination. Situés à *Créolopolis*, une ville où l'espagnolade touche au grotesque, les poèmes de *Débarcadères*, par moments de véritables parodies, constituent la fondation même de la fameuse « Amérique d'hyperbole[1] » de Supervielle. Si la sensibilité uruguayenne lui fait évoquer la pampa, le Français en lui décide de la déformer par des exagérations qui tombent, joyeusement, dans le cliché. Quelques années après *Débarcadères*, *L'Homme de la pampa* reprend ces manipulations fantaisistes et grotesques, les conduisant au comble de l'excès, faisant qu'elles se retournent sur elles-mêmes et contaminent, pour ainsi dire, l'Europe. Le volcan emmené à Paris dans une valise et la mort de Guanamiru sous la forme d'une éruption magnifique qui disperse des morceaux d'Amérique latine sur la France sont un moyen de répondre à la métropole et de lui rendre ses clichés. N'oublions pas que le réalisme magique, le *Magischer Realismus* tel qu'il fut défini dans les années vingt par Franz Roh, historien d'art allemand, est après tout une invention européenne.

De ce point de vue, les lecteurs français pourraient bien rapprocher *L'Homme de la pampa* des *Impressions d'Afrique* de Raymond Roussel (1910). Le livre de Roussel est une recréation saugrenue et délirante du continent africain (que l'auteur n'a d'ailleurs jamais visité), ponctuée de descriptions détaillées aussi bizarres que celles de Supervielle. Le récit est truffé d'objets très particuliers comme, par exemple, un chemin de fer dont les maillons sont des poumons de veaux. On pourrait ainsi lire *L'Homme de la pampa* comme une parodie, un texte qui, tout en ridiculisant son propre sujet, tend à confirmer ce que les lecteurs français savent déjà. Bien loin d'être située *nulle part*, comme la Pologne de Jarry, l'Amérique du sud de Supervielle se situe clairement dans l'imaginaire français, correspondant plus ou moins à la vision naïve qu'on s'en fait en France, certes un peu exagérée – comme la coiffure aux fruits tropicaux de la célèbre chanteuse Carmen Miranda – mais paraissant « authentique ».

Cependant, si l'on replace le roman dans son contexte uruguayen/argentin, l'histoire qu'il raconte n'est plus tout à fait la même. En

1 Supervielle, « Mais voici venir les créoles », *Œuvres poétiques complètes*, *op. cit.*, p. 100.

1923 c'est moins à Roussel que *L'Homme de la pampa* ferait penser qu'à la littérature régionale de l'époque. Deux romans s'imposent en particulier : *Raucho* (1920) et *Don Segundo Sombra* (1926), de l'auteur argentin Ricardo Güiraldes, qui était d'ailleurs bon ami de Supervielle. Ces romans sont, chacun à sa façon, des récits de retour aux origines. *Raucho* raconte l'histoire d'un riche propriétaire terrien, un peu comme Güiraldes lui-même, qui va à Paris où, ébloui par cette ville décadente, il s'abandonne aux plaisirs nocturnes, puis tombe malade et rentre chez lui pour, littéralement, embrasser la pampa, son ultime refuge. Le roman se termine ainsi : « *Raucho, inefablemente quieto, se duerme de espaldas, los brazos abiertos, crucificado de calma sobre su tierra de siempre* » [« Raucho, indiciblement silencieux, s'endort sur le dos, les bras ouverts, crucifié sur la terre à laquelle il a toujours appartenu[1]. »] Le second roman de Güiraldes, *Don Segundo Sombra*, publié six ans plus tard, donne voix de façon encore plus convaincante au nationalisme et au conservatisme argentins. On y suit les péripéties d'un orphelin d'origine inconnue qui vit sous la protection d'un vieux gaucho qui lui enseigne les vertus de l'homme de la pampa. Un jour, le vieux gaucho s'en va et l'orphelin découvre qu'il a hérité de son père, un riche propriétaire terrien qu'il n'a jamais connu. Malgré son changement de statut social, le garçon n'oubliera jamais les enseignements du vieux gaucho, faisant honneur à la pédagogie patriotique et campagnarde de celui-ci. Le vieux et noble gaucho est, dès lors, la personnification des vertus nationales.

Paru en 1923, soit exactement à mi-chemin entre *Raucho* et *Don Segundo Sombra*, *L'Homme de la pampa* met en question, se moque même, des postulats sur lesquels reposent les deux romans. On ne trouve pas chez Supervielle de retour solennel au pays, pas d'homme allongé sur le sol natal. Bien au contraire, la pampa n'est jamais un lieu stable et il est toujours conseillé de garder ses distances : « Ces grandes plaines ne me sont indispensables que si j'en suis à plus de 200 kilomètres » (p. 27). Supervielle ne cède donc pas à la tentation d'exalter ou de spiritualiser une pampa qu'il représente le plus souvent comme un lieu ennuyeux qui demande à être secoué de façon cocasse : par la construction d'un volcan, par la mise au monde d'une trentaine d'enfants munis tous d'un appareil ressemblant à un GPS rudimentaire qui permet de suivre leurs allées et venues. Chez Supervielle, la pampa n'est ni lieu de labeur ennoblissant ni refuge de l'homme vertueux.

1. R. Güiraldes, *Raucho* (1920), Buenos Aires, Losada, 1953, p. 143.

Guanamiru, le gaucho de Supervielle, loin d'être une présence tutélaire, est plutôt un coquin : on le trouve le plus souvent dans les bars de son village en Uruguay, jouant d'interminables, monumentales parties de billard :

> Un groupe d'hommes montés sur de rapides chevaux jouaient sur un billard infiniment long où les billes mettaient parfois huit jours à s'atteindre. Il leur fallait faire jusqu'à cinquante lieues. Parfois les joueurs s'arrêtaient de galoper pour faire boire leurs chevaux. On servait de l'eau-de-vie aux spectateurs de cette étonnante partie. Des matelas aux couleurs nationales étaient disposés par terre pour la nuit. (p. 28-29)

D'un point de vue français, ou disons européen, le réalisme magique fait qu'on lit un roman plein d'ironie et de malice, peut-être un tantinet troublant mais surtout pas menaçant. D'un point de vue uruguayen, argentin et plus généralement latino-américain, le roman est, certes, ironique et drôle, mais on le voit surtout, en 2007, comme antidote : il est la contrepartie salutaire des romans qui tendent à nationaliser l'espace et à sacraliser « l'homme de la pampa » comme symbole national de première importance. En France, *L'Homme de la pampa* confirme ce que les lecteurs pensent savoir au sujet d'une Amérique hyperbolique, éveillant peut-être, chez le lecteur attentif, le soupçon qu'on se joue de lui. En Uruguay, en Argentine, et probablement dans l'ensemble de l'Amérique latine, *L'Homme de la pampa* donne surtout voix à l'irrévérence et au scepticisme, outils idéologiques efficaces pour remettre en cause l'idée d'une appartenance nationale incontestable, d'une littérature nationale monolithique, et d'une construction idéologique de la nation le plus souvent discriminatoire.

La reconnaissance de l'efficacité idéologique et politique de *El Hombre de la pampa*, négligée au moment de sa première parution en espagnol, est, je crois, la raison pour laquelle ce livre a un tel succès de nos jours en Argentine et en Uruguay. À une époque où les nationalismes, tant politiques que plus généralement culturels, ont dévoilé leurs pathétiques, voire dangereux, défauts, on lit Supervielle dans un nouveau contexte de lecture, non plus comme on lisait Güiraldes (dont le moment est définitivement passé) mais en dialogue avec les auteurs argentins et uruguayens contemporains qui, de façon délibérément excentrique, proposent, après des années de violence politique, une déconstruction souvent saugrenue des nationalismes conventionnels. On peut en ce sens placer Supervielle à côté d'écrivains comme César Aira, Sergio

Bizzio, Lucía Puenzo, et de son traducteur Damián Tabarovsky qui non seulement le reconnaît comme précurseur mais qui salue la force idéologique de son roman. « *Me interesa que un texto antiguo todavía tenga una intervención sobre el presente, que lo ponga en tensión, que lo haga crujir* » [« Je trouve intéressant qu'un texte ancien puisse encore marquer le présent, qu'il mette ce présent en tension, qu'il le fasse craquer »), écrit-il après la publication de *El hombre de la pampa*, ajoutant que Supervielle redéfinit cette pampa pour le lecteur contemporain[1].

J'ai volontairement mené une double lecture de *L'Homme de la pampa*, sachant bien que ni l'intentionnalité ni la réception du roman ne peuvent être déterminées de façon nette ou certaine. Essayer de le faire serait en effet une vraie trahison de l'esthétique de Supervielle, l'auteur n'ayant certainement pas prévu deux lectures aussi distinctes, de même qu'il ne pensait pas à un double lectorat et à deux cultures ou deux sujets séparés. Les lectures de Supervielle doivent demeurer aussi ambivalentes que son auteur, *mâtinées*, pour reprendre le terme qu'il utilise pour se décrire lui-même : « Je suis un Basque, un Béarnais, / Un mâtiné d'Uruguayen, / C'est le pays où je suis né[2]. »

« J'apprends ce matin qu'il y a une vache dans les armes de la ville d'Oloron », écrit Supervielle dans *Boire à la source* (1951). « Je suis heureux de retrouver ici une vache, et à la meilleure place. De même qu'il y a un taureau dans l'écusson de l'Uruguay. Et je ne rougirais pas d'avoir été entre ces deux bêtes, avant moi très éloignées, un intermédiaire plein d'espérance », (p. 35). Une lecture est mâtinée de l'autre ; une identité nationale est mâtinée d'une autre identité nationale. Quelle meilleure combinaison peut-on souhaiter pour French Global ?

Sylvia MOLLOY
Université de New York (NYU)
(émérite)
Traduit par Julie Marion Sage,
avec la participation de l'auteure

1 D. Tabarovsky, « Intervenciones de un editor », *Página 12* (Buenos Aires), section « Cultura y Espectáculos », 4 décembre 2007, p. 1.

2 Supervielle, « Prière à l'inconnu », *Œuvres poétiques complètes*, *op. cit.*, p. 612.

OUVRAGES CITÉS

BHABHA, Homi, *The Location of Culture*, New York, Routledge, 1994.

CÁCERES, Ester de, *Significación de la obra de Jules Supervielle en la cultura uruguaya*, Montevideo, Instituto de Estudios Superiores de Montevideo, 1943.

Enciclopedia ilustrada de la lengua castellana, Buenos Aires, Sopena, 1948.

ÉTIEMBLE, René, *Supervielle*, Paris, Gallimard (La Bibliothèque idéale), 1960.

GARCÍA, Juan Fernando, « La mirada de un excéntrico », *Diario Perfil* (Suplemento Cultura), 28 octobre 2007.

GUIRALDES, Ricardo, *Raucho*, Buenos Aires, Losada, 1953 [1920].

MOLLOY, Sylvia, « Bilingual Scenes », dans *Bilingual Games : Some Literary Investigations*, éd. Doris Sommer, New York, Palgrave Macmillan, 2003, p. 289-296.

SCHOO, Ernesto, « Mil y una noches de bolsillo », *La Nación*, 13 octobre 2007 [Disponible à http://www.lanacion.com.ar/951573-mil-y-una-noches-de-bolsillo].

SÉNÉCHAL, Christian, « Hors-venu du temps et de l'espace », dans René Étiemble, *Supervielle*, Paris, Gallimard (La Bibliothèque idéale), 1960.

SUPERVIELLE, Jules, *Boire à la source*, Paris, Gallimard, 1951.

SUPERVIELLE, Jules, *L'Homme de la Pampa*, Paris, Gallimard, 1923.

SUPERVIELLE, Jules, *El Hombre de la pampa*, trad. par Damián Tabarovsky, Buenos Aires, Interzona, 2007.

SUPERVIELLE, Jules, « Interview avec Jules Supervielle », *Les Nouvelles littéraires*, 7 octobre 1948.

SUPERVIELLE, Jules, *Œuvres poétiques complètes*, Paris, Gallimard (La Pléiade), 1996.

TABAROVSKY, Damián, « Intervenciones de un editor », *Página 12* (Buenos Aires), section « Cultura y Espectáculos », 4 décembre 2007.

WEIBEL-RICHARD, Robert, « Dos altos representantes del espíritu francés. Notas sobre el universo de Supervielle », *Sur*, nº 23, août 1936, p. 103.

DU ROMAN COLONIAL FRANÇAIS AU ROMAN FRANCOPHONE POSTCOLONIAL

René Maran le précurseur

Dans *L'Africaine*, opéra de Giacomo Meyerbeer, plus connu sous son titre italien *L'Africana*, le grand moment d'expression musicale est le grand air pour ténor « *O paradiso* » chanté par Vasco de Gama au moment où il double le Cap et exprime son enchantement devant la magnificence du paysage sud-africain. Toutefois, ce n'est pas le seul motif de l'aria car, dans la deuxième partie, Vasco de Gama déclare qu'il est déterminé à annexer cette terre et à l'offrir à son pays de sorte que, comme il le dit ouvertement, toute l'Europe puisse en être enrichie. Dans cet air, une réaction esthétique à l'Afrique inspire un sentiment colonial auquel elle est immédiatement associée. Cette remarque sur *L'Africaine* définit l'optique générale de mon article : le mode de fonctionnement du monde africain non seulement en tant qu'objet de contemplation mais aussi en tant que champ d'expérience et la façon dont il sert de référence à l'expression créative dans les deux registres. C'est surtout dans le roman que cet univers est pleinement exploré en langue française, d'abord par les écrivains de la Métropole que l'on a associés à ce que l'on appelle le roman colonial – un ensemble de romans écrits par des auteurs français et ayant pour décor le monde colonial[1] – et plus tard par leurs successeurs africains.

La portée mondiale du français, en tant que langue de production culturelle, est devenue très clairement manifeste avec l'émergence et le développement de ce que l'on peut maintenant qualifier de « roman francophone postcolonial[2] ». Une représentation littéraire de l'Afrique

1 *Cf.* R. Lebel, *Histoire de la littérature coloniale en France*, Larose, 1931 ; M. Astier Loutfi, *Littérature et colonialisme : l'expansion coloniale vue dans la littérature romanesque française, 1871-1914*, Paris, Mouton, 1971 ; A. Hargreaves, *The Colonial Experience in French Fiction : A Study of Pierre Loti, Ernest Psichari and Pierre Mille*, London, MacMillan Press, 1981.

2 Le terme « postcolonial » est ici employé dans son sens critique et intellectuel courant pour qualifier la littérature produite par les peuples colonisés par les Européens, en réaction à

existait cependant déjà dans le roman colonial, ce qui contribua à ce développement et le facilita. Comme pour les romanciers africains qui ont écrit en d'autres langues européennes – l'anglais et le portugais en particulier – les chefs-d'œuvre reconnus de la fiction ont constitué la base essentielle de l'expression de celle-ci. De fait, la langue même devint un facteur à la fois encourageant et contraignant car ce que l'on désigne actuellement par le terme de « littérature africaine » est en fin de compte un dérivé du corpus métropolitain. C'est en ce sens que le roman colonial, avec sa référence directe à leur contexte de vie et d'expérience a pris une signification spéciale pour les écrivains africains relevant de l'héritage littéraire français. On peut dire que les œuvres des écrivains français auxquels l'Afrique a servi de décor de roman – c'était le cas en effet de tout le corpus du roman colonial qui fonctionnait comme véhicule d'une certaine forme de discours colonial – ont présenté, étant donné le contexte historique de leur création, un défi particulièrement impérieux, défi auquel les Africains devaient inéluctablement répondre.

Afin de bien saisir toute la trajectoire du roman colonial au roman postcolonial africain en français, il nous faut d'abord étudier le récit de voyage qui servit d'arrière-plan historique et intellectuel au roman colonial et de précurseur littéraire ; en raison de son caractère essentiel – la représentation de l'Autre – le roman colonial français recouvre partiellement et prolonge le récit de voyage qui, suite aux rencontres historiques entre les Européens et les autres peuples au temps des découvertes, en vint à constituer un genre distinct dans la littérature occidentale. Alors que l'on reconnaissait et admettait pour presque normale la diversité des peuples et des us en Europe et qu'une mutuelle reconnaissance guidait leurs interactions, la rencontre avec ces autres mondes suscita une nouvelle façon de voir : une différence radicale entre les Européens et les autres races que l'on commençait à percevoir comme formant des catégories distinctes de l'humanité. L'altérité devint alors un thème et une préoccupation majeure de la pensée occidentale[1].

---

la domination politique, économique et culturelle que l'Occident leur a fait subir ; Bill Ashcroft, Gareth Griffiths et Helen Tiffin furent les premiers à proposer ce mot, avec ce sens, dans leur important ouvrage *The Empire Writes Back : Theory and Practice in Postcolonial Literatures*, London, Routledge, 1989.

1 T. Todorov, *Nous et les autres : La Réflexion française sur la diversité humaine*, Paris, Seuil, 1989 et *La Conquête de l'Amérique : La question de l'autre*, Paris, Seuil, 1982.

Dès le XVIe siècle, des œuvres comme *Essai sur les Cannibales* de Montaigne et *Histoire d'un voyage faict en terre du Brésil*[1] de Jean de Léry donnent la preuve du distant intérêt que l'on porte à la vie, aux usages et modes de pensée des populations du monde habitant au-delà des limites de la civilisation occidentale, intérêt que des écrivains du XVIIIe siècle, comme Diderot (*Supplément au voyage de Bougainville*) et Montesquieu (*Lettres persanes*) allaient étendre et pousser plus avant. Un nouvel élément devait entrer en jeu avec l'asservissement des Africains et le concept de hiérarchie de race qui en découla. Avec le célèbre passage où Montesquieu ironise sur la noirceur des Africains dans *L'Esprit des Lois* et l'histoire de l'esclave de Surinam du *Candide* de Voltaire, on assiste à un début de compréhension du lien entre race et esclavage dans les temps modernes. Poser la race comme catégorie essentielle (d'abord sur le plan biologique mais avec des implications culturelles et morales) a constitué la base conceptuelle de la hiérarchie formulée par Gobineau dans son *Essai sur les inégalités des races humaines*, hiérarchie que Lucien Lévy-Bruhl tenta d'asseoir sur les différents modes de pensée des diverses races – d'où sa notion de mentalité prélogique qu'il attribue aux peuples non-occidentaux et surtout aux Africains[2]. C'est là le cadre idéologique qui a bien longtemps régi la représentation négative de l'Afrique et de ses populations dans la littérature française[3], même si l'on peut discerner une image positive dans des œuvres comme *Histoire de Louis Anniaba*[4] et *Ourika* de Claire de Duras.

L'occupation de l'Égypte par Bonaparte à la fin du XVIIIe siècle et l'expédition qu'il mena jetèrent les bases du travail archéologique de

1 Dans ces écrits l'intérêt se focalisa sur le Brésil, tradition que Claude Lévi-Strauss allait étendre et amplifier dans *Tristes tropiques*.

2 L. Lévy-Bruhl, *La Mentalité primitive*, Paris, PUF, 1922. L'émergence de la race en tant que catégorie est une conséquence directe de la taxonomie de Linné appliquée à la classification du genre humain dans l'œuvre de plusieurs savants européens, parmi lesquels Kant, et aboutissant à l'ouvrage monumental de Gobineau. L'étude d'Emmanuel Eze *Achieving Our Humanity : The Idea of the Postracial* cherche à répondre à la question suivante : En quoi les origines de la philosophie moderne et l'anthropologie ont-elles contribué à donner les bases théoriques de la notion de race en tant qu'idée moderne ? L'étude examine les origines du célèbre « dérapage » de la pensée des Lumières sur la question raciale, dont Louis Sala-Molins étudie les implications économiques et morales dans *Les Misères des Lumières*, Homnisphères, 2008.

3 *Cf.* L. Fanoudh-Siefer, *Le Mythe du nègre*, Paris Klincksieck, 1968 et C. Miller, *Blank Darkness*, University of Chicago Press, 1986.

4 Peut-être parce que cette œuvre s'inspire en partie du roman grec ancien *Aethiopica* de Heliodorus.

Champollion, de Volney et d'autres érudits français, ce qui permit de créer une nouvelle discipline – l'Égyptologie – et mena à la naissance au XIXe siècle des Langues orientales et de l'Ethnologie, nouvelles disciplines qui s'intéressaient en priorité à l'étude des populations non-occidentales et constituaient, en tant que nouveau domaine de la connaissance, une forme de savoir. Le regain de curiosité qu'elles suscitèrent facilita l'ouverture du monde à l'imagination occidentale, ce qui engendra un grand élan d'exotisme dans l'art et la littérature. *Le Voyage en Orient* de Nerval et *Salammbô* de Flaubert partagent le goût du bizarre et de l'exotisme sous-tendant les préoccupations savantes qui produisirent le nouveau savoir ; ce sont là les antécédents et la toile de fond de ce que Edward Saïd a appelé l'orientalisme[1]. Bien que Saïd fasse référence au Moyen-Orient, l'orientation générale de sa critique vient de son sens de l'association entre orientalisme et ethnologie d'une part et d'autre part du fondement idéologique, au XIXe siècle, de l'aventure coloniale française qui gagnait le monde entier[2]. Ce qui nous intéresse ici, c'est que l'expression littéraire de l'orientalisme ait servi de référence au roman colonial français et, dans le cas particulier de l'Afrique, ait déterminé un ensemble de tropes qui ont fini par représenter le continent et ses peuples. *Une année dans le Sahel* (1857) d'Eugène Fromentin et *Le Roman d'un Spahi* (1881) de Pierre Loti illustrent bien le caractère ambigu de cette littérature : en effet ces deux romans offrent une vision de l'Afrique et des ses peuples marquée par l'optique coloniale. Je propose d'examiner ces deux œuvres d'un peu plus près car elles permettent de comprendre comment la littérature a fonctionné comme une forme d'expression des relations coloniales en nous donnant un aperçu souvent direct de l'état d'esprit des personnages impliqués dans ces relations.

De son vivant Eugène Fromentin fut connu à la fois comme peintre et écrivain. À ce titre, il investit le meilleur de ses dons littéraires dans des récits de voyage. *Une année dans le Sahel*, récit d'un voyage qu'il fit en Afrique du Nord, parut d'abord sous forme de feuilleton dans la *Revue des Deux Mondes* en 1854 et fut publié sous forme de livre en 1857, donc moins de trente ans après la conquête de l'Algérie par la

1 E. Said, *Orientalism*, New York, Vintage, 1978.

2 Pour le lien entre récit de voyage et impérialisme, voir M. L. Pratt, *Imperial Eyes : Travel Writing and Transculturation*, Routledge, 1992 ; D. Spurr, *The Rhetoric of Empire*, Duke University Press, 1993 et *Genealogies of Orientalism : History, Theory and Politics*, éd. E. Burke et D. Prochaska, University of Nebraska Press, 1993.

France. Le passage suivant qui se réfère à l'héroïsme des Arabes face à l'invasion française relève bien le fait que l'événement était encore frais dans les mémoires. Fromentin y prend la mesure de la violence coloniale :

> La véritable histoire de la colonie est, ici comme partout, déposée dans les sépultures. Que d'héroïsmes connus et inconnus, presque tous oubliés déjà, et dont pas un cependant n'a été inutile[1].

Le livre compte plusieurs scènes descriptives magnifiques où la prose se fait le reflet de l'œil de l'artiste pour le détail et la nuance, mais ce qui est surtout intéressant c'est qu'il est le produit de l'observation des peuples, ce qui, de la part de Fromentin, est probablement la preuve d'un effort sincère de compréhension. Toutefois l'ouvrage est parcouru par un sentiment d'inquiétude et de malaise moral mis en évidence dans ce résumé de ce qui, d'après Fromentin, semble être la force d'action de l'Arabe dans le contexte colonial :

> Quel que soit le sentiment vrai qui se cache sous la profonde impassibilité de ces quelques milliers d'hommes, isolés désormais parmi nous, désarmés, et qui n'existent plus que par tolérance, il leur reste encore un moyen de défense insaisissable : ils sont patients, et la patience arabe est une arme d'une trempe extraordinaire dont le secret leur appartient, comme celui de leur acier[2].

Fromentin sait très bien qu'il s'agit là d'une généralisation ; quelques pages plus loin, il avoue qu'il est impossible de définir l'Arabe « d'une façon absolue ». Ce qui ne l'empêche pas d'ailleurs d'adopter ce même regard généralisateur à l'égard d'autres peuples qui habitent ses écrits, en particulier les Juifs et les Noirs. Il décrit ces derniers comme « des êtres à part » et offre d'eux l'image « d'une étrange race, inquiétante à voir ». C'est par cette remarque qu'il conclut leur portrait :

> Belle et repoussante à la fois, les yeux caressants, la voix sifflante, le parler doux ; joviale avec un visage aussi funèbre que celui de la nuit ; rieuse, mais la bouche fendue comme le masque antique, et donnant ainsi je ne sais quoi de difforme à la plus aimable expression du visage humain[3].

1 E. Fromentin, *Une année dans le Sahel*, Paris, Éditions Flammarion, 1991, p. 113.
2 *Ibidem*, p. 52.
3 *Ibid.*, p. 161.

Il est important de noter les discordances établies dans ce portrait d'un peuple, qui contribuent à en faire un stéréotype grotesque. Le clou est enfoncé dans une autre remarque qui semble venue droit de Gobineau et où Fromentin réitère ces discordances même s'il s'efforce de donner au portrait une connotation positive :

> Comiques, même en étant sérieux, et risibles autant qu'ils sont rieurs, le véritable élément de ces pauvres gens, c'est la joie[1].

Nous notons, non sans une certaine ironie, que les poètes de la Négritude allaient plus tard distinguer cette aptitude particulière à la « joie » comme un trait définissant l'identité raciale du Noir.

La curiosité de Fromentin est plus vive lorsqu'il tourne son attention vers les femmes arabes pour lesquelles il avoue une fascination. Ceci éclaire l'un des principaux épisodes de l'ouvrage : son aventure avec Haoua, une femme arabe qu'il aperçoit dans la rue et à qui, plus tard, il rend visite chez elle. Cette visite lui permet de constater que le tableau de Delacroix *Femmes d'Alger dans leur appartement* qui dépeint les intérieurs d'une certaine classe de femmes arabes est bien conforme à la réalité[2]. En plus des comptes rendus choisis au hasard de ses voyages à cheval dans la région et des brèves anecdotes de ses rencontres avec les personnalités locales, l'histoire d'Haoua donne au livre son contenu narratif en retraçant le récit de sa vie et de ses deux mariages, récit qui se termine en point d'orgue à la fin du livre par son meurtre brutal commis par son ex-mari au cours d'une fantasia[3].

La documentation méticuleuse que Fromentin donne de la structure sociale complexe qui régit la vie en société de ses hôtes arabes et son intuition des valeurs qui l'animent suggèrent qu'il reconnaissait que leur monde était organisé de façon consciente et particulière. Ce qui ne l'empêche pas, malgré tout, de qualifier ce monde, à la fin de son livre, de « société primitive ». Il devient alors évident que Fromentin a toujours fonctionné avec une vision unilatérale de l'autre monde, une vision à laquelle il était accroché dès le départ et qu'aucune nouvelle expérience ne peut troubler ou affiner. La motivation profonde de son élan vers les Arabes semble donc être d'établir un sentiment solide de

---

1 *Ibid.*

2 *Cf.* l'ouvrage d'Assia Djebar qui emprunte le titre du tableau de Delacroix.

3 Ce fait est repris par Assia Djebar avec une sorte d'inversion intertextuelle des personnages et des circonstances dans l'épisode culminant de son roman *L'amour, la fantasia*.

sa propre supériorité raciale et culturelle, comme base d'un désir de conquête qui lui est naturel en tant qu'homme blanc. C'est ce qui, en fin de compte, apparaît comme la force qui dicte ses évocations, une exigence qui domine tout autre obligation, dictée par la nature de son œuvre, pour donner un compte rendu objectif de la société indigène.

Quand on passe au *Roman d'un Spahi* de Pierre Loti, il devient encore plus évident que le besoin connexe d'une idéologie qui justifie le régime colonial est la force motrice de la narration et des descriptions de l'Afrique. Le continent ici fonctionne moins comme une aire de vie autonome que comme le canevas qui reflète le fait que Jean Peyral, principal personnage du roman, n'aime pas le continent. Loti procède méthodiquement et consciemment en opposant les origines françaises de Peyral à l'environnement africain et en insistant sur son sens aigu du dépaysement, ce qui contribue à renforcer son attachement à ses Cévennes natales, et cela malgré ses origines et sa situation modestes en France. Pour lui, l'Afrique est non seulement un monde étrange, c'est aussi un monde menaçant si bien que son sentiment d'exil prend une dimension ontologique avec ce que le narrateur qualifie d'« état de non-être[1] ».

Aussi n'est-il pas surprenant que le trait dominant du roman de Loti soit sa description négative de l'Afrique qui se déploie en une incessante procession d'images de mort et de désolation désignant le continent comme une terre de malédiction. La population autochtone est vue surtout comme une masse indifférenciée, définie en termes bestiaux : les mots « singe » et « simiesque » reviennent sans cesse comme principales métaphores. L'omniprésence du vautour, en particulier, infuse un sombre symbolisme dans le roman de Loti où le paysage avec sa faune et sa flore s'allie aux habitants pour créer une atmosphère de morne appréhension. Sur cet arrière-plan, la liaison de Jean Peyral et de la Sénégalaise Fatou-Gueye, qui est au cœur du récit, ne semble pas naturelle : c'est une passion animale guidée seulement par la sensualité qui exclut toute relation sincère entre les personnages.

Les conflits moraux de Peyral dramatisés tout au long du roman s'opposent à la nature irréfléchie de Fatou-Gueye ; ce trait de caractère est présenté comme une perversité invétérée conforme au vil statut de cette femme, dû essentiellement à son « sang impur » :

1 Ainsi que l'a observé Martine Loutfi (*Littérature et colonialisme*, *op. cit.*, p. 30-34) l'exil vécu comme malaise existentiel est le sentiment dominant qu'éprouvent les personnages français dans le roman colonial.

> Les larmes qu'elle a versées, les cris de veuve qu'elle a poussés, suivant l'usage de son pays, tout cela était sincère et déchirant – Jean a été touché jusqu'au fond du cœur par ce désespoir : il a oublié qu'elle était méchante, menteuse et noire[1].

Le racisme manifeste qui anime l'œuvre de Loti en fait le prototype du roman colonial. Toutefois, le roman de Loti n'est pas uniquement constitué d'une suite morne de stéréotypes raciaux de cette sorte. Ici et là, il abandonne son ton habituellement dévalorisant pour accorder une certaine valeur au paysage. « Le Sahara et le Soudan ont de ces nuits froides, qui ont la splendeur claire de nos nuits d'hiver, avec plus de transparence de lumière[2] ». Cette appréciation positive du pays qu'implique le parallèle avec l'environnement français (« nos nuits d'hiver ») annonce les scènes d'apogée du roman avec pour point culminant la mort de Peyral au cours d'une campagne militaire, le long du fleuve Sénégal, scènes où le récit va au-delà des présupposés idéologiques qui le conditionnaient. Une certaine forme de pathos imprègne la scène finale où l'auto-immolation de Fatou-Gueye, qui tue également le fils qu'elle a eu de Peyral, hausse le récit à un autre niveau d'émotion, si bien que cela suggère que ce personnage est saisi avec une plus grande profondeur imaginative, devient un être doué de sensibilité humaine. À la fin du roman, une tension se crée ainsi, au niveau du développement narratif, entre les élans idéologiques et les exigences de réalisme de la fiction, même quand cela tourne au mélodrame comme ici ; cette tension montre que Loti se préoccupe de donner à son récit un certain intérêt au niveau de l'imagination sinon une vérité romanesque. Même alors le roman de Loti tire son sens ultime de son rôle et de sa position en tant qu'élément essentiel du discours de l'Empire. C'est cet aspect fondamental du roman colonial dont le roman de Loti donne l'exemple que René Maran a cherché à aborder dans son premier roman *Batouala*.

On pourrait dire que le roman de Maran est né d'une tension psychologique aiguë due à sa situation ambiguë d'Antillais aux prises avec une relation double et conflictuelle à la fois avec la France et l'Afrique. Né en 1887 à la Martinique de parents guyanais, il passa ses jeunes années en divers lieux de l'Afrique équatoriale où son père était au service de l'Administration coloniale française. À l'âge de sept ans, il fut envoyé en

1 P. Loti, *Le Roman d'un Spahi*, Paris, Presses de la Cité, 1989, p. 317.
2 *Ibid.*, p. 183.

pension à Bordeaux où il semble avoir été très solitaire et malheureux, état d'esprit dont ses deux romans *Le Cœur serré* (1931) et *Un homme pareil aux autres* (1947) témoigneront plus tard. À la fin de ses études secondaires en 1910, il entra dans le service colonial et fut posté en Oubangui Chari (actuelle République Centrafricaine) où il allait développer un sens nouveau d'appartenance à l'Afrique qui se manifesta pour la première fois dans *Batouala*. Le roman obtint le prix Goncourt en 1921 et attira l'attention sur la question coloniale, ce qui valut à Maran d'être sommairement démis du service colonial français. Il passa le reste de sa vie à Paris où il vécut de sa plume jusqu'à sa mort en 1960.

L'intention polémique de *Batouala* est proclamée dans le sous-titre que Maran a donné à son œuvre : « véritable roman nègre », ce qui suggère une nouvelle façon de décrire l'Afrique, en rupture avec celle que l'on trouve habituellement dans le roman colonial. Maran annonçait en ces termes son intention de donner une représentation du continent basée sur un point de vue indigène, un point de vue inspiré par une meilleure compréhension de la vie sur le continent. Le thème de la protestation est au centre du projet idéologique de ce roman et c'est sur ce thème que Maran devait élaborer la préface qu'il ajouta à la seconde édition du roman après l'attribution du Prix Goncourt. Toutefois, l'élément qui définit le roman, en tant que construction textuelle, c'est l'effet produit par ce que l'on pourrait qualifier de discours ethnographique qui sert de base réaliste à la fiction, la reconstitution d'un univers social et culturel comme cadre du récit. Tantôt explicatifs – « il est de règle chez les Bandas » – tantôt apologétiques comme dans la défense de la polygamie, les détails ethnographiques font apparaître dans tout le roman que Maran s'est profondément et personnellement impliqué dans la référence qu'il fait à l'Afrique[1]. À cet égard, il est intéressant de noter que l'évolution du triangle amoureux qui forme le cœur du récit a pour cadre un long développement sur une assemblée de la tribu et la célébration de rites collectifs liés à la cérémonie annuelle d'initiation.

Cependant, à mesure que le roman se déroule, la référence coloniale se subordonne peu à peu à un autre thème qui donne sa force au récit,

1 Pendant ses années de service en Afrique centrale, Maran s'adonna à une étude intensive des langues locales, ce qui imprima son influence sur son style en français. Il fit aussi des recherches sur la pharmacopée et les pratiques médicales des Bandas qui inspira un livre publié en 1931, *Asepsie noire*.

celui de la passion humaine – manifestée ici dans la jalousie sexuelle – base sur laquelle sont élaborés les principaux épisodes et la clé du dénouement[1]. Maran lui-même attire l'attention sur son recours délibéré à l'esthétique réaliste qui lui permet de développer les deux aspects de son thème quand il décrit son roman avec une image empruntée au vocabulaire de la peinture comme une succession d'eaux-fortes. Cela fait en premier lieu référence au mode de description : les traits hardis de ses descriptions, les lignes implacables de sa méthode narrative qui laissent peu de place à la nuance et à la suggestion. Cela se rapporte également à la convention narrative que Maran reprenait, à son remodelage conscient du mode réaliste du roman français de XIXe siècle, dans le but de donner une image de l'environnement africain et d'inscrire l'action dans un lieu précis. Cet aspect du roman est indiqué dès le tout début :

> Dehors les coqs chantent. A leur « kéékéréké » se mêlent le chevrotement des cabris sollicitant du mufle les sexes de leurs femelles, le ricanement des toucans, puis, là-bas, au fort haute brousse, le long des rives de la Pombo et de la Bamba, le hognement rauque des enfants de Bacouya, le singe à gueule de chien[2].

En corollaire à ce réalisme fonctionnel, les évocations répondent à une volonté de rendre en termes précis les modes d'expression caractéristiques des personnages africains, ces tournures de phrases qui donnent forme aux relations sociales, au processus quotidien de communication dans les sociétés orales comme dans l'exemple suivant : « Nos oreilles sont près de votre bouche ». Quelques pages plus loin, on trouve une autre expression imagée qui naît naturellement du contexte : « Ta parole est de l'eau claire ». La tendance au proverbe démontrée dans cet exemple et sa force rhétorique se ressentent de façon très directe et incisive dans l'intervention suivante du père de Batouala qui demande instamment une attitude résignée devant la domination française :

> Quand Bamara, le lion, a rugi, nulle antilope n'ose bramer aux environs. Il en est de nous comme de l'antilope. N'étant pas les plus forts, nous n'avons qu'à nous taire[3].

---

1 Le thème de la jalousie sexuelle entre un homme et son rival plus jeune constitue la base de certains des plus grandes œuvres de la culture occidentale, littéraires ou musicales, comme *Othello, Tristan et Iseut* et *Pelléas et Mélisande.*

2 R. Maran, *Batouala*, Paris, Albin Michel, 1921, p. 19.

3 *Ibid.*, p. 99.

Chez Maran, le déploiement de la langue romanesque en français est alors marqué par une rhétorique qui nécessite le recours au lexique africain pour ce qui a trait à un environnement particulier, et expression d'un mode culturellement défini de perception : « lentement sortie de sa case en nuages, la lune parcourt le grand village des étoiles[1]. » Auparavant ce mouvement de la lune a été décrit en termes encore plus surprenants :

> Comme une pirogue froissant au passage les herbes aquatiques – oh ! comme elle glisse avec lenteur à travers les nuages – blanche, voici apparaître la lune[2].

On peut dire que, dans de tels passages, le jeu des métaphores dote la langue française d'une inflexion vraiment nouvelle. Ceci vient de la manière dont la sensibilité africaine influe sur la façon dont Maran s'approprie la langue française de sorte qu'il produit une véritable esthétique de l'oralité. Cette observation est illustrée par l'occurrence de formes d'itération qui donnent un caractère de formule à sa prose : « Calme, ni frais, ni lourd, le vent agitait la dense peuplade des feuilles ». La phrase revient deux paragraphes plus loin en tête d'une autre évocation, déclenchée deux fois dans le passage par cette variation « ni frais, ni lourd ». En d'autres termes, cette phrase sert à mettre en marche une série de parallélismes, technique bien attestée en poésie orale. Il n'est donc pas surprenant que Maran intègre le conte à son roman, avec les chants et refrains propres au genre, donnant ainsi cours à un projet esthétique dont le but est d'évoquer un univers africain spécifique quant au discours et à la sensibilité.

La pratique du texte chez Maran implique alors la rencontre de deux langues en tension, où la langue africaine est utilisée comme une sorte de contrepoint du français[3]. La convergence de deux systèmes linguistiques et des deux registres d'expression qu'ils représentent, établit, dans le roman de Maran, une sorte de dialogisme, au sens de ce mot chez Bakhtine, c'est-à-dire une interaction entre deux modes d'expression, une relation entre deux modes de discours. Qui plus est, toute la portée du style dépasse le simple réalisme de référence formelle de sorte qu'il

---

1 *Ibid.*, p. 15.

2 *Ibid.*, p. 53.

3 Abdelkébir Khatibi a réfléchi à la relation entre l'univers linguistique de l'écrivain francophone et le français, une relation qui crée un bilinguisme fondamental. *Cf.* en particulier *La langue de l'autre*, New York, Les Mains secrètes, 1999. Voir aussi la postface de Assia Djebar et Léopold Sédar Senghor à *Ethiopiques*, « comme les lamantins vont boire à la source ».

tend vers une représentation symbolique de la nature tant dans ses manifestations concrètes que dans ses divers états d'âme et intentions :

> Une nuée impénétrable sourd des étendues naguère surchauffées. L'eau cherche l'eau, s'attroupe, se fraie des routes, s'ameute en cascade, se mue en ruisseaux, dévale les pentes. Bondit vers la rivière[1].

L'anthropomorphisme qui caractérise la description donne une dimension humaine à l'orage tropical dont ce passage annonce l'éclat :

> Et la pluie, de plus en plus ferme, de plus en plus drue, éventre les toits, les effondre, flaque dans les cases, éteint leurs foyers, délite les murs, cependant que le zigzag des éclairs, leur éclat, les craquements saccadés de la foudre, le fracas des arbres entraînant d'autres arbres en leur chute et les roulements de l'orage étonnent l'espace de leurs cataractes grondantes[2]...

L'accumulation de termes – le tourbillon et le mouvement du passage – trahit un effort conscient de recherche de l'effet, conditionné chez Maran par une profonde intériorisation de la dynamique de la prose française telle qu'illustrée par des écrivains classiques comme Chateaubriand dont l'influence est évidente dans la citation. En même temps, le style de Maran témoigne d'une certaine inspiration vitaliste qui régit le récit et détermine les tropes qui l'organisent. En effet, ce que l'on note ici c'est l'insistance sur la force extraordinaire de la nature telle qu'elle se manifeste en Afrique.

Les naïvetés associées au roman colonial sont ainsi renversées et ses tropes caractéristiques développés, retravaillés et finalement transcendés dans une nouvelle esthétique pour transmettre un portrait plus vif, plus authentique des sociétés et des cultures qui font l'objet du roman de Maran. En tant que texte, il faut lire le roman de Maran comme une réinscription polémique de l'Afrique dans le cadre de la tradition littéraire française. Cela porte l'ouvrage au-delà de l'intérêt exotique inhérent aux descriptions objectives d'un monde éloigné de l'expérience immédiate d'un lectorat supposé, car Maran n'aspire à rien moins, dans ses évocations, qu'à une poésie du milieu africain, de son paysage violent et de la vie naturelle qu'il alimente. On peut noter que cet aspect du roman est mis en relief par la présence sombre de la

---

1 Maran, *Batouala*, *op. cit.*, p. 72.
2 *Ibid.*, p. 77-78.

panthère à des moments clés du récit et par son rôle dans la précipitation des événements qui culminent dans la terrible ironie de la scène finale. Dans cette scène, on voit Batouala, qui vient de blesser la panthère, en proie à une terrible souffrance physique et morale, tandis qu'il agonise lentement en regardant sa femme faire l'amour avec son rival. Retraçant un seul jour, capital, de la vie de Batouala : du matin quand il s'éveille à une vie agitée jusqu'à la nuit où il meurt, la scène éclaire ainsi la façon dont l'évocation de l'environnement africain chez Maran prend un sens profondément tragique, devient un élément inscrit dans l'histoire de Batouala lui-même. Ainsi, le roman de Maran rejoue-t-il la trajectoire de la naissance à la mort qui définit le cours nécessaire de notre humaine condition.

Le *Batouala* de René Maran a, dès le départ, été reçu de façons diverses, voire contradictoires. La première vague d'enthousiasme due au fait singulier qu'un auteur noir avait reçu le Prix Goncourt fut bientôt suivie par un sentiment de gêne engendré par l'image peu flatteuse que le roman donnait de l'Afrique[1]. Le fait est que bien que le roman de Maran ait été inspiré par une réaction contre le roman colonial, l'ouvrage inclut les tropes communs au genre. Il est vrai qu'ils sont développés de façon à donner de l'intensité au thème principal du roman : la passion humaine. C'est précisément pourquoi le roman a provoqué de si vives réactions car les critiques les plus acharnées ont toujours attaqué son apparent primitivisme, comme dans la célèbre scène de beuverie qui se termine par la mort du père de Batouala. Le commentaire de l'auteur, là et ailleurs dans le roman, trahit la profonde ambivalence qui hante l'esprit de Maran, une ambivalence qui va plus loin que la simple question de l'affiliation ethnique, car elle est intriquée dans la toile du flot de contradictions où est pris l'écrivain colonisé, dans son impossibilité

1 *Cf.* C. Ikonné, *From Du Bois to Van Vechten : The Early New Negro Literature, 1903-1926*, Westport, Greenwood Press (Contributions in Afro-American and African Studies, no. 60) p. 6, 23. Ikonné cite la critique d'Ernest Hemingway dans le *Toronto Star* du 25 mars 1922. Les cercles intellectuels noirs ont accueilli le roman avec encore plus d'enthousiasme, comme le montrent les comptes rendus critiques publiés dans *Crisis* de mai 1922 où Maran figurait en couverture. Voir aussi J. Fausset, « "Batouala" Is Translated », *Crisis*, vol. 24-25, 1922-1923, p. 218-219 et H. Harrison, « M. Maran's Batouala. A French-African Tale », *New York World*, 20 août 1922. Pour un compte rendu complet de la façon dont le roman de Maran fut reçu dans les cercles noirs, voir A.J. Smith, « René Maran's Batouala and the Prix Goncourt », *Contribution in Black Studies*, vol. 4, 1980-1981, p. 17-34 – Je dois ces références à Jeffrey Perry que je remercie.

d'adopter un point de vue unilatéral sur les questions de culture et de morale qui entrent en jeu dans l'aventure coloniale[1].

Mais il est également possible de mettre cette scène dans son contexte et de la lire comme une expression du sentiment de l'auteur pour un peuple aux abois en raison de sa situation intolérable : en effet, la conversation qui accompagne la beuverie constitue une longue et amère accusation contre le colonialisme. La beuverie est elle-même symbole d'une profonde démoralisation des Africains, de leur perte du désir de vivre qui est la conséquence de leur état abject[2].

Même quand on admet ce fait, la scène finale, en raison de ce qui est considéré comme une sexualité osée, est jugée particulièrement sujette à caution. Cependant, il est bon de garder à l'esprit que *Batouala* était tout à fait une œuvre de son temps, marquée par le naturalisme qui impliquait une intense valorisation des sens, en littérature[3]. Il nous faut rappeler ici que la lecture de Freud encouragea la mise en avant de la libido, signe que l'on se libérait de la moralité répressive de la société bourgeoise ; cette réaction trouva à s'exprimer, comme chez les surréalistes, dans la célébration des instincts et des pulsions élémentaires. On pourrait ajouter que le vitalisme de Maran, dont cette célébration est une des manifestations, prend aussi sa source dans l'inspiration dionysiaque que l'on associe à Nietzsche.

Toutefois, malgré les critiques et les réserves, l'impact de Maran se révéla persistant, car il prit un sens exemplaire pour la génération

---

1 Quand il écrit sur les premiers romans en français des écrivains arabes, Seth Graebner note dans *History's Place : Nostalgia and the City in French Algerian Literature*, Penham, Lexington Books, 2007, p. 107 : « Pour lire un engagement contre la colonisation dans le roman colonial il faut prendre en considération les reniements, les intentions contradictoires et les ambivalences de toutes sortes. Quand on lit les œuvres des écrivains colonisés, on ne peut se satisfaire d'arguments généraux à propos d'engagements politiques sur la lutte anticoloniale ». C'est nous qui traduisons.

2 Voir G. Balandier, *Sociologie actuelle de l'Afrique noire*, PUF, 1963, qui donne d'amples informations sur les effets dévastateurs de l'administration coloniale française sur les populations de l'Afrique centrale, conséquence directe d'une ligne politique qui, selon un texte administratif cité par Maran dans sa biographie de Félix Eboué, considérait les indigènes comme « des produits naturels de sol » au même titre que l'ivoire ou le caoutchouc (*Félix Eboué : Grand commis et loyal serviteur, 1885-1944*, Paris, L'Harmattan, 2007, p. 36). Il faut rappeler que les atrocités au Congo belge motivèrent le voyage de Gide au Congo et le récit qu'il en fit dans *Voyage au Congo*.

3 *Cf.* P. Martino, *Le naturalisme français*, Armand Colin. On peut citer en exemple l'amoralité et la franche sexualité des *Civilisés* de Claude Farrère, roman qui reçut le Prix Goncourt en 1905 et que Maran est accusé d'avoir imité et même plagié, même si une comparaison des deux textes prouve à l'évidence qu'il n'en est rien.

d'écrivains africains qui émergea entre les deux guerres et commença avec Paul Hazoumé (*Doguicimi*, 1935), Ousmane Socé (*Karim*, 1935) et Abdoulaye Sadji (*Maïmouna*, 1953) dont les romans reflètent une nouvelle détermination à faire le récit de l'expérience africaine du point de vue de l'indigène[1]. Ce sont là les pionniers du roman postcolonial en français à la tête desquels il convient de placer l'œuvre de Maran – un courant expressif qui inclut le récit pastoral d'une enfance africaine avec *L'Enfant noir* (1954) de Camara Laye, le farouche réalisme anti-colonial de Sembène Ousmane, Mongo Beti et Ferdinand Oyono et qui culmine avec *L'Aventure ambiguë*, grand roman de Cheikh Hamidou Kane traitant de l'aliénation coloniale.

Le roman africain francophone a bien dépassé les frontières thématiques et expressives de la première génération de romanciers, mais l'influence de Maran a persisté. On peut le constater dans la restitution de la langue française dans le roman en tant que genre, développement où l'exemple de Maran a été déterminant et d'abord suivi par Birago Diop dans ses contes et totalement reflété dans les formes et structures orales de *L'étrange destin de Wangrin* (1973) de Hampaté Bâ. C'est avec Amadou Kourouma, cependant, que le renouvellement du français amorcé avec Maran atteignit son sommet. Ses grandes transpositions du malinke en français dans ses romans donnent à la langue d'emprunt une nouvelle tonalité, la remodèlent en un nouveau registre d'expression.

On observe le même processus dans l'œuvre des écrivains antillais, à commencer par Jacques Roumain et *Gouverneurs de la rosée* (1944), son roman de la vie paysanne[2]. Au-delà de cette œuvre, on peut voir le processus de créolisation du français, mis en œuvre par Simone Schwartz-Bart et Patrick Chamoiseau dans leurs romans, notamment dans *Pluie et vent sur Télumée Miracle* (1972) et *Texaco* (1992), respectivement[3]. Ces références sont très intéressantes dans la mesure où elles soulèvent la question de la définition de la littérature francophone et de sa relation

1 Pour plus d'informations se référer à M. Fabre, « De Batouala à Doguicimi : René Maran et les premiers romans africains », dans *Semper Aliquid Novi. Littérature comparée et Littératures d'Afrique*, éd. János Riesz et Alain Ricard, Tübingen, Gunter Narr, 1990.

2 On peut considérer que le roman de Roumain comme le *Batouala* de René Maran appartient à la catégorie du roman régional français, dont les romans de Giono qui ont pour cadre la Provence sont l'exemple.

3 *Cf.* J. Bernabé, « Le travail de l'écriture chez Simone Swchartz-Bart : Contribution à l'étude de la diglossie littéraire créole-français », *Présence Africaine*, n° 121-122, 1982, p. 166-179.

à la langue française et à la tradition littéraire qu'elle sous-tend. C'est une question bien trop vaste pour être développée dans le contexte de cet article mais l'on peut noter que l'écrivain francophone travaille à une notion du français en tant qu'idéal, paradigme dont son expression devient un avatar, bien que chargé d'un sens particulier. Le roman de Maran fut le premier à montrer une compréhension de cette situation en Afrique francophone[1].

Le rôle d'inspirateur de Maran dans la genèse de la nouvelle littérature fut reconnu par Senghor qui dit qu'il fut un précurseur de la Négritude[2]. Cela peut suggérer que Maran ne serait qu'une figure de transition mais l'étude de son œuvre révèle un romancier majeur avec une vision cohérente de la vie, plus profondément développée dans ses œuvres suivantes, particulièrement dans la construction austère et la vision lugubre de son dernier roman *Le Livre de la brousse.* Telle qu'exprimée dans cette œuvre, la vision tragique de Maran prolonge et complète la vision qui donne le principe essentiel du récit dans *Batouala* en sorte que l'on comprend que sa conception de la vie vient finalement de sa conscience aiguë de la nature précaire de notre existence dans le monde, du genre humain dressé contre une nature sans pitié dans un combat incessant pour la survie. Dans tous ses romans, le milieu africain sert de théâtre et de référence allégorique à ce drame primordial de l'existence. De la sorte, Maran va de la représentation immédiate de l'environnement, dans tous ses détails spécifiques, vers un témoignage à caractère universel sur la condition humaine.

F. Abiola Irele
Université de l'État de Kwara,
Nigeria
Traduit par Françoise Balogun

1 On peut donc dire que Maran a précédé le travail novateur de Chinua Achebe de plus de trente ans. Sur la façon de procéder d'Achebe, lire son « The African Writer and the English Language », dans *Morning Yet on Creation Day*, London, Heinemann, 1975, p. 55-62. Voir également S. Gikandi, « Chinua Achebe and The Invention of African Literature », introduction to C. Achebe, *Things Fall Apart*, Oxford, Heinemann, 1996.

2 L. S. Senghor, « René Maran, précurseur de la Négritude », dans *Hommage à René Maran*, Paris, Présence Africaine, 1965, p. 9-13.

OUVRAGES CITÉS

ACHEBE, Chinua, « The African Writer and the English Language », dans *Morning Yet on Creation Day*, London, Heinemann, 1975, p. 55-62.

ASHCROFT, Bill, GRIFFITHS, Gareth et TIFFIN, Helen, *The Empire Writes Back : Theory and Practice in Postcolonial Literatures*, London, Routledge, 1989.

BALANDIER, Georges, *Sociologie actuelle de l'Afrique noire*, Paris, Presses universitaires de France, 1955.

BERNABÉ, Jean, « Le Travail de l'écriture chez Simone Schwarz-Bart. Contribution à l'étude de la diglossie littéraire créole-français », *Présence Africaine*, n° 121-122, 1982, p. 166-179.

CHAMOISEAU, Patrick, *Texaco*, Paris, Gallimard, 1992.

DURAS, Claire de Durfort, duchesse de, *Ourika*, Saint-Pourçain-sur-Sioule, Bleu autour, 2006 [1823].

EZE, Emmanuel Chukwudi, *Achieving Our Humanity : The Idea of the Postracial Future*, London, Routledge, 2001.

FABRE, Michel, « De *Batouala* à *Doguicimi* : René Maran et les Premiers Romans Africains », dans *Ex Africa Semper Aliquid Novi*, éd. János Riesz et Alain Ricard, Tübingen, Gunter Narr, 1990, p. 239-249.

FAUSSET, Jessie, « "Batouala" Is Translated », *Crisis*, vol. 24-25, 1922-1923, p. 218-219

FANOUDH-SIEFER, I., *Le Mythe du nègre et de l'Afrique dans la littérature française, de 1800 à la deuxième guerre mondiale*, Paris, Kliencksieck, 1968.

FROMENTIN, Eugène, *Une année dans le Sahel*, Paris, Éditions Flammarion, 1991.

Genealogies of Orientalism : History, Theory, Politics, éd. Edmund Burke et David Prochaska, Lincoln, University of Nebraska Press, 2008.

GIDE, André, *Voyage au Congo*, Paris, Gallimard, 1927.

GIKANDI, Simon, « Chinua Achebe and the Invention of African Literature », préface à Chinua Achebe, *Things Fall Apart*, Oxford, Heinemann, 1996.

GOBINEAU, Joseph Arthur de, *Essai sur l'inégalité des races humaines*, 3 vol., Paris, Didot, 1853-1855.

GRAEBNER, Seth, *History's Place : Nostalgia and the City in French Algerian Literature*, Lanham, Lexington Books, 2007.

HARGREAVES, Alec G., *The Colonial Experience in French Fiction : A Study of Pierre Loti, Ernest Psichari and Pierre Mille*, London, Macmillan Press, 1981.

HARRISON, Hubert, « M. Maran's *Batouala*, A French-African Tale », *New York World*, 20 août 1922.

IKONNÉ, Chidi, *From Du Bois to Van Vechten : The Early New Negro Literature,*

1903-1926, Westport, Greenwood Press, 1981 (Contributions in Afro-American and African Studies, n° 60).
KANE, Cheik Hamidou, *L'Aventure ambiguë*, Paris, Julliard, 1961.
KHATIBI, Abdelkébir, « La Langue de l'autre », dans *Œuvres de Abdelkébir Khatibi*, Paris, Éditions de la Différence, 2008, t. III, p. 115-135.
KOUROUMA, Amadou, *Les Soleils des indépendances*, Paris, Seuil, 1976.
LAYE, Camara, *L'Enfant noir*, Paris, Plon, 1953.
LEBEL, Roland, *Histoire de la littérature coloniale en France*, Paris, Larose, 1931.
LÉVI-STRAUSS, Claude, *Tristes Tropiques*, Paris, Plon, 1955.
LÉVY-BRUHL, Lucien, *La Mentalité primitive*, Paris, Presses Universitaires de France, 1960 [1921].
LOTI, Pierre, *Le Roman d'un spahi*, dans *Romans*, Paris, Presses de la Cité, 1989, p. 255-368.
LOUTFI, Martine Astier, *Littérature et colonialisme : l'expansion coloniale vue dans la littérature romanesque française, 1871-1914*, Paris, Mouton, 1971.
MARAN, René, *Batouala : véritable roman nègre*, Paris, Albin Michel, 1921.
MARAN, René, *Le Livre de la brousse*, Paris, Albin Michel, 1934.
MARAN, René, *Félix Eboué : Grand commis et loyal serviteur1885-1944*, Paris, Les Éditions Parisiennes, 1957.
MARTINO, Pierre, *Le Naturalisme français*, Paris, Armand Colin, 1969.
MILLER, Christopher, *Blank Darkness : Africanist Discourse in French*, Chicago, Chicago University Press, 1985.
PRATT, Mary Louise, *Imperial Eyes : Travel Writing and Transculturation*, 2e éd., London, Routledge, 2007 [1992].
SADJI, Abdoulaye, *Nini, Mulâtresse du Sénégal*, Paris, Présence Africaine, 1988.
SAID, Edward, *Orientalism*, New York, Random House, 1978 [2e éd., New York : Vintage Books, 2003].
SALA-MOLINS, Louis, *Les Misères des Lumières : sous la Raison, l'outrage*, Paris, Robert Laffont, 1992.
SCHWARZ-BART, Simone, *Pluie et vent sur Télumée-Miracle*, Paris, Seuil, 1995.
SENGHOR, Léopold Sédar, « Comme les lamantins vont boire à la source », postface à Éthiopiques, Paris, Seuil, 1960.
SENGHOR, Léopold Sédar, « René Maran, précurseur de la Négritude », dans *Hommage à René Maran*, Paris, Présence Africaine, 1965, p. 9-13.
SMITH, Alice J., « René Maran's Batouala and the Prix Goncourt », *Contribution in Black Studies*, vol. 4, 1980-1981, p. 17-34
SPURR, David, *The Rhetoric of Empire : Colonial Discourse in Journalism, Travel Writing, and Imperial Administration*, Durham, Duke University Press, 1993.
TODOROV, Tzvetan, *La Conquête de l'Amérique : La question de l'autre*, Paris, Seuil, 1982.

TODOROV, Tzvetan, *Nous et les autres : La Réflexion française sur la diversité humaine*, Paris, Seuil, 1989.

LA LITTÉRATURE FRANÇAISE SUR LE MARCHÉ MONDIAL DES TRADUCTIONS

La formation d'un marché de la traduction est liée à l'émergence, à partir du XVIIe siècle, d'une production intellectuelle en langue vernaculaire et au développement corrélatif du marché du livre[1]. Le processus de construction culturelle des identités nationales amorcé à la fin du XVIIIe siècle et l'industrialisation de la production de l'imprimé à partir du début du XIXe siècle entraînèrent le développement de marchés nationaux, concentrés autour de quelques villes comme Paris, Leipzig, Londres, et l'essor des traductions[2]. Les traductions, comme les exportations, circulent principalement du centre vers la périphérie[3]. Cette asymétrie n'est pas le simple reflet de la taille des marchés. Des facteurs politiques et culturels participent de la structuration de cet espace de circulation des textes écrits, comme par exemple la lutte de concurrence entre nations pour l'hégémonie culturelle ou encore le capital symbolique accumulé dans un domaine, littéraire ou scientifique[4]. La traduction est en effet médiatisée par des agents, individus et institutions : traducteurs,

---

1 L. Febvre et H.-J. Martin, *L'Apparition du livre*, Paris, Albin Michel, 1971.

2 B. Anderson, *Imagined Communities*, London, Verso, 1983 ; trad. fr. *L'Imaginaire national. Réflexion sur l'origine et l'essor du nationalisme*, Paris, La Découverte, 1996.

3 Johan Heilbron propose une approche du système mondial des traductions à partir du modèle centre-périphérie que Wallerstein a appliqué à l'économie et de la transposition qu'en a faite De Swaan au système mondial des langues ; J. Heilbron, « Toward a Sociology of Translation. Book Translations as a Cultural World System », *European Journal of Social Theory*, vol. 2, n° 4, 1999, p. 429-444. A. De Swaan, « The Emergent World Language System », *International Political Science Review*, vol. 14, n° 3, 1993 ; Id. *Words of the World : The Global Language System*, Cambridge, Polity Press, 2001.

4 L. Venuti, *The Scandals of Translation. Towards an ethics of difference*, London, Routledge, 1998 ; P. Casanova, *La République mondiale des lettres*, Paris, Seuil, 1999. J. Heilbron et G. Sapiro, « Outlines for a sociology of translation : current issues and future prospects », dans *Constructing a Sociology of Translation*, éd. M. Wolf et A. Fukari, Amsterdam/Philadelphia, Benjamins Press, 2007, p. 93-107.

éditeurs, critiques, libraires, agents littéraires, représentants étatiques. Pour ces agents, la traduction peut remplir des fonctions variées, dans l'ordre économique, politique et/ou culturel. Outre la formation des identités nationales et le développement du marché du livre, deux facteurs ont contribué à l'apparition d'agents spécialisés : l'immigration et l'enseignement des langues.

Parmi les livres traduits, la littérature occupe la première place. En raison du rôle qu'elle a joué dans la construction des identités nationales, notamment à travers la codification de la langue et la formation d'un canon, le marché de la littérature traduite est aussi celui où les échanges interculturels sont les plus diversifiés. À l'instar de l'édition littéraire, les traductions dans ce domaine sont soumises à des contraintes politiques et économiques, contre lesquelles une relative autonomie a été conquise depuis le XIXe siècle[1].

La littérature française a longtemps occupé une position hégémonique dans la République mondiale des lettres[2]. Cette position a commencé à décliner après la Deuxième Guerre mondiale, et surtout à partir de la fin des années 1970, quand commence l'ère dite de la « globalisation », marquée par la domination accrue de l'anglais.

LA NATIONALISATION DE LA LITTÉRATURE ET LA FORMATION D'UN MARCHÉ DE LA TRADUCTION

Langue vulgaire qui avait déjà donné lieu, comme l'italien, à quelques œuvres écrites à la fin du Moyen Âge, alors que le latin régnait en *lingua franca* de l'Europe savante, le français acquit au XVIe siècle une double légitimité politique et littéraire dans le royaume de France, avec l'ordonnance de Villers-Cotterêts de 1539 qui en fit la langue officielle de l'administration et du droit, et *La Deffence et illustration de la langue françoyse* de Du Bellay qui, dix ans plus tard, plaidait pour

1 P. Bourdieu, *Les Règles de l'art. Genèse et structure du champ littéraire*, Paris, Seuil, 1992 ; G. Sapiro, « The literary field between the state and the market », *Poetics*, vol. 31, n° 5-6, octobre-décembre 2003, p. 441-461.

2 P. Casanova, *La République mondiale des lettres*, *op. cit.*

son enrichissement contre la domination du latin. À cette époque, les traductions des œuvres de l'Antiquité se développent. Au XVIIe siècle, la politique monarchique d'unification linguistique du royaume érige le français au statut de langue nationale, déléguant à l'Académie française le rôle de la codifier. C'est le moment de la « naissance de l'écrivain[1] ». La puissance de la monarchie absolue, sa politique de soutien à une production littéraire et artistique qui devait garantir son rayonnement dans les cours d'Europe, et le développement du marché du livre dans le royaume, contribuèrent à faire du français la langue de culture des élites européennes au XVIIIe siècle[2].

C'est contre la domination du français que se formèrent les littératures nationales en langues vernaculaires à partir de la fin du XVIIIe siècle, de l'Écosse à l'Italie, en passant par l'Allemagne[3]. Le mouvement fut porté par la bourgeoisie intellectuelle (*Bildungsbürgertum* en Allemagne) qui opposait à la culture de cour de l'aristocratie européenne des traditions nationales inventées à cet effet[4]. Il trouva un écho en France sous la Révolution, qui jeta les bases d'une culture nationale laïque, puis avec *De l'Allemagne* de Madame de Staël, paru au moment de l'effondrement de l'Empire. La création des chaires de littératures étrangères en 1830 institua le « paradigme de l'étranger » qui allait désormais structurer la perception des littératures traduites comme représentatives des cultures nationales, arrachant la littérature à l'universalité[5]. Ce n'est qu'à partir de ce moment, et en étroite relation avec ces « littératures étrangères » que se forma la notion de « littérature française », selon un principe de division qui allait se transférer de l'enseignement supérieur à l'édition, avec l'apparition, à partir de la fin du XIXe siècle, de collections de littérature(s) étrangère(s) distinctes de celles de littérature française, comme la « Bibliothèque cosmopolite » chez Stock.

Le mouvement de vernacularisation et de nationalisation de la littérature est étroitement lié à l'industrialisation de l'édition, à l'alphabétisation

---

1 A. Viala, *Naissance de l'écrivain. Sociologie de la littérature à l'âge classique*, Paris, Minuit, 1985.

2 P. Parkhurst Ferguson, *Literary France : The Making of a Culture*, University of California Press, 1987, trad. fr. *La France, nation littéraire*, Bruxelles, Labor, 1991.

3 A.-M. Thiesse, *La Création des identités nationales. Europe XVIIIe siècle-XXe siècle*, Paris, Seuil, 1999.

4 N. Elias, *La Civilisation des mœurs*, trad. fr., Paris, Calmann-Lévy (Pluriel), 1973, rééd., 1982 [1939].

5 M. Espagne, *Le Paradigme de l'étranger. Les chaires de littérature étrangère au XIXe siècle*, Paris, Éditions du Cerf, 1993.

et à la généralisation de la scolarité. La traduction, qui se généralise à partir de 1850 dans le commerce du livre, joue un rôle majeur dans la constitution des champs de production culturelle nationaux : elle a pour fonction de constituer un fonds, un canon littéraire dans la langue vernaculaire, afin d'en faire une langue nationale, et de pourvoir des modèles d'écriture aux littératures en formation[1]. Alors que Balzac avait été lu de son temps en français partout en Europe, la diffusion internationale de l'œuvre de Zola passe davantage par la traduction, qui lui permet de toucher un public plus large que celui des élites culturelles maîtrisant le français. La littérature française jouit alors d'un prestige inégalé, de la Russie à l'Amérique latine. En Italie, l'éditeur Treves lance en 1867 une collection de littérature destinée au grand public, qui comptera, jusqu'en 1916, 136 traductions du français (dont Balzac, Flaubert, Maupassant, Anatole France, Zola, Bourget), contre 75 de l'anglais, 44 de l'allemand et 34 du russe[2]. Né en Angleterre mais diffusé dans le sud de l'Europe à partir de la France, le roman feuilleton pré-publié dans la presse a été le véhicule de cette popularisation de la littérature en Italie comme en Espagne[3].

À partir de la deuxième moitié du XIXe siècle, les échanges interculturels sont de plus en plus structurés par les États-nations qui tentent de réglementer le marché du livre. La Convention de Berne, adoptée en 1885 à l'initiative de la Société des gens de lettres et qui reprenait la législation française de 1793 sur le droit d'auteur, fut une première tentative de régulation internationale de ce marché pour enrayer la contrefaçon. Le modèle français d'organisation du monde des lettres[4], avec ses associations professionnelles (Société des auteurs dramatiques, Société des gens de lettres), se diffusa également dans d'autres pays.

1 I. Even-Zohar, « The Position of Translated Literature within the Literary Polysystem », *Poetics Today*, vol. 11, n° 1, 1990, p. 45-52 ; P. Casanova, « Consécration et accumulation de capital littéraire. La traduction comme échange inégal, », *Actes de la recherche en sciences sociales*, n° 144, 2002, p. 7-20.

2 E. Decleva, « Présence germanique et influences françaises dans l'édition italienne aux XIXe et XXe siècles », dans *Les Mutations du livre et de l'édition dans le monde du XVIIIe siècle à l'an 2000*, éd. J. Michon et J.-Y. Mollier, Québec, Presses de l'Université de Laval / Paris, L'Harmattan, 2001, p. 198.

3 J.-Y. Mollier, *La Lecture et ses publics à l'époque contemporaine. Essais d'histoire culturelle*, Paris, PUF, 2001, p. 71-84.

4 G. Sapiro et B. Gobille, « Propriétaires ou travailleurs intellectuels ? Les écrivains français en quête de statut. », *Le Mouvement social*, n° 214, 2006, p. 119-145.

Mais la position de la France se trouva fragilisée par sa défaite face à l'Allemagne en 1870, dont les séquelles marquèrent durablement la conscience collective. Elles favorisèrent l'émergence d'un nationalisme qui, sous la Troisième République, se substitua à la religion, progressivement privatisée dans les domaines de la morale et de l'éducation jusqu'à la séparation de l'État et de l'Église en 1905. La littérature se vit assigner une mission d'éducation et d'illustration de la culture nationale. Face à la conception républicaine de la nation, née d'un mélange des cultures du nord et du midi et intégrant toutes les communautés confessionnelles (catholique, protestante, juive) sur la base du principe de l'adhésion volontaire et de la laïcité, émergea, sur le modèle allemand, un nationalisme fondé sur la « race » (au sens ancien d'une communauté considérée comme une lignée) et le sang, deux conceptions concurrentes qui se retrouvent dans le champ littéraire.

La vogue que connurent en France le roman russe et les littératures scandinaves à la fin du XIXe siècle, les usages subversifs qui en furent faits par une fraction des symbolistes, entraînèrent en effet une réaction xénophobe parmi certains écrivains français, qui n'est pas étrangère à leur prise de position dans l'Affaire Dreyfus et à leur investissement dans l'élaboration d'un nationalisme réactionnaire, incarné par la ligue monarchique d'Action française, fondée en 1904[1]. Qui plus est, Paris était devenu un des lieux de prédilection des avant-gardes littéraires et politiques (comme le futurisme russe et italien) et un lieu d'accueil des réfugiés politiques. La création en 1896 de l'Université républicaine, qui ouvrit de véritables cursus de lettres et de sciences, en fit par ailleurs un lieu d'attraction pour les étudiant(e)s étrangers, dont le nombre se multiplia à cette époque[2]. Beaucoup de ces immigrés allaient être des intermédiaires entre la France et leur culture d'origine ou d'autres cultures, contribuant à renouveler les options dans le champ littéraire français et à multiplier les langues traduites[3]. Le français deviendra la langue d'élection pour certains d'entre eux, de Samuel Beckett à Milan Kundera plus tard, en passant par Eugène Ionesco pour ne citer que les plus connus, qui ont été en retour annexés à la littérature française.

1 C. Charle, *Naissance des « intellectuels » 1880-1900*, Paris, Minuit, 1990, chap. 6.

2 V. Karady, « La Migration internationale d'étudiants en Europe, 1890-1940 », *Actes de la recherche en sciences sociales*, n° 145, 2002, p. 47-60.

3 B. Wilfert, « Cosmopolis et l'homme invisible. Les importateurs de littérature étrangère en France, 1885-1914 », *Actes de la recherche en sciences sociales*, n° 144, 2002, p. 33-46.

Au lendemain de la Première Guerre mondiale, l'internationalisation du monde des lettres fut favorisée par la politique de pacification : la création du PEN Club en 1921 avait ainsi pour objectif premier de rassembler les écrivains épris de paix et de liberté en vue de défendre les valeurs de l'esprit contre le nationalisme. À l'incitation de Philippe Berthelot, secrétaire général du Quai d'Orsay, nombre d'écrivains français, dont Anatole France, André Gide, Paul Valéry, Jules Romains, ont rejoint leurs homologues anglais. L'exportation des livres français à l'étranger devint une des missions de la politique étrangère de la France. La création de la Société des nations en 1924, et la mise en place d'une commission de coopération intellectuelle en son sein a sans doute favorisé l'intensification des échanges.

Encastrés dans le marché du livre et dans les relations interétatiques, les échanges littéraires internationaux étaient surtout promus par des acteurs du champ littéraire qui occupaient des positions clé dans l'édition et dans les instances officielles et qui parvinrent à préserver une certaine autonomie de ces échanges par rapport aux contraintes économiques et politiques[1]. En France, des revues comme *La Nouvelle Revue française*, fondée par André Gide et publiée par Gallimard, et *Europe*, publiée par les Éditions Rieder avec le parrainage de Romain Rolland, s'ouvrirent au dialogue interculturel à la faveur des compétences linguistiques et des réseaux internationaux de leurs collaborateurs, non sans s'attirer de virulentes attaques de la part du camp nationaliste et populiste.

Dans les années 1930, le nombre d'ouvrages traduits en français augmenta significativement, de 430 en 1929 (ce qui représentait 3,8 % de l'ensemble des livres publiés cette année-là) à plus de 1000 en 1938 (13 % des livres publiés)[2]. La littérature concentrait plus de la moitié des traductions. L'anglais arrivait en tête (passant d'un tiers à près de la moitié), suivi de l'allemand, du russe, de l'italien et de l'espagnol. En 1931, Gallimard créa la collection « Du monde entier » : initialement réservée aux tirages de tête, elle allait devenir à partir des années 1950

---

1 Je me réfère au concept de « champ littéraire » tel que l'a élaboré Pierre Bourdieu, à savoir un espace social doté de règles propres, relativement autonomes des contraintes économiques et politiques ; P. Bourdieu, *Les Règles de l'art*, *op. cit.*

2 Selon les données de la *Bibliographie de la France*, réunies pour la période 1929 à 1971 par C. Girou de Buzareingues, « La traduction en France », dans *Le Livre français hier, aujourd'hui, demain*, éd. J. Cain, R. Escarpit, H.-J. Martin, Paris, Imprimerie nationale, 1972, p. 268.

la principale collection de littérature étrangère de la maison et la plus prestigieuse dans l'espace francophone (en 1972, elle pouvait se prévaloir de 320 auteurs provenant de 35 pays, dont 16 prix Nobel)[1]. C'est à la même époque que Gallimard commença à introduire en France la littérature américaine, qui fut une des sources de renouvellement des techniques narratives. On sait que Sartre s'inspira des romans de Dos Passos et de Faulkner pour l'écriture de *La Nausée.* Il déclara aussi caduque la technique du narrateur omniscient au profit de la focalisation interne de la perspective (l'adoption du point de vue des personnages). À la différence de l'édition française, l'édition américaine n'avait pas de spécialistes des traductions, ce qui rendait nécessaire de passer par des intermédiaires. L'agence littéraire Bradley joua ce rôle dans l'entre-deux-guerres. C'est elle qui vendit les droits de Faulkner, Dos Passos et Steinbeck à Gallimard. En échange, Gallimard confia à Mme Bradley la représentation des droits de sa maison aux États-Unis. Autre source de renouvellement des procédés romanesques, la traduction du *Château* de Kafka parut chez Gallimard en 1938. En 1939, *Autant en emporte le vent* se vendit à plus de 800 000 exemplaires.

La littérature française jouait en même temps un rôle central dans la formation d'un canon international, avec les littératures anglaise et allemande. Parmi les auteurs légitimés les plus traduits au monde, on comptait à cette époque cinq écrivains français : Alexandre Dumas, Honoré de Balzac, André Maurois, Simenon et Jules Verne[2]. La littérature française fut ainsi, jusqu'à la fin des années 1920, de loin la plus traduite en italien : les traductions du français représentaient en moyenne 133 titres par an entre 1923 et 1928 (dont près de 60 % de fiction), contre 29 de l'anglais (dont un tiers de fiction) et 16 de l'allemand (dont très peu de fiction). Mais à partir de la fin des années 1920, elle perdit son hégémonie en Italie : le nombre de traductions littéraires d'autres langues, en particulier de l'allemand et de l'anglais, augmenta significativement[3].

Le mouvement d'internationalisation fut interrompu par la Deuxième Guerre mondiale. Le nombre de traductions en français tomba à 119

---

1 G. Sapiro, « À l'international », *Gallimard : un siècle d'édition*, dans A. Cerisier et P. Fouché, Paris, BNF/Gallimard, 2011, p. 124-147.

2 D. Milo, « La Bourse mondiale de la traduction : un baromètre culturel », *Annales*, 1984/1, p. 98.

3 E. Decleva, « Présence germanique et influences françaises dans l'édition italienne aux XIXe et XXe siècles », dans *Les Mutations du livre et de l'édition*, éd. J. Michon et J.-Y. Mollier, *op. cit.*

en 1941. Un tiers d'entre elles provenaient de l'allemand (113 sur les 322 parues en 1942). La politique culturelle allemande dans la France occupée visait explicitement à briser l'hégémonie culturelle française. La régulation des flux de traductions était une des pièces maîtresses de cette politique. Ainsi, seuls onze auteurs français furent autorisés à être traduits en allemand[1]. Les titres traduits servaient un objectif directement politique. La majorité d'entre eux traitaient de la guerre et de la défaite. Il n'y eut que deux livres de fiction traduits, *Monsieur des Lourdines* d'Alphonse de Châteaubriant et *Manon* de Jean de La Varende, romans qui, par-delà la récompense aux auteurs pour les gages qu'ils avaient donnés à l'occupant, devaient illustrer la vocation agricole de la France dans une Europe unifiée sous l'égide de l'Allemagne nazie. En revanche, les intellectuels exilés aux États-Unis contribuèrent à y faire connaître la littérature française. Jacques Schiffrin, le fondateur de la Bibliothèque de la Pléiade, s'associa en 1942 avec Kurt Wolff, l'éditeur de Kafka, qui avait fondé Pantheon Books, et publia des écrivains résistants comme Gide, Aragon et Vercors. Cette maison devint une des principales importatrices des littératures française et allemande aux États-Unis après la guerre.

ÉCHANGES ET LUTTES D'HÉGÉMONIE ENTRE LA FRANCE ET LES ÉTATS-UNIS

La seconde moitié du XXe siècle marque une nouvelle ère qui voit le marché mondial du livre se libéraliser et s'unifier progressivement. L'hégémonie américaine va s'affirmer progressivement sur ce marché, tandis que celle de la France décline[2]. Ce processus s'inscrit plus largement dans le mouvement de libéralisation des échanges économiques entre États, initié par les États-Unis dans le cadre de l'*Accord général*

1 G. Loiseaux, *La Littérature de la défaite et de la collaboration, d'après « Phonix oder Asche ? » de Bernhard Payr*, Paris, Fayard, 1995 – Sur cette période, voir aussi G. Sapiro, *La Guerre des écrivains, 1940-1953*, Paris, Fayard, 1999.

2 Cette évolution s'est d'abord opérée dans le marché de l'art, comme l'a montré S. Guilbaut, *How New York Stole the Idea of Modern Art*, Chicago, University of Chicago Press, 1983 ; trad. fr. *Comment New York vola l'idée d'art moderne*, Jacqueline Chambon, 1996.

sur les tarifs douaniers et le commerce (GATT), signé en 1947. En 1946, les accords Blum-Byrnes ouvraient déjà le marché français aux produits culturels américains.

De 1949, date à laquelle l'édition française retrouve son rythme d'avant-guerre, à 1958, les traductions représentent environ 10 % des livres publiés en français, soit une moyenne décennale de 1023 par an, qui place la France en troisième position parmi les pays traducteurs[1]. Quelques traductions figurent sur la liste des plus fortes ventes publiée en 1955 par *Les Nouvelles Littéraires* : *Le Petit Monde de don Camillo* de Guareschi, traduit de l'italien en 1951 par les éditions du Seuil, arrive de loin en tête avec 798000 exemplaires vendus jusqu'en 1955. Certains succès, comme *J'ai choisi la liberté* de Kravchenko (503 000) et *Le Zéro et l'infini* d'Arthur Koestler (450 000) sont directement liés au contexte politique de la Guerre froide. *Le Journal d'Anne Frank* n'a atteint en 1957 que 30 000 exemplaires, mais il en fera jusqu'en 1970 plus de 800 000[2]. Bien que les traductions en français proviennent de trente langues, c'est de l'anglais que sont traduits, dès 1946, plus de la moitié des livres, sa part atteignant un pic de deux tiers en 1949. Avec une moyenne décennale de 224 titres par an jusqu'en 1958, les livres traduits de l'américain représentent 28 % des traductions en français, devant les traductions de l'allemand (137), de l'italien (55), et du russe (47). Si le succès d'un auteur comme Hemingway (*Pour qui sonne le glas ?* et *Le Vieil homme et la mer* se sont vendus à plus de 200 000 exemplaires jusqu'en 1955) et le choix de Boris Vian de publier quatre de ses romans sous le pseudonyme de Vernon Sullivan (le premier étant *J'irai cracher sur vos tombes*, paru en 1946) témoignent du prestige qu'a acquis la littérature américaine. L'entrée massive d'une littérature commerciale dont le roman *Ambre* de Kathleen Winsor (300 000 exemplaires vendus jusqu'en 1955) devient le symbole, suscite une opposition de la part de la droite gaulliste comme de la gauche communiste contre ce qui est perçu comme un impérialisme économique. La politique de promotion du livre français à l'étranger se réorganise à partir de 1948 autour de deux principes : la défense de la langue française dans le monde et la

1 Données chiffrées tirées de l'étude de J.-Y. Mollier, « Paris, capitale éditoriale des mondes étrangers », dans *Le Paris des étrangers depuis 1945*, éd. P. Milza et A. Marès, Paris, Publications de la Sorbonne, 1995, p. 380.

2 D'après C. Girou de Buzareingues, « La traduction en France », dans *Le Livre français hier, aujourd'hui, demain*, éd. J. Cain, R. Escarpit, H.-J. Martin, *op. cit.*, p. 271.

promotion de la culture française, dont le livre est considéré comme un des vecteurs les plus importants.

Paris demeure dans les années 1950 un lieu d'attraction pour les écrivains de tous les pays. Henry Miller, Richard Wright, James Baldwin, Chester Himes y trouvent une liberté dont ils ne bénéficient pas aux États-Unis. Nombre d'auteurs fuyant les régimes communistes d'Europe de l'Est s'y installent, tandis que la mise en place de circuits de traductions légales et illicites permet la circulation et la réception – très politisée – des œuvres des auteurs qui y sont demeurés et des générations qui leur succéderont, de Boris Pasternak à Witold Gombrowicz[1].

Les livres traduits du français représentent alors, selon l'*Index Translationum* de l'UNESCO, plus de 10 % de l'ensemble des traductions dans le monde. Les nouveaux courants de la littérature française des années d'après-guerre, l'existentialisme, puis le Nouveau Roman, connaissent une diffusion mondiale, à la faveur des stratégies développées par une nouvelle génération d'éditeurs français et de la professionnalisation d'intermédiaires comme le bureau des copyrights français au Japon, fondé en 1952. Aux États-Unis, leur introduction est due à des médiateurs très engagés comme Jacques Schiffrin puis son fils André, qui a repris en 1962 la direction de Pantheon Books où il a publié Foucault, Sartre, Duras[2] ; Richard Seaver, éditeur de William Burroughs, Henry Miller et de la *Beat Generation* chez Grove Press, qui a fait découvrir aux lecteurs américains les œuvres de Beckett, Ionesco, Genet ; et l'agent littéraire Georges Borschardt, dont on évoquera brièvement la trajectoire.

Ce Français parti aux États-Unis à dix-neuf ans pour apprendre l'anglais a d'abord trouvé, par une annonce du *New York Times*, un poste dans l'agence littéraire Bradley, qui vendit après la guerre les droits de *L'Étranger* de Camus pour un à valoir de 350 dollars. Georges Borschardt ne tarda pas à être encouragé à créer sa propre agence par Paul Flamand, le fondateur du Seuil, maison d'édition née avant la guerre, qui commençait à diversifier son catalogue, et qui lui promit de lui confier la représentation de sa maison. Il obtint également les droits des *Mémoires de guerre* du Général de Gaulle, publiés par Plon, et l'exclusivité de la

1 I. Popa, « Un transfert littéraire politisé. Circuits de traduction des littératures d'Europe de l'Est en France 1947-1989 », *Actes de la recherche en sciences sociales*, n° 144, 2002, p. 55-59 et *Traduire sous contraintes. Littérature et communisme*, Paris, Éditions, CNRS, 2010.

2 A. Schiffrin, *A Political Education. Coming of Age in Paris and New York*, New York, Melville House Publishing, 2007, trad. fr. *Allers-retours*, 2007.

représentation des Éditions de Minuit, autre jeune maison d'édition, née dans la clandestinité et devenue le lieu de l'innovation littéraire avec la publication des œuvres de Beckett et du nouveau roman. C'est ainsi que Georges Borschardt introduisit aux États-Unis l'avant-garde française des années 1950. Il vendit toute l'œuvre de Sartre à partir des *Mots* (1964, traduit la même année chez G. Braziller), et des titres d'Ionesco, de Beckett, de Duras, ainsi qu'*Histoire d'O* (1954, traduit la même année chez Olympia Press). Lorsqu'il tenta pour la première fois de placer des livres de Beckett, il reçut des lettres lui disant que c'était une prose illisible, que l'auteur était un pâle imitateur de Joyce. Il finit par dénicher un petit éditeur, Grove Press, qui accepta de payer 200 dollars d'à valoir pour *En attendant Godot*, dans le cadre d'un *deal* global de 1000 dollars pour trois livres : *Molloy*, *Malone meurt* et *En attendant Godot*. Lorsqu'il présenta *La Nuit* d'Elie Wiesel à Blanche Knopf, elle lui dit qu'il perdait son temps, que cet auteur ne trouverait jamais un public aux États-Unis. Or ce livre, publié en anglais en 1960, a été le plus grand succès de traduction aux États-Unis : plus de dix millions d'exemplaires ont été vendus (dont trois millions pour la nouvelle traduction par Marion Wiesel, parue en 2006).

Borschardt ne limita pas son catalogue à la littérature. Il se tourna vers les sciences humaines, en plein essor dans la France des années 1960. Après *Tristes Tropiques* de Lévi-Strauss, dont la traduction a paru en 1961 chez Criterion Books, et *Les Damnés de la terre* de Frantz Fanon, traduit chez Grove Press en 1963, il représente l'œuvre de Barthes pour Le Seuil, et celle de Foucault pour Gallimard. L'agence Borschardt aura ainsi fait traduire plus de 2000 titres français aux États-Unis. Elle a contribué à la vogue de la *French Theory* qui commence dans les années 1960 et qui a conduit à la déconstruction du canon littéraire[1].

À cette époque, l'édition connaît un essor sans précédent partout dans le monde. En 1955 et 1978, le nombre de livres publiés en France, en RFA et au Japon triple (de 10 364 en 1957 à 31 673 en 1977 pour la France)[2] ; il est multiplié par plus de six aux États-Unis (de 12 589 à

1 F. Cusset, *French Theory. Foucault, Derrida, Deleuze & Cie et les mutations de la vie intellectuelle aux États-Unis*, Paris, La Découverte, 2003.

2 D. Milo, « La bourse mondiale de la traduction : un baromètre culturel », art. cité. – En 1970, l'URSS déclarait le même nombre de titres que les USA, à savoir 79 000, selon les données de l'UNESCO ; R. Escarpit, « Situation du livre français », dans *Le Livre français hier, aujourd'hui, demain*, *op. cit.*, p. 31.

85 126 titres). En 1974, l'éditeur Robert Laffont constatait : « Paris n'est plus qu'une escale dans le rallye des capitales littéraires, dont New York est devenu le centre[1]. »

Cette croissance de la production américaine renforce la position hypercentrale de l'anglais dans le système mondial des traductions. À la fin de la décennie 1970, près de 45 % des traductions dans le monde étaient faites à partir de l'anglais, tandis que la part des traductions en provenance des trois langues centrales, l'allemand, le français et le russe, se situait entre 10 et 12 % chacune, selon l'*Index Translationum*. Huit langues, dont l'espagnol et l'italien, occupaient une position semi-périphérique, avec une part variant entre 1 % et 3 %. Représentant moins d'un pour cent du nombre total de traductions, toutes les autres langues se trouvaient dans une position périphérique[2].

Du point de vue du nombre d'exemplaires qui circulent en traduction, la répartition est encore plus inégale. La production en anglais détient désormais le quasi-monopole de la littérature à grande diffusion, *best-sellers*, littérature populaire, roman sentimental, *thrillers*. Alors que, dans les années 1960, la littérature populaire occupait une place non négligeable parmi les traductions du français, celles-ci se resserrent autour des productions littéraires « haut de gamme » (*upmarket*) et des sciences humaines et sociales, avec le succès de la *French Theory*, dont la diffusion mondiale est médiatisée par sa réception aux États-Unis.

POSITION DU FRANÇAIS SUR LE MARCHÉ MONDIAL DES TRADUCTIONS À L'ÈRE DE LA MONDIALISATION

Cette évolution coïncide avec des mutations du monde de l'édition, notamment la concentration et l'internationalisation, favorisée par le tournant néo-libéral des années 1970, qui voit l'abandon du thème du développement pour celui de la mondialisation, en vue de l'ouverture des frontières à la libre circulation des biens et des capitaux. Un marché mondial du livre se forme, avec des instances spécifiques comme

1 R. Laffont, *Éditeur*, Paris, Robert Laffont, 1974, p. 151.

2 J. Heilbron, « Towards a Sociology of Translation », art. cité.

les foires internationales du livre ; chaque ville culturelle a désormais la sienne, de Pékin à Guadalajara, en passant par Ouagadougou –, et des acteurs qui se professionnalisent : représentants de droits étrangers dans les maisons d'édition, agents littéraires, traducteurs spécialisés.

L'augmentation des traductions est un indicateur de l'intensification des échanges dans cette nouvelle période : entre 1980 et 2000, on passe de 50 000 à près de 75 000 livres traduits dans le monde (rééditions et réimpressions incluses), selon l'*Index Translationum* de l'UNESCO, soit une hausse de 50 %. La moyenne annuelle de livres traduits augmente de 20 % entre les décennies 1980 et 1990. Cette intensification semble s'accompagner à première vue d'une diversification des échanges, avec l'apparition de langues autrefois peu présentes sur le marché de la traduction, notamment les langues asiatiques, mais elle masque au contraire la concentration croissante autour de l'anglais, dont la part a atteint 59 % des traductions dans la décennie 1990, tandis que le russe est tombé de 11,5 % 1980 à 2,5 % après la chute du mur de Berlin. L'allemand et le français ont maintenu leur position avec une part d'environ 9-10 %[1].

Dans cette configuration, le français reste la deuxième langue centrale. Sa place sur le marché mondial des traductions peut être estimée à partir de plusieurs indicateurs. Premièrement, la part des traductions du français vers d'autres langues ; deuxièmement, la part des traductions en français dans l'ensemble des livres traduits dans le monde ; troisièmement, le rapport entre le nombre de traductions du français et en français. L'analyse se fonde sur les données de l'*Index Translationum* et celles du Syndicat national de l'édition concernant le nombre annuel de contrats signés par les éditeurs français pour acquérir ou céder des droits de traductions[2].

Première langue traduite aux États-Unis et au Royaume Uni (suivie de très près par l'allemand), le français arrive dans beaucoup de pays en deuxième position après l'anglais du point de vue du nombre de

1 Translatio. *Le Marché de la traduction en France à l'heure de la mondialisation*, éd. G. Sapiro, Paris, CNRS Éditions, 2008, p. 65-106.

2 L'*Index Translationum* de l'UNESCO, qui s'appuie sur les bibliographies nationales recense l'ensemble des traductions publiées, rééditions incluses. Le Syndicat national de l'édition produit, depuis les années 1990, le nombre de contrats signés par les éditeurs français avec leurs confrères étrangers pour l'acquisition ou la vente de droits de traduction, selon un classement par langue. La fiabilité de ces données est limitée parce qu'elles dépendent de la déclaration des éditeurs, qui varie d'une année sur l'autre. Je ne les utilise ici, tout comme celles de l'Index, qu'à titre indicatif.

titres traduits. C'est surtout le cas, d'après les statistiques de l'*Index Translationum*, dans les pays de langue latine, Italie, Espagne, Brésil, Argentine, Roumanie, ainsi que dans les pays arabes et en Israël. En revanche, aux Pays-Bas, en Suède et, depuis 1989, dans la plupart des pays d'Europe de l'Est (Pologne, Hongrie, Tchécoslovaquie), le français arrive en troisième position après l'anglais et l'allemand. Le français et l'allemand occupent une position très proche au Japon et en Corée (où leur part est dix fois inférieure à l'anglais).

Après une chute au milieu des années 1990, le nombre de traductions de livres du français vers d'autres langues a repris sa courbe ascendante. Le français semble avoir regagné sa centralité dans l'espace mondial des traductions, par un renforcement de sa position au niveau européen (les traductions en espagnol, en italien et en allemand, première langues traductrices du français au niveau européen, semblent avoir augmenté d'après l'*Index Translationum*) et par une conquête du marché asiatique. Les données du Syndicat national de l'édition sur le nombre de contrats cédés par les éditeurs français pour la traduction de livres dans les différentes langues entre 1996 et 2005 montrent que le coréen et le chinois ont dépassé l'anglais et l'allemand au début du deuxième millénaire (tout en demeurant derrière les langues latines ; voir tableau 1).

– Tableau 1. Les langues arrivant en tête des cessions (par ordre décroissant)

1996-2000	2001-2005
Espagnol	Espagnol
Italien	Italien
Portugais	Portugais
Anglais	Coréen
Allemand	Chinois
Coréen	Anglais
Grec	Allemand
Japonais	Grec

Chinois	Russe
Roumain	Japonais
Néerlandais	Roumain
Polonais	Polonais
Turc	Néerlandais
Russe	Turc
Tchèque	Tchèque
Bulgare	Bulgare
Hongrois	Serbe
Catalan	Hongrois
Danois	Catalan
Arabe	Arabe

Source : SNE

Le français est, avec l'allemand et l'espagnol, une des trois langues vers laquelle on traduit le plus de livres en chiffres absolus. En 2004, il a atteint la première place. Après une chute au milieu des années 1980[1], la part des livres traduits en français sur le marché mondial des traductions n'a cessé d'augmenter, de 10 % en 1980 à 13 % en 2000, puis à 15 % en 2004 tandis que les pourcentages des livres traduits en allemand et en anglais déclinaient, passant de 17 % à 6,6 % et de 8,6 % à 4,4 % respectivement. (voir tableau 2).

– Tableau 2 : Évolution de la part des traductions en français, allemand, espagnol et anglais sur le marché mondial des traductions

Langue/Année	1980	1990	2000	2004
Français	*9,9 %*	*11,2 %*	*13,2 %*	*15,5 %*
Allemand	*17,1 %*	*17,4 %*	*14,0 %*	*6,6 %*

1 Voir Translatio, *op. cit.*, chap. 3, graphique 3, p. 77.

Espagnol	*12,8 %*	*17,0 %*	*11,1 %*	*9,3 %*
Anglais	*8,6 %*	*7,0 %*	*4,8 %*	*4,4 %*
Nombre total de traductions	50525	53740	75783	82653

Source : *Index Translationum*

Et de fait, la croissance des traductions en français a été deux fois supérieure à la moyenne mondiale : le nombre de traductions annuelles en français, rééditions et réimpressions incluses, a doublé entre 1980 et 2000, passant, d'après les données de l'*Index Translationum*, de 5 000 à 10 000 environ, pour atteindre près de 13 000 en 2004. Environ trois quarts de ces traductions ont paru en France. Les traductions faites au Québec ont également doublé, passant de 346 en 1980 à 862 en 2000 (et 865 en 2004). Même évolution, mais plus lente, en Belgique où l'on passe de 200 livres traduits en 1980 à 426 en 2004, tandis que la Suisse stagne autour de 250. Dans les pays du Maghreb, où il existe un certain nombre d'éditeurs publiant en français, les traductions de l'arabe en français commencent à se développer. On ne trouvait par contre qu'un seul titre traduit (de l'anglais) en français en Côte d'Ivoire en 2004, celui de Vandana Shiva, *La vie n'est pas une marchandise : les dérives des droits de propriété intellectuelle*, chez l'éditeur Éburnie à Abidjan (aucun dans d'autres pays d'Afrique francophone, mais cela peut tenir à un problème de recensement).

Concernant la France, cette évolution des traductions n'est pas le reflet mécanique de la croissance du marché du livre. En premier lieu, la part des traductions dans la production nationale a sensiblement augmenté, passant de 10 % au plus dans les années 1960 (moins de 2000 titres) à 14 % en 1970 et de 15 % à 18 % entre 1985 et 1991 (ce qui renvoie, en chiffres absolus, à une hausse de plus de 50 % de livres traduits par an, d'environ 3000 à 4400 nouveaux titres)[1]. Par comparaison, elle était à cette époque de 3,3 % au Royaume Uni, alors qu'elle atteignait 25 % en Italie[2], ce qui confirme que les flux de traduction circulent du

1 *La Quinzaine littéraire*, 1er avril 1966 ; C. Girou de Buzareingues, « Les Traductions en 1979 », *Livres-Hebdo*, n° 7, 17 février 1981 ; V. Ganne et M. Minon, « Géographies de la traduction », dans *Traduire l'Europe*, éd. Françoise Barret-Ducrocq, Paris, Payot, 1992, p. 79.

2 V. Ganne et M. Minon, *ibid.*, p. 64 et 79.

centre vers la périphérie. Le taux des traductions en français a continué d'augmenter avant de retomber au début du deuxième millénaire : en 2005, il se situait à 15,9 %, ce qui représente néanmoins deux fois plus de nouveaux titres traduits qu'au début des années 1990[1].

Conformément à la tendance mondiale, c'est le nombre de traductions de l'anglais en français qui a connu la plus forte hausse en chiffres absolus : leur nombre a plus que doublé. L'allemand était la langue la plus traduite en français après l'anglais, mais elle est dépassée, depuis la fin des années 1990, par l'italien, voire par le japonais, si l'on considère le nombre de contrats d'acquisition signés par les éditeurs français (voir tableau 3). Ce renforcement des échanges avec les pays asiatiques, déjà constaté pour les cessions, peut paraître paradoxal, au moment de la construction européenne. L'entrée des pays d'Europe de l'Est en Europe et le développement de l'édition dans ces pays ont en revanche favorisé les échanges avec l'Europe occidentale, après le désintérêt dont ils ont paru être frappés au lendemain de la chute du mur de Berlin[2].

– Tableau 3 : Les langues arrivant en tête des acquisitions (par ordre décroissant)

1997-2000	2001-2005
Anglais	Anglais
Italien	Japonais
Allemand	Allemand
Japonais	Italien
Espagnol	Espagnol
Néerlandais	Néerlandais
Chinois	Chinois
Portugais	Portugais
Suédois	Russe

1 F. Piault, « Littérature étrangère : la pente anglaise », *Livres-Hebdo*, n° 646, 19 mai 2006, p. 7.

2 I. Popa, « D'une circulation politisée à une logique de marché. L'importation des littératures d'Europe de l'Est au tournant des années 1990 », dans Translatio, *op. cit.*, p. 257-286.

Russe	Suédois
Arabe	Grec
Turc	Hébreu
Hébreu	Tchèque
Norvégien	Arabe
Polonais	Hongrois
Grec	Polonais
Hongrois	Roumain
Tchèque	Turc
Roumain	Norvégien

Source : SNE

Le ratio des flux de traduction entre le français et les autres langues centrales ou semi-périphériques est un indicateur de sa centralité. Mis à part l'anglais, il y a plus de titres traduits du français vers les autres langues que l'inverse, ce qui témoigne de sa position centrale et dominante dans le système mondial des traductions. Cependant, le ratio des traductions de l'anglais en français et du français en anglais a quasiment doublé pendant la période, ce qui montre que la hausse des premières n'a pas eu d'équivalent dans l'autre sens. En revanche, avec l'allemand et l'espagnol, le ratio des flux de traduction a diminué, ce qui conforte le constat précédent d'un relatif affaiblissement de la centralité du français dans les années 1990, redressé au début du deuxième millénaire[1] : en 2006, les maisons d'édition françaises avaient cédé six fois plus de titres pour la traduction qu'elles n'en avaient acquis.

1 Translatio, dir. G. Sapiro, *op. cit.*, chap. 3 ; Id. « L'Europe, centre du marché mondial de la traduction », dans G. Sapiro, *L'Espace intellectuel en Europe. De la construction des États-nations à la mondialisation*, Paris, La Découverte, 2009, p. 249-300.

« LITTÉRATURE FRANÇAISE » OU « LITTÉRATURE-MONDE » EN FRANÇAIS ?

Sur ce marché mondial des traductions, la littérature, sur laquelle on va désormais se concentrer, est la catégorie de livres la plus traduite : elle représente environ la moitié des traductions dans le monde. Entre 1980 et 2004, près de 9,7 % des traductions littéraires faites dans le monde provenaient du français, mais la part de la littérature traduite du français sur le marché mondial de la traduction a décliné entre le début et la fin de la période, pour tomber à 7,7 % en 2004, alors que la part de la littérature traduite de l'anglais a augmenté de la moitié à deux tiers. Entre 2005 et 2007, elle s'est stabilisée autour de 8,5 % en moyenne, taux équivalent au pourcentage de l'ensemble des ouvrages traduits du français dans le monde, dont la littérature représente la moitié.

Forte de son prestige passé, la littérature française compte encore six auteurs sur les cinquante les plus traduits au monde. Parmi les dix écrivains les plus traduits du français, il y a Jules Verne, Alexandre Dumas, Balzac, Charles Perrault, Camus, Saint-Exupéry, c'est-à-dire des classiques scolaires ou de la littérature pour la jeunesse, à côté des trois auteurs de Bandes dessinées (René Goscinny, Hergé et Albert Uderzo). Cependant, du point de vue du nombre de titres traduits, la « *literary fiction* » contemporaine l'emporte désormais sur les classiques.

Dans le monde journalistique et éditorial étasunien (et dans les pays les plus tournés vers les États-Unis comme Israël et les Pays-Bas) circule pourtant un discours sur le déclin de la littérature française[1]. Selon les éditeurs et agents littéraires que j'ai interviewés[2], ce déclin se manifeste, en premier lieu, par la baisse du pouvoir de consécration de la France dans la République mondiale des lettres. Le prix Goncourt, raconte un agent littéraire interrogé, suffisait autrefois à obtenir des offres de traduction sans que le livre ait même été lu, probablement grâce aux succès fulgurants de quelques titres couronnés, devenus des *best-sellers*

1 Voir, par exemple, « The Death of French culture », *Time magazine*, 3 décembre 2007.

2 Au cours d'une enquête de terrain réalisée en septembre 2007 et janvier-avril 2009 aux États-Unis, dans le cadre d'une bourse Fulbright pour le second séjour. Une trentaine d'entretiens ont été réalisés avec des éditeurs, des agents littéraires et des traducteurs du français en anglais.

mondiaux, à savoir *Les Mandarins* de Beauvoir en 1954, *Le Dernier des justes* d'André Schwarzt-Bart en 1959 et *L'Amant* de Marguerite Duras en 1984. Or, depuis une vingtaine d'années, il n'y a plus mention du livre primé dans le *New York Times*. Il faut cependant nuancer ces témoignages. Le Goncourt demeure une référence pour les éditeurs américains, comme nous l'a confirmé un sous-agent. Vérification faite, la plupart des ouvrages primés (14 sur 20 de 1990 à 2009) trouvent aussitôt un éditeur aux États-Unis (ce fut le cas de ceux de Jean Rouaud, Patrick Chamoiseau, Amin Maalouf, Andreï Makine, Patrick Rambaud, Paule Constant, Jean Echenoz, Jean-Christophe Ruffin, Jonathan Littell, Atiq Rahimi, Marie NDiaye). En outre, les comptes rendus de ces traductions dans la presse mentionnent le prix Goncourt, souvent en français et sans autre précision, signe qu'il a conservé son prestige intact à cette date. Certains titres ont d'ailleurs bénéficié d'une belle réception critique, en particulier *Texaco* de Chamoiseau, traduit par Rose-Myriam Réjouis et Val Vinokurov chez Pantheon Books, et unanimement salué par la critique américaine, par des écrivains comme Derek Walcott (« A letter to Chamoiseau », *The New York Review of Books*, 14 août 1997) et John Updike (« Montparnasse in Martinique », *The New Yorker*, 24 mars 1997) et par des spécialistes de littérature ou d'histoire caribéenne dans lesquelles le roman a été classé. Mais, plus que le prestige du prix Goncourt, ce succès reflète sans doute l'intérêt, depuis la fin des années 1980, pour la production d'auteurs d'origine africaine et caribéenne.

Certes, les ventes ne suivent pas toujours. Mais les quelques succès récents suffisent à démentir les prophéties auto-réalisatrices des éditeurs sur le désintérêt du public américain pour les traductions. Le plus grand *best-seller* français de cette période a été *Suite française* d'Irène Némirovsky (Denoël), sorti en 2006 au Royaume-Uni chez Chatto & Windus et aux États-Unis chez Knopf (les deux appartenant au groupe Random House) dans la traduction de Sandra Smith. Avec 1,5 millions d'exemplaires vendus, ce titre prend rang parmi les meilleures ventes de traductions du français, auprès de *L'Étranger* de Camus (4 millions d'exemplaires), de *La Nuit* d'Elie Wiesel (10 millions d'exemplaires) et du *Petit Prince* de Saint-Exupéry (10 millions d'exemplaires). Parmi les contemporains, trois titres ont dépassé les 50 000 exemplaires : *La Moustache* d'Emmanuel Carrère (ouvrage publié par P.O.L. et traduit par Linda Coverdale chez Macmillan, qui avait atteint 82 000 exemplaires vendus en 2008, dix ans après sa sortie en anglais), *Stupeur et tremblements* d'Amélie Nothomb (paru en anglais en 2001 dans la traduction d'Adrian Hunter) et *Je voudrais que quelqu'un m'attende quelque part* d'Anne Gavalda (paru en anglais en 2003 dans la traduction de Karen Marker). Au-dessus de 25 000 exemplaires, on trouve, parmi les traductions récentes, *Kiffe kiffe demain* de Faïza Guène (Hachette littératures/Harcourt, paru en 2006), *Impératrice* de Shan Sa (Albin Michel / HarperCollins, paru en 2006), *Mangez-moi* d'Agnès Desarthe (L'Olivier / Penguin, paru en 2004 dans la traduction d'Adriana Hunter), *Comment je suis devenu stupide* de Martin Page (Le Dilettante / Viking Penguin, paru en 2008 dans la traduction d'Adriana Hunter)[1].

Couronné par le prix Goncourt 2006, *Les Bienveillantes* de Jonathan Littell, écrivain d'origine américaine écrivant en français, qui raconte la Deuxième Guerre mondiale et la Shoah du point de vue d'un officier nazi, avait suscité de grands espoirs à en juger par la somme exorbitante versée par HarperCollins pour acquérir les droits (autour d'un million de dollars selon *Publishers Weekly*). Ces espoirs ont été déçus par la réception critique mitigée – selon la critique du *New York Times*, le fait qu'un tel livre ait pu remporter la plus haute distinction française était « un exemple de la perversité occasionnelle du goût français » ["*an example of the occasional perversity of French taste*[2]"] – et surtout par les ventes de la traduction anglaise (faite par Charlotte Mandell), qui sont loin de l'avoir rentabilisé.

Si la dimension historique, et plus spécifiquement le cadre de la Deuxième Guerre mondiale, est ce qui faisait le principal attrait de cet ouvrage, tout comme celui d'Irène Némirovsky[3], l'intérêt pour cette période semble avoir atteint un point de saturation. C'est un roman d'un tout autre genre qui a rencontré récemment un succès imprévu : traduit par Alison Anderson pour Europa, filiale américaine de la maison italienne Edizioni e/o, après avoir été refusé par d'autres mai-

1 Ces données sont fournies par la directrice de la French Publishers Agency, L. Karter, « Des succès français aux États-Unis », *La Lettre du BIEF*, n° 76, juillet-août 2008, p. 21.

2 M. Kakutani, « Unrepentant and Telling of Horrors Untellable », *The New York Times*, 23 février 2009. Pour un avis plus nuancé, voir l'article de D. Mendelsohn, « Transgression », *The New York Review of Books*, vol. 56, n° 5, 26 mars 2009.

3 Voir S. R. Suleiman, « Seuls trois best-sellers français ont séduit les États-Unis. Pourquoi Némirovsky, Littell et Barbery connaissent le succès », *Le Monde*, 7 septembre 2009. Selon l'auteure, c'est cependant la voix plus que le thème qui a séduit le public dans ces romans.

sons, *L'Élégance du hérisson* de Muriel Barbery, qui avait atteint 70 000 exemplaires en mars 2009, a figuré pendant cinq mois sur la liste des meilleures ventes du *New York Times*. En revanche, Michel Houellebecq – seul auteur français contemporain traduit par Knopf de 1990 à 2009 (*Les Particules élémentaires* en 2000, *Plateforme* en 2003 et *La Possibilité d'une île* en 2006), jusqu'à l'acquisition des droits de *Trois Femmes puissantes* de Marie Ndiaye –, n'a pas rencontré le succès escompté.

L'opposition entre une littérature anglo-américaine qui sait « raconter des histoires » et le formalisme abstrait de la littérature française suffit-elle à rendre compte de ces évolutions, comme le ressassent éditeurs, agents et critiques ? Cela supposerait que la « littérature française » ou la « littérature américaine » forme un tout homogène. Or il s'agit, au contraire, de deux marchés structurés par la même opposition entre un pôle de grande diffusion, régi par des critères de rentabilité à court terme, et un pôle de diffusion restreinte, qui se projette sur le long terme selon le principe d'accumulation de capital symbolique (constitution d'un fonds), et où ce sont des logiques intellectuelles qui prévalent[1]. Ces espaces nationaux sont encastrés dans un marché mondial lui-même doublement structuré par cette opposition et par le clivage entre centre et périphérie. Si, au pôle de production restreinte, l'édition haut de gamme américaine s'est imprégnée du modèle français, depuis les années 1970, le pouvoir de consécration dans cet espace mondial s'est indéniablement déplacé, au moins en partie, de Paris à New-York (Paris demeurant cependant toujours un des centres du marché mondial de la traduction).

Mais le changement majeur tient à ce que le secteur de grande diffusion impose de plus en plus ses critères de rentabilité au pôle de diffusion restreinte. Secteur stable, l'édition est devenue en effet un secteur convoité par les grands groupes de communication et autres, qui ont imposé une logique de quête de profits à court terme contre la logique intellectuelle[2]. Le processus de rationalisation, à travers les concentrations de la production et de la distribution, bouleverse l'économie traditionnelle de ce secteur où prévalaient encore des méthodes artisanales. Alors que l'éditeur cherchait

---

1 P. Bourdieu, « La Production de la croyance : contribution à une économie des biens symboliques », *Actes de la recherche en sciences sociales*, n° 13, 1977, p. 3-43 ; Id. « Une révolution conservatrice dans l'édition », *Actes de la recherche en sciences sociales*, n° 126-127, 1999, p. 3-28.

2 A. Schiffrin, *L'Édition sans éditeurs*, Paris, La Fabrique, 1999.

à équilibrer les pertes pour les livres plus difficiles par quelques succès, selon la logique de la péréquation, les actionnaires des grands groupes demandent de plus en plus un calcul de rentabilité par publication.

Les effets de ce processus sont plus flagrants aux États-Unis en raison de la plus grande concentration de la distribution des livres par des chaînes de librairie, alors qu'il existe en France encore un réseau de libraires indépendants. Dans un système de surproduction permanente, les livres classés « haut de gamme » (« *upmarket* ») se trouvent dans une concurrence inégale avec les *best-sellers* et la littérature commerciale pour l'accès aux points de vente. Les grandes chaînes, qui privilégient la grande diffusion, peuvent décider de « sauter » (« *skip* ») telle ou telle référence, de sorte qu'aucun exemplaire du livre ne sera disponible dans les 1200 points de vente de la chaîne. Qui plus est, les groupes achètent des places pour les livres dans les vitrines et près du comptoir. Enfin, les pages de critique littéraire dans la presse tendent à diminuer, aux États-Unis comme en France et ailleurs, ce qui réduit encore les chances des ouvrages de fiction d'atteindre le public.

Aux États-Unis, ces évolutions ont des conséquences négatives pour la littérature traduite. Peu valorisées, les traductions ne se présentent souvent pas comme telles : le fait que le livre soit traduit n'est pas indiqué sur la couverture. Pour toutes ces raisons, la littérature contemporaine haut de gamme traduite du français se voit de plus en plus confinée, aux États-Unis, au secteur à but non lucratif illustré par Dalkey Archive Press (Raymond Queneau, Michel Butor, Pierre Klossowski, Nathalie Sarraute, Jean Echenoz, Jacques Roubaud, Annie Ernaux), The New Press (Marguerite Duras, Claude Simon, Jean Echenoz, Patrick Chamoiseau, Marie Darrieussecq, Antoine Volodine), et à quelques petites maisons indépendantes comme David R. Godine (Georges Perec, Jean-Marie Gustave Le Clézio, Patrick Modiano, Jean Echenoz et Sylvie Germain), Green Integer (Olivier Cadiot, Jacques Roubaud, Andrée Chedid), Arcade (Amin Maalouf, André Makine, Jean Rouaud), Seven Stories (Annie Ernaux, Assia Djebar)[1].

Pourtant, ce sont les *best-sellers* et les genres à grande diffusion (roman sentimental, thrillers) qui ont le plus contribué à l'augmentation des

---

1 Voir G. Sapiro, *Les Échanges littéraires entre Paris et New York à l'ère de la globalisation*, étude réalisée dans le cadre d'une convention avec le MOtif (Observatoire du livre d'Ile-de-France), CESSP, avril 2010, http://www.lemotif.fr/fichier/motif_fichier/143/fichier_fichier_syntha.se.paris.new.york.paris.pdf.

traductions dans le monde. Or, si l'on considère la langue d'origine comme indicateur de la diversité linguistique et culturelle, elle est quasi nulle au pôle de grande diffusion, où il existe comme je l'ai déjà suggéré un monopole presque complet de l'anglais. À l'inverse, elle est élevée au pôle de diffusion restreinte, celui de la littérature haut de gamme, qui entend opposer à l'impérialisme économique du pôle de grande diffusion une autre forme de mondialisation, fondée sur la diversification des échanges entre cultures[1].

Secteur éditorial où la diversité linguistique est la plus élevée, la littérature est aussi généralement le secteur dans lequel le taux de traductions est le plus important : en France, au moins une œuvre de fiction sur trois est une traduction[2], et si l'anglais reste majoritaire parmi les traductions littéraires en français, il est relativement sous-représenté au pôle de production restreinte de la littérature « haut de gamme » en traduction, au profit des autres langues. En effet, dans les collections de littératures étrangères des grands éditeurs littéraires français, comme Gallimard, Le Seuil, Fayard, Albin Michel, on trouve des œuvres traduites de vingt à trente langues et de trente à quarante pays différents. Les médiateurs des littératures étrangères se sont en outre diversifiés en France depuis la fin des années 1970, avec la création d'Actes Sud, qui traduit de plus de trente-six langues, et d'autres petits éditeurs comme Bourgois, Métailié, Corti, Verdier, La Différence, Jacqueline Chambon, qui se sont spécialisés dans la traduction de l'espagnol, du portugais, de l'italien, de l'allemand ou encore des langues d'Europe de l'Est (les éditions de l'Aube) et les langues asiatiques (Picquier). Cette diversité linguistique s'est accrue grâce aux politiques d'aide à la traduction développées par les États depuis les années 1980. Une des particularités de la politique française en cette matière est que ces aides sont allouées non seulement à la traduction du français vers d'autres langues, mais aussi aux ouvrages de littérature contemporaine et de science traduits en français : entre 2003 et 2006, le Centre national du livre, qui dépend du ministère de la Culture, a ainsi accordé des aides à des ouvrages traduits de plus de trente langues.

1 G. Sapiro, « Globalization and cultural diversity in the book market : the case of translations in the US and in France », *Poetics*, vol. 38, n° 4, 2010, p. 419-439.

2 La part des traductions dans les nouveautés romanesques atteignait 42,7 % en 2005 selon F. Piault, « Littérature étrangère : la pente anglaise », *Livres-Hebdo*, n° 646, 19 mai 2006, p. 7.

De ce fait, Paris garde un pouvoir de consécration pour les littératures des langues semi-périphériques et périphériques, auxquelles il permet d'accéder à la scène internationale. Comme autrefois pour l'écrivain russe Soljénitsyne, couronné par le prix Nobel de littérature en 1970, la traduction en français a constitué un tremplin pour l'albanais Ismaël Kadaré, lauréat du premier Man Booker International Prize en 2005. Il en alla de même au début des années 1980 pour Manuel Vázquez Montalbán, auteur de polars espagnol. Dans ces deux cas, l'œuvre fut d'ailleurs traduite à partir de la traduction française, qui faisait référence.

Les langues centrales jouent un rôle véhiculaire : un livre a plus de chances d'être traduit d'une langue périphérique vers une langue centrale ou vers une autre langue périphérique s'il a déjà été traduit dans une langue centrale. Outre le facteur évident de la consécration que cela représente pour une œuvre d'avoir déjà été traduite, la raison tient aussi au problème de la compétence linguistique. Les maisons d'édition aux États-Unis ont généralement des éditeurs maîtrisant le français et/ou l'espagnol, plus rarement l'allemand, mais, pour les autres langues, les compétences font défaut. « Le français est ma langue-passerelle » [« *French is my gateway language* »], nous expliquait une éditrice américaine qui avait acquis les droits d'un roman en coréen après avoir lu la traduction en français. Sous ce rapport, le français joue un rôle dans le maintien de la diversité culturelle sur le marché mondial du livre.

Comment expliquer cet écart entre pôle de grande diffusion et pôle de diffusion restreinte ? À la fonction de divertissement qui prévaut au pôle de grande production, le pôle de production restreinte oppose, de façon variable, les fonctions didactique, identitaire ou proprement esthétique de la littérature. La fonction identitaire peut varier de la nation à la région, du genre (*gender*) au groupe social, religieux ou ethnique. La littérature ayant joué un rôle central dans la construction des identités nationales, elle est encore, dans beaucoup de pays, fortement ancrée dans ces traditions, même si la circulation internationale des modèles, par voie de traduction notamment, a permis la formation d'une République mondiale des lettres relativement autonome[1].

En outre, l'implication des États dans les échanges culturels conforte l'identification entre langue, nation et pays, au détriment des langues

1 P. Casanova, *La République mondiale des lettres*, *op. cit.*

régionales et des langues d'immigration. La reconnaissance à l'échelle nationale a en effet longtemps constitué une condition sinon suffisante, du moins nécessaire à l'accès à la scène universelle. Ceci a conduit à l'exclusion des minorités et des groupes dominés. Les canons nationaux ont été en effet construits par ceux qui disposaient des meilleurs atouts pour accéder au sommet de la vie littéraire et au pouvoir de consécration, à savoir les hommes blancs issus de familles ancrées depuis plus d'une génération dans la culture nationale, installés dans les centres culturels du pays (voire dans la capitale dans un pays centralisé comme la France), et disposant d'un capital culturel relativement élevé[1]. Le couronnement de l'écrivain noir René Maran par le prix Goncourt en 1920 provoqua un tollé. Il fallut attendre 1945, année de l'obtention du droit de vote des femmes en France, pour qu'une femme soit couronnée : Elsa Triolet, qui était par ailleurs résistante, immigrée d'URSS et d'origine juive, à une époque où l'Académie Goncourt devait se faire pardonner son attitude sous l'Occupation[2]. Marguerite Yourcenar fut la première femme à entrer à l'Académie français en 1982. Si le belge Charles Plisnier obtint le Goncourt en 1937, les écrivains issus des anciennes colonies n'accédèrent à la reconnaissance de Paris que dans les années 1980, et c'est bien souvent par une stratégie identitaire collective[3] – « littérature femme », « négritude », « francophonie » –, qu'ils parvinrent à pénétrer le champ littéraire et éditorial, avant que certains d'entre eux n'accèdent aux collections de littérature française et à la consécration[4]. L'élection à l'Académie française de Léopold Sedar Senghor en 1984 et d'Assia Djebar en 2005, les prix Goncourt décernés à Tahar Ben Jelloun en 1987, à Patrick Chamoiseau en 1992, à Amin Maalouf en 1993, les prix Renaudot à Ahmadou Kourouma en 2000 et à Alain Mabanckou en 2006, indiquent un changement.

Fruit de la décolonisation, ce changement est sans doute également dû à l'encastrement croissant des échanges littéraires dans le marché

1 Pour la France, C. Charle, « Situation du champ littéraire », *Littérature*, n° 44, 1982, p. 8-21 ; G. Sapiro, « "Je n'ai jamais appris à écrire". Les conditions de formation de la vocation d'écrivain », *Actes de la recherche en sciences sociales*, n° 168, juin 2007, p. 13-33.

2 G. Sapiro, *La Guerre des écrivains*, *op. cit.*, chap. 5.

3 H. Serry, « La Littérature pour faire et défaire les groupes », *Sociétés contemporaines*, n° 44, 2001, p. 5-14.

4 C. Ducournau, Écrire, lire, élire l'Afrique. Les mécanismes de réception et de consécration d'écrivains contemporains originaires de pays francophones d'Afrique subsaharienne, thèse de doctorat sous la dir. de Gisèle Sapiro, Paris, EHESS, 2012.

mondial des traductions et au déplacement du centre de la consécration littéraire de Paris à New York, qui ont induit une transformation des modes d'universalisation. La prise de conscience qu'ont engendrée la politique de l'*affirmative action* et les théories de la déconstruction a entraîné la relativisation des canons nationaux. Elle a été conceptualisée à travers la notion de « diversité ». Les écrivains et surtout les écrivain-e-s issu-e-s de l'immigration, des anciennes colonies ou des minorités « raciales » retiennent de plus en plus l'attention des éditeurs, notamment aux États-Unis. L'année 1992 a marqué de ce point de vue un tournant, avec l'attribution du prix Nobel à Derek Walcott, du Booker Prize à Michael Ondaatje, du prix Goncourt à Patrick Chamoiseau. Toni Morrison remportait le prix Nobel l'année suivante. La même année, Michel Le Bris consacra le numéro 11 de la revue *Gulliver* à la « *World Fiction* », un concept qu'il importait des États-Unis. Quatorze ans plus tard, constatant que le Goncourt, le Grand Prix du roman de l'Académie française, le Renaudot, le Femina, le Goncourt des lycéens, ont été décernés à l'automne 2006 à des écrivains « d'outre-France », Le Bris lance, avec l'écrivain Jean Rouaud, un manifeste affirmant l'émergence d'une « littérature-monde en français », notion qu'ils opposent à celle de francophonie. Paru dans *Le Monde* du 15 mars 2007, revêtu des signatures d'une cinquantaine d'écrivains, il a donné lieu à un ouvrage publié la même année chez Gallimard sous le titre *Pour une littérature-monde*.

L'analyse quantitative des titres de littérature traduits du français aux États-Unis entre 1990 et 2003 offre un terrain d'observation privilégié des répercussions qu'ont eues ces évolutions sur la circulation de la « littérature française », tout en contribuant à déconstruire cette catégorie[1]. Mesurée d'après leurs nationalités, la diversité des auteurs traduits est grande (une trentaine). Toutefois, cette diversité ne doit pas faire illusion. D'une part, la grande majorité de ces titres a été publiée par des éditeurs français, voire parisiens (hormis les canadiens, notamment Nancy Huston, co-éditée par Actes Sud et Léméac). D'autre part, elle se répartit inégalement entre les pays d'origine.

Ainsi, trois quarts des livres traduits du français en anglais aux États-Unis (859 titres) ont pour auteur un écrivain français (voir tableau 4). La Belgique suit (83 titres), principalement à cause de Georges

1 Je reprends ici les résultats de l'enquête citée *Les Échanges littéraires entre Paris et New York à l'ère de la globalisation*.

Simenon, romancier prolifique qui, avec 54 titres, arrive largement en tête des écrivains les plus traduits (la plupart de ses livres ont paru chez Harcourt et sa marque de poche Harvest Books), mais on trouve aussi des titres de Maurice Maeterlinck, Henri Michaux, et, parmi les contemporains, Amélie Nothomb et Jean-Philippe Toussaint. La présence de la nationalité américaine est due principalement à Julien Green et à Elie Wiesel (à quoi s'ajoutent quelques titres d'autres auteurs, dont Nathalie Clifford Barney et Beverly Matherne, et la franco-américaine Marguerite Yourcenar). Pour la Suisse (16 titres), outre Rousseau et Madame de Staël, on trouve trois titres d'Agota Kristof, deux de Jean-Jacques Fiechter et un de Robert Pinget. Co-éditée par Actes Sud et Léméac, Nancy Huston est la principale auteure canadienne (6 titres sur 15, le sept autres étant signés Anne Hébert, Gaétan Soucy, Joël Champetier, Gil Courtemanche, Jean-Paul Daoust, Guillaume Vigneault et Ying Chen).

Quarante-cinq titres traduits sont dus à des auteurs issus de pays arabes, notamment des anciennes colonies françaises (29 titres, soit près de deux tiers) : l'Algérie (Assia Djebar, Mohammed Dib, Tahar Djaout, Kateb Yacine, Rachid Boujedra, Rabah Belmari, Rachid Mimouni, Alouache Merzack, Bensmaïa Reda), le Maroc (Tahar Ben Jelloun, Driss Chraïbi, Abdellatif Laabi, Abdelkebir Khatibi) et, dans une moindre mesure, la Tunisie (Mustapha Tlili et Nadir Chams). Dix-sept sont l'œuvre d'écrivains issus d'Afrique subsharienne : le Congo (Emmanuel Dongala, Valentin Mudimbe), le Cameroun (Gnepo Wèrèwèrè-Liking, Thérèse Kuoh-Moukouri, Mongo Beti), la Côte d'Ivoire (Ahmadou Kourouma, Bernard Dadié), le Mali (Amadou Hampaté Bâ), le Sénégal (Leopold Sedar Senghor, Ken Bougoul), la Guinée (Camara Laye). Sept des ouvrages traduits proviennent d'auteurs haïtiens (Jacques Stephen Alexis, Roger Dorsinville, Lyonel Trouillot, René Depestre, Lilas Desquiron).

– Tableau 4 : Répartition des traductions littéraires du français en anglais (USA) selon la nationalité des auteurs (1990-2003)

Français	859	Haïtien	7	Malien	2
Belge	83	Congolais	5	Sénégalais	2
Américain	30	Chinois	4	Tunisien	2
Suisse	16	Camerounais	4	Albanais	1
Algérien	15	Égyptien	3	Franco-chinois	1
Canadien	15	Roumain	3	Anglais	1
Collectif	14	Ivoirien	3	Guinéen	1
Marocain	12	Anonyme	2	Libanais/ Américain	1
Irlandais	10	Néerlandais	2	Écossais	1
Libanais	10	Iranien	2	Syrien	1
Franco-américain	8	Italien	2	Turc	1

Source : G. Sapiro, *Les Échanges littéraires entre Paris et New York à l'ère de la globalisation*, *op. cit.*

Parmi les auteurs les plus traduits, on compte, après Simenon, des classiques (Verne, Molière, Balzac, Dumas, Hugo) et quelques contemporains parmi lesquels Annie Ernaux (14 titres traduits), suivie d'Elie Wiesel (13) et de Maryse Condé (11), ces deux derniers enseignant dans des universités américaines, tout comme Assia Djebar. La diversité est plus grande parmi les auteurs les plus traduits : ainsi, sur les quatorze auteurs contemporains ayant au moins 5 titres traduits pendant la période de référence, deux sont issus des départements d'Outre-Mer (Maryse Condé, Patrick Chamoiseau), un des anciennes colonies (Tahar Ben Jelloun), deux sont immigrés (le libanais Amin Maalouf et le russe Andreï Makine). L'écrivain égyptien Albert Cossery va bientôt rejoindre ce palmarès avec 6 titres cédés par Gallimard en 2009, un an après son décès.

– Tableau 5 : Auteurs les plus traduits du français aux USA (1990-2003)

Georges Simenon	54	Edmond Jabès	8	André Gide	5
Jules Verne	25	Jean-Jacques Rousseau	8	Amin Maalouf	5
Collectif	24	Christian Jacq	8	Jean Giono	5
Molière	23	Stendhal	8	Blaise Cendrars	5
Honoré (de) Balzac	17	Andrei Makine	8	Georges Bernanos	5
Alexandre Dumas	17	Guy de Maupassant	8	Jacques Roubaud	5
Victor Hugo	14	Maurice Blanchot	7	Sébastien Japrisot	5
Annie Ernaux	14	Raymond Queneau	7	Jean-Paul Sartre	5
Elie Wiesel	13	Samuel Beckett	7	Pierre Jean Jouve	5
Émile Zola	13	Simone de Beauvoir	7	Michel Tournier	5
Voltaire	12	Hélène Cixous	6	René Daumal	4
Colette	11	Louis-Ferdinand Céline	6	Pascal Quignard	4
Maryse Condé	11	Tahar Ben Jelloun		Arnoul Gréban	4
George Sand	10	Marie Redonnet	6	Georges Feydeau	4
Marcel Proust	10	Arthur Rimbaud	6	Jean Racine	4
Albert Camus	10	Nancy Huston	6	Boris Vian	4
Charles Baudelaire	10	Patrick Chamoiseau	5	Denis Diderot	4
Marguerite Duras	10	Georges Perec	5	Driss Chraïbi	4

Jean de La Fontaine	9	Andrée Chedid	5	Marquis de Sade	4
Julien Green	9	Guillaume Apollinaire	5	Jean Genet	4
Gustave Flaubert	8	Edmond Rostand	5	Antoine de Saint-Exupéry	4
Marguerite Yourcenar	8	Jean Echenoz	5		
Emmanuel Bove	8	André Breton	5		

Source : Gisèle Sapiro, *Les Échanges littéraires entre Paris et New York à l'ère de la globalisation*, *op. cit.*

Du point de vue du genre, trois quarts des ouvrages de littérature traduits du français en anglais entre 1990 et 2003 ont été écrits par des hommes, seul un livre sur cinq est dû à une femme (le reste étant principalement des ouvrages collectifs, des anthologies notamment ; pour 3 titres, les auteurs sont anonymes). Mais si l'on ne considère que la littérature contemporaine, un tiers des titres traduits ont une femme pour auteure[1].

Ces évolutions s'accompagnent toutefois d'une dissolution de la notion même de « littérature française » sur le marché anglo-américain. Il est significatif que, parmi les auteurs traduits du français, ce sont ceux qui ne sont pas identifiés comme tels qui semblent retenir le plus l'intérêt des éditeurs, lesquels s'emploient en outre parfois à masquer la langue d'écriture, comme dans le cas de Milan Kundera, seul écrivain de langue française sur la *shortlist* du premier Man Booker International Prize en 2005. *Texaco* de Chamoiseau a été classé dans la catégorie de la « littérature caribéenne », *Testament français* de Makine a été traduit *Dreams of my Russian summers*, gommant toute référence à la France dans l'intitulé (notons que le titre a été approuvé par l'auteur), et comme le faisait remarquer un de nos enquêtés, Dai Sijie passe pour un auteur chinois.

Ceci semble indiquer une tendance à la dénationalisation de la production littéraire sur le marché mondial de la traduction, qui résulte en grande partie de l'idéologie de la globalisation et des intérêts des

1 Il faudrait pouvoir comparer ce pourcentage à la part des femmes dans la production éditoriale française.

multinationales désireuses d'abolir les frontières culturelles et les traditions nationales pour mieux imposer les best-sellers mondialisés. Elle est renforcée, au pôle de production restreinte, par la conception de la « *World Literature* » et par les stratégies d'une nouvelle génération d'écrivains soucieuse d'assurer par avance la traductibilité (*translatability*, au sens large) de leurs œuvres[1].

En France, cette tendance devrait, en bonne logique, conduire à terme à remettre en cause la séparation entre « littérature française » et « littérature(s) étrangère(s) » qui continue d'y organiser l'enseignement supérieur et l'édition « haut de gamme » – termes qu'il serait au demeurant plus juste de remplacer par « littérature en français » (qui peut inclure des auteurs d'autres pays, comme les écrivains des anciennes colonies) et « littérature traduite » (qui peut provenir d'auteurs nationaux). C'est déjà le cas dans une collection prestigieuse comme « Fiction & Cie » aux éditions du Seuil (qui ont par ailleurs une collection de littérature étrangère)[2]. Cependant, fruit du processus de spécialisation linguistique, l'existence de collections ou de domaines de littératures étrangères assure, comme on l'a vu, un haut degré de diversité de langues d'origine, que l'abolition de la différenciation entre littérature en français et littérature traduite ne manquerait pas de réduire. Par ailleurs, la diversité des langues d'origine n'est pas une garantie de diversité culturelle au sens d'inclusion des minorités et des groupes dominés, qui dans beaucoup de pays sont encore exclus de la reconnaissance nationale.

La traduction est non seulement un révélateur des mutations du marché du livre mais aussi des inconscients culturels collectifs. À travers elle se construit notamment la représentation de l'autre. Les traductions ont étroitement participé à la construction des identités nationales et des relations culturelles internationales. Comme on l'a vu, c'est à travers le paradigme de « l'étranger » que la littérature traduite s'est différenciée en France de la littérature française, sur la base d'une identification entre langue, nation et pays qui excluait les minorités et les peuples colonisés. Même si les cultures nationales ne forment pas des touts homogènes, la

1 E. Apter, « On Translation in a Global Market », *Public Culture*, vol. 13, n° 1, 2001, p. 1-12.

2 H. Serry, « L'Essor des Éditions du Seuil et le risque littéraire. Les conditions de la création de la collection "Fiction & Cie" par Denis Roche », dans *L'Édition littéraire aujourd'hui*, Bordeaux, Presses universitaires de Bordeaux, éd. Olivier Bessard-Banquy, 2006, p. 165-190 ; « Constituer un catalogue littéraire. La place des traductions dans l'histoire des Éditions du Seuil », *Actes de la recherche en sciences sociales*, n° 144, 2002, p. 70-79.

réception différenciée des mêmes œuvres d'un pays à l'autre témoigne de la persistance des cultures nationales. Mais ce que la traduction a fait, elle peut aussi le défaire. Alors que les États-nations, en premier lieu la France, continuent à y voir un moyen de reconnaissance de leur existence, elle est en même temps un puissant instrument de dénationalisation tant pour les multinationales qui produisent des best-sellers mondialisés que pour les défenseurs des minorités dominées et des laissés pour compte qui promeuvent la « *World Literature* ». L'édition littéraire française continue à jouer un rôle très actif dans le maintien de la diversité culturelle selon la langue d'origine, puisque le français sert, comme on l'a vu, de langue véhiculaire pour l'accès des œuvres écrites en langues périphériques à la traduction dans des langues centrales comme l'anglais ou semi-périphériques comme l'espagnol. Mais, du fait du déclin relatif de son pouvoir de consécration, ce rôle médiateur est de plus en plus voué à l'invisibilité dans le contexte de la globalisation.

Gisèle SAPIRO
CNRS-EHESS (centre européen de sociologie et de science politique)
Texte original en français, revu et mis à jour par l'auteure

OUVRAGES CITÉS

ANDERSON, Benedict, *Imagined Communities*, London, Verso, 1983, trad. fr. *L'Imaginaire national. Réflexion sur l'origine et l'essor du nationalisme*, Paris, La Découverte, 1996.

APTER, Emily, « On Translation in a Global Market », *Public Culture*, vol. 13, n° 1, 2001, p. 1-12.

BOURDIEU, Pierre, « Une révolution conservatrice dans l'édition », *Actes de la recherche en sciences sociales*, n° 126-127, 1999, p. 3-28.

BOURDIEU, Pierre, *Les Règles de l'art. Genèse et structure du champ littéraire*, Paris, Seuil. 1992.

BOURDIEU, Pierre, « La Production de la croyance : contribution à une économie des biens symboliques », *Actes de la recherche en sciences sociales*, n° 13, 1977, p. 3-43.

BUZAREINGUES, Claire Girou de, « Les traductions en 1979 », *Livres-Hebdo*, n° 7, 17 février 1981.

BUZAREINGUES, Claire Girou de, « La traduction en France », dans *Le Livre français hier, aujourd'hui, demain*, éd. Julien Cain, Robert Escarpit, Henri-Jean Martin, Paris, Imprimerie nationale, 1972, p. 268.

CASANOVA, Pascale, « Consécration et accumulation de capital littéraire. La traduction comme échange inégal », *Actes de la recherche en sciences sociales*, n° 144, 2002, p. 7-20.

CASANOVA, Pascale, *La République mondiale des lettres*, Paris, Seuil, 1999.

CHARLE, Christophe, *Naissance des « intellectuels » 1880-1900*, Paris, Minuit, 1990, chap. 6.

CHARLE, Christophe, « Situation du champ littéraire », *Littérature*, n° 44, 1982, p. 8-21.

CUSSET, François, *French Theory. Foucault, Derrida, Deleuze & Cie et les mutations de la vie intellectuelle aux États-Unis*, Paris, La Découverte, 2003.

DECLEVA, Enrico, « Présence germanique et influences françaises dans l'édition italienne aux XIXe et XXe siècles », dans *Les Mutations du livre et de l'édition dans le monde du XVIIIe siècle à l'an 2000*, éd. Jacques Michon et Jean-Yves Mollier, Québec, Presses de l'Université de Laval / Paris, L'Harmattan, 2001, p. 191-207.

DE SWAAN, Abram, *Words of the World : The Global Language System*, Cambridge, Polity Press, 2001.

DE SWAAN, Abram, « The Emergent World Language System », *International Political Science Review*, vol. 14, n° 3, 1993.

DUCOURNAU, Claire, Écrire, lire, élire l'Afrique. Les mécanismes de réception et de consécration d'écrivains contemporains originaires de pays francophones d'Afrique subsaharienne, thèse de doctorat sous la dir. de Gisèle Sapiro, Paris, EHESS, 2012.

ELIAS, Norbert, *La Civilisation des mœurs*, Paris, Calmann-Lévy (Pluriel), 1982 [1939].

ESCARPIT, Robert, « Situation du livre français », dans *Le Livre français hier, aujourd'hui, demain*, éd. Julien Cain, Robert Escarpit, Henri-Jean Martin, Paris, Imprimerie nationale, 1972, p. 31.

ESPAGNE, Michel, *Le Paradigme de l'étranger. Les chaires de littérature étrangère au XIXe siècle*, Paris, Éditions du Cerf, 1993.

EVEN-ZOHAR, Itamar, « The Position of Translated Literature within the Literary Polysystem », *Poetics Today*, vol. 11, n° 1, 1990, p. 45-52.

FEBVRE, Lucien et MARTIN, Henri-Jean, *L'Apparition du livre*, Paris, Albin Michel, 1971.

FERGUSON, Priscilla Parkhurst, *Literary France : The Making of a Culture.* University of California Press, 1987, trad. fr. *La France, nation littéraire*, Bruxelles, Labor, 1991.

GANNE, Valérie et MINON, Marc, « Géographies de la traduction », dans *Traduire l'Europe*, éd. Françoise Barret-Ducrocq, Paris, Payot, 1992, p. 79.

GUILBAUT, Serge, *How New York Stole the Idea of Modern Art*, Chicago, University of Chicago Press, 1983 ; trad. fr. Jacqueline Chambon, *Comment New York vola l'idée d'art moderne*, Jacqueline Chambon, 1996.

HEILBRON, Johan et SAPIRO, Gisèle, « Outlines for a sociology of translation : current issues and future prospects », dans *Constructing a Sociology of Translation*, éd. Michaela Wolf and Alexandra Fukari, Amsterdam/Philadelphia, Benjamins Press, 2007, p. 93-107.

HEILBRON, Johan, « Toward a Sociology of Translation. Book Translations as a Cultural World System », *European Journal of Social Theory*, vol. 2, n° 4, 1999, p. 429-444.

KAKUTANI, Michiko, « Unrepentant and Telling of Horrors Untellable », *The New York Times*, 23 février 2009.

KARADY, Victor, « La migration internationale d'étudiants en Europe, 1890-1940 », *Actes de la recherche en sciences sociales*, n° 145, 2002, p. 47-60.

KARTER, Lucinda, « Des succès français aux États-Unis », *La Lettre du BIEF*, n° 76, juillet-août 2008, p. 21.

LAFFONT, Robert, *Éditeur*, Paris, Robert Laffont, 1974, p. 151.

LOISEAUX, Gérard, *La Littérature de la défaite et de la collaboration, d'après « Phonix oder Asche ? » de Bernhard Payr*, Paris, Fayard, 1995.

MENDELSOHN, Daniel, « Transgression », *The New York Review of Books*, vol. 56, n° 5, 26 mars 2009.

MILO, Daniel, « La bourse mondiale de la traduction : un baromètre culturel », *Annales*, n° 1, 1984, p. 92-115.

MOLLIER, Jean-Yves, *La Lecture et ses publics à l'époque contemporaine. Essais d'histoire culturelle*, Paris, PUF, 2001, p. 71-84.

MOLLIER, Jean-Yves, « Paris, capitale éditoriale des mondes étrangers », dans *Le Paris des étrangers depuis 1945*, éd. Pierre Milza et Antoine Marès, Paris, Publications de la Sorbonne, 1995, p. 373-394.

PIAULT, Fabrice, « Littérature étrangère : la pente anglaise », *Livres-Hebdo*, n° 646, 19 mai 2006, p. 7.

POPA, Ioana, *Traduire sous contraintes. Littérature et communisme*, Paris, CNRS Éditions, 2010.

POPA, Ioana, « D'une circulation politisée à une logique de marché. L'importation des littératures d'Europe de l'Est au tournant des années 1990 », dans Translatio. *Le marché de la traduction en France à l'heure de la mondialisation*, éd. Gisèle Sapiro, Paris, CNRS Éditions, 2008, p. 257-286.

POPA, Ioana, « Un transfert littéraire politisé. Circuits de traduction des littératures d'Europe de l'Est en France 1947-1989 », *Actes de la recherche en sciences sociales*, n° 144, 2002, p. 55-59.

SAPIRO, Gisèle, « À l'international », dans *Gallimard : un siècle d'édition*, éd. Alban Cerisier et Pascal Fouché, Paris, BNF/Gallimard, 2011, p. 124-147.

SAPIRO, Gisèle, « Globalization and cultural diversity in the book market : the case of translations in the US and in France », *Poetics*, vol. 38, n° 4, 2010, p. 419-439.

SAPIRO, Gisèle, *Les Échanges littéraires entre Paris et New York à l'ère de la globalisation*, étude réalisée dans le cadre d'une convention avec le MOtif (Observatoire du livre d'Ile-de-France), CESSP, avril 2010, http://www.lemotif.fr/fichier/motif_fichier/143/fichier_fichier_syntha.se.paris.new.york.paris.pdf.

SAPIRO, Gisèle, « L'Europe, centre du marché mondial de la traduction », dans Gisèle Sapiro, *L'Espace intellectuel en Europe. De la construction des États-nations à la mondialisation*, Paris, La Découverte, 2009, p. 249-300.

SAPIRO, Gisèle, Translatio. *Le Marché de la traduction en France à l'heure de la mondialisation*, Paris, CNRS Éditions, 2008, p. 65-106.

SAPIRO, Gisèle, « "Je n'ai jamais appris à écrire". Les conditions de formation de la vocation d'écrivain », *Actes de la recherche en sciences sociales*, n° 168, juin 2007, p. 13-33.

SAPIRO, Gisèle et GOBILLE, Boris, « Propriétaires ou travailleurs intellectuels ? Les écrivains français en quête de statut », *Le Mouvement social*, n° 214, 2006, p. 119-145.

SAPIRO, Gisèle, « The literary field between the state and the market », *Poetics*, vol. 31, n° 5-6, octobre-décembre 2003, p. 441-461.

SAPIRO, Gisèle, *La Guerre des écrivains, 1940-1953*, Paris, Fayard, 1999.

SCHIFFRIN, André, *A Political Education. Coming of Age in Paris and New York*, New York, Melville House Publishing, 2007, trad. fr. *Allers-retours*.

SCHIFFRIN, André, *L'Édition sans éditeurs*, Paris, La Fabrique, 1999.

SERRY, Hervé, « L'Essor des Éditions du Seuil et le risque littéraire. Les conditions de la création de la collection "Fiction & Cie" par Denis Roche », dans *L'Édition littéraire aujourd'hui, éd.* Olivier Bessard-Banquy, Bordeaux, Presses universitaires de Bordeaux, 2006, p. 165-190.

SERRY, Hervé, « Constituer un catalogue littéraire. La place des traductions dans l'histoire des Éditions du Seuil », *Actes de la recherche en sciences sociales*, n° 144, 2002, p. 70-79.

SERRY, Hervé, « La Littérature pour faire et défaire les groupes », *Sociétés contemporaines*, n° 44, 2001, p. 5-14.

SULEIMAN, Susan Rubin, « Seuls Trois Best-sellers français ont séduit les États-Unis. Pourquoi Némirovsky, Littell et Barbery connaissent le succès », *Le Monde*, 7 septembre 2009.

THIESSE, Anne-Marie, *La Création des identités nationales. Europe XVIIe siècle-XXe siècle*, Paris, Seuil, 1999.

VENUTI, Lawrence, *The Scandals of Translation. Towards an ethics of difference*, London, Routledge, 1998.

VIALA, Alain, *Naissance de l'écrivain. Sociologie de la littérature à l'âge classique*, Paris, Minuit, 1985.

WILFERT, Blaise, « Cosmopolis et l'homme invisible. Les importateurs de littérature étrangère en France, 1885-1914 », *Actes de la recherche en sciences sociales*, n° 144, 2002, p. 33-46.

« The Death of French Culture », *Time Magazine*, 3 décembre 2007.

INTELLECTUELS SANS FRONTIÈRES

L'expression « French global » constitue une sorte d'oxymore. Aujourd'hui, ce que nous appelons « global » renvoie à la circulation des personnes, des idées et des biens dans ce qui semble être un monde sans frontières. Cependant, l'entité que nous continuons d'appeler « la France » fonctionne comme un État-nation possédant de véritables frontières, à la fois réelles et imaginaires, et des restrictions légales définissant la citoyenneté. À l'époque moderne, les démocraties libérales comme la France se sont définies selon un territoire géographique particulier, où l'on parle une langue nationale et où la laïcité est la règle.

Depuis quelques décennies, la France connaît une crise d'identité, par son entrée dans l'Union européenne et l'établissement d'une économie mondiale ; par l'arrivée de nouveaux immigrants en provenance d'anciennes colonies, qui mettent en question la conception française de l'universalisme ; et par le défi à l'exception culturelle que représentent des systèmes de communications étendus à l'échelle mondiale. Bien que les Français, comme leurs voisins européens, vivent dans un monde où les topographies et les imaginaires nationaux dominent toujours, ils sont désormais forcés de participer à un monde dans lequel de nombreuses questions économiques et culturelles sont devenues transnationales.

Les forces de la mondialisation, comme la création de l'Union européenne, conduisent à s'interroger sur ce que signifie le fait d'être à la fois français et européen et sur la manière dont les frontières respectives de la France et de l'Europe influent sur la définition de soi. La relation entre citoyenneté et mondialisation met l'idée même de la première en danger. L'institutionnalisation des règlements transnationaux par la Commission européenne de Bruxelles prive l'individu du pouvoir que lui accorde le contrat social dans chaque pays membre ; cela met donc à l'épreuve la permanence de l'État-nation dont la population définissait jusqu'alors, en partie, le lieu en tant que localité. Si l'on est parvenu à une citoyenneté plurinationale par le biais d'une réforme institutionnelle, cela ne relevait certainement pas de la volonté générale. L'un des paradoxes de la mondialisation dans le contexte européen tient au fait que, dans un monde de différences, la ressemblance est devenue de plus en plus normative. Qui plus est, l'Europe ne peut véritablement se concevoir comme une entité purement politique, détachée de la diversité des civilisations et des cultures transnationales qui la composent.

La question de savoir ce qu'être français veut dire a été examinée à l'époque postcoloniale. Bien que la France adhère encore en grande partie à ses idéaux universalistes, les modifications démographiques qu'a connues le pays, sous l'impulsion d'une diaspora internationale engendrée par les migrations transnationales de populations non européennes, ont remis en question les principes de la nationalité et ce qu'être français veut dire. La France, autrefois puissance impériale, tenta d'exporter sa mission civilisatrice et son universalisme dans ses anciennes colonies, étant convaincue qu'elle était un État-nation homogène. L'ironie du monde postcolonial est que les anciens colonisés ont à présent immigré sur le territoire de leurs anciens colonisateurs, mettant ainsi en question le concept même d'homogénéité sur lequel s'appuyait l'idée de la France. La question des minorités et les considérations sur les différences ethniques étaient en effet étrangères aux Français, étant donné que l'interaction dans l'espace public se fondait uniquement sur des critères juridiques. Comme l'a suggéré Étienne Balibar, « L'Europe est multiple ... à des "points triples" ou des "recouvrements" mouvants de civilisations contradictoires entre elles[1] ». L'enjeu, ici, est la question du rapport entre intériorité et extériorité et la façon dont les frontières, dans toutes leurs manifestations, y compris les innovations technologiques comme l'Internet, peuvent réguler les questions d'inclusion et d'exclusion.

La différence de la France par rapport à d'autres puissances européennes, comme l'Allemagne, vient d'une tradition de pensée ayant donné naissance à la Déclaration des droits de l'homme. Car si la grande ligne de démarcation dans l'identité culturelle française consiste en la séparation entre une France monarchique et une France républicaine, la raison en est, comme le suggère Marcel Gauchet, que « la volonté une et indivisible » du souverain absolu fut remplacée par la volonté absolue

1 E. Balibar, *Nous, citoyens d'Europe ? : les frontières, l'État, le peuple*, Paris, Éditions de la Découverte, 2001.

associée à la souveraineté nationale. L'emploi du concept de fraternité servit à établir l'idée d'universalité pour définir la communauté ; cela instaura la France au sein de la communauté des nations comme un pays capable d'atteindre la représentation légitime de la volonté générale. La mission de la France, ainsi que le suggérait Ernst Curtius, était similaire à celle de la Rome antique. L'affirmation d'une tradition nationale s'appuyait sur le désir d'appartenir à la communauté par un processus d'assimilation. « Toutes les prétentions à l'universalisme, suggère Curtius, furent transférées à l'idée nationale, et c'est en servant l'idée nationale que la France prétend atteindre à une valeur universelle[1]. » La vérité contenue dans le texte de la Déclaration de 1789 ouvre ainsi le droit de l'humanité à la politique, produisant l'idéal de l'universalisme par la création d'une religion civique fondée sur un consensus issu de l'union de la liberté et de l'égalité. Ce qu'Étienne Balibar a nommé dans un autre contexte « la proposition de l'égaliberté » conçoit l'humanité – ensemble de citoyens défendant des intérêts communs – comme une force constitutive de cette universalité partagée. En tant que définition de la *polis*, la Déclaration de 1789 est ainsi étrangement performative de la société qu'elle propose, à travers la création de frontières fondées sur la citoyenneté.

Le droit à la différence, conséquence de la nouvelle diaspora internationale et des migrations transnationales, met en question l'hégémonie culturelle de l'État-nation français. Chacune à leur façon, des figures intellectuelles aussi diverses qu'Étienne Balibar, Tahar Ben-Jelloun, Jacques Derrida, Julia Kristeva et Jean-Luc Nancy interrogent l'idée d'une communauté fondée sur des frontières, autant réelles que psychologiques, et qui doivent leur existence à l'absorption de l'altérité dans l'ordre du même. Ces figures intellectuelles sont des critiques qui ont analysé la présence de l'étranger dans le monde contemporain et son effet sur la politique de l'hospitalité ou sur la capacité à accueillir l'altérité au sein des frontières d'un lieu géographique particulier. Dans leurs analyses théoriques, ces critiques tentent de dépasser l'imposition de frontières restrictives et d'atteindre un espace qui permette d'interroger des conditions *a priori*. Certains de ces intellectuels ont immigré dans l'Hexagone depuis d'anciennes colonies (le Maroc pour le romancier Ben

1 E. Curtius, « Essai sur la France », dans E. Renan, *Qu'est-ce qu'une nation ? Et autres essais politiques*, Paris, Presses Pocket, 1994, p. 28-29.

Jelloun et l'Algérie pour le philosophe Derrida) ou bien depuis l'Europe de l'Est (la Bulgarie pour la psychanalyste Kristeva). D'autres, nés en France (le philosophe Nancy et le théoricien social Balibar), ont remis en question les catégories traditionnelles associées à l'universalisme français et à la tradition républicaine et son concept de citoyenneté. Ces intellectuels transforment la question éthique de savoir comment le moi entre en relation avec l'autre en une critique plus générale de l'idée de communauté nationale en tant que moi.

Si la formation de la nation, comme le suggère Ernest Renan, s'accomplit en extériorisant la vérité individuelle et en la faisant paraître inévitable, les intellectuels que l'on étudiera ici remettent en cause, chacun à sa manière, le *sensus communus*, les idées de la communauté qui reposent sur des croyances partagées et des frontières prescrites. Critiquant fortement l'idée d'une création organique à travers laquelle pensée et raison se développent selon des principes inhérents, chacun de ces penseurs propose d'accentuer ce que Renan a appelé des « dissonances » (qui doivent, selon lui, disparaître pour permettre à la patrie de conserver son intégrité).

Cependant, afin de prendre part au débat concernant les limites et frontières, il est tout d'abord nécessaire de repenser la notion traditionnelle d'*ethos*, définie comme « les comportements, habitudes et croyances caractéristiques et distinctives d'un groupe ». Comme Tobin Siebers l'a avancé, il nous faut dépasser l'usage, propre au Ve siècle, du terme *ethos* comme « caractère » et revenir à sa signification homérique de « lieu où se trouvent habituellement les animaux ». L'ethos, selon Siebers, « est un mot ayant trait à un lieu, un endroit familier, un habitat qui devient récurrent et finit par être caractéristique de ses habitants[1] ». De ce point de vue, la notion d'éthique transcende le sens monologique kantien de moralité et d'autonomie, selon lequel un sujet souverain peut exercer la raison pratique et ainsi discerner des lois à la validité universelle pour une communauté tout entière. Selon cette pensée, le danger est qu'en imposant le processus abstrait de la raison pratique à des sujets éthiques, l'on court le risque de projeter des principes catégoriques qui éliminent la différence des agents moraux. La théorie de Kant présuppose un concept d'humanité défini par contrat et opérant dans la limite restrictive de frontières, que celles-ci soient symboliques ou réelles. L'idée de fraternité entraîne l'invention d'un mythe totalisant, qui établit

1 T. Siebers, *Morals and Stories*, New York, Columbia University Press, 1992, p. 63.

l'unité d'individus appartenant déjà à un espace délimité et sanctifié dans sa structure par la règle du droit, qui y consacre l'appartenance et détermine qui en fait ou non partie.

En ne tenant pas compte de la pluralité propre à l'espace de sociabilité de l'État-nation, cette vision de la volonté générale des citoyens comme garantie des droits de l'homme réifie l'imaginaire national de la république en une construction homogène, exempte de tout conflit durable. C'est cette vision que les « intellectuels sans frontières » cherchent à remettre en cause. La question qui se pose alors est de savoir comment rendre la justice possible dans un espace social au sein duquel la reproduction de comportements moraux s'accomplit à un niveau quasi-imaginaire. Dans cette perspective, il est nécessaire de redéfinir le concept d'ethos comme lieu habité par un certain nombre d'individus divers. La question de l'hospitalité devient ici centrale et est inextricablement liée à la politique de l'espace, dans une perspective globale, et aux conflits que celle-ci peut occasionner. En effet, si l'on réduit l'ethos aux comportements d'un groupe homogène, la recherche du consensus et de valeurs communes devient obligatoire. En France comme dans d'autres pays, la définition nationale de soi est souvent conçue en fonction de la majorité, tandis que les minorités sont considérées comme étrangères. L'appartenance ethnique est considérée comme un facteur étranger à l'universel. Cependant, la définition de soi propre à la majorité se donne paradoxalement comme le degré zéro de l'appartenance ethnique et naturalise ainsi sa souveraineté par le biais d'une série de droits reconnus par la loi. Dans ce contexte, la nationalité implique l'appartenance, conférant la citoyenneté française à l'intérieur des délimitations politiques de la nation. Cela suggère que pour maintenir les impératifs de la démocratie libérale et les valeurs de l'universalisme, il est nécessaire d'éliminer tout antagonisme et de masquer la violence. Il est intéressant de constater qu'étymologiquement, le mot « violence » (du latin *violentia*) caractérise la violation de revendications de frontières. D'un point de vue éthologique, la violence entraîne la négation de l'espace délimité de la patrie ainsi que de celui hors de la patrie. En tant que phénomène culturel, l'universalisme devient la norme prétendue, définie par des lois éthiques, elles-mêmes déterminées par un impératif pratique qui, selon Renan, contient les dangers de conflit et de lutte en faveur d'un concert harmonieux de l'humanité, sourd aux « dissonances », et qui tente de supprimer la violence.

Le *topos* de l'hospitalité, tel qu'il est théorisé par les figures intellectuelles de notre étude, possède une longue histoire qui remonte à la Bible. Dans l'Ancien Testament, l'hospitalité constitue une loi universelle et un devoir sacré envers l'étranger, tandis que le Nouveau Testament la définit comme le fruit de la charité chrétienne. Au siècle des Lumières, elle fonctionne parfois comme une forme d'humanisme laïque, par exemple dans l'*Encyclopédie* où l'on fait référence à l'hospitalité comme à « la vertu d'une grande âme qui tient à tout l'univers par les liens de l'hospitalité », ou chez Kant, qui évoque le droit à un visa universel devenu essentiel selon des considérations économiques et pragmatiques.

Pour comprendre les complexités de la politique de l'hospitalité aujourd'hui, il est nécessaire de se recentrer sur ce rapport entre des individus divers tel qu'il s'accomplit au sein de la nation, et dans un contexte mondial suivant les nouvelles configurations supranationales telles que l'Union européenne. Pour ce qui est des questions éthiques, l'hospitalité implique l'intersection entre les personnes et les lieux ; elle met en avant l'importance d'éléments localisés dans la construction de la communauté. Mais, comme le sens étymologique d'« hospitalité » le révèle, à travers l'aporie du rapprochement de *hostis* (étranger) et *potis* (maîtrise) ou bien par le double sens ironique contenu dans le mot « hôte » (renvoyant aussi bien à celui qui reçoit qu'à celui qui est reçu), la politique de l'accueil théorisée par nos intellectuels implique un échange social paradoxal, non pas fondé sur un idéal régulateur positif, mais libéré de cette exigence. Ni moralisante ni prescriptive, l'hospitalité doit accomplir l'accueil inconditionnel de l'inconnu, quelque anxiété qu'elle puisse causer. Si en effet l'hospitalité est une question éthique au sens traditionnel du terme, comment peut-on négocier le passage de l'éthique au politique tout en adoptant une position anti-fondationnaliste ?

JEAN-LUC NANCY

Bien que Jean-Luc Nancy n'aborde pas directement la question de l'hospitalité, ses réflexions théoriques portent néanmoins sur la question de l'altérité, mais pour mettre davantage l'accent sur une analyse ontologique inspirée d'Heidegger. L'idée de « communauté désœuvrée » chez Nancy s'attache à déconstruire la rhétorique nostalgique sur laquelle repose le concept traditionnel de communauté. En examinant la nature de l'identité collective, Nancy suggère que l'État-nation moderne doit être considéré désormais comme une entreprise dont la désagrégation est possible. Si la nostalgie est ici si centrale, c'est que Nancy souhaite démontrer que l'unité contrainte de la nation s'est inspirée de, et appuyée sur, des modèles antérieurs renvoyant à un passé harmonieux, mais perdu : « famille naturelle, cité athénienne, république romaine, première communauté chrétienne, corporations, communes ou fraternités – toujours, il est question d'un âge perdu où la communauté se tissait de liens étroits, harmonieux et infrangibles [...][1]. » Pour Nancy, la communauté doit se concevoir comme une chose à venir.

Il entame un dialogue avec Kant pour se démarquer de ce dernier. Selon Kant, la théorie de la raison pratique fonctionne comme le *modus operandi* d'une communauté dont l'existence même naît de la croyance en ce que l'universel est ce qui est bon pour tous. Ce qui frappe le plus dans sa lecture de Kant est que Nancy suggère que l'impératif catégorique fonctionne comme un mécanisme totalisant qui exclut la contingence de l'être. La théorie kantienne a pour conséquence d'imposer une raison pratique se donnant comme un fait établi et sapant la souveraineté qui rend la différence possible. Le fait de catégoriser livre le sujet humain à une règle du droit qui élimine la liberté. Le paradoxe de la communauté idéale selon Kant tient dans le fait qu'elle règle la vie éthique en limitant la possibilité d'existence de singularités qui fragmenteraient la communauté.

Pour Nancy, le défi principal est de mettre en question l'idée totalisante d'une communauté fondée sur le concept d'« immanence [absolue] de l'homme à l'homme[2] ». D'après Nancy, la communauté est un phénomène qui s'est accompli par le « désir de présence ». Commençant par critiquer l'idée métaphysique de communauté, Nancy en choisit une autre dans laquelle les identités et les frontières sont ouvertes à la différence. Dans son sens étymologique (*communitas*, ou l'édification d'enceintes), la communauté est une entreprise dangereuse, car elle se présente comme un idéal qui clôt ce qui devrait rester ouvert. Afin

1 J.-L. Nancy, *La Communauté désœuvrée*, Paris, C. Bourgois, 1989, p. 29-30.

2 *Ibidem*, p. 15.

d'accomplir la communauté, celle-ci doit devenir désœuvrée, c'est-à-dire « une communauté sans communauté » ou une communauté qui n'en est pas une.

N'étant plus fondée sur l'idée de communion, la thèse de Nancy rejette clairement la possibilité de la transcendance éthique qui sous-tend la construction de l'État-nation moderne, à laquelle des théoriciens comme Kristeva adhèrent dans un effort de récupération du contrat social. La philosophie politique non identitaire de Nancy propose une manière de concevoir la nation autrement. Ce qu'il appelle l'« être-avec » renvoie au besoin de former une communauté fondée sur une pléthore de singularités, toujours déjà infinie. Si la communauté se définit comme une identité absolue, elle exclut toute possibilité de communication véritable. Si pour Nancy la communauté est littéralement « désœuvrée », c'est parce qu'il rejette « la mise en œuvre technico-économique de notre monde[1] ». En refusant une interprétation essentialisée de la communauté, Nancy ne s'autorise pas à concevoir la communauté comme un projet pouvant enfin s'accomplir en totalité.

TAHAR BEN JELLOUN

Dans *Hospitalité française* (1984), le romancier marocain francophone Tahar Ben Jelloun offre un compte rendu quasi-journalistique du racisme dans la France du début des années 1980 à travers une juxtaposition impressionnante de faits divers et d'analyses historiques, qui regroupe une multiplicité de témoignages individuels. Extraits de la presse de l'époque, ces crimes envers les droits de l'homme soulignent l'urgence de la politique de l'hospitalité. Tout en critiquant les comportements français envers les étrangers, Ben Jelloun, curieusement, démystifie l'espace idéalisé du pays d'origine et souligne l'impossibilité de retourner dans « une patrie » qui n'existe peut-être que dans les limites de l'imagination. En nommant ces pays d'origine et en en identifiant certains comme états oppresseurs, Ben Jelloun, de manière ironique, refuse de réduire la France exclusivement au statut négatif du colonisateur.

1 *Ibid.*, p. 59.

Le texte de Ben Jelloun démystifie l'image homogène du sujet nord-africain afin de susciter une crise dans sa représentation. Le dessin de Plantu qui illustre la couverture de l'édition originale vient renforcer ce projet : ce dessin est ironique et chargé d'allusions culturelles, plein de doubles sens et de contradictions concernant la nature de la culture nord-africaine en France. L'image illustre le regard de l'« observateur national » sur l'immigrant nord-africain qui se tient sur le seuil d'une maison, dont la porte ouverte en interdit toutefois l'entrée. Le soi-disant étranger se trouve pris au piège entre l'attente de l'hospitalité et la véritable expérience qu'il en fait, puisque le signifiant « bienvenue » n'entraîne pas le référent qu'il serait censé produire. Au lieu de cela, la « bienvenue » se renferme littéralement sur un mur de briques. Isolée avec son bagage littéral et symbolique, la figure de l'immigrant n'a plus nulle part où le poser. On comprend ainsi combien *Hospitalité française*, le titre de Ben Jelloun, est ironique.

L'auteur représente la diversité culturelle à travers de nombreux récits individuels afin de démystifier les préconceptions ethnologiques et d'illustrer le processus d'« altérisation » des Nord-Africains vivant en France. Dans le texte, les voix nord-africaines sont quelquefois celles d'immigrés qui ont obtenu la citoyenneté française, quand certains viennent seulement d'arriver en France, et que d'autres ne sont jamais allés en Afrique du Nord ou même hors de France. Comme le note Ben Jelloun, certains ne pratiquent plus l'Islam, ou ne parlent pas l'arabe, quand d'autres ne parlent pas le français. Par conséquent, il existe une grande ambiguïté pour savoir ce qui constitue la patrie, la langue maternelle, ou bien l'immigrant – étiquette qui, comme on le découvre, est parfois accolée à un citoyen français qui n'a jamais quitté le pays. En un mot, Ben Jelloun suggère que la catégorie de l'« immigrant » est une expression essentialisée de la différence, représentant ceux qui sont perçus comme incapables de s'assimiler. Les enfants nés sur le territoire français de parents immigrés se voient dépossédés de leur patrie et placés dans une situation « sans issue ». Ben Jelloun l'expose de manière frappante : « L'Algérie, qui pourrait être une mère, est aussi exaspérée que la France ; elle a en outre le comportement de la mère amnésique ; elle veut bien les reprendre sous son toit, mais elle leur demande de s'adapter, c'est-à-dire de changer : parler arabe, oublier l'enfance, se forger une nouvelle mémoire et surtout bien se tenir, ne pas poser trop de problèmes et ne pas perturber le paysage apparemment tranquille de la jeunesse locale[1]. »

Ben Jelloun cherche à représenter ceux dont les histoires ont été passées sous silence, qui n'ont jamais immigré et qui pourtant disparaissent au sein d'une catégorie qui est à la fois totalisée et informe. « On renonce, déclare Ben Jelloun, aux archives de l'universel et à la rigueur dialectique de l'échange. La nation perd la fidélité à ses principes, ou plus exactement s'en détourne[2] ». En faisant ressurgir des histoires enfouies, Ben Jelloun évite de réduire le sujet immigrant à une figure composite et de l'enfermer dans un ensemble de discours clos où l'on parle anonymement au nom de l'Autre. Ben Jelloun souhaite à l'évidence citer des expériences individuelles à travers des histoires particulières qui nécessitent une représentation continue : « Des voix, peut-être traduites du silence, s'élèvent. Elles sont à peine audibles et pourtant elles proviennent de cages thoraciques où la colère est fièvre, une rage contenue. [...] De ces voix et de ces silences, de ces visages et de ces mains, je voulais parler[3]. » En un sens, son texte produit l'effet rhétorique d'une conscience en opposition, qui tire sa force d'une série de récits localisés. Constituant un antidote au geste universalisant du racisme, Ben Jelloun pratique une rhétorique de la nomination qui se transforme en un acte politique de différentiation et de subversion. En nommant la victime d'un meurtre, par exemple Ahmed Binkhidi, un Algérien de dix-sept ans, Ben Jelloun choisit de représenter dans son texte un individu dont la mort incarne les sentiments anti-arabes et dont l'histoire reste à écrire.

Hospitalité française n'est pas un manifeste tel que peuvent l'être des textes comme ceux de Frantz Fanon (*Les Damnés de la Terre*) ou d'Aimé Césaire (*Discours sur le colonialisme*) et ne représente pas non plus une étude théorique de l'« étrangeté » comme chez Kristeva. Son approche polyphonique est plutôt une stratégie mise en place afin d'éviter tout réductionnisme et d'entreprendre une plongée dans l'archive pour en faire remonter de multiples histoires qui, une fois réunies en une anthologie de subjectivités marginalisées, en deviennent exemplaires. « J'entends parfois des gens dire qu'ils sont pro-arabes. Je n'aime

1 *Ibid.*, p. 57.
2 *Ibid.*, p. 20.
3 *Ibid.*, p. 156.

ni cette expression ni cette attitude. Qu'est-ce que cela veut dire ? Est-ce à dire qu'ils aiment les Arabes, comme si les Arabes étaient une totalité compacte, entièrement bonne et innocente, qu'ils sont prêts à les défendre n'importe où, n'importe quand et pour n'importe quel motif[1] ? » Cette multiplication de subjectivités remet en cause l'universalisme associé au républicanisme français, le texte menaçant ainsi de démanteler le récit dominant de la modernité, fondé sur l'humanisme libéral.

Au début de son livre, Ben Jelloun déclare que son but est de porter témoignage sur ce qui échappe au regard : « Ce petit livre n'a pas été écrit pour culpabiliser une société, mais simplement pour témoigner sur une époque, avec ses contradictions, ses bavures et ses silences[2] ». En général, comme le suggère Dori Laub, le témoignage « commence par le fait que quelqu'un témoigne d'une absence, d'un événement qui n'est pas encore advenu à l'existence[3] ». En tant que geste performatif, le récit de Ben Jelloun ouvre un espace où la connaissance d'événements antérieurs peut désormais prendre forme parce que le témoignage véritable nécessite un lieu cognitif, une patrie où une mémoire plus permanente du traumatisme culturel puisse s'inscrire. Les multiples témoignages qui constituent le texte de Ben Jelloun nous confrontent activement à la difficulté de témoigner de ce qui s'est produit sans presque qu'on le remarque. D'une certaine façon, l'auteur nous demande comment l'on pourrait être témoin d'un événement qui, soit a été vécu de façon impersonnelle, soit et pire encore, s'est déroulé sans aucun témoin.

La stratégie rhétorique de Ben Jelloun offre un contre-récit au mythe idéalisé de la nation. Grâce à elle, la performativité narrative devient une théorie dans laquelle la mise en scène du pouvoir conféré par le discours, l'acte qui donne une voix à ceux qui n'en avaient pas, permet de réaliser l'hospitalité rétroactivement par le pouvoir du *logos*, au moyen duquel l'autre n'est plus une abstraction.

---

1 *Ibid.*, p. 70.

2 *Ibid.*, p. 16.

3 D. Laub, « Bearing Witness, or the Vicissitudes of Listening », dans *Testimony : Crises of Witnessing in Literature, Psychoanalysis, and History*, éd. S. Felman et D. Laub, New York, Routledge, 1992, p. 57.

JULIA KRISTEVA

Julia Kristeva étudie la situation de l'étranger d'un point de vue psychanalytique, qui libère la nation du malaise racial par le biais d'une pratique thérapeutique. Kristeva interroge la notion d'hospitalité dans *Étrangers à nous-mêmes*, en en faisant un problème théorique qui reconnaît la différence à la fois sur le plan subjectif et sur le plan communautaire. Selon Kristeva, pour pouvoir accueillir la présence de l'autre, il faut commencer par reconnaître l'altérité que l'on porte en soi. « Peut-être s'agit-il, en définitive, » déclare Kristeva, « d'étendre à la notion d'étranger le droit au respect de notre propre étrangeté et, en somme, du "privé", qui garantit la liberté des démocraties[1] ? ». Le problème est ici le *topos* de l'exil, que Kristeva conçoit comme une condition d'étrangeté qui résulte d'une séparation avec un lieu maternel symbolique. L'étranger est représenté comme une créature coupée de ses repères et souffrant d'une mélancolie traduisant un désir de présence. Victime d'une perte ou d'isolement, l'étranger est représenté comme « la face cachée de notre identité … symptôme qui rend précisément le "nous" problématique[2] ».

Du point de vue de Kristeva, la figure de l'« étranger » est transgressive : elle traverse les frontières et signale sa présence par son caractère non nécessaire. « Ce visage si *autre* porte la marque d'un seuil franchi qui s'imprime irrémédiablement dans un apaisement ou une inquiétude … l'expression de l'étranger signale qu'il est "en outre". La présence d'une telle frontière … réveille nos sens les plus archaïques par un goût de brûlure[3]. » Si, en effet, l'étrangeté de l'autre nous permet de somatiser notre incapacité à tolérer l'altérité, elle révèle également l'abjection qui entraîne la violence et anéantit la stabilité de la communauté ou les frontières qui en assurent la cohésion. L'angoisse provoquée par la présence de l'étranger remet en cause le tissu social et les frontières de la communauté, sous la menace de l'altérité. Le contact avec l'étranger rend étrangère notre propre expérience de l'espace national.

1 J. Kristeva, *Étrangers à nous-mêmes*, Paris, Fayard, 1988, p. 289.
2 *Ibid.*, p. 9.
3 *Ibid.*, p. 12.

La conception de l'étranger chez Kristeva (qui suggère que l'étrangeté est un phénomène quasi-universel qui réside dans notre inconscient) est fondée sur la perception diderotienne de la fragmentation de l'identité humaine et sur l'essai de Freud, « *Das Unheimliche* » (« L'inquiétante étrangeté »), publié en 1919. Dans cet essai, Freud se livre à une enquête philologique sur le mot allemand *heimlich* (signifiant ce qui est lié au foyer, au monde familier) et son antonyme *unheimlich*, afin de démontrer que ce dernier (signifiant ce qui met mal à l'aise ou n'est pas familier) est inextricablement lié à la signification positive de ce qui est « accueillant, confortable ». Kristeva remarque qu'en déplaçant le sens du domaine philologique au domaine psychanalytique, Freud invente le concept d'« inquiétante étrangeté », établissant un lien entre l'angoissant ou l'étrange et ce qui était jusqu'alors familier ou rassurant. Si l'inquiétant était autrefois familier (*heimlich*), il représente une spectaculaire division du moi, par laquelle ce qu'un individu perçoit comme étrange n'est autre que le retour d'un passé impropre qui se révèle être son propre passé.

Kristeva recourt à ce modèle psychanalytique du sujet pour transposer la question du caractère inhabitable de l'espace domestique ou intérieur à celle d'une communauté sociale plus élargie. En choisissant une praxis politique dans ce contexte, elle étudie la façon dont une communauté nationale peut vivre avec la différence. La question devient ainsi de savoir comment une nation diverse peut être en partie caractérisée par l'étrangeté sans pour autant céder à la violence. Si l'on accepte l'idée que ce qui est exclu (ou rendu autre) fait toujours déjà partie du domaine du même, on peut alors considérer l'exclusion comme une technique de défense servant à protéger la solidité de notre prétendue identité.

Bien que Kristeva rejette l'idée d'une identité fixe, elle se livre néanmoins à une analyse spéculative à travers laquelle le sens de soi s'accomplit par l'exclusion de l'autre. Par conséquent, de même qu'un individu doit apprendre à faire face à l'étrangeté qu'il porte en lui, de même l'État-nation moderne doit parvenir à accepter ses éléments prétendument étrangers. Tout comme la construction du moi, la création plus traditionnelle de la nation s'accomplit au moyen de la liquidation d'entités individuelles concrètes au nom d'une abstraction totalisée : « Du point de vue juridique, le problème des étrangers découle d'une logique classique, celle du groupe politique et de son apogée, l'État-nation.

Logique qui [...] reconnaît qu'elle repose sur certaines exclusions[1]. » En théorisant l'« altérité », Kristeva ne manque pas de relever que l'idée même de culture française – l'absolutisme de l'Ancien Régime, le nationalisme gallican et l'unité républicaine – découle d'une quête d'autonomie. Considérée comme impératif critique, cette stratégie se fonde sur l'idée de la patrie comme sphère homogène aux contours délimités : « Toujours ailleurs, l'étranger n'est de nulle part[2]. » La stratégie de défense de l'identité propre de la France nécessite que réussisse une répression fondée sur une autoprotection visant à l'exclusion.

D'une certaine manière, Kristeva s'inspire du concept kantien de cosmopolitisme pour le reformuler dans un cadre psychanalytique qui postule la différence comme un phénomène universel. Tandis que le cosmopolitisme selon Kant reposait sur un système d'échanges fondé sur l'idée que l'hospitalité était un droit de l'homme et un principe universel, Kristeva met en avant l'impératif moral de reconnaître et d'accepter l'étranger comme une part vitale de nous-mêmes et comme principe fondateur de la communauté. La sociabilité, telle que Kristeva la conçoit, découle de la relation du sujet à lui-même et du présupposé que les relations sociales sont en définitive liées au fonctionnement de la psyché. L'étrange, dit Kristeva, « est en moi donc nous sommes tous des étrangers. Si je suis étranger, il n'y a pas d'étrangers... L'éthique de la psychanalyse implique une politique : il s'agirait d'un cosmopolitisme de type nouveau qui [...] ouvre pour une humanité dont la solidarité est fondée sur la conscience de son inconscient[3] ». En refusant de voir un ennemi en l'autre, Kristeva propose une communauté paradoxale dans laquelle la conscience psychanalytique remplace une transcendance religieuse autrefois puissante. Elle crée une destinée manifeste de l'hospitalité dans laquelle l'altérité est tout à la fois présente et effacée au sein d'un espace sans frontières. Kristeva affirme qu'une connaissance générale de l'autre en nous est utopique, mais cette utopie est nécessaire : « Comment être libre sans quelque utopie, sans quelque étrangeté ? Soyons de nulle part, donc, mais sans oublier que nous sommes quelque part[4]... ». Kristeva soutient l'idée d'un monde dans lequel nous pouvons

1 *Ibid.*, p. 143.
2 *Ibid.*, p. 21.
3 *Ibid.*, p. 284.
4 *Ibid.*, p. 171.

vivre nos différences de manière paradoxale. En identifiant l'étrangeté en nous-mêmes, nous pouvons rendre la patrie quelque peu moins étrange.

Mais l'idéalisme de Kristeva propose-t-il une vision utopique au sens étymologique d'utopie (*ou-topos*, nulle part), un simple rêve fondé sur un espace infini ? Si, comme elle le suggère, l'étranger naît de la conscience que l'on a de la différence, un habitus non-violent ne peut être élaboré que lorsque l'on reconnaît que, par sa nature même, cette image digne d'un slogan à la Benetton, « nous sommes tous frères », est en fait fracturée, et que la sociabilité ne peut commencer qu'à partir du moment où nous reconnaissons que notre nature même nous rend « rebelles aux liens et aux communautés[1] ». Ce qui est frappant dans la discussion de la différence chez Kristeva est la tentative de neutraliser les questions de race. En fin de compte, il serait concevable de s'interroger sur le pragmatisme de Kristeva et sur la possibilité de l'appliquer à l'action politique concrète. Est-ce que la capacité d'embrasser l'altérité que l'on porte en soi amène nécessairement à l'acceptation de la différence de l'autre ?

Il est certain que Kristeva critique fortement la manière dont la formation de frontières construit la catégorie de l'étranger ; elles distinguent les citoyens des non-citoyens afin de leur donner une identité cohérente : « la nation [...] incluant les pauvres, les travailleurs de tous rangs, sexes et âges confondus... Jamais démocratie n'a été plus explicite, car elle n'exclut personne – *si ce n'est les étrangers*[2]... ». Cependant, ce que Kristeva décrit comme une éthique politique est ici soutenu par une vision paradoxale de la nature humaine à travers l'acceptation de l'hétérogénéité de la culture. Parvenir à une éthique qui puisse accueillir l'inconciliable est une entreprise qui nécessite une rééducation sans doute difficile à atteindre à vaste échelle.

ÉTIENNE BALIBAR

Étienne Balibar entreprend de remettre en cause les contraintes paralysantes imposées par le concept de citoyenneté fondé sur la nation

1 *Ibid.*, p. 9.
2 *Ibid.*, p. 223.

et séparant l'immigrant du citoyen. Intellectuel engagé et théoricien de l'idée de frontières, Balibar s'est interrogé sur l'oppression à laquelle sont soumis les immigrants. Contrairement à Kristeva, il s'est confronté à ce problème d'un point de vue politique et pratique, en étudiant les questions de justice et de démocratie en France et à travers l'Europe. En se préoccupant du quotidien malheureux que doivent supporter les immigrants illégaux, Balibar suggère qu'ils sont victimes de restrictions dues à des frontières aussi bien externes qu'internes. La cible de sa critique théorique est l'État-nation, qui définit ses frontières, à l'intérieur comme à l'extérieur, en distinguant les « étrangers » des personnes nées sur le territoire national, et les non-citoyens des citoyens. Bien qu'ils enrichissent les nations où ils vivent, ceux que l'on définit comme étrangers se voient le plus souvent refuser le droit à la citoyenneté, et souvent même les droits de l'homme fondamentaux. En tant que théoricien, Balibar conteste l'idée même d'État-nation, dont la soi-disant unité est le produit de ce qu'il qualifie d'ethnicité fictive. Ce phénomène instaure dans le temps réel et historique son unité imaginaire contre toute configuration minoritaire possible, et transcende ainsi les questions de classe et de race par l'invention d'un concept du politique idéalisé.

Dans ses récents développements théoriques, Balibar s'est penché sur la question des frontières internationales ou transnationales. En étudiant les frontières externes géographiques et politiques d'entreprises telles que l'Union européenne, il souligne l'effet fâcheux qui résulte de l'imposition de frontières qu'il décrit comme le lieu où s'arrête la démocratie. Son usage du terme *transnationalisme* relève d'un mode d'expression militant, fondé sur l'idée d'une humanité commune et opposé à l'universalisme européocentriste.

Pour Balibar, la création de l'Union européenne a paradoxalement permis, grâce aux termes du traité de Maastricht, l'existence d'une citoyenneté sans citoyens. Par l'adhésion commune de nations à une même entité supranationale, la citoyenneté conférée par l'Union européenne n'existe que de nom, sans qu'il y ait de citoyens au sens institutionnel strict, remplissant des obligations dans l'intérêt général. La réification des frontières permet à l'Union européenne d'établir une entité politique clairement délimitée et de contrôler les sujets plutôt que d'être sujette au contrôle. La fiction engendrée par la création d'une communauté de citoyens européens dans un cadre géographique particulier impose des frontières politiques et sape la possibilité d'une civilité au sein d'une diversité de communautés. Pourtant, le paradoxe d'une Europe unifiée est que, dans ce monde prétendument sans frontières, des frontières plus insidieuses ont été créées et conçues pour miner la civilité de l'échange démocratique.

Balibar examine le statut des migrants qui, selon lui, doivent développer la capacité à transiter entre les différents États-nations. En arguant en faveur des droits des migrants, il réclame un « droit de cité » dans les différentes communautés. Son désir de voir un monde sans frontières accorde à la figure du migrant une liberté de mouvement dans son existence nomade.

JACQUES DERRIDA

Le statut de Jacques Derrida comme icône de la philosophie française se trouve compliqué par les détails de sa biographie. Né dans l'Algérie française, sous le régime de Vichy il se vit refuser la citoyenneté française. Derrida a toujours témoigné d'une distance par rapport au français, sa langue maternelle. Il se trouve donc dans une aporie entre le statut d'immigrant et de natif et a été en mesure d'aborder l'ensemble des préoccupations et critiques émises par les intellectuels étudiés ici.

Dans son œuvre, Derrida s'est interrogé sur les questions de l'éthique et de la responsabilité, prenant en compte leurs liens à la politique de l'hospitalité. L'enjeu est ici ce que Martin Jay a appelé « la manœuvre inquiétante (*unheimlich*)[1] » qui, selon lui, était devenu un trope directeur dans les années 1990. En prêtant une attention particulière à la « hantise inquiétante » d'un temps qui est perpétuellement hors de ses gonds, Derrida suggère que le désir insatisfait de regagner le lieu de la patrie familière est condamné à l'échec parce que l'on ne peut regagner ce qui n'a jamais été véritablement possédé. Pourtant, ce qu'il nomme la « hantologie » témoigne de l'existence de spectres inquiétants s'immisçant au cœur d'une pulsion d'identité nationale, ancrée dans le désir nationaliste (*völkisch*) de retrouver une patrie toujours déjà fuyante, lieu imaginaire

1 M. Jay, *Cultural Semantics*, Amherst, University of Massachusetts Press, 1998, p. 157.

d'un tout idéalisé, d'un espace propre/familier non hanté. Pour Derrida, ce désir inquiétant du « chez soi » est symptomatique du désir de purger le lieu imaginaire de la patrie des éléments perçus comme étrangers.

Sensible à l'exil infligé aux victimes d'une diaspora internationale due au strict contrôle des frontières, Derrida affirme sa solidarité avec « tant d'exilés, d'apatrides et d'immigrés hors d'un territoire dit national[1] ». Il est intéressant de remarquer que le *topos* du Juif apatride se charge d'une certaine exemplarité dans les écrits plus tardifs de Derrida. Tout comme la figure de la greffe ou l'image de la transplantation dans ses textes, son autoportrait le représente comme « déraciné et replanté autre part, mieux accueilli dans une terre étrangère » selon le résumé de John Caputo[2]. En raison de sa relation au langage, Derrida se décrit lui-même comme un praticien de la « politique de l'exil ». Pris entre deux langues (l'hébreu et le français) qui semblent être les siennes, mais qui se dérobent toujours déjà à lui, Derrida se dépeint comme dépourvu d'une patrie linguistique propre (« je n'ai qu'une langue et ce n'est pas la mienne[3] »). La représentation de cette figure diasporique résulte d'une hybridité culturelle à travers laquelle tout sens identitaire est rendu ambigu – ambiguïté qui se fait jour dans l'exigence d'assimilation d'une langue française d'origine latine et associée à une religion chrétienne par un Juif athée, tributaire d'une culture européenne, originaire d'Afrique du Nord, né en Algérie, d'ascendance espagnole. Dépourvue de tout sens d'authenticité, cette figure devient un être hybride culturellement, dont le sentiment d'être étranger ne peut jamais être éliminé ni englobé dans la notion d'un moi transcendantal. Ce que Derrida révèle dans son texte autobiographique *Circonfession* est que l'image symbolique de sa circoncision – terme latin décrivant une pratique juive, et qui se réfère ici à un Juif athée dans une nation arabe – signifie une différence qui ne peut jamais être prise au singulier. La symptomatologie de ce déracinement linguistique et culturel révèle le caractère paradoxalement apatride d'un enfant ayant dû assimiler la culture latine et chrétienne et qui fut pourtant renvoyé de son école parce que juif, comme il le raconte dans *Circonfession*[4].

---

1 J. Derrida, *Spectres de Marx*, Paris, Galilée, 1993, p. 135.

2 J. Caputo, *The Prayers and Tears of Jacques Derrida*, Bloomington, Indiana University Press, 1997 p. 305.

3 J. Derrida, *Le Monolonguisme de l'autre*, Paris, Galilée, 1996, p. 1.

4 J. Derrida, *Circonfession*, dans G. Bennington et J. Derrida, *Jacques Derrida*, Paris, Seuil, 1991.

Derrida n'est peut-être pas un écrivain juif, mais un écrivain qui se trouve être juif et se livre au plaisir ludique d'écrire dans la césure qui fait de toute langue une langue étrangère ou langue de l'Autre. En adoptant stratégiquement la figure du Marrane qui « reste fidèle à un secret qu'il n'a pas choisi[1] », Derrida occupe, au sein de la patrie, une place où il peut rester sans avoir à la rejeter et sans devoir s'identifier comme appartenant à un autre endroit. Derrida emploie la figure du Marrane comme moyen de représentation de l'exil du nomade pour qui la justice est toujours reportée et dont le sentiment d'appartenance n'est jamais tout à fait certain. Par conséquent, en permettant à cette stratégie rhétorique de contaminer ses écrits, Derrida a produit dans ses textes des représentations allégoriques qui remettent en cause la politique d'appartenance à un lieu et le caractère organique de l'ensemble national, afin de miner l'idée de communauté, fondée qu'elle est sur les injustices engendrées par la loi du même.

En tant qu'intellectuel engagé, Derrida souligne l'importance de la politique de la mémoire pour signaler la manière dont l'usage irresponsable de l'archive de la nation peut être motivé par un déni du passé : « Nul pouvoir politique sans contrôle de l'archive, sinon de la mémoire[2]. » Dans *Mal d'archive*, Derrida nous montre comment l'oubli est un acte d'exclusion, similaire en quelque sorte à l'harmonie forcée de Renan, qui sépare et rejette les excès de l'intérieur vers l'extérieur. L'impératif d'établir des normes absolues empêche l'ouverture possible de la communauté, qui se réifie en une entité totalisée. Le fait de recourir à l'archive afin d'établir l'unité fonctionne en définitive comme un instrument disciplinaire qui supprime l'archive enfouie.

Au cœur de la critique culturelle de Derrida se trouve une politique de la traductibilité. Ce qu'il nomme une « politique des lieux[3] » est une pratique fondée sur des lois qui isolent et des secrets qui marginalisent, usurpant ainsi la possibilité de maintenir des lieux d'autorité. En choisissant pourtant une « politique du tout autre », stratégie qui représente la singularité absolue du « tout autre », l'activité déconstructrice derridienne permet de délimiter la pragmatique normative d'un monde chrétien européocentriste et la prétendue unité spirituelle de l'Europe.

---

1 J. Derrida, *Apories*, Paris, Galilée, 1996, p. 139.
2 J. Derrida, *Mal d'archive*, Paris, Galilée, 1995, p. 15.
3 J. Derrida, *Khôra*, Paris, Galilée, 1993, p. 49.

Contrairement à Kristeva dont la théorie de l'abjection met en avant la tolérance de l'impur, Derrida suggère que le lieu où l'on vit n'est pas nécessairement un lieu auquel on appartient, et qu'il ne le sera peut-être jamais. Nous devons certainement apprendre à habiter dans un *locus* dont les limites sont à jamais assujetties à la possibilité de la non-appartenance. Le non-familier devient ainsi le lieu paradoxal de la dissolution de l'État-nation : un lieu désert où l'« à venir » du rêve prochain n'est jamais en mesure de construire un idéal régulateur, mais qui doit plutôt rester absolument indéterminé dans l'espace utopique du cosmopolitisme. La question essentielle devient alors de savoir comment l'on peut rendre un lieu habitable sans en faire un lieu refermé sur lui-même et fermé à son avenir. Derrida suggère que ce dont nous avons besoin, ce sont « un autre droit international, une autre politique des frontières, une autre politique de l'humanitaire, voire un engagement humanitaire qui se tienne *effectivement* au-delà de l'intérêt des États-nations[1] ». Seule la déconstruction, comme il l'affirme, nous permet de transcender l'enfermement étouffant de la citoyenneté, qui par sa nature même implique l'exclusion et le sacrificiel.

Durant sa carrière, Derrida devint le meilleur exemple d'un « intellectuel sans frontières ». Il refusa de s'adonner à une rhétorique d'absolus mis en place par les frontières d'un discours idéologique. Il nous a légué une politique de l'invention, sans aucune garantie, et une volonté de prendre des risques et de dépasser les frontières de l'ordre sclérosé du même. Cela requiert un désir infini de justice, un désir fondé sur un impératif éthique qui s'oppose aux absolus des nombreuses causes des intellectuels du XXe siècle et à l'horizon consensuel – encore une frontière – de toute évidence politique.

Lawrence D. Kritzman
Dartmouth College
Traduit par Alexandre Bonafos,
avec la participation de l'auteur

1 J. Derrida, *Adieu à Emmanuel Lévinas*, Paris, Galilée, 1997, p. 176.

OUVRAGES CITÉS

BALIBAR, Étienne, *Nous, citoyens d'Europe ? : les frontières, l'État, le peuple*, Paris, Éditions de la Découverte, 2001.

BEN JELLOUN, Tahar, *Hospitalité française*, Paris, Seuil, 1984.

CAPUTO, John, *The Prayers and Tears of Jacques Derrida*, Bloomington, Indiana University Press, 1997.

CURTIUS, Ernst, « Essai sur la France », dans Ernest Renan, *Qu'est-ce qu'une nation ? Et autres essais politiques*, textes choisis et présentés par Joël Roman, Paris, Presses Pocket, 1992, p. 287-296.

DERRIDA, Jacques, *Adieu à Emmanuel Levinas*, Paris, Galilée, 1997.

DERRIDA, Jacques, *L'Autre Cap*, Paris, Minuit, 1991.

DERRIDA, Jacques, *Circonfession*, dans Geoffrey Bennington et Jacques Derrida, *Jacques Derrida*, Paris, Seuil, 1991.

DERRIDA, Jacques, *Mal d'archive*, Paris, Galilée, 1995.

DERRIDA, Jacques, *Points*, Paris, Galilée, 1992.

DERRIDA, Jacques, *Spectres de Marx*, Paris, Galilée, 1993.

DERRIDA, Jacques, *Voyous*, Paris, Galilée, 2003.

JAY, Martin, *Cultural Semantics* : *Keywords of Our Time*, Amherst, University of Massachusetts Press, 1998.

KRISTEVA, Julia, *Étrangers à nous-mêmes*, Paris, Fayard, 1989.

NANCY, Jean Luc, *La Communauté désœuvrée*, Paris, Detroits, 1989.

RENAN, Ernst, *Qu'est-ce qu'une nation ? Et autres essais politiques*, textes choisis et présentés par Joël Roman, Paris, Presses Pocket, 1992.

SIEBERS, Tobin, *Morals and Stories*, New York, Columbia University Press, 1992.

TROISIÈME PARTIE

MULTIPLICITÉS

LANGUE, LITTÉRATURE, IDENTITÉ AU MOYEN ÂGE

Le syntagme « littérature française » pose un double problème, celui de la pertinence, pour le Moyen Âge, des deux notions qu'il unit. « Français », désignant une langue, peut se dire de bien des manières au Moyen Âge et, lorsqu'il est employé, le terme « français » recouvre des notions plus ou moins larges. On peut en envisager une définition territoriale, mais on doit aussitôt s'interroger sur les frontières de ce qui va s'appeler France selon les époques : territoire des Francs, royaume de France, région correspondant à l'Île-de-France. On peut tenter une définition qui s'appuie sur la notion de « peuple ». Le français sera alors la langue d'une communauté unie autour d'un souverain et parlant un même idiome : la « langue Francour ». Dans *La Chanson des Saisnes* (Chanson des Saxons) de Jean Bodel, Sebile, la femme du roi de Saxe, s'adresse à Bérard, l'ardennais, « en la langue Francour » (ms A, vers 3010). La *langue Francour* apparaît comme une sorte de *koinè*.

Les autres termes qui désignent le français sont « roman[1] » et « oïl ». Le mot « roman » est employé quand le point de vue est non plus géographique ou politique mais historique. Il note à l'origine le rapport du français ou d'une autre langue romane au latin. *Roumanç* est le terme qu'emploie Brunet Latin pour expliquer son choix de langue lorsqu'il écrit le *Trésor* : « Et se aucuns demandoit pour quoi ces livres est escris en roumanç, selon le raison de France, puis ke nous somes italiens… » (I, I, 7). L'ajout de la précision « selon le raison de France » (le langage de la France), montre que les deux termes *roman* et *français* ne sont pas à ses yeux d'exacts synonymes. Les variantes que proposent les manuscrits au

1 Sur le mot *roman*, rappelons l'article de G. Paris, « Romani, Romania, lingua romana, romancium » avec lequel il inaugure la revue qu'il fonde, *Romania*, nºI, 1872, p. 1-22. Pour une analyse des présupposés idéologiques de cette étude, de même que sa place dans l'œuvre de Gaston Paris, on se reportera aux pages 439-454 de l'ouvrage d'Ursula Bähler, *Gaston Paris et la philologie romane*, Genève, Droz, 2004.

mot *raison* : *langue* pour un groupe, *patois* pour l'autre, laissent entendre que *roman* est perçu comme plus général que *français*. Le rapport du *roman* au latin est bien mis en valeur par les expressions qui désignent le geste de la traduction : « translater de latin en romanç », « traire du latin, en roman mettre », et, si le point de vue part de la langue vulgaire : « enromancer ». L'auteur des *Evangiles des Domées* (Évangile des Dimanches) déclare dans son prologue avoir « enrommancié » ces évangiles au plus près du latin qu'il a pu (p. 23). Le *roman* dialogue non seulement avec le latin mais également avec d'autres langues vernaculaires. Le terme *enromancer* se rencontre ainsi pour la traduction de ce que les textes appellent le *sarrazinois* en français. Jean de Joinville note dans sa *Vie de saint Louis* : « Il avait gens illec qui savoient le sarrazinnois et le françois, que l'en appele drugemens, qui enromançoient le sarrazinnois au conte Perron [pour le comte Pierre de Bretagne, dit Mauclerc] » (§335, p. 164).

Pour cette confrontation des langues et le constat de leurs possibles métissages, *Le Tournoi de Chauvency* de Jacques Bretel est un précieux témoignage[1]. Il relate avec une précision documentaire un tournoi tenu en octobre 1285 en Lorraine et où se sont affrontés des chevaliers de diverses provenances. L'un des combattants, Conrad Warnier, est un seigneur allemand mais qui s'exprime en roman. Jacques Bretel se moque de son langage, l'appelant un « tÿois romant », (v. 68), un « tÿois bastart »(v. 3419) (une variante donne en son « romans bastart ») là où le personnage affirme : « Savrai je bien parler romant, / La bon fransoise trestout sai » (v. 90-91), formule dans laquelle les fautes grammaticales assurent l'effet comique. Pour Jacques Bretel, Conrad Warnier « fastrouille » (v.61) (il baragouine), « Et le bon fransoiz essille » (v. 62) (il estropie le bon françois), – une variante donne roman. Il emploie « un walois tout despannei » (v. 63) (faut-il traduire par « gaulois » ou par « wallon » ?), en tout cas, une langue en loques (une variante donne, à la place de « walois », « roman »). Il « desraine » (il parle) « son fransois / Moitiét romans moitiét tïois » (v. 331-332) : *son* françois, l'emploi du possessif de la troisième personne du singulier montre que cette langue le singularise au lieu de l'intrégrer dans la communauté, un français qui pour Jacques Bretel n'en est pas un mais un « faus roumanz »

1 Sur ce texte et son importance culturelle, voir *Lettres, Musique et Société en Lorraine médiévale : Autour du* Tournoi de Chauvency *(Ms. Oxford Bodleian Douce 308)*, Metz, 1 février-1 mars 2007, éd. M. Chazan et N. Regalado Freeman, Genève, Droz, 2012.

(v.259), une langue fautive. Deux termes peuvent alterner pour désigner la langue française : *roman*, *français* et on trouve même ici dans une variante *walois*. *Roman* est le terme le plus général, *françois* est souvent associé d'un qualificatif laudatif : « bel et joli » par exemple au vers 1063. Les termes péjoratifs disqualifiant le françois parlé par un étranger sont identiques, que cet étranger soit un chevalier allemand ou un locuteur né en Angleterre : *bastart*, *despanné*, *faus*. « Un faus franceis sai d'Angleterre, / Ke ne l'allai ailurs quere » (v. 7-8) confesse la nonne de Barking qui écrit *La Vie d'Edouard le Confesseur*. Ces termes péjoratifs sont ceux mêmes qui servent à dénigrer une œuvre littéraire. On dénonce l'atteinte à la pureté, pureté généalogique par le mot « bâtard » ; l'atteinte à l'intégrité par le terme *despanné*, c'est-à-dire « en morceaux, en loques » ; l'atteinte à la vérité par le qualificatif : « faux ». Langue et littérature se nouent dans la louange comme dans le blâme. Le terme *roman* englobait le champ du terme *français* au Moyen Âge et pouvait en être un quasi synonyme. Dans ses emplois à la fin du Moyen Âge et au XVIe siècle, il se met à jouer le rôle qu'avait tenu le latin par rapport à lui, une langue antécédente qui s'est transformée en français. Pierre Durand, au XVIe siècle, met en prose *Guillaume de Palerne*, roman en vers du XIIIe siècle. Il explique son travail dans son prologue : « Et je, considerant le langaige qui estoit rommant anticque rymoié en sorte non intelligible ne lisible à plusieurs [...] ay traduit et transferé le langage de ceste dicte histoire en langage moderne françoys pour a chascun qui lire le vouldra estre plus intelligible » (fol. a i. v^o^).

La définition de ce que nous appelons « français » peut se faire plus précise et être pensée selon des caractéristiques linguistiques. La langue d'*oïl* s'oppose alors à la langue d'*oc* et à la langue de *si*, le critère retenu étant la façon de dire « oui » dans ces différentes langues. Dante raisonne au sujet de ces trois langues dans le *De vulgari eloquentia*, désignant leur origine commune : « Et le signe que les vulgaires de ces trois nations proviennent d'un seul et même idiome se voit d'emblée à ce qu'ils nomment maintes choses des mêmes vocables : ainsi *Dieu, ciel, amour, mer, terre, être, vivre, mourir, aimer*, et presque tout à l'avenant » (I, VIII, 6, trad. A. Pézard). C'est comme si, à la triade des trois langues sacrées, hébreu, grec, latin, dont parle Brunet Latin dans *Le Livre du Trésor* (III, I, 3), répondait cette nouvelle triade : *oc*, *oïl*, *si*, des langues modernes. Mais si l'on peut souligner la commune origine, on peut également insister sur les différences en faisant, par jeu, de ce marqueur *oïl* par exemple, un signe qui définit non seulement la langue mais la culture du peuple qui l'emploie. C'est la façon de procéder d'André de Coutances dans son *Roman des Français*. Ce titre est difficile à traduire mais équivaudrait à quelque chose comme « la francité des Français » ou « les Français en français ». Il s'agit d'un texte parodique et satirique d'un Normand du continent à l'encontre de ses voisins : les Français de l'Île-de-France. À l'époque où André de Coutances écrit, les deux provinces ne dépendent pas de la même couronne. André de Coutances est un sujet Plantagenêt. Il imagine un roi de France du nom de Frolle, – l'allitération en *fr* joue dans l'invention du nom – roi vaincu par Arthur. C'est de ce roi que les Français tirent leur particule d'affirmation, non pas oïl mais *aol* (v. 124) par jeu d'approximation phonique avec le mot *ail*, dont ce roi et ses sujets, les Français, sont de grands amateurs. La forte haleine du roi est pour lui une façon de combattre. Un trait linguistique se lie à un trait de mœurs dans un jeu puissamment carnavalesque. Les contemporains perçoivent également les différences d'accent et les auteurs les notent. Elles constituent elles aussi un ressort comique. Le français parlé par les Anglais exerce en particulier la verve de l'auteur de la branche de *Renart jongleur*, ou celle de Philippe de Remi dans *Jehan et Blonde*. L'accent peut avoir quelquefois des conséquences tragiques. Philippe de Novarre note dans ses *Mémoires* (§ 132, p. 77-78) la méprise des Chypriotes qui tuent un des leurs, un chevalier né en Lombardie mais « norri et adoubé a chevalier en Chipre », le prenant sur la foi de son accent pour un de leurs adversaires, les Italiens, partisans de Frédéric II, car « ne sot crier l'enseigne le roy : "vaillance", et cryoit "baillance" ». De même, Pierre, le compagnon du Christ, dans les récits de la Passion, est reconnu par son accent lorsqu'il se trouve chez Anne. Jean Courtecuisse commente ainsi cette particularité linguistique dans son *Sermon sur la Passion* : « Tous parloient ebrieu, mais avoit entre eulz difference comme entre françois et picart » (§ 45, p. 66).

Quelle place tient le français au sein des trois langues d'oc, d'oïl et de si ? La réflexion porte sur le sentiment d'une affinité de certaines de ces langues avec des matières littéraires particulières, comme si l'écrivain avait le choix d'une gamme – les problèmes d'intercompréhension ne se posant pas ou n'étant pas soulignés. Raimon Vidal de Besalù dans ses *Razos de trobar* affirme que la langue française est plus apte et convient mieux à la composition de romans et de pastourelles, le « limousi » (la langue des troubadours, l'oc) à la composition de « vers », « vers e cansos e sirventes », c'est-à-dire de strophes, de chansons d'amour et de poèmes satiriques. Dante développe une même conception dans son *De vulgari eloquentia* : « Ainsi le parler d'*oïl* allègue en sa faveur qu'il est plus facile et plus délitable, donc plus répandu, et qu'ainsi il a fait sienne toute œuvre d'anciens auteurs ou de trouvères, les tournant en prose vulgaire : par exemple les compilations de la Bible, la geste des Troyens ou la geste des Romains, les tant belles errances du roi Arthur, (Arthuri regis ambages pulcerrime), et une foule d'autres histoires et enseignements. L'autre parler, celui d'*oc* arguë pour son compte qu'il est celui dans lequel premièrement les diseurs en langue vulgaire firent leurs poèmes, comme dans la parlure la plus parfaite et la plus douce » (Trad. A. Pézard, Pléiade, p. 569-570). De cet impact de la langue sur le genre littéraire, l'évolution du sens du mot *roman* en français, de la langue au genre, est un excellent témoignage. Pour ce qui est du lien de l'oc à la poésie, lien qui se vérifie historiquement, Philippe Mousket dans sa chronique propose une explication historique et généalogique fantasmée. Quand Charlemagne a partagé ses conquêtes, il aurait donné en fief aux ménestrels et aux jongleurs qui avaient suivi son armée la Provence. La poésie se transmet en quelque sorte avec la terre, les Provençaux sont « par nature » (v. 6300) poètes : « Font Provenciel et cans et sons / Millors que gent d'autre païs » (v. 6301-6302) (Les Provençaux font des chansons et des mélodies meilleures que les gens d'autres pays). La croisade des Albigeois marque une rupture dans la répartition harmonieuse de l'usage littéraire des langues. L'auteur de la nouvelle en langue d'oc *Frayre de Joy et Sor de Plaser*, s'il reconnaît la beauté du français refuse d'utiliser l'idiome d'un peuple qui a réprimé par les armes les gens du midi : « Sitot Francess a bel lengatge / No-m pac en re de son linatge / Car son erguylos ses merce, [...] Per qu'eu no vull parlar frances » (Bien que les Français aient un beau langage, je n'aime en rien leur lignage, car ils sont orgueilleux sans merci, [...], c'est pourquoi je ne veux pas parler français). Mais, même chez cet auteur hostile aux Français, la langue, le français, est reconnue comme belle et ce sentiment, s'ajoutant aux raisons politiques et économiques, explique sa diffusion.

Brunet Latin le disait. On choisit d'écrire en français « por çou que la parleure est plus delitable et plus commune a tous langages » ou, selon un autre groupe de manuscrits : « commune a toutes gens ». Dante partage ce sentiment, nous l'avons vu : « le parler d'oïl » est « plus facile et plus delitable, donc plus répandu » mais il n'en tire pas les mêmes conséquences. Après avoir, en dehors du latin, écrit un peu en provençal, il choisit l'italien pour *La Divine Comédie.* Trois raisons expliquent le choix des écrivains qui se tournent vers le français. Tout d'abord : « Lengue franceise cort parmi le monde » selon la formule de Martin da Canal qui écrit en français ses *Estoires de Venise*, sans doute entre 1267 et 1275. En effet le français est présent dans l'Angleterre anglo-normande, depuis la conquête de Guillaume, où il reste la langue du pouvoir et de l'administration. Il est paré d'un prestige comme en témoignent les récits de miracles anglo-normands que rapporte Ian Short[1]. Les saints anglo-normands non seulement font parler les muets, mais ils les font parler français. Le français est présent en Sicile et dans le sud de l'Italie avec d'abord le royaume normand puis le royaume des Anjou Sicile. Il s'étend dans les royaumes latins d'Orient[2]. À Chypre, Philippe de Novarre, italien de naissance, écrit en français. Deuxièmement, le français est « commun a tous langages ou a toutes gens ». Il est partagé par un grand nombre et n'est pas, comme le latin, réservé à une élite, sans pour autant que le terme *commun* soit dépréciatif et renvoie socialement aux basses classes. Lorsque Olivier de La Haye écrit en 1426 son *Poëme sur la Grande Peste de 1348*, il déclare le « Translater veritablement / De latin en commun françoiz » (v. 295-296). *Commun* désigne un niveau de langue. Parce qu'il s'adresse à un grand nombre, ce français de la littérature crée une communauté. Jacques Legrand dans son *Archiloge Sophie* au chapitre *Des rimes* donne les règles pour « bien et raisonnablement rimer et versifier en commun langage » (p. 143) et emploie à plusieurs reprises l'expression qui met en valeur ce lien que représente la langue : « en nostre français » (p. 142 et 143). À l'égal du latin, le français est devenu digne de recevoir des règles. Alors que la langue maternelle est toujours un dialecte, un patois, une langue privée, ce français littéraire qui gomme les particularités et les différences locales, ce français

1 Voir son étude « On bilingualism in Anglo-Norman England », *Romance Philology*, vol. 33, n° 4, 1980, p. 467-479. Voir également le livre d'A. Butterfield, *The Familiar Enemy. Chaucer, Language and Nation in the Hundred Years War*, Oxford, Oxford University Press, 2009.

2 Voir J. Longnon, *Les Français d'outre-mer au Moyen-Âge. Essai sur l'expansion française dans le bassin de la Méditerranée*, Paris, Librairie académique Perrin, 2e éd., 1929.

des textes, ce français monumental est un « vulgaire illustre ». Une expression rencontrée dans une dédicace-prologue à Charles VIII d'un *Art de Rhétorique* : « la langue françoise théorique et vulgaire » porte témoignage de ce caractère particulier du français littéraire. Cet *Art de Rhétorique*, peut-être de Jean Molinet, passe dans cette dédicace sous le nom de Henry de Croy : « Sire, [...] il est de necessité que les roys ou les princes y mettent leur entendement pour apprendre a parler, a dicter et a bien mettre par escript tant es œuvres de poeterie, semblablement en langue latine pareillement a la langue françoise theorique et vulgaire ».

Le dernier critère retenu tient à l'esthétique, à la beauté et au plaisir. Tous les auteurs que nous avons cités retiennent cet aspect : le français « est plus delitable a lire et a oïr que nule autre », selon les mots de Martin da Canal. De cette suprématie, là encore, les récits de miracles sont de bons témoins. Ne raconte-t-on pas dans *La Légende dorée* que saint François a reçu de Dieu le don de la langue française et que « toujours, quand il était embrasé du feu de l'Esprit-Saint, il exprimait en français ses émotions brûlantes ». Cette exaltation du français se fait au détriment des autres langues, de manière directe ou retorse. Jacques Bretel vante le « français bel et joli » d'un menestrel, Henriet de Loon (Henri de Laon) en précisant : « Si ne parloit mie breton » (v. 1062). Jacques Bretel joue sur les mots : *breton* désigne la langue mais a aussi donné naissance au verbe *bretonner*, au sens de « bredouiller », « parler une langue incompréhensible ». On voit l'imaginaire du breton dans l'esprit de l'auteur, et en général chez les locuteurs de langue française puisqu'un *breton* peut désigner dans l'ancienne langue le bruit désagréable qu'est le rot.

Le choix d'une langue pour les auteurs du Moyen Âge relève d'un geste fondamental : politique, éthique et esthétique. Se déterminant par rapport au latin ou par rapport à leur parler maternel les écrivains qui choisissent le français font le choix d'un public, celui des cours, public de laïcs et de femmes, le choix d'un type de diffusion et d'une inscription particulière dans la mémoire. Adenet le Roi, à la cour de Gui de Dampierre, en Flandre, pays bilingue, écrit en français. Il se plaît à évoquer dans sa chanson de geste *Berte as Grans Piés*, que son héroïne, fille du roi de Hongrie, sait, comme son père et sa mère, « le françois de Paris / Com se il fussent né ou bourc a Saint Denis » (v. 154-155). Aimon de Varennes, originaire de la région de Mâcon, précise à l'ouverture de son roman *Florimont* : « Il ne fu mie fait en France / Maix en langue de fransois / Le prist Aymes en Loenois » (v. 14-16). Laon, c'est bien le domaine du français et le lieu porte avec lui des souvenirs de la chanson de geste. Mais les auteurs peuvent ruser et se servir de leur naissance hors du royaume de France comme d'une variante du *topos* d'humilité. Leur particularité affirmée fonctionne alors comme un leurre. Elle les distingue plutôt qu'elle ne les exclut. Jean Baudouin, l'auteur de *L'instruction de la vie mortelle* allègue : « né / Je ne fu mie de Saint Denis en France » ; Jacques de Bugnin affirme : « Car du dicteur la langue nutritive / Partit premier du pays de Savoye » ; « Aussi n'ay je pas grant savance / Du propre langage de France / Car ma mere estoit pure Brete » (bretonne) souligne Olivier de la Haye et Pierre Michault rappelle à l'ouverture du *Doctrinal du Temps présent* qu'il faut pour l'excuser considérer son « lengaige maternel ». « Langage », « lignage », les deux mots sont proches chez certains auteurs dans des graphies nasalisées, chez Philippe de Remi par exemple, où le mot « lignage » est graphié *lingage* dans l'unique manuscrit de *Jehan et Blonde* et où l'on rencontre également le mot *langages* dans une acception qui lie la langue et la région. Blonde appele Jehan « Li mix servans et li plus sages / Qui ainc issist de nos langages » (v. 1133-1134). Le premier éditeur Herman Suchier a corrigé en *lingnages*, sans doute abusivement. Le mot *language* se rencontre en effet dans *Le Voyage de Charlemagne à Jérusalem et à Constantinople* au sens de « groupe de personnes appartenant à différentes nationalités et se côtoyant[1] » : « Car li language i venent de trestute la vile, / Il i vendent lur pailes, lur teiles e lur siries » (v. 209-210) (Car les groupes aux langues diverses y viennent de tous les coins de la ville. Ils vendent là leurs tissus précieux, leurs toiles et leurs soiries). La langue unit des groupes et les différencie.

C'est dans cette optique de la distinction que le cas de Christine de Pizan est exemplaire. Comme chez les auteurs qui annoncent ne pas être nés à Paris, ou mieux encore à Saint-Denis, son identité s'affirme dans la conscience de l'altérité. Mais chez elle, l'altérité est double : elle est étrangère et elle est femme. Deux langues lui font défaut à l'origine : le français et le latin. Italienne, Christine insiste sur le fait que le français n'est pas la langue de ses parents et que son apprentissage d'une langue nouvelle l'a retardée dans des études plus poussées : « Mais comme

1 Sur cet emploi, voir H. G. Koll, « Die französichen Wörter "langue" und "langage" im Mittelalter », dans *Kölner Romanistiche Arbeiten*, n. F., fasc. 10, Genève et Paris, 1958, p. 140 et suivantes.

trop joenne encorre fusse, ne me savoie appliquer ne mes a apprendre le langaige different d'icellui des mes parens » (Mais comme j'étais encore très jeune, je ne me savais appliquer à rien d'autre qu'à apprendre le langage différent de celui de mes parents) rappelle-t-elle dans *L'Advision Cristine* (I, IV). Femme, son sexe la rend étrangère au latin comme langue « naturelle » du clerc. Elle doit l'apprendre pour devenir « clergesse » et avoir accès au savoir. Mais, au lieu de faire de cette naissance italienne un élément d'un *topos* d'humilité, Christine se sert de cette différence pour proposer d'autres modèles. C'est le débat qu'elle lance autour du *Roman de la Rose*. Il faut remplacer Jean de Meun par Dante. Tant par sa portée, sa composition et son style, le *Roman de la Rose* ne soutient pas la comparaison avec la *Comédie* de Dante. C'est ce qu'elle dit de manière ironique au secrétaire du roi Pierre Col : « lis le livre que on appelle le Dant, ou le te fais exposer pour ce que il est en langue florentine souverainnement dicté » (Lis le livre que on appelle le Dante, ou fais le toi exposer parce qu'il est magistralement composé en langue florentine, *Débat*, p. 142). Elle manifeste en quelque sorte une supériorité sur les clercs, ses rivaux qui, s'ils maîtrisent le latin, ne possèdent pas forcément le vulgaire illustre de Dante. Elle précise ainsi dans *La Prodommie de l'omme* : « et pour ce dit un tres bel notable en moult beaulx vers en son lengaige, Dant de Florence » (et à ce propos, Dante de Florence dit une très belle sentence dans sa langue en de très beaux vers). La maîtrise de la compréhension de l'italien la distingue et la qualifie. Outre Dante, Christine de Pizan mentionne dans son œuvre Cecco d'Ascoli, qu'elle critique, Boccace, Pétrarque. Elle connaît Francesco da Barberino. Nouveau canon pour des lecteurs français. L'événement biographique, être née en Italie, à Venise, avoir été « transportée » à Paris, qui pourrait n'être signifiant que dans la seule constitution de sa psyché, est repris par elle, qui l'élève au rang d'élément constitutif de sa *persona* littéraire. Elle le vit volontairement comme une *translacion.* Christine transforme l'anecdote en dessein et en destin. Elle incarne dans son parcours biographique le mouvement de la *translatio studii.* La provocation – proposer un nouveau canon – est importante en un moment précisément où se met en place le concept de nation[1] et où l'on rattache de plus en plus souvent l'écrivain à un terroir. C'est ce que fait par exemple Eustache Deschamps dans

1 C. Beaune, *Naissance de la nation France*, Paris, Gallimard (Bibliothèque des Histoires), 1985.

sa ballade que les manuscrits intitulent « Des meurs et condicions des Champainoys » (t. VIII, p. 177-178). Il nomme cinq auteurs, « habiles a l'escripture » qui illustrent la Champagne : Pierre Le Mangeur, qui écrit en latin, Saincte More (il désigne par là, en se trompant sur le nom, l'auteur de *L'Ovide Moralisé*), Philippe de Vitry, Guillaume de Machaut et Nicolas de Clamanges. Dans un tel contexte, la formule de Pétrarque des *Seniles* (IX, 1) : « Oratores et poetae extra Italiam non quaerentur » fait scandale. On a le sentiment que les XIVe et XVe siècles ont réfléchi de plus en plus sur ce que l'on appellera plus tard le « génie des nations ». Le témoignage de Martin Le Franc dans son *Champion des Dames* est précieux. Rappelant sa naissance française : « je qui naissance / Ay pris en la tres doulce France » (t.IV, v. 18892-18893), – né en Normandie, il est alors prévôt de Lausanne – il analyse par la bouche du Champion ce qu'il appelle « l'engin franczois », le génie français, l'esprit français :

> Je cuide que l'engin franczois,
> Aprez la nature angelique,
> Ait sur tous l'eslite et le chois
> t. IV, v. 18897-18899
> (J'estime que l'esprit français, après la nature des anges, a sur tous la précellence).

L'idée va de pair avec celle développée dès le XIVe siècle dans le contexte de la rivalité franco-anglaise, que, si le latin est la langue de Dieu, le français vient juste après : il est la langue des anges[1]. Martin Le Franc énonce malgré tout une réserve quant à l'esprit français : « il n'a pas gravité meure » (v. 18902), « Et trop suivons pompes et gale, / Une fois le faloit il dire » (Nous poursuivons trop fastes et amusements, il fallait une fois le dire) (v. 18911-18912). Poids de l'imagination étymologique. Les Gaulois sont trop « galois », à savoir trop joueurs et frivoles. À la différence des Grecs et des Latins, le Français n'écrit pas suffisamment, il est trop léger et c'est à cause de cette paresse, « la fetardise et muableté de l'engin françzois », que le Champion ne peut avancer plus de noms de femmes écrivains. Heureusement il y a Christine de Pizan :

> Aux estrangiers pouons la feste
> Faire de la vaillant Cristine
> Dont la vertu est manifeste

1 Voir S. Lusignan, *Parler vulgairement. Les intellectuels et la langue française aux XIIIe et XIVe siècle*, Montréal, Presses de l'Université de Montréal, 1986.

En lettre et en langue latine
v. 18953-18956
(Face aux étrangers, nous pouvons nous réjouir de Christine de haut mérite dont l'excellence est manifeste dans les lettres et la langue latine).

Christine réunit en elle l'éloquence de Cicéron et la sagesse de Caton (v. 18973-18976), mais en français.

Altérité géographique qui se résout en éloge du français, l'altérité peut être aussi temporelle. Clément Marot, au XVIe siècle, éditeur de François Villon, affirme : « Je ne suy certes en rien son voysin » (p. 776). Marot est sensible tout particulièrement au fait que ce qui faisait l'actualité des legs de François Villon n'est plus saisissable. Mais son sentiment quant à la langue du poète est remarquable. Il en saisit l'altérité aux deux niveaux où elle se manifeste, dans le jeu archaïsant de la ballade « Autant en emporte ly vens » qu'il intitule « Ballade a ce propos en vieil langage françois », dans le décalage de sa propre langue avec celle de Villon dont il qualifie la langue d'« antique façon de parler » (p. 777). François Villon lui-même, même si c'est de manière amusée, était conscient de l'importance de la question linguistique. Il l'aborde dans un jeu superbement ironique dans son quatrain d'auto-définition et d'auto-dérision : « Je suis François, dont il me poise, / Né de Paris emprés Pontoise ». Villon est « François », c'est son nom de baptême, et français, mais de Paris et non de Pontoise. Par cette affirmation, il affiche son milieu. La réputation de pureté linguistique de Pontoise était bien établie depuis les vers fameux de Conon de Béthune, se plaignant des moqueries de Philippe Auguste devant ses « mos d'Artois » : « Car je ne fui pas norris a Pontoise ». Villon se moque de la prétention des grands et revendique un français de Paris comme ville non du pouvoir mais des « joyeux gallois ».

La fin du Moyen Âge marque le changement de statut du latin par rapport aux langues nationales. Ce latin n'est plus au-dessus de ces langues, trônant dans sa majesté de langue sacrée. Il est un outil, un intermédiaire, un « latinier ». L'interprète en effet en Ancien Français peut être désigné par deux mots : *drugement*, mot d'origine sémitique, entré en français par l'arabe, ou *latinier* dérivé du mot *latin* quand ce dernier a le sens général de « langage ». Médiateur, le latin sert à traduire l'italien de Boccace en français. Ainsi, écrite en italien, l'ultime nouvelle du *Décaméron* est traduite en latin par Pétrarque et traduite du latin en français par Philippe de Mézières. Dans les mêmes années, l'ensemble du *Décaméron* est traduit en français par Laurent de Premierfait à l'aide d'une version intermédiaire en latin.

Il y avait eu un latin global au haut Moyen Âge, le latin des clercs. Le français a tenu ce rôle pendant quelques siècles au moment des Croisades. Au tournant du XVe siècle, au moment des guerres d'Italie, cette place lui est disputée par l'italien. C'est la question de la concorde ou discorde des deux langages que soulève Jean Lemaire de Belges et c'est dans ce contexte de rivalité qu'on voit se répandre l'expression « langue gallicane » (de *gallicus,* « gaulois »), le français revendiquant face à l'italien une origine en partie rêvée. À la triade des langues modernes : *oc*, *oïl*, *si* se substitue une trinité mêlant langue ancienne (le latin) et langues modernes : le toscan et le français. Elle résonne dans le Temple de Vénus de la *Concorde des deux langages* (v. 268) et Jean Lemaire la cite dans une lettre à un conseiller de la duchesse Anne de Bretagne : « le langage Latin, Toscan, et Français, se rapportent l'un à l'autre, tout ainsi comme une petite trinité » (*Œuvres*, t. III, p. 197) et, ajoute-t-il, son interlocuteur, François le Rouge, outre son « langage naturel de Bretaigne Armorique » y est expert. Jean Lemaire reprend dans *La Concorde* la confrontation entre Dante et Jean de Meun qu'avait lancée Christine de Pizan. Les deux langues qui s'opposent sont soutenues par leurs champions, les grands écrivains qui les ont illustrées. La série française commence par Jean de Meun, la série italienne par Dante. Les langues « illustres » existent par leur littérature. Lemaire tente de cerner les charmes propres du français et de l'italien. Il voit d'un côté « magnificence, elegance et doulceur » pour le langage toscan, de l'autre « gentillesse », à savoir noblesse, et « courtoisie humaine » pour le français. Il isole des qualités esthétiques du côté italien, morales, à valeur universelle, si l'on interprète ainsi le mot « humain », du côté français. Mais il constate aussi les divergences. Ces nations et ces langues sont « desjoinctes et separées par obstacle des Alpes et des montaignes interposites, et par la difference du ciel, des meurs et des coustumes quant au fait, et des accentz, contenances et prononciations quant à la parolle ». Le français est-il un lieu, est-il un lien, est-il une littérature ? La question est toujours bonne à penser.

Jacqueline CERQUIGLINI-TOULET
Université Paris-Sorbonne

OUVRAGES CITÉS

ADENET LE ROI, *Berte as grans piés*, éd. par Albert Henry, Genève, Droz, 1982.

AIMON DE VARENNES, *Florimont*, éd. par Alfons Hilka, Halle, M. Niemeyer, 1933.

ANDRÉ DE COUTANCES, *Le Roman des Franceis*, dans *Études de Langue et de Littérature du Moyen Âge offertes à Félix Lecoy*, éd. Anthony J. Holden, Paris, Champion, 1973, p. 213-233.

L'Art de rhétorique, attribué à Jean Molinet et dans l'édition A. Vérard à Henry de Croy, dans *Recueil d'Arts de Seconde Rhétorique*, éd. par Ernest Langlois, Paris, Imprimerie nationale, 1902, p. 214-252.

BÄHLER, Ursula, *Gaston Paris et la philologie romane*, Genève, Droz, 2004.

BARKING, (Nonne de-), *Vie de saint Edouard le Confesseur*, éd. par Ö. Södergård, Uppsala, Almqvist & Wiksells boktr, 1948.

BEAUNE, Colette, *Naissance de la nation France*, Paris, Gallimard (Bibliothèque des Histoires), 1985.

BRUNETTO LATINI, *Li livres dou tresor*, éd. par Fr.J. Carmody, Berkeley, University of California Press, 1948 [University of California Publications in Modern Philology, t. 22].

BUTTERFIELD, Ardis, *The Familiar Enemy. Chaucer, Language, and Nation in the Hundred Years War*, Oxford, Oxford University Press, 2009.

CONON DE BETHUNE, *Les chansons*, éd. par Axel Wallensköld, Paris, Champion, 1921.

DANTE ALIGHIERI, *Œuvres complètes*, trad. par André Pézard, Paris, Gallimard, 1965.

DURAND, Pierre, *L'hystoire du noble et preulx vaillant chevalier Guillaume de Palerne et de la belle Melior*, Lyon, Olivier Arnouillet, 1552 [Il existe une édition antérieure du même éditeur, sans date. Il s'agit de la mise en prose de *Guillaume de Palerne*, récit en vers du XIIIe siècle].

EUSTACHE DESCHAMPS, *Œuvres complètes*, éd. par Marquis de Queux de SaintHilaire et G. Raynaud, Paris, Firmin-Didot (Société des anciens textes français), 1878-1903.

Les Évangiles des Domées, éd. par Robert Bossuat et Guy Raynaud de Lage, Paris, Librairie d'Argences, 1955.

FRANÇOIS VILLON, *Poésies complètes*, éd. par Claude Thiry, Paris, Librairie Générale Française (Lettres gothiques), 1991.

Frayre de Joy et Sor de Plaser, dans *Nouvelles courtoises occitanes et françaises*, éd. et trad. par Suzanne Méjean-Thiolier et Marie-Françoise Notz-Grob, Paris, Librairie Générale Française (Lettres gothiques), 1997, p. 206-259.

JACQUES BRETEL, *Le Tournoi de Chauvency*, éd. par Maurice Delbouille, Liège, Bibliothèque de la Faculté de Philosophie et Lettres de l'Université de Liège, Paris, E. Droz, 1932.

JACQUES DE BUGNIN, *Le Congié pris du siecle seculier, poème du XVe siècle*, éd. par A. Piaget, Paris, Neuchâtel, Impr. Attinger, 1916 [Recueil des travaux publiés par la Faculté des Lettres de l'Académie de Neuchâtel, fasc. 6].

JACQUES DE VORAGINE, *La Légende dorée*, trad. par J.-B. M. Roze, Paris, Flammarion, 1967.

JACQUES LEGRAND, *Archiloge Sophie. Livre de Bonnes Meurs*, éd. par Evencio Beltran, Genève, Slatkine, Paris, Champion, 1986.

JEAN BAUDOIN, *L'Instruction de la vie mortelle*, analyse et édition partielle par P. Meyer, *Romania*, 1906, t. 35, p. 531-554.

JEAN BODEL, *La Chanson des Saisnes*, éd. par Annette Brasseur, Genève, Droz, 1989.

JEAN COURTECUISSE, *Le Sermon sur la Passion*, éd. par Geneviève Hasenohr, Montréal, CERES (*Le Moyen Français*, n° 16), 1985.

JEAN DE JOINVILLE, *La Vie de Saint Louis*, éd. par Jacques Monfrin, Paris, Dunod (Classiques Garnier), 1995.

JEAN LEMAIRE DE BELGES, *La Concorde des deux langages*, éd. par Jean Frappier, Genève, Droz, 1947.

JEAN LEMAIRE DE BELGES, *Œuvres*, publiées par J. Stecher, Louvain, 1882-1885 [réimp. Genève, Slatkine Reprints, 1969].

KOLL, H.G., « Die französichen Wörter "langue" und "langage" im Mittelalter », dans *Kölner Romanistiche Arbeiten*, n. F., fasc. 10, Genève et Paris, 1958.

Lettres, Musique et Société en Lorraine médiévale : *Autour du* Tournoi de Chauvency *: Ms. Oxford Bodleian Douce 308*, Metz, 1 février-1 mars 2007, éd. Mireille Chazan et Nancy Regalado Freeman, Genève, Droz, 2012 [Publications romanes et françaises 255].

LONGNON, Jean, *Les Français d'outre-mer au Moyen-Âge. Essai sur l'expansion française dans le bassin de la Méditerranée*, Paris, Librairie académique Perrin, 2e éd., 1929.

LUSIGNAN, Serge, *Parler vulgairement. Les intellectuels et la langue française aux XIIIe et XIVe siècle*, Montréal, Presses de l'Université de Montréal, 1986.

MAROT, Clément, *Œuvres poétiques*, éd. Gérard Defaux, Paris, Bordas (Classiques Garnier), 1990 et 1993.

MARTIN DA CANAL, *Les Estoires de Venise*, éd. et trad. italienne par Alberto Limentani, Florence, Leo S. Olschki, 1972.

MARTIN LE FRANC, *Le Champion des Dames*, éd. par Robert Deschaux, Paris, Champion, 1999.

MICHAULT, Pierre, *Le Doctrinal du Temps Present* (1466), éd. par Th. Walton, Paris, Droz, 1932.

MOUSKET, Philippe, *Chronique rimée*, éd. le baron de Reiffenberg, Bruxelles, Hayez, t. I, 1836, t. II, 1838, Supplément, 1845.

OLIVIER DE LA HAYE, *Poème sur la grande peste de 1348 publié d'après le manuscrit de la bibliothèque du Palais Saint-Pierre*, éd. par Georges Guigue, Lyon, H. Georg, 1888.

PARIS, Gaston, « Romani, Romania, lingua romana, romancium », *Romania*, n° 1, 1872, p. 1-22.

PÉTRARQUE, (Francesco Petrarca), *Epistole rerum senilium*, dans *Opera*, Bâle, 1554, t. II, p. 812-1070.

PHILIPPE DE RÉMY, *Jehan et Blonde*, éd. par Sylvie Lécuyer, Paris, Champion, 1984.

PHILIPPE DE NOVARRE, *Mémoires, 1218-1243*, éd. par Charles Kohler, Paris, Champion, 1913.

PIZAN, Christine de, *Le Livre de l'advision Cristine*, éd. par C. Reno et L. Dulac, Paris, Champion, 2001.

PIZAN, Christine de, GERSON, Jean, MONTREUIL, Jean de, COL, Gontier et Pierre, *Le Débat sur le* Roman de la Rose, éd. par Eric Hicks, Paris, Champion, 1977.

SHORT, Ian, « On bilingualism in Anglo-Norman England », *Romance Philology*, vol. 33, n° 4, 1980, p. 467-479.

Le Voyage de Charlemagne à Jérusalem et à Constantinople, éd. par Paul Aebischer, Genève, Droz, 1965.

COMMENT JOUER AVEC LE GENRE À TRAVERS LES ÉPOQUES ET REVISITER L'HISTOIRE DE LA LITTÉRATURE FRANÇAISE

L'histoire de la littérature française peut être examinée à partir de textes qui sont autant de formes de résistance aux principes normatifs des comportements sexués. Certains de ces textes arrivent en France d'autres pays, d'autres sont écrits par des auteurs français, et d'autres encore traversent la France et partent vers diverses parties du globe. Les représentations imaginaires que nous allons examiner sont toutes des exemples de transgressions littéraires : elles sont subversives dans la mesure où elles dérangent les arrangements de genre pratiqués par un patriarcat soucieux de maintenir un certain ordre du monde. Elles expriment, chacune à sa façon, le désir d'atténuer ou de faire disparaître les restrictions qui gouvernent le comportement social des hommes et des femmes. Ces textes ont un long passé, une histoire qui fait son chemin à travers mythologies et légendes, la littérature arabe orale et écrite, les récits populaires du Moyen Âge, la Renaissance et la période moderne. En tant que *topos* littéraire, la transgression de normes de genre dépasse les frontières géographiques, les *genres* artistiques et les distinctions chronologiques. Toutefois, en tant que catégorie historique, les croisements de genre soulèvent d'importantes questions philosophiques et sociales qui sont toujours ancrées dans un cadre spatio-temporel. La littérature nous permet de voir à la fois la persistance de cette thématique et ses modulations. Nous examinerons la période moderne en France, ses antécédents et ses suites, afin de démontrer que, si les réarrangements imaginaires des rôles masculins et féminins nous divertissent, ils ont aussi une finalité plus grave. Citons ici Judith Butler : « La promesse critique du fantasme, lorsqu'il peut exister, est de remettre en question les limites contingentes établissant ce qui sera désigné ou non comme étant la "réalité". Le fantasme est ce qui permet de s'imaginer soi-même et les autres autrement, il établit le possible en excès du réel et nous indique un "ailleurs" qu'il intègre lorsqu'il se fait corps[1]. »

Faire que cet « ailleurs se fasse corps » (en anglais : « *[bringing] the elsewhere home* »), en rendant possible dans le monde imaginaire ce qui ne l'est guère dans le réel par la traversée des frontières des catégories genrées n'est pas une invention post-moderne ; c'est un procédé que l'on retrouve dans nos mythes fondateurs, dans une structure narrative pour ainsi dire *de base* qui anime le pouvoir fictionnel des transgressions de genre et permet leur dissémination à travers la partie occidentale du globe. Dans ces fictions, les *mélanges de genre* dépassent les définitions identitaires binaires masculin/féminin par deux types de transgression, l'une que l'on pourrait appeler « déguisement » et l'autre « détournement ». Les *déguisements de genre* permettent aux femmes de prendre l'apparence et les caractéristiques des hommes ; de même, et inversement, ces déguisements permettent aux hommes de se comporter et d'agir comme des femmes. Les *détournements de genre* sont d'autres façons plus subtiles d'adopter *certaines* caractéristiques socialement acceptées de l'autre sexe sans perdre son genre d'origine.

MYTHES ET RÉCITS FONDATEURS

Il est évident que le *Symposium* de Platon a un statut privilégié, en particulier à cause du rôle de l'amour (Eros) dans la création de l'humanité. Ce texte servira, nous le verrons, de référence critique à notre étude des textes littéraires français, en particulier l'*Astrée* d'Urfé, *Gabriel* de George Sand, ou *Séraphita/Séraphitus* de Balzac. Selon l'histoire racontée par Aristophane dans le *Symposium*, à l'origine il y avait trois types d'êtres humains, chacun étant double : le premier était constitué de deux mâles, le second d'un mâle et d'une femelle et le troisième de deux femelles. Les dieux voyant ces êtres capables de contester leur autorité les scindèrent en deux. Par la suite, chaque moitié passe sa vie à chercher son autre moitié. Notons que cette quête de l'autre n'est pas

1 J. Butler, *Undoing Gender*, New York, Routledge, 2004, p. 29. Judith Butler, *Défaire le genre*, trad. M. Cervulle, Paris, Éditions Amsterdam, 2012, p. 43.

seulement sexuelle. Le *Symposium* insiste sur le fait que cette recherche est fondée sur une quête spirituelle profonde qui consiste à trouver et à rejoindre l'Autre, que celui-ci soit – pour employer nos termes contemporains – homosexuel, hétérosexuel ou lesbien :

> Car le désir intense que chacun d'eux nourrit pour l'autre ne semble pas être celui du désir sexuel, mais de quelque chose d'autre que l'âme de chacun désire sans pouvoir l'exprimer et dont elle n'a qu'un sombre et confus pressentiment[1].

Bien que le « modèle » homme-femme soit mis en avant dans les textes canoniques de la Renaissance occidentale, les deux autres types d'individualité humaine demeurent autant de possibilités spirituelles. Toutefois, ce sont d'habitude des récits d'hommes et de femmes qui « deviennent l'Autre » qui sont au premier plan lorsqu'il est question de croisements de genre dans la tradition littéraire française. Céladon dans *L'Astrée* est sans doute l'exemple majeur de ce « désir intense » de devenir l'autre. Mais il ne faut pas oublier qu'il y a d'autres caractéristiques de ce phénomène : la bergère Astrée prend certains attributs de l'Autre masculin tout en restant elle-même : et d'autres cas encore, ceux où les individus ne se vivent plus en fonction d'une transgression de la structure ontologique binaire imposée par la société mais esquissent la possibilité d'un au-delà total du genre. Ce dernier cas de figure se présente sous la forme d'un « pressentiment » « sombre et confus » que nous retrouvons dans la Séraphita/Séraphitus de Balzac ou dans une autre veine avec la Camille Maupin de Gautier.

La riche contribution littéraire du Moyen Orient, formidable dépositoire de la pensée platonicienne ainsi que de bien d'autres traditions orientales, est une source d'inspiration majeure pour l'écriture de transgression de genre dans la période moderne. Les *Mille et une Nuits*, collection de contes populaires persans, indiens, grecs et Sumériens (entre autres), se sont frayés dès le début du Moyen Âge un chemin vers l'Occident à travers les diverses invasions et échanges commerciaux. Cette littérature, souvent orale, a fortement marqué cette période. Il nous suffit de relire les « Trois Femmes de Baghdad » avec son cadre narratif et ses cinq récits ou bien les histoires d'Amazones dans le cycle

1 Platon, *Le Banquet*, *189c-89*[d]. Toutes les traductions sont miennes sauf indication contraire. Ici, ma traduction est de l'anglais de Benjamin Jowett, édition du *Symposium*, Oxford, 1953.

des « Sept Vizirs » pour se trouver dans ce monde magique de femmes puissantes et viriles et d'hommes féminisés qui doivent les confronter[1]. Dans ces textes, les changements de sexe et les travestissements font partie du jeu de l'amour, du pouvoir et du désir. Ici, les femmes sont les initiatrices et les guides. Les hommes grandiront spirituellement lorsqu'ils rencontreront la femme capable d'éveiller leur désir.

> En attente perpétuelle, l'amant prend feu à toute femme-étincelle, femelle fécondante qui porte la semence attendue dans l'âme et la chair de l'homme. Nous aurons sans cesse à le redire, la virilité, dans nos contes, est l'apanage des amantes[2].

À travers les contes arabes, le thème de la virilité des amantes se mêle au mythe de l'androgynie. Cette « androgynie virile » s'exprime de deux façons : soit par la bravoure militaire, soit par la capacité d'imposer sa force d'autres façons. Devenir l'Autre, dans les textes que nous examinerons, participe de ces deux représentations. Mais, de façon plus surprenante, le fait de transgresser la normativité de genre devient dans ces textes un principe organisateur d'une vie digne d'être vécue. Cette idée traverse une bonne partie de la littérature écrite et orale du monde méditerranéen et européen pendant toute la période moderne. Comme l'écrivent Walter G. Andrews et Mehmet Kalpakli : « L'androgyne ou l'aimé aux multiples genres des premiers temps modernes devient un moyen d'expression du désir des hommes (et des femmes) pour une nouvelle concordance entre le désir sexuel et l'entente intellectuelle et spirituelle ainsi qu'une représentation des aspirations des femmes à une participation à part entière à la vie de leur société[3]. »

---

1 J. E. Bencheikh, C. Bremond, et A. Miquel, *Mille et un contes de la nuit*, Paris, Gallimard, 1991, p. 83-162.

2 *Ibidem*, p. 262.

3 W. G. Andrews et M. Kalpakli, *The Age of the Beloved : Love and the Beloved in Early Modern Ottoman and European Culture and Society*, Durham, Duke University Press, 2005, p. 5.

LA TRAVERSÉE DES GENRES À L'ÉPOQUE MODERNE

Commençons par le texte littéraire français le plus célèbre dédié aux espoirs et ambitions des femmes. Il s'agit de *La Cité des Dames* de Christine de Pizan écrit en 1405 et largement diffusé sous forme de manuscrit. Dans cette œuvre, les femmes décident de renoncer à l'obtention de l'égalité des sexes dans un monde qui de toutes les manières les exclut des sphères du savoir et du pouvoir. Mais, loin de s'effacer complètement, elles créent une utopie féminine dans laquelle les femmes adoptent les caractéristiques des hommes pour former leur propre société unisexe et pour réécrire l'histoire des femmes de leur point de vue. Ceci peut être considéré comme une forme extrême de croisement de genre, car, dans ce contexte, les héroïnes éliminent catégoriquement l'altérité sexuelle de l'Autre en s'appropriant ses qualités et ses fonctions. Cette utopie trouve ses racines dans l'opposition justifiée par l'âpre réalité à un monde gouverné par des hommes. *La Cité des Dames* est ainsi l'un des premiers textes dans la longue histoire littéraire de *La Querelle des Femmes*, histoire qui traverse plus de quatre cent ans si nous la faisons commencer en 1361-1362 avec le *De Claris Mulieribus* de Boccace. La *Querelle* est l'expression d'un débat permanent entre ceux qui croient aux mélanges de genre et ceux qui espèrent maintenir la vision traditionnelle de l'infériorité de la femme. Dans cette joute littéraire et politique on trouve un dépositoire de puissantes figures héroïques d'amazones, de guerrières, de reines et de martyres[1]. En France les nombreuses régences de reines (XVIe-XVIIe siècles) qui souhaitaient légitimer leur pouvoir politique encourageaient la publication de « galeries » de « Femmes Illustres », de « Femmes Fortes » et de « Femmes Héroïques » qui peuplaient alors l'imagination et l'esthétique d'artistes, de dirigeants et de penseurs[2]. Ici, les femmes ne créent pas une société à part afin

1 Pour un survol sur la question voir M. Angenot, *Les champions des femmes : Examen du discours sur la supériorité des femmes*, Montréal, Presses de l'Université du Québec, 1977.

2 *Les Femmes illustres ou les Harangues héroïques* (publié sous le nom de George Scudéry, mais probablement écrit par sa sœur, Madeleine), Paris, A. de Sommaville et A. Courbé, 1642 et 1644 ; J. Du Bosc, *La Femme héroïque ou les heroines comparées avec les heros en toute sorte de vertus*, Paris, Sommaville et Courbé, 1645, 2 vols. ; P. Le Moyne, *La gallerie des femmes fortes*, Paris, Sommaville, 1647. Voir aussi D. Haase-Dubosc, *Ravie et enlevée :*

de combler leurs désirs, mais utilisent les divers moyens qui leur sont offerts à une certaine époque pour assouplir certaines restrictions de genre qui leur étaient imposées.

Prenons le cas des femmes qui exercent un pouvoir culturel dans la France du seizième siècle : elles « fléchissent » la notion de genre afin d'être prises au sérieux dans une société dominée par un patriarcat masculin. À cette époque, le déguisement de genre peut se manifester par l'accentuation des traits caractéristiques de son propre sexe afin d'obtenir l'accès aux prérogatives de l'autre genre. La féminité en tant que mascarade[1] est alors la règle du jeu car son efficacité stratégique est indéniable. La Sapho de Madeleine de Scudéry, par exemple, explique longuement dans le roman héroïque *Artamène ou le grand Cyrus* (1649-1653) l'importance pour les femmes intellectuelles de rester modestement féminines afin d'être respectées et d'obtenir une place d'influence dans la société, ce qui ne peut arriver si elles n'évitent pas d'être identifiées comme pédantes ou pire. Ce roman, ainsi que de nombreuses autres œuvres de Scudéry, furent couronnés de succès en leur temps et rapidement traduits en italien, espagnol, allemand et anglais.

D'autres tactiques sont utilisées pour assouplir les catégories de genre : le « rôle civilisateur de la femme », encouragé politiquement dans les sociétés occidentales pour dompter la turbulence des hommes, peut être considéré, lorsqu'il s'agit de femmes appartenant à l'élite, comme une occasion de participer socialement au monde des idées. Les « salons » du dix-septième siècle, en commençant par la mythique « chambre bleue » de Madame de Rambouillet, nous fournissent de tels exemples.

Si nous examinons maintenant le monde littéraire des femmes guerrières, un tableau s'offre à nous dans lequel la valeur masculine, les capacités militaires et aussi l'habilité des femmes à exercer le pouvoir traversent le temps et les frontières géographiques. Descendant des mêmes sources grecques et arabes, la persistance de tels récits témoigne de la fascination pour la représentation de femmes dont le rayonnement dépasse la place qui leur était assignée dans l'ordonnancement sexuel de

---

De l'enlèvement des femmes comme pratique matrimoniale au 17e siècle, Paris, Albin Michel, 1999.

1 « Womanliness as a Masquarade », *International Journal of Psychoanalysis*, vol. 10, 1929, p. 303-313, de J. Rivière, est un texte moderne critique fondamental sur ce sujet. Son analyse par Judith Butler dans *Trouble dans le genre*, Paris, la Découverte, trad. C. Kraus, 2005, p. 68-72, est ici pertinente.

leur société[1]. Au seizième siècle, lorsque l'Italie exerçait une influence économique et culturelle considérable sur la France, des épopées écrites en Italien et rapidement traduites en Français étaient abondamment peuplées d'ardentes guerrières féminines : Bradamante et Marphise (dans *Orlando Furioso* d'Ariosto), et Clorinde (dans *Gerusalemme Liberata* de Tasso), se battent aux côtés des hommes et contre eux. De telles représentations sont reprises dans la littérature française, particulièrement dans les romans héroïques écrits dans la première moitié du dix-septième siècle. Des guerrières Amazones peuplent le monde de fantaisie héroïque dans des ouvrages comme *Cassandre* de La Calprenède (1642-1645), traduit en anglais en 1652[2]. Les femmes guerrières continuent à fasciner et ont inspiré des écrivains du vingtième siècle tels que Monique Wittig qui fait référence à ces femmes mythiques dans *Les Guérillères* en utilisant la forme épique pour nous transporter dans un monde utopique où une nouvelle conception de l'identité est présentée. Son utilisation du mode héroïque vaut aussi pour de nombreuses représentations littéraires de femmes que nous venons de mentionner, si nous les considérons comme des figures qui dépassent les normes et prescriptions assignées à leur genre :

> Le lecteur entre dans un livre et se trouve confronté avec un *elles* qui n'est pas familier, pas ordinaire et qui est nouveau et héroïque. En tout cas, c'est ce qui m'a guidée et l'espoir que ce *elles* pourrait situer le lecteur dans un espace au-delà des catégories de sexe pour la durée du livre. C'est peut-être ici que réside l'utopie[3].

Si les femmes étendent leur rôle pour adopter les caractéristiques sociales des hommes, c'est que cela correspond aux croyances philosophiques sous-jacentes qui se mettent en place pendant la Renaissance. Le fait d'adopter l'essence des attributs de genre de l'autre sexe – le pouvoir et l'autonomie pour les femmes ; la sensibilité, la tendresse, la créativité et la vertu morale pour les hommes – permet un mélange de genre qui ouvre la voie à la possibilité d'être « pleinement humain ».

---

1 Voir Virgile, l'*Éneide*, trad. J. Perret, Paris, Folio Classiques, 1991, livre II, v. 532-895, pour une source fort utilisée : la représentation par Virgile du guerrier féminin, Camilla, une héroïne reconnue pour ses attributs masculins.

2 Les aventures des Amazones constituent le contenu du cinquième volume.

3 M. Wittig, *La pensée straight*, Paris, Balland, 2001, p. 146. Les italiques sont dans le texte.

Pour que l'homme soit pleinement humain il devait accepter qu'il fût de son devoir de cultiver les vertus féminines et de reconnaître les vertus masculines des femmes. Réciproquement, les femmes devaient s'efforcer d'adopter les façons traditionnellement requises des hommes pour exercer leur corps et leur esprit[1].

LES JEUX DE GENRE DANS LE PREMIER ROMAN MODERNE

Nous devons maintenant considérer *L'Astrée*, le texte décolonisateur d'Honoré d'Urfé (1607-1635), qui est, sans aucun doute, la contribution la plus importante de la littérature du dix-septième siècle à l'utilisation thématique des croisements de genre[2]. Ce roman pastoral historique se joue en Gaule au cinquième siècle et fait fortement appel aux traditions celtes, grecques, romaines et orientales, tissant et naturalisant les nombreux fils de transgression de genre. Il est peuplé de bergers et de bergères dont la quête consiste à trouver la congruence entre le désir sexuel et un compagnonnage intellectuel et spirituel en opposition aux nymphes et chevaliers qui ne cherchent que la gloire, l'intérêt personnel et la satisfaction sexuelle. Le cadre historique du roman fait aussi référence aux guerres contemporaines de religion. Gérard Genette, dans *Figures*, rappelle à ses lecteurs la réception extraordinaire de ce roman qui a perduré bien au-delà du dix-septième siècle, influençant notamment Rousseau et Stendhal ainsi que Chateaubriand et Proust. Genette poursuit sa présentation de l'œuvre en résumant l'héritage « plus impo-

---

1 C. Jordan, *Renaissance Feminism : Literary Texts and Political Models*. Ithaca, Cornell University Press, 1990, p. 9.

2 *L'Astrée* a été publié dans le premier tiers du dix-septième siècle ; les trois premières parties ont été publiées en 1607, 1610, 1619 respectivement. Chaque partie est divisée en douze livres. Les deux dernières parties ont été publiées de manière posthume (1625) par le secrétaire d'Urfé, Balthazar Baro, en 1632-1633. Il y a une première traduction anglaise en 1620, *L'Histoire d'Astrée*, et une autre en 1657-1658. Une édition critique en ligne est en cours de préparation : www.astree.paris-sorbonne.fr. La republication par Slatkine (1962-1992) de l'édition Vagnay (1925-1928) est utilisée ici pour identifier les livres, sauf contre indication. Cette édition se trouve en ligne : www.uni-stuttgart.de/lettres/krueger/astree/html. L'édition Gallimard, elle, est issue d'une édition abrégée avec une excellente introduction de Jean Lafond.

sant encore » utilisé par d'Urfé pour construire son texte. *L'Arcadie* de Sannazar, *Galatea* de Cervantes et *Diana* de Montemayor représentent la tradition pastorale ; la « littérature courtoise » des récits chevaleresques provenant des cycles de *Tristan* à *Amadis* trouve aussi sa place. Sans oublier Arioste ou le Tasse, ainsi que Héliodore, Longus, Virgile et Théocrite. Le romanesque païen, chrétien, humaniste et baroque, créé par cette condensation des sources permet à d'Urfé d'inventer le premier roman moderne. *L'Astrée* est « l'étroit goulet par où tout l'ancien se déverse, se reverse dans tout le moderne[1] ».

Les figures de mascarades sexuelles figurent abondamment à travers *L'Astrée* et toutes les nuances de croisements sexuels y sont jouées. Cinq hommes déguisés en femmes, cinq femmes déguisées en hommes et deux cas d'échanges d'identité concernant des couples s'entrecroisent au fil du récit[2]. L'exemple le plus amusant est celui de Mélandre qui devient chevalier pour défendre son prétendant déloyal, Lydias, lorsque celui-ci est fait prisonnier. Sa libération ne peut se faire qu'à condition que quelqu'un se batte pour lui dans un combat chevaleresque, défi qui ne fait point peur à Mélandre. Elle est plutôt petite, inexpérimentée dans l'art de la guerre, et se trouve obligée de se battre contre un immense chevalier colérique, Lepandas. Elle explique que, si elle est encore en vie pour raconter son histoire, c'est parce qu'elle gagna la bataille par défaut : le gigantesque Lepandas tomba sur sa propre épée. Pour le lecteur attentif, l'auto-ironie de Mélandre ne diminue en rien son courage physique[3]. D'autres récits sont plus tragiques : une enfant, Filidas, élevée en garçon, se révolte contre le sort des femmes et veut rester homme aux yeux de la société. À la fin de sa vie, elle tombe amoureuse d'un homme, Filandre, qui en réalité est une femme[4]. L'exploration la plus connue, la plus élaborée et peut-être aussi la plus profonde d'un croisement de genre est, bien sûr, celle qui décrit et analyse la transformation du héros de l'histoire principale, Céladon. Le titre du roman nous renvoie à la mythologie grecque. Astrée, fille de Zeus et de Thémis, quitte la sphère terrestre où elle régnait lorsque les hommes découvrent la guerre et détruisent les vestiges de l'âge d'or. Le royaume idyllique et utopique

1 G. Genette, « Le serpent dans la bergerie », *Figures I*, Paris, Seuil, 1966, p. 109-110.

2 L. Gregorio, *The Pastoral Masquerade : Disguise and Identity in* L'Astrée, Saratoga, Anima Libri, 1992, p. 67.

3 Partie I, *Histoire de Lydias et Mélandre*, éd. Slatkine, partie I, p. 197-198.

4 *Ibidem*, p. 211-212.

des Forez, où se déroule le roman, est protégé du monde extérieur par des montagnes. Là, seule des femmes peuvent régner et le désir de devenir l'Autre y trouve une expression mystique. La conviction (ou convention) que les femmes sont supérieures aux hommes renforce les idéaux de l'amour néo-platonique et permet l'élaboration de l'intrigue narrative. En effet, la théorie renaissante de l'amour, telle qu'elle est exprimée par Lorenzo de Medici, rend apparent le fait que l'amant doit devenir la personne aimée et que l'essence de l'amour réside en la transformation de l'amant en bien-aimé.

> Et en regardant bien, l'amour est simplement la transformation de l'amant qui alors ne vivra plus qu'en l'aimée ; quand l'amour est réciproque, la même transformation aura forcément lieu chez l'aimée et ainsi l'amant sera aimé. C'est de telle façon que vivent les amants merveilleusement l'un dans l'autre, car l'échange des cœurs ne signifie rien d'autre[1].

Comment des amants peuvent-ils vivre « merveilleusement l'un dans l'autre » ? Autrement dit, comment la théorie peut-elle être traduite et appliquée dans une œuvre littéraire de fiction des dimensions de *L'Astrée* ? Tout au long des différents volumes de l'œuvre plusieurs discussions ont lieu entre deux protagonistes : Silvandre, le « platoniste », et Hylas, le sensualiste. Leurs échanges apportent un commentaire continu sur la manière de devenir l'Autre. Hylas, l'amant inconstant, se moque de tous ceux qui épousent la doctrine de l'Amour néo-platonicien, en rappelant au lecteur les limites des mélanges de genre dans un amour purement platonique. Tout d'abord Sylvandre explique qu'il *est* effectivement celui qu'il aime :

> Sachez donc qu'il y a deux parties en l'homme : l'une, ce corps que nous voyons, et que nous touchons, et l'autre, l'âme qui ne se voit ni ne se touche point, mais se reconnaît par les paroles et par les actions, car les actions ni les paroles ne sont point du corps, mais de l'âme, qui toutefois se sert du corps comme d'un instrument.

Hylas répond qu'il aime le corps autant que l'âme et qu'il est bien plus intéressé par l'entrelacement des corps que par celui des âmes. Il se moque de l'amour éthéré de Silvandre pour sa bien-aimée Diane.

---

1 Lorenzo de'Medici, « Comento sopra alcuni de' suoi sonetti », *Opere* I :1-141. Cité par J.C. Nelson, *Renaissance Theory of Love*, New York : Columbia University Press, 1955, p. 51.

> Eh quoi ? dit Hylas, vous êtes donc Diane ? Et votre chapeau aussi n'est-il point changé en sa coiffure, et votre jupe en sa robe ? [...] vous devriez donc vous habiller en fille, car il n'est point raisonnable qu'une sage bergère comme vous êtes se déguise de cette sorte en homme[1].

Ce double point de vue sur les croisements de genre devient visible dans la plaisanterie de Hylas qui prend à la lettre ce que Silvandre exprimait de façon métaphorique. Cette confusion de niveau langagier qui recouvre une confusion voulue des genres normatifs se retrouve, en fait, tout au long du livre. Les nombreuses mascarades sexuelles dans lesquelles l'apparence de l'amant est changée, démontrent précisément ce dont Hylas se moquait. Cela est encore plus manifeste dans le cas de Céladon dont le changement de genre exemplifie la théorie de l'amour à la Renaissance.

Céladon se déguise en femme trois fois. Une première fois, en tant qu'adolescent quand il s'habille en jeune fille afin de voir Astrée nue jouant à un jeu grec exclusivement féminin où elle tient le rôle de l'une des trois déesses présentées à Pâris pour qu'il choisisse la plus belle. Céladon – déguisé en fille – est choisi par les filles pour jouer le rôle de Pâris et donc doit être déguisé en garçon. Ce choix opère un double croisement de genre. Et, comme il se doit, il choisit Astrée. Le second travestissement a lieu lorsque de nouveau déguisé en jeune femme il est poursuivi par une princesse qui, en tentant de le séduire, l'oblige à fuir. Mais la troisième transformation est de loin la plus importante. Elle a lieu après qu'Astrée décide de bannir Céladon de sa vue, croyant (à tort) qu'il lui a été infidèle. Céladon, en parfait amant soumis, obéit à sa maîtresse sans condition. Cependant, loin de se résigner entièrement aux ordres d'Astrée, il réussit à continuer à voir sa bien-aimée par un dernier subterfuge, un dernier travestissement. Cette transformation finale lèvera l'interdit qui les séparait et permettra l'union.

Céladon deviendra Alexis, la fille d'Adamas, le haut prêtre celte faisant figure de père spirituel dans le roman. Déguisé en nonne druide « elle » sera capable de vivre en compagnie d'Astrée. Il est important de noter qu'Adamas lui-même organise ce travestissement pour que le héros puisse accomplir le rite initiatique de « devenir femme », trouvant ainsi sa vraie identité et obtenant l'amour d'Astrée. Céladon-Alexis

1 Édition Folio, p. 197.

devient un homme androgyne qui se demande s'il est mâle ou femelle, s'il est Céladon ou Alexis : « je suis sans doute un meslange d'homme et de femme[1]. » Et, plus loin, il répète : « je suis sans doute un meslange d'Alexis et de Céladon[2]. » Très visiblement animé par le désir physique (comme l'est Astrée elle-même), Céladon peut être vu comme occupant le terrain intermédiaire entre Silvandre (le « platoniste) » et Hylas (le sensualiste). Son androgynie est renforcée par sa proximité avec Astrée. En vivant avec elle en tant que fille, Céladon apprend à être aussi tendre et délicat qu'elle tout en conservant sa masculinité. Il ne souffre pas d'une confusion de genre, plutôt, il apprend à être une femme autant qu'un homme. Comme le veut la doctrine néo-platonicienne, l'amour est union et l'amant se perd dans l'aimée et meurt pour renaître en elle. À la fin du roman, après avoir surmonté plusieurs obstacles, les amants seront unis par un heureux mariage des corps autant que des âmes.

Cette fin traditionnelle a été interprétée comme un renforcement des arrangements de genre binaires et normatifs, mais une lecture plus attentive suggère qu'il y aurait des changements possibles de ces catégories et une approche plus positive et flexible de la notion de genre. La trajectoire de Céladon peut être mieux comprise par l'analyse suivante de Butler au sujet des limites de l'autonomie sexuelle. Selon sa théorie, toute trajectoire qui permet de sortir d'une catégorie de genre « souligne la valeur d'être *à côté de soi* [les italiques sont miennes], d'être une frontière poreuse, ouverte aux autres ». Les « autres » étant ici Adamas et primordialement Astrée. En effet, Céladon se retrouve « dans une trajectoire de désir dans laquelle on est sorti de soi-même et resitué irréversiblement dans un champ d'autres [Astrée ou tout ce qu'elle représente] dont on n'est pas le centre présumé[3] ». Céladon devient un homme « féminisé » soumis aux volontés d'Astrée, tandis qu'Astrée, comble de la beauté « féminine », est virilisée par sa volonté inflexible de s'imposer une ligne de conduite ainsi que d'en imposer une à Céladon. Comme on le voit, je propose ici une lecture de la conception de l'amour à la Renaissance centrée sur la femme capable d'enclencher le processus qui permet de devenir autre que ce que l'on est, selon les restrictions normatives de genre.

1 Édition Slatkine, Partie III, p. 593.

2 *Ibid.*, p. 618-619.

3 Butler, *Défaire le genre*, *op. cit.*, 2012, p. 40.

LE GENRE ET LA LITTÉRATURE ORALE AU XVIIe SIÈCLE

La littérature orale est riche en récits de transgression de genre. L'écrivain et folkloriste du dix-septième siècle, Mademoiselle l'Héritier, a transcrit et publié des histoires telles que *Marmoisan ou l'innocente tromperie* (1696). Dans la préface de la seconde édition elle écrit que « cette Histoire qui trouve apparemment ses origines dans nos vieilles romances, est l'une de celles qui a été transmise d'âge en âge sans avoir été écrite[1] ». L'héroïne a un frère jumeau auquel elle ressemble tout à fait. Quand son frère débauché, Marmoisan, est tué lorsqu'il tente de violer une femme, elle prend son nom et son sexe pour rejoindre l'armée du roi, vivre à la cour et maintenir l'honneur familial. Le nouveau Marmoisan combine les meilleures valeurs des deux sexes, étant à la fois valeureux, civilisé et modeste. Elle/il est éventuellement démasqué(e). Le prince de la cour, présenté comme un être faible, se désintéresse complètement des femmes et se laisse facilement influencer par ses courtisans mâles. Toutefois, il épouse Marmoisan fortement encouragé par le roi qui pense – à juste titre – que son fils sera sagement guidé dans la vie par le viril et charmant / la virile et charmante Marmoisan. Notons que les intrigues où des jumeaux presque identiques jouent un rôle servent souvent à problématiser les catégories de genre car il est plus facile de passer d'un genre à l'autre quand une forte ressemblance physique le permet. Le thème de la gémellité fait partie des grands mythes de l'androgynie. Catherine Velay-Vallantin, dans *La Fille en Garçon* souligne la parenté entre *Marmoisan et l'innocente tromperie* et un récit dans un roman chevaleresque anonyme arabe, le *Sirat Antara* ou *Roman d'Antar*, (transcrit pour la première fois au douzième siècle, selon le calendrier grégorien) et intitulé « L'Histoire d'al-Gayda ». Dans cette histoire aussi, la fin heureuse qui aboutit à un mariage, ne correspond guère à une vision de l'hétérosexualité normative. Au contraire, le chiasme féminin/homme et masculin/femme implique que les caractéristiques de genre se superposent ou s'entrecroisent et que certaines transformations sont nécessaires afin de maintenir des arrangements hétérosexuels.

---

1 Préface, dans [Marie-Jeanne l'Héritier De Vallandon], *Les Caprices du destin, ou Recueil d'histoires singulières et amusantes arrivées de nos jours*, Paris, Huart, 1718.

DES TRANSFORMATIONS AU XVIIIe SIÈCLE

Les croisements de genre que l'on trouve à la fin du dix-septième et dix-huitième siècles reflètent à la fois la nouvelle préoccupation de la poursuite du bonheur personnel et le sentiment grandissant qu'une redéfinition des rôles masculins et féminins serait souhaitable. L'histoire intitulée « Histoire de la marquise-marquis de Banneville » (1695) illustre notre propos. D'abord attribuée à l'abbé de Choisy, célèbre pour avoir vécu en tant que travesti, on pense à présent qu'elle est due à une collaboration entre l'abbé de Choisy, Charles Perrault et Mademoiselle L'Héritier[1]. L'intrigue est basée sur un double travestissement qui suffit à captiver le lecteur. D'un côté un petit garçon est élevé comme une fille par sa mère qui ne veut pas qu'il aille à la guerre et de l'autre une petite fille est élevée comme un garçon pour des questions d'héritage. La « fille qui est un garçon » tombe amoureuse du « garçon qui est une fille ». La confusion de genre qui résulte de ce savant mélange réside dans la légitimation du travestissement, reconnu comme une coutume sociale acceptable.

> Madame, voilà un beau garçon. Il est vrai, dit la comtesse, mais il fait le beau, et cela ne sied point à un homme. Que ne s'habille-t-il pas en fille ? [...] Tout vous sied bien, Monsieur, lui dit la petite marquise en rougissant, et vous pouvez vous mettre des mouches et des bracelets sans que nous nous y opposions. Vous ne serez pas le premier, et les jeunes gens s'ajustent présentement comme les filles[2].

Quand la mère du garçon élevé comme une fille lui dit la vérité sur son sexe : « oui mon enfant, lui dit sa mère en l'embrassant, vous êtes un garçon, je vois bien combien cette nouvelle vous afflige, *l'habitude a fait en vous une autre nature*[3]. » Le pauvre garçon est effectivement affligé car il croit être amoureux d'un garçon (qui est en réalité une fille) et donc que le mariage sera impossible. Entre-temps, un oncle tuteur est favorable à un mariage entre gens du même sexe puisqu'il n'y aura pas

---

1 Voir *Mémoires de l'abbé de Choisy habillé en femme* suivi de *Histoire de la marquise-marquis de Banneville*, Toulouse, Éditions Ombres (La petite bibliothèque ombres), 1995.

2 *Ibid.*, p. 152, 154.

3 *Ibid.*, p. 164 ; c'est moi qui souligne.

d'héritiers possibles, ce qui veut dire que c'est lui qui héritera. Le lecteur sait cependant que le « garçon » en question *est* une fille et que, si mariage il y a, une fin hétérosexuelle conventionnelle s'en suivra. Mais est-ce bien vrai que la fin soit tout à fait conventionnelle ? Quand le couple se marie, le jeune homme annonce à la mariée qu'il arrêtera de se comporter comme une fille : « Je me corrigerais seulement sur les manières un peu féminisées que je n'ai pu quitter tout à fait », ce sur quoi elle répond : « Ah, Marquis, ne les quittez pas. Y a-t-il rien de plus aimable que de savoir joindre la valeur de Mars aux agréments de Vénus ? » Suite à cet échange, le couple décide de continuer à vivre selon le genre que leurs mères leur avaient attribué. Ils continuent ainsi à cacher la vérité au monde. De cette façon chacun peut jouir des attributs sociaux de l'autre : pour l'homme il s'agira de jouir des délices de Vénus, tandis que la femme jouira de la liberté qui est réservée aux hommes. Ce changement de genre, qui avait tout d'abord produit de la confusion, devient finalement une source de plaisir enivrante. « Une autre nature » accompagne désormais chaque « marquis-marquise » et établit ce que nous pouvons appeler un autre type de différence sexuelle. La légèreté de ce jeu sur le genre ne peut être comparée, si nous sautons les siècles pour nous tourner vers Virginia Woolf, qu'à son traitement du même thème dans *Orlando.* « Quand Orlando, en tant qu'un "elle", rencontre Shelmerdine, un "il", une affreuse suspicion leur traversa l'esprit simultanément. "Tu es une femme, Shel !" s'écria-t-elle. "Tu es un homme Orlando" ! s'écria-t-il. » À plus d'une reprise ils continuent à s'émerveiller de la différence entre sexe et genre :

> « Êtes-vous bien sûr de ne pas être un homme ? demandait-il anxieusement et elle répondait en écho "Est-il possible que vous ne soyez pas une femme ?" et alors ils se mirent à l'essai sans plus attendre. Car chacun était si surpris de la rapidité de la sympathie de l'autre, et c'était à chacun une si grande révélation qu'une femme pouvait être aussi tolérante et libre d'esprit qu'un homme qu'ils devaient mettre le sujet à l'épreuve sur le champ[1] ».

Un tel dénouement heureux dans les représentations de croisements de genre est assez exceptionnel. Il est vrai que dans les exemples que j'ai sélectionnés les mascarades sexuelles reflètent ou préfigurent un changement même si celui-ci est imaginaire. Toutefois, bien des auteurs ne

1 V. Woolf, *Orlando*, Paris, Le Livre de poche, 2002 [1928], p. 165-166.

défient l'ordre binaire que par une simple perturbation momentanée et divertissante pour que les catégories naturelles qui gouvernent la société puissent être, en réalité, renforcées. Prenons pour contre-exemple la pièce de Marivaux, *La Fausse Suivante* (1724). L'héroïne, déguisée en homme – et nommée pendant toute la pièce « le chevalier » – se travestit ainsi pour découvrir la vraie personnalité de son fiancé. Mais, chemin faisant, elle séduit une comtesse qui tombe amoureuse de « lui ». Ni l'amour, ni l'examen de ses propres désirs genrés ne la préoccupent. Son travestissement sert plutôt à démasquer les folies des autres personnages sans que l'exploration de la possibilité de *devenir homme* (pour les femmes) ou de *devenir femme* (pour les hommes) ne soit même effleurée. À ses yeux (ou plutôt bien sûr à ceux de Marivaux), le déguisement sexuel est un moyen de critiquer une société décadente et de maintenir sa propre indépendance solitaire. Certains critiques ne croient pas que le travestissement puisse impliquer un questionnement radical de l'identité du genre ; en effet, dans de nombreux cas, ils ont raison, mais sans doute un peu moins qu'ils ne pensent : « le monde peut être sens dessus-dessous mais tout revient en ordre une fois que la vérité est rétablie et que les couples reviennent à la norme[1]. » Mais « le chevalier » « retrouve-t-il » vraiment une normativité de genre ? Rien dans la pièce ne l'indique.

Même l'un des romans libertins les plus frivoles de la fin du dix-huitième siècle, *Les Amours du Chevalier de Faublas*, écrit par Louvet de Couvray juste avant la Révolution française (à laquelle il prit une part notable en tant que patriote) peut être lu dans l'optique d'un assouplissement des catégories de genre. Le jeune et beau héros Faublas se déguise continuellement en femme afin de séduire celles-ci. Cet usage banal de la trame du travestissement, avec ses répétitions sans fin, n'aboutit cependant ni à des couples qui « retourneraient à la norme » ni à une fin conventionnelle. Selon Michel Delon, un des meilleurs critiques de cette œuvre, le héros, Faublas, devient « l'allégorie d'un désir qui se soucie moins de transgression que de satisfaction sensuelle » et d'un bout à l'autre du roman, « *loin des calculs de Don Juan ou de Valmont, loin même de la mâle assurance d'un Casanova, Faublas séduit parce qu'il ne sait pas refuser*[2] ». Au fil de l'histoire, Faublas devient de plus en plus

---

1 E. Russo, « Libidinal Economy and Gender Trouble in Marivaux's *La Fausse suivante* », *Journal of Modern History*, vol. 67, n° 3, September 1995, p. 691-692.

2 Édition Gallimard, p. 7. C'est moi qui souligne.

passif et les femmes qu'il séduit endossent le rôle masculin en devenant sujets actifs et rationnels de l'histoire. La légèreté de l'intrigue première cède la place à la tragédie, deux femmes aimées meurent et Faublas en perd la voix et la raison. « Celui qui incarnait l'heureuse facilité des amours, la confusion du masculin et du féminin, ne survit pas [...][1] » Selon Delon, « *dans le roman de Louvet, c'est un homme qui perd la raison, après la mort de deux femmes qui avaient rêvé de changer le monde. La société au masculin se défait, la société au féminin ne peut advenir*[2] ». En réalité, la « société masculine » qui se désagrège est celle de l'Ancien Régime.

La vie littéraire du dix-huitième siècle en France avait été témoin de l'influence grandissante des femmes, qui, à travers les « salons » qu'elles dirigeaient et leurs propres écrits, revendiquaient une place importante dans le mélange des attributs des sexes. En effet, la distance entre les sexes, vue en termes de civilité et de codes sociaux, était souvent considérée comme négligeable. Pour preuve, Montesquieu, Rousseau, et de nombreux observateurs anglais, se plaignaient tous de ne pas pouvoir différencier le Français de la Française. « Il ne reste plus qu'un sexe ; nous sommes toutes des femmes dans l'âme », note en se lamentant Montesquieu. Rousseau, quant à lui, déclare catégoriquement que « les membres du beau sexe, ne désirant plus tolérer la séparation et incapables de se rendre hommes font de l'homme une femme. » Et l'écrivaine anglaise bas-bleu, Elizabeth Montagu, répète ce lieu commun, concluant que « les femmes françaises ont trop d'attributs masculins et les hommes trop d'attributs féminins[3] ». La fin du dix-huitième siècle, et surtout la période de la Révolution Française, ont mis une fin à cette confusion des genres. Comme l'écrit Delon, « *la société au masculin se défait, la société au féminin ne peut advenir* ». Les femmes furent systématiquement exclues de la vie publique et les concepts révolutionnaires de masculinité et de féminité instaurèrent une séparation rigoureuse des sexes : les femmes furent reléguées à une sphère strictement subordonnée, celle de la domesticité. Pour les hommes, la transgression des normes de genre semblait reléguée dans un passé aristocratique lointain et décadent[4].

1 *Ibid.*, p. 26
2 *Ibid.*, p. 31.
3 Cité par G. Kates, « The Transgendered World of the Chevalier / Chevalière d'Edon », *Journal of Modern History*, vol. 67, n° 3, 1995, p. 593.
4 Voir L. Hunt, *The Family Romance of the French Revolution*, Berkeley, University of California Press, 1992.

C'est ainsi que la longue histoire d'un type particulier de croisement de genre, commençant par le mythe de Platon et s'étendant partout dans l'imaginaire européen à travers son héritage arabe et persan, puis reprenant un nouveau souffle à travers la littérature de la Renaissance, semble prendre fin.

LE LONG DIX-NEUVIÈME SIÈCLE ET LE GENRE

Mais les lecteurs de la littérature française des dix-neuvième et vingtième siècles savent qu'une telle fin n'eut pas lieu. La résistance aux arrangements normatifs de genre prit simplement d'autres voies et trouva de nouveaux modes d'expression. Comme on pourrait s'y attendre, le fait de jouer avec des catégories de genre prend une tournure tragique pendant la période romantique. Commençons par *Corinne ou l'Italie* (1807) : nous apprenons que l'héroïne, poétesse et génie musical, sera punie pour un double crime : celui d'avoir voulu être reconnue en tant qu'artiste, tout en voulant aimer et être aimée en tant que femme. Transgresser son genre normatif en adoptant des attributs masculins, voilà ce qui est condamné par la société et mène à la mort. Comme le dit Germaine de Staël, « la gloire elle-même ne saurait être pour une femme qu'un deuil éclatant du bonheur[1] ».

L'héroïne de George Sand dans *Gabriel* (1839) ne veut pas seulement exercer des prérogatives masculines, elle les exerce en fait car elle a été élevée en garçon par son grand-père, le prince de Bramante, afin que « il/elle » puisse hériter du titre réservé aux hommes. Quand elle tombe amoureuse de son faible et jaloux cousin germain, Astolphe, l'héritier légal du titre, elle garde son sexe social masculin pour les protéger tous deux du prince. Astolphe, quant à lui, veut un mariage secret afin de faire de Gabriel-le une épouse qui sera obligée de lui obéir. Le précepteur de Gabriel-le essaie de l'en dissuader :

> Ne contractez pas de mariage avec Gabrielle. *Qu'elle* vive et qu'*elle* meure travestie, heureuse et libre à vos côtés. *Héritier* d'une grande fortune, *il* vous y

1 *De l'Allemagne* (1810), Paris, Firmin-Didot, 1847, p. 499.

> fera participer autant que lui-même. *Amante* chaste et fidèle, *elle* sera enchaînée, au sein de la liberté par votre amour et le sien[1].

Ce mélange de genre – Gabriel sera homme et femme toute sa vie – n'aura pas lieu et la pièce se termine avec l'héroïne androgyne dans son costume d'homme, poignardée à mort.

On s'est beaucoup penché sur le traitement de ce thème par Balzac. Dans quatre ouvrages, *Sarrasine* (1830), *La Fille aux yeux d'or* (1835), *Beatrix* (1839) et *Seraphita/Seraphitus* (1835), il joue sur la notion de genre de multiples façons. Dans la première œuvre citée, la castration d'un homme crée une femme « parfaite », Zambinella, qui n'est ni mâle ni femelle mais qui avant sa transformation eut une descendance qui aboutit à la naissance de jumeaux ayant l'air d'hermaphrodites ; dans le deuxième exemple, le tragique amour lesbien de Paquita et de Madame de San-Réal révèle que San-Réal et le dandy de Marsay (qui devient aussi l'amant de Paquita) sont demi-frère et sœur et que chacun est le double de l'autre ; dans le troisième exemple, un auteur est représenté comme une femme/homme, en hommage à George Sand. Enfin, le mélange absolu et puis le dépassement de la notion de genre est le thème du conte mystique swedenborgien, *Seraphita/Seraphitus* :

> Le vieux serviteur resta pendant quelques moments debout à contempler avec amour l'être singulier qui reposait sous ses yeux, *et dont personne n'eût su définir le genre.* À le voir ainsi posé, enveloppé de son vêtement habituel, qui ressemblait autant à un peignoir de femme qu'à un manteau d'homme, il était impossible de ne pas attribuer à une jeune fille les pieds menus qu'il laissait pendre, comme pour montrer la délicatesse avec laquelle la nature les avait attachés ; mais son front, mais le profil de sa tête, eût semblé l'expression de la force humaine arrivée à son plus haut degré[2].

La femme/homme est, tel que c'est indiqué par son nom, un séraphin qui doit mourir afin d'accéder à une sphère plus pure, celle des anges ; sphère qui, selon Balzac et certaines traditions, est androgyne. Les mythes fondateurs subissent ici une nouvelle transformation, celle d'un « au-delà » des attributs mâles et femelles qui ne peut être atteint que par une mort salvatrice permettant la transcendance et l'élimination de la différence sexuelle.

1 G. Sand, *Gabriel*, Paris, Des Femmes, 1988 [1839], p. 188 ; c'est moi qui souligne.
2 Balzac, *Seraphita/Seraphitus*, Paris, Verdet, 1835, p. 64-65 ; c'est moi qui souligne.

Les vieux mythes et les transgressions littéraires de genre du passé sont ravivés encore une fois dans *Mademoiselle de Maupin* (1835) de Théophile Gautier. Le mythe fondateur ici est à chercher dans les *Métamorphoses* d'Ovide (IV, 270-293) avec l'histoire de Salmacis et d'Hermaphrodite. Dans ce mythe, la nymphe des eaux, Salmacis, attire vers un lac, dont les eaux sont trop émollientes, le bel Hermaphrodite âgé de quinze ans et leurs corps s'unissent et forment un être « mâle-femelle ». Dans le roman de Gautier, c'est la femme-homme, Madeleine/Théodore qui est capable de combiner avec succès les attributs masculins et féminins, tandis que l'homme, d'Albert, un poète, a dissocié la beauté de la possibilité d'un amour terrestre, tout du moins au sens néo-platonicien[1]. De nombreuses représentations des jeux de genre ont lieu dans le roman. D'abord d'Albert craint de tomber amoureux d'un homme – car Théodore/Madeleine s'habille et se comporte en homme. La première possibilité d'un amour homosexuel est ainsi abordée. Cependant, d'Albert devine bientôt que l'objet de son amour est une femme. Cette révélation lui vient après avoir mis en scène *Comme il vous plaira* (*As You Like It*) de Shakespeare dans lequel il joue Orlando face à Rosalinde, jouée par Madeleine/Théodore. Dans la description de Rosalinde qu'il envoie à un ami, il la compare à la femme-chevalier d'Arioste :

> Je me suis épris d'une beauté en pourpoint et en bottes, d'une fière Bradamante qui dédaigne les habits de son sexe, et qui vous laisse par moments flotter dans les plus inquiétantes perplexités ; ses traits et son corps sont bien des traits et un corps de femme, mais son esprit est incontestablement celui d'un homme[2].

Théodore/Madeleine est loin d'être aussi méchante que la Marquise de Merteuil dans *Les Liaisons dangereuses* mais elle détient certainement le pouvoir. Ayant commencé à se travestir pour apprendre à connaître véritablement les hommes lorsqu'ils ne sont pas en compagnie des femmes, elle est tout d'abord dégoûtée par leur comportement masculin, mais progressivement elle s'attache à la liberté qu'elle a acquise en se faisant passer pour un homme. Elle subit même une métamorphose :

> En vérité, ni l'un ni l'autre de ces deux sexes n'est le mien ; je n'ai ni la soumission imbécile, ni la timidité, ni les petitesses de la femme ; je n'ai pas les

1 L'introduction de Michel Crouzet à l'édition Gallimard de *Mademoiselle de Maupin*, Paris, 1973, développe ce point de vue critique.

2 Théophile Gautier, *Mademoiselle de Maupin*, Paris, Gallimard, 1973, p. 304-305.

> vices des hommes, leur dégoûtante crapule et leurs penchants brutaux : *je suis d'un troisième sexe à part qui n'a pas encore de nom* [...][1]

Ce « troisième sexe » n'est cependant pas une fusion des sexes et nous sommes loin de Céladon et d'Astrée. De plus, le désir sexuel n'est pas lié à l'amour des âmes. Si le croisement des genres est toujours à l'ordre du jour, il ne concerne que soi. « Je n'aime pas d'Albert », déclare Théodore/Madeleine, « mais j'ai certainement du goût et du penchant pour lui[2] ». Elle s'accouplera une nuit avec d'Albert afin de savoir ce qu'est le plaisir avec un homme. Cependant, cet acte ne résulte en aucun cas d'un retour à une hétéro-normalité et le roman se termine par un autre scénario. Théodore/Madeleine ne retourne pas dans sa chambre après son aventure avec d'Albert mais va rendre visite à Rosette, troisième protagoniste du livre *Mademoiselle de Maupin*. Elle est amoureuse de lui/elle et a pris d'Albert pour amant, faute de mieux. Ce qui arrive entre les deux femmes demeure un mystère malgré la quête résolue du narrateur qui tente de découvrir la vérité. La femme de chambre de Rosette dit bien que le lit de sa maîtresse a été défait et que deux personnes s'y sont couchées : « le lit était rompu et défait, et portait l'empreinte de deux corps » et, de plus, lorsqu'elle avait fait le lit, elle y avait trouvé deux perles portées par « Théodore » lorsqu'il jouait le rôle de Rosalinde. On apprend aussi que « Théodore » n'a quitté la chambre de Rosette que le lendemain à midi. Le mystère, d'un amour et du désir lesbien, est presque mais pas entièrement résolu :

> [...] quant à moi, j'ai fait là-dessus mille conjectures, toutes les plus déraisonnables les unes que les autres, et si saugrenues que je n'ose véritablement les écrire, même dans le style le plus honnêtement paraphrasé[3].

Théodore/Madeleine, dans son habit masculin, chevauche seule vers le soleil couchant, envoyant une lettre d'adieu à d'Albert dans laquelle elle/il renonce gracieusement à son amour et lui souhaite d'être heureux. Elle/il lui suggère même de retourner vers Rosette :

> Consolez au mieux que vous pourrez la pauvre Rosette, *qui doit être au moins aussi fâchée que vous de mon départ.* Aimez-vous tous deux en souvenir de moi,

1 *Ibid.*, p. 393 ; les italiques sont miennes.
2 *Ibid.*, p. 393.
3 *Ibid.*, p. 411.

> que vous avez aimée l'un et l'autre, et dites-vous quelquefois mon nom dans un baiser[1].

La voie est désormais toute tracée pour arriver au vingtième siècle «*playing with gender*», comme le dirait Judith Butler, jouant avec le genre, en sa compagnie. Les lecteurs seront accueillis par des auteurs tels que Proust, Gide, et bien entendu Colette, avec qui nous terminerons ce parcours. Dans *L'Étoile Vesper* (1946) elle décrit sa « grossesse d'homme », terminant ce passage merveilleux par la phrase, fictivement attribuée à sa mère : « tu ne seras jamais *qu'un* écrivain qui a fait un enfant. » Et elle déplore que les transgressions de genre qu'elle a connues dans sa vie n'atteignent jamais la beauté de la statue hellénistique d'Hermaphrodite, la gracieuse fille-fils d'Aphrodite et d'Hermès que l'on trouve dormant au Louvre.

CONCLUSION

Ce parcours de certains moments de la littérature française où « le système binaire de genre est contesté et remis en cause, où la cohérence des catégories est mise en question et où la vie sociale du genre se révèle être malléable et transformable[2] » aura donné au lecteur quelques lueurs sur la relation dialectique entre des marges contingentes et des centres normatifs. De telles relations dépassent les frontières nationales et sont formées par les contributions de nombreuses cultures. Édifiée par la loi, la religion et la coutume, et donnée pour naturelle et même ontologique, et ainsi soustraite au changement, la normativité de genre occupe une place centrale dans la plupart des parties du globe durant la période moderne et a de nombreux porte-paroles. Des exemples représentatifs de cette vision majoritaire se retrouvent dans les condamnations perpétuelles des croisements de genre par le clergé et d'autres corps institutionnels puissants parmi la classe politique et sociale dirigeante ; le mépris et l'indifférence de certains historiens de la littérature pour ces

1 *Ibid.*, p. 416 ; les italiques sont miennes.
2 Butler, *Défaire le genre*, *op. cit.*, p. 245.

représentations littéraires d'un sujet qui préoccupe tant la société qui cherche à les réprimer font qu'elles ont souvent été jugées peu dignes d'attention. Néanmoins, les croisements de genre transgressifs continuent à traverser les frontières territoriales et le temps et à insister en sourdine sur la validité de leur présence. Est-ce que les enchantements imaginaires de la « fantaisie » qui manipulent la normativité en changent la définition et l'application ? Cette question demeure sans réponse. Si les textes qui abordent la transgression de genre semblent affirmer dans de nombreux cas l'androgynie et/ou la multiplicité de positionnements possibles pour un (e) individu(e) et démontrent ainsi que l'on peut se défaire de certaines normes, il est cependant clair que la normativité manipule à la fois le centre et les marges, autrement dit qu'elle tolère des expressions marginales de résistance afin de définir sa propre légitimité. Nous, lecteurs du vingt et unième siècle, sommes les joueurs dans le champ miné des tensions crées par cette dialectique. Nos lectures sont une invitation à l'émerveillement qui peut nous transporter dans une autre sphère et nous encourager à nous détourner des sentiers battus pour tenter de rendre vrai ce qui ne l'est plus, ou plus exactement, ce qui ne l'est pas encore.

Danielle HAASE-DUBOSC
Université Columbia (émérite)
Traduit par Séverine C. Martin,
avec la participation de l'auteure

OUVRAGES CITÉS

AMER, Sahar, « Medieval Arab Lesbians and Lesbian-like Women », *Journal of the History of Sexuality*, vol. 18, n° 2, 2009, p. 215-236.

ANDREWS, Walter G. et KALPAKLI, Mehmet, *The Age of Beloved : Love and the Beloved in Early Modern Ottoman and European Culture and Society*, Durham, Duke University Press, 2005.

ANGENOT, Marc, *Les Champions des femmes : Examen du discours sur la supériorité des femmes 1400-1800*, Montréal, Presses de l'Université du Québec, 1977.

ARABIAN NIGHTS, éd. par Mushin Mahdi, trad. par Husain Haddawy, New York, Norton, 1995.

ARIOSTO, Ludovico, *Orlando Furioso*, trad. par Guido Waldman, New York, Oxford University Press, 1999.

BALZAC, Honoré de, *Séraphîta/Seraphitus*, Paris, Verdet, 1835.

BALZAC, Honoré de, *Splendeurs et misères des courtisanes*, Paris, Gallimard, 1973.

BENCHEIKH, Jamel-Eddine, BREMOND, Claude et MIQUEL, André, *Mille et un contes de la nuit*, Paris, Gallimard, 1991.

BUTLER, Judith, *Trouble dans le genre*, trad. par C. Kraus Paris, La Découverte, 2005.

BUTLER, Judith, *Undoing Gender*, New York, Routledge, 2004 [*Défaire le genre*, trad. fr. par Maxime Cervulle, Éditions Amsterdam, 2012].

CHARDIN, John, *Voyages de Monsieur le chevalier Chardin en Perse et autres lieux de l'Orient*, Amsterdam, J.L. de Lorme, 1711.

CHARDIN, John, *Voyage de Paris à Ispahan*, Paris, La Découverte / Maspero, 1983.

CHOISY, François-Timoléon de, L'HÉRITIER, Marie-Jeanne et PERRAULT, Charles, *Histoire de la marquise-marquis de Banneville*, dans *Nouvelles du XVIIe siècle*, Paris, Gallimard, 1997.

CLARK, John James, *Oriental Enlightenment : The Encounter Between Asian and Western Thought*, London / New York, Routledge, 1997.

DEKKER, Rudolf M. et VAN DE POL, Lotte C., *The Tradition of Female Transvestism in Early Modern Europe*, New York, St. Martin's Press, 1989.

DU BOSC, Jacques, *La Femme héroïque ou les heroines comparées avec les heros en toute sorte de vertus*, 2 vol., Paris, A. de Sommaville et A. Courbé, 1645.

GAUTIER, Théophile, *Mademoiselle de Maupin*, Paris, Gallimard, 1973.

GENETTE, Gérard, « Le serpent dans la bergerie », dans *Figures I*, Paris, Seuil, 1966, p. 109-122.

GREGORIO, Laurence, *The Pastoral Masquerade : Disguise and Identity in « L'Astrée »*, Saratoga, Anima Libri, 1992.

HAASE-DUBOSC, Danielle, *Ravie et enlevée : De l'enlèvement des femmes comme pratique matrimoniale au dix-septième siècle*, Paris, Albin Michel, 2000.

HAASE-DUBOSC, Danielle, « Intellectuelles, femmes d'esprit et femmes savantes au XVIIe siècle », *Clio*, n° 13, 2001, p. 43-67.

HUNT, Lynn, *The Family Romance of the French Revolution*, Berkeley, University of California Press, 1992.

JORDAN, Constance, *Renaissance Feminism : Literary Texts and Political Models*, Ithaca, Cornell University Press, 1990.

KATES, Gary, « The Transgendered World of the Chevalier / Chevalière d'Edon », *Journal of Modern History*, vol. 67, n° 3, 1995, p. 558-594.

KEVORKIAN, Servais, *Thématiques de l'Astrée d'Honoré d'Urfé*, Paris, Honoré Champion, 1991.

[L'HÉRITIER DE VALLANDON, Marie-Jeanne], *Les Caprices du destin, ou Recueil d'histoires singulières et amusantes arrivées de nos jours*, Paris, Huart, 1718.

LE MOYNE, Pierre, *La gallerie des femmes fortes*, Paris, Sommaville, 1647.

LOUVET DE COUVRAY, J.-B., *Les Amours du chevalier Faublas*, éd. par Michel Delon, Paris, Gallimard, 1966.

Mille et une nuits, trad. par Antoine Galland, Paris, Garnier-Flammarion, 2004.

NAVARRE, Margueritte de, *Heptaméron*, éd. par Michel François, Paris, Classiques Garnier, 1996.

NELSON, John Charles, *Renaissance Theory of Love*, New York, Columbia University Press, 1955.

PIZAN, Christine de, *La Cité des dames*, éd. et trad. par Thérèse Moreau et Eric Hicks, Paris, Stock / Moyen Âge, 2000.

PIZAN, Christine de, GERSON, Jean, MONTREUIL, Jean de, COL, Gontier et COL, Pierre, *Le Débat sur le Roman de la rose*, éd. par Eric Hicks, Paris, Champion, 1977.

PLATON, *Le Banquet*, trad. par Émile Chambry, Paris, Garnier Flammarion, 1993.

RIVIÈRE, Joan, « Womanliness as a Masquerade », *International Journal of Psychoanalysis*, n° 10, 1929, p. 303-313.

RUSSO, Elena, « Libidinal Economy and Gender Trouble in Marivaux's *La fausse suivante* », *MLN*, vol. 115, n° 4, 2000, p. 690-713.

RUSTIN, Jacques, « Travestis : Faublas entre l'abbé de Choisy et le chevalier d'Eon (1735-1836) », dans *Entre libertinage et révolution : Jean-Baptiste Louvet (1766-1797) : Actes du colloque du bicentenaire de la mort de J.-B Louvet, Strasbourg, 1997*, éd. Pierre Hartman, Strasbourg, Presses Universitaires de Strasbourg, 1999.

SAID, Edward W., *L'Orientalisme : L'Orient créé par l'Occident*, trad. par Catherine Malamoud, Paris, Seuil, 2005 [1978].

SAND, George, *Gabriel*, Paris, Des Femmes, 1988 [1839].
SCUDÉRY, Georges [Madeleine], *Les Femmes illustres ou les harangues héroïques*, Paris, A. de Sommaville et A. Courbé, 1642 et 1644.
SCUDÉRY, Madeleine de, *Artamène ou le grand Cyrus*, Paris, A. Courbé, 1650-1653.
SCUDÉRY, Madeleine de, « De la politesse », dans *Conversations nouvelles sur divers sujets, dédiés au Roy*, Paris, Claude Barbin, 1684.
STAËL, Germaine, *De l'Allemagne*, Paris, Firmin-Didot, 1847 [1810].
STEINBERG, Sylvie, *La Confusion des sexes : le travestissement de la Renaissance à la Révolution*, Paris, Fayard, 2001.
[LE] TASSE (Tasso, Torquato), *La Jérusalem délivrée. Gerusalemme Liberata*, édition bilingue par J.-M. Gardair, Paris, Classiques Garnier, 1990.
URFÉ, Honoré de, *L'Astrée*, éd. par Jean Lafond, 5 vol., Paris, Gallimard, 1984.
URFÉ, Honoré de, *L'Astrée*, pub. sous les auspices de la Diana par M. Hugues Vaganay, Lyon, Masson, 1925-1928. 5 vol., reprod. en fac-sim, Genève, Slatkine, 1966 et 1995. Cette édition se trouve en ligne : www.uni-stuttgart.de/lettres/krueger/astree/html.
VELAY-VALENTIN, Catherine, *La Fille en garçon*, Carcassonne, Garae/Hesiode, 1992.
VIRGIL, Énéide, trad. par Jacques Perret, Paris, Gallimard (Folio Classiques), 1991.
Le Voyage de Charlemagne à Jérusalem et à Constantinople, éd. et trad. par Paul Aebischer, Genève, Droz, 1965.
WITTIG, Monique, *Les Guérillères*, Éditions de Minuit, 1969.
WITTIG, Monique, *La Pensée straight*, Paris, Balland, 2001 [*The Straight Mind and Other Essays*, Boston, Beacon Press, 1992].
WOOLF, Virginia, *Orlando*, Paris, Le Livre de Poche, 2002 [1928].

LES SPECTRES DE LA MULTIPLICITÉ

La littérature du XVIIIe siècle revisitée depuis ses dehors

MALAISES DANS LA CIVILISATION GLOBALE FRANÇAISE

Depuis l'époque de Louis XIV jusqu'à la Révolution jacobine, le XVIIIe siècle français a souvent été dépeint comme rêvant *un long rêve d'unité.* Beaucoup d'énergie administrative et intellectuelle a été dépensée pour unifier le territoire sous le pouvoir d'un roi, le peuple sous l'imposition d'une loi et les croyances sous l'emprise d'une foi, mais encore les artistes sous la tutelle d'une Académie, les nations européennes sous la perspective d'une paix perpétuelle, les domaines du savoir sous un arbre encyclopédique, la diversité des coutumes sous un idéal de rationalité universelle, et l'agaçante multiplicité des idiomes (régionaux et nationaux) sous un langage standardisé – le français de Paris, parlé à la Cour, réglementé par l'Académie et béni par le Grand Roi (oint par le vrai Dieu).

Ce qui n'était qu'un rêve fantaisiste vers 1700 a pu sembler relever de la réalité historique dès le dernier quart du siècle : dans un panorama global qui anticipe (sur le ton euphorique) nos angoisses actuelles relatives à l'homogénéisation des cultures mondiales, Louis-Antoine Caraccioli démontrait avec *L'Europe française ou Paris modèle des nations* que tout le monde mangeait, buvait, lisait, parlait et pensait français de la même manière (française) dès 1776. Nicolas Baudeau, l'un des premiers Économistes qui, également dans les années 1770, présentait la validité des mécanismes du marché libre comme « naturelle » et « universelle », pouvait démontrer à une jeune aristocrate, sans regarder plus loin que sa table de déjeuner, que son monde était déjà globalisé puisque pour satisfaire à ses besoins (et à ses caprices) quotidiens la main invisible lui apportait du blé de Pologne, de la porcelaine de Chine, des cuillères en fer péruvien, et du sucre cultivé en Haïti par des esclaves arrachés à l'Afrique[1]. Au moment où Napoléon conquerra la plupart de l'Europe continentale pour la diviser en quasi-départements français, le « Grand Dessein » de l'unification politique rêvé par Henri IV et son ministre Sully (repris par l'abbé de Saint-Pierre autour de 1713, et revisité par Rousseau dans les années 1750[2]) paraîtra – brièvement – à la veille de s'assurer un triomphe durable.

En grattant sous la surface de ces rêves d'unité mondiale, on trouve toutefois un XVIIIe siècle français plein d'*innombrables hantises de division.* D'âpres conflits religieux opposaient non seulement les catholiques aux protestants, mais, au sein du parti catholique, les jansénistes contre les jésuites. Les marchandises transportées à l'intérieur de la France étaient encore arrêtées à chaque coin de pays pour payer des droits locaux et se soumettre à des normes hétérogènes. Quand un aristocrate parisien, sorti de son salon pour s'aventurer dans la campagne, rencontrait un paysan, il se demandait si cet animal à la peau sombre, d'où émanaient des grognements indéchiffrables, appartenait vraiment à la race humaine (et à une nation civilisée)[3]. Rousseau lui-même, quoique sa théorie politique ait nourri la tentative jacobine d'homogénéisation des Républiques modernes, n'imaginait une véritable démocratie possible que dans le contexte de petites villes-États indépendantes. Les angoisses relatives à l'« hydre à mille têtes » des multitudes incontrôlées[4] hantaient la plupart des théoriciens politiques de l'époque classique, avec de constants rappels provenant des émeutes alimentaires et des révoltes fiscales qui ont culminé dans les grandes vagues d'incendies de châteaux et de manifestations de rues durant la Révolution.

Ainsi, alors même que de nombreux hommes des Lumières se croyaient (sur le point d') entrer dans *un âge de Francité globale* – progressant vers l'unification et la rationalisation de l'humanité, poussant toujours plus loin les barrières chargées de maintenir à distance les Barbares (des

1 Sur la conscience de ces forces économiques globalisantes parmi les Économistes français du XVIIIe siècle, je renvoie à Y. Citton, *Portrait de l'économiste en physiocrate*, Paris, L'Harmattan, 2001, chapitre 12, « Mondialisation ».

2 Sur ces questions, voir Thomas Schlereth, *The Cosmopolitan Ideal in Enlightenment Thought*, South Bend, Notre Dame University Press, 1976.

3 Voir A. S. Wyngaard, *From Savage to Citizen : The Invention of the Peasant in the French Enlightenment*, Newark, University of Delaware Press, 2004.

4 Voir M. Rediker et P. Linebaugh, *L'hydre aux mille têtes*, Paris, Éditions Amsterdam, 2008.

superstitions obscurantistes) – ils se sont également vu constamment rappeler l'évidence des *frontières intérieures* qui tendaient à fragmenter la globalité française du dedans. Contrairement à sa réputation superficielle de rationalité arrogante, universaliste et impérialiste, le XVIIIe siècle français a intimement connu, cultivé et théorisé la diversité, la multiplicité et l'hétérogénéité. Où peut-on trouver ces frontières intérieures au sein du champ littéraire ? Quels sont les types d'extériorités et d'étrangetés qui ont animé de l'intérieur les esprits français au cours de cette période ? Voici quelques-unes des questions que je vais aborder dans ce chapitre, à travers une visite très sélective de quelques-uns des innombrables spectres de la multiplicité qui ont hanté la littérature du XVIIIe siècle.

LE MERVEILLEUX POUVOIR DES FÉES

L'étude de la littérature du dix-huitième siècle a souvent souffert d'une double illusion d'optique. Tout d'abord, *l'ensemble de la période a été réduit au seul mouvement des Lumières*, qui ne représente en réalité qu'une toute petite minorité (certes brillante) des ouvrages produits par l'époque. Deuxièmement, une projection rétrospective a imposé une unité anachronique sur un corps qui était encore morcelé : en effet, jusqu'à la fin du siècle, *la « littérature » n'existait pas en tant que telle.* Du *Dictionnaire* de Furetière (1690) aux *Éléments de littérature* de Marmontel (1787), le mot « littérature » ne se définissait encore ni comme un certain ensemble d'œuvres (caractérisées par leur valeur esthétique), ni comme une certaine attitude envers l'écriture (visant à la beauté autant qu'à la vérité) – mais comme une forme particulière d'érudition, caractérisée par une familiarité avec les œuvres classiques comprenant ce que nous appellerions aujourd'hui les « Humanités » : « la connaissance profonde des lettres ».

Une fois neutralisés les effets d'homogénéisation induits par ces deux projections rétrospectives, le XVIIIe siècle n'apparaît plus comme une progression continue passant naturellement du théâtre de Marivaux aux *Liaisons dangereuses* de Laclos, à travers les romans sentimentaux de l'abbé Prévost et les contes philosophiques de Voltaire. Une gamme beaucoup plus large de pratiques d'écriture et de positions idéologiques refait surface, nous rappelant que, à cette époque, une œuvre n'était jamais perçue comme « littéraire », mais était d'abord identifiée par son genre. Les auteurs n'ont pas écrit des « œuvres » ou des « fictions », mais des tragédies, des comédies (ou plutôt des comédies mêlées d'ariettes, des parades, des tragi-comédies), ou des élégies, ou des poèmes épiques, ou des mémoires, ou des romans épistolaires. Au lieu de l'unité apparente de *la* « littérature », on avait *une multiplicité* de genres. Et la principale nouveauté, au sein de ce vaste et riche paysage des pratiques génériques, dont la plupart avaient été cartographiées depuis Aristote, fut un genre qui a jusqu'ici été négligé et enseveli sous le mépris de l'histoire littéraire dominante : le conte de fées.

On prend à contre-pied bon nombre d'habitudes en affirmant que le conte de fées est la seule véritable innovation générique de début de la période moderne, et pourtant tel est bien le cas : en quelques années, depuis sa naissance en 1690, le conte de fées a non seulement fait l'objet d'un étonnant engouement (du côté du camp des Modernes dans leur fameuse querelle contre les Anciens, grâce notamment au rôle de premier plan joué par Perrault), mais il a également été au cœur de débats théoriques très animés. Initialement pratiqué surtout par des femmes (Marie-Catherine d'Aulnoy, Marie-Jeanne Lhéritier de Villandon, Henriette-Julie de Murat), il a séduit et choqué en même temps ses lecteurs (en majorité des adultes) en défiant insolemment toutes les règles de la *mimesis* et de la vraisemblance, et en faisant mine de tirer son inspiration de nourrices qui n'avaient jamais lu Aristote. Si les pouvoirs des fées, les citrouilles métamorphosées et les baguettes magiques ont pris tout le monde de court durant la dernière décennie du XVIIe siècle, cette innovation purement moderne a vraiment décollé lorsque des écrivains ont eu l'idée de l'hybrider avec un autre genre jouissant lui aussi d'un étonnant effet de mode, le conte oriental – lequel avait été lancé par Antoine Galland avec sa traduction des *Mille et une nuits* depuis 1705. La créolisation issue de la rencontre improbable, sur une table de dissertation académique, entre la légèreté auto-parodique de quelques écrivaines et l'imagination luxuriante de la tradition arabe s'est avérée imparable : pendant des décennies, la France entière a écrit des contes orientaux merveilleux – non seulement des auteurs « spécialisés » comme Hamilton ou Crébillon fils, mais aussi de « graves » philosophes comme Jean-François Melon, Charles-Louis de Montesquieu, Charles Duclos, Jean-Jacques Rousseau et Denis Diderot[1].

Tout au long de son évolution complexe (d'une majorité d'écrivaines à une majorité d'écrivains, de la fantaisie inoffensive à l'érotisme sacrilège, des leçons moralisantes à la subversion politique), l'hybridation entre la fée et le conte oriental a généré un dense, incessant et passionnant effort pour *redessiner toutes les frontières imaginables*. Si ce genre apparemment « mineur » a joué un rôle crucial dans la poétique, ainsi que dans les expérimentations politiques et philosophiques de la période, c'est parce qu'il a fourni une liberté quasi-illimitée à ses adeptes : non seulement la liberté de mettre en scène des formes libertines de relations entre les sexes, mais une totale liberté de *jouer avec* tous les paramètres de la connaissance. Dans le monde des fées et des sultans arabes, loin des contraintes imposées par des dirigeants et des philosophes affairés à unifier la nation, *tout peut arriver*, grâce au « jeu » que la machine narrative féerique introduit au sein des chaînes les plus impensables de causes et d'effets : l'âme d'une personne peut habiter le corps d'une autre personne (Moncrif, *Les Âmes rivales*, 1738), un partage de croyances magiques peut créer de la valeur monétaire en se coagulant sur de simples bouts de papier (Melon, *Mahmoud le Gasnevide*, 1729), des poupées peuvent s'animer pour nous enseigner les vertus de l'humanité et de la galanterie (Bibiena, *La Poupée*, 1747), les organes génitaux de sultanes peuvent (enfin) exprimer ce qu'une femme veut vraiment (Diderot, *Les Bijoux indiscrets*, 1748), les courtisans peuvent se moquer de leur dirigeant tyrannique en toute impunité (Crébillon, *Le Sopha*, 1742). Les auteurs de tels contes orientaux se donnent les moyens narratifs de désorienter tous nos préjugés en remettant en question l'ensemble de nos convictions constitutives de la « réalité ». Bien plus encore que les Persans de Montesquieu, les fées orientalisées ont fourni un point de vue radicalement extérieur sur les réalités françaises, faisant apparaître le pouvoir politique, les dogmes religieux, les maximes morales, les connaissances scientifiques, les objets

---

1 Sur l'émergence et la richesse de ce genre, voir, entre autres, les beaux livres de J.-P. Sermain, *Le Conte de fées du classicisme aux Lumières*, Paris, Desjonquères, 2005 ; A. Defrance, *Les Contes de fées et les nouvelles de Madame d'Aulnoy (1690-1698) : L'Imaginaire féminin à rebours de la tradition*, Genève, Droz, 1998 ; et R. Jomand-Baudry et J.-F. Perrin, *Le Conte merveilleux au XVIIIe siècle : une poétique expérimentale, Paris, Kimé, 2004*. Pour suivre la recherche dans ce domaine, voir la revue *Féeries*, publiée par les ELLUG à raison d'un numéro par an, où l'on trouvera par exemple l'important article d'Éric Méchoulan, « Le pouvoir féerique » (n° 3, 2006).

technologiques ou les systèmes financiers comme de pures *merveilles* – incroyables et propres à éveiller notre étonnement, nos meilleurs efforts explicatifs et surtout notre incrédulité critique[1]. Dommage qu'il nous ait fallu attendre trois siècles pour en tirer les leçons…

Les différentes vagues de contes orientaux qui ont submergé la France dans la première moitié du XVIIIe siècle ont ainsi constitué un terrain discret mais important de la créolisation littéraire précoce. Un déplacement considérable de perspective a été fourni par le cadrage orientaliste importé du Sud et de l'Est de la Méditerranée, du Maroc à la Chine, en passant par la Perse et la Mongolie. Mais les recherches récentes ont montré à quel point, sous le vernis mince et douteux de l'exotisme orientaliste, de nombreux auteurs séduits par l'invention de Galland avaient eu la curiosité de remonter à ses sources, pillant abondamment les cycles de contes les plus importants développés dans les mondes arabe, turc, persan, indien et chinois. Avec la *translatio studii* et la *translatio philosophiae*, qui avaient déjà (ré-)importé les doctrines aristotéliciennes depuis le Sud de la Méditerranée, cette *translatio fabularum* mérite d'être identifiée comme l'une des plus importantes sources étrangères de l'identité littéraire française. Pas besoin d'attendre la vogue des romans beurs pour que la littérature française s'enrichisse de culture arabe – Antoine Galland et ses nombreux imitateurs avaient frayé la voie en frottant la lampe de ses mille et une merveilles.

PERDUS DANS LA MULTIPLICITÉ

L'espace de questionnement extra-territorial fourni par les contes de fées orientalisants en est rapidement venu à être investi par les préoccupations philosophiques les plus urgentes. L'enjeu ultime de la plupart de ces œuvres, sous la surface de leur ton badin et auto-parodique, consistait à tarauder la question de la relation entre les discours et les

1 Pour des exemples d'analyses de contes allant dans ce sens, voir J.-F. Perrin, « Soi-même comme multitude : le cas du récit à métempsycose au 18e siècle », *Dix-huitième siècle*, vol. 41, 2009 et Y. Citton, « Les comptes merveilleux de la finance. Confiance et fiction chez Jean-François Melon », *Féeries*, n° 2, 2005.

croyances : que dois-je croire de ce que je peux entendre et lire ? Plus précisément : que et qui puis-je croire parmi la multiplicité d'explications contradictoires et de récits divergents qui viennent à moi de tant de sources différentes ? Même si l'imprimerie a été inventée à la fin du XVe siècle, c'est seulement au XVIIIe siècle que le taux d'alphabétisation a vraiment commencé à décoller – le nombre de personnes capables de déchiffrer un texte écrit (et/ou de signer leurs noms) doublant à peu près entre 1700 et 1800. D'innombrables indicateurs montrent les mêmes courbes ascendantes aussi convergentes que frappantes : le nombre de livres imprimés, le nombre de nouveaux titres publiés, la proportion de livres publiés en français (au lieu du latin), la proportion de formats de poche (au lieu des *in-folios* difficilement maniables), le nombre de périodiques à la disposition du public – tous ces chiffres présentent une croissance spectaculaire tout au long du siècle, avec une augmentation particulièrement forte après 1750.

On aurait raison de rappeler que la philosophie scolastique, dès le début du Moyen-Âge, tentait déjà de faire face à une surcharge d'informations contradictoires. La nouveauté de l'époque des Encyclopédistes est que l'expérience de cette surcharge d'information ne se limite plus à quelques bibliothèques éparpillées dans des monastères de campagne : elle devient une préoccupation de plus en plus courante chez un nombre de plus en plus grand de citadins qui – comme nous-mêmes aujourd'hui face au développement d'Internet – se trouvent exposés à une offre sans cesse croissante d'information sous forme de livres et surtout de périodiques : 40 nouveaux titres apparaissent dans les années 1720, ce qui est déjà considérable, mais ce qui pâlit devant le chiffre correspondant aux années 1780, qui est de 167[1]. Perdu dans cette multiplicité, où pouvait-on trouver le filtre approprié (c'est-à-dire, littéralement, la bonne attitude « critique ») pour trier le vrai de l'illusoire ? Rendre les lecteurs capables de discriminer entre les vraies « sciences » nouvelles et les anciennes « fables » superstitieuses a été une préoccupation constante d'écrivains comme Pierre Bayle (avec son célèbre *Dictionnaire critique*) ou comme Voltaire (avec ses représentations corrosives des errances sans limites de l'esprit humain).

La critique des « superstitions » effectuée par les Philosophes des Lumières a été non seulement ancrée dans leur lutte épistémologique

1 Voir J. Sgard, « La multiplication des périodiques », dans R. Chartier and H.-J. Martin, *Histoire de l'édition française*, Paris, Promodis, 1984, p. 198-205.

et politique contre « l'obscurantisme » maintenu par les institutions chrétiennes. Elle était également profondément enracinée dans une tradition littéraire qui remonte jusqu'au *Don Quichotte* de Cervantès pour se délecter de la mise en scène de lecteurs naïfs dupés par leurs lectures fantastiques[1]. À la suite des romans satiriques du XVIIe siècle des Cyrano de Bergerac, Sorel, Scarron, ou Montfaucon de Villars (dont le *Comte de Gabalis ou Entretiens sur les sciences secrètes* (1671) a exercé une influence considérable sur toute la tradition ultérieure), d'innombrables romans du début du XVIIIe siècle ont dépeint des protagonistes littéralement affolés par leurs lectures de livres d'alchimie, de démonologie, de médecine, de philosophie ou de finance spéculative – multipliant les expériences scripturaires dans lesquelles les auteurs finissaient parfois par se laisser emporter eux-mêmes dans leurs propres « monstrueuses » imaginations[2].

On trouve une excellente illustration de ce type de réflexions dans l'ouvrage de Laurent Bordelon intitulé *L'histoire des imaginations extravagantes de Monsieur Oufle causées par la lecture des livres qui traitent de la magie, du grimoire…* (1710). À mi-chemin entre le *Don Quichotte de* Cervantès et le *Bouvard et Pécuchet* de Flaubert, ce roman raconte les mésaventures vécues par un personnage incapable de faire la différence entre les « vraies » sciences développées par l'investigation post-cartésienne et les superstitions ridicules imprimées dans les livres tant anciens que nouveaux, ou transportées par les rumeurs populaires et la presse périodique. Un ensemble de circonstances malheureuses, arrosées d'un peu trop de vin, amène Monsieur Oufle à se comporter comme les loups-garous dont il a lu tant de récits terrifiants. La crédulité de ceux qu'il rencontre ne se contente pas de renforcer la sienne : elle déclenche des réponses qui font effectivement advenir dans la réalité des comportements qui n'ont à l'origine qu'une existence purement imaginaire. Le génie de Bordelon – un génie déroutant, mais qui devient vite fascinant au fur et à mesure qu'on se plonge dans ses écrits – est d'avoir donné à son protagoniste un

1 Sur la tradition quichottienne dans la France de l'époque, voir J.-P. Sermain, *Le Singe de Don Quichotte. Marivaux, Cervantès et le roman postcritique*, Oxford, SVEC, 1999, et J. Mainil, *Don Quichotte en jupons : Ou des effets surprenants de la lecture*, Paris, Kimé, 2008. Pour un cadre général d'analyse du traitement narratif opéré sur « la fable » au début du siècle, voir l'ouvrage indispensable de Sermain, *Métafictions (1660-1730). La Réflexivité dans la littérature d'imagination*, Paris, Champion, 2002.

2 Voir sur ce point le livre admirable de M. Brunet, *L'Appel du monstrueux. Pensées et poétiques du désordre en France au XVIIIe siècle*, Louvain, Presses universitaires de Louvain, 2008.

nom qui peut être lu aussi bien comme une anagramme de « le fou » que de la « foule ». Victime de la multiplication des mauvais livres et de la multiplicité des croyances erronées, le lecteur de cette première moitié de siècle se trouve perdu dans un labyrinthe où les lectures solitaires croisent sans cesse le chemin des comportements grégaires.

De telles épidémies de croyances délirantes ont souvent été dénoncées sur les scènes du théâtre comique de la charnière des XVIIe et XVIIIe siècles : à la suite de *La Devineresse ou les Faux enchantements* de Thomas Corneille et Jean Donneau de Vizé (1679), d'innombrables comédies ont fait le portrait des victimes naïves captées sans aucun sens critique par les diverses formes de discours séduisants affichés autour d'elles – avec un accent particulier sur les pièges et les surprises de la spéculation financière. Avant, pendant et bien après la spectaculaire faillite de la Banque de Law sous la Régence, des dizaines de pièces de théâtre ont présenté à un public de plus en plus large, sur un ton mordant et corrosif, les dernières innovations financières (opérations boursières, achats à terme, produits dérivés) dès qu'elles ont été inventées par les spéculateurs de l'époque. À bien des égards, les dramaturges, rédigeant et montant leurs pièces quelques jours après les événements scandaleux, étaient en avance sur les théoriciens de la science économique émergente pour comprendre les pièges des marchés financiers[1].

Avec les exemples de *Monsieur Oufle* et des comédies financières, le roman et la scène comique apparaissent comme des lieux privilégiés de représentation de la désorientation de l'individu dans un monde où les prétentions à la vérité, les guérisons miraculeuses, les philtres d'amour, les prédictions astrologiques et les systèmes spéculatifs paraissent se multiplier hors de tout contrôle. Le Candide de Voltaire, qui est assez naïf pour croire, contre toute évidence, la leçon de son professeur voulant que « tout soit pour le mieux dans le meilleur des mondes possibles », n'est qu'un avatar de cette longue tradition de personnages crédules – tout comme les dénonciations actuelles du manque de fiabilité de certains sites Internet ne sont que la dernière incarnation d'une vieille inquiétude soulevée par la surabondance incontrôlable de discours non autorisés, surabondance caractéristique du régime épistémologique de la modernité.

1 Voir sur ces questions M. Poirson, et al., *Les Frontières littéraires de l'économie*, Paris, Desjonquères, 2008, ainsi que Poirson, *Spectacle et économie à l'âge classique. XVIIe-XVIIIe siècle*, Paris, Garnier, 2011.

Car au-delà des clichés si souvent répétés sur les menaces et les promesses de « l'Altérité », le véritable défi de la modernité, comme cela est apparu au XVIIIe siècle, est bien celui de la *multiplicité*. Les discours obsédés par « la Différence », conjuguée au singulier comme pour exorciser la variété des « autres » qui nous entourent et nous interpellent, tendent à nous maintenir prisonniers d'oppositions binaires (masculin/féminin, intérieur/extérieur, civilisé/sauvage). La forme particulière du désarroi moderne est causée par des sollicitations et des possibilités qui, parce qu'elles viennent simultanément de tous les côtés, nous obligent à (ne pas pouvoir) regarder dans toutes les directions à la fois. Perdu dans un océan de nouvelles « sciences », qui contredisaient parfois frontalement les certitudes les plus profondément enracinées dans les croyances traditionnelles communes, où le lecteur de 1730 pouvait-il espérer trouver un rocher de vérité indiscutable, ou du moins une boussole fiable ?

L'augmentation spectaculaire du nombre des périodiques peut être vue en même temps comme un symptôme de ce problème et comme une réponse partielle visant à le conjurer. Dans un régime antérieur (idéalisé) de publication, même après qu'on eut abandonné l'espoir de voir toutes vérités sortir d'un livre unique suffisant à faire Autorité (la Bible, les *Opera* d'Aristote, un traité médical de Galien), un volume imprimé était autorisé par le Privilège officiel accordé par le Roi et/ou par les autorités religieuses. En même temps que l'épistémologie cartésienne gagnait progressivement du terrain sur le modèle scolastique de l'Autorité, la multiplication impressionnante de livres contradictoires mis à la disposition des lecteurs au cours du XVIIIe siècle devait nécessairement corroder la confiance qu'on pouvait investir dans l'imprimé. Parmi les 1 548 titres différents publiés dans la seule année 1764, par exemple, moins de la moitié était couverte par le régime officiel du Privilège ou de la Permission tacite, les trois quarts étaient des œuvres nouvelles, et environ un quart semble être venu de l'extérieur de la France[1].

Au sein d'un tel paysage, les périodiques pouvaient offrir une solution possible à l'angoisse de la multiplicité, dans la mesure où ils proposaient des comptes rendus critiques des publications les plus importantes. Le journaliste prenait en charge le travail du théologien en autorisant, ou en

1 Ces chiffrent viennent de l'étude de Jacqueline Artier résumée dans H.-J. Martin, « Une croissance séculaire », dans R. Chartier and H.-J. Martin, *Histoire de l'édition française*, Paris, Promodis, 1984.

disqualifiant, la validité des livres parus : il travaillait comme un filtre – fonction la plus précieuse et la plus stratégique en régime moderne de surabondance. Une telle solution génère cependant autant de problèmes nouveaux qu'elle en résout : non seulement l'abonnement aux périodiques coûte cher, mais les journaux eux-mêmes se voient menacés par leur multiplicité. Le lecteur de 1764 avait à choisir entre plus d'une centaine de titres, dont la plupart se contredisaient ostentatoirement (ne serait-ce que pour se positionner dans un marché de plus en plus concurrentiel) : le *Mercure de France* était dénoncé par ses concurrents comme étant systématiquement élogieux envers toute publication officielle, car il était étroitement lié aux pouvoirs en place ; en sur-réaction contre cet échec à filtrer, d'autres commentateurs étaient accusés d'être trop uniformément corrosifs, sapant toutes les valeurs esthétiques et morales. Des périodiques comme la *Correspondance littéraire* de Grimm et Meister, ou comme les *Mémoires secrets* (traditionnellement, quoiqu'improprement, attribués à Bachaumont), fournissent un témoignage réflexif fascinant – d'une finesse critique inégalée – sur les modes, les scandales politiques, les célébrités éphémères et les tendances intellectuelles qui ont poussé l'« opinion publique » (une notion qui se dessine précisément à ce moment-là) dans des mouvements contradictoires, appelés à changer de direction presque chaque semaine[1].

Les menaces de la multiplicité étaient souvent perçues comme situées aux confins du royaume de France, répandant la crainte de voir la nation assiégée et harcelée par d'innombrables envahisseurs étrangers. Mises à part les masses de publications assez anodines sur la piété, la théologie, le droit, l'histoire, les techniques, les sciences ou la poésie amoureuse, la plupart des livres brûlants du moment – ceux qu'on discutait dans les cercles de lecture et que nous identifions aux Lumières étaient des importations issues de presses situées à Genève, Neuchâtel, Amsterdam ou Londres. Même si seulement un quart des volumes réels était produit hors de France, les lecteurs de l'époque avaient l'impression d'être

1 Ces deux périodiques sont en cours de rééditions critiques, sous la direction d'U. Kölving pour la *Correspondance littéraire* et de C. Cave pour les *Mémoires secrets*. Sur la notion d'opinion publique voir K.M. Baker, « Public Opinion as Political Invention », dans *Inventing the French Revolution*, Cambridge UP, 1989, p. 167-199, M. Ozouf, « "Public Opinion" at the end of the Old Regime », *Journal of Modern History*, vol. 60, 1988, p. 1-21, A. Farge, *Dire et mal dire. L'opinion publique au* XVIII*e siècle*, Paris, Seuil, 1992, et N. Veysman, *Mise en scène de l'opinion publique dans la littérature des Lumières*, Paris, Champion, 2004.

inondés de nouveautés (françaises) envahissant le pays depuis ses frontières extérieures. Afin d'éviter la même censure royale et religieuse qui forçait les livres à se faire imprimer à l'étranger, la majorité des périodiques à la mode provenait également des mêmes villes limitrophes, exacerbant encore les angoisses générées par des auteurs français menaçant l'intégrité du Royaume en diffusant une francité subversive répandue à travers toute l'Europe par des réseaux de circulations incontrôlables et souterrains. Le fait que Rousseau ait voulu s'afficher comme un citoyen de Genève, que Voltaire se soit installé dans les environs de cette même ville, que d'Alembert figure parmi les membres de l'Académie de Berlin ou que Diderot tire une partie de ses revenus de la Russie n'a pas aidé à dissiper une perception commune assimilant le cosmopolitisme des Philosophes à de la pure trahison. Entre les reprises du Quichottisme en provenance d'Espagne et les adaptations des *Mille et une nuits* arabes, entre des dizaines d'imprimeurs assaillant le Royaume depuis ses frontières extérieures et des centaines d'écrivains et journalistes prétendant « l'éclairer » de lumières terriblement contradictoires, le XVIIIe siècle français a vécu assiégé par sa propre multiplicité.

Un roman rédigé à la fin de notre période illustre parfaitement cette multiplicité en passe de mondialisation accélérée. Rédigé en français par le comte polonais Jean Potocki entre 1794 et 1815, le *Manuscrit Trouvé à Saragosse* raconte la rencontre d'un jeune Wallon, d'un duc espagnol, d'un cabaliste juif, d'un (faux) ermite chrétien, d'une caravane de conquistadors de retour des Amériques, d'une famille de banquiers espagnols déjà globalisés, d'une troupe de contrebandiers bohémiens et d'un groupuscule d'intégristes musulmans fanatiques, qui partagent tous une vie nomade dans un *no man's land* appelé la Sierra Morena. Durant 60 jours d'aventures et d'histoires, impliquant une multiplicité tourbillonnante de personnages (une centaine), de contes (plusieurs dizaines), de genres littéraires, de religions, de disciplines et de points de vue philosophiques contradictoires, le roman offre le plus incroyable et le plus fascinant kaléidoscope de Lumières européennes dans toute leur diversité et leurs contradictions – plongeant le lecteur dans une expérience narrative particulièrement déroutante elle-même, puisqu'il ne peut jamais y distinguer avec certitude le réalisme du fantastique, ni le sérieux de l'ironie. Ce roman dont la globalité et la modernité sont véritablement hallucinantes se conclut, comme il se doit, sur le plus hybride des mariages, mêlant le sang d'une (fausse) juive (qui est en réalité la fille d'un intégriste islamiste) avec celui d'un officier chrétien séduit par deux irrésistibles cousines musulmanes. Il faudra attendre Salman Rushdie – qui ne cache pas son admiration ni sa dette envers le roman de Potocki – pour voir une aussi foisonnante multiplicité se déployer dans l'espace romanesque.

L'HYDRE AUX MILLE TÊTES DE PHILOSOPHES

Tous les ténors des Lumières françaises ont proposé leur propre façon de faire face aux problèmes de la multiplicité. Après avoir revisité la France du point de vue d'un étranger dans les *Lettres persanes* (1721), après avoir expliqué dans ses *Réflexions sur la monarchie universelle* (1734) pourquoi un pouvoir politique globalisé et centralisé était devenu pratiquement impossible entre les nations modernes, Montesquieu a conçu son tentaculaire *Esprit des lois* (1748) comme un moyen de rendre compte de la diversité irréductible des formes de vie sociale. Le défi de sa recherche était d'affirmer simultanément 1° qu'il y a des lois universelles s'appliquant à toutes les sociétés (comme il y a des lois universelles de la physique s'appliquant à tous les objets matériels) et 2° que ces lois universelles devaient nécessairement produire une large palette de modes d'organisation, en fonction de la singularité de chaque site de développement (le climat, l'histoire et la complexion de son peuple, l'inertie de ses institutions, ses relations avec ses voisins, etc.). Comment produire un cadre théorique unique pour rendre compte de l'irréductible multiplicité des organisations sociales ? Telle est la question qui a guidé l'auteur à travers les décennies qu'il a consacrées à la composition de son œuvre monumentale.

L'activité frénétique d'édition déployée par Voltaire après 1750 a également reposé sur une stratégie de multiplicité. Au lieu de rester l'auteur le plus célèbre dans le genre littéraire le plus prestigieux de l'époque, la tragédie, au lieu de s'en tenir à son personnage officiel de poète-historien invité à la Cour des plus grandes puissances européennes, Monsieur de Voltaire a troqué sa prestigieuse signature pour une multiplicité d'identités d'emprunt et de pseudonymes fantastiques, en vertu desquels il a inondé la France de milliers d'opuscules provenant des presses de toute l'Europe. L'une des tâches les plus fréquentes et les plus piquantes pour les journalistes de l'époque consistait à faire le tri dans la surabondance de nouveaux titres proposés au public afin d'identifier, parmi le tout-venant des brochures, les diamants acérés (un pamphlet de dix pages, une brève parodie, un poème ravageur, un conte oriental) que Voltaire avait fait imprimer sous un de ses pseudonymes en constante évolution. Dans le monde philosophique, littéraire et politique de l'Europe du XVIIIe siècle, Voltaire doit être conçu moins comme un auteur individuel (une signature) que comme un corps collectif, un acteur-réseau tissant son agentivité en tramant par son infatigable activité épistolaire des alliances durables ou ponctuelles avec d'innombrables co-agents, informateurs, journalistes, écrivains, imprimeurs, ministres ou investisseurs. C'était un emploi à temps plein – de la part de ses plus grands admirateurs comme de la part de ses pires ennemis – que de trier, collecter et cartographier les milliers de pièces « volantes » que cette hydre à la tête grisonnante lançait, année après année, aux vents transeuropéens de l'activisme intellectuel.

Il serait facile de montrer que le travail de vingt ans mené par Denis Diderot sur l'*Encyclopédie* était conçu de façon à conjuguer la stratégie de l'hydre voltairienne avec celle de Montesquieu. Diderot ne s'est pas contenté de réunir une équipe à multiples têtes pour rendre compte de la spécificité d'une multiplicité de disciplines, dont un seul esprit humain ne pouvait plus prétendre englober la diversité éclatée (un exploit qui était encore concevable moins d'un siècle plus tôt, à l'époque de Leibniz) ; il a également conçu son dictionnaire comme une hydre incontrôlable dont les innombrables attaques contre l'idéologie chrétienne traditionnelle pourraient relever leurs têtes subversives au moment et dans les lieux les plus inattendus. Dans son jeu sans fin de cache-cache avec la censure – censure officielle du roi, mais aussi censure commerciale effectuée par son éditeur – Diderot a utilisé toutes les ressources des renvois, des digressions, des remarques secondaires et des titres trompeurs pour perdre son censeur, tout en guidant son lecteur dans un dédale de définitions pluralistes échappant à tout contrôle et multipliant les lignes de fuite.

Au-delà de l'*Encyclopédie* – qui est le projet avec lequel il a été identifié de son vivant, puisque ses œuvres les plus célèbres n'ont pas été imprimées avant sa mort – les écrits de Diderot constituent, dans leur ensemble polymorphe, la tentative la plus fascinante et la plus efficace jamais imaginée pour surmonter les défis de la multiplicité tout en exploitant ses potentiels les plus révolutionnaires. Diderot n'écrit jamais comme un sujet unifié : chacun de ses textes affiche une multiplicité de voix dans un dialogue constant, en profonde complicité quoiqu'en contradiction souvent irréconciliable entre elles. Ses fréquentes références au dieu romain Vertumne, la divinité des métamorphoses et des changements incessants, nous donne la clé de son œuvre littéraire ainsi que de son activité intellectuelle – qui s'efforce de rendre un compte pluraliste des multiplicités en constante évolution qui composent chaque individu.

Dans son texte le plus brillant, le *Rêve de d'Alembert* (1769) – qui comprend trois dialogues différents, avec un casting compact, mais évolutif – Diderot expose le cadre ontologique dans lequel la multiplicité exige être gérée : toute la nature apparaît comme un réseau infiniment interconnecté d'individus interdépendants, quoique relativement autonomes, qui sont eux-mêmes composés d'individus de plus petite taille entretenant des relations similaires d'autonomies interdépendantes. Un essaim d'abeilles n'a pas moins droit à être considéré comme « un individu » qu'un corps humain, lequel est en réalité composé de nombreux organes, dont certains peuvent être enlevés, ou transplantés, ou transsexués. S'il y a unité entre ces parties composantes, elle résulte de leurs collaborations plus ou moins conflictuelles selon des équilibres toujours fragiles entre forces centripètes et centrifuges. Il n'y a d'« essences » d'aucune sorte, seulement des agglutinations temporaires de corps et des superpositions instables de relations. Mon « identité » n'est pas une substance autonome dont je serais doué pour l'éternité (comme le christianisme le proclame, et comme nous sommes spontanément conduits à croire) ; elle est le résultat instable de l'organisation relationnelle d'une multiplicité de parties corporelles et de relations sociales.

Il se trouve que cette vision du monde a été généralement identifiée, au XVIIIe siècle, avec un philosophe des plus scandaleux, Spinoza, qui a affirmé que seule la nature dans son ensemble peut être considérée comme une « substance » autonome et que chaque individu en son sein ne doit être considéré que comme un « mode », un simple nœud dans le tissu infiniment complexe des relations qui trament l'univers. Or il se trouve que le spinozisme fut très tôt perçu par la tradition majoritairement chrétienne comme une philosophie et comme une menace globales. Spinoza lui-même, né Juif d'Amsterdam d'origine portugaise, excommunié par sa communauté religieuse, a représenté l'Alien total, insituable dans le paysage idéologique dominant, quoique ancré dans un cercle d'amis et de correspondants répartis dans toute l'Europe. Faute de mieux, on a souvent essayé de rapprocher sa doctrine de l'athéisme des Chinois ou du fatalisme turc[1]. En dénonçant les conclusions horribles de cette doctrine infernale (la Providence divine et le libre arbitre ne sont que des illusions, la vertu et le droit ne peuvent pas être distingués de la force), les défenseurs de la chrétienté virent en l'invasion spinoziste la dernière vague d'une longue série d'agressions en provenance d'un Orient peuplé d'infidèles toujours désireux de saper la seule vraie foi.

Plusieurs écrivains obscurs se sont plus à s'identifier avec ce rôle d'Outsider absolu joué par le fantôme de Spinoza. Outre quelques alexandrins chargés de présenter le *Système anti-théocratique de Spinoza*, Jacques-Antoine Grignon des Bureaux, récemment identifié comme tel par Sylvain Matton sous le masque anonyme d'un « solitaire de Champagne », a composé un étonnant *Tintinnabulum Naturae* (1772) où il place sa vision du monde athée et matérialiste dans la bouche d'un « individu semi homme semi bête engendré d'une Négresse et d'un Orang-Outang ». Il nous invite à imaginer notre monde comme résultant de l'« agglobulation » de molécules selon des couches multiples d'organisation, les différents types de « globes » (plus ou moins purifiés) formant différents « régimes », qui s'assemblent à leur tour dans des « espaces » qui ensemble constituent « l'univers ». Notre existence humaine, comme toutes les autres formes de vie, consiste en mouvements constants d'émanations, de modulations, de volatilisations, de condensations, de précipitations et d'agglutinations de tels « globes ». Jamais la philosophie française n'aura été aussi intimement globalisée que dans les globulisations rêvées par le singe africain de Jacques-Antoine Grignon des Bureaux.

1 Sur ces questions, voir J. Israel, *Les Lumières radicales. La philosophie, Spinoza et la naissance de la modernité 1650-1750*, Paris, Éditions Amsterdam, 2005, et *Enlightenment Contested : Philosophy, Modernity, and the Emancipation of Man 1670-1752*, Oxford University Press, 2006, ainsi que Citton, *L'Envers de la liberté. L'invention d'un imaginaire spinoziste dans la France des Lumières*, Paris, Éditions Amsterdam, 2006. Sur l'influence orientale au sein des Lumières européennes, voir J. J. Clarke, *Oriental Enlightenment : The Encounter between Asian and Western Thought*, London / New York, Routledge, 1997.

Un autre auteur excentrique pourrait emblématiser cette agglobulation chaotique de traditions philosophiques et d'imaginaires littéraires hétérogènes et apparemment incompatibles. Charles Tiphaigne de la Roche, obscur médecin normand, a publié une douzaine de livres sur les sujets les plus divers : on saute de l'analyse de l'épuisement des ressources poissonnières de l'Atlantique à un récit de mœurs retraçant l'errance de nos désirs et de nos attachements affectifs, en passant par plusieurs voyages utopiques, des traités philosophiques sur la nature de nos rêves, une proposition d'introduire la culture de la vigne en Normandie, un essai médical expliquant nos pulsions érotiques par les « globules » des phéromones que transpire notre corps. Un auteur comme Charles Tiphaigne a été négligé et relégué au dernier rayon de nos bibliothèques pendant des siècles précisément parce qu'il paraissait n'offrir qu'une multiplicité incohérente dépourvue d'unité profonde. Mélangeant allègrement les analyses matérialistes les plus audacieuses avec les condamnations morales les plus réactionnaires envers « l'athéisme des philosophes », il semble mettre sur le même niveau de crédibilité les découvertes les plus récentes de la physiologie « scientifique » et les rêveries les plus anciennes et les plus fantastiques à propos des fantômes, des sylphes et autres « esprits élémentaires » issus du Comte de Gabalis. Pour les esprits positivistes et rationalistes qui ont écrit l'histoire littéraire jusqu'à présent, Tiphaigne ne peut apparaître que comme une nouvelle incarnation de Monsieur Oufle : quelqu'un qui n'est pas capable d'opérer l'indispensable opération de filtrage entre la vérité et la superstition, l'information et la désinformation au sein des flux de discours qui nous assaillent dans le régime hyper-communicatif de la modernité.

Et pourtant, précisément pour cette raison, Tiphaigne offre un fascinant terrain d'enquête pour quiconque s'intéresse aux flux mondiaux de discours qui pouvaient circuler à travers un cerveau sensible et brillant dans la France du milieu du XVIIIe siècle[1]. Combien de têtes parlent simultanément dans *Giphantie*, le conte de techno-science-fiction auquel Tiphaigne donne son nom anagrammatisé en 1760, ou dans la

1 Sur Charles Tiphaigne, voir J. Marx, *Tiphaigne de la Roche. Modèles de l'imaginaire au XVIIIe siècle*, Publications de l'Université de Bruxelles, 1981, ainsi que Citton, *Zazirocratie. Très curieuse introduction à la biopolitique et à la critique de la croissance*, Paris, Éditions Amsterdam, 2011, et le volume collectif *Imagination scientifique et littérature merveilleuse. Charles Tiphaigne de la Roche*, Presses Universitaires de Bordeaux, 2013.

Conversation d'un père avec ses enfants que Diderot rédige en 1773 ? Chacun de ces auteurs constitue une hydre à plusieurs têtes, branchée sur un constant échange d'informations et d'images avec plusieurs autres hydres provenant de différentes époques de l'histoire passée ainsi que de différentes régions du monde. Comme ce fut le cas avec l'invasion des contes orientaux dans le sillage de la traduction des *Mille et Une Nuits* par Galland (qui a laissé des sédimentations dans de nombreux récits de Tiphaigne et de Diderot), cette brève intrusion dans la circulation des imaginaires philosophiques du siècle des Lumières nous donne une image saisissante de l'intense communication globale qui trame chaque texte publié (ou resté manuscrit clandestin) à cette époque : des classiques de la philosophie chinoise ramenés par les jésuites du XVIIe siècle à l'avant-garde médicale des physiologistes de Montpellier, des cercles spinozistes d'Amsterdam aux salons parisiens fréquentés par Diderot, des presses genevoises au cabinet du médecin Tiphaigne en Normandie, la globalité française se compose au XVIIIe siècle d'une myriade d'hybridations qui coexistent conflictuellement en défiant nos meilleurs efforts pour les subsumer sous un modèle homogénéisateur.

L'EXTÉRIORITÉ DE SENTIMENTS ET DE L'IMPORTATION DE LA LITTÉRATURE

Celui des philosophes qui a le plus puissamment résisté aux appels des sirènes de la multiplicité est sans doute Jean-Jacques Rousseau. On peut lire tous ses écrits – malgré leur extrême diversité de genres – comme autant de tentatives visant à trouver un moyen de rassembler les différentes parties de lui-même en un tout unifié. Le but explicite du *Contrat social* (1762) est de découvrir la bonne façon d'unifier une « multitude » en un « peuple » se gouvernant de façon autonome à l'intérieur d'une ville-État. Son message constant aura été d'appeler chacun d'entre nous à se concentrer sur son soi, à rassembler ses forces au sein d'une intériorité accessible par le sentiment, à résister aux innombrables appels qui, en régime de modernité, nous poussent sans cesse à nous agiter, à courir après la célébrité, à travailler plus pour gagner et consommer plus. Il n'est guère étonnant que ce mouvement vers l'intériorité l'ait conduit à écrire (et à réécrire en trois vagues successives) son autobiographie. Il ne faut pas s'étonner non plus que, en rédigeant ses *Dialogues* (1776), il ait mis en scène une discussion entre un personnage appelé « Rousseau » et un personnage appelé « le François » (un *Français*, bien sûr, mais aussi *François*, prénom de son frère disparu), qui échangent leurs opinions concernant un troisième personnage appelé « Jean-Jacques » : contrairement à Diderot, qui a écrit des dialogues pour expliciter les idées antagonistes animant sa pensée, Rousseau n'a pu rendre compte de son unicité intérieure qu'en multipliant des voix intimes perçues en miroir comme autant de dissonances calomniatrices et persécutrices – comme si forclore la multiplicité devait se payer au prix fort de la paranoïa[1].

Est-ce une coïncidence si Rousseau a été l'auteur du roman sentimental qui fut le plus grand *blockbuster* de la littérature française du XVIIIe siècle : *Julie ou la Nouvelle Héloïse* (1761) ? C'est la culture de l'intériorité qui l'a conduit à s'opposer à tous ses anciens amis encyclopédistes (Diderot, Grimm, d'Holbach) : alors que ceux-ci définissaient la justice et la moralité par les effets bénéfiques de notre comportement extérieur envers autrui, le citoyen de Genève entrepris de fonder ces valeurs dans les bonnes intentions de l'agent et dans sa conscience intérieure ; alors qu'ils se satisfaisaient de vivre comme des modes relationnels dans un univers (a)moral de modes relationnels, il se raccrochait obstinément à l'espoir de faire l'expérience de sa propre identité comme substance autonome.

Son roman épistolaire a tiré des fleuves de larmes des yeux de ses contemporains, hommes et femmes, parce qu'il décrivait les luttes intérieures générées par l'amour impossible de la pure Julie pour son jeune précepteur, Saint-Preux. Après avoir brièvement succombé à leurs charmes réciproques par faiblesse de jeunesse, les deux âmes sœurs vivent séparées pour le reste de leur vie, Julie épousant le froid philosophe spinoziste Wolmar. Des centaines de pages de souffrance sentimentale conduisent les protagonistes et leurs lecteurs à aller aussi loin que possible en eux-mêmes, pour y trouver les ressources intérieures nécessaires à surmonter les obstacles extérieurs. Avec *Julie* comme avec ses écrits autobiographiques, Rousseau répète un même geste : celui

1 Sur le statut problématique du dialogue dans la littérature du XVIIIe siècle, voir C. McDonald, *The Dialogue of Writing : Essays in Eighteenth-Century French Literature*, Waterloo, Ontario, Wilfrid Laurier University Press, 1984.

de s'isoler d'une société perçue comme une source d'aliénation plutôt que comme une source de commerce, d'échanges et de convivialité. Il tentera d'appliquer ce même geste dans sa propre vie, s'écartant de l'agitation des salons parisiens pour se réfugier dans une retraite calme à la campagne. Ce geste allant simultanément vers l'intérieur (le soi) et vers l'extérieur (en s'éloignant de la ville et de ses liens sociaux) a lancé un vaste mouvement de rejet envers la société corrompue et corruptrice qui conduira bientôt l'Europe dans l'ère et l'éthos romantiques.

Cette résistance obstinée contre la multiplicité du soi n'était toutefois pas la seule voie à suivre pour le roman sentimental. Ses origines, en France, étaient assez comparables à celles du conte de fées, en ce que ses sources lointaines provenaient à la fois d'un ensemble d'écrivaines du XVIIe siècle (comme Marie-Madeleine de La Fayette ou Madeleine de Scudéry) et d'une importation étrangère (en l'occurrence anglaise, avec *Pamela* ou *Clarisse Harlowe* de Richardson). Dans le *Journal étranger*, un périodique consacré à l'introduction en France des nouveautés littéraires les plus importantes venues de l'extérieur, Diderot écrit en 1762 un *Éloge de Richardson* enthousiaste, dans lequel il présentait le roman sentimental comme l'outil le plus puissant pour sculpter le caractère moral des lecteurs et pour inculquer des valeurs éthiques à la multitude. Dans ce travail d'importation, Antoine-François Prévost avait déjà préparé le terrain pour le succès du genre sentimental en publiant des romans comme *Manon Lescaut* (1731) ou *Cleveland* (1731-1739) et, au lieu d'être dominé par les hommes, comme ce fut bientôt le cas des contes merveilleux, le roman sentimental (épistolaire) offrit aux femmes une forme d'écriture où elles purent exceller durablement[1]. Ces femmes se caractérisent d'ailleurs souvent comme des exploratrices de zones frontières, présentant une inclination particulière à raconter des histoires à partir d'une position d'extériorité. Outre Françoise de Graffigny narrant le désarroi de sa Zilia péruvienne perdue et opprimée dans l'étrange univers de la Francité phallocentrique (*Les Lettres d'une Péruvienne*, 1747), et Marie-Jeanne Riccoboni, fille illégitime devenue actrice et auteure de renom après avoir été abandonnée par son mari italien, deux romancières se détachent plus particulièrement.

Isabelle de Charrière, jeune femme de la plus haute aristocratie hollandaise, courtisée par tout un défilé de nobles et d'intellectuels européens,

1 Sur ce corpus de textes, voir C. Mariette-Clot et D. Zanone, *La Tradition des romans de femmes XVIIIe-XIXe siècles*, Paris, Champion, 2012.

finit par épouser un gentilhomme sans brio qui l'installa dans une vie retirée à Colombier, près de Neuchâtel (entre la France et la Suisse), où elle composa une série de brefs chefs-d'œuvre consacrés à l'exploration des multiples façons dont nos sentiments intérieurs sont inextricablement liées à nos relations avec le monde extérieur (*Lettres de Neuchâtel*, 1784 ; *Lettres de Mistriss Henley*, 1784 ; *Trois femmes*, 1795). Ses romans parviennent à suggérer, à force de notations légères et subtiles, comment les détails apparemment les plus insignifiants de la vie ménagère sont en fait inextricablement liés à des mécanismes d'oppression relevant de la domination sexuelle, de l'exploitation économique ou de la violence coloniale. Ces romans consacrés à des espoirs matrimoniaux déçus ou à des mariages ratés réussissent à concilier les efforts de Rousseau pour concentrer l'écriture et l'éthique sur la conscience et les sentiments intérieurs de l'individu, avec la vision du monde spinoziste promue par Diderot, qui fait de notre individualité un simple nœud de relations hypercomplexes entre les parties multiples et hétérogènes de l'univers.

Germaine de Staël, fille du célèbre banquier genevois et ministre français Necker, a émigré après la Révolution pour s'établir elle aussi sur une zone frontière, à Coppet, près de Genève, où elle a établi un cercle de penseurs qui peut être considéré comme la source d'un courant typiquement français de libéralisme. Les romans sentimentaux qu'elle a écrits (*Delphine*, 1802 ; *Corinne*, 1806) ont eux aussi exprimé la présence incontournable de l'extériorité au cœur de nos sentiments les plus intimes. Même si la dimension politique de son écriture était plus explicite que celle d'Isabelle de Charrière, ces deux remarquables figures intellectuelles du début du XIXe siècle ont partagé nombre de sympathies (pour les victimes de l'émigration), d'intérêts (pour la philosophie allemande), d'idées (critiques envers l'économie politique naissante) et de passions (pour Benjamin Constant). C'est à partir de ces frontières orientales, dans des endroits comme Colombier et Coppet, et sous l'influence d'écrivaines comme Isabelle de Charrière et Germaine de Staël, que le champ littéraire hétérogène du XVIIIe siècle français en est venu à exister en tant que « littérature » : outre ses romans sentimentaux et ses essais politiques, la salonnière de Coppet a écrit deux grands ouvrages de *Cultural Studies* avant la lettre, *De la Littérature* (1800) et *De l'Allemagne* (1810). Ces deux livres dont l'impact fut considérable expriment parfaitement et définissent puissamment la nouvelle relation d'intégration que le romantisme tentera de mettre en place entre l'activité d'écriture, l'âme intérieure, une certaine sensibilité esthétique, un nouvel esprit national, une posture politique critique et une identité culturelle holistique – intégration qui en est venue à s'identifier pour nous à *« la littérature »*.

De la traduction des *Mille et une Nuits* par Antoine Galland en 1705 à la publication de *De la littérature* en 1800, en un âge où la langue française pouvait prétendre être la *lingua franca* de toute l'Europe, nous avons vu les écrivains s'inspirer de multiples importations en provenance d'Arabie, de Perse, de Chine, de Hollande, d'Angleterre et d'Allemagne. Même si le terme est aujourd'hui passablement galvaudé par les appropriations politiciennes souvent réactionnaires dont il fait l'objet, l'évocation *des Lumières* vaut mieux que les références allemandes à l'*Aufklärung* ou les références anglaises à *the Enlightenment* – le pluriel français ayant le mérite de conserver à cette époque sa multiplicité et sa pluralité constitutive, que des visions simplistes de la modernité tendent à réprimer au nom d'un idéal d'universalité abstraite et de rationalité dogmatique. Que les nombreux genres littéraires de l'âge classique, qui furent presque tous les produits d'hybridations, se soient trouvés unifiés après 1800 grâce à l'importation d'une redéfinition du mot « littérature » importée d'Allemagne – voilà qui illustre d'une façon particulièrement emblématique ce mouvement général de créolisation. La Francité globale a été, tout au long du XVIIIe siècle, une aspiration hybride et hétérogène à l'unité, sans cesse hantée et vivifiée par les spectres étrangers de la multiplicité.

Yves CITTON
Université Stendhal – Grenoble 3

OUVRAGES CITÉS

BAKER, Keith Michael, « Public Opinion as Political Invention », dans *Inventing the French Revolution*, Cambridge, Cambridge University Press, 1989, p. 167-199.

BAUDEAU, Nicolas, *Explication du Tableau économique* à Madame de *** (1770), dans *Physiocrates*, éd. Eugène Daire, Paris, Guillaumin, 1846.

BIBIENA, Jean Galli de, *La Poupée*, Paris, Desjonquères, 1987 [1747].

BORDELON, Laurent, *L'Histoire des imaginations extravagantes de Monsieur Oufle causées par la lecture des livres qui traitent de la magie, du grimoire*, Amsterdam, 1710.

BRUNET, Mathieu, *L'Appel du monstrueux. Pensées et poétiques du désordre en France au XVIIIe siècle*, Louvain, Presses universitaires de Louvain, 2008.

CARACCIOLI, Louis-Antoine de, *L'Europe française ou Paris modèle des nations*, Turin, Duchene, 1776.

CHARRIÈRE, Isabelle de, *Œuvres complètes*, Amsterdam, van Oorschot, 1979-1784.

CHARRIÈRE, Isabelle de, *Trois romans d'Isabelle de Charrière*, éd. par Erik Leborgne, Saint-Étienne, Publications de l'Université de Saint-Étienne, 2011.

CHARRIÈRE, Isabelle de, *Trois Femmes : Nouvelle de l'abbé de La Tour*, Lausanne, L'Âge d'Homme, 1996 [1795].

CHARTIER, Roger et MARTIN, Henri-Jean, *Histoire de l'édition française*, Paris, Promodis, 1984.

CITTON, Yves, *Portrait de l'économiste en physiocrate*, Paris, L'Harmattan, 2001

CITTON, Yves, « Les Comptes merveilleux de la finance. Confiance et fiction chez Jean-François Melon », *Féeries*, n° 2, 2005, p. 125-160.

CITTON, Yves, *L'Envers de la liberté. L'invention d'un imaginaire spinoziste dans la France des Lumières*, Paris, Éditions Amsterdam, 2006.

CITTON, Yves, *Zazirocratie. Très curieuse introduction à la biopolitique et à la critique de la croissance*, Paris, Éditions Amsterdam, 2011.

CITTON, Yves, DUBACQ, Marianne et VINCENT, Philippe, *Imagination scientifique et littérature merveilleuse. Charles Tiphaigne de la Roche*, Presses Universitaires de Bordeaux, 2013.

CLARKE, John James, *Oriental Enlightenment : The Encounter between Asian and Western Thought*, London / New York, Routledge, 1997.

CORNEILLE, Thomas et DONNEAU DE VIZE, Jean, *La Devineresse ou les Faux enchantements*, Exeter, University of Exeter, 1971 [1679].

CREBILLON, Claude Proper Jolyot de, *Le Sopha*, Paris, Desjonquères, 1984 [1742].

DEFRANCE, Anne, *Les Contes de fées et les nouvelles de Madame d'Aulnoy (1690-1698) : L'imaginaire féminin à rebours de la tradition*, Genève, Droz, 1998.

DIDEROT, Denis, *Les Bijoux indiscrets*, Paris, GF, 1993 [1748].

DIDEROT, Denis, *Éloge de Richardson*, dans *Œuvres*, Tome IV, *Esthétique. Théâtre*, Paris, Laffont, 1996 [1762].

DIDEROT, Denis, *Le Rêve de d'Alembert*, Paris, GF, 2003 [1769].

FARGE, Arlette, *Dire et mal dire. L'opinion publique au XVIIIe siècle*, Paris, Seuil, 1992.

FÉERIES, périodique consacré au conte merveilleux, Grenoble, ELLUG. *Mille et une nuits*, trad. par Antoine Galland, Paris, GF, 2004.

GRAFIGNY, Françoise de, *Les Lettres d'une Péruvienne*, New York, PMLA, 1994 [1747].

GRIGNON DES BUREAUX, Jacques-Antoine, *Rêveries métaphysiques d'un solitaire de Champagne*, éd. par Sylvain Matton, Paris, Champion, 2012.

GRIMM, Friedrich Melchior, *Correspondance littéraire*, éd. par Ulla Kölving, Ferney-Voltaire, Centre international d'étude du XVIIIe siècle, 2006 en cours.

GUEULLETTE, Thomas-Simon, *Contes*, éd. par Jean-François Perrin, Paris, Champion, 2009.

ISRAEL, Jonathan, *Les Lumières radicales. La philosophie, Spinoza et la naissance de la modernité 1650-1750*, Paris, Éditions Amsterdam, 2005.

ISRAEL, Jonathan, *Enlightenment Contested : Philosophy, Modernity, and the Emancipation of Man 1670-1752*, Oxford UP, 2006.

JOMAND-BAUDRY, Régine et PERRIN, Jean-François, *Le Conte merveilleux au XVIIIe siècle : une poétique expérimentale, Paris, Kimé, 2004.*

MAINIL, Jean, *Don Quichotte en jupons : Ou des effets surprenants de la lecture. Essai d'interprétation de la lectrice romanesque au dix-huitième siècle*, Paris, Kimé, 2008.

MARIETTE-CLOT, Catherine et ZANONE, Damien, *La Tradition des romans de femmes XVIIIe-XIXe siècles*, Paris, Champion, 2012.

MARMONTEL, Jean-François, *Éléments de littérature*, Paris, Desjonquères, 2005 [1787].

MARTIN, Henri-Jean, « Une croissance séculaire », dans *Histoire de l'édition française*, éd. Roger Chartier and Henri-Jean Martin, Paris, Promodis, 1984.

MARX, Jacques, *Tiphaigne de la Roche. Modèles de l'imaginaire au XVIIIe siècle*, Publications de l'Université de Bruxelles, 1981.

MCDONALD, Christie, *The Dialogue of Writing : Essays in Eighteenth-Century French Literature*, Waterloo, Ontario, Wilfrid Laurier University Press, 1984.

MÉCHOULAN, Éric « Le Pouvoir féerique », *Féeries*, n° 3, 2006, p. 43-57.

MELON, Jean-François, *Mahmoud le Gasnévide*, Rotterdam, G. Hofhoudt, 1729.

Mémoires secrets (dits de Bachaumont) pour servir à l'histoire de la République des

Lettres en France, depuis 1762 jusqu'à nos jours, éd. par Christophe Cave, Paris Champion, 2009 (vol. I-III / t. 1-5) et 2010 (vol. IV-V / t. 6-8).
Mille et une nuits, trad. par Antoine Galland, Paris, GF, 2004.
MONCRIF, François Augustin Paradis de, *Les Âmes rivales*, dans *Œuvres*, Paris, 1768 [1738].
MONTESQUIEU, Charles de, *De l'Esprit des lois*, Paris, GF, 1979 [1748].
MONTFAUCON DE VILLARS, Nicolas de, *Le Comte de Gabalis ou Entretiens sur les sciences secrètes*, Paris, Nizet, 1964 [1671].
OZOUF, Mona, « "Public Opinion" at the end of the Old Regime », *Journal of Modern History*, vol. 60, 1988, p. 1-21.
PERRIN, Jean-François, « Soi-même comme multitude : le cas du récit à métempsycose au 18e siècle », *Dix-huitième siècle*, n° 41, 2009.
POIRSON, Martial, *Spectacle et économie à l'âge classique. XVIIe-XVIIIe siècle*, Paris, Garnier, 2011.
POIRSON, Martial et al., *Les Frontières littéraires de l'économie*, Paris, Desjonquères, 2008.
POTOCKI, Jean, *Manuscrit trouvé à Saragosse. Version de 1810*, Paris, GF, 2008.
PREVOST D'EXILES, Antoine, *Histoire du chevalier des Grieux et de Manon Lescaut*, Paris, Le Livre de Poche, 2005 [1731] ; trad. anglaise, *Manon Lescaut*, Oxford, Oxford UP, 2004.
PREVOST D'EXILES, Antoine, *Cleveland. Le Philosophe anglais* (1731-1739), Paris, Desjonquères, 2003.
REDIKER, Marcus et LINEBAUGH, Peter, *L'Hydre aux mille têtes. L'histoire cachée de l'Atlantique révolutionnaire*, Paris, Éditions Amsterdam, 2008.
ROUSSEAU, Jean-Jacques, *Du contrat social*, Paris, Folio, 1964 [1762].
ROUSSEAU, Jean-Jacques, *Julie ou la nouvelle Héloïse*, Paris, GF, 1967 [1761].
ROUSSEAU, Jean-Jacques, *Dialogues. Rousseau juge de Jean-Jacques*, Paris, GF, 2003 [1776].
SCHLERETH, Thomas, *The Cosmopolitan Ideal in Enlightenment Thought, its Form and Function in the Ideas of Franklin, Hume, and Voltaire, 1694-1790*, South Bend, Notre Dame University Press, 1976.
SERMAIN, Jean-Paul, *Le Singe de Don Quichotte. Marivaux, Cervantès et le roman postcritique*, Oxford, SVEC, 1999.
SERMAIN, Jean-Paul, *Métafictions (1660-1730). La Réflexivité dans la littérature d'imagination*, Paris, Champion, 2002.
SERMAIN, Jean-Paul, *Le Conte de fées du classicisme aux Lumières*, Paris, Desjonquères, 2005.
SGARD, Jean, « La Multiplication des périodiques », dans Roger Chartier et Henri-Jean Martin, *Histoire de l'édition française*, Paris, Promodis, 1984, p. 198-205.

STAËL, Germaine de, *De l'Allemagne*, Paris, GF, 1993.
STAËL, Germaine de, *De la littérature*, Paris, GF, 1999.
TIPHAIGNE DE LA ROCHE, Charles, *Giphantie*, Paris, Durand, 1760.
TIPHAIGNE DE LA ROCHE, Charles, *Œuvres complètes*, Paris, Garnier, à paraître en 2015.
VEYSMAN, Nicolas, *Mise en scène de l'opinion publique dans la littérature des Lumières*, Paris, Champion, 2004.
WYNGAARD, Amy S., *From Savage to Citizen : The Invention of the Peasant in the French Enlightenment*, Newark, University of Delaware Press, 2004.

LE ROMAN D'AFFAIRES DU DIX-NEUVIÈME SIÈCLE

Spéculation et xénophobie dans le système-monde de la littérature

Le roman d'affaires français, qui a connu son apogée à la fin du dix-neuvième siècle, montre l'importance de la place du capitalisme – véritable champ de force économique dont l'ampleur est théorisée en 1867 par Karl Marx dans *Le Capital* – dans la littérature moderne. Avec la représentation du capitalisme, l'espace littéraire s'ouvre peu à peu à des phénomènes de mondialisation que l'on retrouve dans la description des milieux sociaux, dans les références culturelles ou encore dans ses formes génériques. Les récits inspirés de Proudhon et qui affichent une ferme opposition à la propriété privée – comme *Le Compagnon du tour de France* (1840) ou encore le poème socialiste de Charles Baudelaire « La Rançon » (1857) et dont la force lyrique sert à montrer les inégalités de répartitions de richesses – dénoncent le rôle néfaste de la politique responsable de l'exploitation du travail et du capital humain. Dans les grands romans réalistes et naturalistes qui représentent la spéculation économique et qui décrivent l'opportunisme de l'époque, le capitalisme est le principal *telos* narratif. Les principaux ouvrages seraient les suivants : Honoré de Balzac (*Le Père Goriot*, [1835], *Histoire de la grandeur et de la décadence de César Birotteau* [1837], *La Maison Nucingen* [1837], *Illusions perdues*, [1836-1843]) ; Gustave Flaubert (*L'Education sentimentale*, [1869]) ; Émile Zola (*La Curée* [1872], *Au Bonheur des Dames* [1883], *L'Argent* [1891], *Pot-bouille* [1894]) et Guy de Maupassant (*Bel-Ami*, [1885]). Les personnages de ces romans semblent répondre aveuglément au fameux appel de François Guizot adressé aux citoyens de la Monarchie de Juillet : « Enrichissez-vous ! ». De plus, à la fin du dix-neuvième siècle, les attaques cinglantes lancées par les nationalistes de droite contre les banques juives – Maurice Barrès (défenseur de l'antisémitisme pour sa campagne officielle à Nancy),

Paul Déroulède (fondateur de la Ligue des Patriotes en 1882), Édouard Drumont (auteur de *La France juive*, 1886, et éditeur de *La Libre parole*), et Léon Bloy (auteur d'un tract sur les juifs et la propriété intitulé *Propos d'un entrepreneur de démolition*, 1884) – se sont servis de l'anti-capitalisme pour nourrir la théorie du complot juif. On pourrait également inviter à faire une lecture du plus grand roman du siècle, *Madame Bovary* (1857), comme « *Kapital*, le roman ». Alors qu'Emma et Charles Bovary croulent sous les dettes insolvables, les époux se voient contraints d'abandonner leur fille dans une usine, soit aux mains du prolétariat. Il est certain que les transformations du système capitaliste dont nous avons été témoins à la fin du vingtième et au début du vingt-et-unième siècles, influencent notre lecture des romans d'affaires du dix-neuvième siècle. Bien que les scandales liés à l'envolée des marchés financiers et à la spéculation aient été déjà courants durant la période pré-révolutionnaire, c'est à la Restauration que le niveau de l'activité économique a véritablement prospéré. En effet, ce climat d'essor économique a favorisé des changements radicaux dans les pratiques bancaires ainsi que des conquêtes plus agressives des marchés financiers dans les domaines du transport et des matières premières. Le roman d'affaires en France, et plus particulièrement à l'époque de Balzac, enregistre donc déjà les changements profonds de la forme du capitalisme dont l'envergure pourrait être comparée à celle du début de notre millénaire. Mais, là où le dix-neuvième siècle a connu le passage du mercantilisme au capitalisme financier, notre époque serait plutôt, selon l'économiste français Jean-Hervé Lorenzi (conseiller du directoire de la Compagnie financière Edmond de Rothschild et Président du Cercle des économistes), celle de la fin de l'universalité du modèle capitaliste anglo-saxon. Ce dernier serait remplacé par quatre nouveaux modèles : le capital-risque à investissement privé qui contourne les banques ; le partage de pouvoir à une échelle européenne entre les banques, les grandes entreprises, l'État et les syndicats ; la montée d'un capitalisme familial (François-Henri Pinault, Bernard Arnault) ; et, enfin, de nouveaux modèles de capitalisme dans lesquels l'État contrôle soixante-dix pour cent de l'industrie (notamment en Chine, en Russie et au Moyen-Orient)[1].

Le roman d'affaires français du dix-neuvième siècle est un miroir fascinant pour notre époque. Époque où l'expression « exubérance

1 *La Guerre des capitalismes aura lieu*, *Le Cercle des économistes*, éd. Jean-Hervé Lorenzi, Paris, Perrin, 2008,

irrationnelle » est aussi obsolète que « le dollar fort » ou encore « la bulle Internet » ; où le président de la Bourse de New York a dû démissionner à cause d'un bonus suspect ; où les négligences d'un gouvernement laxiste et des pratiques excessives de titrisation ont produit « un système financier à haut-risque » qui a rendu l'économie des États-Unis vulnérable pour les pays qui détiennent sa dette ; où les multinationales semblent avoir constamment consolidé la valeur de leurs actifs à l'aide d'un schéma pyramidal fragile, de profits fictifs et de stock options dépréciés (et ce, de toute évidence, grâce à des relations privilégiées avec des membres du gouvernement) ; et enfin, à cette même époque où la controverse autour de l'expansionnisme occidental au Moyen-Orient va de pair avec la construction de gazoducs, l'établissement de frontières et la mise en place de systèmes de transport. Il est donc temps de relire *César Birotteau* et *La Maison Nucingen* de Balzac ou encore *L'Argent* de Zola[1] comme des témoignages précieux sur l'établissement du système-monde capitaliste qui, malgré la force de sa structure, semble aujourd'hui condamné à disparaître[2]. Notons, par exemple, la façon dont les fonds d'investissement privés ont remplacé les banques par leur monopole de l'investissement en 2007. De même, il nous suffit de rappeler ici que le crédit (de *credere*) « ne fonctionne que si les gens y croient ». C'est dans ce sens que le romancier et critique social Tom Wolfe attribue la disparition du « capitalisme tel que nous le connaissons maintenant » à la perte de la crédulité envers le crédit[3]. Ce diagnostic nous renvoie directement à *César Birotteau*, récit dans lequel la crédulité du héros envers le crédit est justement ce qui le précipite dans une faillite vertigineuse. Comme dans presque tous les romans d'affaires du dix-neuvième siècle, le crédit dévalué joue un double rôle sémiotique : il est à la fois un indice de la corruption et un signe de l'incroyance. Cette obsession pour le crédit expliquerait aussi pourquoi dans *César Birotteau* Balzac encombre le récit de digressions sur l'économie de crédit sous le règne des Bourbons et ce,

1 L'expression « le système financier à haut risque » est empruntée à Nouriel Roubini, cité par Stephen Mihm, « Dr. Doom », *The New York Times Magazine*, Business Section, 17 août 2008, p. 29.

2 Voir R. Shiller, *L'Exubérance irrationnelle* [traduction française, Editions Valor, 2000] et C. P. Kindleberger, *Histoire mondiale de la spéculation financière*, [traduction française, Editions Valor, 2005].

3 A. R. Sorkin, « A "Bonfire" Returns as Heartburn », *The New York Times*, 24 juin 2008. Pages 1 et 5 de la rubrique « Business ».

dans une prose qui semble directement tirée de manifestes financiers. Les conséquences théologiques d'une monnaie qui ne vaut plus rien sont incontournables. Ainsi *César Birotteau* se clôt, comme il se doit, sur le portrait de son héros – sauvé de la faillite par le roi pour avoir refusé de porter sa décoration officielle à la suite du scandale financier – en « un martyr de la probité commerciale à décorer de la palme éternelle[1] ».

Construit autour de la métaphore du *credere*, le roman d'affaires français du dix-neuvième siècle établit une singulière économétrie de la *Bildung*. L'élaboration des types de personnages à l'image des différentes couches de la société nécessite un fin dosage de forces spirituelles. La valeur subjective du héros est indexée sur son succès – ou son échec – dans les affaires. Les intrigues amoureuses servent de baromètre à la réussite financière. Les jeux d'argent – plus qu'un simple cliché – sont le moyen par excellence pour les parvenus de profiter du système. Ainsi la faillite des valeurs morales de la société est représentée par une chorégraphie de l'effondrement des marchés financiers alors que la description des biens matériels et du luxe est au cœur de l'esthétique réaliste. Les fameuses biographies d'hommes d'affaires publiées dans la presse grand public étaient alors une source d'inspiration plus ou moins dévoilée par les écrivains tout en assurant au roman d'affaires son assise historique. Par exemple la tentative de suicide de Jean Rodolphe Kesner en 1832, caissier Général du Trésor (d'abord accusé puis condamné pour détournement de fonds) est le modèle de Balzac pour *Melmoth réconcilié* (1835). Et, dans *La Maison Nucingen*, le personnage de Nucingen est un savant mélange entre James de Rothschild (que Balzac a fréquenté dans les années 1830 et 1840), et de Ber-Léon Fould, qui, avec l'aide de son patron Cerf Berr (pourvoyeur d'armes alsacien et défenseur de l'émancipation juive durant la période révolutionnaire) est parvenu à devenir un riche banquier de grande renommée alors qu'il avait commencé comme petit cireur de chaussures[2].

---

1 H. de Balzac, *Histoire de la Grandeur et de la Décadence de César Birotteau, parfumeur, chevalier de la Légion d'honneur, adjoint au maire du deuxième arrondissement de Paris*, Paris, Gallimard, 1976. Toutes les références ultérieures à cet ouvrage seront données dans le corps du texte entre parenthèses, précédées du sigle *CB*.

2 Pour plus d'informations sur les personnages réels qui auraient inspiré Balzac pour Nucingen, se reporter à la préface d'A.-M. Meininger à *La Maison Nucingen*, p. 29-49 dans l'édition Flammarion, GF, 1989. Voir aussi P. Hyman, *The Jews of Modern France*, Berkeley, University of California Press, 1998 et D. Vital, *A People Apart : A Political History of Jews in Europe 1789-1939*, Oxford, Oxford University Press, 2001, p. 121-123.

En tant que genre, le roman d'affaires participe à un système-monde littéraire et il dresse un portrait tout à fait unique de la modernité technologique liée à une société de calcul[1]. De plus, la décadence capitaliste – plus particulièrement la faiblesse de l'ordre (force) politique face aux scandales financiers (comme celui du Canal du Panama en 1892 qui a inspiré Mallarmé pour son texte en prose *Or* de 1895) – alimente le catastrophisme ambiant de la fin de siècle en France que l'on associe à l'esthétique de la Décadence. Enfin tout l'arsenal du capital symbolique – c'est-à-dire la foi en la destinée nationale, la conquête des marchés étrangers, les campagnes militaires triomphantes et les exploits dans les colonies – était déployé pour assurer l'ascension impériale de la France.

Dans cette vaste arène où se joue le face à face entre « la littérature et le capitalisme » – alors que la modernisation industrielle en France est relativement tardive – le roman d'affaires est un genre, certes mineur, mais qui occupe néanmoins une place primordiale. Durant la période qui s'étend de la Monarchie de juillet à l'affaire Dreyfus (soit entre 1830 et 1898), les fictions financières offrent un regard privilégié sur l'émergence des différents systèmes mondiaux et ce, par la représentation du rôle de la spéculation dans la mise en place des réseaux de transport intercontinentaux – en Europe, dans les Amériques et au Moyen-Orient. C'est pourquoi ce genre participe pleinement à la théorie développée par le « French Global ». Ces romans offrent une précieuse illustration des cycles économiques d'expansion et de contraction et des modes de diversification du financement de projets à risque implantés hors de l'Hexagone. Enfin, l'étude des romans d'affaires montre comment ce genre se définit par rapport aux romans réalistes et naturalistes. Comme

1 Franco Moretti, à la suite de Fredric Jameson, a appliqué en 1996 la théorie du « système-monde » au champ des études littéraires – l'expression figure d'ailleurs dans le sous-titre de son étude sur l'épopée moderne. La lecture de Moretti s'inscrit dans la continuité de la critique structuraliste d'Immanuel Wallerstein sur le capitalisme en tant que système économique dont l'ampleur dépasserait toute entité politique ou nationale. De plus il s'inspire du concept de longue durée tel que défini par Ferdinand Braudel et les historiens des *Annales*. À partir du *Faust* de Goethe, (une Allemagne divisée) ; de *Moby Dick* de Melville (une Amérique édifiée par des « prédateurs assoiffés de sang et la production industrielle ») ; d'*Ulysses* de Joyce (avec son Irlande, « une colonie qui ne parle jamais la même langue que son occupant ») ; et de *Cent ans de solitude* de Garcia Márquez (les zones sauvages de l'Amérique Latine), Moretti tente d'élargir le champ traditionnel de l'épopée dans la littérature moderne aux « discontinuités supranationales des espaces représentés ». Voir F. Moretti, *Modern Epic : The World-System from Goethe to Garcia Márquez*, trad. par Q. Hoare, London, Verso, 1996.

l'a montré Mary Poovey au sujet de l'Angleterre, les changements des formes de la dette, de la monnaie, du crédit et du commerce ont inspiré, dans le monde entier de nombreux récits littéraires sur la finance (il existe d'ailleurs un site Internet entièrement consacré à ce genre)[1]. Une des hypothèses fortes de Poovey – évoquée dans un essai sur la culture d'investissement en Angleterre victorienne – est que la fin du capitalisme correspond à la mise en récit du capitalisme : « le développement d'une économie de marché moderne a toujours dépendu, en partie, de la circulation d'informations financières[2] ».

L'AGIOTAGE

Bien qu'il s'agisse clairement d'un genre cosmopolite – hérité de la mondialisation du capitalisme dans les sociétés industrielles – le roman d'affaires français du dix-neuvième siècle fait souvent référence à la culture de l'agiotage. Terme plus souvent utilisé en français qu'en anglais, l'agiotage désigne les transactions financières, les spéculations, l'extraction de bénéfice en fonction des fluctuations des prix (contrairement à l'achat pour la consommation ou pour le revenu). À l'époque le terme a un sens plus large et définit toutes les manières d'essayer de profiter du système : les manipulations en coulisse du cours des actions, des primes d'émission, des taux d'intérêt et des taux d'échange, les ventes à découvert contre les monnaies, les obligations, les objets de collection, les biens immobiliers et leurs produits dérivés. Avant et après la Révolution, les connotations associées à l'agiotage étaient surtout négatives. George V. Taylor les analyse en ces termes :

1 Voir M. Poovey, *Genres of the Credit Economy : Mediating Value in Eighteenth and Nineteenth Century Britain*, Chicago, University of Chicago Press, 2008 et *The Financial System in Nineteenth-Century Britain*, éd. Mary Poovey, Oxford, Oxford University Press, 2003. Le Site Internet consacré à la littérature financière est intitulé *The Financial Fiction Genre* (www.projects.ex.ac.uk). Parmi les ouvrages de références sur la littérature économique et les ouvrages de fiction sur les affaires, se reporter à M. Shell, *The Economy of Literature*, Baltimore, The Johns Hopkins University Press, 1978 ; P. Brantlinger, *Fictions of State : Culture and Credit in Britain, 1694-1994*, Ithaca, Cornell University Press.

2 M. Poovey, « Writing about Finance in Victorian England : Disclosure and Secrecy in the Culture of Investment », *Victorian Studies*, vol. 45, n° 1, « Victorian Investments », 2002, p. 17.

> Les spéculateurs étaient appelés des agioteurs. Ce qu'ils faisaient était appelé l'agiotage. Ces mots étaient des épithètes qui qualifiaient des personnes ou des actions condamnables. Les communautés financières, et en particulier celles qui se trouvaient à l'extérieur de Paris, désapprouvaient l'agiotage car il faisait croître le taux d'intérêt, augmentait les dangers d'une crise du crédit et il ne respectait pas l'interdit médiéval sur les bénéfices non réalisés qui figure dans le code éthique des affaires de cette époque[1].

En France, les différents scandales de spéculation sous l'Ancien régime ont participé à l'arrivée de la Révolution et l'agioteur est devenu le type parfait du nouvel ordre politique, celui de l'opportunisme :

> La spéculation la plus fameuse de ces années fut, en 1787, la tentative d'accaparer le marché avec les parts de la compagnie des Indes Orientales. Bien qu'en réalité, il se soit agi d'un complot collectif, on a longtemps pensé que le responsable était l'Abbé Marc-René d'Espagnac, un ecclésiastique de famille noble qui mourut aux côtés des Dantonistes en 1794. Le scandale d'Espagnac fut à l'origine d'une crise qui inspira à Mirabeau et à Clavière la publication de *Dénonciation de l'agiotage*, et qui contribua à l'indignité du contrôleur général, Calonne, jugé complice involontaire. (Taylor, p. 970)

Pendant la Terreur, comme on le voit dans le *Père Goriot*, l'agiotage devient le moyen d'enrichissement privilégié pour le travailleur malin. Goriot le « Citoyen », bien que niais et gauche sous certains aspects, se révèle incroyablement doué pour les affaires. De petit fabriquant de vermicelles il devient un acteur important dans le marché des contrats à terme pour les céréales : « À lui voir conduire ses affaires, expliquer les lois sur l'exportation, sur l'importation des grains, étudier leur esprit, saisir leurs défauts, un homme l'eût jugé capable d'être ministre d'État[2]. » Dans *César Birotteau*, on découvre un praticien de l'agiotage encore plus impitoyable alors que le slogan « Plumez le public ! » devient un euphémisme pour la « théorie moderne du prêt » (*CB*, p. 262)[3].

1 G.V. Taylor, « The Paris Bourse on the Eve of the French Revolution, 1781-1789 », *American Historical Review* 67, n° 4, 1962. Voir aussi J. Bouchary, *Les manieurs d'argent à Paris à la fin du XVIIIe siècle*, Paris, 1939-1943 et J. Bénétruy, *L'atelier de Mirabeau : Quatre proscrits genevois dans la tourmente révolutionnaire*, Genève, Droz, 1962. Pour une étude anthropologique passionnante sur l'*agiotage* à l'époque des technologies numériques, voir C. Zaloom, *Out of the Pits : Traders and Technology from Chicago to London*, Chicago, University of Chicago Press, 2006.

2 H. de Balzac, *Le Père Goriot*, Paris, Gallimard, 1976, p. 80.

3 Les caricatures par Daumier de Robert Macaire l'archétype de l'escroc sont un complément visuel excellent aux agioteurs de Balzac. Sur Macaire et Daumier voir R. Terdiman,

> La spéculation ? dit le parfumeur, quel est ce commerce ?
> – C'est le commerce abstrait, reprit Claparon, un commerce qui restera secret pendant une dizaine d'années encore, au dire du grand Nucingen, le Napoléon de la finance, et par lequel un homme embrasse les totalités des chiffres, écrème les revenus avant qu'ils n'existent, une conception gigantesque, une façon de mettre l'espérance en coupes réglées, enfin une nouvelle Cabale ! [...] On achète l'avis des hommes de science ou d'art, la parade se déploie, le public entre, il en a pour son argent, la recette est dans nos mains. [...] Réfléchissez à ceci : je vous ai formulé la théorie des emprunts modernes. (*CB*, p. 259)

Le personnage de l'agioteur dans *La Maison Nucingen* – au moins aussi fripouille que Claparon – appartient à un tout autre milieu, celui des entrepreneurs : « ces spirituels *condottieri* de l'Industrie moderne[1]... ». Parmi eux se trouve Werburt, le banquier juif alsacien, qui expose la logique implacable de l'agiotage alors qu'il explique la stratégie de la double indemnité :

> – Hé ! bien, il y a chez moi mille actions de mille francs que Nucingen m'a remises à placer, comprenez-vous ? – Bon ! – Achetons à dix, à vingt pour cent de remise, du papier de la maison Nucingen pour un million, nous gagnerons une belle prime sur ce million, car nous serons créanciers et débiteurs, la confusion s'opérera ! (*MN*, p. 124)

Irene Perciali, dans son étude sur la personnification du capitalisme chez Nucingen – le prince *des agioteurs* et le personnage principal de la famille des Loups-cerviers dans *La Comédie humaine* – montre que sa vitalité incroyable sert le système parfaitement impersonnel du rationalisme économique[2]. Ce parallélisme entre le génie humain et la logique abstraite du capital est essentiel dans la modernisation de Shylock (que Balzac identifie dans le tableau des personnages au vieux banquier-usurier Gobseck). Nucingen, homme politique opportuniste très bien entouré, devient le symbole suprême de la Restauration en tant que société d'intrigues et de machinations[3].

Discourse / Counter-Discourse : The Theory and Practice of Symbolic Resistance in Nineteeen-Century France, Ithaca, Cornell University Press, 1985, p. 168-175.

1 H. de Balzac, *La Maison Nucingen*, Paris, Gallimard, 1989, p. 128. Toutes les références ultérieures à cet ouvrage seront données dans le corps du texte entre parenthèses, précédées du sigle *MN*.

2 I. Perciali, « Inscrutable Strategists : Pre-thinking Economic Change in Balzac's France », Tucson, University of Arizona, Nineteenth-Century French Studies Conference, 24 octobre 2003.

3 La pratique du calcul dans le contexte d'une économie subjective et symbolique est remarquablement développée par J.-J. Goux. Voir *Économie et Symbolique : Freud, Marx*, Paris, Seuil, 1973, et *Les Monnayeurs du Langage*, Paris, Galilée, 1984.

Si l'agiotage fait d'abord référence aux différentes manipulations spéculatives crapuleuses, il sert aussi à désigner les intrigues quotidiennes et les histoires d'amour qui préfigurent les théories politiques de l'utilitarisme et du choix rationnel. Puis cette notion étend considérablement sa portée générique et rassemble les principales caractéristiques du roman du dix-neuvième siècle dont Balzac est le modèle ultime. Qu'il s'agisse de décrire les intrigues amoureuses (« L'amour est une passion essentiellement égoïste. Qui dit égoïsme, dit profond calcul » [*CB*, p. 117]) ou l'art des affaires, Balzac choisit le discours de l'intérêt financier[1]. Dans *César Birotteau* Claparon est imprégné d'une conscience statistique et il utilise un idiome farci de lieux communs, d'axiomes et de calculs[2]. Dans le récit, Balzac fait de nombreuses analyses sur les coûts et profits qui mettent en évidence les manigances du parfumeur alors que ce dernier vend sa fameuse formule pour la repousse des cheveux. On peut également suivre les calculs du parfumeur à travers les chiffres exacts des dettes aux créditeurs alors qu'il organise un grand bal pour s'assurer une promotion sociale et financière. Il est tout à fait fascinant d'observer comment Balzac intègre ces calculs au sein du récit. Madame Birotteau, dès le tout début du récit, révèle la valeur du revenu net de son couple ainsi que les profits envisagés :

> « Nous avons cent bons mille francs, écus, placés en dehors de notre commerce, de notre fabrique et de nos marchandises ? [...] les rentes sont à soixante-douze francs, achète des rentes ; tu auras dix mille livres de revenu, sans que ce placement nuise à nos affaires. » (*CB*, 43)

De plus, la faillite de César Birotteau est illustrée par les chiffres de la liquidation : « L'actif liquide fut de cent quatre-vingt-quinze mille francs auxquels les Syndics ajoutèrent quatre cent quarante, il y avait plus de cinquante pour cent » (*CB*, p. 309). Non seulement Balzac intègre des chiffres au récit, mais il représente aussi des actes de comptabilité au bord de l'*in*-calculable et il semble, par-là, tester la résistance de son

1 Pour une analyse de l'utilitarisme chez Flaubert, voir F. Ferguson, *Pornography, the Theory : What Utilitarianism Did to Action*, Chicago, The University of Chicago Press, 2004.

2 Sur l'usage de la statistique dans l'œuvre de Balzac, voir D. Bell, « Statistical Thinking in Balzac : *Le Cousin Pons* », *SubStance*, vol. 23, n° 2, issue 74, « Between Science & Literature », 1994, p. 22-37.

lecteur alors submergé par ce matraquage d'informations. Un de ses procédés favoris consiste à accumuler beaucoup de données techniques sur le crédit, les obligations à risque, la liquidation, et la faillite comme dans le long passage didactique de *César Birotteau* qui décrit le système français du Concordat (une mesure qui met les biens du marchand ruiné à la disposition des administrateurs et qui lui permet de reprendre normalement ses activités commerciales). On pourrait penser que, dans ce cas, Balzac veuille montrer que c'est justement le mépris du système du Concordat qui précipite César Birotteau dans sa chute tragique. Toutefois cet excès de détails financiers nous fait douter de leur valeur strictement informative et nous invite à considérer le genre littéraire de l'agiotage comme une parodie du réalisme capitaliste.

La pratique de l'agiotage est un des traits de la culture française : « la vanité et l'agiotage, selon le poète anglais Walter Savage Landor, sont pour un parisien son oxygène et son hydrogène[1] ». Il est certain que le rôle attribué par Balzac à l'agiotage dans ses romans d'affaires est typiquement français. Toutefois, si l'on privilégie une lecture comparative et transhistorique, cette manière soi-disant française d'écrire des romans d'affaires et de les commenter s'avère être aussi « mondiale » que le capitalisme lui-même. *The Way We Live Now* d'Anthony Trollope (1875, *Quelle Epoque !*), *Endymion* de Benjamin Disraeli (1880), *O encilhamento* d'Alfredo de Taunay (1893), *De Sobremesa* de José Asunción Silva (1896), *The Pit* de Frank Norris (1903, *Le Gouffre*), *The Embezzler* de Louis Auchincloss (1966) et enfin *JR* de William Gaddi (1975) sont des récits qui offrent une toute autre perspective nationale et historique sur l'agiotage. Cette multiplication de perspectives nous invite donc à élargir le système de littérature mondial qui, selon le philosophe Bernard Stiegler, serait caractérisé par « le mépris, la dévalorisation et la décadence » des démocraties industrielles de la fin du vingtième siècle[2].

1 Cité sous « Agiotage » dans le *Revised Unabridged Dictionary* de Webster, 1996, 1998 MICRA, Inc. http://www.fullbooks.com/Websters-Unabridged-Dictionary6.html

2 B. Stiegler, *Mécréance et discrédit : La décadence des démocraties industrielles*, vol. 1, 2 et 3, Paris, Galilée, 2004-2006.

LA XÉNOPHOBIE ÉCONOMIQUE

À l'origine, Balzac avait intitulé *La Maison Nucingen*, *La Haute Banque*, une expression commune à l'époque qui désignait une vingtaine de banques dirigées par des hommes d'affaires juifs (et quelques protestants). L'histoire de *La Haute Banque* est mythique. La création de la banque serait la réponse à une conspiration imaginaire contre l'ancien régime qui aurait été organisée en « une clique de banquiers internationaux qui infiltrent les cercles dirigeants afin de contrôler les politiques du crédit de l'État et de plier le gouvernement à leurs propres intérêts[1] ». Ce mythe fut bien entendu nourri par le fait que les monarchies augmentaient fréquemment les prélèvements d'argent pour la guerre en faisant appel aux banques privées et aux riches aristocrates et en sollicitant différentes sources de capital tant nationales qu'étrangères en échange de privilèges politiques et d'honneurs. La méfiance à l'égard d'un gouvernement aux mains d'un groupe international d'usuriers dont l'identité demeurait secrète s'est vite transformée en véritable peur de la mise en place de « sociétés de contrôle » ou encore de « gouvernements de l'ombre[2] ». *La Haute Banque*, souvent décrite comme une cabale, ressemblait curieusement au groupe des Treize de Balzac – une confrérie scellée par le secret et l'entraide, légale ou non. Au début de la guerre franco-prussienne, « La Banque » était essentiellement liée au nom de Rothschild. Comme le montre Niall Ferguson, la banque et les Rothschild sont devenus les principales cibles de persécutions antisémites conformes à l'esprit de la République[3]. *La Haute Banque* a joué un rôle déterminant dans la transition qui s'est opérée de 1815 à 1845 entre l'ancienne économie mercantile et la nouvelle économie de finance basée sur les capitaux. Au début du dix-neuvième siècle, la banque française reposait encore sur des pratiques archaïques. Puis, entre 1826 et 1828, les plus anciennes

1 Taylor, « The Paris Bourse », *op. cit.*, p. 965.

2 B. Stiegler reprend le concept de la « société de contrôle » de Michel Foucault pour l'appliquer à l'économie du « psycho-pouvoir » dans le Capitalisme tardif. Voir *Économie de l'hypermatériel et psychopouvoir : Entretiens avec Philippe Petit et Vincent Bontemps*, Paris, Librairie Arthème Fayard, 2008.

3 N. Ferguson, *The House of Rothschild : Money's Prophets 1798-1848*, New York, Viking, 1998, p. 18-19.

entreprises ont connu une crise provoquée par un manque de liquidité. Le bronze et l'or étaient alors les unités privilégiées pour les transferts d'actifs, et jusqu'en 1845, l'usage de la monnaie-papier était limité. L'angoisse que pouvait créer l'économie de liquidité, combinée à la relative pénurie de capitaux, a fait qu'il était de plus en plus difficile d'obtenir des marges de créd. Le risque d'insolvabilité et la vulnérabilité à la faillite ont grandement contraint les investisseurs. C'est dans ce contexte critique que *La Haute Banque* a pu s'imposer. De plus, une grande majorité de ses employés – formés dans les meilleures écoles de commerce et d'affaires – se réjouissait de mettre en pratique les nouveaux principes de gestion de crédits et de prêts. Ainsi, les frères Pereire ont eu beaucoup de succès lorsqu'ils ont, entre autre, modernisé le prêt, augmenté la ligne de crédit des capitaux, investi dans l'immobilier et permis la spéculation pour les premiers réseaux ferroviaires à Paris et dans ses alentours entre 1832 et 1837.

La présence d'un empire financier dirigé par une famille toute-puissante est essentielle pour mettre en évidence le système-monde. Il constitue, en effet, un référent historique solide pour les romans et ce, sous la forme d'un impérialisme tantôt politique, tantôt économique. Ainsi, dans une scène où Birotteau rend visite à François Keller, l'homme « au regard Napoléonien » et dont « la voix parlait à l'Europe » *(CB*, p. 217), le récit des campagnes militaires napoléoniennes devient le préambule à l'histoire de son investissement dans les réseaux ferroviaires, investissement dont il espère bien entendu faire fortune. Dans *La Maison Nucingen*, l'empire du Baron est lui aussi international et il comprend, entre autres, des titres du marché mexicain. Un dialogue entre les spéculateurs au sujet du risque d'un Krach boursier et de la nécessité de continuer à croire en la monnaie-papier de Nucingen offre une perspective unique sur le nouveau système financier basé sur les investissements à risque et ce, à une échelle mondiale :

> « – Savez-vous la cause du désastre ?... dit Claparon en intervenant. – Toi, tu ne sais rien, lui dit du Tillet, il n'y aura pas le moindre désastre, il y aura un paiement intégral. Nucingen recommencera les affaires et trouvera des fonds tant qu'il en voudra chez moi. Je sais la cause de la suspension : il a disposé de tous ses capitaux en faveur du Mexique qui lui retourne des métaux, des canons espagnols si sottement fondus qu'il s'y trouve de l'or, des cloches, des argenteries d'église, toutes les démolitions de la monarchie espagnole dans les Indes. » (*MN*, p. 125)

Cette méfiance vis-à-vis du capitalisme mondial est certainement héritée de la première vague d'impérialisme économique au dix-huitième siècle : on se souvient de John Law et de la faillite terrible de son investissement dans le delta du Mississippi en 1720 mais aussi du scandale relatif à l'affaire de la « South Sea bubble ». C'est donc l'époque de la découverte du pouvoir de l'Europe sur les périphéries, de l'extension de ses marchés en Amérique et de l'assurance d'obtenir rapidement des bénéfices déloyaux[1]. On peut également voir comment le sort économique mondial était entre les mains d'un petit cercle d'investisseurs. C'est Zola, bien plus que Balzac, qui offrira une véritable étude de la xénophobie économique.

Zola écrit simultanément *L'Argent*, un roman sur la Bourse de Paris, et *La Débâcle*, une chronique épique de la défaite française de 1870 (qui fut publiée en 1892). Dans ses carnets, il note que la guerre pourrait être représentée comme une « explosion volcanique » s'inspirant des traces d'hélium laissées par l'éclatement de la bulle financière[2]. En plaçant le récit de « l'argent » avant celui de « la débâcle », Zola montre le lien profond qui, pour lui, unit la faillite économique et la défaite militaire[3]. Là où *La Débâcle* montre une écriture du désastre (l'expression est de Blanchot et elle fait aussi écho au sous-titre des carnets de Zola sur la bataille de Sedan), *L'Argent* illustre plutôt ce que Zola appelle dans ses *Carnets* « la logique de l'écroulement[4] ». Le désastre et l'effondrement sont les symptômes de la Décadence qui inscrit l'instinct de mort dans le déroulement de l'histoire.

Bien que, historiquement, ce soient les banquiers non juifs qui étaient principalement responsables des grandes faillites du marché, Zola s'est nourri de l'association paranoïaque entre les Juifs et l'argent qui deviendra, par la suite, la marque de fabrique de la propagande

1 Pour une vue d'ensemble sur le roman d'affaires en Europe et aux Amériques, voir l'étude de R. R. M. Wasserman, « Financial Fictions : Émile Zola's *L'Argent*, Frank Norris's, *The Pit*, Alfredo de Taunay's *O encilhamento* », *Comparative Literary Studies*, vol. 38, n° 3, 2001, p. 193-214, et E. Beckman, *Men on the Market : José Marti and José Asuncion Silva in the Worlds of Commerce and Literature*, Thèse de PhD, Stanford University, 2005, p. 19-35.

2 É. Zola, *Carnets d'Enquêtes*, éd. Henri Mitterand, Paris, Plon, 1986, p. 115. Toutes les références ultérieures à cet ouvrage seront données dans le corps du texte entre parenthèses, précédées du sigle *CE*.

3 H. Mitterand, *Zola*, vol. 2, *L'Homme de Germinal*, *1871-1893*, Paris, Librairie Arthème Fayard, 2001, p. 986.

4 Zola, *Carnets d'Enquêtes*, *op. cit.*, p. 109.

antidreyfusarde : d'Octave Mirbeau (dans ses premiers textes de propagande de droite contre les Rothschild) à Édouard Drumont (dont *La France juive*, un livre culte pour les anti-dreyfusards, avivait les haines antisémites durant l'affaire Dreyfus). Zola s'est inspiré des publications boursières qui circulaient sous le manteau dans les cercles antisémites – *La Bourse, ses abus et ses mystères* d'Eugène Mirecourt (1858) qui, dans une sociologie des employés de la Bourse, attaque la « juiverie financière » ; ou encore les *Mémoires d'un coulissier* d'Ernest Feydeau, une description pittoresque du Palais Brongniart, et enfin *Le Krach* publié par Eugène Bontoux à compte d'auteur dans *L'Union générale* en 1888 six ans après son arrestation. Les romans de Zola s'adressaient à un public nourri par les récits des *feuilletonnistes* – tels que Louis de Chercusac, Pierre Zaccone, Charles Mérouvel, Alexandre Hamm, et G. d'Orcet (auteur de *La Comtesse Shylock)* – qui ont tous, plus ou moins, propagé la thèse antisémite. Et pourtant, lorsqu'un an après *L'Argent* Zola publia *La Débâcle*, il fut considéré comme le « Juif » par excellence. De plus, il a attiré les foudres des militaires et des nationalistes qui voyaient en son roman pacifiste une trahison sans précédent. *La Débâcle* marque une rupture retentissante dans la carrière politique de Zola dans le sens où ce récit annonce déjà l'auteur de *J'accuse* de 1898. La presse anti-dreyfusarde, scandalisée, dresse une caricature de l'écrivain en grand défenseur des Juifs. Léon Daudet, par exemple, lui donne un accent yiddish en français lorsqu'il retranscrit le discours de Zola. Durant sept années, soit de *L'Argent* à *J'accuse*, Zola est donc passé de défenseur de la théorie du complot juif à sauveur de Dreyfus et, par là, il incarnait une des premières figures de la tolérance républicaine et de la justice laïque[1].

---

1 Alfred Vizetelly, éditeur anglais de Zola, a tenté d'anticiper les critiques sur l'antisémitisme de Zola en déclarant que sa représentation de l'antisémitisme n'est pas le reflet des convictions personnelles de l'auteur. Dans sa préface à la traduction anglaise de *L'Argent*, Vizetelly écrit : « La question juive occupe une place importante dans ce récit, et ici et là vous pourrez trouver des remarques désobligeantes sur ce peuple élu. Toutefois, il convient de rappeler qu'il s'agit de commentaires des personnages de Zola et non de l'auteur lui-même. Il a tout simplement donné la parole à des antisémites en leur faisant répéter ce discours. Il n'est pas non plus inutile de rappeler que Monsieur Zola compte parmi ses amis et ses admirateurs, ses lecteurs et aussi des écrivains des hommes de confession juive. Certains d'entre eux pourraient croire que la façon dont leur race est représentée est l'expression directe des opinions personnelles de l'auteur. Mais là n'est pas le cas. Monsieur Zola n'a aucun a priori racial ou religieux. Et, au bout du compte, je ne crois pas qu'un lecteur juif puisse réellement être offusqué par le portrait de Gundermann,

L'Argent est un récit fondamental, et ce pour plusieurs raisons. D'une part, il nous révèle un Zola oublié – celui qui fait écho à l'opinion générale selon laquelle l'ancienne cabale de Juifs fortunés a le contrôle sur les grandes fortunes du monde. D'autre part, *L'Argent* montre comment cette croyance a alimenté une autre forme de xénophobie économique qui est moins étudiée que la xénophobie politique. L'impérialisme économique et la xénophobie politique sont les deux côtés d'un même système mondial. Alors que la France prend position contre ses compétiteurs européens pour rester à la tête d'ambitieux projets politiques et financiers dans des contrées lointaines (du Mexique au Canal de Suez), le triomphalisme impérial et la paranoïa anti-juive ne cessent de se répandre. La certitude selon laquelle « c'est à nous de contrôler le monde » et la peur que « ce soient eux qui nous contrôlent », participe de cette même logique qui se caractérise par une idéologie contradictoire et une éthique profondément partiale. Nombreux sont les grands hommes d'affaire non juifs qui associent leur phobie d'une ligue impie de banquiers juifs à leur désir de voir s'établir un Saint Empire romain sous la forme d'un réseau financier français implanté en Autriche-Hongrie, dans les Balkans et en Turquie pour faire obstacle à l'ascension du Moyen-Orient. Que l'on parle d'une conspiration juive ou bien d'une nouvelle croisade européenne, le capitalisme s'est peu à peu étendu à une échelle mondiale. Marx décrivait d'ailleurs le capitalisme comme un spectre qui avance dans des zones géographiques de plus en plus étendues et qui regroupe des agents culturels hétérogènes par le biais de centres de commerce invisibles. On ne s'étonnera donc pas qu'un des cahiers préparatoires de Zola pour *L'Argent* s'intitule « Le Dieu caché[1] ». Le parallélisme entre Dieu et le Capital ne fut négligé ni par Zola, ni par Marx. La divinité monétaire – qui produit quelque chose à partir de rien – présente aussi une similarité évidente avec le démon du système injuste de distribution des profits et des pertes.

L'Argent comptait parmi les romans de Zola les plus populaires des *Rougon-Macquart*. Le dévoilement des systèmes pyramidaux passionnait les lecteurs friands d'anecdotes sur les investisseurs corrompus. Lorsque Zola choisit de placer le *krach* de 1882 au cœur de son roman (par une

---

le grand homme d'affaires Juif, le Roi des marchés financiers qui, avec un calme tout méthodique, précipite Saccard et Hamelin à la faillite. » (*nous traduisons*) (M vi).

1 Zola, *Carnets d'Enquêtes*, *op. cit.*, p. 51-115.

transposition chronologique dans les années 1860), il s'est naturellement inspiré d'Eugène Bontoux qui était alors à la tête de l'Union Générale. Né en 1820 et ancien polytechnicien, Bontoux devint en 1860 le directeur d'un système ferroviaire qui appartenait à James de Rothschild. À la fois catholique et monarchiste, il rêvait à une meilleure Europe construite sur un capital français. En 1878, il a fondé la banque de l'Union Générale avec un apport de capitaux de 25 millions de francs levés par de petits investisseurs indifféremment légitimistes, royalistes ou encore catholiques. Tous se réjouissaient – comme on le verra avec les créanciers naïfs des *Caves du Vatican* de Gide – de protéger, par le biais de cette initiative financière, la fortune menacée de la papauté. Bontoux attirait ainsi ses fidèles grâce à une œuvre de charité pour le Vatican, une véritable affaire immobilière : « un trésor de Saint-Pierre ». Des centaines de prêtres, des institutions religieuses et des organisations royalistes ont fait des donations et, en 1881, l'Union Générale avait récolté un million de francs. Bontoux a ensuite créé une banque autrichienne pour parer au monopole des Rothschild sur les transactions financières. Toutefois, à cause de corruption et d'une mauvaise gestion, le projet d'ensemble a commencé à s'effondrer alors que Bontoux induisait ses investisseurs en erreur avec des chiffres falsifiés sur les biens, les cotations et les billets à ordre. Dans cette course folle à la liquidation orchestrée par les directeurs de l'Union Générale, la valeur des actions a chuté passant de 3,060 à 1,200 puis enfin à 20 francs. Bontoux fut ensuite arrêté pour avoir émis des dividendes fictifs et pour détournement de fonds. Afin de garder la face, il a déclaré que la ruine de l'Union a été précipitée par un complot d'investisseurs juifs et en particulier les Rothschild. Alors que les écrivains catholiques et les aristocrates se sont empressés de répandre cette version de l'histoire, la théorie du complot juif battait son plein. Malgré l'intervention d'un nouveau gouvernement centre-gauche et de son ministre des finances Léon Say chargé de limiter l'impact des pertes, la théorie du complot a su convaincre les foules – Say était d'ailleurs raillé comme le pantin des Rothschild.

Pour bien comprendre le rayonnement mondial de cette mentalité du complot, il convient de rappeler qu'au milieu du dix-neuvième siècle en France les juifs étaient automatiquement considérés comme des étrangers. De plus, le monde « étranger » – découvert par le biais de campagnes militaires – cristallisait des peurs typiquement françaises : la peur de la déportation punitive, des maladies tropicales, de l'isolement culturel et aussi de revers gênants de la politique impérialiste française[1]. La course effrénée des Anglais pour le monopole du Canal de Suez et l'échec aux côtés de l'Empereur Maximilien d'Autriche au Mexique n'ont fait que renforcer le chauvinisme. Ainsi pour le personnage principal de *L'Argent*, c'est le péril de la mondialisation qui a empêché tout retour sur investissement, du moins au début. Comme le décrit bien Zola, il existe deux modèles distincts de la mondialisation : le modèle français, qui repose sur la courtoisie gauloise, et le modèle juif construit sur une certaine « aisance raciale » dans le monde des affaires. Gundermann, le personnage inspiré de Rothschild dans le roman, est décrit comme un « banquier roi, le maître de la Bourse et du monde[2] ». Dans la Bourse, véritable microcosme du monde avec ses intérieurs en forme de cavernes et ses dédales complexes, les hommes d'affaires juifs sont les maîtres.

Pour bien mesurer la place de *L'Argent* dans le roman d'affaires non seulement français mais aussi dans l'espace littéraire mondial, il conviendrait de le lire au regard de *César Birotteau*, *La Maison Nucingen*, mais aussi de *The Way We Live Now* (*Quelle Epoque !*) de Anthony Trollope (1874). Dans ces récits, la xénophobie économique apparaît de façon encore plus nette comme un champ de forces propre au roman européen. L'intrigue de *The Way We Live Now* mêle deux conceptions dominantes de la spéculation au dix-neuvième siècle : le marché du mariage et le financement des chemins de fer. Felix Carbury, un baronnet sans le sou et un joueur invétéré, mise toute sa fortune pour assurer le mariage de sa fille avec Augustus Melmotte, un riche entrepreneur. La fortune de Melmotte, ses origines et son statut social demeurent néanmoins douteux. Décrit comme un homme robuste qui dégage une impression du pouvoir, il est également celui à qui l'on ne peut pas faire confiance. Mais il est surtout marié à une juive bohémienne qui, malgré un teint pâle,

1 Voir l'article de M. Samuels (« Les Juifs et la construction de l'identité française, de Balzac à Proust ») dans ce même volume : « Tandis que, tout au long de la période, les Juifs français, dans le monde réel, quittaient les marges de la société française pour se rapprocher de son centre, dans la fiction, les Juifs finirent par incarner un faisceau d'anxiétés liées à des phénomènes aussi variés que la montée du capitalisme industriel, la révolution et la culture de masse ».

2 É. Zola, *L'Argent*, Paris, Gallimard, 1980, p. 53. Toutes les références ultérieures à cet ouvrage seront données dans le corps du texte entre parenthèses, précédées du sigle *A*.

a un nez juif et une « expression juive dans les yeux[1] ». Il a également choisi un « hébreu », Cohenlupe, pour diriger les conseillers financiers, et un « gros juif » appelé Brehgert. Mais à cause de ses liens conjugaux et professionnels et de sa richesse douteuse, Melmotte éveille tous les soupçons. Le projet d'un nouveau système ferroviaire, bien qu'initié par un Américain et développé par un Anglais proche de Melmotte, lui revient par ce qui s'apparente à un droit du sang. Voilà qui confirme une théorie de la conspiration qui associe les étrangers à une nouvelle économie de grosses fortunes et à haut risque :

> Une ligne de chemin de fer qui irait de Salt Lake City au Mexique aurait sans aucun doute la saveur d'un château en Espagne. Nos frères américains du Far West sont censés avoir de l'imagination ! On ne pense pas au Mexique pour la sécurité commerciale ou pour la stabilité de production qui, de fait, génère des quatre, cinq ou même six pour cents avec une régularité impeccable. Souvenons-nous du chemin de fer du Panama, une petite affaire qui rapportait des profits de vingt-cinq pour cent ; ou encore de l'excellente ligne intercontinentale qui allait jusqu'à San Francisco et qui a généré des fortunes incommensurables. (*nous traduisons*)

L'opinion publique est ambivalente au sujet de ce système mondial qui est mis en place dans les Amériques sous le contrôle britannique. La presse défend l'idée selon laquelle il faut « civiliser le Mexique par l'annexion de la Californie » tout en commentant « l'ironie » de ce projet qui n'a pas été vraiment initié en Angleterre. Là où Zola donne à voir clairement la xénophobie économique, Trollope ne fait allusion qu'à une inquiétante condition économique « non-anglaise ». Un entrepreneur américain et son associé, un homme d'affaires étranger, sont représentés comme des défenseurs louches des intérêts de l'Angleterre ; il y a quelque chose chez eux – quelque chose de difficile à définir – qui menace l'éthique protestante. L'euphémisme employé par Trollope pour définir la manière typiquement juive de Melmotte de mener ses affaires est, curieusement, son ouverture internationale : « le caractère universel du génie commercial de Melmotte faisait parler : que ce soit pour anticiper son échec et sa honte ou encore ses succès sans précédent, sa réussite commerciale inégalée, personne ne pouvait trancher »

1 A. Trollope, *The Way We Live Now*, London, Penguin Books, 1994, p. 33. Toutes les références ultérieures à cet ouvrage seront données dans le corps du texte entre parenthèses, précédées du sigle *WW*.

(*WW*, p. 229 ; *nous traduisons*). Non seulement le style de Trollope est truffé d'allusions grivoises, mais aussi son évaluation de l'entreprise de Melmotte demeure insondable. Est-il ou non la couverture d'affaires douteuses ? Tout se passe comme si le roman teste ses propres limites en laissant deviner, mais juste entre les lignes, le discours de xénophobie sur la question juive. Des salons mondains aux salles de conseil, Melmotte règne comme le génie du Capital et le premier représentant du système économique mondial (« Le monde savait que Monsieur Melmotte divertissait l'Empereur de Chine, qu'il possédait, au creux de sa main, le système ferroviaire mexicain et celui du Pacifique centre-sud) – et le monde entier le vénérait ») et ce, jusqu'à sa mort. Alors qu'il se voit écrasé sous une avalanche de « documents sans-garantie » et accusé de contrefaçon, Melmotte met fin à sa vie. Toutefois son suicide ne provoque aucune *gravitas* tragique et le roman se poursuit simplement en une comédie romantique avec des complots de mariages orchestrés pour des manigances financières. L'enjeu épique de la prise de risque dans un système économique mondial retombe dans un cliché des plus banals – « la roue de la fortune » – auquel fera écho Lady Carbury dans son roman basé sur l'affaire Melmotte. Ainsi la littérature de gare prend le pas sur le *Bildungsroman* comme le montre la dernière partie du récit de Trollope. Zola, au contraire, n'abandonne jamais sa chronique de l'apocalypse financière.

Ces deux écrivains se servent du chemin de fer pour rendre compte d'une économie à grande échelle. Mais là où Trollope met en scène l'accumulation du capital avec un réalisme sobre, Zola dépeint une dépendance frénétique à l'achat d'actions. La représentation du système ferroviaire sur l'ensemble de l'Asie Mineure par Saccard se transforme en une envolée lyrique magique : le réseau de distribution du chemin de fer devient dès lors l'expression de « la vie de l'argent », l'illustration du destin de la nouvelle civilisation.

> Et ce que les Croisades avaient tenté, ce que Napoléon n'avait pu accomplir, c'était cette pensée gigantesque de la conquête de l'Orient qui enflammait Saccard, mais une conquête raisonnée, réalisée par la double force de la science et de l'argent. (*A*, p. 120)

Comme dans le récit de Trollope, un programme met en place un plan économique impérial. Toutefois la rhétorique de Zola est plus radicale alors qu'il se sert des Croisades, des vestiges de l'Empire Ottoman et de la résurrection de l'héritage napoléonien pour faire gonfler la noblesse de la mission de la Banque Universelle. Là où Trollope présente l'antisémitisme comme un trait de la classe dominante – « S'il est certain d'une chose », déclare Lady Longstaffe à sa fille pour justifier l'opposition de son mari à ses fiançailles avec un banquier juif, « c'est au sujet des juifs. C'est une race maudite, expulsée du paradis » (*nous traduisons*) – Zola, au contraire, donne voix à la violence des discours sans aucun voile :

> Ah ! le juif ! il avait contre le juif l'antique rancune de race, qu'on trouve surtout dans le midi de la France... Il dressait le réquisitoire contre la race, cette race maudite qui n'a plus de patrie, plus de prince, qui vit en parasite chez les nations, feignant de reconnaître les lois, mais en réalité n'obéissant qu'â son Dieu de vol, de sang et de colère ; et il la montrait remplissant partout la mission de féroce conquête que ce Dieu lui a donnée... (*A*, p. 135, 136)

Notons ici l'écart entre ce que Saccard considère comme son droit à conquérir les marchés étrangers et ce qui se présente comme une véritable paranoïa au sujet de la menace de conquête financière par les Juifs venus de l'étranger.

Les romans de Trollope et de Zola sur la spéculation ferroviaire ne sont pas seulement des témoignages sur la mondialisation de l'économie au dix-neuvième siècle, ni des contes moraux sur la déchéance des sociétés cupides. En associant l'antisémitisme et l'impérialisme comme deux ordres interdépendants au cœur d'un système mondial unique, ces récits soulèvent la question du rôle de la théorie du complot antisémite dans l'élaboration d'un système-monde. Aussi étrange que cela puisse paraître, la théorie paranoïaque qui voit en la banque juive le grand bénéficiaire de la finance est aussi celle qui a permis aux capitalistes français d'ouvrir leur mode de pensée à une échelle mondiale. Et la principale contribution de Zola au genre du roman d'affaires est sans aucun doute son diagnostic sur le double effet de la xénophobie économique. Cette forme particulière de xénophobie nourrit un certain impérialisme économique français et, en tant qu'aberration idéologique, elle condamne le système à un inexorable *krach*.

***

L'histoire du roman d'affaires français et de ses équivalents en Angleterre et aux États-Unis donne à voir les conditions de l'évolution vers un capitalisme néo-libéral qui correspond à ce que Quentin Meillassoux dit de la théorie d'Alain Badiou dans *L'Être et l'événement*, sur « la libération des limites imposées par la raison calculatrice[1] ». On pourrait aussi comprendre cette « libération », avec Jean-Luc Nancy, comme un « partage de l'incalculable » radicalement démocratique et qui serait basé sur les principes du commun, de l'inéchangeable et du « sans-valeur » que l'on retrouve dans « l'art, l'amour, l'amitié et la pensée[2] ». L'agiotage, dans cette conception, aboutit donc paradoxalement à la pensée du *partage* héritière de la condamnation par Marx et Engels de la privatisation de la propriété. Cette autre politique économique trouve ses expressions les plus fortes avec l'économie de don de Marcel Mauss, la notion de dépense chez Georges Bataille et enfin la théorie de la justice distributive selon John Rawls.

Emily Apter
Université de New York (NYU)

1 Q. Meillassoux, *After Finitude : An Essay on the Necessity of Contingency*, Paris, Seuil (L'ordre philosophique), 2006, p. 103.

2 Jean-Luc Nancy, *Vérité et démocratie*, Paris, Éditions Galilée, 2008, p. 33-34.

OUVRAGES CITÉS

BALZAC, Honoré de, *La Maison Nucingen*, Paris, Gallimard, 1989.

BALZAC, Honoré de, *Le Père Goriot*, Paris, Gallimard, 1976.

BALZAC, Honoré de, *Histoire de la grandeur et de la décadence de César Birotteau*, Paris, Gallimard, 1977.

BECKMAN, Ericka, *Men on the Market : José Marti and José Asuncion Silva in the Worlds of Commerce and Literature*, Thèse de PhD, Stanford University, 2005.

BELL, David, « Statistical Thinking in Balzac : *Le Cousin Pons* », *SubStance*, vol. 23, n° 2, issue 74, « Between Science & Literature », 1994, p. 22-37.

BENETRUY, Joseph, *L'atelier de Mirabeau : Quatre proscrits genevois dans la tourmente révolutionnaire*, Genève, Droz, 1962 [mémoires et documents publiés par la Société d'histoire et archéologie de Genève, vol. 41].

BOUCHARY, Jean, *Les manieurs d'argent à Paris à la fin du XVIIIe siècle*, 3 vol., Paris, Librairie des sciences politiques et sociales, M. Rivière et cie, 1939-1943.

BRANTLINGER, Patrick, *Fictions of State : Culture and Credit in Britain, 1694-1994*, Ithaca, Cornell University Press, 1996.

FERGUSON, Frances, *Pornography, the Theory : What Utilitarianism Did to Action*, Chicago, The University of Chicago Press, 2004.

FERGUSON, Niall, *The House of Rothschild : Money's Prophets 1798-1848*, New York, Viking, 1998.

The Financial System In Nineteenth-Century Britain, éd. Mary Poovey, Oxford, Oxford University Press, 2003.

GOUX, Jean-Joseph, *Économie et Symbolique : Freud, Marx*, Seuil, Paris, 1973.

GOUX, Jean-Joseph, *Les monnayeurs du langage*, Paris, Galilée, 1984.

HYMAN, Paula, *The Jews of Modern France*, Berkeley, University of California Press, 1998.

KINDLEBERGER, Charles P., *Manias, Panics and Crashes : A History of Financial Crises*, Hoboken, John Wiley & Sons, 2005) [trad. française, *Histoire mondiale de la spéculation financière*, Hendaye, Éditions Valor, 2005].

LORENZI, Jean-Hervé, *La guerre des capitalismes aura lieu*, Paris, Editions Perrin, 2008.

MEILLASSOUX, Quentin, *Après la finitude. Essai sur la nécessité de la contingence*, Paris, Seuil, (L'ordre philosophique), 2006.

MEININGER, Anne-Marie, « Préface », dans Émile Zola, *La Maison Nucingen*, Paris, Gallimard, 1989.

MIHM, Stephen, « Dr. Doom », *The New York Times Magazine*, 17 août 2008.

MITTERAND, Henri, *Zola*, vol. 2, *L'Homme de Germinal*, 1871-1893, Paris, Librairie Arthème Fayard, 2001.

MORETTI, Franco, *Modern Epic : The World-System from Goethe to Garcia Márquez*, trad. par Quintin Hoare, London, Verso, 1996.

NANCY, Jean-Luc, *Vérité et démocratie*, Paris, Éditions Galilée, 2008.

PERCIALI, Irene, « Inscrutable Strategists : Pre-thinking Economic Change in Balzac's France », Tucson, University of Arizona, Nineteenth-Century French Studies Conference, 24 octobre 2003.

PERCIALI, Irene, « Personifying Capitalism : Economic Imagination, the Novel, the Entrepreneur », Thèse de PhD, Berkeley, University of California, 2005.

POOVEY, Mary, *Genres of the Credit Economy : Mediating Value in Eighteenth and Nineteenth Century Britain*, Chicago, University of Chicago Press, 2008.

POOVEY, Mary, « Writing about Finance in Victorian England : Disclosure and Secrecy in the Culture of Investment », *Victorian Studies*, vol. 45, n° 1, « Victorian Investments », 2002.

SAMUELS, Maurice, « Jews and the Construction of Identity from Balzac to Proust », dans *French Global : A New Approach to Literary History*, éd. Christie MacDonald et Susan Rubin Suleiman, New York, Columbia University Press, 2010.

SHELL, Marc, *The Economy of Literature*, Baltmore, The Johns Hopkins University Press, 1978.

SHILLER, Robert J., *Irrational Exuberance*, Princeton, Princeton University Press, 2000 [trad. francaise, *L'Exubérance irrationnelle*, Hendaye, Valor Editions, 2000.

SORKIN, Andrew Ross, « A "Bonfire" Returns as Heartburn », *The New York Times*, 24 juin 2008.

STIEGLER, Bernard, *Économie de l'hypermatériel et psychopouvoir : Entretiens avec Philippe Petit et Vincent Bontems*, Paris, Librairie Arthème Fayard, 2008).

STIEGLER, Bernard, *Mécréance et discrédit : La décadence des démocraties industrielles*, 3 vol., Paris, Galilée, 2004-2006.

TAYLOR, George V., « The Paris Bourse on the Eve of the French Revolution, 1781-1789 », *American Historical Review*, vol. 67, n° 4, 1962.

TERDIMAN, Richard, *Discourse/Counter-Discourse : The Theory and Practice of Symbolic Resistance in Nineteenth-Century France*, Ithaca, Cornell University Press, 1985.

TROLLOPE, Anthony, *The Way We Live Now*, London, Penguin Books, 1994 [1875].

VITAL, David, *A People Apart : A Political History of Jews in Europe 1789-1939*, Oxford, Oxford University Press, 2001.

VIZETELLY, Alfred, « Préface », dans Émile Zola, *Money*, New York, Mondial, 2007.

WASSERMAN, Renata R. Mautner, « Financial Fictions : Emile Zola's *L'Argent*, Frank Norris's *The Pit*, Alfredo de Taunay's *O encilhamento* », *Comparative Literary Studies*, vol. 38, n° 3, 2001.

ZALOOM, Caitlin, *Out of the Pits : Traders and Technology from Chicago to London*, Chicago, University of Chicago Press, 2006.

ZOLA, Émile, *L'Argent*, Paris, Gallimard, 1980.

ZOLA, Émile, *Carnets d'Enquêtes*, éd. par Henri Mitterand, Paris, Plon, 1986.

LES JUIFS ET LA CONSTRUCTION DE L'IDENTITÉ FRANÇAISE, DE BALZAC À PROUST

Des Sarrasins de *La Chanson de Roland* (c. 1140) aux Persans de Montesquieu, du cannibale de Montaigne à la *Péruvienne* de Françoise de Graffigny, c'est à travers la relation à un autre exotique que la littérature française a longtemps défini ce qu'être français veut dire. Le dix-neuvième siècle n'alla cependant pas chercher si loin son repoussoir fantasmatique. Avec l'avènement de la modernité, c'est le Juif qui offrit aux écrivains français un moyen d'appréhender les transformations historiques, sociales, économiques et culturelles de l'époque. Tandis que, tout au long de la période, les Juifs français, dans le monde réel, quittaient les marges de la société française pour se rapprocher de son centre, dans la fiction, les Juifs finirent par incarner un faisceau d'anxiétés liées à des phénomènes aussi variés que la montée du capitalisme industriel, la révolution et la culture de masse. Dans la première partie de cet article, j'étudie la représentation des Juifs par des écrivains non juifs du dix-neuvième siècle. Dans la seconde partie, j'examine comment les premiers écrivains juifs de langue française se servirent de la littérature pour se mesurer aux dilemmes de la modernité, permettant de saisir de l'intérieur la différence juive.

L'ère moderne s'ouvre en France sur un geste d'une générosité sans précédent à l'endroit des Juifs. En 1790, l'Assemblée Constituante révolutionnaire accorde la citoyenneté française à une communauté de quelques milliers de Sépharades (Juifs venus d'Espagne et du Portugal) vivant dans le Sud-Ouest de la France, et dont les ancêtres avaient fui l'Inquisition. L'année suivante, la même assemblée fait également des Ashkénazes (Juifs venus des pays germanophones) d'Alsace et de Lorraine, plus nombreux encore, des citoyens français. Première historique qui voyait une nation moderne accorder explicitement aux Juifs les pleins droits civiques, cette émancipation révolutionnaire semblait s'inscrire dans la suite logique des principes de l'égalité universelle garantis par la *Déclaration des droits de l'homme et du citoyen* (1789). On ne saurait toutefois manquer de souligner le caractère exceptionnel de l'émancipation des Juifs : les révolutionnaires attendirent 1794 pour abolir l'esclavage ; et ils n'accordèrent jamais le droit de vote aux femmes.

En faisant des Juifs des citoyens français, les autorités révolutionnaires visaient à résoudre le problème de l'existence d'une « nation dans la nation » et à « régénérer » ce qu'elles percevaient comme une population arriérée. Au moment de la Révolution en effet, les Juifs de France, et tout particulièrement les Ashkénazes d'Alsace et de Lorraine, semblaient aux réformateurs des Lumières on ne peut moins modernes. Les Juifs des provinces de l'Est – alors plus de 30 000 personnes – confinés par la loi dans les régions rurales, avec l'interdiction d'appartenir aux guildes et à la plupart des professions, subsistaient maigrement du petit commerce et du prêt sur gages. Ces Juifs parlaient le yiddish occidental et vivaient à peu près comme au Moyen Âge, en communautés coupées du monde, possédant leurs propres structures de gouvernement et leurs propres institutions. Dans l'esprit des réformateurs libéraux, les Juifs constituaient un cas exemplaire pour les Lumières : si même de ce groupe l'on pouvait faire, en lui accordant l'égalité, des citoyens productifs, alors l'expérience vaudrait pour n'importe qui.

De fait, grâce à l'émancipation, la situation des Juifs français connut une transformation considérable dans le premier tiers du dix-neuvième siècle, notamment pour ceux d'entre eux qui profitèrent de l'assouplissement des restrictions de résidence afin de s'installer dans les bourgs et les grandes villes. Si une importante proportion de Juifs français demeura encore longtemps dans la pauvreté, certains *Israélites*, ainsi que les Juifs fraîchement affranchis préféraient se faire appeler, connurent une réussite remarquable. Les Juifs français obtinrent ainsi des positions élevées dans la banque, le commerce et les arts – comme ils l'avaient fait dans les pays voisins – mais aussi dans les professions libérales, l'armée et le gouvernement. Dès les années 1840, trois Juifs avaient été élus à la Chambre des députés ; et, après la révolution de 1848, les Juifs occupaient deux des huit postes ministériels dans le gouvernement provisoire. La France fut la seule nation où les Juifs connurent pareille intégration sans avoir à se convertir. Cette tendance allait s'accélérer sous la Troisième République (1870-1940), à mesure que les Juifs évoluaient en nombre croissant vers la fonction publique. L'expérience des Lumières semblait avoir fonctionné.

Mais si le citoyen juif moderne est né en France, il en va de même pour l'antisémitisme moderne. Cette nouvelle forme de haine du Juif émergea tout d'abord à gauche. Puisant à l'héritage du socialiste utopiste Charles Fourier, les pamphlétaires des années 1840 commencèrent de dénoncer ce qu'ils percevaient comme l'appropriation immorale des richesses nationales par les banquiers juifs. Dans *Les Juifs, rois de l'époque* (1845), le journaliste fouriériste Alphonse Toussenel attaquait les Rothschild et d'autres financiers juifs, qui selon lui, avaient fait de la nation française leur « fief ». À la tête de l'une des plus grandes banques du pays et développant l'une de ses plus importantes lignes de chemin de fer, les Rothschild catalysèrent les attaques contre la modernisation économique naissante de la France. Immigrants venus d'Allemagne, possédant des filiales dans plusieurs capitales européennes, les Rothschild incarnaient par ailleurs le dangereux cosmopolitisme qui caractérise le capitalisme global moderne. Après un accident fatal sur leur ligne de chemin de fer en 1846, une série de pamphlets, ainsi que des articles dans le journal fouriériste *La Démocratie Pacifique*, s'en prirent aux Rothschild et aux autres « loups-cerviers d'Israël », accusés de piller la France.

Cette accusation lancée contre les Juifs, présentés comme les agents d'une modernité pernicieuse, se fraya un chemin dans le discours littéraire de l'époque. Honoré de Balzac emprunte par exemple aux pamphlétaires socialistes contemporains l'expression de « loup-cervier », lorsqu'il s'agit de décrire le banquier juif, le baron de Nucingen, dans *Splendeurs et misères des courtisanes*, roman qui fait suite aux *Illusions perdues*. Le chapitre dans lequel le baron de Nucingen rencontre Esther, la belle prostituée, qui le séduit en un seul regard, a pour titre : « Comment un loup-cervier rencontra le rat, et ce qui en advint ». Balzac travailla à *Splendeurs et misères des courtisanes* entre 1838 et 1847, alors même que prenait forme le nouvel antisémitisme économique français, et tandis que Karl Marx, exilé d'Allemagne à Paris, écrivait *Sur la Question juive* (1844), qui accuse les Juifs de corrompre les Chrétiens en propageant la religion de l'argent. Comme Marx, c'est à travers la figure du Juif que Balzac envisage la transformation économique qui caractérise l'époque.

Splendeurs et misères des courtisanes décrit les efforts du maître criminel Vautrin pour utiliser Esther afin d'escroquer le banquier juif Nucingen – le tout afin que celui-ci finance l'ascension sociale de son protégé, le poète Lucien de Rubempré. Vautrin justifie son complot contre Nucingen en des termes tout droit sortis de Toussenel : « Cet homme est un voleur de grande Bourse », dit Vautrin à Esther ; « Il a été sans pitié pour bien du monde, il s'est engraissé des fortunes de la veuve et de l'orphelin, vous serez leur Vengeance[1] ! » Même si le narrateur balzacien n'étend jamais explicitement son attaque contre Nucingen à une attaque contre les Juifs en général, le fait d'invoquer de manière évidente, à l'intérieur du roman, la théorie et la rhétorique fouriéristes, implique cette généralisation. Mesurant l'ignorance dans laquelle la plupart des gens sont des « combinaisons des Nucingen[2] » – et ici l'emploi du pluriel est significatif – le narrateur balzacien glisse de la fiction à la réalité, passe de l'individuel au général, et de ce Juif en particulier à d'autres Juifs comme lui.

Dans ce roman, comme dans d'autres romans de *La Comédie humaine*, tels *Le Père Goriot* (1834) et *La Maison Nucingen* (1838), Balzac représente le banquier juif comme étant tout à la fois français et étranger. De fait, l'origine nationale de Nucingen, indéterminée, fluctue selon les romans balzaciens, et parfois au sein du même roman, de l'Alsace à l'Allemagne et à des franges plus orientales, reflétant les stéréotypes du Juif errant, sans racines. À l'image des forces nouvelles du capital qu'il représente, Nucingen est presque entièrement dénué de présence physique : ainsi Balzac, et c'est bien peu caractéristique de sa manière, ne fournit jamais de description visuelle du banquier. Il manifeste la différence de celui-ci comme un signe linguistique, plutôt que corporel. Nucingen s'exprime avec un accent comique que le narrateur décrit comme son « affreux jargon juif polonais[3] » et qu'il s'efforce de reproduire phonétiquement. Lorsque Nucingen dit : « Je fus tonne ma barole d'honner[4] », le lecteur ne peut que s'offusquer du déshonneur que constituent les syllabes torturées du Juif. L'ineptie verbale de Nucingen, si elle suscite le rire, signale cependant une menace plus profonde. Ses substitutions phonétiques – f pour v, t pour d, b pour p – indiquent

1 H. de Balzac, *Splendeurs et misères des courtisanes*, Paris, Gallimard, 1973, p. 202.
2 *Ibidem*, p. 228.
3 *Ibid.*, p. 169
4 *Ibid.*, p. 171.

un glissement du signe, une rupture des systèmes de valeurs dont la stabilité fonde les distinctions sociales de toutes sortes et qui semblent, dans la vision que Balzac se fait de la modernité, s'être effondrés. C'est à notre péril que nous rions du Juif : car sa promiscuité cosmopolite avec l'argent, tout comme avec le langage, menace l'intégrité de ce que parler – de ce qu'être – français veut dire.

Les romanciers du milieu du dix-neuvième siècle, de Stendhal à Henri Murger, dépeignent des banquiers, des usuriers, des agents de change et des marchands d'art juifs, en modulant le soupçon et le mépris selon des degrés variés. Ce qui rend *Splendeurs et misères des courtisanes* si intéressant cependant, c'est que le roman représente l'agent de la vengeance anticapitaliste sous les traits d'un autre Juif. Esther, la prostituée, arme dans les mains de Vautrin, et dont la dangereuse beauté la fait surnommer « La Torpille », n'est autre que la nièce de Gobseck, l'usurier juif hollandais qui traverse d'autres romans de *La Comédie humaine.* Et tandis que *Splendeurs et misères des courtisanes* dépeint le Juif Nucingen comme l'emblème de tout ce que le capitalisme porte de négatif, il présente la judéité d'Esther dans une lumière plus positive – comme la source même de son irrésistible charme. « Esther venait de ce berceau du genre humain, la patrie de la beauté : sa mère était juive », nous informe le narrateur, s'attardant sur la forme « orientale » de ses yeux et sur son nez « arabe[1] ».

Balzac était loin d'être le premier écrivain à opposer ses images du Juif en fonction du sexe. Du *Marchand de Venise* de Shakespeare (1598) à l'immense succès que fut l'*Ivanhoé* de Walter Scott (1819), les prêteurs sur gages juifs semblent souvent avoir pour fille une beauté qui échappe au péché sémite d'avarice. Le roman historique de Scott, situé dans l'Angleterre du douzième siècle, a beaucoup contribué à former au dix-neuvième siècle cette double image – le Juif machiavélique *versus* la belle Juive. Il en plaçait toutefois les représentations racialisantes dans le passé. Balzac conjugue quant à lui ce *topos* au présent, situant ses Juifs au sein d'une économie qui est en voie de modernisation et qui suscite des sentiments contradictoires. Si la judéité est, dans *Splendeurs et misères des courtisanes*, l'autre nom du flux économique qui caractérise l'ère moderne, ce signifiant est lui-même instable : revêtu tout ensemble de connotations positives et négatives, il se fait le signe même de l'attitude divisée du

1 *Ibid.*, p. 76.

roman à l'égard d'une culture capitaliste qu'il critique et convoite tout à la fois. En associant, à travers leur judéité, sa belle prostituée et son immonde banquier, en les faisant apparaître comme les deux faces d'une même pièce, Balzac exprime l'ambivalence fondamentale inspirée par le système capitaliste que tous deux représentent.

Semblable ambivalence envers la judéité – et de là, envers la modernité dont le Juif est la métaphore – se rencontre chez les nombreuses courtisanes et prostituées juives qui peuplent les bordels de la littérature française du dix-neuvième siècle. Josépha, dans *La Cousine Bette* (1846) de Balzac, Rachel, dans *Mademoiselle Fifi* (1882) de Maupassant, Vanda, dans *À rebours* (1884) de Huysmans, tout comme le corps de la prostituée cadavérique du poème de Baudelaire, « Une nuit que j'étais près d'une affreuse juive » (1857) – toutes inspirent à la fois la haine et le désir. Avatars fictionnels des demi-mondaines juives du milieu du dix-neuvième siècle – telles Julie, la mère de Sarah Bernhardt, ou Esther « Thérèse » Lachmann, dite La Païva, ou encore Sara « La Louchette », maîtresse de Baudelaire – qui capitalisaient sur leur judéité pour séduire les hommes en une mascarade compliquée où jouaient la race et la religion, ces figures féminines mettent au jour les investissements libidinaux des sujets français du dix-neuvième siècle dans les processus sociaux d'une modernité perçue comme une profonde menace.

Les écrivains masculins du dix-neuvième siècle témoignent envers le Juif à la fois d'une crainte et d'une haine intenses, et, dans le même temps, de quelque chose qui en serait à l'opposé – une attirance, ou un désir nostalgique. L'écrivain femme la plus importante de la période, George Sand, fait montre d'une ambivalence similaire envers le Juif et la modernité capitaliste que celui-ci représente, sans y mettre toutefois les connotations de lascivité. Dans son roman *Valèdre* (1861), le jeune narrateur masculin rencontre un Juif du nom de Moserwald qui incarne en une seule figure les qualités contradictoires que Scott et Balzac séparaient en fonction du sexe. À côté des marqueurs physiques qui l'identifient immédiatement comme Juif, Moserwald manifeste en une seule et même personne les qualités morales divergentes que se partageaient Esther et Nucingen :

> Je m'y trouvai en tête-à-tête avec un inconnu d'environ trente-cinq ans, d'une assez belle figure, et qu'à première vue je reconnus pour un israélite. Cet homme

> me parut tenir le milieu entre l'extrême distinction et la repoussante vulgarité qui caractérisent chez les juifs deux races ou deux types si tranchés. Celui-ci appartenait à un type intermédiaire ou mélangé. Il parlait assez purement le français, avec un accent allemand désagréable, et montrait tour à tour de la pesanteur et de la vivacité dans l'esprit. Au premier abord, il me fut antipathique. Peu à peu il me parut assez amusant. Son originalité consistait dans une indolence physique et dans une activité d'idées extraordinaires. Mou et gras, il se faisait servir comme un prince ; curieux et commère, il s'enquérait de tout et ne laissait pas tomber la conversation un seul instant[1].

Moserwald est une impossible combinaison d'antithèses : tout à la fois attirant et repoussant, terne et brillant, actif et paresseux, amusant et désagréable, prévenant et impérieux. Sa combinaison de deux « races » ou de deux « types » de judéité reflète la profonde ambivalence du roman à l'endroit des qualités incarnées par le Juif, l'extrême matérialisme en particulier. Au cours du récit, dans la lutte qui l'oppose au narrateur pour l'amour d'une belle femme mariée, Moserwald sera le perdant. La fin de *Valvèdre* voit cependant le Juif financer la passion illicite des deux protagonistes non juifs. Comme Marx et Balzac, Sand montre comment, au sein du monde moderne, les valeurs capitalistes associées à la judéité médiatisent toutes les relations sociales, même quand les Juifs restent à l'écart.

Sand dépeint assurément certains de ses protagonistes chrétiens comme plus corrompus, plus obsédés par l'argent, que les Juifs. Et un certain respect, une certaine admiration même, pour les capacités du Juif, sous-tendent la représentation stéréotypée de la vision du monde excessivement économique qui serait celle du Juif. C'est cette dualité qui définit la représentation française du Juif au milieu du dix-neuvième siècle : un curieux mélange d'antisémitisme et de philosémitisme. Notons que les deux ne s'opposent pas forcément : le philosémitisme, en particulier lorsqu'il prend la forme du désir pour une « belle Juive », présente souvent, dans la culture française de l'époque, des connotations sadiques. Dans *La Juive*, opéra extrêmement populaire du librettiste Eugène Scribe et du compositeur juif Fromental Halévy, la belle Juive du titre est jetée dans de l'huile bouillante pour la punir de son amour pour un Chrétien. C'est seulement après sa mort que nous apprenons qu'elle n'était pas juive du tout, mais la fille illégitime du prêtre ayant

1 G. Sand, *Valvèdre*, Middlesex, Echo Library, 2006, p. 15-16.

ordonné son exécution. Ici, comme chez l'Esther représentée par Balzac, qui se tue après avoir accordé une nuit de passion à Nucingen, la souffrance de la belle femme juive vient compenser les succès financiers de ses comparses masculins. L'on décèle ainsi derrière le philosémitisme français, suscitées par la modernité, les mêmes craintes qui motivaient l'antisémitisme.

Dans *Mont-Oriol*, de Maupassant (1886), le narrateur ne semble pas pouvoir décider s'il doit admirer ou déplorer la modernité du Juif. « Tiens, tiens, c'est très fort cela, très ingénieux, très nouveau, très moderne », s'exclame le capitaliste juif William Andermatt, vantant les méthodes à la page d'un docteur. « "Très moderne" entre ses lèvres, était le comble de l'admiration[1]. » Le narrateur de Maupassant fait alors un commentaire sardonique, en racontant comment Andermatt transforme un coin reculé de la province française en ville d'eaux à la mode. Si le narrateur ne condamne pas véritablement l'énergique vision que le Juif se fait du futur, le roman montre toutefois comment l'amour farouche qu'Andermatt a pour l'argent pousse son aristocratique épouse dans les bras d'un amant non juif. Publié la même année que le livre à succès d'Édouard Drumont, *La France Juive* (1886), qui s'inspirait de Toussenel pour dénoncer la prise de contrôle de la France par les capitalistes juifs, le roman de Maupassant préfigurait une ère au cours de laquelle l'expression plus ouverte du sentiment anti-juif allait devenir la norme.

Ce nouvel antisémitisme recouvrait les vieux clichés orientalistes développés autour de la « race » juive d'un vernis de théorisation pseudoscientifique. En un moment où les Juifs français nés en France ne se distinguaient pratiquement plus du reste de la population, que ce soit par l'habit, la manière de parler ou le comportement, ce racisme d'un nouveau genre présentait leur différence comme biologique, et, de là, comme irréductible. L'hystérie qui se développa autour de l'affaire Dreyfus, au cours de laquelle un capitaine d'armée juif fut accusé à tort de trahison, divisa la nation au cours des dernières années du siècle, suscitant des émeutes antisémites en France métropolitaine comme dans l'Algérie coloniale, où une importante communauté de Juifs était confrontée à la double hostilité des colons européens et de la population arabe locale.

Toutefois, alors même que cette frénésie antisémite *fin-de-siècle* atteignait ses sommets, les Juifs trouvèrent des défenseurs en France. La

1 G. de Maupassant, *Mont-Oriol*, Paris, Gallimard, 1976, p. 46.

courageuse publication par Émile Zola d'une lettre ouverte, sous le titre de « J'accuse » – l'armée, dénonçait Zola, s'était rendue coupable d'un coup monté contre Dreyfus et avait maquillé les preuves d'un crime réel commis par un officier non juif du nom d'Esterhazy – conduisit finalement à l'exil temporaire de l'écrivain et à la disculpation de Dreyfus. L'Affaire Dreyfus mit ainsi en évidence les sources profondes auxquelles, dans la population française, s'alimentait le sentiment anti-juif ; mais, dans le même temps, elle valida la prétention de la République Française à défendre les valeurs universelles de vérité et de justice. Ici encore, les Français s'efforçaient de définir leur identité à travers la figure du Juif.

Et, ici encore, les résultats s'avérèrent hautement ambigus. Car, s'il avait courageusement défendu Dreyfus, Zola n'en était pourtant pas moins près d'embrasser des vues que certains considèreraient comme antisémites. Avant l'Affaire, ses écrits sur les Juifs reflétaient la même sorte d'ambivalence déjà rencontrée chez Balzac, Sand et Maupassant. Dans un essai intitulé « Pour les Juifs », publié en mai 1896, un an et demi avant son engagement dans l'Affaire, Zola reconnaît qu'il est possible que certain Juifs se soient en effet approprié une part indue des richesses de la nation en usant de pratiques commerciales déloyales ; mais il ajoute que les catholiques devraient étudier l'exemple qu'ils donnaient et s'efforcer de rivaliser avec eux. Si les Juifs avaient eu des siècles « pour aimer l'argent et pour apprendre à le gagner, il n'y a qu'à les suivre sur ce terrain, à y acquérir leurs qualités, à les battre avec leurs propres armes[1] ». Tandis que Balzac, Sand et Maupassant déplorent la corruption de la France par les Juifs, Zola suggère que les catholiques devraient battre les Juifs à leur propre jeu. Son roman *L'Argent* (1890), qui se déroule sous le Second Empire (1842-1870), est plus équivoque encore dans sa présentation des effets de la modernité capitaliste. Ici, le protagoniste, Aristide Saccard, capitaliste impitoyable, mène une lutte sans espoir pour rivaliser avec le banquier juif Gundermann, doublure de Rothschild.

Tout au long de *L'Argent*, Saccard profère de virulentes attaques contre les Juifs. « L'empire est vendu aux juifs, aux sales juifs », tempête-t-il dans un passage caractéristique ; « Tout notre argent est condamné à tomber entre leurs pattes crochues[2]. » À première vue, le narrateur de

1 É. Zola, « Pour les Juifs », *La Vérité en marche*, Paris, Flammarion, 1994, p. 59.
2 Zola, *L'Argent*, Paris, Gallimard, 1980, p. 244.

Zola maintient ce qui semble une position neutre, refusant de sanctionner les diatribes de Saccard ou de les dénoncer. À y regarder de plus près cependant, le roman renforce subtilement l'antisémitisme de son protagoniste principal. Considérons par exemple ce passage dans lequel le narrateur, et non plus Saccard, décrit la richesse du banquier juif Gundermann :

> En moins d'un siècle, la monstrueuse fortune d'un milliard était née, avait poussé, débordé dans cette famille […] Il y avait là comme une prédestination, aidée d'une intelligence vive, d'un travail acharné, d'un effort prudent et invincible, continuellement tendu vers le même but […] c'était un engouffrement de la richesse publique au fond de cette richesse d'un seul, toujours grandissante ; et Gundermann était le vrai maître, le roi tout-puissant, redouté et obéi de Paris et du monde[1].

Nous reconnaissons dans la leçon d'économie que nous donne le narrateur les mêmes obsessions, comme le même vocabulaire, que ceux qui animent Toussenel dans les années 1840 et qui continuent d'inspirer Drumont dans les années 1880 : les Juifs se sont emparés des richesses de la nation en vue de leur gain personnel et sont devenus les nouveaux « rois » de l'époque. Bien que le narrateur revendique une certaine admiration pour leur dur labeur et pour leur ruse, l'emploi combiné d'un réseau d'images qui connotent aussi bien la nature – le milliard des Juifs « naît », il pousse avec vigueur, il prolifère comme un champignon vénéneux, ou comme un cancer – que ce qui est *hors de la nature* – sa description de la fortune juive comme étant « monstrueuse » – fait apparaître le Juif comme moins qu'humain. Même le sentiment excessif manifesté par Gundermann envers son « innombrable » famille suggère le rat protégeant sa progéniture.

Mais une fois encore, là n'est pas toute l'histoire. Dans *L'Argent*, Zola oppose les pratiques prédatrices de Gundermann et consorts aux activités d'un autre personnage juif, Sigismond Busch, qui rédige des tracts marxistes tout en se consumant de tuberculose, tandis que son frère, autre prêteur juif cupide, le regarde faire avec tendresse : « malgré son dur amour de l'argent, sa cupidité assassine qui mettait dans la conquête de l'argent l'unique raison de vivre, il souriait indulgemment des théories du révolutionnaire[2]. » L'ambivalence à l'égard du Juif structurait les

1 *Ibid.*, p. 135.
2 *Ibid.*, p. 77.

représentations étrangement divergentes de Balzac et de Sand : nous la rencontrons ici sous la nouvelle forme de la dialectique du matérialisme historique. L'obsession du Juif pour l'argent fait émerger son opposé, la révolution, qui entraînera la fin du capitalisme. Le communisme révolutionnaire, dans cette version de l'histoire, est tout aussi juif que son contraire. Le Juif vu par Zola est ainsi, une fois de plus, double ; mais l'antithèse du banquier s'est muée, d'une belle prostituée, en un intellectuel émacié agité d'une toux sèche. Ce qui du même coup disparaît, c'est la complication affective qui caractérise le réalisme balzacien, ce désir pour le capitalisme qui n'ose pas dire son nom. À sa place, le naturalisme de Zola fournit une alternative théorique qui s'avère tout aussi menaçante, et tout aussi étrangère – notons le nom allemand de Busch, qui fait écho à celui de Gundermann – que les banquiers juifs qui ont fait de la France leur fief.

Dans la France du dix-neuvième siècle, les représentations du Juif par des écrivains non juifs nous en disent plus, cela devrait désormais nous apparaître clairement, au sujet de ces écrivains, et de la culture qu'ils représentent, qu'au sujet des Juifs eux-mêmes. Les figures juives qui peuplent la littérature française du dix-neuvième siècle permettent d'appréhender les craintes et les fantasmes qui caractérisaient une période en proie à un changement radical sur les plans social, politique, économique et culturel. Aucun groupe, cependant, n'éprouva plus intensément ces bouleversements que les Juifs de France. Et nous entendons ici les Juifs bien réels, et non leurs doubles fantasmatiques. Colporteurs de campagne orthodoxes transformés, sur une seule génération, en sujets urbains engagés, dans de bien plus larges proportions que la population générale, dans de nouvelles formes d'activité culturelle et économique, les Juifs de France se retrouvèrent sur les lignes de front de la modernité. En outre, leur statut comme emblèmes de la modernité, et comme cas exemplaire attestant du pouvoir des Lumières, les rendit tout particulièrement conscients des changements qu'ils étaient eux-mêmes en train de traverser. Je souhaiterais, dans la dernière partie de cet article, avancer l'idée que la fiction romanesque élaborée par les Juifs français du dix-neuvième siècle à partir de leur expérience, longtemps négligée des spécialistes de la littérature française comme de ceux de la littérature juive, offre d'importantes perspectives sur la mentalité de cette communauté au moment où elle se modernisait, comme sur le processus de modernisation lui-même.

À ma connaissance, le premier Juif français qui mit en fiction l'expérience juive fut une femme, Eugénie Foa (née Rodrigues Henriques, 1796-1853). Descendante de deux des plus éminentes familles sépharades de Bordeaux, Foa fut abandonnée par son mari et se tourna vers l'écriture comme moyen de subsister et d'élever ses deux enfants. Dès la publication de son premier roman, *Le Kidouschim* (1830), qui relate la lutte menée par un jeune homme juif pour se libérer de l'engagement d'épouser une cousine qu'il n'aime pas, Foa exploita les us et coutumes juives pour se tailler une part d'un marché littéraire très encombré. Ses romans sentimentaux comme ses romans historiques – destinés, en partie, à des lecteurs non juifs – se concentrent sur d'obscures coutumes juives, examinant la vie des Juifs du point de vue de l'exotisme. Dans le même temps, Eugénie Foa se sert de la fiction romanesque pour formuler les dilemmes auxquels se voyaient confrontés les Juifs français du dix-neuvième siècle, en particulier ceux qui appartenaient à son milieu privilégié. Dans son roman historique *La Juive* (1835), l'héroïne du titre se révolte contre son père orthodoxe en s'enfuyant avec un séduisant noble catholique. Si la protagoniste périt d'une mort atroce, le roman se termine sur un plaidoyer pour l'assimilation des Juifs, défendant le mariage mixte comme moyen de résoudre le problème de la différence juive.

De très nombreux écrivains juifs s'engagèrent dans la voie ouverte par Eugénie Foa, usant de la fiction romanesque pour dépeindre la vie juive au dix-neuvième siècle et pour s'attaquer aux dilemmes sociaux auxquels faisaient face les Juifs de l'époque. Tandis que certains de ces écrivains, tels Alexandre Weill (1811-1899) et Daniel Stauben (pseudonyme d'Auguste Widal, 1822-1875) s'efforçaient de toucher le grand public, d'autres publiaient dans des lieux spécifiquement juifs et tendaient à présenter leurs protagonistes juifs de manière moins exotisante. Deux mensuels rivaux, publications au long cours lancées dans les années 1840 – *Les Archives Israélites de France*, qui défendaient la réforme religieuse juive, et *L'Univers Israélite*, qui adoptait quant à lui une position orthodoxe – publiaient une quantité importante de fiction romanesque, tout entière dédiée à des interrogations et à des préoccupations spécifiquement juives. Le récit de fiction constitue dans ces écrits une manière de laboratoire permettant d'éprouver des solutions aux problèmes posés par la modernité juive.

Je souhaite me tourner brièvement vers l'un de ces auteurs, Godchaux Weil (1806-1878), auteur d'une douzaine de nouvelles publiées dans les années 1840 sous le pseudonyme de Ben-Lévi, et parues dans *Les Archives Israélites*. Écrits entièrement en un français où subsistaient seulement quelques traces sporadiques d'hébreu ou de yiddish (dont presque toutes étaient traduites en français), les articles des *Archives Israélites* ciblaient un public cultivé et privilégié, désireux de faire évoluer la pratique religieuse et la tradition juives afin d'embrasser plus pleinement les opportunités que leur avait offertes l'accession à la citoyenneté accordée par la France révolutionnaire. La fiction romanesque de Ben-Lévi théorise la nature de cette transition, exaltant les avantages de l'émancipation tout en exhortant à la loyauté envers un judaïsme fraîchement modernisé. Ses nouvelles se distinguent des autres articles du journal, qui tendent à flatter l'orgueil ethnique de la communauté, en demandant à leurs lecteurs de considérer ce que dans leur ascension sociale ils ont laissé derrière eux.

Foa s'était faite l'avocate de l'intégration sociale des Juifs en employant les genres romantiques du roman historique et du roman sentimental. Afin de présenter sa vision, très différente, de la modernité juive, Ben-Lévi emprunte quant à lui les codes littéraires nouvellement élaborés par Balzac, et que les critiques de l'époque commençaient à nommer « réalistes ». Ces codes comprennent l'attention au détail physique et matériel de la description, des intrigues situées en relation avec des événements historiques et une tendance à considérer le personnage du point de vue économique. Dans une histoire de 1841 intitulée « Grandeur et décadence d'un taleth polonais », peut-être en un clin d'œil au roman de Balzac, *Grandeur et décadence de César Birotteau*, paru en 1837, Ben-Lévi relate les aventures d'un châle de prière, transmis sur trois générations au sein d'une famille juive parisienne. L'histoire commence dans les années 1780, soit dans la décennie qui précède l'émancipation, tandis que le très orthodoxe Père Jacob, un marchand de fer, importe le *taleth* de Pologne pour son mariage. À sa mort, le châle de prières passe à son fils Jacobi, officier dans l'armée de Napoléon, qui italianise son nom « autant pour lui donner un air corse que pour en effacer la trace par trop biblique[1] ». Bien moins religieux que son père, Jacobi n'en vénère pas

1 Ben-Lévi, "Grandeur et décadence d'un taleth polonais," *Les Archives israélites de France*, vol. 2, 1841, p. 753.

moins le *taleth* comme un lien avec la tradition familiale, l'emportant même avec lui sur le champ de bataille.

Le fils de Jacobi poursuit le processus d'assimilation entamé par son père : « Aujourd'hui Jacobi est mort, et son fils, beau jeune homme de vingt ans, a hérité de sa fortune et de son taleth. Ce fils se fait appeler Jacoubé, afin de dissimuler entièrement son origine israélite. » Jacoubé travaille comme agent de change – désignation qui convient tout particulièrement à cette figure d'une modernité protéiforme. « Il [...] porte des bottes vernies, de longs cheveux, un collier taillé comme les allées de Trianon, un lorgnon qui se tient seul entre le sourcil et l'œil[1]. » Jacoubé est un spécimen entièrement différent de son père ou de son grand-père. De fait, il n'est en rien un Juif, mais bien plutôt un *lion*, ainsi que l'on prénommait les jeunes gens chic de l'époque : « Pas besoin de dire que Jacoubé n'est juif que de naissance ; qu'il ne connaît rien du culte israélite, et qu'il rougirait d'être vu à la synagogue. Si on lui parle du père Jacob, il répond au bout des lèvres : "Qu'est-ce que c'est que ça ?"[2] ». Et qu'est devenu le châle de prières entre les mains de cette gravure de mode ? Le narrateur rapporte que, récemment, à un bal costumé à l'Opéra, il a vu une grisette déguisée en débardeur, et vêtue d'une étoffe exotique coupée dans une vieille laine ornée de rayures bleues.

Comme de nombreux romans de Ben-Lévi, l'histoire du *taleth* fonctionne à la manière d'une parabole moderne. Contrairement à ce qui a cours dans les paraboles bibliques cependant, le *taleth* n'a pas de signification surnaturelle : il figure plutôt le destin de la tradition religieuse juive dans la France moderne. Cette tradition, nous montre le roman, est capable de survivre à l'acculturation – c'est l'étape représentée par la génération de Jacobi – mais non à l'assimilation – l'étape de Jacoubé. Au contraire également de certains contes juifs plus traditionnels, mais à la manière de Balzac, Ben-Lévi décrit un monde désenchanté, une ère d'après le sacré, de laquelle foi et superstition ont été évacuées – ou plutôt, tel le châle de prières polonais atterri sur les épaules de la grisette, récupérées à des fins distinctement non sacrées. Balzac et Ben-Lévi perçoivent tous deux la modernité comme ce processus par lequel le capitalisme vient empiéter sur des sphères de l'expérience auparavant tenues en réserve – processus que tous deux associent à la judéité.

1 *Ibid.*, p. 754.
2 *Ibid.*, p. 754.

Balzac, comme nous l'avons vu, imagine l'antidote à son banquier juif sous les traits d'une séduisante prostituée juive, la sensualité de la seconde venant tempérer l'avarice du premier. C'est également ce que fait Ben-Lévi, qui montre que c'est de la tradition juive elle-même que doit venir la solution aux problèmes de la modernité. Pour Ben-Lévi cependant, faire contrepoids au matérialisme de la modernité implique un retour au judaïsme : à la religion elle-même certes, mais dans sa version réformée et reformulée pour le monde moderne. Dans un récit intitulé « Les poissons et les miettes de pain », un personnage du nom de Gustave, un autre de ces dandys parisiens assimilés, emmène le narrateur sur un bateau pour descendre la Seine, le jour de Roch Hachana. Ils aperçoivent sur la rive des Juifs en train de lancer des morceaux de pain dans l'eau, accomplissant la coutume juive du *tachlich* – c'est-à-dire vidant symboliquement leurs poches du péché pour se préparer au jour du pardon. Gustave se moque du rituel comme d'une superstition inutile, prétendant que les poissons qu'il vient de pêcher, après avoir ingéré le pain des Juifs, sont devenus grincheux, snobs et vulgaires. À ce moment-là cependant, il aperçoit une veuve qui réconforte son jeune fils en lançant du pain dans l'eau. Cette vision rend Gustave à des sentiments plus purs : le cynique finit par admettre le pouvoir que le rituel a d'exprimer les désirs profonds de l'humanité, et par reconnaître la valeur de la religion comme source de réconfort pour la misère humaine. Dans ce récit, les rituels anciens revêtent une signification neuve, qui manifeste la capacité d'un judaïsme réformé à réenchanter la modernité.

Comme Balzac, Ben-Lévi montre combien le capitalisme moderne altère les relations humaines, jusqu'au sein de la famille ou entre les amants, et conduit à une sorte de cynisme et de matérialisme qui sont à l'opposé des valeurs humanistes. En revanche, alors que les personnages de Balzac parviennent à cette réalisation à travers le déroulement de ses récits, perdant en chemin leurs illusions, Ben-Lévi trace un chemin inverse, qui du cynisme mène à quelque chose qui ressemble à la foi. Comme bien des histoires écrites par Ben-Lévi, « Les poissons et les miettes de pain » pourrait s'intituler « Les illusions retrouvées ». L'éveil spirituel de ses personnages a peu de choses à voir avec le surnaturel, ou avec Dieu en tant que tel, mais plutôt avec une compréhension renouvelée des liens éthiques qui unissent les êtres humains en dépit des pressions de la modernité capitaliste.

D'autres écrivains juifs, auteurs comme Ben-Lévi de fiction romanesque, trouvèrent des solutions différentes pour répondre à la question de comment être un Juif dans la France moderne. Si Eugénie Foa en appelait au mariage mixte, et si Ben-Lévi défendait la vision d'un judaïsme réformé, purgé de ses archaïques restrictions légales et ramené à une éthique humaniste première, leurs contemporains imaginèrent des réponses différentes. Certains insistaient sur un retour à l'orthodoxie, tandis que d'autres envisageaient la possibilité d'une identité juive laïque centrée sur la nostalgie pour un passé perdu. Considérés tous ensemble, ces écrivains oubliés, émergeant de l'Archive, jettent une lumière nouvelle sur la question de l'identité d'une minorité, et de la littérature d'une minorité, dans la France du dix-neuvième siècle. Ils révèlent que l'affirmation d'une particularité religieuse et ethnique n'apparaissait pas comme incompatible avec les exigences de la citoyenneté française. Au contraire, c'est dans la sphère publique que les écrivains juifs français célébraient leur judaïsme, essayant même de forger un autre universel – sous la forme du particulier juif. Première occurrence d'une fiction romanesque ethnique ou minoritaire, leurs œuvres nous fournissent un modèle important, permettant de penser les dilemmes sociaux et culturels affrontés par une démocratie libérale pluraliste.

Ces dilemmes se placent au tout premier plan de la fiction romanesque de Marcel Proust, qui, et c'est ce que je suggérerais en guise de conclusion, perpétue l'héritage des écrivains juifs français du dix-neuvième siècle que je viens de décrire. J'emploie le terme d'« héritage » en partie de manière littérale, puisqu'il se trouve que Proust est le petit-neveu de Ben-Lévi – le petit-fils de son demi-frère, Nathé Weil. Mais la filiation entre les deux écrivains va au-delà des liens du sang. Bien que seulement à moitié juif et baptisé selon le rite catholique, Proust, dans *À la recherche du temps perdu* (1913-1927), nous offre l'un des portraits littéraires les plus captivants de ce qu'être un Juif moderne signifie. Proust situe cette exploration du judaïsme dans un contexte philosophique plus vaste : à côté des aristocrates et des homosexuels, les Juifs sont pour Proust un outil heuristique, lui permettant d'examiner comment, dans une société moderne, se constituent les identités. Toutefois, à côté de ces leçons universelles, Proust fournit des leçons particulières, explorant des questions d'un intérêt vital pour la communauté juive, comme le coût psychique de l'assimilation et l'impact de l'antisémitisme.

Si le narrateur proustien partage bien des caractéristiques avec l'auteur, la judéité n'en fait pas partie. Le narrateur non juif se trouve cependant entouré de Juifs. Certains d'entre eux reflètent les stéréotypes du dix-neuvième siècle : Rachel, actrice et prostituée, est une incarnation tardive de la « belle juive » des Romantiques, dont le nom rappelle l'héroïne de l'opéra *La Juive.* De fait, c'est en hommage à la plus fameuse *aria* de cet opéra que le narrateur la désigne comme « Rachel, quand du seigneur ». Ici, Proust s'amuse à invoquer un stéréotype pour le parodier. Quand le narrateur rencontre Rachel pour la première fois dans un bordel, la maquerelle essaie de le tenter en la décrivant comme Juive : « "C'est une Juive ! Ça ne vous dit rien ?" (C'est sans doute à cause de cela qu'elle l'appelait Rachel.) Et avec une exaltation niaise et factice qu'elle espérait être communicative et qui finissait sur un râle presque de jouissance : "Pensez donc, mon petit, une Juive, il me semble que ça doit être affolant ! Rah !"[1]. » Tandis que son ami, l'aristocratique Robert de Saint-Loup se laisse prendre à la mascarade juive de Rachel, le narrateur reste froid. Son refus signale la fin d'une longue tradition, qui voyait dans la Juive le joujou érotique de la modernité.

Deux personnages plus centraux – Charles Swann et Albert Bloch – offrent à Proust l'opportunité d'examiner plus avant encore la nature du stéréotype sémite, tout en explorant les vicissitudes de l'identité juive. Swann est le fils extrêmement cultivé d'un ami proche du grand-père du narrateur, un agent de change, comme le Jacoubé de Ben-Lévi. Au début du roman, Swann a accompli ce qui semble une assimilation sans effort, pénétrant les plus hautes sphères de la société française et devenant « un des membres les plus élégants du Jockey-Club, ami préféré du comte de Paris et du prince des Galles[2] ». Historien d'art, Swann dissimule son érudition derrière un voile de bon goût et de manières impeccables. Bloch, camarade de classe du narrateur, est un cuistre prétentieux issu d'une famille de parvenus juifs mal dégrossis. Le contraste avec Swann est explicite.

D'ailleurs, c'est seulement en aparté, tandis que le narrateur décrit la réception donnée à Bloch par sa propre famille, que nous apprenons la judéité de Swann : « Mon grand-père, il est vrai, prétendait que chaque fois que je me liais avec un de mes camarades plus qu'avec les autres et que

1 M. Proust, *À la recherche du temps perdu*, Paris, Gallimard, 1988, t. 2, p. 146.
2 Proust, *À la recherche du temps perdu*, Paris, Gallimard, 1988, t. 1, p. 15.

je l'amenais chez nous, c'était toujours un juif, ce qui ne lui eût déplu en principe – même son ami Swann était d'origine juive – s'il n'avait trouvé que ce n'était pas d'habitude parmi les meilleurs que je les choisissais[1]. » On nous fait comprendre que Swann – qui est simplement « d'origine juive », et qui est désigné ailleurs dans le roman comme le fils et petit-fils de Juifs convertis, avec une grand-mère protestante – est le bon type de Juif. Bloch, de son côté, dont rien ne dilue la judéité, est une source constante de mépris et d'hilarité. Cette animosité découle, non de ses croyances religieuses, qui ne sont jamais en cause, mais de ses manières – curieux mélange de vulgarité et de raffinement par trop exagéré, que le roman nous encourage à percevoir comme un produit de sa judéité.

Au cours du roman, Swann et Bloch évoluent selon des voies qui marquent deux approches de l'identité juive, en apparence aussi opposées que les deux côtés par lesquels se promène le narrateur lorsqu'il traverse le village de Combray. Bloch entreprend de prendre ses distances avec le judaïsme en changeant son nom et en modifiant son apparence afin de pénétrer plus avant dans les cercles aristocratiques, qui pour commencer ne le tolèrent que par « goût d'orientalisme[2] ». Sous les traits de Jacques du Rozier, il fait montre d'un sens du « chic anglais[3] » afin de masquer ses origines sémites : lissant ses cheveux frisés et arborant le monocle, il parvient à transformer sa physionomie. Même son nez évocateur revêt des proportions moins menaçantes : « Et grâce à la coiffure, à la suppression des moustaches, à l'élégance, au type, à la volonté, ce nez juif disparaissait comme semble presque droite une bossue bien arrangée[4]. » Aucun déguisement, si poussé soit-il, ne saurait cependant altérer sa judéité fondamentale. Comme de nombreux spécialistes l'ont souligné, même son nom pseudo-aristocratique, bien mal choisi, rappelle la rue des Rosiers, centre du quartier le plus juif de Paris. À la fin du roman, il apparaît dans un salon aristocratique, nerveux comme un « vieux Shylock[5] » qui se prépare à entrer en scène.

Swann, de son côté, finit par se ré-identifier comme Juif, en réponse à l'antisémitisme développé autour de l'Affaire Dreyfus, et en anticipation

1 *Ibid.*, p. 90.
2 Proust, *À la recherche du temps perdu*, Paris, Gallimard, 1988, t. 3, p. 182.
3 Proust, *À la recherche du temps perdu*, Paris, Gallimard, 1988, t. 7, p. 258.
4 *Ibid.*, p. 259.
5 *Ibid.*, p. 273.

de sa mort prochaine. « D'ailleurs, arrivé au terme prématuré de sa vie, comme une bête fatiguée qu'on harcèle, il exécrait ces persécutions et rentrait au bercail religieux de ses pères[1]. » Si Bloch représente une incarnation plus tardive du Jacoubé de Ben-Lévi, ce dandy qui donne à une grisette le châle de prières de son grand-père, alors Swann est Gustave, le pêcheur qui redécouvre le sens du rituel juif de *tachlich.* Pour Proust cependant, les vicissitudes de l'identité juive s'avèrent plus compliquées que pour son grand-oncle. Car si la redécouverte par Swann de sa judéité n'est pas sans noblesse, précisément parce qu'elle passe par le rejet du séduisant monde aristocratique, elle n'est pas non plus sans limites. Ne pouvant plus voir le monde qu'au prisme de Dreyfus et des Juifs, Swann, à la fin du roman, finit par déceler l'antisémitisme partout, ce qui le fait méjuger d'autrui. « Le dreyfusisme avait rendu Swann d'une naïveté extraordinaire », commente à regret le narrateur[2].

Ce dernier présente la redécouverte par Swann de sa nature « sémite » non seulement comme un réveil politique ou religieux, mais également comme un retour de la race. Si le nez de Bloch devient moins juif avec l'âge, l'organe olfactif de Swann finit par ressembler à celui d'un « vieil Hébreu[3] ». « Admirable puissance de la race », commente le narrateur proustien à propos de la judéité de Bloch, « qui du fond des siècles pousse en avant jusque dans le Paris moderne[4]. » Ni Bloch ni Swann n'échappent à leur judéité. Leurs routes, qui semblaient diverger, convergent dans la théorie proustienne de la race, comme finissent par se rejoindre les deux chemins de Combray. Toutefois, en dernière analyse, la biologie ne constitue pas, pour Proust, un destin. Si la judéité est indépassable, elle n'est pas monolithique. Les attitudes quasiment opposées de Swann et de Bloch envers leur identité juive, l'une comique, l'autre tragique, reflètent, en dépit de l'existence d'influences déterminantes telles l'hérédité et la classe, l'autonomie relative de l'individu et la fluidité de l'identité.

À ma connaissance, Proust n'a jamais mentionné son ancêtre littéraire, Ben-Lévi, mais leurs projets fictionnels offrent une comparaison intéressante. Assurément leurs ambitions littéraires furent on ne peut plus différentes : Ben-Lévi écrivit une série de nouvelles modestes dans

1 Proust, *À la recherche du temps perdu*, Paris, Gallimard, 1988, t. 7, p. 562.
2 *Ibid.*, p. 563.
3 Proust, *À la recherche du temps perdu*, Paris, Gallimard, 1988, t. 4, p. 89.
4 Proust, *À la recherche du temps perdu*, Paris, Gallimard, 1988, t. 3, p. 182.

un journal juif ; le roman de Proust s'efforce à la monumentalité et à l'universalité. De plus, écrivant à soixante-dix ans d'écart, ils témoignent de deux moments différents de l'histoire de l'assimilation des Juifs en France. Comme son grand-oncle cependant, Proust exprime une profonde préoccupation quant aux effets sur l'identité juive des nouvelles transformations économiques et sociales. Dans leur exploration des diverses manières d'être juif dans la France moderne, les deux écrivains mettent en question la catégorie même d'une « identité juive », révélant la gamme des options qui s'offrent à ceux qui choisissent de s'identifier, ou qui sont identifiés par les autres, comme Juifs. Tous deux, en outre, nous laissent avec le sentiment que ces affrontements autour de la judéité nous disent quelque chose de vital sur ce qu'être moderne veut dire. Et dans le tableau qu'ils font des dilemmes affrontés par leurs protagonistes juifs, tandis que ceux-ci s'efforcent d'entrer dans une société qui les considère de manière ambivalente, tous deux révèlent que la judéité nous dit quelque chose d'également vital sur ce qu'être français veut dire.

Maurice SAMUELS
Université Yale
Traduit par Clémentine Fauré-Bellaïche avec la participation de l'auteur

OUVRAGES CITÉS

BALZAC, Honoré de, *Splendeurs et misères des courtisanes*, Paris, Gallimard, 1973.

BEN-LEVI (pseud. Godchaux Weil), « Grandeur et décadence d'un taleth polonais », *Les Archives israélites de France*, vol. 2, 1841, p. 752-755.

HYMAN, Paula, *The Jews of Modern France*, Berkeley, University of California Press, 1998.

MAUPASSANT, Guy de, *Mont-Oriol*, Paris, Gallimard, 1976.

PROUST, Marcel, *À la recherche du temps perdu*, 7 vol., Paris, Gallimard, 1987-1989.

SAND, George, *Valvèdre*, Middlesex, Echo Library, 2006.

ZOLA, Émile, « Pour les Juifs », *La Vérité en marche*, Paris, Flammarion, 1994.

ZOLA, Émile, *L'Argent*, Paris, Gallimard, 1980.

LA TRAVERSÉE DES LANGUES : LE LABORATOIRE QUÉBÉCOIS[1]

Comment désigner les diverses littératures de langue française non-hexagonales sans les marginaliser, et, d'une certaine façon, les exclure ? Comment par contre, ne pas constater le statut particulier de ces littératures qu'on a du mal à nommer ? Leurs écrivains ont en commun de se situer « à la croisée des langues », dans un contexte de relations conflictuelles – ou tout au moins concurrentielles – entre le français et d'autres langues de proximité, ce qui engendre chez eux une *surconscience linguistique.* L'écrivain québécois partage ainsi avec celui des autres littératures francophones une sensibilité particulière à la problématique des langues, sensibilité qui s'exprime par de nombreux témoignages attestant à quel point l'écriture, pour chacun d'eux, est synonyme d'inconfort et de doute. Cette situation, Gaston Miron l'avait un jour résumée dans une admirable formule : « Parfois je m'invente, tel un naufragé, dans toute l'étendue de ma langue[2]. » Il y a dans cette phrase à la fois l'envers et l'endroit d'une même réalité, soit la possibilité de naufrage ou d'invention, d'invention *et* de naufrage, l'un et l'autre inextricablement liés.

Les écrivains francophones ont aussi en commun le fait de s'adresser à divers publics, séparés par des acquis culturels et langagiers différents, ce qui les oblige à trouver les stratégies aptes à rendre compte de leur communauté d'origine tout en leur permettant d'atteindre un plus vaste lectorat. Comment en arriver à pratiquer une véritable « esthétique du divers » (Segalen) sans tomber dans le marquage régionaliste

---

1 Une version abrégée et modifiée de ce texte a déjà paru sous le titre « Entre la défense et l'illustration. Le roman québécois comme laboratoire de langues », dans *La nation nommée roman face aux histoires nationales*, éd. D. Perrot-Corpet et L. Gauvin, Classiques Garnier, 2011, p. 83-98.

2 « Malmener la langue », dans L. Gauvin, *L'écrivain francophone à la croisée des langues*, Paris, Karthala, 1997, p. 58.

ou exotisant ? Au moment où on s'interroge sur le sort des langues dans une perspective de mondialisation, la question des rapports écrivains-publics, auquel est confronté l'écrivain francophone, est au cœur même des débats contemporains et met en cause la lisibilité des codes culturels et langagiers.

Ces parentés transversales n'empêchent en rien les différences institutionnelles d'une littérature à une autre. Dans son ouvrage sur *L'Institution de la littérature*, Jacques Dubois, décrivant la situation « d'autonomie culturelle » de la littérature québécoise, parlait d'un « modèle utopique transférable à l'ensemble de l'institution littéraire française[1] ». On constate encore aujourd'hui que la littérature québécoise jouit d'une indépendance relative dans l'espace francophone, puisqu'elle possède ses propres systèmes d'édition, de légitimation et de consécration. La reconnaissance parisienne, si elle est toujours souhaitée et souhaitable, a un impact tout relatif sur la notoriété de l'auteur dans son milieu d'origine. La notion de « littérature-monde en français » ne saurait donc faire l'économie des contextes spécifiques à l'élaboration des œuvres.

Un certain flou entoure également la notion de postcolonialisme. Pourtant, on ne saurait nier le fait de la colonisation au moment de l'expansion des puissances européennes. Le mot, sinon la chose, a été utilisé au Québec à quelques moments stratégiques. La Nouvelle-France a été peuplée par des Français et a constitué ce que l'on appelle une colonie de peuplement, donnant lieu à une culture particulière, comme ce fut le cas dans les pays du Nouveau Monde. Les habitants de la Nouvelle-France, territoire qui comprend alors essentiellement la vallée du St-Laurent et la région des Grands Lacs, étaient des Européens coloniaux et colonisateurs qui ne pouvaient véritablement se dire colonisés, sinon par l'autorité du pouvoir central. Les véritables colonisés étaient alors les Amérindiens, avec lesquels les Européens entretenaient le commerce des fourrures et que l'on tentait d'assimiler en leur enseignant les bienfaits de la « civilisation » et du catholicisme.

Sous le régime anglais (1760-1840), la situation est fort différente, puisque les francophones deviennent des sujets britanniques soumis à divers types d'exclusion. Au fil des années, ils retrouvent toutefois certains droits. En 1774, l'Acte de Québec (*Quebec Act*) reconstruit en grande partie le territoire de l'Amérique française, désigné sous le nom

1 J. Dubois, *L'Institution de la littérature*, Nathan/Labor, 1972, p. 136-137.

de Province de Québec, rétablit les lois civiles françaises, ouvre aux catholiques l'accès aux charges publiques et donne à l'église catholique le privilège de percevoir la dîme. Mais, en 1791, à la suite de la révolution américaine et après l'arrivée massive des loyalistes en sol canadien, un nouveau régime s'établit (*Constitutional Act*) qui sépare la Province de Québec en deux parties distinctes, le Haut-Canada (Ontario actuel) et le Bas-Canada (Québec actuel), chaque province étant pourvue d'une assemblée représentative ainsi que d'un Conseil législatif sous l'autorité d'un gouverneur nommé par Londres. Mais dans le Bas-Canada, les francophones s'insurgeaient contre la prétention de la minorité anglaise ou écossaise à s'accaparer les hautes fonctions administratives et à dominer un pays à majorité francophone. Des troubles éclatèrent en 1837-1838, suivis d'une répression sanglante et de la suppression de la constitution du Bas-Canada. C'est alors qu'on confia à un Britannique, Lord Durham, le soin d'enquêter sur le sort des « canadiens » et de formuler un projet de nouveau gouvernement susceptible d'apaiser le malaise. Les conclusions de son Rapport, en 1839, sont tristement célèbres : « Je n'entretiens aucun doute au sujet du caractère national qui doit être donné au Bas-Canada ; ce doit être celui de l'Empire britannique, celui de la majorité de la population de l'Amérique britannique, celui de la grande race qui doit, à une époque prochaine, être prédominante sur tout le continent de l'Amérique du Nord[1]. » S'ensuivit l'Acte d'union, en 1840, qui constituait une régression par rapport au régime politique précédent et annulait la relative autonomie politique du Bas-Canada à majorité française, puisque les deux provinces, le Haut et le Bas-Canada, étaient désormais réunies en une seule forme de gouvernement. Après cette expérience malheureuse, les francophones acceptent le compromis historique qu'est la Confédération canadienne (L'Acte de l'Amérique du Nord britannique / *The British North America Act*), créée en 1867 à l'instigation des représentants de quatre provinces : l'Ontario, le Québec, le Nouveau-Brunswick, la Nouvelle-Écosse.

La même année, en 1967, le poète Octave Crémazie, alors exilé en France, utilise le terme de « colonie » pour décrire la situation de l'écrivain canadien. « Nous ne serons toujours, d'un point de vue littéraire, écrit-il à un ami resté à Québec, qu'une simple colonie », car les littératures de

1 Lord Durham, *The Report and Despatches of the Earl of Durham, Her Majesty's High Commissioner and Governor-general of British North America*, London, Ridgways-Piccadilly, 1939.

langue française, selon lui, ne pourront jamais rivaliser avec la littérature-mère. Un siècle plus tard les écrivains regroupés autour de la revue *Parti pris* (1963-1968) font de nouveau appel à la notion de colonisation pour décrire leur situation. Reprenant les analyses de Memmi et de Fanon, ces écrivains se disent colonisés culturellement, politiquement et économiquement par la présence anglo-saxonne. Un numéro spécial, dirigé par Pierre Maheu, dresse le « portrait du colonisé québécois[1] ». Mais ce sont là, selon Jacques Berque, « d'étranges colonisés ». Albert Memmi constatera de son côté que les Québécois partagent certains traits avec les colonisés mais préfère employer le mot « dominé » plutôt que « colonisé ». Le Québec, malgré son niveau de vie élevé, est selon lui doublement dépendant, à la fois à l'intérieur même de l'ensemble canadien et, globalement, vis-à-vis des USA. « En un sens, tout le Canada est virtuellement déjà une colonie des USA : seulement, si les Canadiens anglais sont quasi consentants, les Canadiens français s'y refusent », constate-t-il. Il faut donc chercher les composantes de la dépendance québécoise, car toute domination est « relative » et « spécifique[2] ». Dans la mesure où l'on ne pourrait parler de colonialisme proprement dit, on ne peut davantage parler de postcolonialisme. Cependant, l'on remarque dans l'ensemble de la littérature québécoise récente des stratégies qui s'apparentent à celles relevées dans les littératures postcoloniales[3]. Mais ces stratégies sont moins des stratégies de résistance et de contestation par rapport à l'institution littéraire française que des stratégies de recentrement et de création de nouveaux canons littéraires. Les écrivains des dernières décennies ont proposé des mises en scènes langagières qui sont aussi de nouvelles poétiques romanesques. Nous verrons ainsi à travers quelques exemples comment le texte du roman parle la langue, soit à la façon d'une isotopie distincte, c'est-à-dire par thématisation du sujet et la récurrence de commentaires métalinguistiques, soit par une série de procédés qui vont d'une représentation plus ou moins mimétique, stylisée ou fantasmée des discours sociaux à l'interaction festive des langages. Ou comment, en domaine littéraire, tout *fait* de langue devient un *effet*

1 *Parti pris*, vol. 11, n° 5, janvier 1965.

2 A. Memmi, « Les Canadiens français sont-ils des colonisés ? », entretien accordé à Montréal en 1967, repris dans *L'homme dominé*, Gallimard, 1968, p. 86-94.

3 Voir à ce sujet, notamment, B. Ashcroft, G. Griffiths et H. Tiffin, *The Empire Writes Back, Theory And Practice In Post-colonial Literatures*, Routledge, Londres / New York, 1989, ouvrage dont nous citons des extraits plus loin.

de langue dans la mesure où les modalités d'intégration des langues ou des niveaux de langues dans un récit deviennent des arguments narratifs qui affectent la poétique générale du texte.

Si la menace d'une disparition de la langue française en Amérique habite, à des degrés divers selon les générations, la conscience de l'écrivain québécois et l'oblige à un devoir de vigilance face au statut du français dans sa société, le sentiment de la langue qui s'exprime à partir des années 1980 privilégie la notion de variance, c'est-à-dire d'invention. C'est à ce sentiment que je m'arrêterai maintenant, en examinant les formes adoptées par quelques romanciers contemporains – parmi lesquels Michel Tremblay, Francine Noël, Réjean Ducharme et Jacques Poulin – pour rendre compte de leur situation « à la croisée des langues ». Chacun de ces auteurs en effet intègre à sa poétique romanesque une réflexion sur la langue et propose des stratégies novatrices de manière à rendre compte d'un plurilinguisme langagier.

UN RÉALISME REVISITÉ

Arrêtons-nous d'abord à cette œuvre canonique qu'est *Bonheur d'occasion*[1] de Gabrielle Roy (1909-1983), première grande fresque urbaine qui décrit la difficile survie d'une famille de prolétaires montréalais à l'époque de la deuxième guerre mondiale. Du point de vue de la langue, on y remarque les procédés par excellence du roman dit réaliste, comme par exemple l'utilisation du passé simple, du style indirect et des expressions rapportées du langage populaire. Bien que le narrateur adopte, à plusieurs reprises, le point de vue de l'un ou l'autre de ses personnages, il se garde bien d'en réfléchir les particularismes langagiers ailleurs que dans les discours rapportés ou cités, soit dans les idiolectes propres à chacun. Le réel n'y apparaît qu'« entre guillemets », selon l'expression de Roland Barthes. Celui-ci précise encore qu'au moment où on commence à insérer dans le langage littéraire proprement dit « quelques pièces rapportées, empruntées aux langages inférieurs », celles-ci « décorent la littérature sans menacer sa structure [...] Ce langage social, sorte de

1 G. Roy, *Bonheur d'occasion*, Montréal, Boréal (Boréal Compact), 1995 [1945].

vêtement théâtral accroché à une essence, n'engageait jamais la totalité de celui qui le parlait ; les passions continuaient de fonctionner au-dessus de la parole[1] ». Il en est ainsi des fragments de français parlé reproduits dans *Bonheur d'occasion*. La ville et la campagne, les riches et les pauvres, le langage des personnages et celui du narrateur, le français et l'anglais sont autant de frontières étanches ou plutôt d'espaces séparés. Les interférences de langue auront une autre portée par la suite

Quelques décennies plus tard, à partir de 1978, Michel Tremblay (1942-) propose une nouvelle façon d'intégrer la langue populaire au récit. D'abord connu comme auteur dramatique, il a obtenu un succès de scandale, en 1968, avec la représentation des *Belles-Sœurs*. Pour la première fois sur une scène de théâtre subventionné et bourgeois, celle du Rideau-vert, le parler vernaculaire montréalais, appelé joual[2], se trouvait légitimé et déstabilisait par le fait même une partie du public et de la critique, jusque-là habitués à des formes de théâtre plus conventionnelles et surtout à une langue plus châtiée. Cette même critique, qui au départ avait perçu le théâtre de Tremblay comme réaliste, a peu à peu pris l'habitude de mettre le mot entre parenthèses, soulignant plutôt les procédés de mise à distance utilisés dans ses pièces : chœur, double niveau scénique, voix parallèles, etc. Tremblay a fait subir à la langue un traitement analogue à celui de ses formes théâtrales. C'est ce qui produit l'*effet joual* du texte, un effet obtenu par la transcription de la dimension orale de la langue populaire, mais aussi par un transcodage complexe, s'articulant au double code de l'oral et de l'écrit et enfin par divers procédés de littérarisation. Cette parole qui est ritualisée et lyrique procède d'une culture savante et d'une maîtrise indiscutables empruntées aussi bien au théâtre classique qu'à l'exemple brechtien. L'attention vers le bas, le rappel du corps grotesque et de la vie matérielle, le choix quasi exclusif du vernaculaire rapprochent par contre ce théâtre du carnavalesque tel que proposé par Mikhaïl Bakhtine. En donnant à ces éléments un traitement élevé, digne du « grand théâtre » tragique et poétique, Tremblay favorise non seulement une rupture de

1 R. Barthes, *Le Degré zéro de l'écriture*, Paris, Gonthier (Médiations), 1965 [1970], p. 59.

2 Le terme joual, déformation du mot cheval, a été utilisé plus particulièrement dans les années 1960 et 1970 pour décrire la langue populaire de certains milieux urbains montréalais, une langue trouée d'anglicismes et d'expressions québécoises particulières. Les linguistes s'entendent pour considérer cette langue non pas comme une langue différente, mais comme un sous-ensemble dialectal du français.

l'illusion réaliste mais un transfert des codes qui se fait à l'avantage de la culture et de la langue populaires. Il ne s'agit plus d'un conflit des niveaux de langue comme chez Roy, mais plutôt d'un brouillage et d'un *renversement*. Le langage populaire devient ainsi fondement de la parole culturelle.

La notion de carnavalisation convient au théâtre de Tremblay dans la mesure où il s'agit d'une juxtaposition du *bas*, du populaire, du comique, et du *haut*, du sérieux, du tragique. Mais cette co-existence s'effectue moins par *cohabitation* des styles et des registres que par suppression des distances et *renversement/substitution* des codes dont le résultat est la prise en charge du populaire par le sérieux et le savant. Dans les romans, par contre, plusieurs registres voisinent et se fréquentent sans s'annuler, ce qui amène Tremblay à concevoir de nouveaux modes d'inscription et d'interaction du langage populaire.

Dans *La grosse femme d'à côté est enceinte*, qui nous servira de texte-témoin, on remarque une intégration des paroles des personnages aux passages narratifs, comme une actualisation immédiate de la scène, et une diminution de l'écart entre le langage du narrateur et celui des personnages :

> Elle regarda longuement Edouard. « J'aimais pas ben ben ça… mais j'voulais un autre enfant pis j'savais que c'était le temps… » Edouard avait baissé les yeux. C'était la première fois qu'il entendait sa mère faire allusion au sexe et cela le gênait. Victoire continua son histoire en ramenant son regard vers le bosquet. « Là, y m'a demandé : "Y'a'tu du danger, ces jours-citte ?" J'y ai dit non. Y voulait pus d'enfants, j'ai jamais su pourquoi… Y m'a répondu : "Tant mieux !" Pis on t'a faite. » Elle entra dans le bosquet sans s'occuper des branches qui s'accrochaient à sa robe. Elle se pencha un peu. « Juste icitte[1]. »

Dans ce passage un narrateur non autoritaire, peu présent et peu évaluatif, semble constamment prêt à s'éclipser devant la parole des personnages, qu'il enchâsse de manière fort souple. La hiérarchie est oubliée, de même que tout commentaire explicatif visant à traduire, pour un destinataire étranger, les expressions idiomatiques. Dans la prose de

---

1 M. Tremblay, *La grosse femme d'à côté est enceinte*, Montréal, Leméac, 1978, p. 82. Pour une analyse plus détaillée, on pourra consulter L. Gauvin, *Langagement. L'écrivain et la langue au Québec*, Montréal, Boréal, 2000, ainsi que L. Gauvin, *La Fabrique de la langue. De François Rabelais à Réjean Ducharme*, Paris, Seuil (Points/Essais), 2004.

Tremblay, on passe insensiblement de l'un à l'autre niveau de discours. Il s'agit d'une modulation ou mieux encore d'un tissage destiné à atténuer la tension entre les registres de paroles. Première figure de l'hybridation romanesque, celle-ci s'accompagne également de l'insertion du vernaculaire dans le discours du narrateur. Si le langage de celui-ci n'est pas marqué par les procédés de transcription et de transcodage de l'oralité, il n'en fait pas moins appel à un lexique et à des expressions proprement québécoises, c'est-à-dire les mêmes qu'utilisent les personnages : « peinturée », « balloune », « une gang », « matchait », « siau », etc. Il y a donc « contamination » et hybridation malgré la « dés-oralisation[1] » dont témoignent ces romans. Dernier élément enfin à noter : le chat Duplessis et le chien Godbout, dont les noms rappellent ceux d'anciens premiers ministres du Québec, non seulement sont dotés de paroles, mais parlent le joual le plus pur du Plateau Mont-Royal, un quartier de Montréal. Tremblay atteste par là ses accointances avec un certain "réalisme magique" sud-américain, laissant libre cours à l'imaginaire au cœur même du banal et du quotidien. Il atteste en outre son désir d'une suppression des distances dans une participation universelle et ludique à la parole. Une parole dont l'hybridation et le dialogisme – associés au rappel incessant du corps et de la vie matérielle – rappellent encore l'ambivalence carnavalesque.

Le langage littéraire, chez Tremblay, est un système ouvert et en constante évolution. Il trahit une recherche qui tend à dépasser l'opposition des catégories en une intégration festive des niveaux de langue. Au conflit des codes, l'auteur substitue une tension faite de tolérance et d'interaction. Le français, pour cet écrivain, est un matériau mobile et apte à se plier aux adaptations et modifications rendues nécessaires par des contextes spécifiques. On peut parler dans son cas d'une intériorisation ou d'une réappropriation de la norme dans des textes marqués par une joyeuse relativité des discours, textes qui n'en restent pas moins accessibles aux lecteurs étrangers à la communauté d'origine de l'auteur.

1 B. Vercier, « La "désoralisation" dans les romans de Michel Tremblay », dans « Oralité et littérature », *Présence francophone*, n° 32, 1988, p. 35-44.

QUAND LE LUDISME REPREND SES DROITS : PAROLE MULTILINGUE ET TRIP DE LANGAGE

Fort différente est la stratégie adoptée par Yolande Villemaire (1949-) dans *La Vie en prose*[1], récit emblématique des années 80 jouant sur les registres de la parole et construisant sa trame à partir de faits apparemment anodins. Entre parodie et déférence, Villemaire s'inspire des mythologies contemporaines, de Tintin à Mickey Mouse, pour mieux les déjouer. L'originalité de ce roman consiste à faire éclater la notion de sujet et de personnage sous la prolifération des images et les fulgurances d'une écriture libérée de certaines contraintes, telles que celle de l'unité de l'intrigue. Le livre, qui s'ouvre sur la transcription des paroles entendues lors d'une réunion tenue par un groupe d'éditrices, multiplie ensuite les lieux et les temporalités narratives.

L'extrait qui suit reproduit la discussion à propos d'un film :

> Lotte demande si c'est meilleur que le livre. Celia dit quoi ? Je savais pas que c'était d'après un roman. Lotte dit ben non, c'est une farce… on dit ah ! Le cinéma c'est tellement plus au boutte que les livres. Nane dit je comprends ! Moi si j'avais de l'argent, tu peux être sûre que c'est des films que je ferais ! Rose dit moi aussi et Maud et Vava. Lotte dit comment ça ? Nane dit, je sais pas, l'atmosphère, les timbres de voix, les couleurs, c'est mieux au cinéma. Y en a une qui dit bon ben c'est beau tout ça, mais en attendant c'est pas Hollywood ici ! » (VP, p. 9)

La position du narrateur, dans ce passage, est difficile à saisir. Les personnages semblent lui échapper, par hybridation et pluralité de styles, des effets, des registres. La parole est disséminée dans un maelström de voix et de tonalités. Défi à la norme et à la linéarité. Aucune censure linguistique n'intervenant, le répertoire des expressions populaires québécoises utilisées est vaste et va des « bébites », « niaiseux », « capotant », « paqueter », « astheur » aux anglicismes tels que « knockée », « freak », « flipper », etc. À cela s'ajoute la parodie d'un certain discours poétique ou encore la distance prise face à la tendance à féminiser la langue : « Elle annonce qu'elle va mettre sa “pantalonne blanche” » (VP, p. 17).

1 Y. Villemaire, *La Vie en prose*, Montréal, L'Hexagone, 1980. Désormais indiqué par VP, suivi du numéro de la page.

Plus encore que les effets de langue, ce qui apparaît comme trait dominant de ce roman est le souci constant d'apprécier et de commenter les faits linguistiques. Yolande Villemaire dote ses personnages d'une véritable conscience linguistique. Ainsi ce qui se présente de prime abord comme une parole spontanée est tout autant un discours sur la parole. Discours qui prend l'aspect d'un écart volontairement exagéré entre deux types de codes : « Comme dabetude, you know what I mean » (V, p. 242-243). Ou encore de traductions illicites faites de glissements sémantiques : « Something so strange… (tellement tellement étrangère), Right there in the mirror (la mirage) » (V, p. 18).

L'interrogation sur le langage et le rapport de la réalité aux mots est un leitmotiv du roman. « La vie en prose, parce que la distinction n'existe pas », lit-on au milieu du parcours (V, p. 142). Puis, deux lignes plus bas : « Je manque peut-être un peu de vie depuis que je me suis enfermée à double tour dans la prose ». Entre ces deux postulations s'inscrivent les possibles de l'écriture. Pour Yolande Villemaire, les mots ont une couleur vocalique et une présence. Mais cette présence et ce pouvoir sont aussi à l'origine de quelques méprises, car il arrive à ses personnages de constater que les mots font écran devant la réalité des corps. Ainsi ce texte conduit-il finalement à mettre à jour, malgré l'exubérance des propos échangés, la carence fondamentale du langage. Livre-sphinx, ce roman fondé sur la prolixité de la parole doublée d'une forte intertextualité qui renvoie à certaines figures emblématiques de la prose québécoise (et notamment, aux personnages de révolutionnaires créés par le romancier Hubert Aquin) atteste finalement la disjonction des mots et de la réalité. Car cette suite de fragments est travaillée par l'impossibilité de « nommer l'innommable avec ces piètres instruments que sont les mots ». La vie en prose est avant tout la « vie de la prose », seule vie en rose possible puisqu'elle table sur la capacité compensatoire du langage. Mais, dans un même mouvement, le roman en dénonce les limites.

Un autre exemple d'un discours explicite sur la langue est celui qui apparaît dans *Maryse*[1] (1983) de Francine Noël (1945-). Dans ce roman, le personnage éponyme se demande si cette langue merveilleuse qui nous permet de communiquer, cette grande francité-francitude qui nous englobe comme du « mâche-mallow », nous perd peut-être dans son

1 F. Noël, *Maryse*, Montréal, VLB Éditeur, 1987. Désormais indiqué par M, suivi du numéro de la page.

giron trop vaste » (M, p. 114). Le livre raconte l'histoire d'une génération d'intellectuels de gauche, celle qui avait vingt ans en 1968 et qui a vécu divers bouleversements, au premier rang desquels se trouve la montée du féminisme. Maryse, la figure centrale du récit, étudiante en « litérologie » et aspirante-écrivaine, est partagée entre les diktats d'un singulier personnage appelé le « génie de la langue française », personnage né de son imagination qui, pour « faire oublier son peu d'envergure, parlait très vite et continuellement » (M, p. 251) et le risque d'être régionale, « pittoresque mais régionale » (M, p. 257), Maryse doit créer son propre langage. Plus encore, Maryse, dont le vrai nom est Mary O'Sullivan, née de père d'origine irlandaise et de mère québécoise, est contrainte de réinventer, telle une amnésique, sa langue : « Quel malaise dormait sous le silence de l'une et le babil de l'autre ? Aucun n'avait jamais vraiment été à l'aise dans ses propres mots : ni l'anglais écorché de Tom, ni le français défavorisé de sa mère ne les avaient servis » (M, p. 420).

La langue maternelle de Maryse est une langue marquée négativement, une langue de prolétaire : « La façon qu'elle avait de dire "plaisir" l'énervait car il sentait confusément, dans cette diphtongue, la trace de la différence de leurs origines » (M, p. 197). C'est aussi une langue menacée de devenir, dans le contexte socioculturel montréalais, un « français langue ornementale » (M, p. 289). Mais puisque pour Maryse, « vivre c'est parler », échapper au silence (celui du personnage d'Élise Laurelle la muette ou celui de Marie Uguay, poétesse québécoise décédée à qui le roman est dédié), elle s'engage dans un périple semblable à l'aventure d'Éliza Doolittle de la pièce *Pygmalion* de Bernard Shaw, véritable modèle intertextuel du roman et récit-fétiche : « Elle se dit : "Oui, c'est ça, c'est un trip de langage. J'ai toujours fait des trips de langage et, au couvent, c'est comme ça que je m'en suis sortie…" » (M, p. 371). Ce trip de langage, moyen trouvé par le personnage pour accéder à sa propre histoire, emprunte tout autant au registre de la langue populaire, une langue trouée d'anglicismes lexicaux, qu'à celui du français plus classique, voire poétique : les références textuelles vont de Rutebeuf à Rhugo [*sic*], en passant par les romanciers québécois Roy et Ducharme. Pareille aventure langagière mène à une langue lyrique et ludique à la fois – n'en déplaise au « génie du français », ce gardien de la norme et du « beau langage » que l'on soupçonne d'être un « génie de seconde main » (M, p. 256).

LA PLACE DU MARCHÉ LINGUISTIQUE : LE DUCHARMIEN

Du point de vue qui nous occupe, le « cas » Ducharme est exemplaire. Plus qu'un simple matériau de fiction, la langue devient à la limite le sujet même de son œuvre. Titres, noms de personnages, figures et références intertextuelles témoignent d'une impertinence qui n'a d'égale que la liberté avec laquelle le romancier traite la ou les langues dont il use. On a dit de ses livres qu'« ils poussent la langue québécoise au-delà d'elle-même[1] ». Mais de quelle langue s'agit-il ? N'y a-t-il pas lieu de poser, du moins comme hypothèse, qu'il y aurait création d'une langue romanesque particulière, le ducharmien ? En quoi celle-ci se rapprocherait-elle de la polyphonie vue par Bakhtine comme nécessaire à l'art du roman ? Quel est son/ses mode(s) de fonctionnement ?

D'entrée de jeu, Ducharme (1941-) choisit la langue comme sujet de réflexion, de fantasme, voire de fiction. Dans *L'Avalée des avalés*[2] (1966), Bérénice Einberg, frappée de la faiblesse des langues courantes, propose d'inventer une nouvelle langue, le bérénicien, et elle précise : « En bérénicien, le verbe être ne se conjugue pas sans le verbe avoir » (AV, p. 21). On peut lire l'ensemble de l'œuvre de Ducharme comme une recherche pour faire éclater le sens des mots, les pousser hors de leurs limites convenues et arriver à leur redonner un pouvoir d'expression sensible, pareil à cet appel que se lancent deux amis éloignés l'un de l'autre en forêt et qui prend une couleur vocalique : « Nahanni » (AV, p. 22). Cette représentation de la langue s'accompagne de jeux de mots et de figures dont l'extension semble infinie, tant la capacité d'invention de Ducharme ne cesse d'étonner. Dans *Dévadé*[3] (1992), par exemple, la gamme des styles adoptée par le narrateur va du poétique au vulgaire, du néologisme (« femmille », « camionne », « amougandise ») au cliché renouvelé (« la chair de frousse », « se faire hourra – qu'on – rie ») sans compter les multiples figures constituées par les paronomases (« qui passe ou qui casse, que ça geigne ou que ça saigne, qu'elles pleurent

1 P. Lepape, « Les mots et la boue », *Le Monde*, 10 nov. 1990.

2 R. Ducharme, *L'Avalée des avalés*, Paris, Gallimard, 1966. Désormais indiqué par AV, suivi du numéro de la page.

3 R. Ducharme, *Dévadé*, Paris, Gallimard, 1992. Désormais indiqué par D, suivi du numéro de la page.

ou qu'elles meurent », D, p. 9), les allitérations (« Le taré tordu par la trotte », D, p. 12), les rimes et assonances diverses. Les commentaires métalinguistiques, plus ou moins importants selon les textes, vont jusqu'à mettre en cause, dans *Le Nez qui voque*[1] (1968), les membres de l'Académie française parce qu'ils « évitent les plongeurs et les serveuses, les dédaignent, ne s'associent pas avec ces sociétaires vulgaires et sans diplômes de la société. » (NV, p. 23) Ajoutons que cette thématisation de la langue se double souvent d'une mise en scène de l'écriture qui peut devenir création d'un personnage parodique, tel ce Gaston Gratton-Chauvignet de l'Estampe, « troubadour modique des flaques », dans *Les Enfantômes*[2], poète inconnu dont l'œuvre porte un titre énigmatique à souhait, *Miroirs de boue*.

Dans *L'Hiver de force*[3] (1973), on assiste à une représentation du joual, ce langage montréalais troué d'anglicismes déjà représenté au théâtre par Michel Tremblay, en même temps qu'à sa mise à distance ironique par l'établissement d'un paratexte astucieux. La « belle écriture » revendiquée par le narrateur est une manière de ramener le travail de l'écrivain aux dimensions de la graphie, soit une façon d'afficher un degré zéro du style. Toutefois l'originalité du livre, par rapport aux romans antérieurs, tient en grande partie dans le système insolite créé par la présence des notes en bas de page. Apparemment produit pour expliquer et traduire certains mots, surtout des expressions anglaises, cet appareil prend très vite une connotation ludique. Comment en effet prendre au sérieux un système de « références » comme celui-ci : sur une même page, trois appels de notes renvoient aux mots « *grilled-cheese* », « *dill pickles* », « *smoked-meat* » et un quatrième, placé après les mots « monde ordinaire », donne en bas de page, non plus la traduction française, mais les mots « *cheap people* ». (HF, p. 40) Pareilles impertinences sont fréquentes. Pour « *I want to get off* », on donnera en note : « Arrêtez la terre, je veux descendre ». (HF, p. 41) Pour « *anyway* », la « traduction » sera : « ennéoué ». (HF, p. 42) Tout en mettant en place la fiction d'un double destinataire ou d'un double public, ces signaux textuels installent une douce connivence avec le lecteur québécois, le seul à pouvoir décoder tous les effets de langage

1 R. Ducharme, *Le Nez qui voque*, Paris, Gallimard, 1968, désormais indiqué par NV, suivi du numéro de la page.

2 R. Ducharme, *Les Enfantômes*, Paris, Gallimard, 1976.

3 R. Ducharme, *L'Hiver de force*, Paris, Gallimard, 1973.

dans *L'Hiver de Force* et constater à quel point le mimétisme affiché et l'apparente neutralité du discours du narrateur sont sous-tendus par de multiples tensions, renvoyant à une série d'écarts ironiques. Les notes renvoient alors à un flottement quant à l'instance d'énonciation et s'apparentent à une voix hors-champ ou a-synchrone, comme au cinéma[1]. Tout en feignant de se plier à la nécessité de la traduction dans certains cas très précis, Ducharme, d'une part, transforme cette pratique en jeu textuel et, d'autre part, laisse non-traduites la plupart des expressions québécoises qu'il utilise. Ce que ses romans perdent en lisibilité, ils le gagnent en invention langagière et en force subversive, étant bien entendu que toute glose, voire tout procès de traduction inscrit dans le texte, donne à la culture du récepteur un statut supérieur à celle de la culture de l'émetteur. Par ailleurs, on sait que la prise en compte dans l'ensemble d'un texte de mots appartenant à une variété d'une langue, en l'occurrence les usages et lexiques québécois, sans les marquer de signes particuliers (guillemets, italiques, citations, etc.), donne à cette communauté le même statut que celui du récepteur[2].

La représentation des langages, dans *Dévadé*[3], est également complexe. Ce roman met en scène un certain P. Lafond, dit Bottom, qui se présente comme un « rada », c'est-à-dire un déclassé socialement, et qui survit tant bien que mal en accomplissant divers petits boulots et en devenant une sorte d'homme de compagnie pour une handicapée surnommée « la patronne ». Une lecture rapide pourrait faire croire à une distribution fonctionnelle qui reprendrait le modèle tétraglossique du socio-linguiste Henri Gobard[4], modèle qui stipule que toute société fonctionne selon une hiérarchisation des langues, ou à tout le moins

1 Pour une analyse plus complète des fonctions de la note dans le roman francophone, voir L. Gauvin, *Écrire, pour qui ? L'écrivain francophone et ses publics*, Paris, Karthala, 2007.

2 « *The gradual discarding of glossing in the post-colonial text has, more than anything, released language from the myth of cultural authenticity, and demonstrated the fondamental importance of the situation context in according meaning. While the untranslated word remains metonymic and thus emphasizes the (posited) experiential gap which lies at the heart of any cross-cultural text, it also demonstrates quite clearly that the use of the word, even in an English language context, confers the meaning, rather than any culturally hermetic referentiality. Ultimately, the choice of leaving words untranslated in post-colonial texts is a political act, because while translation is not inadmissable in itself, glossing gives the translated word, and thus the "receptor" culture, the higher* status » (The *Empire Writes Back*, *op. cit.*, p. 66).

3 R. Ducharme, *Dévadé*, Paris, Gallimard, 1992, désormais indiqué par D, suivi du numéro de la page.

4 H. Gobard, *L'Aliénation linguistique*, Paris, Flammarion, 1976.

des fonctions attribuées au langage. On retrouve en effet dans *Dévadé* la présence des quatre fonctions identifiées par Gobard, à savoir la langue vernaculaire, définie comme « maternelle, territoriale et rurale », la langue référentiaire, la langue par excellence de la culture, la langue véhiculaire, celle de l'échange, du commerce et de la communication et la langue mythique, celle « qui renvoie à une terre spirituelle, religieuse ou magique ». La langue vernaculaire est parlée par les deux radas, Bottom et Bruno, originaires du même village, appelé Belle-terre et qui se traitent eux-mêmes de sauvages et de paysans. À cette langue s'oppose la langue référentiaire que représente, dans le livre, le bon français recherché de la patronne. Dans ce roman, le français est présenté comme langue véhiculaire, mais il est court-circuité par l'anglais chaque fois qu'il s'agit d'un achat lié au travail (la casquette achetée au St. Henri Uniforms), au luxe (les cadeaux chez Maggie Books and Things), ou encore s'il s'agit de se rendre à l'hôpital ou d'obtenir un emploi au Centre-ville (« *Do you have experience ?* »). Quant à la langue mythique, cette fonction est remplie par l'italien, qui est présenté dans le roman comme une langue douée de mystère.

Les commentaires métalinguistiques prennent en effet un relief nouveau lorsqu'intervient une langue étrangère : l'italien. Désireux de l'apprendre, Bottom a concocté avec la patronne « un plan d'apprentissage aux pommes » qui consiste à traduire chaque jour en français une version italienne de *Love's Story.* Chaque étape de la traduction donne lieu à des réflexions sur le sens d'expressions courantes en français, en anglais ou en italien. Ainsi « c'est idiot, mais ça m'agace » se dit-il en italien *Sarà idiota ma mi secca*. Ce qui donne en traduction littérale : « C'est idiot, mais ça me sèche » (D, p. 112). Et Bottom d'ajouter dans une sorte d'étonnement ravi : « C'est fou l'effet "aliénant" que ça me fait de le savoir. Comme on se plaît, comme on a du sens, dans ce qui ne donne et ne prend aucune espèce d'importance » (*ibidem*). Peu à peu les phrases en italien deviennent, plus qu'un simple loisir culturel, une véritable ponctuation du récit. L'italien n'a plus une simple fonction d'accompagnement, mais prend une valeur diégétique : le mot aimer est défini en italien : « Voler bene !... Aimer, en italien, c'est se vouloir du bien » (D, p. 167). On peut ainsi lire *Dévadé* comme une tentative d'appropriation non seulement des styles et des langages, mais aussi des langues. Comme une traversée des discours et un effort pour échapper à l'altérité et à l'étrangeté dans la langue. Comme un passage et un retournement de l'effet « aliénant » à l'effet « dialogisant », puisqu'il s'agit, dans les derniers exemples cités, d'une réelle interaction entre les langues.

Réjean Ducharme a choisi dans ce roman de tabler sur toute l'étendue de la langue, des langues, pour en faire éclater le sens et faire advenir un nouveau langage fondé sur l'esthétique du Divers et la polyphonie musicale. Une esthétique qui fait fi de toute hiérarchie, qui utilise la langue comme un matériau souple et flexible, mis en mouvement par l'archet du musicien selon des partitions inédites, sans aucun souci de la norme ou plutôt en faisant cohabiter et se confronter différentes normes, comme autant de tonalités à explorer. N'a-t-il pas une « théorie sur l'effet des sons sur le sens des choses » ? (D, p. 145) D'où l'importance des communications téléphoniques, qui ont l'immédiateté de la voix et l'économie des télégrammes amoureux, le nombre des figures fondés sur les sonorités, telles les paronomases et les allitérations, l'orthographe phonétique (« ta gueule dévadée ») (D, p. 203), le rythme même d'une prose qui parfois rappelle celui des chansons. Mais là encore, une autre tentation est écartée, celle d'une certaine poésie, deuxième modèle ou double du narrateur, ce « Rimbaud des neiges », dont il s'évade (Dév-Adé) par la dérision : « en sautant des minettes en levrette dans les toilettes des discothèques[1] ». (D, p. 50)

L'identité de Bottom, dans *Dévadé*, est presque entièrement envahie par l'excroissance de sa fonction de narrateur. Mais un narrateur dont l'essentiel du travail consiste en des pratiques de détrônement et de décentrement de son propre statut afin de libérer la plurivocalité. En surimpression de l'histoire, il a créé les mots-personnages dont chacun a une voix et un son reconnaissables. Ce qui lui permet d'énoncer allègrement : « J'ai raté l'intrigue » (D, p. 39). tout en répétant comme un leitmotiv : « Je le dis comme je le pense. » Une variante de la formule donne lieu même à un satisfecit : « Je le dis comme je le pense, ravi de ma performance » (D, p. 110).

On ne saurait mieux qualifier la réussite du livre, aventure d'un langage qui est une re(ré-)création et une performance : celui-ci doit aussi bien à la parole spontanée, à la matérialité des signifiants qu'aux diverses ressources des langages sociaux. Le romancier a modulé ce « feuilleté de

1 L'expression « Rimbaud des neiges » est de Jean-François Josselin à l'émission *Caractères* du 7 juillet 1991.

langages », le ducharmien, qui est la plus belle de ses fictions. Un langage total, non pas fait d'une *lingua franca* nivelante et « étrangère », mais des particularismes poussés à leurs limites et sans prétention hiérarchique : cette joyeuse relativisation et cette mobilité de la prose, en plus d'être signes de la maturité de l'œuvre, illustrent éloquemment la métaphore bakhtinienne de la place du marché linguistique. Un langage qui, après tout, n'est pas si éloigné que cela du bérénicien – le langage rêvé du premier roman publié de Ducharme, *L'Avalée des avalés* –, avec sa façon de conjuguer ensemble être et avoir (« Me casse pas, je suis tout ce que j'ai », dit Bottom) (D, p. 26), mais surtout de traiter les mots à la manière des instruments d'orchestre. On ne peut s'empêcher de songer également à la bouleversante utilisation que Ducharme (alias Roch Plante) fait des objets d'usage quotidien, voire des rebuts, dans ses sculptures et peintures qui sont comme un éloge de la mixité. Ici se trouvent actualisées, à travers le plurilinguisme, les fonctions ludique et poétique du langage.

UN CO-LINGUISME UTOPIQUE

Volkswagen Blues[1] de Jacques Poulin est un autre exemple de proposition langagière. Construit tout entier sous le signe de l'ambivalence, le roman est une interaction entre un lieu et ce qui a eu lieu, soit entre une antériorité et l'actualisation possible de cette antériorité par un parcours qui prend l'aspect manifeste d'une quête. L'antériorité est marquée par la carte. Fixée plutôt sous une triple inscription : la carte postale du frère du héros, Théo, qui reproduit le récit de Cartier, voyageur français qui a découvert le Canada, ce récit étant lui-même inscrit sur les murs du Musée de Gaspé, à côté d'une carte géographique aux dimensions de l'Amérique « où l'on pouvait voir l'immense territoire qui appartenait à la France au milieu du 18e siècle, un territoire qui s'étendait des régions arctiques au golfe du Mexique et qui, vers l'ouest, atteignait même les Montagnes Rocheuses : c'était incroyable et très émouvant à regarder » (VB, p. 20). Le récit s'oriente donc autour d'un double prétexte : celui

1 J. Poulin, *Volkswagen Blues*, Montréal, Québec/Amérique, 1984 ; Paris, Piccolec, 1988. Désormais indiqué par VB, suivi du numéro de la page.

de retrouver la trace du frère Théo et, en même temps, de suivre la piste des explorateurs français qui, tels Louis Jolliet, le Père Marquette et Cavelier de la Salle, ont sillonné l'Amérique. Ainsi la vieille carte postale de Théo conduit-elle à réactualiser le « grand rêve de l'Amérique » : pour les deux nouveaux Canadiens errants, Jack Waterman et sa compagne d'origine métisse, surnommée la Grande Sauterelle, « c'était comme si tous les rêves étaient encore possibles » (VB, p. 79). D'une relation de voyage, celle de Cartier, on passe à une invitation au voyage.

Voyage mythique que celui-là, dont l'enjeu est rien de moins que la redécouverte de l'Amérique. Voyage doublé d'un récit policier : la recherche physique et concrète de Théo. Les personnages accomplissent un voyage ordinaire aussi, puisqu'ils transportent avec eux, dans un minibus Volkswagen qui a beaucoup bourlingué, leur monde du quotidien. Le roman propose enfin un voyage initiatique dont la clé est donnée par un graffito inscrit à l'intérieur du minibus : « *Die Sprache ist das Haus des Seins.* » (VB, p. 85) Cette phrase de Heidegger tirée de *Brief über den Humanismus* dit que « La langue est la maison de l'être ». Elle est mise comme en exergue dans un roman qui propose un déplacement à travers les langues, un voyage dans un espace multilingue que les protagonistes tentent tant bien que mal d'apprivoiser. Malgré sa structure affirmative, la phrase se lit telle une question adressée au lecteur, un parcours qu'il devra lui-même accomplir au rythme des haltes du récit, une énigme qu'il lui appartient de déchiffrer à partir des indices qu'on lui fournira.

Comment s'articule chacun de ces récits ? Le lecteur s'aperçoit assez vite que la double quête initiale est aussi une quête concurrente. À mesure que le récit policier progresse en effet, il contrevient au récit mythique et en annule la portée, sinon le projet. Les fichiers de police et l'enquête auprès des journaux révèlent un Théo arrêté pour possession d'armes et pour avoir attaqué un gardien de musée en vue de voler une carte, précisément. À la fin du livre, quand la rencontre a lieu avec le frère Théo, devant une station de métro, Jack s'approche et dit : « C'est Jack ! C'est ton frère ! » L'autre, en fauteuil roulant et atteint de paralysie, a « un mouvement de recul et, d'une voix tremblante », répond : « I don't know you ». (VB, p. 285)

Ainsi ce roman des origines est-il aussi l'histoire d'une fin, une sorte d'anti-épopée. Empruntant la route 101 [*sic*][1] qui le mène à l'aéroport, le

1 Le projet de loi qui, en 1977, a décrété que le français était langue officielle du Québec, s'est appelé Loi 101. Or il existe effectivement une route 101 qui mène à l'aéroport de

héros n'a plus qu'à rentrer chez lui. Pourtant, malgré l'échec de la double quête annoncée, le voyage a lieu et l'Amérique est traversée. Le récit quotidien l'emporte sur le récit mythique et policier. Grâce, en bonne partie, à la femme d'origine métisse, la compagne de Jack, mécanicienne experte et navigatrice habile, capable de s'adapter à toutes les conditions du voyage. C'est elle qui à la fin énonce le dernier niveau de récit, soit le voyage initiatique, le voyage dans et par l'écriture. Ainsi ce livre est moins le roman de l'impossible redécouverte que celui de l'écrivain qui pose l'écriture comme errance, non-savoir absolu, métissage entre des textes déjà là et une quotidienneté imprévisible.

Il devient donc nécessaire de revoir, à la lumière de ce dernier niveau de récit, ce qui apparaît en structure de surface comme une isotopie négative de la langue, ou si l'on veut le Blues de la langue perdue, en l'occurrence le français en Amérique. La position de l'écrivain revendiquée par Jack Waterman est celle du spectateur qui regarde aller ses personnages « en intervenant le moins possible » (VB, p. 91). C'est aussi quelqu'un qui au départ avoue ne rien savoir. Après l'interrogatoire que lui fait subir l'employée des douanes, le héros poursuit :

> – *Was I suspected because I'm a writer ?*
> – *No. Because you don't seem to know anything*, dit la fille.
> – *Maybe that's why I'm a writer*, plaisanta Jack. (VB, p. 91)

Si l'écrivain n'affiche aucun savoir préconçu, c'est qu'il a appris à faire confiance aux mots et à se laisser guider par eux. Ainsi le jeu des langues dans *Volkswagen Blues* est-il d'une mobilité étonnante.

Le français de la narration est un français standard, comme celui de Jack Waterman, qui connaît par ailleurs tous les termes techniques de l'automobile et aime décliner les noms de lieux. À cela s'ajoutent le français référentiaire du texte ancien de Jacques Cartier, point de départ du récit, ainsi que l'usage très restreint du vernaculaire, réservé à des situations de crise.

D'autres langues interviennent également. Les langues amérindiennes sont représentées, sur le mode mythique, par le prénom – caché – de la jeune fille, Pitsémine, l'allusion à Kateri Tékakouitha, les noms de tribus énumérés et en général la toponymie de l'Amérique. Mais la

---

San Francisco : rien d'étonnant à ce qu'elle ait attiré l'attention du romancier québécois langue qui est omniprésente dans le récit, jusqu'à courcircuiter le français comme langue véhiculaire, est sans contredit l'anglais. L'anglais se voit attribué toutes les fonctions connues du langage, des fonctions mythique (la légende de l'Eldorado est lue dans *The Golden Dream* de Chapman, le pseudonyme du héros est Jack Waterman[1]) et référentiaire (plusieurs livres et films cités, ainsi que des noms d'écrivains) aux fonctions vernaculaire (certains dialogues) et véhiculaire[2]. Il est intéressant de souligner que le mimétisme n'est qu'un des effets recherchés par les changements de langue ou les *code-swithchings* dans le roman. À plusieurs reprises, l'alternance des codes a un effet parodique ou ironique, soulignant l'arbitraire des signes et signalant un écart manifeste avec les divers procédés de marquage de l'esthétique réaliste. Tout aussi spectaculaire est la pratique du bilinguisme affichée par certains interlocuteurs des héros. Ces rencontres donnent lieu également à des commentaires métalinguistiques. Un véritable dialogue sur la traduction s'instaure à partir du mot « ramble ».

« *Die Sprache ist das Haus des Seins* », dit l'inscription à l'intérieur du Volkswagen, « maison » provisoire des protagonistes. Ne faut-il pas voir dans cette phrase donnée en allemand et renvoyant au titre du livre, énoncé en anglais, une invitation au voyage – vagabondage – dans la et les langues ? Vagabondage dont le frère Théo s'est lui-même exclu en optant pour la langue de l'évidence et de la majorité : « *I don't know you* ». Comme la fiction, la langue du récit est une exploration. Une exploration qui permet d'outrepasser les limites convenues et transforme l'interdit social – « *no trespassing* » – en transgression textuelle : « Tiens ! C'est défendu de trépasser ! ricana Jack » (VB, p. 250). Histoire d'un déplacement entre une antériorité mythique et un présent déceptif – le blues de la langue perdue –, cette fable américaine, inventée par un romancier dont le premier métier est d'être traducteur, propose une forme de co-linguisme et l'utopie d'une reterritorialisation possible des langues dans l'écriture.

*

1 « Quand on était petits, on se donnait des noms anglais et on trouvait que ça faisait beaucoup mieux. » (VB, p. 14).

2 Je reprends ici les fonctions du langage telles que définies par Gobard dans *L'Aliénation linguistique*, *op. cit.*

La littérature québécoise affiche donc les signes extérieurs d'une décolonisation réussie. Mais comme on ne pouvait parler de véritable colonisation, ni par la France, ni par l'anglophonie un siècle plus tard, il est difficile d'adopter le modèle postcolonialiste pour décrire son fonctionnement actuel. Politiquement, la question reste toujours en suspens. Culturellement, malgré l'autonomie évidente dont bénéficie la littérature québécoise d'un point de vue institutionnel, il faut toutefois avouer qu'elle dépend toujours, dans une certaine mesure, des réseaux de légitimation et de consécration français pour sa présence dans l'ensemble de la francophonie. Aussi me semble-t-il que le terme le plus adéquat pour décrire la complexité et l'originalité de la littérature québécoise est celui de péricolonialisme, car on indique par là que cette littérature reste périphérique dans l'ensemble de la francophonie, mais aussi par rapport à l'axe colonialiste ou postcolonialiste, comme à toute pensée dualiste qui ferait l'économie des nombreux réseaux d'appartenances et d'influences qui la traversent et en font la spécificité. Ce concept rejoint ce que Rownald Smith appelle le « side-by-sidedness[1] ». Aux contre-discours qui caractérisent les littératures postscoloniales se superpose un discours de complicité/résistance (Slemon) ou si l'on préfère un discours de déplacement, comme s'il s'agissait de faire un pas de côté, juste à côté et de tracer de nouvelles trajectoires.

Le terme de « péricolonialisme » rend compte du fait que jamais au sens propre la littérature québécoise n'a été une littérature coloniale, qu'elle a su côtoyer d'autres littératures sans se laisser assimiler par elles et créer ainsi une littérature-laboratoire dont les points d'intersection avec d'autres contextes sont nombreux mais qui n'a rien à envier aux ensembles culturels institutionnellement mieux établis. D'où l'étrange modèle québécois, un modèle voué à l'intranquillité créatrice[2].

---

1 « The classic postscolonialist theory posits an apposition between the center and the margin, between those with accumulated power and those without, between the seltler and the indigene, between the colonist and the colonial official … this investigation of new kinds of side-by-sidedness […] leads to the possibility of sharing cultural experience rather than "resisting" the imposition of alien forms of culture ». S. Slemon, « Postcolonialisme in the Culture of Ascent », dans *Postcolonizing the Commonwealth, Studies in Literature and Culture*, éd. Rownald Smith, Waterloo, Wilfrid Laurie UP, 2000, p. 51-52.

2 L. Gauvin, « La littérature québécoise : une littérature de l'intranquillité », Paris, *Le Français dans le monde*, janvier 2006, « La francophonie en marche », n° 343, janvier-février 2006, p. 30-31 [repris dans *Le Devoir*, 26 avril 2006, page « Idées »].

On retiendra de ces données textuelles une expérimentation du langage qui conduit à de nouvelles formes d'interactions entre les langues et constitue autant de modulations du plurilinguisme que Bakhtine décrit comme inséparable de l'art du roman. On y relève en effet aussi bien de l'hétérologie ou des variétés de registre, de l'hétérophonie ou une diversité de voix que de l'hétéroglossie ou diversité de langues. On peut tout à loisir lire également dans ces pratiques de décentrement, de ruptures, voire de transgressions et de questionnements du statut des langues et de la littérature des exemples d'hybridation et d'« impureté » post-coloniales, stratégies qui attestent qu'une littérature peut être porteuse des codes de sa collectivité et proposer d'un même souffle une dialectique des rapports entre langue/culture/identité[1]. Dans ces textes ouverts au tremblement de la langue et au vertige polysémique, on voit se profiler l'utopie d'une Babel apprivoisée. Le roman tel qu'il s'écrit aujourd'hui au Québec est une traversée des langues et une interrogation sur la fonction du langage.

Lise Gauvin
Université de Montréal

1 « The syncretic and hybridized nature of post-colonial experience, écrivent Ashcroft, Griffiths, Tiffin, refutes the privileged position of a standard code in the language and any monocentric view of human experience. At the same time, however, it also refutes the notions that often attract post-colonial critics : that cultural practices can return to some "pure" and that such practices themselves, such as the use of vernacular terms or grammatical forms in English literature, can embody such an authenticity. » *The Empire Writes Back*, *op. cit.*, p. 43.

OUVRAGES CITÉS

ASHCROFT, Bill, GRIFFITHS, Garreth et TIFFIN, Helen, *The Empire Writes Back, Theory and Practice In Post-colonial Literatures*, Routledge, London-New York, 1989.

BARTHES, Roland, *Le Degré zéro de l'écriture*, Paris, Gonthier, 1965.

BEAUCHEMIN, Yves, *L'Enfirouâpé*, Montréal, Québec/Amérique, 1974 [réimp. Paris, Éditions de la Table ronde, sous le titre *L'Entourloupé*].

De-scribing Empire. Postcolonialism and Textuality, éd. Chris Tiffin et Alan Lawson, London, Routledge, 1994.

DUBOIS, Jacques, *L'Institution de la littérature*, Nathan/Labor, 1972.

DUCHARME, Réjean, *L'Avalée des avalés*, Paris, Gallimard, 1966.

DUCHARME, Réjean, *Le Nez qui voque*, Gallimard, 1968.

DUCHARME, Réjean, *Les Enfantômes*, Gallimard, 1976.

DUCHARME, Réjean, *L'Hiver de force*, Gallimard, 1973.

DUCHARME, Réjean, *Dévadé*, Gallimard, 1992.

GAUVIN, Lise, *Langagement. L'Écrivain et la langue au Québec*, Montréal, Boréal, 2000.

GAUVIN, Lise, *La Fabrique de la langue. De François Rabelais à Réjean Ducharme*, Paris, Seuil, 2004.

GAUVIN, Lise, *L'Écrivain francophone à la croisée des langues*, Paris, Karthala, 2006 [1997].

GAUVIN, Lise, *Écrire, pour qui ? L'Écrivain francophone et ses publics*, Paris, Karthala, 2007.

GAUVIN, Lise, « La littérature québécoise : une littérature de l'intranquillité », Paris, *Le Français dans le monde*, janvier 2006, « La francophonie en marche », n° 343, janvier-février 2006, p. 30-31 [repris dans *Le Devoir*, 26 avril 2006, page « Idées »].

GOBARD, Henri, *L'Aliénation linguistique*, Paris, Flammarion, 1976.

LORD DURHAM, *The Report and Despatches of the Earl of Durham, Her Majesty's High Commissioner and Governor-general of British North America*, London, Ridgways-Piccadilly, 1939.

La Nation nommée roman face aux histoires nationales, éd. Danielle Perrot-Corpet et Lise Gauvin, Classiques Garnier, 2011.

LEPAPE, Pierre, « Les mots et la boue », *Le Monde*, 10 nov. 1990.

MAJOR, André, *La Chair de poule*, Montréal, Éditions Parti pris, 1965.

MEMMI, Albert, « Les Canadiens français sont-ils des colonisés ? », entretien accordé à Montréal en 1967, réimp. dans *L'Homme dominé*, Paris, Gallimard, 1968, p. 86-94.

MIRON, Gaston, *L'Homme rapaillé*, Montréal, Typo, 1993.
MIRON, Gaston, « Malmener la langue », dans *L'Écrivain francophone à la croisée des langues*, éd. Lise Gauvin, Paris, Karthala, 2006 [1997], p. 58-63.
MIRON, Gaston, « Langue et littérature québécoise », dans *Association pour la défense de la Littérature contemporaine*, Bulletin nº 3, Paris, 1985.
MOURA, Jean-Marc, *Exotisme et lettres francophones*, Paris, PUF, 2003.
NOËL, Francine, *Maryse*, Montréal : VLB Éditeur, 1987.
Parti pris, vol. 11, nº 5, janvier 1965.
POULIN, Jacques, *Volkswagen Blues*, Montréal, Québec/Amérique, 1984 [Paris, Piccolec, 1988].
Quebec Studies, « Québec and Postcolonial Theory », vol. 35, printemps-été 2003.
RENAUD, Jacques, *Le Cassé*, Montréal, Éditions Parti pris, 1965.
ROY, Gabrielle, *Bonheur d'occasion*, Montréal, Boréal, 1995.
SLEMON, Stephen, « Postcolonialisme in the Culture of Ascent », dans *Postcolonizing the Commonwealth, Studies in Literature and Culture*, éd. Rownald Smith, Waterloo, Wilfrid Laurie UP, 2000.
TREMBLAY, Michel, *La grosse femme d'à côté est enceinte*, Montréal, Leméac, 1978.
VERCIER, Bruno, « La "désoralisation" dans les romans de Michel Tremblay », *Présence francophone*, « Oralité et littérature », nº 32, 1988, p. 35-44.
VILLEMAIRE, Yolande, *La Vie en prose*, Montréal, L'Hexagone, 1980.
Vocabulaire des études francophones. Concepts de base, éd. Michel Beniamino et Lise Gauvin, Limoges, Presses de l'université de Limoges, 2005.

GÉOGRAPHIE, IDENTITÉ ET DIFFÉRENCE : DURAS, GENET, NDIAYE

Albert Thibaudet affirme, dans les années 1920, que penser la littérature en termes géographiques « comme un paysage, un paysage humain où tout nous sollicite » permet de souligner la cohérence et la longévité d'une tradition nationale. Le passé littéraire de la France a toujours été constitué par « les mêmes chaînes, les mêmes sommets, les mêmes vallées [qui] varient selon la pureté de l'atmosphère, la lumière du soleil, les colorations d'un nuage qui flotte ou d'un couchant qui se déploie[1] ». Le caractère permanent de la topographie française se reflète dans la continuité essentielle de sa littérature. Mikhaïl Bakhtine propose une interprétation tout à fait différente de l'interaction entre le littéraire et le géographique avec son concept de « chronotope » – le rapport variable entre temps et espace qui déterminerait les formes littéraires et sous-tendrait une poétique historique. « [L]'espace », écrit Bakhtine, « s'intensifie, s'engouffre dans le mouvement du temps, du sujet, de l'Histoire[2] ». Le chronotope, cependant, qui doit beaucoup à la théorie einsteinienne de la relativité, reste un concept relativement abstrait. L'espace qui se construit dans le texte, même s'il porte la trace de l'histoire, est le terrain de développements narratifs qui ne s'enracinent pas nécessairement dans un espace spécifique à une époque ou à un lieu. Franco Moretti reconnaît l'importance des intuitions de Bakhtine lorsqu'il affirme que « la géographie n'est pas un contenant inerte, une boîte dans laquelle l'histoire culturelle "a lieu", mais une force active, qui s'insinue dans le champ littéraire et le modifie du tout au tout[3] ». Bakhtine et Moretti nous obligent à penser géographiquement

1 A. Thibaudet, « Les Deux Ordres », *La Revue Critique des Idées et des Livres*, avril 1921, dans « Théorie et histoire littéraire », *Fabula LHT (Littérature, histoire, théorie)*, n° 0, 29 juin 2012, URL : http://www.fabula.org/lht/0/pradeau.htmlp. 140.

2 M. Bakhtine, *Esthétique et théorie du roman*, Paris, Gallimard, 1994, p. 237.

3 F. Moretti, *Atlas of the European Novel 1800-1900*, London, Verso, 1998, p. 3. Nous traduisons.

la littérature, en termes d'espaces « [qui] s'intensifie[nt] » et de « forces actives ». En conséquence, nous tâcherons, dans ce chapitre, de réfléchir à l'influence qu'ont exercée sur la littérature française du vingtième et du vingt-et-unième siècles le *globe* – c'est-à-dire le monde au-delà de la métropole – et le *global*, c'est-à-dire le vaste domaine constitué par l'existence et l'interaction d'espaces multiples ; nous procéderons par l'analyse de motifs géographiques et de dispositifs qui, par leur traitement de l'espace, de l'identité et du langage, au sein de cadres géographiques explicites, rendent palpable un sentiment d'altérité et de différence[1].

Comme cela a été signalé à plusieurs reprises dans ce volume, la littérature française a ressenti l'impact du vaste monde bien avant l'époque moderne, même si l'on peut affirmer *grosso modo* que la littérature du dix-neuvième siècle, malgré sa fascination pour l'Orient, a été locale plutôt que globale. Si les travaux de Moretti démontrent qu'il peut être fructueux d'étudier les romans de Balzac, de Flaubert ou de Zola du point de vue de l'espace, les catégories recensées se résument le plus souvent aux conflits entre Paris et la province, les riches et les pauvres, le nord et le sud. Cela change dès le début du vingtième siècle : des écrivains qui voyagent beaucoup, tels Segalen, Claudel, Malraux ou Michaux, ou des écrivains qui, comme les surréalistes, considèrent le monde non-occidental comme l'antidote au malaise de leur propre société, sans pour autant le connaître d'expérience, ressentent le besoin de se confronter à la différence, de relier le proche et le lointain.

Dans un colloque sur Artaud et Bataille qui s'est tenu à Cerisy-la-Salle en juin et juillet 1972, organisé par le groupe d'avant-garde *Tel Quel*, alors dans sa phase maoïste, Jacques Henric a proposé une communication intitulée « Artaud travaillé par la Chine ». Ayant situé les textes surréalistes d'Artaud des années 1920 et ses écrits sur le théâtre des années 1930, influencés par des modèles non-européens, dans le contexte d'un « refoulement systématique » de l'orient dans la culture européenne, Henric rend hommage à Artaud d'avoir su comprendre les

1 Les idées ébauchées dans cet essai doivent beaucoup à l'important corpus de textes qui, à partir du travail de précurseur d'Henri Lefebvre dans les années 1970, et notamment *La Production de l'espace* (1974), ont remis en question la valeur traditionnellement et culturellement attribuée au temps et cherché à favoriser une nouvelle vision « spatiale ». Outre les œuvres bien connues de Fernand Braudel, Edward Soja, David Harvey, Gilles Deleuze et Félix Guattari, Edward Casey et Marc Augé, voir B. Westphal, *La Géocritique. Réel, fiction, espace*, Paris, Minuit, 2007.

bases matérialistes concrètes de la pensée chinoise. Il oppose Artaud, apparemment apolitique, aux surréalistes, membres en bonne et due forme du parti communiste, qui l'ont exclu de leur groupe en 1927, ce qui lui permet d'établir un contraste entre ce qu'il juge être (de façon polémique) l'idéalisme mystificateur de l'orientalisme en chambre de Breton et les idées violemment matérialistes d'Artaud, notamment la façon dont son écriture marque directement l'impact de la différence :

> Ainsi, dans son rapport à l'Orient, Artaud ne se comporte pas en esthète qui contemple et admire ; l'orient, pour lui, c'est quelque chose qui le travaille au-dedans, le parcourt de part en part, le bloque ou l'élance, une force térébrante qui le fait hurler, vient torturer son corps et sa langue d'occidental. Car c'est par la langue que ça commence chez lui. Une langue qu'il n'a pas choisie, arbitraire, imposée du dehors ; langue maternelle comme on l'appelle, mais pour Artaud la mère est une *matrone* qui dans un « acte obscène » a tenté de le contenir, de l'arrêter[1]…

Plutôt que de le confronter à une altérité située hors de lui-même, la rencontre avec l'art et la pensée chinois a provoqué en Artaud un tumulte intérieur, et l'intuition – sur laquelle s'est plus tard interrogé Jacques Derrida dans *Le Monolinguisme de l'autre* – que, même si nous n'avons qu'une langue maternelle, notre langage ne nous *appartient* jamais vraiment.

Le recours rétrospectif à Artaud et aux surréalistes chez *Tel Quel* trahit la pression du géographique, qui façonne l'histoire et la pratique littéraires. Il souligne aussi, tardivement, l'importance durable des écrits d'Artaud sur les pratiques signifiantes non-occidentales du théâtre balinais et son insistance sur l'espace concret de la scène. La référence à Artaud doit en outre être mise en relation avec la question du surréalisme ethnographique et topographique, en particulier le lien privilégié de Michel Leiris avec l'Afrique, à compter du début des années 1930, à l'origine de la publication de son remarquable journal de voyage, *L'Afrique fantôme*, et les voyages de Breton aux îles Canaries, au Mexique, en Martinique, au Nouveau-Mexique et au Québec, qui inspirent *L'Amour fou*, *Arcane 17* et plusieurs autres textes. Ces nouvelles façons d'écrire sur les résonances mythiques et symboliques de lieux géographiques particuliers créent

1 J. Henric, « Artaud travaillé par la Chine », dans *Vers une révolution culturelle : Artaud, Bataille*, Cerisy-la-Salle, Centre culturel international, 1972, édit Philippe Sollers, Paris, U.G.E. (collection 10/18), 1973, p. 236.

un genre qui se développera plus tard dans des textes tels que *Le Génie du lieu*, œuvre en cinq volumes de Michel Butor, ou les journaux de voyage du Suisse Nicholas Bouvier, entre plusieurs autres. (La montée d'une nouvelle littérature de voyage est un symptôme important des préoccupations globales de la culture française récente.)

Après la communication d'Henric, un des participants au colloque de Cerisy suggéra que c'était le recueil de poèmes en prose de Claudel, *Connaissance de l'Est* (1900), plutôt que les écrits d'Artaud, qui avait fait entrer la Chine dans la littérature française, ramenant ainsi au tout début du siècle le moment où la littérature commence à subir une influence globale et géographique. En réalité, la découverte de l'Est par Claudel est elle-même à peu près contemporaine de celle d'un autre écrivain, Victor Segalen, dont la théorie de l'*exotique*, dirigée contre l'orientalisme colonialiste de Barrès et de Loti, tire son origine de nombreux voyages en Chine. Mais Segalen, longtemps oublié dans la poussière des bibliothèques, n'a réellement été redécouvert que dans les années 1980. Édouard Glissant et quelques autres en firent le modèle d'une écriture « désexoticisée », fondée sur la reconnaissance de l'altérité et de ce que Segalen appelait « le divers ». Si les exemples de franchissements des frontières et d'échanges culturels ne manquent pas dans la littérature française du vingtième siècle, grâce surtout aux mouvements d'avant-garde successifs, pour qui la rencontre avec la différence favorise l'innovation formelle et l'hybridité générique, la culture et la théorie littéraires françaises, avec ses vagues de nouveautés – le nouveau roman, le théâtre de l'absurde, le structuralisme et la déconstruction –, ont souvent eu tendance à n'en tenir aucun compte. Dans le cas de Segalen, l'émergence d'une écriture et d'une théorie francophones et postcoloniales a permis de remédier à cette négligence antérieure. Et pourtant, cela peut aussi donner lieu à de nouveaux aveuglements. Sans doute, l'émergence d'une écriture en français, produite par les autochtones des colonies et des sphères d'influence de la France, a rendu possibles des échanges transculturels fertiles quoique parfois tendus. Depuis l'essai précurseur de Sartre « Orphée noir » (1948), le sentiment qu'un Senghor, qu'un Césaire, ou, plus tard, qu'une Assia Djebar ou un Dany Laferrière, pouvait bouleverser, déranger ou railler les conventions linguistiques et littéraires françaises, est au centre de la littérature et de la culture françaises récentes. Mais il est important de ne pas oublier que les œuvres d'un nombre important d'écrivains de la métropole, surtout à partir des années 1950, accusent le choc, tant du point de vue intellectuel que thématique ou formel, de ces rencontres transculturelles.

La romancière, dramaturge et cinéaste Marguerite Duras en est un excellent exemple. Née au Vietnam en 1914, ses parents ayant quitté la France pour travailler en Indochine, elle ne s'installa en France pour de bon qu'en 1934. L'action de ses deux premiers romans se passe dans la province française, mais son troisième, *Un Barrage contre le Pacifique* (1950), s'inspire de son adolescence dans la campagne vietnamienne. Sa mère, une veuve excentrique et à tout prendre à demi folle, tente d'élever ses enfants en dépit des conséquences désastreuses d'une série d'investissements agricoles malheureux. Le traitement de l'espace et l'impact de la géographie sont primordiaux dans ce roman : de nombreux allers et retours entre la concession rurale et la ville coloniale occidentalisée juxtaposent la pauvreté extrême à la richesse ostentatoire du centre de la ville, la laideur des taudis et des concessions décrépites à la luxuriance de la jungle et de la faune tropicales. L'intrigue se noue autour des impulsions maniaques de la mère, qui cherche à améliorer sa situation financière, quitte à pousser sa fille Suzanne à la prostitution, et du désir de la fille, de concert avec Joseph, son brutal frère aîné, d'échapper à la misère noire et à l'ennui qui résultent de leur situation. Le frère et la sœur tentent de s'émanciper par la voie du désir érotique et de la passion ; dans tout le roman, d'ailleurs, le désir est spatialisé, à la fois métaphoriquement, comme l'au-delà d'un seuil que l'on franchit en trépidant, et littéralement, par les liens avec les cinémas où ils font tous les deux connaissance avec la passion. Au-delà du domaine des sentiments le désir est figuré comme une force qui transcende la psychologie individuelle : c'est une perte de soi, une rencontre avec une altérité comparable à la rencontre de la mort ou de l'absence totale. Ses œuvres ultérieures le confirmeront, Duras établit un lien entre l'accès à l'« espace » radical du désir et l'exposition à la pauvreté et au manque extrêmes que révèle et prolonge l'exploitation coloniale. *Un Barrage contre le Pacifique* propose une manière spatiale, géographique de lire : les espaces métaphoriques et littéraux se juxtaposent, s'imbriquent, se traversent les uns les autres. Dans plusieurs œuvres ultérieures, Duras utilise les thèmes et les structures de ce roman, les recycle et les réarrange, de façon à élaborer un univers romanesque fascinant, dans lequel une vision éminemment spatiale et géographique exprime avec précision la rencontre avec de nombreux types de différences et d'altérités, psychiques, métaphysiques et politiques, tous reliés les uns aux autres. L'Indochine fait place à d'autres régions géographiques dans l'important scénario *Hiroshima mon amour* (film réalisé en 1959 par Alain Resnais) et ce que l'on appelle le « cycle indien » de Duras, commencé en 1966 avec le roman *Le Vice-consul* (qui s'est toutefois inspiré du chef-d'œuvre majeur *Le Ravissement de Lol V. Stein*, de 1964). Le « cycle indien » comprend un autre roman, *L'Amour* (1971), une pièce de théâtre, *India Song* (1973), et trois films réalisés par Duras elle-même, le plus connu étant la version cinématographique d'*India Song*. Mais le cadre indochinois revient dans le texte autobiographique *L'Amant* (1984), qui a connu un immense succès, et ce qui constitue sa suite ou sa version remaniée, *L'Amant de la Chine du nord* (1991). Ces œuvres reprennent des éléments du cycle indien, et réunissent ainsi une grande part de la production de Duras en une unité aux multiples facettes. Un thème récurrent, que l'on trouvait déjà dans *Un Barrage contre le Pacifique*, et qui revient et se développe dans *Le Vice-consul*, dans *India Song* et dans *L'Amant*, est celui de la mendiante qui confie son bébé à la garde de la femme française pour ensuite partir pour un voyage épique à travers toute l'Asie du sud-est, puis, dans le cycle indien, pour Calcutta. Cela souligne le fait que la géographie des textes de Duras est à la fois réelle et imaginaire, que ces textes s'enracinent dans une réalité géopolitique et échappent en même temps aux limites du réalisme documentaire pour privilégier plutôt l'interaction entre le fantasme et le désir, et pour nous rappeler la nature fantasmatique du travail d'écriture lui-même. Les films de Duras le montrent avec une grande clarté, notamment *India Song*, dans lequel un manoir délabré de la banlieue parisienne tient lieu d'ambassade de France à Calcutta (qui, de toute façon, n'est pas la capitale de l'Inde). Tout se passe, dans *India Song*, dans les interstices entre les voix de la bande-son et les images à l'écran qui représentent un fantasme de mort, de désir et de révolte, en contrepoint de l'effrayante pauvreté du sous-continent. Les personnages ne se présentent pas comme des êtres agissants, indépendants, mais comme les éléments d'un paysage dont la géographie se charge de puissantes forces qui englobent à la fois ce qui tient du personnel et ce qui tient du politique. La rencontre de l'altérité d'une part ne peut être séparée du contact avec le monde non-européen, et d'autre part s'intériorise en découvrant les zones de l'existence qui remettent en question les modèles établis d'expérience et d'identité. Ce jeu d'équilibre ne va pas sans difficulté, et les visions « apocalyptiques » de Duras, si elles ne cherchent pas à éviter la politique, risquent parfois de reproduire l'attitude colonialiste qu'elles désavouent par ailleurs sans équivoque. Si, à partir d'*Un Barrage contre le Pacifique*, la représentation que fait Duras de l'administration coloniale est résolument négative, sa fascination pour la femme fatale coloniale, qu'incarne dans le cycle indien le personnage d'Anne-Marie Stretter, personnage inspiré par une vraie femme que Duras avait aperçue au cours de son enfance, tend à reléguer le monde non-européen en arrière-plan et l'associe, de façon parfois quelque peu discutable, avec l'altérité absolue.

Comme chez son contemporain Michel Tournier, les efforts de Duras pour approfondir la rencontre avec l'altérité qui se trouve en l'individu comme avec celle qui lui est extérieure supposent des expérimentations et des prises de risque. À l'instar de Duras, les fictions de Tournier sont résolument spatiales et géographiques, et en même temps fantasmatiques. *Vendredi ou les limbes du Pacifique*, sa « version » de *Robinson Crusoë*, joue avec l'idée d'exister sans le miroir de l'autre, notamment l'autre européen, tandis que *Le Roi des aulnes* associe le mythe et la topographie pour explorer les racines fantasmatiques du nazisme. Dans *La Goutte d'or*, le personnage principal, Idriss, quitte la communauté de son village d'Afrique du nord pour se rendre à Paris, après la rencontre avec une Européenne qui l'a pris en photo puis est partie dans sa Jeep[1]. Sa quête souligne le contraste, que Tournier relie à des questions d'identité, entre la culture européenne, judéo-chrétienne, de l'image, et les signes abstraits de la calligraphie islamique.

Duras et Tournier sont deux écrivains majeurs de la fin du vingtième siècle dont les œuvres remettent en question les limites et les identités établies, et cela dans le cadre d'une géographie textuelle (c'est-à-dire la géographie telle qu'elle est présente dans le texte, mais aussi l'alignement des espaces narratifs du texte lui-même) qui joue un rôle inédit par rapport à la littérature du dix-neuvième siècle. À part quelques exceptions, la présence d'une géographie textuelle qui transgresse les frontières ne se fait pas sentir de la même façon dans les œuvres modernistes de Proust, Gide, Céline ou Queneau, ou dans les fictions philosophiques

1 M. Tournier, *La Goutte d'or*, Paris, Gallimard, 1986, p. 24.

de Sartre et de Camus, même dans le cas d'œuvres où le lieu est d'une importance primordiale, comme bien entendu chez des auteurs tels que Giono ou Mauriac. Bien que les nouvelles perspectives ouvertes par les approches francophones et postcoloniales offrent de nouvelles pistes de lectures, et mettent en valeur ce qui est véritablement en jeu dans l'Afrique du nord de Gide, l'Algérie de Camus, ou l'Afrique du *Voyage au bout de la nuit* de Céline, ces œuvres ne tendent pas à mobiliser la dimension géographique dans le but de proposer de nouveaux échanges interculturels. Si la présence du non-européen signale, de bien des façons, la rencontre avec l'altérité, le point de vue, chez Gide, Camus, ou Céline se concentre largement sur le sujet européen plutôt que sur l'interaction.

Dans une certaine mesure, cela vaut aussi pour Georges Perec, en tout cas si on le compare à Duras ou à Tournier. Néanmoins, le problème de l'espace et de l'impact de la géographie sur la forme littéraire est fondamental dans son œuvre. Dans *Les Choses* (1964), le premier roman de Perec, le jeune couple de Jérôme et Sylvie, qui ne peuvent s'empêcher d'acheter les objets qu'ils voient sur les pages de magazines, passe quelque temps en Tunisie, mais ils restent dans le cocon de rêveries stéréotypées et occidentalisées que leur fournit la publicité. L'autobiographie de Perec, *W ou le souvenir d'enfance* (1975), utilise une forme innovatrice : l'alternance de chapitres consacrés, d'une part, à une tentative de rassembler, à partir d'une multitude de souvenirs fragmentés, le récit de l'enfance juive de l'auteur, traumatisé par la déportation et la mort de sa mère à Auschwitz, et, d'autre part, la reconstitution d'une histoire qu'il avait inventée au cours d'une psychanalyse à l'âge de treize ans. Ce récit, centré sur l'île imaginaire de W en Atlantique sud, se transforme graduellement en allégorie du nazisme même si, comme l'a fait remarquer Perec lui-même, on y trouve aussi des échos au régime brutal de Pinochet au Chili. À la fin, cette forme particulièrement originale de l'autobiographie de Perec permet de créer un lien entre sa propre vie, sa propre histoire, et des horizons beaucoup plus vastes, authentiquement globaux. De même, *Espèces d'espaces* (1974), un traité ludique de l'espace, se déplace progressivement de l'intime le plus microscopique vers le global et culmine en une émouvante énumération des nombreux facteurs politiques, sociaux et écologiques qui menacent de rendre notre planète inhabitable. Le chef-d'œuvre de Perec, *La Vie mode d'emploi* (1975), fait d'un immeuble parisien un microcosme grâce auquel il peut célébrer la vie quotidienne dans tout ce qu'elle a d'extraordinaire et que l'on ne reconnaît généralement pas. Les vies des habitants de l'immeuble se passent dans tous les lieux du globe et recouvrent toutes sortes d'expériences. Le récit cocasse de l'un d'entre eux, un anthropologue qui consacre plusieurs années à étudier une tribu d'Afrique apparemment nomade avant de découvrir finalement que ce nomadisme n'était qu'un stratagème pour échapper aux anthropologues, démontre comment, d'un bout à l'autre de ces multiples récits, les interactions et les imbrications de ces innombrables « espèces d'espaces » sont au cœur de l'approche perecquienne de la réalité humaine et de son exploitation des potentiels de la littérature.

L'on pourrait ainsi affirmer que Duras, Tournier et Perec, de même que certaines des figures de l'avant-garde dont nous avons parlé plus tôt, annoncent la venue, à la fin du vingtième siècle, d'une conception postmoderne de l'espace géographique, dans laquelle le brouillage des frontières s'accompagne d'un brouillage des identités. L'altérité ne se trouve pas à l'extérieur, dans un ailleurs exotique, mais dans le vaste domaine ouvert par la dissolution de l'opposition marquée entre la réalité et la représentation, l'Est et l'Ouest, le masculin et le féminin, le quotidien et l'extraordinaire, etc. L'espace et la géographie cessent d'être des réceptacles passifs et deviennent des éléments actifs. Pour étayer cet argument, je vais à présent examiner deux œuvres, une pièce de théâtre de Jean Genet, écrite dans les années 1960, et un roman de Marie NDiaye publié en 2007.

***

Marginal et marginalisé du fait de son illégitimité, de sa criminalité et de son homosexualité, Genet s'est servi de l'écriture pour se venger de ses accusateurs imaginaires. Il a composé des œuvres au style brillant, qui entremêlent la réalité et l'imagination ; il a créé par son texte un univers qui affirme sa différence avec celui du lecteur imaginé. Après une série d'œuvres autobiographiques, Genet est passé au théâtre, mais en détournant les mécanismes de la représentation théâtrale pour créer un théâtre d'images et de reflets, un théâtre subversif, dont la puissance politique provient de ce qu'il dévoile les fantasmes du pouvoir et de la domination qui sous-tendent l'ensemble des interactions humaines. Dès *Les Nègres* (1959) se met en place une utilisation de l'espace et de la géographie (et de la géopolitique) qui continue dans l'œuvre que je vais analyser, *Les Paravents*, et jusqu'à la dernière œuvre en prose de Genet, *Un Captif amoureux* (1986), inspirée par ses visites dans des camps de réfugiés palestiniens.

Ayant écrit *Les Paravents* pendant la lutte pour l'indépendance de l'Algérie et évoquant le début, la montée, l'organisation et les succès progressifs de la révolte, ainsi que sa violente répression, Genet y utilise la théâtralité comme jamais auparavant : divers groupes d'Arabes et d'Européens sont projetés dans un spectacle fantasmagorique, où se mêlent le concret et l'imaginaire, la tragédie et la farce. Par la présentation de tensions géographiques extrêmement fortes à la fois entre les groupes européens et arabes, et à l'intérieur de ces groupes, la pièce agence ce que Moretti a appelé les « relations entre les lieux qui sont plus significatifs que les lieux eux-mêmes[1] ». Les dix premiers des seize « tableaux » de la pièce introduisent, à l'aide de paravents sur lesquels des éléments sont représentés par des dessins grossiers (parfois exécutés directement devant le public), des espaces distincts que l'on associe aux Arabes, aux Européens, ou aux deux : le bordel arabe, au centre du village, que fréquentent les soldats français ; la cabane branlante de Saïd ; la place du village ; le cimetière ; le tribunal coranique ; des bouts de terrains vagues près des remparts (où se trouvent des reliques datant de l'Antiquité romaine) ; la palmeraie et la roseraie des maîtres coloniaux, sir Harold et M. Blankeensee. Dans les six derniers tableaux, de plus en plus longs (ils constituent les trois quarts de la pièce), des plateformes sont utilisées pour séparer la scène en trois espaces horizontaux, parfois plus, et l'action se déplace de l'une à l'autre, par contrepoint, entre la prison, une maison coloniale et une unité militaire française, ou entre le bordel, le puits, et les enfers où se retrouvent et se rassemblent tous les personnages qui sont morts, sans tenir compte de leur origine ethnique. Le déplacement entre les espaces reflète les démarcations de la géographie sociale du monde colonial, où, comme le notait Derrida[2], les délimitations spatiales possèdent une signification vitale.

Dans les scènes où paraissent des Arabes et des Européens, des repères linguistiques et géographiques – argot, noms de lieux – servent à illustrer leur interaction. Quand, au début du quatrième tableau,

1 F. Moretti, *Graphs, Maps, Trees*, London, Verso, 2005, p. 55.
2 J. Derrida, *Le Monolinguisme de l'autre*, Paris, Galilée, 1996, p. 66.

Saïd n'arrive pas à comprendre un ordre jovial de sir Harold (« Crache dans tes pognes, ça donne du courage »), un ouvrier arabe l'excuse en disant : « Il n'a pas encore été en France. Il ne connaît ni la tour Eiffel ni Massy-Palaiseau[1]. » (p. 47-48) En réalité, à ce moment-là, Saïd espère trouver un travail dans la métropole, ce qui lui permettrait d'acquérir la familiarité avec la France que possèdent les prostituées du coin, qui ont déjà travaillé dans des villes de garnison françaises, comme Nancy et Toul. Dans le dixième tableau, quand des ouvriers veulent bannir Saïd qu'ils accusent d'avoir volé une veste, sir Harold se refuse à différencier des types spécifiques d'Arabes : « Et d'ailleurs, même si nous en avions le désir, comment ferions-nous, nous, la subtile distinction : un Arabe voleur et un Arabe non voleur ? » Par contraste, M. Blankeensee est fier d'énumérer les innombrables variétés de roses de son jardin, en songeant qu'aucun Arabe ne pourrait connaître leurs noms. C'est là la clé du pouvoir colonial (« Nous sommes les maîtres du langage ») et sa justification : « Les choses appartiennent à ceux qui ont su les rendre meilleures… » (p. 114). Cependant, ironiquement, tandis que ces colonialistes replets et richement attifés marchent de long en large sur la scène, des acteurs arabes se glissent furtivement avec des pinceaux et barbouillent des flammes sur les paravents où sont représentés les jardins et les vergers.

Alors que les didascalies extravagantes de Genet décrivent les propriétaires coloniaux comme des caricatures d'aristocrates, les ressortissants de l'administration quotidienne de l'Algérie française sont représentés plutôt comme des petits Français de la classe ouvrière complètement hors de leur élément. Quand, au neuvième tableau, le gendarme arrête Leïla pour le vol d'une horloge, elle prétend que son mari l'a rapportée de Maubeuge. Mais par la suite, le gendarme la rattrape quand elle tente de s'échapper, et il accuse alors Leïla et la mère de Saïd d'exploiter la gentillesse qu'il leur a faite de les vouvoyer. Cela donne lieu à un étonnant dialogue – qui tient à la fois de la sociolinguistique fantasmée, de la stratification sociale et des effets de miroir existentiels (qui menacent d'ailleurs tout au long de la pièce d'abolir les démarcations qu'elle sonde) – qui monte en un crescendo d'hilarité anarchique généralisée jusqu'à ce que le gendarme y mette fin, saisi brusquement de l'impression qu'on le fait marcher. Il dit, faisant référence aux instructions officielles qui enjoignent de vouvoyer les Algériens :

---

1 J. Genet, *Les Paravents*, Paris, Gallimard (Folio Théâtre), 2000.

> Le Gendarme : [...] Et moi, trop con, qui te disais vous pour être poli, comme on nous le recommande ! Ils en ont de bonnes, là-haut en haut lieu avec leurs vous ! Je voudrais les voir qu'ils vous touchent de près, comme nous les petits.
>
> La mère : Des petits ? Pour nous, vous autres, vous n'êtes pas les petits.
>
> Le Gendarme : Heureusement qu'on vous a et que comme ça il y a plus petit que nous, mais si on nous oblige à vous dire vous on sera bientôt plus petits que vous.
>
> La mère : De temps en temps vous pouvez oublier le vous et nous dire le tu.
>
> Le Gendarme : Surtout que vous aimez mieux ça, hein ? Le tu est plus chaud que le vous et le tu protège mieux que le vous. Quoique si le tu protège, le vous de temps en temps fait du bien, ça je m'en doute.
>
> La mère : Un peu de vous, un jour sur quatre, et le tu le reste du temps.
>
> Le Gendarme : C'est mon avis. Le tu comme base et du vous goutte à goutte. Pour vous habituer. Nous et vous on y gagne, mais le vous tout à coup, à qui dire le tu ? Entre nous le tu est tu de copain, entre nous et vous le tu qui vient de nous est tu plus mou.
>
> La mère : Juste. Le vous pour vous ça vous éloigne de nous. Le tu nous plaît, le s'il vous plaît n'est pas pour nous.
>
> Leïla : Le mou non plus... Le tout non plou... Le vu non plus.
>
> *Elle rit. La mère rit.*
>
> La mère : Des petits ? Vous autres, pour nous, vous n'êtes pas des petits.
>
> Le Gendarme : Heureusement qu'on vous a et que comme ça il y a plus petit que
>
> La mère, *enchaînant* : Le fou, c'est vous... le plus c'est mou... c'est tout au plus...
>
> *Elle rit. Leïla rit. Le Gendarme rit.*
>
> Le Gendarme : Le mon c'est plou... c'est plus mon cul... Le cul mon coup... *(Ils rient tous, aux éclats, mais soudain le Gendarme s'aperçoit qu'il partage ce rire. Il éclate.)* Silence ! Qu'est-ce que vous voulez ? Qu'est-ce que vous cherchez ? À m'avoir par le rire et par la galéjade ? À m'entraîner hors du droit chemin ? (p. 99-100)

L'hilarité partagée brièvement par le gendarme et les Arabes révèle le pouvoir du rire de transgresser les limites et les identités établies. Comme le gendarme le dit lui-même :

> Sur le rire, je pourrais vous en dire. Du rire qu'on se fend la pipe et du rire qui désarme. Quand on se marre, tout s'ouvre : la bouche, le nez, les yeux,

> les oreilles, le trou du cul. À la fois on se vide et qui sait quoi vient à sa place. (p. 101)

Le rire provoque une dangereuse évacuation de l'identité, explicitement liée à l'acte de chier et, plus loin dans la pièce, au passage vers la mort, qui est imaginée et représentée dans les mêmes termes d'abolition des différences de classe sociale. On peut rapprocher cela de Duras qui, dans son cycle indien et ailleurs, fusionne le désir, l'imagination, la révolte, la passivité, la mort, la folie et le rire. À cet égard, plusieurs scènes d'*Un Barrage contre le Pacifique* anticipent ou rappellent Genet, comme les scènes parallèles où Suzanne et Joseph vivent séparément des expériences d'autodissolution dans l'espace obscur d'un cinéma, ou la scène où un fonctionnaire qui porte un casque colonial est repoussé par la force subversive du rire de la mère, de la fille et du fils (ce trio fait penser à celui de Saïd, Leila et la mère de Leila, que Genet désigne par le terme collectif de « famille des orties », par association avec cette plante vénéneuse qui pousse dans les lieux incultes, les lieux intermédiaires). Venu affirmer la supériorité de l'administration coloniale sur l'abjection blanche, le fonctionnaire d'*Un Barrage contre le Pacifique* doit battre en retraite pour échapper au pouvoir du rire de la famille : « Ce n'était pas ça qui le préoccupait, mais seulement d'arrêter leurs rires, d'arrêter coûte que coûte cette dégringolade inattendue de toute son autorité dans leurs rires. » (*Un Barrage*, p. 312)

Quand *Les Paravents* fut enfin mis en scène au théâtre de l'Odéon en 1966 (malgré de violentes manifestations le soir de la première, menées par Jean-Marie Le Pen), la scène qui provoqua la plus vive controverse fut celle où un groupe de légionnaires improvise des funérailles pour leur lieutenant en lâchant des vents, sous prétexte que leurs pets ont conservé un peu de l'air de leur pays natal :

> Roger : « La patrie, donc, c'est pas à la semelle de mes souliers qu'elle est attachée, elle dépose dans mon ventre. Pour qu'elle m'environne, je lâche un pet. Ceux du Lot-et-Garonne, les gars [ils] font tous comme moi, et ceux de la Gironde, ceux du Tarn, et cætera [...]. En partant, j'ai fait mon plein d'air du pays. » (p. 215-216)

Les légionnaires s'assurent ainsi que leur lieutenant meurt entouré d'un « petit air de France ».

Les procédés spatiaux et linguistiques par lesquels la France et l'Algérie s'interpénètrent dans *Les Paravents* créent une géographie troublante dans laquelle les frontières et les démarcations sont soumises à de constantes révisions ironiques et à d'infinis renversements. Cela est lié, comme si souvent chez Genet, à la puissance de l'image. Évoquant les coussinets qu'il porte autour de l'abdomen pour arrondir ses hanches et son ventre, vêtement postiche dont il est persuadé que ses serviteurs ignorent l'existence, M. Blankeensee remarque que « Un homme de mon âge qui n'a ni ventre ni cul n'a guère de prestige. Alors il faut bien truquer un peu… » Pour le lieutenant à la tête de la petite bande de soldats français qui joue un rôle important dans la partie finale de la pièce, le pouvoir de l'image est primordial, si bien qu'il pousse ses hommes, de façon paradoxale, non pas à chercher la victoire mais à tenter de préserver leur image : il leur rappelle constamment de s'assurer que leur képi est bien droit et que leurs cheveux sont bien peignés, en se regardant dans les yeux des autres – puisqu'en l'absence de miroir, l'homme blanc ne peut voir son expression que si elle est reflétée dans le regard des hommes de sa propre race. La France, affirme-t-il, a gagné la vraie guerre, pendant la conquête de 1830, parce qu'« elle a proposé une image ineffaçable », largement supérieure à son image actuelle (p. 180). Selon le lieutenant, la victoire algérienne est inévitable et l'honneur de la France consistera à assurer une défaite glorieuse. Or, ce qui menace les Français, c'est que les Arabes sont en train de développer leur propre répertoire d'images (il dit à ses hommes que l'on ne doit pas laisser les Arabes s'approcher des miroirs). Ainsi l'intrigue des *Paravents* se concentre progressivement sur la question de savoir quelle faction algérienne sera victorieuse. Tout semble démontrer que les vainqueurs seront les milices arabes, occidentalisées, assimilées, organisées, qui n'ont plus rien à voir avec les villageois venus de la brousse. Pourtant, d'une manière qui est à la fois belle, puissante et peut-être un brin sentimentale, c'est l'abjecte « famille des orties » – la mère braillarde, Leïla d'une laideur repoussante, et Saïd le malodorant – qui représente pour Genet une sorte d'assise qui résiste aux défis de l'histoire et de la géographie. Par un procédé scénique génial, dans le dernier tableau, l'un des niveaux constitue un espace où les personnages qui meurent accèdent en se projetant au travers d'un paravent blanc ; ils se retrouvent alors tous, Arabes et Européens, prostituées et soldats, dans un lieu confortable.

Quand ils surgissent en déchirant le paravent, et découvrent alors ce nouveau domaine, les nouveaux arrivants s'exclament tous : « Eh oui. Eh bien. Eh bien. Et on fait tant d'histoires. » Représentée ainsi, la mort, comme le rire, s'avère être moins une abolition de la différence que l'éradication des hiérarchies immuables et des classements, aussi bien du point de vue de la politique, de la géographie, que de l'identité – qu'elle soit ethnique, sexuelle, ou sociale.

***

Née en France en 1967, d'une mère française et d'un père sénégalais, Marie NDiaye est l'auteure prolifique d'une dizaine d'œuvres, dont des romans, des pièces de théâtre et des nouvelles. Les problèmes de la différence sociale et ethnique et des mécanismes de l'exclusion sont au centre de son œuvre, et, comme Genet et Duras, elle refuse le réalisme en accordant une place importante aux façons dont les fantasmes et les désirs de ses personnages informent le monde dans lequel ils vivent. Pourtant, comme beaucoup d'écrivains de sa génération (celle des années 1980 et 1990), NDiaye suit l'exemple de Perec en ce qu'elle allie l'hyper-réalisme de la vie quotidienne contemporaine, à des éléments tirés de la fable et du fantastique. Si, chez Genet et chez Duras, l'interaction entre les espaces a un rapport tout à fait pertinent avec l'univers réel de la géopolitique, le lecteur n'a jamais l'impression qu'il s'agit en fait de lieux qu'il pourrait visiter. Chez NDiaye, au contraire, la France rurale et la terne étendue de la banlieue parisienne possèdent une présence tangible grâce à l'accumulation de détails (comme chez des écrivains tels que Jean Echenoz et Jean-Philippe Toussaint, dont les œuvres associent, comme celles de Perec, l'hyper-réalisme et l'irréel). Néanmoins, chez NDiaye, nous sommes parfois emportés subitement vers un pays qui pourrait être en Afrique ou en Afrique du nord, sans que ce lieu soit substantifié de façon explicite, réaliste.

Comme dans toute l'œuvre de NDiaye, la géographie joue un rôle fondamental dans son roman de 2007 *Mon Cœur à l'étroit*[1]. À l'instar d'*En famille* (1990) et de quelques autres œuvres, il s'agit (du moins au départ) d'une femme, nommée Nadia, enfermée dans une carapace qui l'empêche de saisir la dynamique des différences sociales, et

1 M. NDiaye, *Mon cœur à l'étroit*, Paris, Gallimard, 2007.

probablement raciales, qui sont en jeu dans son existence. Il devient progressivement évident que Nadia, une institutrice cinquantenaire, pourrait être d'origine nord-africaine, mais qu'elle éprouve un énorme désir d'oblitérer ce qu'elle ressent comme une malédiction, et cela la mène à sacrifier ses parents, bloqués dans leur misérable cité des Aubiers dans la banlieue de Bordeaux, et à abandonner son premier mari. Vivant maintenant dans un quartier chic du centre de Bordeaux avec son second mari, Ange, instituteur dans le même établissement, Nadia est possédée d'une véritable rage d'assimilation qui la mène à se construire une identité d'enseignante modèle, et à mépriser quiconque n'arrive pas à la hauteur de son difficile idéal de perfection. Surtout, elle refuse de se reconnaître toute affinité avec ces concitoyens (d'origine modeste et sans doute souvent maghrébine), qu'elle évoque par des périphrases euphémiques telles que « cette famille d'individus » ou « un quelconque corps d'individus » (111). Au début du roman (qui s'inspire du genre de la fable kafkaïenne), Ange se retrouve avec une large blessure au côté à la suite d'une attaque. Il semble qu'Ange serve d'exutoire à un corps social qui refuse en fin de compte d'accepter la morgue prétentieuse de Nadia. Différents personnages lui conseillent de quitter Bordeaux pour sauver Ange. Après quelques atermoiements, Nadia part rejoindre son fils, dans un endroit ambigu qui fait penser à la Corse ou à l'Afrique du nord (les habitants parlent une langue que Nadia aurait « refoulée »), et dans le dernier tiers du roman Nadia se transforme progressivement à mesure que nous découvrons le terrible impact psychique que ses obsessions ont infligé à son fils Ralph.

Mon Cœur à l'étroit montre bien comment les thèmes sociaux et éthiques que NDiaye aborde dans ses romans sont traités, comme dans *Rosie Carpe* par exemple, par le maniement des marqueurs génériques, de la voix narrative, et de la topographie. Les thèmes de l'exclusion, de la contamination, de l'isolation, du déni et de l'hypocrisie se déploient dans *Mon Cœur à l'étroit* en fonction de motifs géographiques, d'abord par le traitement de Bordeaux, et ensuite par le passage de cette ville grise et inhumaine à un village méditerranéen.

Le roman de NDiaye fait un usage extrêmement précis de la topographie, et mentionne de nombreuses rues du centre de Bordeaux. Comme *La Nausée* de Sartre, qui s'inspire aussi de Kafka, *Mon Cœur à l'étroit* débute par le constat d'une transformation des rapports de la protagoniste avec le monde qui l'entoure. Pour Nadia cela signifie que la ville qu'elle pensait s'être totalement appropriée conspire à sa chute. Dans un chapitre intitulé « Ma ville déloyale » (p. 122-131), l'épais brouillard qui enveloppe la ville, effaçant tout point de repère, peut rappeler cette autre fable hautement topographique, *La Chute* de Camus. Nadia ne se retrouve plus dans son propre quartier alors qu'elle cherche sa rue : « La ville elle-même cherche à me fourvoyer » (p. 123). La seule personne que Nadia aperçoit est une marchande de journaux face à qui elle a un mouvement de recul en s'apercevant que cette personne fait ouvertement étalage de leurs communes origines sociales et ethniques, que Nadia a tant voulu refouler (les effets de miroir sont tout aussi importants ici que chez Genet) (p. 125). Un peu plus loin, dans un chapitre intitulé « Tombée aux mains de Fondaudège » (p. 147), cette rue Fondaudège, où Nadia a vécu autrefois, semble avoir subi une mutation étrange, et s'être prolongée démesurément, sa bizarre nouvelle longueur reflétant la distance et la couche d'oubli sous laquelle elle a cherché à l'enterrer. Les interactions entre l'espace urbain et l'espace mental vont de pair avec l'écroulement du monde profondément inhumain que Nadia s'est construit, et sa prestation narrative, d'abord bien contrôlée, se trouve de plus en plus entrecoupée de passages en italiques traduisant des sentiments plus troubles, plus inavouables : peu à peu, Nadia en vient à reconnaître son arrogance et son manque de cœur.

Autre coup de maître, NDiaye situe l'appartement de Nadia dans une rue du centre-ville qui ne porte pas le nom d'un bordelais célèbre mais, ce qui est assez inusité, d'une œuvre : la rue Esprit-des-Lois, en référence à l'essai de Montesquieu. Un passage où le mot « loi » ne cesse de résonner, comme dans la célèbre parabole de Kafka « Devant la loi », fait ressortir l'ironie de cette conjonction d'un lieu et d'un personnage, de l'éthique et de l'espace. Ange est allongé et moribond, et Nadia lui chuchote à l'oreille :

> dès lors qu'il y a une loi générale, ou l'apparence d'une loi générale, oui, voilà, nous la respectons, et si cette apparence de loi nous contrarie, si elle nous attaque et nous déplaît, nous nous disons que la loi n'est pas faite pour satisfaire absolument et nécessairement tout le monde, que la loi, que son apparence même, n'est pas faite pour nous contenter, nous, précisément, et qu'il y a déjà par ailleurs un grand nombre de lois qui nous conviennent et nous profitent (p. 35).

Nadia reconnaît avoir préféré respecter la lettre plutôt que l'esprit de la loi. Elle s'est ainsi enfermée dans un système rigide, dans lequel la loi entérine un état de fait qui relègue aux marges de la société les gens comme elle – ou plutôt les gens comme elle était avant qu'elle ne renie ses origines. Dans cet exemple, NDiaye utilise avec brio la toponymie et la topographie de Bordeaux pour souligner les multiples ironies de l'invention stratégique de Nadia par elle-même. Tout comme le Clamence de Camus dans *La Chute* qui choisit de vivre au centre d'Amsterdam pour s'enfouir dans ce qu'il juge être une zone grise de culpabilité totale (évitant ainsi sa propre culpabilité), Nadia s'est installée dans une rue, toujours associée dans le roman à la grisaille et au crachin, qui symbolise les lois sociales (qu'elles soient justes ou injustes) qui lui ont donné – d'ailleurs bien trop précairement – l'identité bourgeoise qu'elle convoitait. En intériorisant et en appliquant des « lois » – qui l'auraient autrement vouée, elle, aux gémonies – Nadia a sacrifié son humanité.

Lorsque Nadia réussit enfin à partir, Bordeaux semble de nouveau conspirer contre elle, cette fois par l'entremise du tramway qui s'obstine à l'ignorer tandis qu'elle trottine le long des rails en traînant sa valise à roulettes sur les pavés sales. Quand le tramway persiste à ne pas s'arrêter pour elle, Nadia se sent « violemment humiliée » (193), mais pour la première fois elle prend conscience d'affinités avec « des figures et des silhouettes du même genre que la mienne », des gens avec qui « je n'aurais jamais observé autrefois [...] quoi que ce soit en commun » (193). Elle se demande maintenant si elle a davantage en commun avec « les êtres auxquels je ressemble » qu'avec ceux « dont je croyais faire partie et qui maintenant, Ange et moi, ne nous reconnaissent plus comme tels » (194).

Dans le dernier tiers du roman, la transformation progressive de Nadia – à la suite de prises de conscience successives – comporte la reconnaissance du terrible impact psychique que ses obsessions ont infligé à son fils Ralph. Ce prénom si franchement anglo-saxon semble évoquer, sur un plan intertextuel, une autre fable, *Sa Majesté des mouches*, qui, comme *Mon Cœur à l'étroit*, traite de la frontière floue séparant l'humain de l'inhumain et nous fait sentir à quel point est mince le vernis de la civilisation bourgeoise. Or, comme l'a indiqué Golding, *Sa Majesté des Mouches* est en partie la réécriture d'un roman victorien, *Coral Island* de R.M. Ballantyne, dans lequel le narrateur, appelé Ralph, est naufragé sur une île tropicale avec deux autres garçons anglais. Tandis que dans la fable impérialiste de Ballantyne les personnages sont de petits chrétiens innocents, courageux et pleins de ressources, qui triomphent de cannibales sauvages et de pirates, les garçons chez Golding, et surtout l'aîné qui s'appelle aussi Ralph, découvrent le mal et l'inhumanité dont tout être humain est capable. Ralph participe, par exemple, à l'humiliation rituelle d'un bouc émissaire, le petit cockney, Piggy (Porcinet), auquel NDiaye semble emprunter certains traits, sa corpulence, sa myopie, ses fragiles lunettes, pour les attribuer à Nadia. Si, en fin de compte, Nadia est elle-même tout aussi victime des manipulations incessantes dont son fils Ralph a fait les frais tout au long de son enfance, Ralph, pour sa part, semble victime du personnage qu'il s'est forgé pour faire face à sa mère, compassé et rongé par le mal de vivre.

Ralph emmène sa mère loin de la côte ensoleillée jusqu'à une maison sépulcrale enfouie dans une vallée de montagne, plongée dans une pénombre perpétuelle. Nadia découvre qu'il ne vit plus avec sa femme Yasmine, qu'elle avait regardée de haut à Bordeaux, ni avec sa petite fille Souhar – nom à connotation maghrébine, détesté bien sûr par Nadia – mais avec la sinistre gynécologue Wilma, qui encourage la passion de Ralph pour les armes à feu et la chasse, et semble ne manger que de la viande. Nadia est ébahie d'apprendre que Ralph a sorti ses vieux grands-parents (les parents de Nadia) de la misérable cité des Aubiers où, comme Ralph le lui rappelle, Nadia les avait laissés croupir sans aller les voir une seule fois en trente-cinq ans, et les a installés dans un village de la côte où ce sont eux qui élèvent Souhar. Or, le récit de Nadia laisse entendre qu'elle choisira de s'installer dans ce même village, au sein de sa famille recomposée. Mais si l'on peut considérer que le passage de la ville grise à la côte ensoleillée constitue dans *Mon Cœur à l'étroit* un voyage ontologique, les courants troubles qui ne cessent de traverser la narration ne semblent pas garantir une fin heureuse. Quoique Nadia semble reprendre contact avec ses origines, les dommages de l'éducation qu'elle a infligée à Ralph ont laissé des traces évidentes et auront des conséquences durables.

Par sa façon de présenter les espaces de Bordeaux et de les mettre en relation avec un espace autre, méditerranéen en l'occurrence, *Mon Cœur à l'étroit* invente un moyen de traiter les espaces qui « s'intensifie[nt] » (Bakhtine) jusqu'à devenir des « forces actives » (Moretti) dans les textes littéraires. Comme chez Genet, des effets de miroir, un sens du pouvoir des images, des identifications stéréotypées de plus en plus rigides, mais aussi l'affirmation d'une capacité d'esquiver ou de transformer les images de soi, se déploient comme des « relations entre les lieux qui sont plus significatifs que les lieux eux-mêmes » (Moretti). Le passage d'un centre prétendument central (Bordeaux) – en réalité terriblement provincial – à un lieu censément périphérique (le village méditerranéen), comme le passage de Brive-la-Gaillarde et Antony à la Guadeloupe dans *Rosie Carpe*, renverse les attentes, les rapports géographiques devenant les vecteurs de profondes ironies historiques. Duras, Genet, Tournier, Perec, NDiaye, avec d'autres écrivains contemporains (on pourrait aussi mentionner Patrick Modiano, Marie Darrieussecq et François Bon) instaurent des dispositifs qui ne sont ni coloniaux ni postcoloniaux, mais plutôt simultanément locaux et globaux. Ils créent des œuvres (et des univers) littéraires qui ne transgressent pas tant les frontières qu'ils les redessinent ; ils les multiplient jusqu'à ce qu'elles deviennent omniprésentes, mais elles n'en paraissent que plus floues, plus évanescentes et plus inconsistantes. Si l'on ajoute à cela la mort, le désir, le rire, l'ironie, l'altérité et le bouleversement spatial, la politique, et l'Histoire, on ne peut plus douter du fait que l'écriture postmoderne a non seulement remis en question la pertinence des frontières, mais aussi radicalement ébranlé la possibilité même de les déterminer et de les stabiliser. Les « géographies chargées » de la littérature de la fin du vingtième siècle et du vingt-et-unième siècle nous imposent des frontières et des zones frontalières provisoires, des horizons qui fuient, et une constante réversibilité dans les rapports entre le soi et l'autre, entre l'est et l'ouest, le nord et le sud, la réalité et la fiction, le proche et l'apparemment (ou précédemment) lointain.

Michael SHERINGHAM
All Souls College,
Université d'Oxford
Traduit par Francis Grévemont

OUVRAGES CITÉS

BAKHTIN, Mikhaïl, *Esthétique et théorie du roman*, Paris, Gallimard, 1994.

DERRIDA, Jacques, *Le Monolinguisme de l'autre*, Paris, Galilée, 1996.

DURAS, Marguerite, *Un Barrage contre le Pacifique*, Paris, Gallimard, 1950.

GENET, Jean, *Les Paravents*, Paris, Gallimard (Folio Théâtre), 2000 [1966].

HENRIC, Jacques, « Artaud travaillé par la Chine », dans *Vers une révolution culturelle : Artaud, Bataille*, Cerisy-la-Salle, Centre culturel international, 1972, édit Philippe Sollers, Paris, U.G.E. (collection 10/18), 1973, p. 215-261.

LEFEBVRE, Henri, *La Production de l'espace*, Paris, Anthropos, 1974.

MORETTI, Franco, *Atlas of the European Novel 1800-1900*, London, Verso, 1998.

MORETTI, Franco, *Graphs, Maps, Trees*, London, Verso, 2005.

NDIAYE, Marie, *Mon cœur à l'étroit*, Paris, Gallimard, 2007.

THIBAUDET, Albert, « Les deux ordres », *La Revue Critique des Idées et des Livres*, n° 32, avril 1921 [réimp. dans « Théorie et histoire littéraire », *Fabula LHT (Littérature, histoire, théorie)*, n° 0, 2012, http://www.fabula.org/lht/0/pradeau.htmlp140].

TOURNIER, Michel, *La Goutte d'or*, Paris, Gallimard, 1986.

WESTPHAL, Bertrand, *La Géocritique. Réel, fiction, espace*, Paris, Minuit, 2007.

« PRÉSENCE ANTILLAISE »

Le Métissage et la créolisation dans le paysage littéraire contemporain français

La définition, les processus et les applications rattachés au mot « francophonie » sont souvent sujets à des antagonismes et à des accusations qui pourraient aisément se voir associés aux objectifs du « national » et du « global ». Cependant, « le national et le global » en tant que nouvelle formulation, cherche à encourager la perception de motifs culturels qui ne sauraient être entièrement contrôlables ni parfaitement déchiffrables. Cette nouvelle terminologie cherche aussi à désigner le nombre croissant de contacts entre la littérature française et d'autres littératures en français, notamment du point de vue de leur historicisation et de leur théorisation. Il ne s'agit pas de dire que le monde est aussi petit que certains l'affirment. Mais il est vrai que la constance des avancées techniques ainsi que la présence d'autres facteurs déterminants tels que la migration ont facilité et multiplié les contacts culturels. Pourtant, l'ouverture tangible de nouvelles frontières et la mobilité croissante dont bénéficient aujourd'hui les individus contribuent aussi à développer une impression de proximité et d'intimité que la rigidité de certaines définitions des cultures et de leurs aptitudes peut contredire. L'intellectuel haïtien Joël des Rosiers nous met en garde à juste titre : « Alors que les crispations identitaires s'amplifient dans le monde, la question n'est pas vaine de savoir comment poser et construire la présence de l'autre dans l'œuvre ; comment affronter avec beaucoup de compréhension la différence des autres[1]. » Et lorsque cet autre est aussi un concitoyen, les mots de des Rosiers n'en sont pas moins pertinents.

Cet essai ne s'intéresse pas seulement aux littératures en français, mais aussi aux littérature(s) française(s). Les œuvres produites par des

1 J. des Rosiers, *Théories caraïbes : poétique du déracinement*, Montréal, Triptyque, 1996, p. 76.

auteurs issus des départements et des régions français d'outre-mer[1] entrent dans ces deux catégories, bien que l'espace culturel français continue de maintenir une vision paradoxale des ressortissants des Antilles françaises qui pour la plupart, sont des descendants d'esclaves africains déportés vers les Caraïbes pendant l'époque coloniale. De la racialisation d'un individu à celle de sa culture, il ne faut souvent qu'un pas et il ne faut guère qu'un autre pas pour racialiser la littérature antillaise sans problématiser le phénomène, et ce malgré le fait que cette essentialisation est elle-même loin de refléter la réalité anthropologique de la Caraïbe[2]. Cette racialisation est le produit d'une épistémologie basée sur l'unité imaginée de l'objet qu'elle tente de circonscrire et d'interpréter. Les questions centrales que pose cet essai sont ainsi les suivantes : Que comprend l'expression « littérature française » aujourd'hui ? Quels sont les sites depuis lesquels cette littérature s'exprime ? La francité de la littérature nationale est-elle compatible avec l'antillanité des littératures antillaises et leur expansion ? Comment se manifeste cette compatibilité[3] ?

Walter D. Mignolo estime que « la notion de cultures nationales homogènes et de transmission consensuelle de traditions historiques et littéraires, ainsi que celle de communauté ethnique inaltérée, sont en train d'être profondément révisées et redéfinies[4] ». En raison des trans-

---

1 Martinique, Guadeloupe, Guyane, La Réunion (plus communément appelées DOMs-ROMs [Département et Régions d'Outre-mer]). Ces quatre anciennes colonies de la France sont devenues des départements d'outre-mer en 1946 après un vote par référendum. Les ressortissants des DOMs-ROMs sont des citoyens français et, en tant que tels, sont totalement intégrés à l'Union européenne.

2 Dans leurs *Lettres créoles*, Patrick Chamoiseau et Raphaël Confiant s'exclament : « Oh, les docteurs ont sévi, ils l'ont nommée littérature négro-africaine, littérature des îles, littérature noire d'expression française, littérature afro-antillaise… Ils ont isolé sa trajectoire écrite de ses autres sillonnements. » *Lettres créoles : Tracées antillaises et continentales de la littérature – Haïti, Guadeloupe, Martinique, Guyane, 1635-1975*, Paris, Hatier, 1991, p. 13.

3 D'après David Murphy, « Les critères de la littérature française sont supposés être la norme et les littératures francophones sont évaluées en fonction de leur aptitude à se mesurer à ces critères ». Citant comme preuve Jean-Marc Moura, il ajoute : « L'histoire et la littérature sont ainsi interprétées à partir d'une perspective franco-française qui n'admet ni présupposés ni négligences théoriques. Le problème a trait à la confusion qui règne dans les littératures francophones ». Pour Murphy, la confusion que Moura décrit est le résultat « du manque de réflexion théorique française sur les littératures francophones ». « De-centring French Studies : Towards a Postcolonial Theory of Francophone Cultures », *French Cultural Studies*, nº 13, 2002, p. 176.

4 W. D. Mignolo, *Coloniality, Subaltern Knowledges, and Border Thinking*, Princeton, Princeton University Press, 1999, p. 236. Toutes les citations de l'anglais sont traduites par l'auteure, sauf indication contraire

formations géopolitiques de 1946 – à savoir, la départementalisation des anciennes colonies antillaises – force est en effet d'admettre que certaines définitions (notamment, ce que la littérature française entend) ont été affectées par la multiplication des régions du monde depuis lesquelles des œuvres en français sont produites ; certaines de ces régions, bien qu'elles ne se trouvent pas physiquement dans l'espace hexagonal, sont néanmoins nationales. Alors, penser la littérature française signifie aussi prendre en considération les auteurs antillais français qui, en grand nombre, ont défendu de façon créative les impératifs relationnels de la rencontre des cultures, tout en s'efforçant de repousser l'idée de la supranationalité de la France vis-à-vis des cultures d'outre-mer. Loin de vouloir systématiquement opposer la littérature antillaise à la littérature française, nous espérons montrer la vitalité des écritures qui s'agitent à l'intérieur du corpus national français, invitant ce dernier à perpétuellement se renouveler et à prendre place dans le débat plus large sur la littérature monde[1].

À partir des années 1960, Edouard Glissant a parlé d'antillanité, de chaos-monde et de tout-monde ; Jean Bernabé, Patrick Chamoiseau et Raphaël Confiant ont par la suite développé la notion de créolité ; quant à Maryse Condé et à Suzanne Dracius, elles se sont gardées de toute tentative de théorisation, tout en prenant part au débat – et contribuant à l'enrichir – sur les littératures antillaises, les questions de métissage et de créolisation, en montrant que le métissage, plutôt que de constituer une posture de défiance négative et unidirectionnelle, peut être refondue en une posture de défense multidirectionnelle. J'examinerai quatre de ces textes – *Rue Monte au Ciel* de Dracius, *La Traversée de la mangrove* de Condé, *Éloge de la créolité* de Bernabé et al, et le roman de Glissant *Tout-Monde* – dont certains peuvent être considérés comme des applications esthétiques des théories susmentionnées, et d'autres comme des interprétations littéraires originales de ces mêmes théories. Tous ces auteurs partagent la conviction que, pour que les communautés de leurs îles et

1 Selon Ralph Ludwig, les réflexions théoriques des auteurs antillais « révèlent…leur conscience du caractère original de la littérature antillaise, née à un carrefour culturel, point de rencontre entre civilisations précolombiennes, colonisateur européen, esclaves africains et ouvriers indiens ». En même temps, cette « nouvelle littérature antillaise figure son individualité ». Ralph Ludwig, « Introduction. Écrire la parole de nuit », dans Écrire la "parole de nuit" : *la nouvelle littérature antillaise*, éd. Ralph Ludwig, Paris, Gallimard, 1994, p. 15.

leur diaspora atteignent un certain degré de conscience d'elles-mêmes, pour que certaines réalités de leur existence soient révélées et pour que leur imaginaire se déploie, le développement de narrations culturelles représente un passage indispensable. Le métissage est la notion très controversée qui cimentera la théorie et l'esthétique littéraire. Les trois constructions – *antillanité, créolité, tout-monde* – qui seront débattues, bien qu'elles ne soient pas des synonymes de métissage, sont néanmoins des expressions, des modèles, ou des expansions de ce terme. Le sens précis que nous souhaitons donner à ces dérivations du métissage est emprunté à la définition par Andrew Smith de l'hybridité :

> Un terme désignant non pas le mélange de traditions culturelles autonomes, mais permettant davantage de reconnaître le fait que toute culture est le théâtre de conflits où le moi se joue contre le prétendu « autre », et où les tentatives de resserrage et de reconnaissance de son discours hégémonique par la culture dominante sont menacées par le retour de récits et d'histoires mineurs, et par des stratégies d'appropriation et de réévaluation[1].

Née de cultures créolisées, la littérature des Antilles françaises porte les traces de cet héritage mixte et relationnel. La référence de Smith à l'idée de lutte nous semble pertinente dans la mesure où elle clarifie le propre du métissage : préserver les cultures de l'« appauvrissement », – appauvrissement qui, selon Édouard Glissant, pourrait devenir une réalité si quelqu'un « ne se hasarde pas au trouble du contact des cultures, qui ne s'engage pas à l'ardente réflexibilité d'une relation paritaire aux autres[2] ». À l'instar de Gary Wilder, notre intention est ici de « remettre en question le fait que l'État-nation puisse être une catégorie analytique satisfaisante », et, par conséquent, de mettre en question les concepts de « littérature nationale » et de « littérature universelle » qui sont souvent des catégories dans lesquelles la littérature française est placée. Les exemples du roman de Condé et du *Tout-monde* de Glissant nous révèlent, chacun à leur manière, et pour reprendre l'expression d'Arjun Appadurai, que « nous nous dirigeons vers une norme mondiale » qui exige que nous « nous nous pensions en dehors de la nation » puisque la transnationalité s'applique à tout un chacun. Dans une certaine mesure, Dracius et les

1 A. Smith, « Migrancy, Hybridity, and Postcolonial Literary Studies », dans *The Cambridge Companion to Postcolonial Literary Studies*, éd. Neil Lazarus, Cambridge, Cambridge University Press, 2004, p. 252.

2 Edouard Glissant, *Poétique de la relation*, Paris, Gallimard, 1990, p. 126.

trois cofondateurs du mouvement de la créolité nous montrent la nécessité de « penser "au cœur de l'État-nation" afin d'aborder les tensions internes ayant contribué aux phénomènes transnationaux actuels ». Ces positions apparemment duelles éclairent les tensions internes contenues dans la taxonomie marquée d'un trait d'union que constitue l'expression « franco-antillais ». Ces tensions révèlent que le texte antillais, en étant à la fois dans et au-delà du national, n'est pas seulement métis et créolisé – c'est-à-dire, transrégional – mais aussi transnational, apportant ainsi la preuve que cette même catégorie, le transnational, peut, comme Wilder le déclare, « être situé au cœur de l'État-nation lui-même[1] ». Dans ce qui suit, nous tenterons donc de localiser et de délimiter les sites d'influence mutuelle entre les littératures françaises de l'Hexagone et des Antilles, en prenant comme points de référence quatre concepts ou notions développés sur la scène littéraire francophone au cours de ces cinquante dernières années.

ANTILLANITÉS DE MARYSE CONDÉ ET DE SUZANNE DRACIUS

Nous commencerons cette discussion par une exploration de l'antillanité des textes de Maryse Condé et de Suzanne Dracius, deux exemples parmi tant d'autres dans la Caraïbe qui nous montrent, par leurs différences, l'urgence de pratiquer ce que les autres prêchent au cœur même de l'espace littéraire, et l'importance de redessiner le paysage littéraire français. L'antillanité fut inventée à la fin des années 1960 par l'essayiste, romancier et militant martiniquais Édouard Glissant, bien que ce fût en 1981, dans son célèbre *Discours antillais*, qu'il entreprit de développer complètement sa théorie. « Comprendre le réel antillais » fut l'objectif initial de Glissant. L'antillanité soutient le besoin d'élaborer un discours de proximité sur le réel caribéen, à la fois temporellement et géographiquement, à travers un métissage culturel, racial et linguistique

1 G. Wilder, « Panafricanism and the Republican Political Sphere », dans *The Color of Liberty : Histories of Race in France*, éd. Sue Peabody et Tyler Stovall Durham, N.C., Duke University Press, 2003, p. 237. Toutes les citations dans ce paragraphe, y compris celle d'Appadurai que Wilder mentionne, renvoient à cette page.

qui irait au-delà de la Négritude ; car d'après Glissant, comprendre l'identité caribéenne exige que chacun ressente les vibrations de la géographie particulière de la région, de ses îles. La notion d'île sert de tremplin à la celle de relation ainsi qu'à l'idée de contact, car « Dans la Caraïbe… chaque île est une ouverture ». Glissant estime que, pour que les Caribéens acquièrent une conscience d'eux-mêmes, il leur faut reconnaître les identités particulières issues des éléments anthropologiques variés qui forment la réalité de leur région. La relation est ce qui assurerait leur collaboration. Plus qu'un simple lien, la relation symbolise le rassemblement de multiples voix mélangées, une liaison collective entre les peuples variés de cette partie des Amériques, la référence à leur histoire tumultueuse, et une tension commune vers l'avenir et la recherche de coopération. Pour Glissant, reconnaître la présence d'une culture métisse équivaut à reconnaître le fait que la relation était à la fois une prise de conscience et un projet, une « théorie et une réalité[1] ».

Sur la base de ses postulats, nous souhaitons appréhender le roman *La Traversée de la mangrove* comme la réponse de Condé aux mutations complexes de l'identité culturelle antillaise. Dans ce livre, elle propose une manière possible d'explorer un aspect de la « multi-relation[2] » glissantienne qui se joue dans la Caraïbe et dans le monde. Relativement au recueil de nouvelles *Rue Monte au Ciel*, il s'agira principalement d'observer la manière dont le délicat jeu paratextuel et intertextuel de Dracius peut traduire les complexités d'un héritage culturel antillais métissé.

MARYSE CONDÉ, OU L'ANTILLANITÉ EN QUESTION

La critique Marie-Denise Shelton nous rappelle que « dans la Caraïbe comme ailleurs, la formulation de théories met souvent en danger la notion même d'identité. Elle a mené à des concours entre acteurs

1 É. Glissant, *L'Intention poétique*, Paris, Éditions du Seuil, 1969, p. 219.

2 « Multi-relation » est la manière dont Édouard Glissant décrit la Caraïbe. Ce terme est au cœur de l'antillanité, une notion et une théorie que l'auteur et essayiste a inventées dans les années 1960 mais qu'il développa dans son œuvre fondatrice *Le Discours antillais*. Glissant, Paris, Gallimard, 1981.

représentant des intérêts concurrents ou à des luttes isolées générées par des conjonctures spécifiques[1] ». C'est en partie en raison de ce risque inhérent que Maryse Condé aurait toujours évité toute adhésion à un courant intellectuel, bien qu'elle ne soit pas du tout exclue des débats théoriques. Sa participation originale à ces débats lui aura permis d'informer les diverses tentatives de localisalisation de la littérature antillaise – ainsi que le note Shelton fort à-propos –, et de répondre aux mutations complexes de l'identité culturelle antillaise tout en offrant un mode d'exploration possible d'un aspect de la Relation glissantienne. Publié en 1989, *La Traversée de la mangrove* raconte le retour d'un auteur fictionnel, Francis Sancher, à la Guadeloupe – endroit où, pourtant, il n'est pas né. Caribéen errant qui ne terminera jamais d'écrire l'histoire qu'il trouve impossible à raconter, mystérieux et énigmatique, Sancher s'installe dans la petite commune de Rivière-au-Sel, le berceau de son ancêtre européen planteur (béké), dans l'espoir de mettre un terme à la malédiction qui a tourmenté les hommes de sa famille depuis des générations. La narration de *La Traversée de la mangrove* repose sur dix-neuf voix individuelles assemblées autour du corps de Sancher, retrouvé sans vie dans la boue de la mangrove. L'un après l'autre, les sept femmes et les douze hommes qui prononcent à leur tour leur amour, leur haine et leur ambivalence vis-à-vis de Sancher sont amenés à se confronter à eux-mêmes autant qu'aux autres habitants de la commune. Le corps irrévocablement réduit au silence de Sancher est accablé par la franchise de ces personnages qui se retrouvent soudainement libres de s'exprimer en toute sincérité. Et s'il demeure difficile pour les lecteurs de se forger une opinion dépourvue d'ambiguïté sur Sancher, c'est parce qu'ils sont confrontés, à l'instar des personnages du roman, à la difficulté d'accepter que tant de paradoxes puissent exister au cœur d'un seul être. Cette polyphonie (ou cacophonie) orchestrée par Condé symbolise la réconciliation difficile des personnages avec leur propre inaptitude collective – même si celle-ci n'est pas collectivement analysée – de s'accepter en tant que communauté et d'accepter toute la mesure de leur complexe antillanité.

La narration de *La Traversée de la mangrove* est composée d'une pluralité de déclarations qui s'entrelacent sans jamais vraiment atteindre

1 M.-D. Shelton, « Condé : The Politics of Gender and Identity », *World Literature Today*, vol. 67, n°4, 1993, p. 717.

une unité pour répondre à la question que tous se posent : qui était Francis Sancher ? Dans notre objectif présent, cette question peut être reformulée : quelle est l'identité d'un Antillais, et qui est l'écrivain antillais ? Condé conçoit son héritage guadeloupéen comme le résultat d'une mobilité humaine, la progéniture d'un monde perpétuellement changeant, héritière de tous les lieux mais prisonnière d'aucun. Néanmoins, comme l'auteure le souligne elle-même, « Le défi consiste à accepter ce fait et à intégrer ce pluriculturalisme dans nos existences[1] ». C'est sans aucun doute en raison de l'intensité de ce défi que son personnage Francis Sancher est hanté par l'idée d'un « retour » à un lieu soi-disant mythique et mystique, et espère trouver la clé de sa propre répétition existentielle en suivant les traces de sa lignée. Mais Sancher l'écrivain trouvera dans cette circularité, non pas les signes annonciateurs d'un apaisement, mais seulement la mort. Ainsi, au moment où les écrivains de la créolité affirmaient que la littérature antillaise était encore naissante, Condé procédait à l'autopsie d'un écrivain antillais, après avoir mis en scène son anathème. L'auteur est mort. Longue vie à l'écrivain ? Sancher emporte avec lui sa propre incompréhensibilité. Au vu de la réputation que Sancher aura eue au cours de sa vie, Condé s'interroge sur le statut qui devrait être donné à son activité : écrire. L'écrivain antillais pourra-t-il être un jour compris ? Et par qui ?

Ces questions sont plus pertinentes même que le cadre de l'histoire. La petite commune de Rivière-au-Sel est un endroit qui s'ignore, fondamentalement inconscient de son propre milieu ; non pas un territoire coupé du reste du monde, la ravine d'une île, mais plutôt un inconscient diasporique, l'agitation culturelle d'un rapport aux autres îles, au continent tout entier, mais aussi au monde. Le personnage d'auteur/écrivant et la communauté ne peuvent donc pas être dissociés, parce que la compréhension du premier dépend de sa réception par le second. Cette codépendance suffit-elle à fournir à l'auteur antillais des lecteurs fiables dans son propre milieu ? Les personnages du roman demandent à plusieurs reprises : « As-tu pensé en l'écrivant à la langue de ta mère, le créole ? As-tu comme le talentueux Martiniquais, Patrick Chamoiseau, déconstruit le français-français ? » (p. 228) ; « ce roman-là est-il bien guadeloupéen ? Il est écrit en français. Quel français ? » (p. 228). Ce sont

1 M. Condé, « Le Métissage du texte », dans *Discours sur le métissage, identités métissés*, éd. S. Kandé, Paris, L'Harmattan, 1999, p. 217

là les questions que l'écrivain en herbe Lucien Evariste s'entend poser par un public imaginaire de critiques locaux. Ce que Condé condamne ici, dans une critique à peine voilée des créolistes, est toute approche quantitative qui mesurerait un sentiment d'appartenance selon des critères qui circonscrivent les cultures et les identités d'une manière absolue. Pour Condé, l'écrivain antillais – symbolisé par Sancher – est seulement authentique dans la mesure où il demeure profondément incompréhensible. Son opacité est l'élément qui conteste les déclarations ou les jugements qui imposeraient une identité fixe. Ainsi, définir l'écrivain antillais selon une perspective créoliste reviendrait pour Condé à souligner uniquement ses manques. Maryse Condé pense que l'antillanité d'un écrivain dérive non pas de cette équation, mais du fait qu'au cœur du je auctorial antillais repose son opacité. L'existence et les productions des écrivains antillais ne peuvent continuer à être perçues comme étant seulement le produit de leur milieu ni de leur généalogie, parce qu'ils sont principalement des figures transculturelles.

SUZANNE DRACIUS ET LE TEXTE MÉTISSÉ

L'observation de ce qui détermine le champ d'intervention d'un écrivain antillais remet en question les limites de son inclusion dans le plus large champ littéraire français. Ce premier mouvement vers l'antillanité avec Maryse Condé semble ainsi faire écho à cette réflexion de Glissant que « La première de nos revendications doit être la contestation de la légitimité et de la filiation[1] ». Pour Glissant, le seul modèle de filiation apte à décrire les processus de contact de par le monde serait celui de l'« adoption », et non pas de la « légitimation[2] ». Sa déclaration devrait nous permettre de reconsidérer l'antillanité de Suzanne Dracius, auteure martiniquaise et ancienne professeure de lettres classiques. À propos de son recueil de nouvelles, *Rue Monte au Ciel* (2003), notre intérêt se situe

1 Glissant, « Le chaos-monde, l'oral et l'écrit », dans Écrire *"la parole de nuit"*, *op. cit.*, p. 120.

2 Glissant, « Édouard Glissant / Kamau Brathwaite, A Dialogue : National Language and Poetics of Creolization », dans *Presencia criolla en el Caribe*, éd. Ineke Phaf, Madrid, Iberoamericana, 1996, p. 27-28.

principalement dans la manière dont le jeu épigraphique et intertextuel de Dracius traduit les complexités de son héritage culturel antillais métissé. En Europe, comme sur son île d'origine, Dracius laisse ses différents je – auctorial, intime – parler par le biais d'une écriture qui emprunte autant aux fondations culturelles d'un imaginaire créole que des ressources du latin et du grecque. À sa façon, Suzanne Dracius nous fait part de sa propre définition de l'antillanité et permet à sa pensée métisse de s'exprimer. Toutefois, tout comme Maryse Condé, l'auteure choisit de le faire sans adhérer à aucun paradigme théorique consacré.

Rue Monte au Ciel, recueil de neuf histoires, est une œuvre fondamentalement transtextuelle, classification qui, selon la terminologie de Gérard Genette, inclut toute écriture qui « met en relation » un texte « avec d'autres textes[1] ». Si, pour Suzanne Dracius, cette mise en relation peut prendre différentes formes, deux pratiques en particulier sont reprises dans le recueil : l'intertextualité (citations ou allusions à d'autres textes) et l'hypertextualité, une « transformation simple ou directe » d'un texte original. Cette distinction nous amène précisément aux huit épigraphes qui précèdent ces histoires. Ces épigraphes représentent un corpus sélectif d'œuvres qui place le texte antillais autant dans le canon français qu'au-delà de ce canon (Les œuvres citées sont respectivement de Virgile, François Villon, Euripide, Terence, Racine, Simone de Beauvoir, Victor Hugo et Alejo Carpentier). Dracius récupère et renverse simultanément les stratégies d'« affiliation » qui, selon Patrick Rebollar, pourraient motiver le choix d'une épigraphe[2]. Dans une certaine mesure, l'utilisation quasi-systématique d'épigraphes par Dracius l'aide à défendre l'idée d'une affiliation littéraire entre son œuvre antillaise et les œuvres qu'elle cite. Toutefois, Dracius nous montre aussi que cette réitération exige que certains marqueurs idéologiques de la « littérarité » d'une œuvre soient réévalués de manière à ce que les origines de cette affiliation ne demeurent pas unilatérales.

La première histoire, d'où le recueil tire son nom, est elle-même divisée en chapitres. Seuls le premier et le dernier chapitres de cette histoire initiale sont introduits par une épigraphe. Pour le premier de ces chapitres, qui a pour titre « Montagne de feu », Dracius reste fidèle à son éducation classique et emploie un intertexte communément attribué

1 G. Genette, *Palimpsestes*, Paris, Seuil, 1982, p. 7.
2 P. Rebollar, « En lisant les épigraphes de Claude Simon », *Berlol*, June 15 2008, p. 7.

à Virgile, l'auteur de *L'Énéide*, citant le célèbre palindrome connu sous le nom de verset du diable[1]. Christina Filoche indique que, de l'antiquité à aujourd'hui, de nombreux auteurs ont avoué s'être inspirés de Virgile, faisant de ce dernier un élément clef de leur production[2]. Filoche retrace la tradition intertextuelle occidentale à l'ère classique, mais elle met l'accent sur Virgile en particulier et le présente comme le père de cette tradition intertextuelle dans la mesure où elle fait de lui une référence originelle. Dracius essaierait-t-elle de nous montrer qu'elle accepte l'intégration de son texte à cette tradition ?

Du point de vue de leur fonction, les épigraphes de Dracius sont simultanément trope, philosophie et mise en relation du lecteur et de l'auteur. Leur nature suggère qu'elles sont à la fois des métatextes et des liens hypertextextuels œuvrant à transformer le jeu épigraphique en un travail de référentialité qui amène le lecteur à porter une réflexion sur les thèmes de l'injustice, des préjugés de race et des relations de dominance, afin d'aborder des questions d'ordre métacritique. Le dialogue initié entre ces différents thèmes reflète le désir de Dracius de mettre fin aux délimitations et aux hiérarchies que certaines interprétations de textes antillais ont imposées, afin de faire pleinement usage de l'univers métissé de son art. Pendant que Condé « met en doute la validité de théories qui cherchent à définir la Caraïbe en termes d'antinomies élémentaires : Afrique contre Europe[3] », Dracius tente de nous montrer que, en tant qu'artiste antillaise, il y aurait d'autres manières d'exister dans la culture française : en tant qu'auteure bien sûr mais aussi en tant qu'auteure de couleur, écrivaine d'origines mixtes. Elle s'efforce donc à sa façon de révéler les autres voix de la langue française.

Cependant, une épigraphe peut à elle seule simultanément renforcer le sens d'une histoire et aider à mieux comprendre l'éthique personnelle et littéraire de l'auteure, se révélant ainsi profondément autoréflexive. Le jeu épigraphique de Dracius prend part au débat sur le mélange culturel dont l'antillanité de son œuvre est une manifestation. Cette pratique de

1 Traduit par Dracius elle-même : « in girum imus nocte et consumimur igni Nous tournons en rond dans la nuit et sommes consumés par le feu. » S. Dracius, *Rue Monte au ciel*, Paris, Desnel, 2003, p. 15.

2 C. Filoche, « L'Intertexte virgilien et sa réception : Écriture, réécriture et réflexivité chez Virgile et Rutilius Namatianus », dans *L'Intertexte virgilien et sa réception*, éd. C. Filoche, Dijon, Éditions Universitaires de Dijon, 2007, p. 5.

3 Shelton, *op. cit.*, p. 718.

la citation sert aussi à montrer que son antillanité est compatible avec la francité littéraire et la littérarité[1]. Cette gestion de l'intertexte constitue donc pour l'auteure antillaise la preuve que son œuvre appartient à un espace littéraire plus large, en raison d'une sorte d'ADN multiculturelle contenue dans la structure intellectuelle de son livre. Quand le personnage principal de la première série de nouvelles, la jeune domestique Léona, servante d'un riche béké et de sa femme dans une Martinique post-esclavagiste, est décrite comme une lectrice autodidacte avide et insatiable, nous comprenons alors que notre interprétation des histoires de Dracius sera affectée par ces citations intertextuelles : « elle les lit tous en cachette. Dans sa boulimie de lecture. Elle avale tout. Elle attend toujours quelque chose. Elle sait qu'il y aura toujours quelque part une illumination soudaine, une vérité[2]. » Emma Bovary est communément considérée comme la lectrice la plus célèbre de la littérature française[3]. Mais avec Léona, Dracius semble prolonger l'interrogation de Condé dans *La Traversée de la mangrove* relativement à l'identité de l'écrivain antillais à travers sa propre interrogation de l'identité du lecteur antillais. Ce lecteur est aussi une femme de couleur, Dracius semble-t-elle vouloir nous dire, modifiant l'identité et métissant le mode d'articulation de la machinerie culturelle du lectorat français, ainsi que les présomptions de littérarité et de canonicité. Et comme un clin d'œil à l'univers littéraire de Flaubert, dans une des nouvelles du recueil, une femme du nom d'« Emma B. » est la belle-tante du protagoniste principal[4]. L'éthique de lecture et d'écriture de Dracius l'aide finalement à repenser sa présence en tant qu'auteure antillaise dans un paysage littéraire plus vaste, et à établir la « relation de co-présence[5] » de la littérarité et de l'antillanité. Son objectif est de refuser les processus d'exclusion canonique pour défendre l'éthique antillaise d'une mutuelle inclusion. S'il y a bien reconnaissance par Dracius d'un canon écrit, l'auteure semble s'essayer à une tentative de le métisser.

---

1 En fait, Genette lui-même « all[ait] jusqu'à identifier l'intertextualité à la littérarité ». *Op. cit.*, p. 8-9.

2 Dracius, *op. cit.*, p. 31.

3 Voir S. Aragon, « Les Images de lectrices dans les textes de fiction français du milieu du XVIIe siècle au milieu du XIXe siècle », *Cahiers de narratologie*, 15 juin 2008, p. 1.

4 Dracius, *op. cit.*, p. 87.

5 Genette, *op. cit.* p. 8.

Loin d'exprimer un désir naïf d'allégeance à un corpus de connaissances occidental, mais aussi de défense aveugle de ces pactes d'écriture et de lecture, l'œuvre de Dracius cherche à nous rappeler que les créations des Antilles ont aussi une place dans le fonctionnement du corpus littéraire européen. « Nous construisons…un canon et en tant que lecteurs avertis du vingtième siècle, doutant à juste titre de toute construction canonique, nous devrions peut-être remettre en cause le fait que l'on se concentre sur une construction si étroite[1] ». Une réserve similaire pourrait bien entendu être émise quant à Dracius ; la position qu'elle a prise semble à première vue avoir tous les aspects d'une construction imitant le modèle inaltérable construit par des milliers de lecteurs qui l'ont précédée[2]. Et, si le texte antillais est effectivement métissé, pourquoi, en effectuant un choix si sélectif de textes, risque-t-elle de condamner son œuvre à l'exhaustivité ? Autrement dit, pourquoi Dracius ne cite-t-elle qu'un seul auteur caribéen, Alejo Carpentier ? La critique Marie-Denise Shelton nous offre un élément de réponse possible avec la remarque suivante : « Les chercheurs, la plupart européens, ont tenté d'évaluer dans quelle mesure les peuples caribéens sont "demeurés" Africain ou "devenus" Européens. Ils ont établi un postulat de base que personne n'ose mettre en doute[3] ». Suzanne Dracius a décidé de faire appel aux ressources d'un héritage écrit pluriel dans l'espoir de parvenir à émettre des correspondances multiples avec le texte antillais contemporain. Son propre texte traverse plusieurs époques et plusieurs genres, et ce faisant, défie les lecteurs d'entreprendre un type d'analyse structurelle qui cherche autant à satisfaire un discours sur l'autonomie que de constituer une défense de la licence poétique.

Dracius a cimenté l'architecture de son texte à l'aide d'une épigraphe tirée du célèbre *Concert Baroque* du romancier cubain Alejo Carpentier. Auteur à l'identité mixte, « *nés de parents russe et français, singularisé à cause de son accent étranger* », né et élevé en partie en Europe mais reconnu comme auteur cubain, Carpentier n'a jamais cessé de proclamer son antillanité. Dans son étude critique intitulée *Carpentier's Baroque Fiction :*

1 J. H. M. Taylor, *The Poetry of François Villon : Text and Context*, Cambridge, Cambridge University Press, 2001, p. 1.

2 Dracius en tant que lectrice, et la façon dont sa position de lectrice lui permet de sculpter son travail à partir d'une construction canonique originelle, sont tous deux les sujets de cette discussion particulière.

3 Shelton, *op. cit.*, p. 717-722.

Returning Medusa's Gaze, Steve Wakefield explique comment Carpentier « s'empare de l'arme du pouvoir dominant et en fait un outil subversif. L'arme dans ce cas est la culture Baroque de l'Espagne colonial qui fut d'abord amenée aux Amériques pour "pétrifier" les peuples indigènes et soumettre leur culture à l'idéologie dominante de la métropole... Et quand Carpentier redécouvre le Baroque espagnol au vingtième siècle, il le ramène sur son continent, pour en faire une arme de fierté postcoloniale et d'innovation[1] ». Une fois de plus, une sorte de mise-en-abyme est générée par l'utilisation d'une épigraphe qui superpose le discours de Carpentier sur le propre métatexte de Dracius. Ainsi, il suffit de saisir la position de Carpentier vis-à-vis du baroque pour saisir l'éthique métissée de Dracius. Cette approche prend en compte le produit littéraire et permet de recadrer la temporalité et la spatialité des intertextes de Dracius pour actualiser leur pertinence culturelle, tout en exposant, comme Carpentier, un « moyen d'exorciser "l'anxiété" causée par "l'influence"... des précurseurs ». Selon Wakefield, l'usage même de citations – par l'emprunt ou l'imitation – est une prise de possession revendiquée de la culture d'où l'intertexte est issu. Néanmoins, avec Carpentier, ce geste d'appropriation génère un déséquilibre qui entraîne un « déplacement... qui renvoie le regard du sujet discriminé sur l'œil du pouvoir » Suzanne Dracius semble exprimer sa foi en des possibilités similaires, bien que la réalisation et le résultat de telles possibilités soient loin d'être certains, étant donné que la France aurait d'abord besoin de diversifier plus amplement les méthodes d'analyses de son propre système culturel.

Ainsi que des corps étrangers insérés dans le texte de Dracius, les épigraphes sont devenues une partie intégrale de cette œuvre antillaise – un métissage que l'auteure, tout comme le personnage (et lectrice) de Léona, accueille entièrement. Pour Suzanne Dracius, la littérature française est aussi objectivement antillaise : « "Les trois mousquetaires étaient quatre et les trois Dumas mulâtres." Tu te tues à leur ressasser. La vérité est ailleurs » (p. 118). Comme nous l'avons vu dans les pages précédentes, *Rue Monte au Ciel* est un ouvrage antillais et une œuvre métisse, et, comme tel, doit être conçu en tant que manière de réexaminer des textes français hexagonaux et franco-antillais et leurs sites

---

1 S. Wakefield, *Carpentier's Baroque Fiction : Returning Medusa's Gaze*, Trowbridge, England, Cromwell Press, 2004. Les citations de ce paragraphe se trouvent aux pages 198 et 1.

mutuels d'influence. Pour Dracius, à l'évidence, la relation est dialogique et palindromique : une réévaluation du statut de la littérature antillaise en appelle à une réévaluation de la place et de la fonction de l'histoire littéraire franco-antillaise.

L'HISTORICITÉ CRÉOLE

Pour les écrivains martiniquais Patrick Chamoiseau et Raphaël Confiant et le linguiste Jean Bernabé, la créolité littéraire est le produit d'expériences individuelles qui forment les pratiques culturelles communautaires qui auront contribué à nourrir la mémoire collective, qui, selon les trois créolistes, ne peut être dissociée de l'histoire. Avec *Éloge de la créolité*, leur célèbre – quoique controversé – manifeste, les créolistes avaient cherché à rendre compte d'une urgence poétique et littéraire : libérer l'écriture antillaise. Les trois intellectuels élargirent le concept de créolité, estimant qu'il existait une relation entre l'identité antillaise et une esthétique particulière : « Ni Européens, ni Asiatiques, nous nous proclamons Créoles ». Les créolistes voulaient populariser une définition de l'antillanité qui autoriserait la construction de schémas relationnels illimités, tout en refusant des synthèses élémentaires. Ils croyaient fermement que la créolité était « l'autre degré d'authenticité qu'il restait à nommer », et que la Négritude césairienne, bien qu'elle fût une étape révolutionnaire nécessaire, était insuffisante pour combler un besoin fondamental : celui d'une esthétique antillaise propre.

La créolité fut décrite par ses cofondateurs comme « l'agrégat interactionnel ou transactionnel, des éléments culturels caraïbes, européens, africains, asiatiques et levantins, que le joug de l'Histoire a réunis sur le même sol[1] ». Elle serait composée d'une unité fixe, l'antillanité, ancrée dans une réalité géographique/géopolitique insulaire et continentale, « quelles qu'[y] soient [les] différences culturelles », et d'une unité illimitée et infinie, en perpétuelle mutation : la créolisation. Fixité et

1 P. Chamoiseau, R. Confiant et J. Bernabé, *Éloge de la créolité*, édition bilingue, Paris, Gallimard, 1993, p. 26. Les autres citations de ce livre dans ce paragraphe sont pages 27 et 33.

mobilité forment une « totalité » qui devient synonyme de créolité. À la fois concept culturel et concept ontologique, la créolité « implique [un] double processus » : d'abord, une « adaptation » entre différentes civilisations et historicités, puis, deuxièmement, une « confrontation ». C'est par le biais de la Relation glissantienne que les créolistes avaient cherché à réaliser leur théorie de la manière la plus appropriée. Cependant, leur réflexion théorique n'a pas pris fin avec l'*Éloge de la créolité*. D'autres essais écrits en collaboration ainsi que des travaux individuels leur ont permis d'expliciter leur vision de la créolité[1]. Ainsi, les *Lettres créoles* (1991) de Chamoiseau et de Confiant représentent une manière de démontrer que les cultures et littératures antillaises sont circonscrites à partir d'une pluralité d'axiomes culturels, notamment français – le contact et la transaction restant compatibles avec leur propre singularité créole. Dans cette œuvre écrite en tandem, les deux écrivains déclarèrent que l'aventure littéraire antillaise était « nouvelle[2] ». Selon Chamoiseau, la littérature des Antilles a évolué dans un espace de rupture, alors que Confiant concevait cet espace comme un lieu d'ouverture : « Cette béance-là désigne donc le lieu même de la littérature antillaise. Ou plus exactement l'espace qu'elle doit combler pour cesser d'être perpétuellement déportée d'elle-même. Espace de frottement de deux langues, de deux imaginaires, de deux sémiotiques si étroitement mêlées qu'il brouille les pistes du chercheur et complique la tâche de ce praticien de l'écriture qu'est l'écrivain[3] ». Cependant, pour les deux écrivains, un tel lieu n'était pas voué à ériger des frontières qui limiteraient l'imagination. Il aspirerait au contraire à libérer l'acte d'écriture.

L'éthique des trois créolistes se traduisait par des modèles littéraires et discursifs spécifiques. Elle exigeait aussi l'inclusion d'un passé reconstruit par la voix du romancier et celle de l'historien. Ainsi que l'a noté Shalini Puri, « La vision même de la Caraïbe comme lieu de possibilité historique renvoie à la question du métissage[4] ». Cependant, la situation de l'écrivain des Antilles françaises soulève une autre série

1 Par exemple, dans *Écrire en pays dominé* (1997) ou dans des essais publiés sous le titre *Écrire « la parole de nuit »* (1994).

2 R. Confiant et al., *Lettres créoles. Tracées antillaises et continentales de la littérature : Haïti, Guadeloupe, Martinique, Guyane, 1635-1975*, Paris, Hatier, 1991, p. 14.

3 R. Confiant, « Questions pratiques d'écriture créole », dans *Écrire « la parole de nuit »*, *op. cit.*, p. 171.

4 S. Puri, *The Caribbean Postcolonial*, New York, Palgrave Macmillan, 2004, p. 44.

de questions : « Comment historicise-t-on les événements de ceux qu'on a privés d'histoire… que peut signifier croiser un chemin qui soit son pays propre mais reterritorialisé[1] ? ». Chamoiseau et Confiant avaient choisi de faire se rejoindre l'histoire et la mémoire. Ils proposaient par là-même un nouveau régime d'historicité, ou suggéraient au moins que l'on s'essayât à une nouvelle compréhension de l'histoire des Antilles, car, pour eux, la mémoire, dans les Caraïbes, prenait la place de l'histoire[2]. Les créolistes avaient cherché à produire une vision de la créolité qui leur aurait permis de développer un discours sur l'histoire – y compris l'histoire littéraire – antillaise coloniale et postcoloniale qui pouvait s'inscrire en dehors des limites du discours dominant, qu'il fût historique ou littéraire. La dynamique relationnelle et transactionnelle de la créolité générait une synthèse transformative qui se formait selon des termes que nos deux écrivains créolistes espéraient être aptes (dans un contexte littéraire) à contrecarrer toute tentative de stratification des textes littéraires antillais. Les créolistes aspiraient aussi à montrer dans quelle mesure la créolité pouvait, une fois ses trajectoires explorées, influencer la mobilité des écrivains antillais ainsi que leur position par rapport à l'impact relationnel des discours littéraires et historiographiques. Ils ne cherchaient pas à conférer à l'histoire fragmentée des Antilles des éléments qui pourraient combler artificiellement les trous d'un passé tronqué, mais souhaitaient davantage faire de cette discontinuité et de cette mémoire les modalités et les manifestations d'une réalité historique particulière. Ils situèrent donc le texte antillais « au sein d'un paradigme historique national » qu'ils choisissaient de « *r*epenser[3] ». À travers la création littéraire, les créolistes exprimaient leur conception de l'histoire. C'est une vision qui explorait les ressources infinies de l'objet historique, quêtait de nouveaux liens à travers les rencontres forcées, les ruptures et les intégrations, et qui accueillait le rassemblement de multiples mémoires et consciences. Les écrivains des Antilles françaises

1 H. Bhabha, *The Location of Culture*, Londres et New York, Routledge, 1994, p. 283-284.

2 Il s'agit d'une mémoire orale « qui naît aux Antilles à partir du XVIIe siècle d'un fond de débris culturels éparpillés puis rassemblés en mosaïque, par l'expérience commune d'une réalité nouvelle, est donc fondamentale pour l'identité du peuple antillais ». Ralph Ludwig, « Introduction. Écrire la parole de nuit », dans *Écrire « la parole de nuit »*, *op. cit.*, p. 17.

3 G. Wilder, « Panafricanism and the Republican Political Sphere », dans *The Color of Liberty : Histories of Race in France*, éd. Sue Peabody et Tyler Stovall, Durham, Duke University Press, 2003, p. 251.

se retrouvaient alors libres d'exprimer la créolité de leurs œuvres en s'exprimant depuis n'importe quel lieu puisque le monde constitue aussi une opportunité créole.

LOCALISER LE TOUT-MONDE

Shalini Puri déplore la tendance de certains spécialistes du postcolonial à considérer le métissage comme un « terme général » qui « désigne un mélange deshistoricisant[1] ». Cette déhistoricisation semble le plus souvent ignorer les efforts de nombreux théoriciens, praticiens et artistes pour penser véritablement l'hybridité et pour proposer, à l'instar de nos trois créolistes, d'ouvrir un dialogue sur l'historicité et le lieu des pratiques culturelles caribéennes – des valeurs qui, dans leurs esprits, ne sont pas incompatibles avec le caractère composite des sociétés antillaises. Les exemples de Condé, de Dracius et des créolistes montrent qu'il est temps de renoncer aux définitions obsolètes ou de proposer des définitions permettant d'identifier les correspondances entre les littératures antillaise et française ; il est temps d'aider à visualiser les réseaux que ces contacts ont créés dans ce « monde de plus en plus mondialisé, interconnecté », comme Richard Watts le souligne[2].

C'est un tel réseau que propose Édouard Glissant dans le *Tout-Monde*, roman dans lequel il est mené, par la spécificité de l'expérience antillaise d'une part, et par la détresse du monde actuel d'autre part, à rejeter l'idée d'une hiérarchie des discours ou des cultures. Cela l'amène à poser l'imaginaire comme l'outil qui reflètera l'avenir du monde et de ses cultures. Glissant rejette l'idée d'un métissage qui, pour les cultures et les sociétés antillaises, représenterait uniquement le produit négatif d'une insatisfaction (l'insatisfaction d'un retour impossible aux origines) poussant les populations antillaises à comparer leur état présent (avec les contraintes auxquelles elles sont sujettes) à la mémoire d'une situation passée ou d'une autre réalité dans laquelle ces contraintes se volatilisent ou semblent n'avoir jamais existé. Le point de vue d'Édouard Glissant

1 Puri, *The Caribbean Postcolonial*, *op. cit.*, p. 3.

2 R. Watts, « The "Wounds of Locality" : Living and Writing the Local in Patrick Chamoiseau's "Ecrire en pays dominé" », *French Forum*, vol. 28, n°I, 2003, p. 111.

nous aide à situer les écrivains franco-antillais par rapport aux questions théoriques qui circonscrivent le métissage : il nous permet d'observer dans quelle mesure ces préoccupations guident leurs travaux et la manière dont leurs écrits s'inscrivent dans le débat plus général sur la place des littératures antillaises dans le paysage littéraire français.

Avec la notion de Tout-Monde[1], l'idée de contact illimité et infini – dont le fondement est la notion de relation – prend une ampleur mondiale. Dans les années 1990, l'antillanité trouvait son extension dans la créolisation ; plus récemment, elle est devenue ce phénomène global que Glissant a nommé « créolisation culturelle du monde », dans lequel la question de l'autodétermination des nations, des régions et des états est considérée comme plus urgente que jamais[2]. Cet état de créolisation planétaire et inéluctable aura permis à Glissant d'étendre son idée de contact déjà présente dans la « relation » au « chaos-monde », et plus tard au Tout-Monde, vision et théorie nouvelles développées dans son roman éponyme, *Tout-Monde* (1993), et dans un essai, *Traité du Tout-Monde*[3]. Le *Tout-Monde* de Glissant serait un élément du nouvel ordre du monde contemporain qui défend le principe de la pluralité multidirectionnelle et non-hiérarchique des histoires et des cultures. Il s'agirait d'un lieu où les identités peuvent se rencontrer sans tomber dans le piège qui conduirait à les transformer en « une vérité d'évidence, une banalité[4] ». C'est, en fait, « littéralement le lieu où une pensée du monde rejoint une pensée du monde ». Selon l'essayiste, « [n]ous partageons ces lieux communs. Nous disons tous à peu près les mêmes choses, avec notre style, notre génie particulier bien sûr, mais nous tournons tous autour des mêmes questions ». De son point de vue, si « [a]ujourd'hui le monde entier se créolise », c'est parce que notre « imaginaire de l'identité » ne peut plus rester le même. Ainsi, Glissant espère doter l'idée de l'universalité

1 Dominique Chancé nous indique que le mot est apparu la première fois dans le roman de Glissant, *Mahogany*, publié en 1987. Voir Chancé, *Édouard Glissant, Un traité du déparler*, Paris, Karthala, 2002, p. 201.

2 T. Chanda, « La Créolisation culturelle du monde : Entretien avec Édouard Glissant », *Label France*, n°38, 2000, p. 1-5.

3 Il faudrait noter qu'à l'époque de la publication du *Tout-Monde*, le *Traité du Tout-Monde* n'existait qu'officieusement en tant qu'infra-texte fictif né de l'imagination du personnage du roman, Mathieu Béluse. Le Traité de Glissant ne s'est véritablement matérialisé comme texte indépendant que quatre ans plus tard. *Tout-monde*, Paris, Gallimard, 1993.

4 É. Glissant, « Métissage et créolisation », dans *Discours sur le métissage, identités métissés*, éd. Sylvie Kandé, Paris, L'Harmattan, 1999, p. 47, 51, 52.

des cultures d'un nouveau rôle, dont nous empruntons la formule à l'écrivain franco-cubain Eduardo Manet : celui d'« éprouv[er] la notion de frontières[1] », et tout particulièrement littéraires. Avec le Tout-Monde, Glissant peut se libérer de « l'obligation de protéger le particularisme martiniquais des élans homogénéisants de la mondialisation[2] », tout en observant dans quelle mesure la nation permet aux Antillais (y compris aux migrants) d'accéder à cette mondialité[3].

Le risque, comme Chamoiseau le suggère dans *Écrire en pays dominé*, demeure « de se perdre totalement dans un espace aussi vaste et démesuré que le Tout-Monde ». Comment peut-on être de partout sans courir le risque d'être de nulle part ? Toutefois, la critique Dominique Chancé ne croit pas que le Tout-Monde néglige ni s'oppose à la notion de localité. Au contraire, elle soutient même que : « le tout-monde se révèle dans le pays même, comme unique réponse au gouffre de la Traite, du non-monde, de "l'abime marin"[4] ». En fait, « c'est …un pays ». Les habitants du Tout-Monde ne sont pas sans « chez soi » ou pas à leur place, car, quand Glissant rend synonymes les mots « lieu » et « pensée », c'est pour nous prier de nous concentrer sur la polysémie du terme Tout-Monde et la variabilité de ses manifestations. Cette position serait censée nous pousser à tenter de comprendre ce qui se passe dans chaque endroit où nous nous trouvons, d'observer les opérations de déplacements en jeu et les actions projetées qui autorisent des connections-connections qui permettent à la fois l'acceptation ou le refus. Il nous faut imaginer le Tout-Monde non pas simplement comme un endroit où l'on arrive ou d'où l'on part (puisque ces deux processus constituent des trajectoires immuables) mais comme une rencontre imaginée et ce qu'elle peut produire : des relations imprévisibles et des espoirs sans bornes[5].

1 E. Manet, *La Sagesse du singe*, Paris, Grasset, 2001, p. 132.

2 Watts, *op. cit.*, p. 126.

3 Cette observation découle de l'interrogation que Shalini Puri formule en regard des États-Unis et de leurs minorités. *The Carribean Postcolonial*, New York, Palgrave Macmillan, 2004, p. 29. D. Chancé, *Édouard Glissant : Un traité du déparler*, Paris, Karthala, 2002, p. 217-218. Watts, *op. cit.*, p. 126.

4 Chancé, *Édouard Glissant : Un traité du déparler*, Paris, Karthala, 2002, p. 217-218. Watts, *op. cit.*, p. 126

5 Depuis 2007, le « tout-monde » est devenu davantage qu'une théorie avec la création par Glissant d'un institut sponsorisé par le Conseil Régional de l'Île-de-France et le Ministère de de l'Outre-mer. « L'objectif… est la constitution d'un vaste réseau culturel… en étroite connexion avec les régions de l'Outre-Mer et international ». Afin d'atteindre

LE TOUT-MONDE : LE LIEU COMMUN DE GLISSANT

Avec son roman *Tout-Monde*, Edouard Glissant encourage ses lecteurs à imaginer le monde, s'ils souhaitent « entrer en Relation » avec ce dernier. *Tout-Monde* est une œuvre atypique : ni tout à fait un essai, un roman, un poème ou un conte, mais un mélange de tous ces genres et peut-être plus. Il s'agit donc d'une illustration exemplaire de l'attachement de Glissant à l'idée d'une mobilité des genres et des styles. Et s'il manque au *Tout-Monde* un narrateur facilement identifiable, c'est parce que Glissant aurait délibérément choisi de brouiller les pistes en partageant la narration avec tous ses personnages. Pour Dominique Chancé, le choix de Glissant sert aussi à symboliser que le Tout-monde « appartient à tous ». « Il naît dans une parole de personnages, et se réalise dans une accumulation d'anecdotes, de paroles, de conversations, de fictions partagées. D'où la composition très hybride du roman qui le fait basculer d'un genre à l'autre selon qui nous parle[1] ».

Le Tout-Monde n'est limité ni par le temps ni par le lieu. Il n'est ainsi pas surprenant que le roman ne soit pas structuré de manière linéaire et que ses trois « chapitres », intitulés respectivement « La Lune montante », « Le soleil se couche », « Terre ! Terre ! », ne soient pas positionnés les uns par rapport aux autres selon l'ordre chronologique de l'histoire. À travers ses voix narratives hétérogènes et une palette de personnages pittoresques, l'histoire fragmentée épouse, autant qu'elle l'expérimente, le besoin humain de mobilité. Parmi ses personnages, les lecteurs des précédents romans de Glissant, *La Lézarde* (1958), *Le quatrième siècle* (1964), *Malemort* (1975) et *Mahogany* (1987), retrouvent le jeune Mathieu Béluse. Dans le premier chapitre, ils suivent Mathieu qui quitte son île natale de la Martinique pour rencontrer ce Tout-Monde qu'il pressent. Le dernier chapitre évoque son retour sur son île natale.

---

ce but, Glissant prévoit de développer « la connaissance des phénomènes et processus de créolisation, et de contribuer à diffuser l'extraordinaire diversité des imaginaires des peuples, que ces imaginaires expriment à travers la multiplicité des langues, la pluralité des expressions artistiques et l'inattendu des modes de vie ». http://tout-monde.com/presentation.html

1 Chancé nous dit aussi que le mot est fondé sur l'expression créole « tout-moun » qui signifie « tout le monde ». *Un Traité du déparler, op. cit.*, p. 218, 224-225.

Pour Chancé, ce dernier chapitre raconte « le triomphe de la poétique glissantienne du tout-monde », à travers les thèmes que Glissant utilise aussi bien que par sa pratique de glissement d'une anecdote à l'autre. Le chapitre se termine aussi dans la mangrove, « sur une rencontre », mais contrairement à l'image de la mangrove de Condé où l'on se rend pour se perdre, la mangrove chez Glissant représente le « lieu commun » par excellence, l'endroit qui nous enseigne que de nos jours nous n'avons plus besoin de quitter notre pays pour comprendre que « l'art d'éprouver un ailleurs peut aussi bien s'exercer en plein ici[1] ».

Plus qu'un migrant, Mathieu est un vagabond devenu très conscient de la nature paradoxale de son attitude : errer c'est ce qui nous permet d'être attaché au lieu[2], nous dit-il. L'errance est une libération, un salut, même, parce qu'elle est apte à abattre les murs de l'histoire. À travers le positionnement de Mathieu, Glissant confirme que le Tout-Monde n'exclut pas le local ou tout attachement à un ou plusieurs espaces ; nous sommes donc poussés à revoir notre conception de la migration, de la mobilité et des identités diasporiques. L'errance, qu'elle se réalise en actes ou simplement par l'imagination, ne signifie pas que l'on agisse sans but, pas plus qu'elle ne nous interdit d'imaginer une destination. Au contraire, le mouvement qu'il reçoit – le « tourbillon », comme Glissant le nomme – complèterait plutôt qu'il n'annulerait l'aspiration à et le besoin d'appartenance.

Mathieu arrive dans le centre de Paris le 8 septembre 1946, à peine six mois après l'unification de la Martinique par la départementalisation. Pourtant, le premier vrai foyer de Mathieu ne sera pas à Paris, mais à Vernazza, un village italien des Cinq Terres. C'est ici que le roman commence et que le lecteur comprend pourquoi Mathieu, nouvellement consacré citoyen français, a décidé de quitter son île. L'exil que s'est imposé le personnage était le produit d'une quête à travers laquelle il cherchait d'autres espaces à l'intérieur de lui-même. Il avait compris que le monde se trouvait aussi à l'intérieur de chacun de nous, conscient que les lieux qu'il pressentait étaient déjà présents sur le sol même de son île. Il était pourtant incapable d'en mesurer la portée. Vernazza a ainsi un but symbolique. Mathieu comprend qu'il peut toujours à cet endroit retourner car c'est le seul port naturel des Cinq Terres, un lieu

1 *Ibidem*, p. 251, 217.
2 Glissant, *Tout-Monde*, Paris, Gallimard, 1993, p. 145.

totalement ouvert sur la mer, et très recherché des touristes européens ; un lieu pas si différent de sa petite île des Antilles.

De ce fait, la première escale de ce voyage dans le Tout-Monde est le familier, même si dans ce qui est familier on se doit d'explorer les différences. Mathieu croyait « qu'il n'y avait plus de bout du monde et qu'il n'y aurait bientôt plus de centre d'où l'on partirait vers d'étranges et fantomales périphéries[1] ». Glissant récupère ici la notion de « relation » si déterminante pour sa pensée. Il nous permet de saisir que la relation, qui se trouve au cœur de l'antillanité et de la créolisation, est aussi une étape nécessaire pour atteindre le Tout-Monde. La connaissance que les individus acquièrent à travers le contact relationnel ouvre la porte au Tout-Monde. Celui-ci est donc une aventure poétique et philosophique. Dans la perspective de Mathieu, le Tout-Monde est une « approche », une activité de son imaginaire qui lui donne une voie pour atteindre le monde et son étendre.

Pour Glissant, « Ce qui importe est le langage commun...La quête... s'effectue à partir du lieu clos de la plantation[2] » mais il ne s'arrête pas là. Cette activité n'a en fait pas de fin parce que « toutes les langues sont créoles[3] ». Ce qui est mis en avant ici est moins la fraternité des langues que la réalisation que les langues forment d'abord un terrain commun sur lequel les individus peuvent se comprendre et se respecter. Cette perception a un impact sur la conscience que Mathieu a de lui-même. Il se rend compte que le confort que lui fournit son sens marqué de la territorialité et de la localité qu'est sa langue natale, n'est pas affaibli par le fait qu'il a rencontré d'autres langues et s'est mélangé à elles. Il comprend alors que la créativité, littéraire ou poétique existe quand nous imaginons l'immensité des espaces que nous partageons tous. Les seules limites sont donc celles que les hommes veulent imposer à l'imaginaire. Ainsi, avec le Tout-Monde selon son premier apôtre Mathieu, Glissant nous révélait de quelle manière la mobilité peut transformer la façon dont les individus interagissent. Ces contacts défient la notion de frontières, y compris nationales, mais aussi culturelles et donc poétiques et littéraires.

---

1 *Ibid.*, p. 42.

2 H. Rumpf, « Créolité, Créole, Créolisation : Nuevos caminos hacia un lenguaje común en el espacio caribeño francófono », dans *Presencia criolla en el Caribe*, éd. Ineke Phaf, Madrid, Iberoamericana, 1996, p. 90.

3 Glissant, *Tout-Monde*, *op. cit.*, p. 58.

Mener une discussion sur la question principale du métissage et des processus de métissage (rendus possibles par la Relation) n'avait pas pour but d'être simpliste. Bien au contraire : le métissage de la littérature des Antilles françaises reflète la nécessité d'élargir notre compréhension de l'identité de la culture française. Maximilien Laroche nous conseille de garder à l'esprit que « la culture est un processus non pas statique mais dynamique ; nous devons sans arrêt lutter contre la manière dont le mot 'identité' est utilisé pour faire de la culture un objet fétiche sur la base d'une conception centrée autour "de vérités éternelles"[1] ». De même, il n'y a rien de fondamentalement paisible ni de consensuel dans une notion qui a la possibilité de devenir la source même des instabilités qu'elle abrite ; et il ne suffit pas de faire référence à la notion de métissage en tant qu'outil épistémologique pour faire disparaître les conflits, les insuffisances et les inégalités[2]. Reconnaître la valeur du métissage et de la créolisation c'est accepter de perpétuellement mettre en perspective les savoirs qui sont au cœur même de nos certitudes les plus obstinées à propos des cultures – certitudes souvent profondément ancrées dans nos dialectiques les plus triomphantes et nos oppositions les plus fondamentales. Avec cette acceptation, il est alors possible de faire de ces mêmes dialectiques et oppositions des sites de révisions, étant entendu que les éléments qui leur donnent forme demeurent mobiles, dans la confrontation comme dans l'interaction.

Mylène Priam
Université Harvard
Traduit par l'auteure

---

1 M. Laroche et R. Márquez, « Bases of Caribbean Literary Conceptualization : Identity and Contradiction ; Totality and Immigration », dans *Process of Unity in Caribbean Society : Ideologies and Literature*, éd. Ileana Rodriguez et Marc Zimmerman, Minneapolis, Institute for the Study of Ideologies and Literatures, 1983, p. 113.

2 Shalini Puri nous rappelle qu'il existe des « situations in which cultural hybridity may be disempowering ». *The Caribbean Postcolonial*, *op. cit.*, 25.

OUVRAGES CITÉS

ARAGON, Sandrine, « Les Images de lectrices dans les textes de fiction française du milieu du XVIIe siècle au milieu du XIXe siècle », *Cahiers de Narratologie*, n° 11, 2004 [Disponible à http://narratologie.revues.org/6?lang=en].

BHABHA, Homi, *The Location of Culture*, London and New York, Routledge, 1994.

BERNABÉ, Jean, CHAMOISEAU, Patrick et CONFIANT, Raphaël, *Éloge de la créolité*, Paris, Gallimard, 1989 [« In Praise of Creoleness », trad. par Mohamed B. Thaleb Khyar, *Callaloo*, n° 13, 1990, p. 886-909 ; et dans *In Praise of Creoleness*, édition bilingue, Paris, Gallimard, 1993].

CHAMOISEAU, Patrick, *Écrire en pays dominé*, Paris, Gallimard, 1997.

CHANCÉ, Dominique, *Édouard Glissant : Un traité du déparler*, Paris, Karthala, 2002.

CHANDA, Tirthankar, « La Créolisation culturelle du monde : Entretien avec Édouard Glissant », *Label France*, n° 38, 2000, p. 38-39.

CONDÉ, Maryse, « Le Métissage du texte », dans *Discours sur le métissage, identités métisses*, éd. Sylvie Kandé, Paris, L'Harmattan, 1999, p. 209-217.

CONFIANT, Raphaël, « Questions pratiques d'écriture créole », dans *Écrire « la parole de nuit » : La nouvelle littérature antillaise*, éd. Ralph Ludwig, Paris, Gallimard, 1994, p. 171-180.

CONFIANT, Raphaël et CHAMOISEAU, Patrick, *Lettres créoles. Tracées antillaises et continentales de la littérature : Haïti, Guadeloupe, Martinique, Guyane, 1635-1975*, Paris, Hatier, 1991.

DES ROSIERS, Joël, *Théories caraïbes : Poétique du déracinement*, Montréal, Triptyque, 1996.

DRACIUS, Suzanne, *Rue Monte au ciel*, Paris, Desnel, 2003.

FILOCHE, Christina, « L'Intertexte virgilien et sa réception : Écriture, réécriture et réflexivité chez Virgile et Rutilius Namatianus », dans *L'Intertexte virgilien et sa réception*, éd. Christina Filoche, Dijon, Éditions Universitaires de Dijon, 2007, p. 3-18.

GENETTE, Gérard, *Palimpsestes*, Paris, Seuil, 1982. [*Palimpsests : Literature in the Second Degree*, trad. par Channa Newman et Claude Doubinsky, Lincoln, University of Nebraska Press, 1997].

GLISSANT, Édouard, « Édouard Glissant / Kamau Brathwaite, A Dialogue : National Language and Poetics of Creolization », dans *Presencia criolla en el Caribe*, éd. Ineke Phaf, Madrid, Iberoamericana, 1996, p. 19-35.

GLISSANT, Édouard, « Le Chaos-monde, l'oral et l'écrit », dans *Écrire « la parole de nuit » : La nouvelle littérature antillaise*, éd. Ralph Ludwig, Paris, Gallimard, 1994, p. 111-129.

GLISSANT, Édouard, *Le Discours antillais*, Paris, Gallimard, 1981 [*Caribbean Discourse : Selected Essays*, trad. par J. Michael Dash, Charlottesville, University Press of Virginia, 1989].

GLISSANT, Édouard, *L'Intention poétique*, Paris, Éditions du Seuil, 1969.

GLISSANT, Édouard, « Métissage et créolisation », dans *Discours sur le métissage, identités métissés*, éd. Sylvie Kandé, Paris, L'Harmattan, 1999, p. 47-53.

GLISSANT, Édouard, *Poétique de la relation*, Paris, Gallimard, 1990 [*Poetics of Relation*, trad. par Betsy Wing, Ann Arbor, University of Michigan Press, 1997].

GLISSANT, Édouard, *Tout-monde*, Paris, Gallimard, 1993.

GLISSANT, Édouard, *Traité du Tout-monde*, Paris, Gallimard, 1997.

LAROCHE, Maximilien et MÁRQUEZ, Roberto, « Bases of Caribbean Literary Conceptualization : Identity and Contradiction ; Totality and Immigration », dans *Process of Unity in Caribbean Society : Ideologies and Literature*, éd. Ileana Rodriguez et Marc Zimmerman, Minneapolis, Institute for the Study of Ideologies and Literatures, 1983, p. 112-131.

LUDWIG, Ralph, « Introduction. Écrire la parole de nuit », dans *Écrire la « parole de nuit » : la nouvelle littérature antillaise*, éd. Ralph Ludwig, Paris, Gallimard, 1994.

MANET, Eduardo, *La Sagesse du singe*, Paris, Grasset, 2001.

MIGNOLO, Walter D., *Coloniality, Subaltern Knowledges, and Border Thinking*, Princeton, Princeton University Press, 1999.

MURPHY, David, « De-centring French Studies : Towards a Postcolonial Theory of Francophone Cultures », *French Cultural Studies*, n° 13, 2002, p. 165-185.

PURI, Shalini, *The Caribbean Postcolonial*, New York, Palgrave Macmillan, 2004.

REBOLLAR, Patrick, « En Lisant les épigraphes de Claude Simon », *Berlol*, 15 juin 2008. http://www.berlol.net/epigra.htm [*Études françaises* (Revue de la section de littérature française), n° 3, Tokyo, Université Waseda, 1996, p. 143-164].

RUMPF, Helmtrud, « Créolité, Créole, Créolisation : Nuevos caminos hacia un lenguaje común en el espacio caribeño francófono », dans *Presencia criolla en el Caribe*, éd. Ineke Phaf, Madrid, Iberoamericana, 1996, p. 81-97.

SHELTON, Marie-Denise, « Condé : The Politics of Gender and Identity », *World Literature Today*, vol. 67, n° 4, 1993, p. 717-722.

SMITH, Andrew, « Migrancy, Hybridity, and Postcolonial Literary Studies », dans *The Cambridge Companion to Postcolonial Literary Studies*, éd. Neil Lazarus, Cambridge, Cambridge University Press, 2004, p. 241-262.

TAYLOR, Jane H.M., *The Poetry of François Villon : Text and Context*, Cambridge, Cambridge University Press, 2001.

WAKEFIELD, Steve, *Carpentier's Baroque Fiction : Returning Medusa's Gaze*, Trowbridge, England, Cromwell Press, 2004.

WATTS, Richard, « The "Wounds of Locality" : Living and Writing the Local in Patrick Chamoiseau's "Ecrire en pays dominé" », *French Forum*, vol. 28, n°I, 2003, p. 111-129.

WILDER, Gary, « Panafricanism and the Republican Political Sphere », dans *The Color of Liberty : Histories of Race in France*, éd. Sue Peabody et Tyler Stovall, Durham, Duke University Press, 2003, p. 237-258.

CHOISIR LE FRANÇAIS : LANGUE, ÉTRANGETÉ ET APPARTENANCE LITTÉRAIRE

(Beckett/Némirovsky)

Depuis un certain temps déjà, les écrivains bilingues (ou « translingues », selon l'expression de Steven Kellman[1]), qui créent des œuvres importantes dans une langue qui n'est pas leur langue natale, suscitent l'intérêt des théoriciens et des critiques littéraires des deux côtés de l'Atlantique. Cela est dû non seulement aux grandes œuvres telles celles de Beckett ou de Nabokov, mais aussi à l'importance croissante de l'écriture et de la critique dites francophones. Beaucoup d'études de la littérature francophone – définie comme la production d'écrivains originaires d'anciennes colonies de la France, qui écrivent en français mais parlent une langue locale – se sont penchées sur les rapports problématiques entre les œuvres francophones et celles de la métropole (« centre » *versus* « périphérie »). Il s'agit de rapports profondément liés à la domination et à l'exploitation, et aux luttes menées par des écrivains anciennement colonisés pour trouver leurs propres voix. Une des questions principales qui préoccupent les théoriciens de la littérature francophone concerne le rôle du langage dans la formation de la subjectivité, en particulier la subjectivité clivée qui caractérise ceux qui ont grandi dans une situation coloniale ou postcoloniale.

La présente étude se propose d'examiner un rapport différent à la France et à la langue française, celui des auteurs venus d'« ailleurs » qui écrivent en français, mais dont l'histoire personnelle n'est pas liée au colonialisme – en d'autres termes, dont l'écriture en français résulte non pas de la domination coloniale mais d'un choix (relativement) libre. Robert Jouanny désigne de tels choix comme des « singularités francophones », en mettant l'accent sur la notion de singularité, par opposition au caractère

---

1 S. Kellman, *The Translingual Imagination*, Lincoln, Nebraska, University of Nebraska Press, 2000.

collectif de la situation coloniale, où le choix du français est imposé, non pas librement choisi[1]. Évidemment, et Jouanny le reconnaît, les choix individuels eux-mêmes ne sont jamais entièrement libres, mais sont le résultat de déterminations multiples : les bouleversements historiques ou politiques, les circonstances familiales, l'appartenance sociale, voire le hasard qui fait qu'une année d'études en France se prolonge durant une vie entière. Inversement, tout écrivain qui a le sentiment de *venir* au français plutôt que d'être né dans cette langue, quelle que soit son histoire personnelle, est singulier à sa façon ; cela est vrai des écrivains postcoloniaux comme des autres. Néanmoins, la distinction proposée par R. Jouanny est utile, même si les catégories ne sont pas absolument étanches. Il s'agira donc, ici, d'écrivains qui choisissent le français plus ou moins comme Joseph Conrad avait choisi l'anglais : parce qu'ils (ou elles) sentent une certain affinité avec cette langue, parce qu'ils l'ont apprise dans leur enfance, parce qu'ils aiment la littérature française, ou bien simplement parce que c'est ainsi que leur vie a évolué.

Il est assez étonnant de constater le grand nombre d'écrivains en langue française qui répondent à ce critère. Qu'ils soient révolutionnaires ou réactionnaires, des vedettes mondiales ou bien célèbres en leur temps mais oubliées aujourd'hui, membres de l'Académie Française (immortels, comme on sait) ou bien membres de groupuscules d'avant-garde qui n'ont duré qu'un jour, qu'ils viennent d'Europe, d'Asie ou des Amériques, le fait est que des milliers d'écrivains ont trouvé leur voix (et leur voie), aussi bien qu'un public réceptif, en France. La France fut un lieu d'élection intellectuelle pour les écrivains dès le dix-huitième siècle, et ce processus s'est accéléré au siècle suivant. Beaucoup d'écrivains cosmopolites de cette époque continuèrent d'écrire dans leur langue natale (Tourgueniev et Heine en sont des exemples majeurs), mais beaucoup ont changé de langue pour devenir des écrivains en français, faisant partie de la littérature française : le poète symboliste Jean Moréas était grec d'origine, tandis que le critique symboliste Téodor de Wyzewa, qui introduisit Wagner en France, était polonais[2].

C'est le vingtième siècle, cependant, qui a vu le plus grand afflux d'écrivains « translingues » en France, conséquence des possibilités accrues de voyager et surtout des bouleversements historiques qui ont

1 R. Jouanny, *Singularités francophones*, Paris, Presses Universitaires de France, 2000.
2 Voir Jouanny, *Singularités francophones*, p. 10-16.

caractérisé le siècle : les révolutions russe et chinoise, les deux guerres mondiales et la Shoah, la guerre civile espagnole, les révolutions et répressions en Amérique latine, en Grèce, en Europe Centrale, au Liban. Les noms de Romain Gary, Joseph Kessel, Milan Kundera, Andreï Makine, Eugène Ionesco, Nathalie Sarraute, Elsa Triolet, Jorge Semprun viennent immédiatement à l'esprit, avec beaucoup d'autres. Et la liste se prolonge dans le nouveau millénaire. Quelques-uns des prix littéraires les plus importants ont été décernés à des écrivains translingues dans la première décennie de notre siècle : Jonathan Littell (Prix Goncourt et Grand Prix de l'Académie Française, 2006) et Nancy Huston (Prix Femina, 2006), tous les deux anglophones ; Vassilis Alexakis (Grand Prix de l'Académie Française, 2007), qui a publié des romans en grec avant d'écrire en français ; Atiq Rahimi, qui a reçu le Prix Goncourt en 2008 pour son premier roman écrit en français.

Comment les œuvres et la présence de ces écrivains ont-elles influencé le champ littéraire français ? Pour le dire autrement, quel est le niveau d'appartenance de ces écrivains à la littérature française, et quel est leur rapport au « canon » d'ouvrages qui vont durer ? Leurs œuvres se préoccupent-elles de questions concernant la langue, l'identité et l'étrangeté, qu'on ne trouve pas dans les œuvres d'écrivains français monolingues ? Pour répondre à ces questions, on ne peut se baser que sur des cas concrets (quitte à les considérer comme exemplaires), non pas sur des généralisations. Je propose d'étudier deux écrivains qui diffèrent suffisamment pour que leur juxtaposition soit intéressante, sans paraître bizarre pour autant. Quel est le statut de la langue et de l'étrangeté dans les œuvres de Samuel Beckett et d'Irène Némirovsky ? Et comment leurs œuvres se situent-elles dans la littérature française moderne ?

LE STATUT DE L'ÉTRANGER

En français, le mot « étranger » réunit deux significations que l'anglais désigne par des mots différents : *foreigner* et *stranger*. Selon le dictionnaire, un *foreigner* est quelqu'un qui n'est pas de mon pays, tandis qu'un *stranger* est quelqu'un qui n'est ni mon ami, ni une de mes connaissances. Les deux sens se chevauchent, mais ne sont pas identiques : un *stranger* est souvent aussi un *foreigner*, mais pas toujours (il habite peut-être dans mon quartier, bien que je ne le connaisse pas) ; la plupart des *foreigners* sont aussi des *strangers*, mais pas tous, car je peux avoir des amis ou des connaissances qui ne sont pas de mon pays. L'étrangeté au sens de *foreignness* implique des questions de passeport et de citoyenneté, et des réactions d'accueil ou de rejet de la part des autochtones. L'étrangeté au sens de *strangerhood* peut également comporter un aspect juridique, mais s'oriente plutôt vers l'aspect affectif : le *stranger* parmi nous possède peut-être le même passeport que nous, tout en étant considéré (ou en se considérant) comme quelqu'un qui n'appartient pas à la communauté (à « nous » ou à « eux », selon l'optique adoptée). Le statut de l'étranger-*foreigner* est donc surtout lié à une réalité juridique, sociale, et linguistique ; celui de l'étranger-*stranger* peut comporter les mêmes éléments, mais désigne surtout un état psychologique et un concept philosophique. Nombreux sont les philosophes qui ont développé l'idée que nous sommes tous des étrangers sur terre, séparés des autres et de nous-mêmes, que ce soit dans notre pays, notre quartier, voire notre propre famille.

Julia Kristeva (elle-même une écrivaine translingue), joue sur le double sens du mot « étranger » dans son livre *Étrangers à nous-mêmes*, paru en 1988. L'étranger, selon Kristeva, peut parler une langue différente ou bien parler la langue du pays avec un accent ; il peut avoir l'air (et se sentir) différent, être protégé, persécuté, méprisé ou bien mis sur un piédestal. Après un temps, il arrive que l'étranger soit entièrement assimilé, sans aucun signe externe de différence, mais intérieurement il se sentira seul, distant et froid, privé du sens d'une identité stable et solide. Dans ce sens, l'étranger-*foreigner* a toujours quelque chose d'un étranger-*stranger* ; mais Kristeva affirme qu'en un sens nous sommes tous des étrangers, sinon juridiquement, du moins par rapport à nous-mêmes. Car qui peut affirmer être totalement à l'aise et se sentir chez soi sans ambiguïté, même s'il se trouve dans son propre pays ? On pense à l'aphorisme célèbre de Theodor Adorno, selon lequel « la moralité veut qu'on ne soit pas chez soi dans sa propre maison[1] ».

Dans son livre, Kristeva se meut entre les deux sens du mot « étranger », sans toujours indiquer lequel est en question – le sens matériel

1 T. Adorno, *Minima moralia : Reflections from Damaged Life*, trad. de l'allemand par E. F. N. Jephcott, London, New Left Books, 1974, p. 39 ; c'est moi qui traduis de l'anglais.

ou le sens philosophique, le littéral ou le métaphorique, le particulier ou l'universel. Il est significatif que les deux œuvres littéraires qu'elle commente longuement – *L'Étranger* de Camus et *La Vraie Vie de Sébastien Knight* de Nabokov – se trouvent aux deux pôles sémantiques, puisque le roman de Camus traite d'un homme qui est vu comme un *stranger* malgré le fait qu'il n'a jamais quitté sa ville natale, tandis que le roman de Nabokov raconte l'histoire d'un écrivain qui se déplace et change de langue et de pays, un véritable *foreigner*.

La tension entre le particulier et l'universel, ou bien entre le concret et le métaphorique, semble inhérente au concept de l'étrangeté. Ce fait est mis en relief d'une autre manière par Jacques Derrida, dans sa réflexion sur la langue et l'identité, *Le Monolinguisme de l'autre* (1996). Suivant son penchant pour les paradoxes, Derrida affirme que même le locuteur ou le citoyen monolingue ne peut jamais pleinement posséder « sa » langue, « sa » nation, ou « son » soi, d'où la nécessité de mettre ces possessifs entre guillemets. Étrangeté universelle, peut-on dire. Mais, en même temps, Derrida se confronte avec sa propre histoire en tant que « judéo-franco-maghrébin », un Juif d'Algérie qui ne parle qu'une langue mais pour qui le français n'est pas une langue maternelle, et qui pendant quelques années pendant la Deuxième Guerre mondiale fut privé de sa citoyenneté française – non par les Nazis, insiste-t-il, mais par le gouvernement de Vichy. Ce retrait soudain et arbitraire de la nationalité française n'est que le signe le plus radical, selon Derrida, du « trouble de l'identité » qui a affecté tous les Juifs de sa génération vivant en Algérie; ils étaient assujettis à une triple aliénation : aliénés de la langue française et de la France, de l'arabe et du berbère ainsi que de la population qui parlait ces langues, et enfin de l'hébreu et de la pratique religieuse juive, qui leur étaient devenus étrangers.

Derrida fait alterner, dans ce livre émouvant, des affirmations universelles concernant la subjectivité et la langue d'une part, et une exploration particulière des contingences historiques et culturelles de l'autre. Ainsi, il arrive plus d'une fois qu'il commence un paragraphe par des généralisations sur toutes les langues et sur la possession linguistique (ou plutôt, sur l'absence de possession), pour finir par des assertions de différence et de singularité :

> La langue dite maternelle n'est jamais purement naturelle, ni propre ni habitable. *Habiter*, voilà une valeur assez *déroutante* et équivoque : on n'habite

> jamais ce qu'on est habitué à appeler habiter. Il n'y pas d'habitat possible sans la différence de cet exil et de cette nostalgie. Certes. C'est trop connu. Mais il ne s'ensuit pas que tous les exils soient équivalents. À partir, oui, à partir de cette rive ou de cette dérivation commune, tous les expatriements restent singuliers[1].

Autrement dit, nous sommes tous des étrangers à nous-mêmes, à la langue et au pays, mais certains sont plus étrangers que d'autres. Chacun à sa façon singulière ? Ou bien, peut-être, à la façon du groupe auquel il a été assigné ? Ces questions nous mènent tout droit à Samuel Beckett et à Irène Némirovsky.

BECKETT, OU L'ÉTRANGETÉ UNIVERSELLE

Puisque la biographie de Beckett est assez bien connue, quelques rappels suffiront[2]. Né à Dublin en 1906, dans une famille protestante aisée, Samuel Beckett apprend le français à l'école et l'étudie à Trinity College, où il apprend également l'allemand et l'italien. En 1928, après avoir obtenu son diplôme, il est envoyé à Paris par son université dans le cadre d'un programme d'échanges avec l'École Normale Supérieure ; il y reste deux ans, pendant lesquels il fait la connaissance de James Joyce et d'autres écrivains anglais et américains qui vivent à Paris. Il commence à publier quelques textes (en anglais). En 1937, ayant abandonné une carrière prometteuse de professeur à Dublin et publié deux livres (une étude sur Proust et le recueil de nouvelles *More Pricks than Kicks*), il s'établit de façon permanente à Paris. Il vient de terminer son premier roman, *Murphy*, qui sera publié à Londres l'année suivante ; comme les deux livres précédents, *Murphy* passe largement inaperçu. Pendant la guerre, Beckett fait partie d'un groupe de la Résistance à Paris, mais après l'arrestation d'un de ses membres le groupe est dissous et Beckett se réfugie dans le Midi avec sa compagne ; ils passent le reste

1 J. Derrida, *Le Monolinguisme de l'autre*, Paris, Galilée, 1996, p. 112-113 ; les italiques sont dans le texte.

2 Ce qui suit est basé sur la biographie de James Knowlson, qui fait autorité : *Damned to Fame : The Life of Samuel Beckett*, New York, Simon & Schuster, 1996.

de la guerre dans le Vaucluse, à Roussillon, puis rentrent à Paris, où Beckett vivra tout le reste de sa vie.

Bien qu'il ait commencé à écrire des poèmes en français dès 1937, ce n'est qu'après la guerre que Beckett écrivit ses premiers textes en prose en français (y compris la très belle nouvelle *Premier amour*, qui ne fut publiée qu'en 1970). Après cette rupture linguistique survinrent cinq années de productivité extraordinaire, pendant lesquelles il écrivit sa trilogie romanesque *Molloy*, *Malone meurt* et *L'Innommable*, et sa pièce *En attendant Godot*. Après la publication de *Molloy* et *Malone meurt* en 1951, suivie de près par la première représentation de *Godot*, Beckett atteint rapidement une célébrité mondiale. Il n'est pas exagéré de dire que non seulement il entre dans la littérature française – et mondiale – à ce moment-là, mais aussi qu'il *transforme* cette littérature. Sa trilogie a frayé le chemin pour le Nouveau Roman et plusieurs décennies d'expérimentation romanesque. Elle a également mis en circulation littéraire la figure iconique du clochard errant, parlant peu (et de moins en moins au fur et à mesure que la trilogie avance), possédant peu de choses, presque toujours solitaire, même s'il séjourne auprès d'un autre de temps en temps. Dans *Godot*, on voit une version dédoublée de cette figure ; bien que Didi et Gogo aient passé leurs vies l'un près de l'autre, ils ne forment pas un couple mais sont tout au plus deux solitaires ensemble.

Beckett aurait-il pu écrire ces œuvres innovatrices en anglais ? Et s'il l'avait fait, auraient-elles trouvé la même réception enthousiaste et étonnée qu'en France ? Ou bien, ces œuvres possédaient-elles quelque chose de particulièrement significatif qui n'était perceptible qu'en France ? Rappelons qu'elles ont paru quelques années seulement après les destructions inouïes de la guerre, dans un paysage intellectuel dominé par les théories existentialistes de l'absurde, aussi bien que par les œuvres de précurseurs comme *La Nausée* de Sartre (1938) et *L'Étranger* de Camus (1942). Puisque Beckett a conquis la célébrité en Angleterre et aux États-Unis plus ou moins au même moment qu'en France, on ne peut pas affirmer avec certitude que c'est le fait d'avoir écrit ses œuvres d'après-guerre en français qui a transformé sa carrière – d'autant moins que déjà dans ses romans antérieurs, *Murphy* et *Watt*, écrits en anglais, on voit une figure qui ressemble à celle du clochard errant. La trilogie française, où l'innovation consiste à donner la voix narrative, inoubliable, au protagoniste lui-même, aurait donc pu être écrite en anglais – en fait, tout le long de sa vie Beckett a continué d'écrire dans les deux langues, et se traduire de l'une à l'autre. Écrire en français était un ajout, non pas un remplacement de sa langue natale.

Néanmoins, on se rappelle que Beckett lui-même a expliqué son choix du français dans une interview, par une phrase qui a été souvent citée depuis : « [...] en français, c'est plus facile d'écrire sans style[1]. » Les critiques ont souligné, avec raison, que le français de Beckett n'est pas du tout « sans style », loin de là : ses clochards parlent un français soigné, voire élégant, et leurs nombreuses allusions littéraires et artistiques indiquent qu'ils ont fait des études classiques. Mais l'explication de Beckett est néanmoins significative, surtout dans le contexte français de l'époque : une écriture sans style rappelle le « degré zéro de l'écriture » de Roland Barthes, concept formulé vers la même époque (le livre de Barthes qui porte ce titre paraît en 1953), aussi bien que « l'écriture blanche » de *L'Étranger* de Camus, analysée par Sartre[2]. La phrase de Beckett suggère la recherche d'un langage qui refuse les excès du « beau style », un langage réduit à l'essentiel. L'Europe de l'après-guerre était entrée dans l'ère du soupçon quant aux pouvoirs de la littérature, selon la célèbre formule de Nathalie Sarraute, dont l'article portant ce titre avait paru en 1950. Quelle œuvre de fiction, demandait Sarraute, pouvait concurrencer les récits des camps de concentration ou de la bataille de Stalingrad[3] ? L'écriture de Beckett en français évolue vers la réduction, l'appauvrissement. James Knowlson, son biographe, raconte qu'en 1989 Beckett lui expliquait la différence entre lui-même et James Joyce en disant que Joyce « était allé le plus loin possible dans la direction de savoir plus », tandis que lui se rendait compte que sa propre direction tendait vers « l'appauvrissement, le manque de savoir, la soustraction[4] ». Les critiques français qui saluèrent sa trilogie dès sa parution apprécièrent précisément cette écriture du silence. Georges Bataille écrivit, dans son compte rendu de *Molloy*, que ce livre possédait « l'autorité des ruines[5] ».

---

1 Cité par J. Fletcher, « Écrivain bilingue », dans *Samuel Beckett*, *Cahiers de l'Herne*, éd. T. Bishop et R. Federman, Paris, Éditions de l'Herne, 1976, p. 202.

2 J.-P. Sartre, « Explication de *L'Étranger* », dans *Situations, I*, Paris, Gallimard, 1947, p. 117-120.

3 « L'ère du soupçon », dans Nathalie Sarraute, *Œuvres complètes*, Gallimard (La Pléiade), 1996, p. 1582. Cet article fut publié pour la première fois dans *Les Temps modernes* en février 1950.

4 Knowlson, *Damned to Fame*, *op. cit.*, p. 319.

5 G. Bataille, « Le silence de Molloy », dans *Œuvres complètes*, Paris, Gallimard, 1988, t. 12, p. 88 ; article paru dans *Critique*, n° 28, mai 1951.

Dire toujours moins, savoir toujours moins, c'est l'ambition déclarée de Molloy, le narrateur le plus loquace de la trilogie : « Car ne rien savoir, ce n'est rien, ne rien vouloir savoir non plus, mais ne rien pouvoir savoir, savoir ne rien pouvoir savoir, voilà par où passe la paix, dans l'âme du chercheur incurieux[1]. » Il serait difficile de trouver une critique plus radicale du projet des Lumières que cette évocation du « chercheur incurieux », qui rejette toute croyance en la valeur de la curiosité, du progrès de la raison et de la connaissance. Ce rejet n'est peut-être point surprenant, venant de la plume de quelqu'un qui avait pu prendre connaissance du système d'extermination nazi, incarnation grotesque et *reductio ad absurdum* de la rationalité instrumentale. Ce refus de l'optimisme des Lumières allait de pair avec la recherche d'un langage appauvri. En même temps –par une certaine ironie, pourrait-on dire– le langage appauvri de Beckett fut perçu, et justement célébré, comme un triomphe esthétique, pour lequel l'auteur a reçu le Prix Nobel de Littérature en 1969. C'est un des paradoxes de l'innovation artistique.

Mais qu'en est-il de l'étrangeté, chez Beckett ? Je dirais qu'une des raisons qui expliquent son succès rapide et mondial, c'est que ses clochards solitaires pouvaient être interprétés comme des figurations du concept philosophique de l'étrangeté ou de l'aliénation, dans un monde d'où Dieu –comme Godot, dont le nom l'évoque en anglais– s'était définitivement retiré. Molloy nous dit qu'il n'a jamais quitté la région où il est né (région signalée dans le texte comme étant située en Angleterre ou en Irlande, non pas en France) ; mais il est néanmoins perçu partout comme un étranger, suscitant la suspicion, voire la haine. Il se sent constamment menacé, et devient lui-même violent et meurtrier lorsqu'il rencontre un autre homme dans la forêt. Beckett prend donc soin de souligner que son protagoniste relève du *stranger*, non pas du *foreigner*, puisque Molloy se trouve dans son pay natal. En fait, Molloy représente le *stranger* absolu, ou l'étranger universel, un être décrépit qui paraît à peine faire partie de l'humanité. Mais, par une coïncidence curieuse, ce qu'il désigne comme sa première « aventure » est une rencontre qui advient typiquement aux étrangers particuliers que sont les *foreigners*. Molloy raconte qu'en quittant la grande route et entrant dans la ville (à la recherche de sa mère, qu'il ne trouvera jamais, bien entendu), il

1 S. Beckett, *Molloy* Paris, Éditions de Minuit (édition de poche), 1982 [1951], p. 85.

fut interpellé par un agent de police qui lui demanda ses papiers[1]. Le choix du verbe « interpeller » n'est pas aléatoire, car il s'agit bien d'une interpellation au sens analysé par Althusser : l'individu est ici confronté à la Loi, à la fois absolue et impersonnelle[2]. Dans le roman cette interpellation donne lieu à un épisode comique, puisque les seuls « papiers » que possède Molloy sont des morceaux de papier-journal dont il se sert pour s'essuyer au WC. Le policier l'emmène au commissariat, où il commence par ne pas pouvoir se souvenir de son propre nom. Quelques heures plus tard, de manière incompréhensible selon lui, il est relâché, malgré le fait qu'il ne possède toujours ni adresse, ni profession, ni papiers d'identité. Beckett suggère-t-il par là qu'on ne peut pas arrêter un étranger universel ? Quoi qu'il en soit, cet épisode montre que lui aussi, Beckett, joue sur les deux sens du mot « étranger », même si le sens qu'il souligne le plus souvent est le sens métaphorique/universel plutôt que le concret/particulier. L'étranger universel peut être, quelquefois, simplement un homme sans papiers.

NÉMIROVSKY, OU L'ÉTRANGETÉ QUI TUE

Irène Némirovsky est à beaucoup de points de vue l'exact opposé de Samuel Beckett : une femme, juive, née à Kiev, à des milliers de kilomètres de Dublin, connaissant plusieurs langues mais écrivant seulement en français (à part quelques poèmes de jeunesse en russe), devenue célèbre en France (après la publication de son roman *David Golder*, paru en 1929) à une époque où Beckett n'avait encore rien publié en aucune langue, et morte à Auschwitz à l'âge de 39 ans, avant que celui-ci n'ait écrit aucune des œuvres qui le rendirent célèbre après la guerre. Tandis que Beckett est entré dans le panthéon de la littérature française dès la publication de sa trilogie et de *Godot*, au début des années 1950, à cette même époque Némirovsky –qui avait publié de nombreux romans

1 *Ibidem*, p. 25.

2 L. Althusser, « Idéologie et appareils idéologiques d'Etat (Notes pour une recherche) », *La Pensée*, n° 151, juin 1970 ; repris dans Althusser, *Positions (1964-1975)*, Paris, Les Éditions sociales, 1976, p. 67-125.

et d'innombrables nouvelles pendant les années 1930, et qui avait été souvent interviewée par des journalistes comme écrivain célèbre– était complètement tombée dans l'oubli. Et cet oubli dura longtemps : en 1997 et 2000 parurent deux livres sur les écrivains bilingues qui écrivaient en français[1] ; tout en mentionnant des centaines d'écrivains, y compris certains très obscurs, aucun des deux livres ne dit mot sur la romancière franco-russe Irène Némirovsky, qui en juin 1940 avait été fêtée par *Les Nouvelles Littéraires* comme étant parmi les « Conrad français[2] ».

En l'automne 2004, plus de soixante ans après sa mort, Némirovsky devint soudain l'auteure d'un *bestseller*. Son roman posthume inédit, *Suite française*, écrit pendant les deux premières années de l'Occupation allemande et dont le sujet était cette même Occupation, fit une entrée fulgurante parmi les grandes œuvres de la littérature française. Némirovsky fut déportée avant de pouvoir terminer le roman, qui devait comporter quatre ou cinq parties ; mais les deux parties achevées constituent un ensemble cohérent, qui fut publié par la fille aînée de l'auteure, Denise Epstein (sa fille cadette, Elisabeth Gille, était morte d'un cancer en 1996). Lauréat du Prix Renaudot 2004 (exceptionnellement, le prix fut décerné à une œuvre posthume), *Suite française* fut traduit en plus de vingt-cinq langues et devint un *bestseller* mondial, suivi de la publication (et des traductions) de toutes les autres œuvres de l'auteure. Histoire extraordinaire d'un succès après-coup, pour un roman qu'on ne peut appeler ni un roman de 1940 ni un roman de 2004, mais plutôt un roman des deux en même temps : un « roman de 1940 de 2004 ». L'écriture de Némirovsky n'a rien d'expérimental quant à la forme, et *Suite française* ne peut pas non plus être inclus parmi les œuvres actuelles (telles *Les Bienveillantes* de Jonathan Littell ou *HHhH* de Laurent Binet) qui abordent la Deuxième Guerre mondiale dans la perspective de la mémoire. La force de *Suite française* réside, au contraire, dans le fait que c'est un « roman du temps présent » dans la perspective de l'auteure, qui néanmoins nous frappe aujourd'hui par la précision de son regard et l'acuité de ses jugements, presque comme si elle avait eu le recul d'un écrivain de roman historique. Tolstoï, qui fut un des héros de Némirovsky (comme elle le note à plusieurs reprises dans son journal

1 A. Brincourt, *Langue française, terre d'accueil*, Paris, Editions du Rocher, 1997 ; et R. Jouanny, *Singularités francophones*, *op. cit.*

2 « Les Conrad français », *Les Nouvelles Littéraires*, 4 juin 1940, p. 4.

d'écriture dont des extraits paraissent en Annexe de *Suite française*), écrivit *Guerre et Paix* un demi-siècle après les événements qu'il tente de représenter dans toute leur complexité historique. Némirovsky, par contre, écrit *Suite française* dans la chaleur des événements même, sans connaître la fin de l'histoire. Et pourtant, elle voit juste. Je propose qu'une des explications de cette réussite, c'est que Némirovsky regarde la France de 1940-1941 à travers les yeux d'une étrangère, désenchantée mais lucide. Une remarque souvent citée de son « Journal » le dit succinctement : « Mon Dieu ! Que me fait ce pays ? Puisqu'il me rejette, considérons-le froidement, regardons-le perdre son honneur et sa vie[1]. »

Pour comprendre pleinement la réussite de Némirovsky dans son dernier roman, il faut regarder la courbe entière de sa vie et de sa carrière[2]. Née à Kiev en 1903, fille unique d'un couple juif mal assorti (mère froide, ambitieuse et narcissique, qui se considérait plus « élevée » socialement que le père, lequel pourtant gagna la fortune de la famille), Irène grandit avec une gouvernante française, et accompagne ses parents dans leurs voyages fréquents en France avant la Première Guerre mondiale. Dans son roman autobiographique *Le Vin de solitude* (1935), elle décrit son enfance, malheureuse malgré ce luxe dans lequel elle vivait, puisque sa mère la délaissait, préférant la compagnie de ses jeunes amants[3]. En plus de malheurs personnels, la famille dut faire face aux bouleversements historiques : pogrom à Kiev en 1905, sursauts du régime tsariste, puis Révolution de 1917. Les Némirovsky déménagèrent à St. Pétersbourg, puis à Moscou, et finirent par quitter la Russie ; d'abord réfugiés en Finlande et en Suède, ils arrivèrent à Paris en juin 1919 ; Irène avait seize ans. À part le français et le russe, elle connaissait l'allemand et l'anglais – une cosmopolite européenne en somme, comme tant d'autres à l'époque. Au contraire de Beckett, son exil était la conséquence d'événements historiques, non pas d'un choix personnel.

Les émigrés russes à Paris ne manquaient pas, entre les deux guerres. La famille Némirovsky appartenait aux réfugiés aisés, antibolchéviques, comme pour contrevenir en quelque sorte au stéréotype

---

1 I. Némirovsky, *Suite Française*, Paris, Denoël, 2004, p. 395

2 Pour les détails biographiques, je me base sur la biographie très fournie d'Olivier Philipponnat et Patrick Lienhardt, *La Vie d'Irène Némirovsky*, Paris, Grasset/Denoel 2007.

3 Pour une analyse de ce roman, je me permets de renvoyer à mon article, « Famille, langue, identité : La venue à l'écriture dans *Le vin de solitude* », *Roman 20-50*, n° 54, décembre 2012, p. 57-74.

qui associait les Juifs russes avec la politique de gauche et avec les avant-gardes. L'homme qu'elle épousa en 1925, Michel Epstein, faisait partie du même milieu : il était le fils d'un banquier juif de St. Pétersbourg et travaillait dans une banque à Paris, dans une position de cadre moyen. Selon toutes les sources d'information, c'était Irène qui gagnait l'essentiel des revenus de sa famille au cours des années 1930, permettant à celle-ci de mener une vie confortable dans un grand appartement de la rive gauche ; les deux filles du couple, Denise et Elisabeth, sont nées en 1929 et 1937.

Il n'est guère surprenant, si on considère son milieu social, que c'était parmi les écrivains établis, consacrés par l'élite littéraire et sociale, plutôt que parmi les écrivains d'avant-garde que Némirovsky cherchait à se trouver une place[1]. On peut établir un contraste intéressant entre elle et deux autres femmes russes juives qui étaient à peu près ses contemporaines et qui ont également fait carrière d'écrivain en France : Elsa Triolet (1896-1970) et Nathalie Sarraute (1902-1999). Triolet, la première femme à emporter le Prix Goncourt (en 1945, pour son recueil de nouvelles *Le Premier accroc coûte deux cents francs*), fut, comme on sait, l'épouse du poète surréaliste puis communiste Louis Aragon, et était comme lui membre du Parti Communiste ; par sa manière d'écrire, sinon par sa position politique, elle était assez proche de Némirovsky. Sarraute, qui après la guerre est devenue une des figures principales du Nouveau Roman, était, par le fait de son expérimentation littéraire, plus proche de Beckett que de l'une ou de l'autre de ses consœurs russes. On peut se demander comment Némirovsky aurait évolué comme écrivain si elle avait survécu à la guerre : aurait-elle cherché une nouvelle manière d'écrire, et de nouvelles alliances politiques ou sociales ? Dans ses carnets, elle manifeste de plus en plus d'intérêt pour les problèmes formels de la narration, surtout pour ce qu'on appelle aujourd'hui la focalisation interne, où tout est raconté du point de vue d'un personnage plutôt que du narrateur. Comme Sarraute, elle connaissait bien l'anglais et les écrivains britanniques modernes. Mais, comme d'autres écrivains morts jeunes (on pense à Paul Nizan, mort en 1940 à l'âge de 35 ans), Némirovsky a laissé une œuvre inachevée, au sens fort du terme.

1 Dans son étude *Before Auschwitz : Irène Némirovsky and the Cultural Landscape of Inter-War France*, New York et Londres, 2009, Angela Kershaw a analysé en termes bourdieusiens les choix de Némirovsky quant à sa position dans le champ littéraire.

Elle a commencé à publier très jeune – son premier texte parut, sous un pseudonyme, en 1921, lorsqu'elle avait 18 ans[1]. Mais sa véritable percée littéraire eut lieu en 1929, quand Bernard Grasset publia son roman *David Golder* (Némirovsky lui avait envoyé le manuscrit par la poste, sans aucune mention de nom d'auteur). Grasset était connu comme l'éditeur de Raymond Radiguet, Jean Cocteau, Jean Giraudoux, Jean Giono, Paul Morand, et d'autres écrivains d'un certain *establishment* moderniste, mais pas d'avant-garde à la manière des surréalistes, par exemple. *David Golder* devint un bestseller (bien que son tirage fût modeste, comparé à celui des œuvres de Giraudoux ou de Morand) et reçut des critiques admiratives dans la presse. Certains commentateurs aujourd'hui reprochent à Némirovsky que Robert Brasillach ait écrit un compte rendu positif de ce roman dans *L'Action française*, comme si cela établissait une complicité entre l'écrivain antisémite et elle-même[2]. Mais, en fait, tous les journaux importants de l'époque publièrent des comptes rendus élogieux de *David Golder*, voyant dans son auteur une jeune écrivaine de grand talent. Le cinéaste Julien Duvivier en a fait une adaptation cinématographique en 1931, son premier film parlant ; le livre fut traduit en anglais, en allemand, en russe, et établit Némirovsky comme « écrivain célèbre », selon les titres des journaux qui publièrent régulièrement des articles sur elle au cours des années 1930. Elle fut une des très rares femmes (avec Colette) qui bénéficièrent de cette appellation dans ces années-là.

David Golder est un roman court et puissant, qui raconte les derniers mois de la vie d'un riche homme d'affaires juif originaire de la Russie, qui, après des pérégrinations aux États-Unis et ailleurs, vit en France (on est à la fin des années 1920, avant le *krach* de 1929). Les critiques en 1930 évoquaient des comparaisons avec *La Mort d'Ivan Illitch* de Tolstoï et *Le Père Goriot* de Balzac, et ils n'avaient pas tort, mais le protagoniste de *David Golder* possède un trait important qu'on ne trouve pas chez ses prédécesseurs : c'est un étranger dans le pays où il habite, un Juif du ghetto d'une petite ville d'Ukraine, qui a conquis sa fortune à force d'un travail et d'une ambition forcenés. Il est solitaire et malheureux, un homme dont la femme – elle-même originaire du ghetto, bien qu'elle

1 Voir Philipponnat et Lienhardt, *La vie d'Irène Némirovsky*, *op. cit.*, p. 116.

2 Le compte rendu de Brasillach, signé « Robert Le Diable », parut le 9 janvier 1930. À cette époque, Brasillach était encore étudiant à l'École Normale Supérieure.

s'appelle maintenant Gloria et soit couverte de diamants – le déteste et le trompe, et dont la fille Joyce, belle blonde de 18 ans qu'il adore, ne vit que pour l'amour d'un jeune gigolo (qui est un prince russe par ailleurs) et pour les amusements frivoles payés par son père. Les noms de Joyce (ou quelquefois Joy, « joie » en anglais) et de Gloria indiquent bien le statut désancré de la famille : vivant en France et portant des prénoms anglais, la mère et la fille passent la plupart de leur temps dans une maison à Biarritz achetée par Golder, entourées d'émigrés de divers pays et d'hommes d'affaires douteux. Les Golder, comme la plupart des personnes qu'ils fréquentent, ne sont pas une famille, mais plutôt un ensemble d'étrangers venus de nulle-part. Des cosmopolites déracinés, comme disaient les antisémites – mais il faut souligner que les personnages dont Némirovsky entoure la famille Golder ne sont pas tous des Juifs, bien qu'ils soient tous des étrangers d'une façon ou d'une autre.

Quelques lecteurs, aujourd'hui comme dans les années trente, ont accusé Némirovsky d'être une Juive honteuse, voire antisémite, qui dénonçait sa propre « race » devant des lecteurs français de droite qui n'en étaient que trop contents[1]. (On a vu, dans une période plus récente, des accusations semblables dirigées contre Philip Roth après la publication de son roman de 1959, *Goodbye Columbus*, qui traite de la bourgeoisie juive américaine[2]). Je trouve ce jugement simpliste, et quelque peu naïf historiquement quant aux attitudes compliquées des Juifs assimilés (ou en voie d'assimilation) concernant l'identité juive dans la première moitié du vingtième siècle. Des écrivains juifs aussi différents que Franz Kafka, Gertrude Stein, Isaac Babel, Joseph Roth, et beaucoup d'autres dans tous les pays d'Europe ont exprimé de l'ambivalence, voire quelquefois de la rage envers les Juifs et la judéité ; mais leurs écrits ne doivent pas être confondus avec ceux de

1 Myriam Anissimov, dans sa Préface de *Suite française*, parle de la « haine de soi » de Némirovsky (dans une phrase qui a été omise dans la traduction anglaise), tout en reconnaissant la complexité de ses attitudes envers les Juifs. Aux États-Unis, un long compte rendu accusateur de *David Golder*, publié dans l'hebdomadaire *The New Republic* en 2007, a influencé beaucoup de lecteurs (Ruth Franklin, « Scandale française », *The New Republic*, 30 janvier 2007, p. 38-43). La « question juive » dans l'œuvre de Némirovsky est compliquée, et je la traite en détail dans mon article « Irène Némirovsky and the "Jewish question" in interwar France », *Yale French Studies*, nº 121 (2012), p. 8-33.

2 Roth a répondu dans un article de 1963, où il commence par rappeler qu'on l'a souvent accusé d'être un Juif antisémite après la publication de *Goodbye Columbus* ; voir « Writing about Jews », *Commentary*, décembre 1963 ; repris dans Roth, *Reading Myself and Others*, New York, Farrar Straus & Giroux, 1975.

véritables antisémites, très nombreux à l'époque. Némirovsky était souvent cruelle envers ces personnages, dont beaucoup – dans *David Golder* et quelques autres romans – sont des Juifs socialement et économiquement ambitieux, éloignés de toute pratique religieuse (comme le furent Némirovsky et son mari). Mais elle était également cruelle envers les personnages non-Juifs ; son style et sa vision analytiques avaient pour but de « démasquer la vérité profonde » qui se cache derrière les apparences, de « surprendre l'âme humaine sous les dehors sociaux », comme elle l'expliquait dans une interview en 1933[1]. Très peu de ses personnages, qu'ils soient juifs ou non, provoquaient sa tendresse.

Quant au protagoniste de *David Golder*, le lecteur est invité à ressentir à la fois de la répulsion et de la sympathie envers lui, en le voyant s'approcher de la fin d'une vie manquée – à cet égard, Golder ressemble beaucoup à Ivan Illitch. À la fin du roman, Golder entreprend un voyage en Union Soviétique malgré sa mauvaise santé, afin de conclure une affaire de pétrole qui garantira une fortune pour sa fille Joyce (qu'il aime toujours, même après avoir appris qu'elle n'est sans doute pas sa fille, mais la fille d'un amant de sa femme !). Ce voyage l'épuise, et il se trouve mourant au bord du bateau qui le ramène d'un port de la Mer Noire – sa ville natale, en fait – vers l'Europe. À ce moment-là, le personnage de Golder atteint un statut quasi-tragique. En même temps, il se rapproche de son identité juive natale. Par une invention brillante, Némirovsky lui fait rencontrer sur le bateau un jeune Juif qui est en train de quitter le pays pour faire fortune ailleurs, exactement comme Golder lui-même l'avait fait des décennies plus tôt. Golder l'entend parler russe, et le reconnaît comme Juif par son accent :

> L'homme murmurait en russe d'une voix terrifiée :
> « Quel temps…oh ! Quel temps, mon Dieu… »
> L'obscurité était profonde, et Golder ne voyait qu'une espèce de long pardessus traînant jusqu'à terre, mais il reconnaissait bien cet accent chantant qui modulait les paroles comme une mélopée.
> « La première traversée ? demanda-t-il : *a Yid* ? »
> L'homme rit nerveusement :
> « Mais oui, murmura-t-il avec une précipitation joyeuse ; vous aussi ? »
> « Moi aussi », dit Golder[2].

---

1 Interview par F. Lefèvre, *Sud de Montpellier*, 7 juin 1933 ; repris dans Philipponnat et Lienhardt, *La Vie d'Irène Némirovsky*, *op. cit.*, p. 432-435 ; les mots cités sont à la page 432.

2 I. Némirovsky, *David Golder*, Paris, Livre de poche, 1993 [1929], p. 182.

Ce personnage de la dernière heure est nécessaire à l'intrigue, puisque c'est à lui que Golder confie la tâche d'informer ses associés de sa mort. Mais Némirovsky fait de lui, en plus, un jeune double de David Golder, et permet ainsi à celui-ci de se relier non seulement avec ses origines russe et juive, mais aussi avec la langue qu'il parlait dans son enfance, le yiddish. C'est à travers leur langue commune que les deux hommes se reconnaissent comme semblables. Ce genre de rencontre, entre un Juif riche assimilé, qui pense n'avoir rien en commun avec les pauvres gens vêtus de caftans qui appartiennent à sa « race » (selon les usages de l'époque, Némirovsky se servait assez fréquemment de ce mot, avec des sens variables) allait ré-apparaître dans l'œuvre de Némirovsky, notamment dans la nouvelle de 1937, « Fraternité[1] ». Dans cette nouvelle, un Français juif assimilé, Christian Rabinovitch (nom symptomatique s'il en fût), fait la rencontre d'un pauvre Juif immigré de Russie sur la plateforme d'une gare, où Christian attend le train après que sa voiture est tombée en panne (il est en route vers la maison de campagne d'un ami aristocrate, dont la fille est la fiancée de son fils). Or, par une coïncidence que Christian trouve gênante, le pauvre Juif s'appelle aussi Rabinovitch. Leur rencontre est sans lendemain, et les deux hommes restent totalement séparés malgré la promesse (ironique, doit-on penser) du titre de la nouvelle. Mais, dans *David Golder*, le jeune Juif qui s'embarque sur un voyage semblable à celui que Golder avait entrepris des années auparavant fonctionne à la fois comme double et comme médiateur – qui sait comment son voyage va finir ?

La fin de *David Golder* suggère un parallèle intéressant avec Beckett. Tout comme le Molloy de Beckett, étranger universel, est quelquefois traité de simple *foreigner* (« Faites-voir vos papiers ! »), de même, à l'inverse, le « cosmopolite déraciné » de Némirovsky, Golder, devient, dans ses dernières heures sur terre, une sorte d'étranger universel. Ce n'est pas la première fois dans la littérature moderne qu'un personnage désigné spécifiquement comme Juif fonctionne comme figuration de l'étrangeté

1 Première parution dans *Gringoire*, 8 février 1937 ; repris dans Némirovsky, *Dimanche et autres nouvelles*, Paris, Stock, 2000 [1937], p. 73-88. Le fait que Némirovsky a continué à publier dans *Gringoire* même après 1937, lorsque l'hebdomadaire prit un fort tournant antisémite, est une des raisons pour lesquelles on l'a accusée de haine de soi et d'antisémitisme. Pour une discussion de ses rapports avec *Gringoire*, voir Suleiman, « Irène Némirovsky and the "Jewish question" in interwar France », *op.cit.*

existentielle – on n'a qu'à penser au Leopold Bloom de Joyce comme exemple principal.

La question de l'identité juive et des possibilités de l'assimilation (qu'elle regardait d'un œil de plus en plus pessimiste) se retrouve dans l'œuvre de Némirovsky tout le long des années 1930, et a trouvé sa forme la plus achevée dans son roman de 1940, *Les Chiens et les loups.* Comme dans « Fraternité », dans ce roman on voit s'opposer deux figures de Juifs : d'un côté le Juif riche, cultivé, assimilé (le « chien » du titre), et de l'autre son cousin pauvre, ambitieux, prêt à commettre des escroqueries afin de s'enrichir (le « loup »). Les deux hommes se détestent, mais, dans un moment de lucidité presciente, l'escroc prédit que son cousin aura le même destin que lui : « Toi qui nous regardes de haut, qui nous méprises, qui ne veux rien avoir de commun avec la racaille juive ! Attends un peu ! Attends ! et on te confondra de nouveau avec elle ! Et tu te mêleras à elle, toi qui en es sorti, toi qui as cru en échapper[1] ! » Dans *Les Chiens et les loups* – le dernier de ses romans qui mette en scène des personnages juifs –, Némirovsky présente une vue extrêmement pessimiste du destin juif, suggérant que les mêmes malheurs attendent tous les Juifs d'Europe, même ceux qui pensaient avoir échappé au ghetto.

Au printemps de 1940, lorsque l'armée allemande se préparait à envahir la Belgique et la France, il n'était pas difficile de prévoir que tous les Juifs en Europe étaient en danger. À la fin des *Chiens et les loups*, on voit l'artiste juive russe Ada expulsée de la France comme « étrangère indésirable ». Elle trouve refuge dans « un petit pays de l'Europe Orientale », où elle accouche d'un fils. Le père de l'enfant, Harry, le Juif riche assimilé qu'Ada aime depuis son enfance, continue de vivre à Paris avec sa femme, une Française catholique. La famille de celle-ci tolère Harry, tout en gardant de la suspicion envers lui et les autres « étrangers ». Némirovsky n'hésite pas à souligner les préjugés xénophobes du beau-père de Harry :

> La vérité était qu'il faisait en esprit une discrimination entre diverses catégories d'étrangers. Un Anglo-Saxon, un Latin, passe encore [...] mais [...] tout ce qui venait de l'Orient lui inspirait une insurmontable méfiance. Slave, Levantin, Juif, il ne savait lequel de ces termes lui répugnait davantage[2].

1 I. Némirovsky, *Les Chiens et les loups*, Paris, Albin Michel, 1940, p. 242-243.
2 *Ibid.*, p. 169.

Harry et Ada survivront-ils ? Leur destin reste indéfini. Mais celui de Némirovsky est connu : en juillet 1942, elle fut arrêtée et déportée à Auschwitz comme "Juive étrangère", suivie quelques mois plus tard par son mari Michel Epstein. Leurs demandes de naturalisation pendant les années 1930 avaient été ajournées, malgré le soutien de personnages influents, et malgré le fait que leurs deux filles (qui, elles, ont survécu à la guerre) étaient nées en France et avaient la nationalité française.

Pendant les deux dernières années de sa vie, Némirovsky a écrit un nombre étonnant de livres et de nouvelles, car elle était devenue le seul soutien de sa famille après que son mari fut renvoyé de son poste à la banque. Interdite de publier dans les journaux par le Statut des Juifs promulgué par le gouvernement de Vichy en octobre 1940, elle a pu continuer de publier des nouvelles et des romans en feuilleton sous pseudonyme, notamment dans la revue hebdomadaire *Gringoire*, qui avait viré vers l'extrême droite quelques années auparavant et dont le directeur Horace de Carbuccia était connu comme antisémite. C'était une des nombreuses contradictions qui caractérisaient ces années-là. L'éditeur Albin Michel (Némirovsky avait quitté Grasset plusieurs années auparavant) a continué de lui envoyer des fonds par des voies détournées, et a aussi fourni un soutien financier à ses filles après la guerre, pendant des années où les livres de Némirovsky étaient complètement oubliés.

Les romans et nouvelles que Némirovsky publie après juin 1940 mettent en scène exclusivement des personnages français – aucun personnage juif ni étranger. Dans *Suite française*, comme on l'a souvent remarqué, il n'y a pas de personnages juifs non plus. Mais, dans ce roman, la cruauté et le désenchantement avec lesquels Némirovsky avait regardé Golder, Rabinovitch et ses autres personnages juifs sont maintenant dirigés contre les Français. La peur, l'égotisme, l'opportunisme lâche et les calculs cyniques qui caractérisent les réactions des classes privilégiées à la catastrophe collective de juin 1940, et leur façon de s'accommoder de l'occupation allemande pendant l'année qui suit, sont analysées par Némirovsky avec une précision et une ironie coupantes. Ainsi, elle montre la dame aristocrate pétainiste du village occupé, qui publie un article patriote dans le journal local, exhortant les fermiers à livrer tous leurs grains au Maréchal, sans en garder pour leurs propres poules ou porcs. Et le narrateur ajoute : « Mais de toutes ces basses-cours dans lesquelles, selon la vicomtesse, il ne devait plus demeurer un seul grain de blé, elle exceptait naturellement la sienne : c'était son orgueil et l'objet de ses plus tendres soins [...][1]. »

On trouve une ironie semblable dirigée contre tous les bourgeois et grands-bourgeois qui peuplent ce roman, y compris l'écrivain mondain Gabriel Corte. Seul un couple de modestes employés qui s'aiment (les Michaud) et une femme malheureuse (Lucile) mariée à un fils de famille privilégié (qui est décrit comme détestable, même s'il est prisonnier de guerre en Allemagne) échappent au mépris de l'auteur. Le même mépris se manifeste dans son « Journal » : « Sacrifice (tout le monde étant d'accord sur la nécessité du sacrifice à condition que ce soit celui du voisin) [...][2] ». Il est hautement improbable qu'un roman, ou un journal intime, qui exprimait des jugements pareils – si cruels, et si justes – eût été publié pendant ces années-là.

Irène Némirovsky avait toujours voulu être, avant tout, un écrivain français. En avril 1940, elle a répondu ainsi à une enquête de l'hebdomadaire *Les Nouvelles Littéraires*, consacrée aux écrivains que la revue appelait « Les Conrad Français » – c'est-à-dire les « écrivains étrangers de langue française » :

> J'ai parlé le français avant de parler le russe. J'ai passé la moitié de mon enfance dans ce pays, et toute ma jeunesse, et ma vie de femme jusqu'ici. Je n'ai jamais écrit en russe que des rédactions scolaires. Je pense, et je rêve même, en français.
>
> Tout cela est tellement amalgamé à ce qui demeure en moi de ma race et de mon pays, qu'avec la meilleure volonté du monde, il m'est impossible de distinguer où finit l'un, où commence l'autre[3].

Pour le malheur de Némirovsky, et de nous autres, la police française sut bien distinguer où finissait l'un et où commençait l'autre : c'était aux barbelés du camp de Pithiviers, d'où le transport qui emporta Némirovsky et des centaines d'autres Juifs est parti vers Auschwitz le 17 juillet 1942.

1 Némirovsky, *Suite française*, *op. cit.*, p. 290.
2 *Ibid.*, p. 400.
3 « Les Conrad français », *op. cit.*, p. 4.

UNE QUESTION POUR CONCLURE

Que veut dire, exactement, être « un écrivain étranger de langue française » ? Un dictionnaire récent d'œuvres littéraires françaises du XXe siècle (publié en 1995) définit Samuel Beckett comme « écrivain irlandais », sans autre qualification[1]. Il est vrai que Beckett n'a jamais renoncé à son passeport irlandais. Le même dictionnaire, qui mentionne plus de 1.300 écrivains, ne fait aucune mention d'Irène Némirovsky, omission difficilement imaginable aujourd'hui. Un dictionnaire antérieur, publié en 1986, désigne Beckett comme « romancier et dramaturge franco-irlandais », solution de compromis élégante ; ce dictionnaire contient une notice sur Némirovsky qui indique qu'elle est morte « en 1942 en déportation » et qui la définit comme « romancière française d'origine russe[2] ». C'est une ironie à savourer, ou bien une tentative de compensation tardive, puisque cette définition lui accorde la nationalité française qu'elle n'a jamais pu obtenir pendant son existence – et qui lui aurait peut-être sauvé la vie. Il y a des moments où la différence entre un étranger-*foreigner* et un étranger-*stranger* fait la différence entre la vie et la mort.

Heureusement, la littérature admet les résurrections.

Susan Rubin SULEIMAN
Université Harvard
Traduit et revu par l'auteure

1 *Dictionnaire des œuvres du XXe siècle*, éd. H. Mitterand, Paris, Dictionnaire Le Robert, 1995.

2 H. Lemaître, *Dictionnaire Bordas de littérature française et francophone*, Paris, Bordas, 1985.

OUVRAGES CITÉS

ADORNO, Theodor, *Minima Moralia : Reflections from Damaged Life*, trad. par Edmund Jephcott, London, New Left Books, 1974.

ALTHUSSER, Louis, « L'Idéologie et les appareil idéologiques d'Etat (Notes pour une recherche », *La Pensée*, n° 151, juin 1970 [réimp. dans ***Positions (1964-1975)***, Paris, Les Éditions sociales, 1976, p. 67-125].

ANISSIMOV, Myriam, « Préface » à Irène Némirovsky, *Suite française*, Paris, Denoël, 2004, p. 11-24.

BARTHES, Roland, *Le Degré zéro de l'écriture*, Paris, Éditions du Seuil, 1953.

BATAILLE, Georges, « Le Silence de Molloy », *Critique*, n° 48, mai 1951 [réimp. dans Bataille, *Œuvres complètes*, Paris, Gallimard, 1988, t. 12, p. 85-94].

BECKETT, Samuel, *Molloy*, Paris, Éditions de Minuit (édition de poche), 1982 [1951].

BECKETT, Samuel, *Malone meurt*, Paris, Éditions de Minuit, 1951.

BECKETT, Samuel, *L'Innommable*, Paris, Éditions de Minuit, 1953.

BECKETT, Samuel, *En attendant Godot*, Paris, Éditions de Minuit, 1953.

BECKETT, Samuel, *Premier amour*, Paris, Éditions de Minuit, 1970 [1946].

BRASILLACH, Robert [pseud. Robert Le Diable], compte-rendu de *David Golder* d'Irène Némirovsky, *L'Action Française*, 9 janvier 1930.

BRINCOURT, André, *Langue française, terre d'accueil*, Paris, Éditions du Rocher, 1997.

CAMUS, Albert, *L'Étranger*, Paris, Gallimard, 1942.

DERRIDA, Jacques, *Le Monolinguisme de l'autre*, Paris, Galilée, 1996.

Dictionnaire des œuvres du XXe siècle, éd. Henri Mitterand, Paris, Dictionnaires Le Robert, 1995.

FLETCHER, John, « Écrivain bilingue », dans *Samuel Beckett. Cahiers de l'Herne*, éd. Tom Bishop et Raymond Federman, Paris, Éditions de l'Herne, 1976, p. 210-212.

FRANKLIN, Ruth, « Scandale Française [*sic*] », *The New Republic*, 30 janvier 2008, p. 38-43.

JOUANNY, Robert, *Singularités francophones*, Paris, Presses Universitaires de France, 2000.

KELLMAN, Steven, *The Translingual Imagination*, Lincoln, University of Nebraska Press, 2000.

KERSHAW, Angela, *Before Auschwitz : Irène Némirovsky and the Cultural Landscape of Inter-War France*, New York, Routledge, 2009.

KNOWLSON, James, *Damned to Fame : The Life of Samuel Beckett*, New York, Simon & Schuster, 1996.

KRISTEVA, Julia, *Étrangers à nous-mêmes*, Paris, Fayard, 1988.

LEMAÎTRE, Henri, *Dictionnaire Bordas de Littérature française et francophone*, Paris, Bordas, 1985.

NÉMIROVSKY, Irène, *Les Chiens et les Loups*, Paris, Albin Michel, 1940.

NÉMIROVSKY, Irène, *David Golder*, Paris, Livre de poche, 1993 [1929].

NÉMIROVSKY, Irène, « Fraternité », dans *Dimanche et autres nouvelles*, Paris, Stock, 2000 [1937], p. 73-88.

NÉMIROVSKY, Irène, *Suite française*, Paris, Denoël, 2004.

PHILIPPONNAT, Olivier et LIENHARDT, Patrick, *La Vie d'Irène Némirovsky*, Paris, Grasset/Denoël, 2007.

SARRAUTE, Nathalie, « L'ère du soupçon », dans *Œuvres complètes*, Paris, Gallimard (Bibliothèque de la Pléiade), 1996 [1950], p. 1577-1587.

SARTRE, Jean-Paul, « Explication de *L'étranger* », dans *Situations I*, Paris, Gallimard, 1947, p. 99-121.

SARTRE, Jean-Paul, *La Nausée*, Paris, Gallimard, 1938.

SULEIMAN, Susan Rubin, « Irène Némirovsky and the "Jewish question" in interwar France », *Yale French Studies*, n° 121, 2012, p. 8-33.

SULEIMAN, Susan Rubin, « Famille, langue, identité : La venue à l'écriture dans *Le Vin de solitude.* » *Roman 20-50*, n° 54, décembre 2012, p. 57-74.

INDEX DES AUTEURS

INDEX DES ŒUVRES

PRÉSENTATION DES AUTEURS ET RÉSUMÉS

Emmanuel Bouju, « Avant-propos. Pourquoi "French Global", ici, maintenant ? »

Emmanuel Bouju est professeur de littérature comparée à l'université Rennes 2. Il a été professeur invité à l'université Harvard en 2012. Directeur du Groupe phi (CELLAM), il en a dirigé les quatre volumes collectifs (sur les notions de contrat, d'engagement, d'exemplarité – avec Guiomar Hautcœur, Alexandre Gefen et Marielle Macé – et d'autorité). Il est l'auteur, entre autres, de *La transcription de l'histoire. Essai sur le roman européen de la fin du vingtième siècle* (PUR, 2006).

Susan Rubin Suleiman et Christie McDonald, « Introduction. Une nouvelle perspective sur l'histoire littéraire »

Susan Rubin Suleiman est professeure de littérature comparée et de littérature française à l'université Harvard. Auteure de nombreux ouvrages et d'articles sur la littérature et l'histoire modernes, aussi bien que d'écrits autobiographiques, elle a publié en France *Le roman à thèse ou l'autorité fictive* (PUF, 1983 ; *Authoritarian Fictions : The Ideological Novel as a Literary Genre*, 1983), *Retours : Journal de Budapest* (Bleu Autour, 1999 ; *Budapest Diary : In Search of the Motherbook*, 1996), et *Crises de mémoire : Récits individuels et collectifs de la Deuxième guerre mondiale* (PUR, 2012 ; *Crises of Memory and the Second World War*, 2006). Ses autres livres comprennent *Subversive Intent : Gender, Politics and the Avant-Garde* (1990) et *Risking Who One Is : Encounters with Contemporary Art and Literature* (1994)

Christie McDonald est professeure de littérature française et de littérature comparée à l'université Harvard. Elle s'intéresse au dialogue entre la littérature, la philosophie et les arts, sujet auquel elle a consacré de nombreux écrits. Co-directrice avec Stanley Hoffmann de *Rousseau and Freedom* (Cambridge U.P., 2010), elle est l'auteure de *The Proustian Fabric* (1991), *Dispositions* (sur musique et texte,1986), et *The Extravagant Shepherd* (Genève et Oxford, 1973, 2007) ; elle a dirigé les volumes *Painting My World* (5 Continents, 2009), sur l'œuvre artistique de Dorothy Eisner, et *Images of Congo* (Officina Libraria, 2005), sur l'œuvre artistique de Anne Eisner.

L'introduction des éditeurs explique les fondements théoriques et historiques de ce projet collectif. La perspective globale que nous proposons situe les traversées de frontières, aussi bien que les négociations entre « le même » et « l'autre », au centre même de l'histoire littéraire française.

The editors' Introduction explains the theoretical and historical foundations of this collective project. The global perspective we are proposing locates the crossing of boundaries, as well as negotiations between « the same » and « the other » at the very center of French literary history.

Sharon KINOSHITA, « *Worlding* le français médieval »

Sharon Kinoshita est professeure de littérature et co-directrice du Centre d'Études Méditerranéennes (mediterraneanseminar.org) à l'université de Californie, Santa Cruz (UCSC). Spécialiste en littérature médiévale, elle est l'auteure de *Medieval Boundaries : Rethinking Difference in Old French Literature* (2006), co-auteure de *Marie de France : A Critical Companion* (2012), et traductrice du manuscrit franco-italien du *Devisement du monde* de Marco Polo (à paraître).

Cet essai explore l'idée d'une *littérature-monde en français* au Moyen Âge. Dès ses débuts, l'ancien français sert de moyen d'expression à travers la Méditerranée et véhicule des représentations du contact culturel dans un registre vernaculaire autre que celui des écrits contemporains en latin.

This essay explores the notion of a medieval « littérature-monde » in French. Since its inception, Old French writing served both as a means of expression across the Mediterranean and as a vehicle for representations of cultural contact, in a register at odds with contemporary Latinate writings.

Tom CONLEY, « "Il y ha icy un nouveau monde". Lire *Pantagruel* en regard d'Oronce Fine »

Tom Conley est professeur de littérature française et d'études du cinéma à l'université Harvard. Auteur récemment de *Cartographic Cinema* (2007) et *An Errant Eye : Poetry and Topography in Early Modern France* (2011), il a traduit des ouvrages de Marc Augé,Michel de Certeau, Gilles Deleuze, Christian Jacob, et Jean Louis Schefer, parmi d'autres. Avec T. Jefferson Kline, il co-dirige actuellement le *Wylie-Blackwell Companion to Jean-Luc Godard*, et il peaufine un essai, à paraître, intitulé À fleur de page : Voir le texte de la Renaissance.

Cet article suggère que le texte du 32e chapitre du *Pantagruel*, inspiré peut-être de la mappemonde d'Oronce Fine, parue dans un ouvrage qu'aurait lu Rabelais, « introjecte » l'inconnu, l'assimile, et enfin reconnaît ce qui serait un effet premier de globalisation à l'ère des voyages océaniques.

This essay suggests that Chapter 32 of Rabelais' Pantagruel, possibly inspired by the world map of Oronce Fine, which appeared in a work that Rabelais had read, « introjects » the unknown, assimilates it, and finally recognizes what would be a first effect of globalization in the era of explorations.

Éric MÉCHOULAN, « Moralistes classiques et globalisation du moi »

Éric Méchoulan est professeur de littérature française à l'université de Montréal et directeur du Centre interdisciplinaire sur les technologiesémergentes. Il a publié : *Pour une histoire esthétique de la littérature* (2004), *Le Livre avalé. De la littérature entre mémoire et culture, XVIe-XVIIIe siècle* (2004), *La Culture de la mémoire ou comment se débarrasser du passé ?* (2008), *D'où nous viennent nos idées ? Métaphysique et intermédialité* (2010) et a coordonné le numéro spécial de la revue américaine SubStance : « Impact Boom ! The Commodification of the University », n° 130, printemps 2013.

Notre monde est global par le partage d'une conception de l'être humain, motivé par son intérêt, donnant à la centralité de son moi l'effet de globalité. Les moralistes du 17e en donnent les premiers éléments cohérents, contribuant au caractère apparemment universalisable de la littérature française.

Our world is global thanks to the sharing of a certain vision of human beings, moved by their interest and giving to each self a global effect. The 17th century moralistes offer one of its first coherent conceptions, contributing to the apparent universalizability of French literature.

Jacob VANCE, « Le globe et la figure. Réflexions sur la traversée des frontières à la Renaissance »

Jacob Vance est actuellement chercheur associé au Département de Langues et Littératures Romanes à l'université Harvard. Ses intérêts de recherche portent sur la littérature française pré-moderne ainsi que sur l'histoire intellectuelle pré-moderne. Il est l'auteur d'un livre à paraître, intitulé : *Secrets : Humanism, Mysticism, and Evangelism in Early Modern Literature and Spiritual Thought.*

La figure du globe est importante à la Renaissance française chez des penseurs humanistes et évangéliques qui veulent repenser les rapports entre le sacré et le profane. Elle leur permet de repenser le statut transcendant de la divinité dans la théologie, la philosophie et la littérature.

The figure of the globe is important in the French Renaissance for humanist and Evangelical thinkers who want to rethink the relations between the sacred and the profane. It enables them to rethink the transcendent status of the divine in the fields of theology, philosophy and literature.

Jérôme BRILLAUD, « Du rectangle au globe. Histoire globale du théâtre aux XVIIe et XVIIIe siècles »

Jérôme Brillaud est professeur de littérature française à l'université de Manchester au Royaume-Uni. Il est l'auteur de *Sombres Lumières, essai sur le retour à l'antique et la tragédie grecque au dix-huitième siècle* (Presses de l'Université Laval, 2011 et Éditions Hermann, 2014), et d'articles consacrés au théâtre sous l'Ancien Régime. Ses travaux portent actuellement sur la notion de simplicité à l'âge classique. Il

Cet article retrace l'histoire de l'architecture théâtrale sous l'Ancien Régime depuis le rectangle *à la française* jusqu'au théâtre sphérique à l'image du globe terrestre.

This article traces the evolution of French theater architecture in the Ancien Régime from rectangular to global designs.

Natasha LEE, « Perspectives planétaires au Siècle des lumières »

Natasha Lee est professeure de littérature française à l'université de Princeton, où elle participe aussi au University Center for Human Values. Elle est l'auteure d'articles sur Rousseau, l'idée de nature au siècle des Lumières, ainsi que sur les questions de sexe et de genre. Son livre, *The Ambivalent Enlightenment : The Science and Fiction of Identity in Eighteenth-Century France*, va paraître prochainement.

Dans le contexte des découvertes et de l'expansion commerciale à l'échelle du globe, le XVIIIe siècle vit émerger une nouvelle conception de l'humain, où la diversité humaine est pensée au croisement des textes littéraires et des discours scientifiques qui s'imposèrent à la fin du siècle.

In the context of global explorations and commercial expansion, the 18th century saw the emergence of a new conception of the human, in which human diversity is theorized at the intersection of literary texts and the scientific discourses that became dominant at the end of the century.

Evelyne ENDER, « Poètes en mal de pays. Les paradoxes du lyrisme dans la France du dix-neuvième siècle »

Evelyne Ender, docteur ès lettres de l'université de Genève, est professeure de littérature française et de littérature comparée à New York, à Hunter College et l'université de la Ville de New York (CUNY Graduate Center). Elle est l'auteure de *Sexing the Mind : Nineteenth-Century Fictions of Hysteria* (1995) et de *Architexts of Memory : Literature, Science, and Autobiography*, livre qui a reçu le Prix Scaglione du Modern Language Association of America (MLA) en 2006. Sous le titre *The Graphological Impulse*, elle prépare en ce moment un nouvel ouvrage sur le geste créateur et l'écriture manuscrite dans une optique phénoménologique.

Une nouvelle intériorité se construit dès lors que la poésie lyrique française du 19e siècle s'approprie un imaginaire du voyage pour évoquer un univers domestique. On lui doit alors ces formules du sentiment toujours actuelles exprimant les anomies de notre modernité, formules qui transcendent les distances géographiques et culturelles.

In the nineteenth-century French lyric, travel takes an inward turn and gets re-inscribed in finely calibrated verbal formulas designed to express the anomie of a changing world. As a result, a new poetic diction anchored in domesticity ends up transcending geographic and cultural distances.

Françoise LIONNET, « Conventions critiques, paysages littéraires et écocritique postcoloniale »

Françoise Lionnet est professeure de littératures française, francophone et comparée à l'université de Californie, Los Angeles (UCLA), où elle dirige également le Centre d'études africaines. Parmi ses publications récentes, deux volumes sur l'océan Indien, publiés à l'Ile Maurice en 2012, Écritures féminines et dialogues critiques. Subjectivité, genre et ironie ainsi que *Le su et l'incertain. Cosmopolitiques créoles de l'océan Indien*. En 2013, son article "Consciousness and Relationality in Sartre, Lévi-Strauss, Beauvoir and Glissant" a paru dans le numéro de *Yale French Studies* consacré à l'œuvre de l'anthropologue. Elle a co-dirigé, avec Shu-mei Shih, *Minor Transnationalism* (2005) et *The Creolization of Theory* (2011). Elle est connue pour ses travaux sur le postcolonialisme, les Caraïbes et l'Afrique : *Autobiographical Voices : Race, Gender, Self-Portraiture* (1989) et *Postcolonial Representations : Women, Literature, identity* (1995).

Relire l'histoire littéraire pour y découvrir des éléments que les conventions critiques datant de plus d'un siècle ont œuvré à cacher permet de démontrer l'hybridité fondamentale de la littérature française, et de remettre en question les paradigmes exotisants appliqués à Bernardin de St-Pierre, entre autres.

Critical conventions dating back more than a century have served to obscure the fundamental hybridity of French literature. New approaches to literary history allow us to question the realism/exoticism split, especially when applied to Bernardin de St-Pierre and nineteenth-century writers.

Verena ANDERMATT CONLEY, « Littérature, espace et l'État-nation français après 1950 »

Verena Andermatt Conley est professeure dans les départements de littérature comparée et de langues et littératures romanes à l'université Harvard. Elle a publié des travaux sur le féminisme, et sur les questions d'écologie et de technologie. Son dernier livre, *Spatial Ecologies*, a paru en 2012.

Cet article explore la transformation de l'histoire littéraire en France après la Deuxième guerre mondiale. Aujourd'hui, la technologie et la digitalisation transforment la culture et la littérature en des pratiques nouvelles qui abolissent les genres et mettent en regard différents médias.

This article focuses on the transformation of French literary history following the Second World War. Today, technologies and digitalization are transforming culture and literature into a novel practice that often moves between genres and media.

Alison RICE, « Où que ce soit : les femmes écrivains « globales » et le Maghreb »

Alison Rice est professeure associée de littérature francophone à l'université de Notre Dame, USA. Son premier livre, *Time Signatures : Contextualizing Contemporary Autobiographical Writing from the Maghreb* (Lexington Books, 2006), est une étude de l'écriture d'Hélène Cixous, Assia Djebar et Abdelkébir Khatibi. *Polygraphies : Francophone Women Writing Algeria* (University of Virginia Press, 2012), se concentre sur Maïssa Bey, Marie Cardinal, Hélène Cixous, Assia Djebar, Malika Mokeddem, Zahia Rahmani et Leïla Sebbar. Alison Rice travaille actuellement sur un livre et une série de DVD basés sur des entretiens filmés qu'elle a réalisés à Paris avec des femmes du monde entier qui écrivent en français.

Hélène Cixous, Assia Djebar et Leïla Sebbar : trois femmes, trois écrivains d'Algérie dont le travail en langue française a eu un profond impact sur le paysage littéraire contemporain ; dans chaque cas, la terre natale a engendré une œuvre aussi prolifique que singulière, qui sert d'inspiration aux autres.

Hélène Cixous, Assia Djebar, and Leïla Sebbar are three very different women writers from Algeria whose groundbreaking work in French has made a profound impact on the current literary landscape; in each case, the native land sparked a prolific and unique œuvre that is an inspiration to others.

Kimberlee Anne Campbell, « Soi-même comme un autre. Parler français dans l'Angleterre médiévale »

Kimberlee Campbell a enseigné la littérature et la langue françaises à l'université de New York et à l'université Harvard. Elle est l'auteure de *The Protean Text : A Study of Versions of the Medieval Legend of Doon and Olive* (1988) et de nombreux articles sur la représentation des femmes et d'autres minorités dans les épopées médiévales ; elle a également publié un manuel de langue française, *Echos* (2003).

Le concept de « francéité » en Angleterre est né d'interactions transnationales, comme dans le cas de Guillaume de Normandie. Au Moyen Âge, ce concept est réifié au travers de vecteurs politiques, pédagogiques et sociaux qui produisent une valorisation de plus en plus positive de ce qui est « français ».

Insular "Frenchness" is a concept born of transnational interactions, as with William of Normandy's England. Throughout the Middle Ages, "Frenchness" is reified in England through political, pedagogical and social venues that posit an increasingly positive valuation of all things "French."

Phillip John Usher, « S'orienter à la Renaissance »

Philip John Usher est professeur de littérature française et littérature comparée à Barnard College (université Columbia). Spécialiste de la littérature de la Renaissance, il est l'auteur de *Errance et cohérence : Essai sur la littérature transfrontalière* (Garnier, 2010). Il a traduit et annoté le *Franciad* de Ronsard (New York : AMS, 2010) et a co-dirigé *Virgilian Identities in the French Renaissance* (London : Boydell and Brewer, 2012). Il a fondé la collection French Renaissance Texts in Translation (AMS) et est directeur associé du Centre pour les éudes de la traduction à Barnard (Barnard Colleges Center for Translation Studies).

Phillip John Usher étudie, dans le contexte du XVIe siècle, la manifestation littéraire des frontières géographiques et culturelles. Usher opère deux lectures croisées rapprochant dans chaque cas un auteur canonique d'un récit de pèlerinage pour proposer un modèle de lecture globalisante.

Phillip John Usher studies, in the context of sixteenth-century France, the literary manifestation of geographic and cultural borders. Usher performs two comparative readings of canonical and pilgrim authors, thus proposing a model for global reading.

Faith BEASLEY, « De grandes cultures se rencontrent. Conversations indiennes à l'époque classique »

Faith E. Beasley est professeure de littérature française à Dartmouth College. Elle est spécialiste des femmes écrivains de l'Ancien Régime et de l'histoire des salons. Elle est l'auteure, parmi d'autres ouvrages, de *Salons, History, and the Creation of Seventeenth-Century France* (2006), et de *Revising Memory : Women's Fiction and Memoirs in Seventeenth-Century France* (1991), et elle a dirigé *Options for Teaching Seventeenth and Eighteenth-Century French Women Writers* (2011). Elle est rédacteur de la revue *Cahiers du dix-septième.*

Cette étude analyse comment les connaissances et perceptions de l'Inde transmises par les marchands, missionnaires et voyageurs ont laissé une empreinte durable sur la culture française du XVIIe siècle, notamment sur les mentalités du Grand Siècle.

This study focuses on how the knowledge and perception of India as transmitted by merchants, missionaries, and travelers had an effect on the literature and the history of ideas of France's Grand Siècle.

Christie MCDONALD, « De l'imagination ethnographique au XVIIIe siècle »

L'imagination ethnographique au dix-huitième siècle servait à étendre les limites du savoir comme défi au *statu quo*. Elle permettait aux écrivains d'interroger le statut de l'être humain face à l'autre dans le monde naturel, social et politique, et de proposer la possibilité du changement.

The ethnographic imagination in the eighteenth century expanded the limits of knowledge as a challenge to the status quo. It enabled writers to question the status of human beings with respect to the other in the natural, social and political world and to propose the possibility of change.

Christopher L. MILLER, « La traite des esclaves, la Françafrique et la mondialisation du français »

Christopher L. Miller est professeur de littérature française et d'études africaines-américaines à l'université Yale. Il est l'auteur de *The French Atlantic Triangle : Literature and Culture of the Slave Trade* (2008 ; *Le Triangle atlantique français : littérature et culture de la traite négrière*, Éditions les Perséides, 2011), *Nationalists and Nomads : Essays on Francophone African Literature and Culture* (1998), *Theories of Africans : Francophone Literature and Anthropology in Africa* (1990), et *Blank Darkness : Africanist Discourse in French* (1985).

Cet article cherche les origines du « French Global » dans les articulations de la traite négrière de l'Atlantique français. En analysant des textes littéraires, il relie la traite aux mouvements de la mondialisation postmoderne, dont la francophonie et « la Françafrique. »

This essay traces the history of "French Global" back into the workings of the French slave trade. Through readings of literature, it moves from the Atlantic triangular trade to the postmodern, postcolonial forms of globalization of our own times, including "francophonie" and "la Françafrique."

Janet BEIZER, « Le Voyage et ses autres. Inscriptions de la mobilité au XIXe siècle »

Janet Beizer est professeure de littérature française à l'université Harvard. Elle est l'auteure de *Family Plots : Balzac's Narrative Generations* (1986), *Ventriloquized Bodies : Narratives of Hysteria in Nineteenth-Century France* (1995), et *Thinking Through the Mothers : Reimagining Women's Biographies* (2009). Elle travaille actuellement sur les discours alimentaires, surtout au sujet des restes

Cet essai explore les formes d'ambivalence dont se parent le départ et l'éloignement chez des écrivains mieux connus pour en avoir chanté le plaisir, et dégage d'un discours souvent réduit à l'exotisme des préfigurations d'une approche plus moderne : une réceptivité et une humilité face à l'autre.

This essay explores the forms of ambivalence departure and estrangement wore in literary texts better known for expressing the thrill, and finds in a discourse often stereotyped as exotic, some prefigurations of a more modern approach : a receptivity to and humility before the other.

Sylvia MOLLOY, « Traduction, transplantation : Supervielle autrement lu »

Sylvia Molloy est écrivaine et professeure émérite de littérature latino-américaine et de littérature comparée à New York University. Ses ouvrages universitaires comprennent *La diffusion de la littérature hispanoaméricaine en France* (1972), *At Face Value : Autobiographical Writing in Spanish America* (1991) et *Signs of Borges* (1994). Elle a également publié plusieurs romans, notamment *En breve cárcel* (1981), *El común olvido* (2002), et *Varia Imaginación* (2004).

Une lecture de Supervielle en tant qu'écrivain biculturel dont l'œuvre, en faisant appel à deux traditions culturelles distinctes qu'il mélange capricieusement, la française et la latino-américaine, questionne la notion d'une littérature nationale monolithique de façon provocatrice et salutaire.

A reading of Supervielle as a bicultural writer whose work draws on two distinct cultural traditions, the French and the Latin American, that he mixes arbitrarily; his work thus puts into question, in a provocative and productive way, the notion of a monolithic national literature.

F. Abiola IRELE, « Du roman colonial français au roman francophone postcolonial. René Maran le précurseur »

F. Abiola Irele a enseigné dans plusieurs universités en Afrique (université de Ghana, université d'Ife, Nigeria, université d'Ibadan) et aux USA (université de l'État d'Ohio, Harvard). Auteur de cinq recueils d'essais, dont Négritude *et condition africaine*, et d'une édition annotée du *Cahier d'un retour au pays natal* d'Aimé Césaire, il est actuellement vice-recteur de l'université de l'État d'Ilorin, Nigéria.

Batouala de René Maran, Prix Goncourt 1921, rompt avec la tradition du roman colonial par la volonté de l'auteur de s'opposer au discours de l'empire et de projeter une nouvelle image de l'Afrique. Il fournit un modèle du roman francophone prolongé par des générations d'écrivains africains et antillais.

Maran's Batouala, Prix Goncourt 1921, marks a break with the tradition of roman colonial by the author's will to counter the discourse of empire and to project a new image of Africa. Maran provided a model of the francophone novel that has been extended by generations of African and Caribbean writers.

Gisèle Sapiro, « La littérature française sur le marché mondial des traductions »

Gisèle Sapiro est directrice de recherche au CNRS et directrice d'études à l'EHESS. Spécialiste de sociologie des intellectuels, de la littérature, de la traduction, des échanges culturels internationaux, ainsi que d'épistémologie des sciences sociales, elle est l'auteure de *La Guerre des écrivains, 1940-1953* (Fayard, 1999) et de *La Responsabilité de l'écrivain. Littérature, droit et morale en France* XIXe-XXIe *siècle* (Seuil 2011). Elle a également dirigé ou codirigé : *Pour une histoire des sciences sociales* (Fayard, 2004), *Pierre Bourdieu, sociologue* (Fayard, 2004), *Translatio. Le marché de la traduction en France à l'heure de la mondialisation* (CNRS Éditions, 2008) ; *Les Contradictions de la globalisation éditoriale* (Nouveau Monde, 2009) ; *L'Espace intellectuel en Europe* (La Découverte, 2009) ; *Traduire la littérature et les sciences humaines : conditions et obstacles* (DEPS-Ministère de la Culture, 2012).

Ce chapitre traite de l'évolution de la position de la littérature française sur le marché mondial des traductions, de l'hégémonie dont elle jouissait à la fin du 19e siècle à son relatif déclin à l'ère de la mondialisation, marquée par la domination accrue de l'anglais.

This chapter analyzes the evolution of the position of French literature on the world market of translation since the end of the 19th Century, from hegemony to relative decline under the globalization era, characterized by a reinforcement of the domination of English.

Lawrence D. Kritzman, « Intellectuels sans frontières »

Lawrence D. Kritzman est professeur de littérature française et de littérature comparée à Dartmouth College, où il dirige également l'Institut des études culturelles françaises. Il est l'auteur de *The Fabulous Imagination : On Montaigne's Essays* (2009), parmi d'autres livres ; il a dirigé *The Columbia History of Twentieth Century French Thought*, livre collectif qui a reçu le Prix Scaglione du Modern Language Association of America (MLA) en 2006.

Cet essai examine la crise de l'État-nation et de l'universalisme français à partir de l'œuvre d'E. Balibar, T. Ben Jelloun, J. Derrida, J. Kristeva et J.-L. Nancy, qui mettent en question l'idée d'une communauté fondée sur des frontières et l'hégémonie culturelle de l'État-nation français.

This essay discusses the crisis of the nation-state and of universalism in France, in light of works by E. Balibar, T. Ben Jelloun, J. Derrida, J. Kristeva et J.-L. Nancy, who put into question the idea of a community based on frontiers and the cultural hegemony of the French nation-state.

Jacqueline CERQUIGLINI-TOULET, « Langue, littérature, identité au Moyen Âge »

Jacqueline Cerquiglini-Toulet est professeure de littérature française médiévale à la Sorbonne (Paris IV). Ses ouvrages portent sur la littérature de la fin du Moyen Âge : *Guillaume de Machaut et l'écriture au XIVe siècle*, (Paris, Champion, 1985 ; réédition 2001), *La Couleur de la mélancolie*, Paris, Hatier, 1993 ; traduit en anglais (USA) en 1997 ; en coréen en 2012), *La littérature française : dynamique et histoire I, section Moyen Âge*, Paris, Gallimard, 2007 (Folio Essai inédit) ; traduit en anglais (USA) en 2011. Elle a édité et traduit des œuvres de Guillaume de Machaut et de Christine de Pizan en 10-18, chez Stock, et au Livre de Poche (Hachette).

Le « français » au Moyen Âge est en concurrence avec deux autres termes, « roman » et « oïl ». La perspective historique place le français dans la descendance du latin, tandis que la perspective géographique et politique situe le français en regard d'autres langues vernaculaires dans la rivalité.

In the Middle Ages, « French » competes with two other terms : « roman » and « oïl ». One can adopt a historical perspective and trace French as descending from Latin, or a geographical and political one that situates French in relation to other vernacular languages in competition with it.

Danielle HAASE-DUBOSC, « Comment jouer avec le genre à travers les époques et revisiter l'histoire de la littérature française »

Danielle Haase-Dubosc a été directrice de Reid Hall (université Columbia) à Paris pendant plus de 25 ans. Elle est l'auteure de *Ravie et enlevée : De l'enlèvement des femmes comme stratégie matrimoniale au XVIIe siècle* (1999) et elle a dirigé le volume *French Feminism : An Indian Anthology* (2003).

La littérature française contient bien des textes – certains venus d'ailleurs, d'autres y partant – qui résistent aux principes normatifs des comportements sexués. Ils expriment, chacun à sa façon, le désir d'atténuer ou d'éliminer les restrictions qui gouvernent le comportement social des êtres humains.

Many texts in French literature – some arriving from elsewhere, some leaving for elsewhere – that question the normative principles governing gendered behavior. Each text expresses in its own way the desire to lessen or eradicate restrictions that govern the social behavior of men and women.

Yves Citton, « Les spectres de la multiplicité. La littérature du XVIIIe siècle revisitée depuis ses dehors »

Yves Citton est professeur de littérature française du XVIIIe siècle à l'université de Grenoble-3 et membre de l'UMR *LIRE* (CNRS 5611), après avoir enseigné à Sciences Po Paris, l'université de Pittsburgh, et New York University. Il est co-directeur de la revue *Multitudes* et collabore régulièrement à la *Revue des Livres*. Il a publié récemment *Gestes d'humanités. Anthropologie sauvage de nos expériences esthétiques* (Armand Colin, 2012), *Renverser l'insoutenable* (Seuil, 2012), *Zazirocratie* (Éditions Amsterdam, 2011), *L'Avenir des Humanités. Économie de la connaissance ou cultures de l'interprétation ?* (La Découverte, 2010), ainsi que *Mythocratie. Storytelling et imaginaire de gauche* (Éditions Amsterdam, 2010).

Cet article tente de mesurer les enjeux d'un sentiment de surcharge informationnelle et de multiplicité déroutante largement partagé par les auteurs du XVIIIe siècle, avec pour résultat de brouiller les frontières et de créoliser les perceptions du monde et de soi-même.

This article attempts to measure the stakes of an 18th-century literary world already submerged by a feeling of information overload and overwhelming multiplicity, blurring the borders and creolizing the most common perceptions of world and of the self.

Emily Apter, « Le roman d'affaires du dix-neuvième siècle. Spéculation et xénophobie dans le système-monde de la littérature »

Emily Apter est professeure de littératures française et anglaise, et de littérature comparée à l'université de New York (NYU). Son livre le plus récent est *Against World Literature : On the Politics of Untranslatability* (2013) ; elle est également l'auteure de *The Translation Zone : A New Comparative Literature* (2006), *Continental Drift : From National Characters to Virtual Subjects* (1999), *Feminizing the Fetish : Psychoanalysis and Narrative Obsession in Turn-of-the Century France* (1991), et *André Gide and the Codes of Homotextuality* (1987). Depuis 1998, elle dirige la collection "Translation/Transnation" aux presses universitaires de Princeton University.

Le roman d'affaires français, qui a son apogée à la fin du 19e siècle, montre l'importance du capitalisme dans la littérature moderne : l'espace littéraire s'ouvre peu à peu à des phénomènes de mondialisation. Cet essai étudie des œuvres de Balzac, Zola, et Maupassant, principaux représentants du genre.

The French business novel, at its height at the end of the 19th century, shows the importance of capitalism for modern literature : literary space opens up to phenomena of globalization. This essay studies works by Balzac, Zola and Maupassant, the principal representatives of the genre.

Maurice SAMUELS, « Les Juifs et la construction de l'identité française, de Balzaç à Proust »

Maurice Samuels est professeur de littérature française à l'université Yale, et Directeur du Centre pour l'étude de l'antisemitisme. Il est l'auteur de *Inventing the Israelite : Jewish Fiction in Nineteenth-Century France* (2009) et de *The Spectacular Past : Popular History and the Novel in Nineteenth-Century France* (2004) ; dernièrement il a co-dirigé le volume *Nineteenth-Century Jewish Literature : A Reader* (2013), où il a également traduit les textes français.

Dans un premier temps, cet essai examine comment la figure du Juif a fourni aux écrivains du 19e siècle un moyen d'examiner les changements associés à la modernité. Ensuite l'essai examine comment les écrivains juifs du 19e siècle – qui restent peu ou pas connus aujourd'hui – ont fait face eux-mêmes à la modernité dans leurs œuvres de fiction.

This essay first examines how the figure of the Jew offered 19th-century writers a way of examining the changes associated with modernity. The essay then examines how 19th-century Jewish writers--who remain little known today--themselves confronted modernity in their fiction.

Lise GAUVIN, « La traversée des langues : le laboratoire québécois »

Lise Gauvin, écrivaine, essayiste et critique littéraire, est professeure émérite à l'université de Montréal. Elle a publié plusieurs ouvrages consacrés à la littérature québécoise et aux littératures francophones, parmi lesquels *L'écrivain francophone à la croisée des langues* (Karthala, 1997 et 2006, prix France-Québec), *Langagement. L'écrivain et la langue au Québec* (Boréal, 2000), et Écrire, pour qui *? L'écrivain francophone et ses publics*, (Karthala, 2007). Également essayiste et nouvelliste, elle a fait paraître, notamment : *Lettres d'une autre ou* « comment peut-on être québécois(s) » (L'Hexagone/ Le Castor Astral 1984, Typo 1987), *Un automne à Paris* (Leméac, 2005) et *Quelques jours cet été-là*, récit (Punctum, 2007). *La fabrique de la langue. De François Rabelais à Réjean Ducharme* (Seuil, « Points-essais » 2004 et 2011) a reçu une Mention spéciale du jury du Grand Prix de la critique (PEN français). En 2008, Lise Gauvin a été élue Présidente de l'Académie des lettres du Québec.

Examen de la problématique de la langue telle qu'elle s'est présentée au cours des différentes étapes du développement de la littérature québécoise, ainsi que des stratégies adoptées par les romanciers contemporains pour rendre compte de leur situation « à la croisée des langues ».

This article examines the question of the language as it has presented itself through the various stages of the development of Québecois literature, as well as the strategies adopted by contemporary novelists to explore their situation "at the crossroads of languages."

Michael SHERINGHAM, « Géographie, identité et différence : Duras, Genet, NDiaye »

Michael Sheringham est titulaire de la chaire Maréchal Foch à l'université d'Oxford. Il a été professeur invité à Paris-VII, Paris-IV, UC Berkeley, le Collège de France et l'ENS. Ses travaux portent sur le surréalisme, la poésie moderne, l'autobiographie, et la littérature contemporaine. Principales publications : *Beckett : Molloy* (1986), *French Autobiography : Devices and Desires. Rousseau to Perec* (OUP, 1993), *Parisian Fields* (dir.) (1996), *The Art of the Project* (dir. avec J. Gratton, Oxford : Berghahn, 2005), *Everyday Life : Theories and Practices from Surrealism to the Present* (OUP, 2006 ; traduction française, *Traversées du quotidien*, PUF, 2013).

Ce chapitre examine comment, dans la littérature française contemporaine, le *global*, champ constitué par l'interaction d'espaces multiples, s'articule par des dispositifs où la différence s'affirme dans le traitement du lieu, de l'identité et du langage, au sein de cadres géographiques explicites.

This chapter considers how, in contemporary French literature, the global, a field constituted by the interaction of multiple spaces, is articulated through motifs and devices where difference is registered in the handling of space, identity and language within explicitly geographical frameworks.

Mylène PRIAM, « "Présence Antillaise". Le Métissage et la créolisation dans le paysage littéraire contemporain français »

Mylène Priam est professeure assistante de littérature francophone à l'université Harvard. Elle a publié de nombreux articles sur l'Antillanité et sur les romans de Patrick Chamoiseau et Raphaël Confiant, et travaille aussi sur le théâtre martiniquais et sur les problèmes de géopoétique. Son livre (en anglais) sur le concept de créolité, *Manifest Créolité*, va paraître prochainement.

Penser la littérature française exige qu'on prenne en compte les auteurs antillais français qui ont défendu de façon créative les impératifs relationnels de la rencontre des cultures, tout en s'efforçant de repousser l'idée de la supranationalité de la France vis-à-vis des cultures d'outre-mer.

Thinking about French literature must include French Caribbean authors who have creatively responded to the relational demands of the encounter between cultures, even as they reject the notion of France's national dominance over the cultures of the Caribbean.

Susan Rubin SULEIMAN, « Choisir le français : langue, étrangeté et appartenance littéraire (Beckett/Némirovsky) »

Comment les œuvres et la présence d'écrivains « venus d'ailleurs » s'insèrent-elles dans le champ littéraire français du XXe siècle ? Étude de Samuel Beckett et Irène Némirovsky, deux écrivains très différents mais exemplaires dans leur manière d'aborder l'étrangeté en littérature.

How do the works and presence of writers « from elsewhere » fit into the French literary field in the 20th century ? This essay studies Samuel Beckett and Irène Némirovsky, two very different writers who offer representative ways of treating « strangerhood » and « foreignness » in their fiction.

TABLE DES MATIÈRES

DEUXIÈME PARTIE

MOBILITÉS

TROISIÈME PARTIE

MULTIPLICITÉS

IMPRIM'VERT®

Achevé d'imprimer par Corlet Numérique,
à Condé-sur-Noireau (Calvados), en septembre 2017
N° d'impression : 141855 – Dépôt légal : septembre 2017
Imprimé en France